成都卫生年鉴 2015

CHENG DU HEALTH YEARBOOK

《成都卫生年鉴》编纂委员会　编

四川科学技术出版社

图书在版编目（CIP）数据

成都卫生年鉴. 2015 /《成都卫生年鉴》编纂委员会编. —成都：四川科学技术出版社，2016. 3
ISBN 978-7-5364-8321-7

Ⅰ. ①成… Ⅱ. ①成… Ⅲ. ①卫生工作－成都市－2015－年鉴 Ⅳ. ①R199. 2－54

中国版本图书馆 CIP 数据核字（2016）第 048411 号

成都卫生年鉴 2015
CHENGDU HEALTH YEARBOOK

出 品 人：钱丹凝
编　　者：《成都卫生年鉴》编纂委员会
责任编辑：张　蓉
封面设计：博众印务
责任出版：欧晓春
出版发行：四川科学技术出版社
成都市槐树街 2 号　邮政编码 610031
官方微博：http://e.weibo.com/sckjcbs
官方微信公众号：sckjcbs
传真：028-87734039
成品尺寸：210×285
印张：22　插页：13 页　字数：638 千字
印　　刷：成都博众印务有限公司
版　　次：2016 年 3 月第一版
印　　次：2016 年 3 月第一次印刷
定　　价：248.00 元
ISBN 978-7-5364-8321-7

11月18日，全国人大常委会委员、教科文卫主任柳斌杰（右三）一行视察成都市第一人民医院

5月11日，全国政协常委、副秘书长、致公党中央常务副主席、中国社区卫生协会会长蒋作君（右二）到高新区方草社区卫生服务中心视察

6月20日，国家卫计委主任李斌（中）调研成都卫生计生工作

11月11日，四川省卫计委主任沈骥到成都市血液中心带头捐献血小板，这是沈骥主任第八次参加无偿献血

7月15，中共成都市委书记黄新初（右一）到市血液中心调研献血工作

12月12日，成都市政协副主席李铀（前排左二）到成都市妇女儿童中心医院调研二期工程项目

1月26日，市政府杨伟资政（右二）到市公共卫生临床医疗中心调研人感染H7N9禽流感防治工作

10月9日，成都市卫生局局长杨小广（右三）到青白江区调研卫生建设项目

3月15日，都江堰市在柳街镇召开农村改厕培训会

4月18日，高新区开展“治理环境卫生、建设健康家园”宣传活动

4月21日，都江堰市卫生系统在青城山镇桃花小区开展健康进社区、进家庭活动

12月1日，高新疾控分中心在电子科大清水河校区开展防“艾”宣传活动

4月1 1日，成都市急救指挥中心承办四川省《灾难医学救援与急救技能培训班》

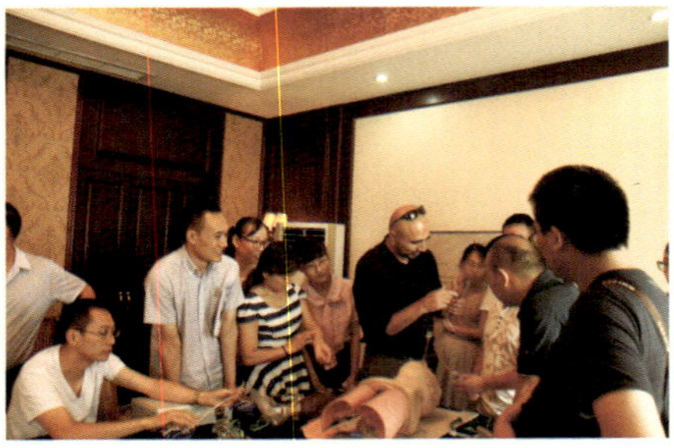

7月23日，成都市急救指挥中心与“心连心”组织开展应急培训

12月17日，成都市新都区创建四川省卫生应急综合示范区评审通报会

2月4日，高新区在石羊街道新北社区羊子广场开展走基层送温暖、社区义诊活动

3月24日，新都区开展“践行群众路线、服务百姓健康”走基层大型义诊活动

4月25日，都江堰市百名医师下基层活动启动仪式在都江堰市人民医院举行

3月26日，青白江区卫生局为村卫生站配送医疗设备

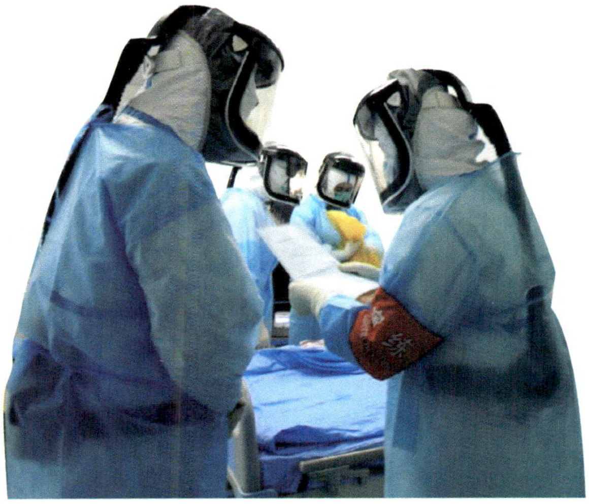

1月7日，四川省卫计委牵头，多部门联合在成都市举办“四川省2014年口岸输入性埃博拉出血热疫情处置演练”

11月13日，成都市急救指挥中心举办二级指挥调度平台应对埃博拉出血热防控调度培训

17日-19日，成都市卫生局举办卫生应急援藏项目—阿坝州应急医疗急救培训

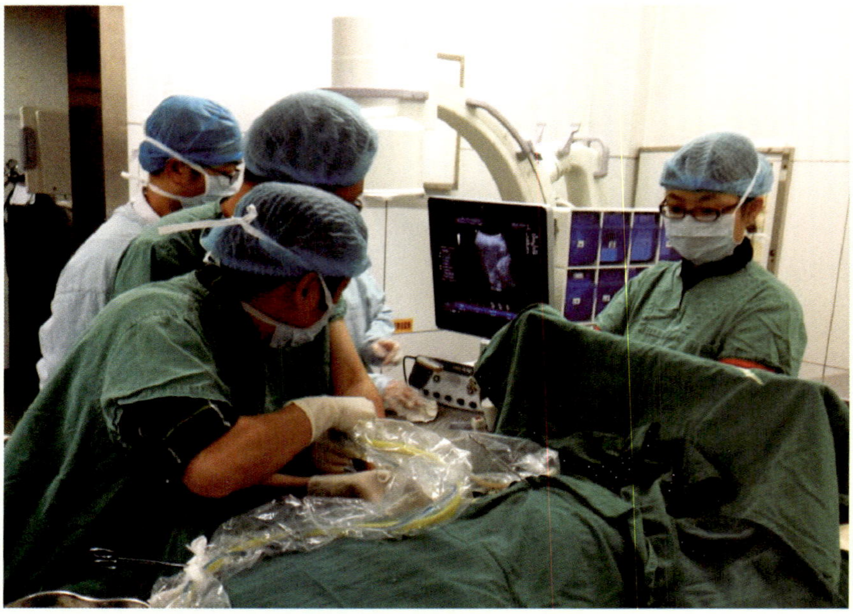

11月11日，成都市公共卫生临床医疗中心为病人做经皮肝癌消融手术

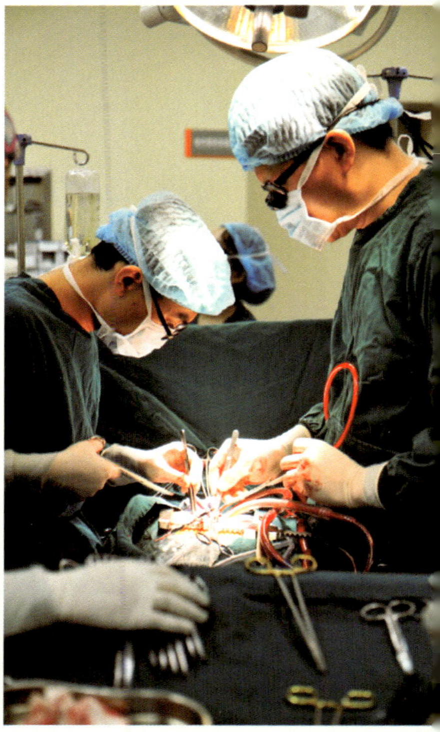

7月18日，成都市第二人民医院为病人开展胸外科体外循环手术

8月29日－9月1日，成都市第七人民医院承办国家级继续教育项目——嗓音与言语疾病诊疗新进展培训班

11月 11日，成都市血液中心开展“献出一份爱温暖一座城”无偿献血活动

6月14日，四川省举办第十一个世界献血者日活动，部队官兵踊跃参加无偿献血

6月14日，成都市血液中心组织第十一个世界献血者日活动

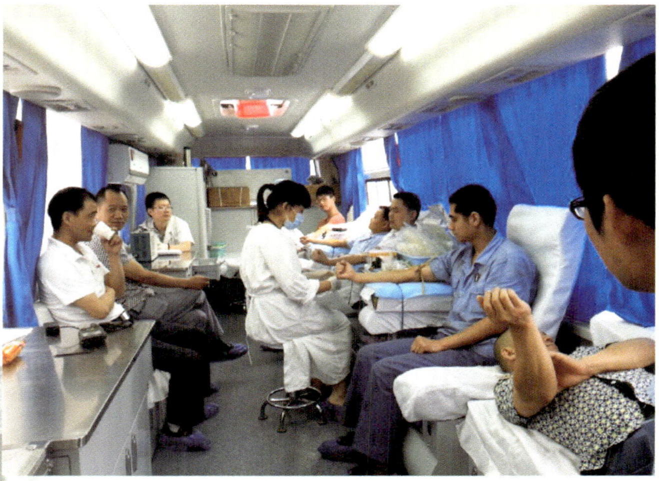

6月14日，郫县组织开展无偿献血活动

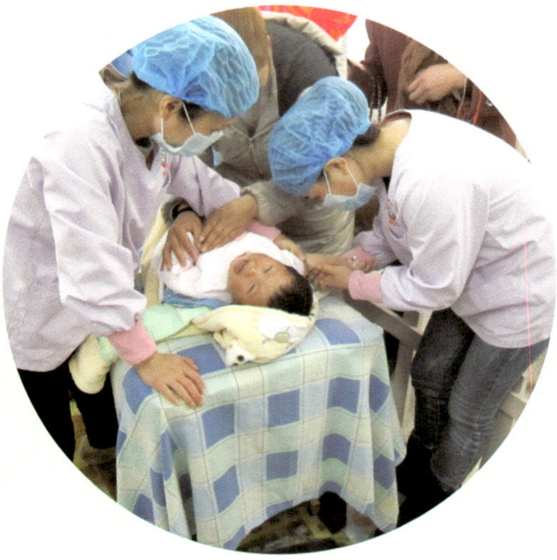

1月14日，成都市开展麻腮风疫苗与轮状病毒疫苗免疫安全性监测

8月15日，成都市未成年人心理咨询中心在光华财大社区开展2014年民生工程“提升自信，放飞梦想”主题心理活动

9月5日，成都市疾控中心在通济镇开展健康教育下街乡活动

5月20日，崇州市卫生系统开展慢病随访

10月10日，成都市第四人民医院、彭州市卫生局、彭州市精神病医院、天彭社区卫生服务中心在彭州市图书馆联合开展世界精神卫生日宣传活动

4月2日，成都中医药学会召开第七届二次常务理事会

6月20日，双流县中医医院开展义诊活动

4月22日，成都中法药学会开展中法骨科学术交流

6月20日，成都中医药学会举办中药质量管理控制及临床药学重点专科建设研讨班

4月18日，都江堰市在高桥河畔小区举办健康讲座

1月23日，武侯区晋阳社区卫生服务中心开展新春义诊活动

4月18日，成都中医药学会举办中医护理培训班

9月4日，国家中医药管理局医政司副司长杨龙会（右一）来成都市调研

9月18日，成都市首批中药师承训班学员参观中药饮片生产

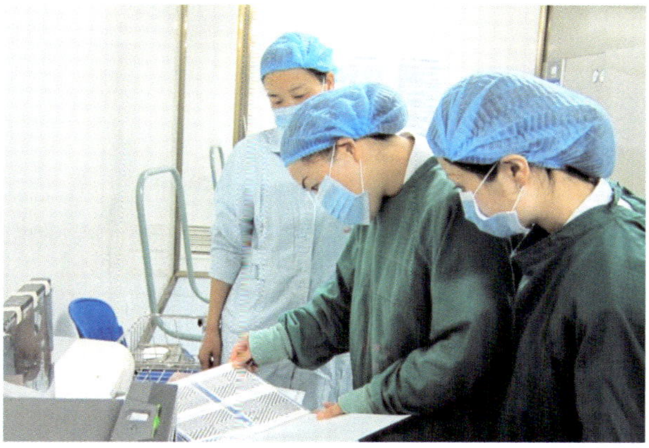

7月30日，成都市卫生执法监督支队检查消毒供应中心

3月5日，成都市开展“集中式空调”卫生监测

11月20日，国家卫计委调研双流县卫生执法监督体系建设工作

12月24日，成都市开展全市净水器监督检查工作

8月27日，双流县代表四川省接受国家卫计委
对卫生法律法规落实情况的检查

8月8日，省市卫生执法监督机构联合开展对饮用水卫生监督检查

8月18日，成都市疾控中心开展
成都市固体垃圾废弃物处置场职
业卫生检测

9月28日，锦江区万厚医院在锦馨社区开展义诊活动

3月3日，成都市第二人民医院
在莲新社区开展爱耳日义诊活动

5月28日，锦江区狮子山社区卫生服务中心在
万科城市花园开展“迎端午、送健康活动”

3月7日，成铁分局医院在富丽花城开展义诊活动

2月14日，金牛区沙河源社区卫生服务
中心在泉水社区开展义诊活动

3月13日，高新区在合作河滨广场举办智慧健康卡进万家送温暖活动

3月14日，成都市公共卫生临床医疗中心与成都市疾病预防控制中心在大邑县沙渠镇联合开展“新家园、新生活、新风尚”义诊宣传活动

3月29日，金牛区沙河源社区卫生服务中心开展党员义工日活动

5月18日，都江堰市人民医院为残疾人开展义诊活动

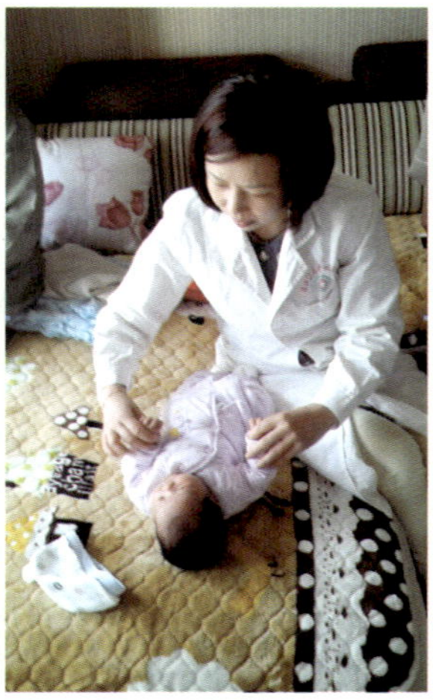

4月16日，金堂县淮口社区卫生服务中心医务人员上门为婴儿进行健康体检

5月7日，青羊区少城社区卫生服务中心家庭医生团队下社区为居民义诊

9月12日，龙泉驿区中医院志愿者服务队在万兴乡开展义诊活动

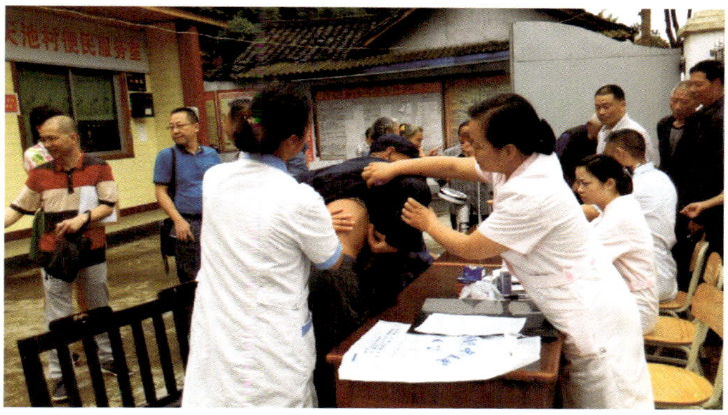

6月30日，邛崃市临邛镇社区卫生服务中心医护人员到油榨乡天池村开展“挂、包、帮”活动

11月21日，高新区在肖家河步行街开展“共圆妇幼健康梦”大型义诊活动

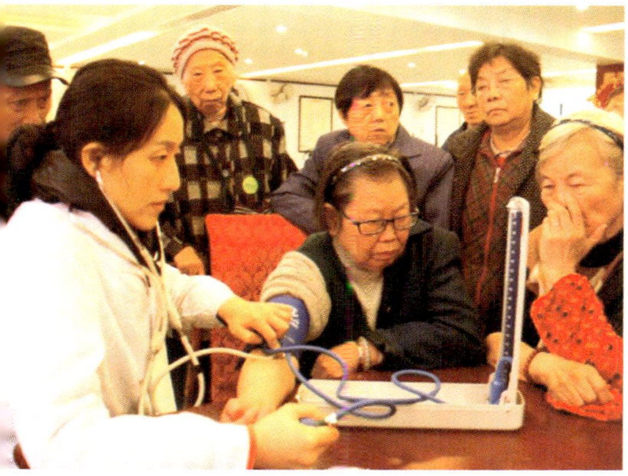

10月14日，成都市慢性病医院到同乐敬老院开展义诊活动

10月13日，金堂县淮口社区卫生服务中心开展“服务百姓健康行动”活动

12月1日，彭州市天彭社区卫生服务中心开展“艾滋病”防治宣传活动

3月26日成都医学会、成都市医师协会、成都中医药学会和成都护理学会联合郫县中医医院开展以“保护生态环境，珍爱生命健康”为主题的科普月医学义诊、咨询、宣传、科普讲座活动

12月10日，青羊区卫生系统在八宝广场开展“廉洁医院”创建宣传及大型义诊活动

3月7日，国家卫生计生委基层卫生司司长杨青（前排中）一行到武侯区调研基层卫生综合改革工作

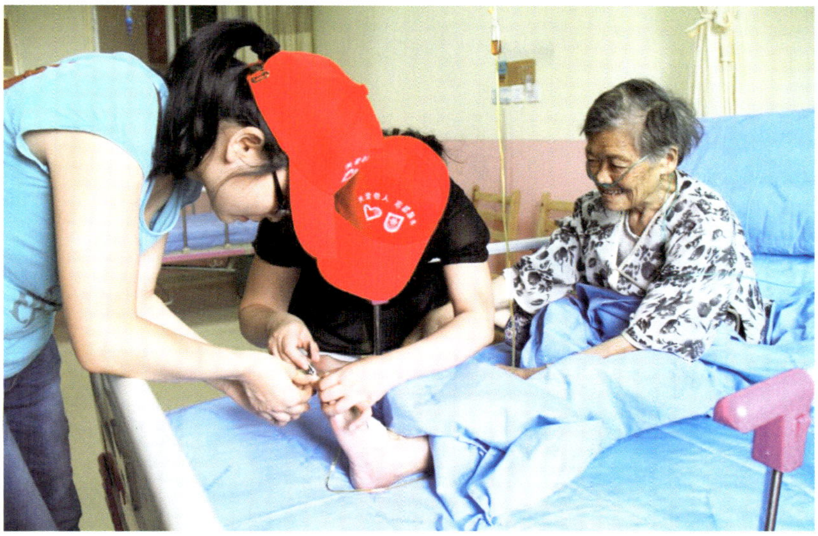

6月20日，成都市人才流动服务中心卫生分中心到成都市慢性病医院开展志愿者活动

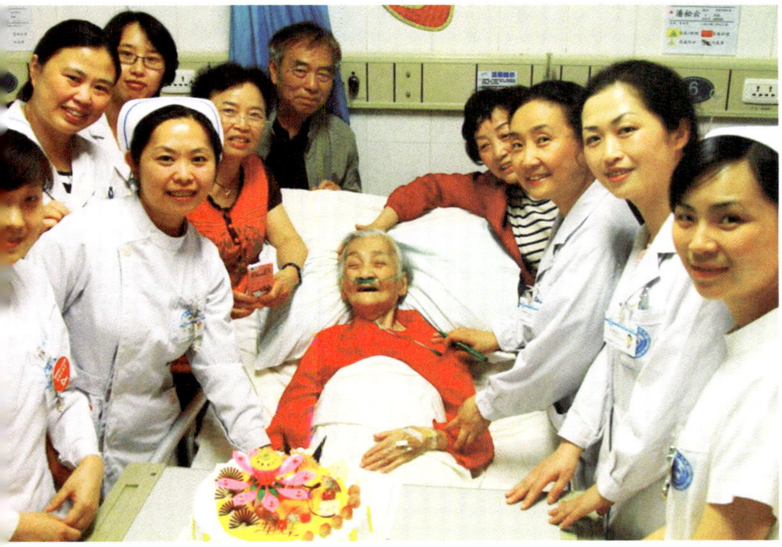

5月26日，成都市第六人民医院神经内科医务人员为老人患者送上生日祝福

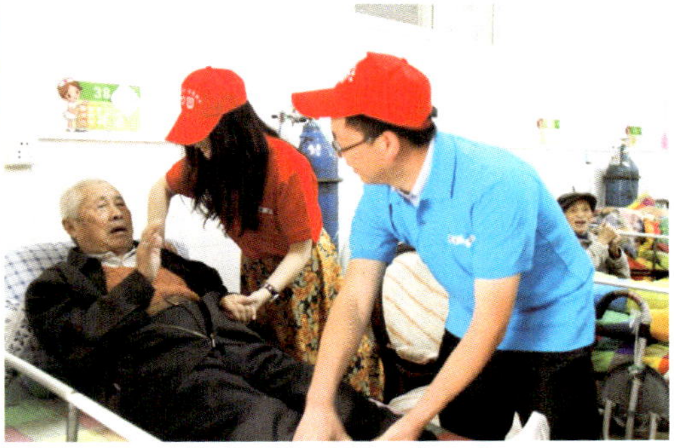

5月4日，志愿者到成都市慢性病医院开展志愿服务

9月12日，龙泉驿区中医院志愿者服务队在万兴乡开展义诊活动

4月30日，金牛区卫生局副局长贾小怡为志愿者授牌

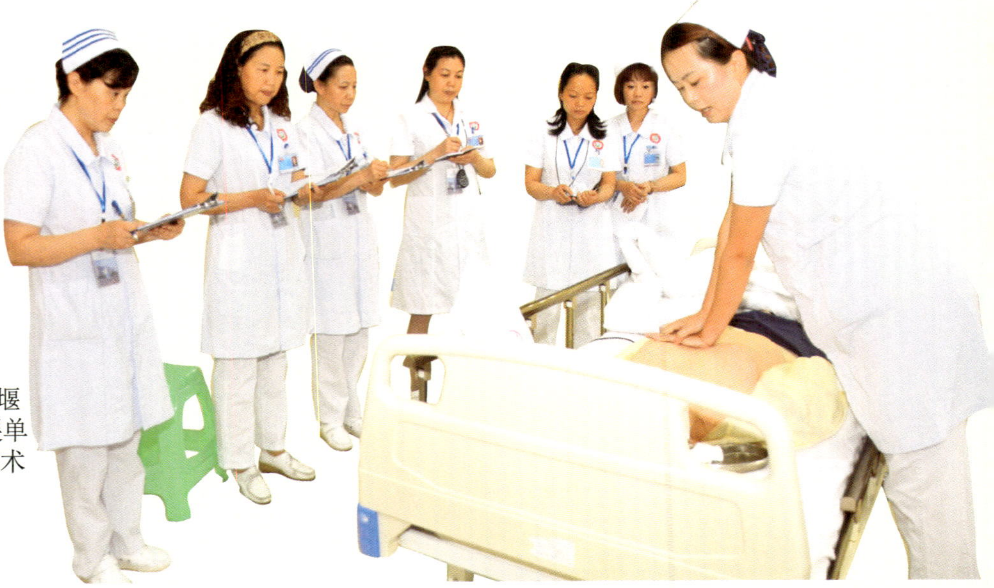

4月19日，都江堰市卫生系统开展单人徒手心肺复苏术比赛

8月23日，成都市四部门联合开展成都百万职工技能大赛妇幼健康技能比赛

11月14日，由成都市卫生局主办，成都市疾病预防控制中心承办“成都市第五届疾控技能比武大赛”

5月8日，成都市第五人民医院对口帮扶邛崃羊安镇卫生院挂牌仪式

6月18日，龙泉驿区卫生巡回医疗队在甘孜县开展义诊活动

9月4日，温江区医疗卫生系统在甘孜州色达县开展巡回医疗服务

10月15日，都江堰市人民医院与解放军307医院合作挂牌签字仪式

10月18日，郫县中医医院与上海中医药大学附属岳阳中西结合医院签订合作协议

12月9日，成都市中西医结合医院与泸州医学院加强全面战略合作关系协议签署仪式

4月4日，美国哥伦比亚大学儿童骨科教授Dr. David Roye（中）在成都市妇女儿童中心医院为病儿诊疗

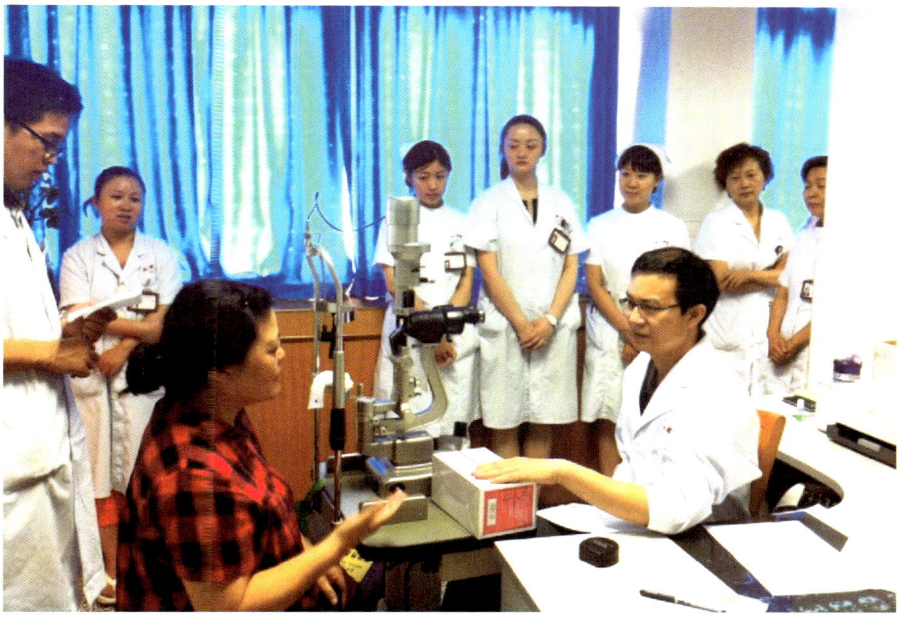

8月28日，美国约翰霍普金斯大学博士后梁远波到成大附属医院开展疑难青光眼义诊

9月23日，美国尤他大学斯蒂芬教授到武侯区卫生局交流学习

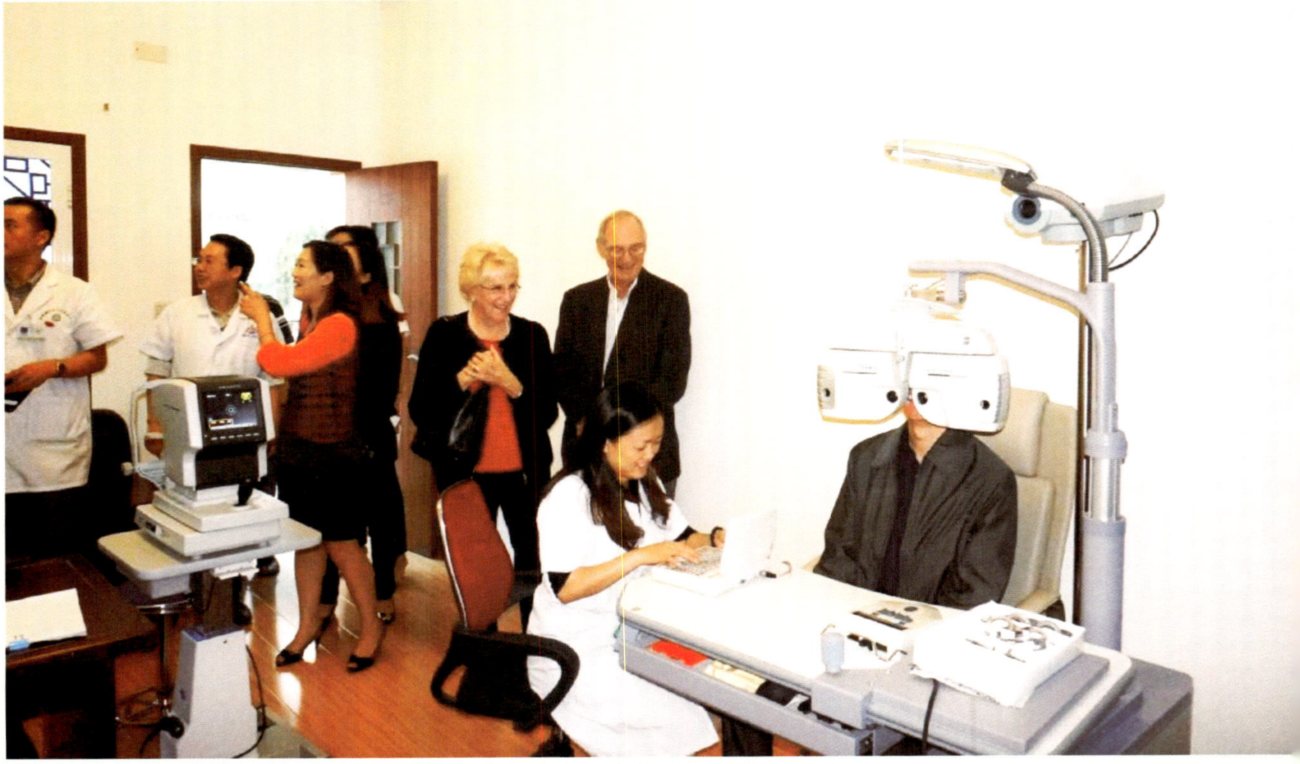

9月28日，铁姆肯基金会铁姆肯先生和夫人（中为铁姆肯先生及夫人）参观郫筒街道社区卫生服务中心

10月23日，成都市妇女儿童中心医院与德国阿莎芬堡医院乳腺中心举行“中德（成都）乳腺病中心”授牌仪式（右二为塔西曼教授）

12月5日，WHO专家考察成都市免疫规划工作

《成都卫生年鉴》编纂委员会

《成都卫生年鉴》编纂办公室

《成都卫生年鉴》主编单位

成都市卫生和计划生育委员会

《成都卫生年鉴》参编单位

四川出入境检验检疫局

成都市食品药品监督管理局

成都市医疗保险管理局

成都市红十字会

编纂说明

一、《成都卫生年鉴》是成都市卫生和计划生育委员会(成都市中医管理局)主管、主编,四川出入境检验检疫局、成都市食品药品监督管理局、成都市医保局和成都市红十字会参编的地方性专业年鉴,旨在按年度全面、系统地记录成都市卫生事业改革和发展的情况,真实反映成都卫生及相关事业社会主义现代化建设的历史进程,为党政机关、研究部门、企事业单位、群团组织、社会各界人士及中外投资者了解、研究和参与成都医疗卫生工作提供基本资料。

二、《成都卫生年鉴》是对外公开发行的年鉴,从2008年创刊以来,每年出版一卷。2015年卷《成都卫生年鉴》为总第8卷,主要记载2014年度成都卫生的基本情况、发展变化及大事要闻。

三、2015年卷《成都卫生年鉴》采用中编结构,分类编辑法编排,除特载、大事记、卫生论坛、文献・文件、附录的内容外,均按照类目、分目、条目的结构组成内容体系。全书以不同字体、字号区别不同层次,条目标题均加“【】”。为方便读者查阅,本卷年鉴配备了三重以上检索系统,书前有详细中文目录、英文要目,内文中有页眉,正文后有市级医疗卫生单位、民营医院、基层卫生机构、企事业单位医院、索引。

四、《成都卫生年鉴》设有特载、成都卫生事业、卫生相关工作、区(市)县卫生事业、医疗卫生单位选介、大事记、卫生论坛、文献・文件、附录9个类目、91个分目、924个条目,全书约60余万字,另有公益彩页20页(约120幅照片)。

五、《成都卫生年鉴》的统计资料由成都市卫生和计划生育委员会提供。内文条目的数据由各相关单位提供,部分条目中的数据因统计口径等原因可能与统计资料中的数据不相符合,引用时应以统计资料为准。

六、《成都卫生年鉴》的稿件主要有省、市相关部门、各区(市)县卫生行政部门,以及部分驻蓉部省级单位和部分社区、工矿、民营单位提供。本刊在编纂过程中的疏漏之处,恳请批评指正。

七、《成都卫生年鉴》的组稿、撰稿及编纂工作得到各级领导的关怀,以及省、市相关部门、各区(市)县卫生行政部门、部分驻蓉部省级单位、社区、工矿、民营单位的大力支持。在此,向所有关心、支持和直接参与《成都卫生年鉴》工作的同志们表示衷心感谢。

《成都卫生年鉴》编纂办公室

2015年9月

目　录 Contents

卫生相关工作管理

区（市）县卫生事业

医疗卫生单位选介

大 事 记

卫生论坛

文献·文件

附　　录

索　　引

Contents

Medical & Health Work at County Levels

Medical and Health Units Guide

Historical Events

Public Health Forum

Official Literature and Document

Appendix

Index

特载 Important Notes

成都市卫生计生工作报告

（2015 年 4 月 16 日在全市卫生计生工作会议上作题为
继往开来　改革创新奋力谱写全市卫生计生事业　发展新篇章的工作报告）

成都市卫生计生委党组书记、主任　谢　强

同志们：

今天的会议，是市卫计委组建后，市委、市政府召开的首次全市卫生计生工作会议，主要任务是：贯彻落实党的十八届三中、四中全会，市委十二届三次、四次全会以及全国、全省卫生计生工作会议精神，总结工作，分析形势，部署任务。目的是统一思想，凝聚力量，推动卫生计生工作创新发展。

市委、市政府高度重视卫生计生工作，新初书记专门作出重要批示，白刚常委将作重要讲话。请全系统认真贯彻落实。

下面，我代表市卫计委对 2014 年工作进行总结，对 2015 年工作作出安排。

一、2014 年主要工作

2014 年，全市卫生计生系统立足全市改革发展大局，以服务民生为导向，以改革创新为动力，真抓实干，攻坚破难，各项工作取得了新的进展和成效。

（一）医药卫生体制改革持续推进。一是县级公立医院改革不断深化。69 家县级公立医院全部取消药品加成。新都、邛崃、新津、大邑县级公立医院开展抗生素类药品“二次议价”试点，抗生素类药品价格平均降幅达 57.37%。新津、新都、蒲江、青羊、彭州推进现代医院管理制度改革得到国家和省上肯定。二是基层卫生综合改革顺利启动。以武侯、新津为国家级重点联系区县，青羊、新都、都江堰、彭州为市级重点联系点，在全市启动为期三年的基层卫生综合改革试点工作，得到国家卫生计生委高度评价。三是分级诊疗制度探索推进。推进托管、联办、联盟等合作办医模式，华西医院、省人民医院、市三医院与新津、蒲江等基层医疗卫生机构开展合作，市五医院牵头组建“成都西部医疗联合体”，着力推进优质医疗资源纵向流动，为分级诊疗奠定基础。四是基本药物制度全面落实。318 家公益性基层医疗卫生机构全部实施基药制度，药品零差率销售，药品上网采购率达 100%。90% 的非政府办基层医疗卫生机构实施了基药制度。二、三级医院基药使用量占比分别达 46.81%、33.46%。五是全科医生签约服务稳步推进。作为全国 10 个试点城市之一，全面开展全科医生执业方式和服务模式改革试点，推行防治结合的契约式服务，组建服务团队 2267 个，签约家庭覆盖率 26%，国务院医改办给予充分肯定。

（二）计生服务管理不断加强。一是“单独两孩”政策平稳实施。制定“单独两孩”政策实施方案，受理“单独夫妇”申请再生育 2.77 万件，批准 2.71 万件。二是奖励扶助政策全面落实。兑现计生家庭奖励扶助金、特别扶助金、独生子女父母奖励金 4.41 亿元，较上年增长 15.75%，惠及 157.33 万人。初步形成了计生特殊困难家庭关怀扶助政策体系，实施“心灵彩虹”等项目，为“失独”家庭提供心理咨询、疏导服务，让 137 个“失独”家庭与孤残留守儿童结对认亲。三是服务管理不断优化。推动社会抚养费征收“两分离”、“三公开”改革，规范特殊情况分期缴纳集体决定制度。完善计划外生育婴儿上户“三联单”制度。推行计生办证服务改革。研发推广《幸福家庭宝典》手机宣传软件，开通成都人口微信，开办生育关怀公益大讲坛。四是流动人口卫生计生基本公共服务均等化试点深入推进。启动流动人口婚育证明电子化改革，全面推行流动人口网上办证服务。流动人口卫生计生基本公共服务试点工作经验在全国交流，我市被确定为全国15个促进流动人口社会融合示范试点城市之一。五是幸福家庭创建活动扎实开展。计生家庭保险参保达31万人，“三结合”帮扶活动新增帮扶家户4785户，扶助孤残留守儿童492个，“幸福工程”帮扶贫困母亲377个。建设和规范“生命绿岛”公共服务平台，开展优生优育、生殖健康、青少年健康人格教育等服务。

（三）医疗服务提质增效。一是基层服务能力不断提升。实施基层公益性医疗卫生机构标准化建设设备提升工程，配备医疗设备1463台（件）。推进基层医疗卫生机构第三方医学检验和集中阅片工作，规范医师多点执业管理，加强基层能力建设，广泛开展“送温暖、献爱心、卫生与你同行”卫生服务进社区进乡村活动和基层巡回医疗。二是市级公立医院加快发展。推动市级公立医院再造服务流程、优化就医环境、加强精细管理，市三医院与西南交大签署战略合作协议、市中西医结合医院推出移动收费窗口，市级公立医院全年业务收入、门急诊量、出院人次、手术台次同比分别增长23.2%、14.5%、16.9%、21.5%。三是社会办医活力不断释放。放宽医疗卫生机构准入条件、简化审批流程、下放审批权限，审核新设置民营医疗机构388家，投资总额7.7亿元。开展便民健康连锁诊所试点。四是医疗质量监管不断加强。组建29家市级医疗技术质量控制中心，制定医疗机构国际化服务基本标准，健全医疗服务与治疗评价标准，开展医疗质量服务检查和规范医疗服务行为、血液透析等专项督查。五是卫生计生信息化建设不断推进。分两批建成城乡一体人口计生服务管理系统，开通计生便民服务网上预约平台。建成基层医疗卫生信息系统，推动乡村“一体化”信息管理。推进县级综合医院影像信息系统建设，完成市、县“一卡通”就诊系统改造升级，着力提升医疗卫生服务信息化水平。

（四）公共卫生成效明显。一是基本公共卫生服务工作扎实推进。完善基本公共卫生服务项目，增加基本公共卫生服务经费的投入，把基本医疗与基本公共卫生充分融合，提供个性化、精细化的健康管理服务，全市建立规范化居民健康档案1357.8万份，高血压规范化管理96.2万人、糖尿病规范化管理39.3万人、重性精神病规范化管理4.6万人。二是疾病防控不断加强。疾控能力建设稳妥推进，市疾控中心通过等级评审，县级疾控机构标准化建设率达到80%以上。结核病、艾滋病等重大疾病防控有效，传染病监测预警落实，甲乙类传染病发病率98.09/10万，常规免疫接种率达95%以上，全年无甲类传染病发病。严重精神障碍患者管理加强，阳光救助行动深入开展，管理率达80%以上。三是妇幼健康持续改善。“妇幼健康服务年”活动扎实开展，获国家卫生计生委通报表扬。免费婚检、免费孕前优生健康检查、城乡居民孕产妇住院分娩补助政策、育龄妇女增补叶酸和“两癌”免费检查全面落实。免费为10.8万名新生儿开展耳聋基因筛查。市、县两级新生儿、孕产妇急救网络进一步完善，急救能力进一步提升，全市孕产妇死亡率6/10万、婴儿死亡率4.30‰，创历史新低。四是卫生应急能力不断提升。实施紧急医疗救援体系能力提升工程，全域成都紧急医疗救援信息化建设加强，反恐卫生应急准备工作落实，埃博拉疫情有效防控。完成7个旅游景点急救站（点）建设，蒲江等5个县（市）成功创建省级卫生应急综合示范县（市、区），完善了93家“120”网络医院布局。五是爱国卫生工作扎实有效。城乡环境卫生综合治理扎实开展，老旧院落卫生管理实现了常态化。卫生城市创建成果巩固，新创省级卫生镇26个、卫生村164个，都江堰、彭州“国卫”创建有序推进。完成农村改厕民生工程项目，有效改善农村环境卫生状况。病媒生物防制效果明显，“四害”密度控制在较低水平。健康教育和健康促进有序开展。六是法制监督水平不断提高。开展依法治市、依法行政专项整治，强化卫生综合执法能力建设，加强生活饮用水卫生、学校卫生、放射卫生以及职业健康体检机构的监督管理工作。加大执法检查力度与行政处罚力度，办理行政处罚案件502件，办结行政许可审批事项2.2万件。

（五）中医药特色服务不断强化。一是中医药服务能力不断提高。市级医疗机构中医药工作水平稳步提升，市中西医结合医院通过了国家“三甲”中医院持续改进检查评估。县级中医院标准化建设强力推进，基层医疗卫生机构以及县级综合医院（妇保院）中医科、中药房标准化建设加强，中医专家到基层服务试点范围扩大，全市基层中医药服务量达44.66%。二是中医“治未病”工作不断拓展。市、县级中医医疗机构开展“治未病”中心（科室）建设；实施基本公共卫生服务医药健康管理项目，全市65岁以上老年人中医体质辨识、0－36个月儿童中医健康服务管理覆盖面达43%和57%。三是中医重点专科和重点学科建设不断加强。建设国家级中医重点专科7个、省市级131个，加强中医药特色服务。市公共卫生临床医疗中心推进“国家中医药防治传染病重点研究室”和“国家级重点学科—中西医结合传染病科”建设，建成国内发热伴呼吸道症候群新突发传染病救治平台。

（六）发展保障不断强化。一是队伍建设进一步强化。启动卫生计生领军人才开发工程，加强卫生计生人才队伍建设，完善住院医师规范化培训制度，建立国家、省级住院医师、全科医生规范化培训基地21家，培训住院医师、全科医生近7000人。推进中医药传承与创新人才工程，5000余人参加专题培训、技术骨干培训。二是创新能力进一步强化。申报国家自然科学基金项目18个、省科研课题和项目269个，市级科研课题和项目立项180个，获得市级及以上科技奖42个。新创建省级医学重点学科（专科）11个，市级医学重点学科（专科）18个。三是政风行风进一步改善。认真落实党风廉政建设“两个责任”，联动推进第二批教育实践活动，解决基层实际问题42个。持续开展“四风”整治和行业正风肃纪活动。落实中央巡视组反馈意见，开展五个专项整治活动。坚决打击医药购销和医疗服务领域的违法违纪行为。开展“九不准”、“廉洁从医”专项活动，医患双方签署不收和不送“红包”协议书，架起反“四风”和反腐败高压线。

2014年，全市卫生计生工作总体稳定、健康发展，成绩来之不易。但也要清醒地看到，卫生计生事业发展仍然面临一些新的矛盾和问题：一是医药卫生体制改革任务更加艰巨，改革的整体性、系统性、协同性有待进一步加强；二是计生服务管理难度仍然较大，相关政策及配套措施还需逐步完善；三是公共卫生面临的挑战更加严峻，传染病防治任务依然艰巨；四是群众健康需求更加多元，医疗卫生服务供需矛盾长期存在，健康服务业亟待加快发展。这些问题，必须引起高度重视，采取措施，推动解决。

二、2015年工作安排

2015年，是深化改革的关键一年，是全面推进依法治国的开局之年，是全面完成“十二五”规划的收官之年，也是我市卫生计生以新的机构、职能和形象出现的起始之年。起好步，开好局，至关重要。做好全市卫生计生工作的总体要求是：深入贯彻党的十八届三中、四中全会和习近平总书记系列重要讲话精神，牢牢把握“四个全面”战略布局，按照省委十届四次、五次全会和市委十二届三次、四次全会要求，站在成都“新常态、万亿级、再出发”的全新起点，深化两项改革（深化医药卫生体制改革、深化计生服务管理改革）、着力两个提高（着力提高公共卫生工作水平、着力提高医疗服务水平）、实现两个促进（促进中医药事业发展、促进健康服务业发展），努力推动全市卫生计生事业改革向纵深发展，建设“健康成都”，为打造西部经济核心增长极、建设现代化国际化大都市提供健康保障。今年，重点要抓好以下七项工作。

（一）深化医药卫生体制改革。一是深化基层卫生综合改革。进一步完善基层卫生综合改革的监测评估体系，积极探索基层医疗卫生机构综合补偿、人事分配等方面机制体制的综合改革，健全基层医疗卫生机构稳定长效的多渠道补偿机制。完善绩效考核评价机制，重点向关键岗位、业务骨干和突出贡献人员倾斜。完善基本药物采购配送机制，发挥药品集中采购交易监管平台的监管作用。二是推进全科医生执业方式和服务模式改革试点。进一步规范全科医生签约服务项目和流程，开展全科医生团队绩效考核。推行有偿签约制度，研究制定不同人群、不同收费标准的服务项目，探索建立社区医养结合服务模式，引导非公医疗机构的全科医生开展签约服务，力争2015年签约服务覆盖全市30%的家庭。三是推进公立医院改革。认真贯彻中央深改组《关于城市公立医院综合改革试点的指导意见》，破除公立医院逐利机制，推进县级公立医院综合改革，加快理顺医疗服务价格，落实财政补偿政策；实施市级公立医院改革，稳妥推进医疗服务价格调整、取消药品加成，在建立符合行业特点的人事薪酬制度、加快推进医疗卫生信息化建设等方面大胆探索，积极解决好群众看病就医问题。四是推行分级诊疗和双向转诊制度。强化不同层级医疗机构的功能定位，加强县级医院重点专科建设，提升县级和基层医疗机构服务能力。逐步建立“基层首诊、双向转诊、急慢分治、上下联动”的就医制度，落实双向转诊关系的建立和规范转诊程序，促进大型医院完善信息化管理，开设基层转诊绿色通道，实现90%以上的患者在县域内诊疗。五是深化公立医疗机构药械采购改革。组织全市公立医疗机构参加全省药品集中招标采购，进一步降低药品价格。在新都、邛崃、新津、大邑等县级公立医院开展药品供应链改革试点。规范医疗机构高值医用耗材和大型医用设备采购行为，促进采购公开透明。六是深化行政审批制度改革。持续清理行政审批事项，做好行政审批事项的承接落实和下放。全面清理行政审批前置条件，规范中介服务行为，加强行政审批设立和后续监管。

（二）深化计生服务管理改革。一是继续实施好"单独两孩"政策，加强政策宣传解读，引导群众按政策生育。二是加强基层基础工作，稳定和加强基层计划生育工作网络和队伍。深入推进"诚信计生"活动和基层群众自治，开展计划生育优质服务先进单位（示范）创建活动。三是推进计划生育服务管理改革。深化生育服务证制度改革，推进流动人口婚育证明电子化改革，方便群众办事。加强流动人口计划生育"一盘棋"机制建设，开展流动人口社会融合示范试点，促进流动人口卫生计生基本公共服务均等化。加快社会抚养费征收管理体制改革。四是推进计划生育家庭民生建设。加大出生人口性别比综合治理力度，深入开展"关爱女孩行动"和"圆梦女孩志愿行动"。加大打击"两非"行为力度，深化打击"两非"专项治理工作。开展创建幸福家庭活动，落实计划生育家庭奖励扶助法定政策、特殊困难家庭扶助关怀政策。

（三）着力提高公共卫生工作水平。一是加强基本公共卫生服务。巩固和提高基本公共卫生服务质量和管理水平，为城乡居民提供健康档案管理等11类基本公共卫生服务，规范化电子健康档案建档率达95%以上。开展基本公共卫生服务项目购买服务管理方式试点，探索建立第三方评价机制。二是加强卫生应急工作。加强紧急医疗救援体系建设，组建"特别医疗突击队"，完善突发事件伤员分级分类救治医院联动机制。加强市级传染病、化学中毒、核辐射、烧伤和综合医学救援定点基地医院建设。建立市级卫生应急物资储备、调用、补充等制度，落实应急物资储备。做好重大传染病疫情监测和风险评估，落实"特别重要突发事件信息首次报告'10分钟'规则"要求，及时开展防控预警。三是加强重大疾病防控工作。加强疫苗规范化、精细化管理，免疫规划疫苗接种达98%以上，全市法定传染病发病率控制在250/10万以下。实施60岁以上户籍老年人肺炎疫苗接种补助民生项目。实施青年学生预防艾滋病三年行动方案，加强艾滋病等重大传染病防控，深入推进国家艾滋病城市示范区、省结核病示范区建设。推进疾控机构标准化建设，全市建设目标完成率达90%以上。推动精神卫生事业建设与发展规划出台，实施重性精神疾病阳光救助民生工程，全面提高检出率、管理率和治疗率。四是加强爱国卫生工作。贯彻落实《国务院关于进一步加强新时期爱国卫生工作的意见》和李克强总理批示精神，制定成都实施意见。继续推进城乡环境综合整治，建成省级卫生镇20个，卫生村120个，完成2000户农村改厕民生工程项目。积极组织和动员全市力量，全力做好国家卫生城市复审工作。五是加强妇幼保健工作。加快妇幼保健与计生技术服务机构的资源整合，加强妇幼健康服务体系能力建设，全市县级妇幼保健机构全部达到"二级甲等"以上水平，锦江、金牛、龙泉驿、大邑和都江堰妇幼保健机构达到"三级乙等"水平。实施"母婴安康工程"，完善县级——片区——市级三级新生儿急救转运体系，确保孕产妇死亡率低于9/10万，婴儿死亡率低于4.5‰。全面深化"优生促进工程"，实施孕产妇住院分娩补助、"两癌"筛查、免费孕前优生健康检查等项目，推进自愿免费婚检、新生儿疾病及耳聋基因免费筛查工作。六是加强综合监督工作。强化依法监督和运用社会监督、行业自律、主动监测、第三方评价等多元化监督手段，推进卫生计生综合执法改革。加强医疗机构、公共场所和学校卫生监督，开展重点专项执法整治和监督抽检，做好信息公示。开展打击非法行医、非法采供血等活动，加大对涉水产品、消毒产品的监督力度，做好食品企业标准备案管理和消毒产品卫生安全评价备案工作。

（四）着力提高医疗服务水平。一是积极构建"医联体"。推进全市区域医联体建设，探索紧密型、契约型、章程型医联体建设模式，鼓励集团式、托管式、联盟式路径方式，推动医联体内"人员流通、设备联通、信息畅通、服务贯通、医保互通"，切实提升医疗服务水平。二是实施改善医疗服务行动。加强落实核心制度，优化布局流程，提高服务效率，规范双向转诊，提高急救能力。进一步落实管理责任，发挥信息优势，改善群众就医体验，落实《成都市医疗纠纷预防与处置办法》，努力构建和谐医患关系。三是开展大型医院巡查。加强对二级以上医疗机构的分期、分批巡查督导，强化医院运营管理。落实医务人员廉洁从业承诺制度，加强平安医院建设。四是推进卫生计生信息化建设。加快全员人口信息库、居民电子健康档案和电子病历数据库建设，逐步推动系统互联互通。开展信息惠民工程，推进居民"健康卡"示范工程，逐步实施跨地区预约诊疗服务和远程医疗。

（五）促进中医药事业发展。一是实施基层中医药服务能力提升工程。作好市级中医医疗机构中长期发展规划，以创建"全国综合（专科）医院中医药示范单位"为载体，全面开展综合医院（妇保院）中医药专项推进行动。二是继续实施中医药"治未病"健康工程。构建市、县、乡（社区）中医"治未病"服务网络，积极推进中医药参与养老服务试点。加强中医重点专科、重点学科建设，完善中西医共同救治重大公共疾病机制，在中医医疗机构建设中药饮片溯源体系。三是强化基层中医药人才队伍建设。将区（市）县名中医带徒纳入市级师承教育管理，开展中医药继续教育、中医药特色技术、中药药事管理、"西学中"等培训。在卫生计生机构改革时，各区（市）县要有机构和专人负责中医药工作，切实提高管理水平。

（六）促进健康服务业发展。一是加快发展多元医疗健康服务。落实"创业天府计划"，在坚持公立医疗机构提供基本医疗服务主导地位的基础上，鼓励企业、慈善机构、基金会、商业保险机构等投资医疗服务业，鼓励各类医院转型发展康复医院、老年病医院、护理院，鼓励发展康复护理、老年护理、家庭护理等服务内容。二是加快发展健康养老服务。鼓励医疗机构与养老机构加强合作，推动医养结合，在养老服务中充分融入健康理念，鼓励二级以上医院与老年病医院、老年护理院、康复疗养机构之间转诊与合作，鼓励医疗机构将护理服务延伸到居民家庭。三是加快发展新型健康服务业态。围绕群众多元健康需求，鼓励卫生计生机构探索建立覆盖生命全周期的健康服务体系，积极发展优生优育、母婴照料、健康体检、美容整形、疗养康复、心理健康、医疗健康旅游等各项特需服务。

（七）统筹做好其他工作。一是加强规划工作。科学编制卫生计生事业发展"十三五"规划和《成都市医疗卫生服务体系规划（2015－2020年）》《天府新区成都部分卫生资源布局规划（2015－2030年）》等专项规划。二是加强信访工作。加强依法行政，提升服务管理水平，注重源头预防，努力从根本上减少社会矛盾。扎实开展各类矛盾纠纷排查化解，落实属地管理责任，推进及时就地解决信访问题。三是加强安全生产。严格实行安全生产"一票否决"制度，强化监督检查、考核以及问责机制，突出抓好卫生领域高危场所安全管理，加强应急处置，全面提升安全生产水平。四是加强保密工作。强化保密意识，加强定密规范管理、涉密人员管理、网络保密管理等日常管理，确保国家秘密绝对安全。五是强化资金管理。严格执行收支预算计划，加强项目资金绩效考评，不断提高预算管理水平，确保资金使用效益。

三、切实加强卫生计生干部队伍建设

2015年，卫生计生改革发展任务繁重而艰巨，全系统必须努力加强自身建设，以超常的付出、顽强的斗志、良好的素质、优良的作风，努力推动各项任务落实。

（一）严守政治纪律，严明政治规矩，努力建设一支思想过硬、对党忠诚的卫生计生干部队伍。认真贯彻落实中央和省委、市委关于全面从严管党治吏的重大决策部署，坚持用习近平总书记系列重要讲话精神武装头脑，坚定政治信仰。把对党绝对忠诚作为讲政治的首要原则，始终与党中央保持高度一致，坚决落实中央和省委、市委各项重大决定。坚持聚精会神抓党建，积极加强和完善系统内党的基层组织建设，严肃党内组织生活，加强干部日常监督管理。坚持以"三严三实"为实践取向和行为准则，保持奋发有为的精神状态。持续开展"走基层"活动，坚持"三视三问"群众工作法，履职尽责，主动作为。

（二）坚持勤学敏思，坚持依法行政，努力建设一支学无止境、依法治理的卫生计生干部队伍。坚持把勤学敏思作为攻坚破难的根本要求，立足新岗位，针对新业务，推动全员工作学习化和学习工作化，努力填补知识空白，补齐能力短板。坚持把卫生计生工作全面纳入法治轨道，坚定社会主义法治信仰，尊崇法治，敬畏法律，依法全面履行职责，依法推进行政管理、医疗管理、公共卫生、公众健康等各项卫生计生工作，提高全系统依法治理能力。

（三）坚持强化宣传，坚持正面引导，努力建设一支奋发向上、崇德向善的卫生计生干部队伍。坚持宣传教育先行，把握正确导向、价值引领，讲好身边故事，增强卫生计生事业发展的自信心。围绕卫生计生中心和重点工作，加强新闻宣传，用好官方网站、微博、微信，积极融入全市大网络、大舆情、全媒体格局，牢牢掌握舆论引导权。加强卫生计生舆情收集和管理，妥善解疑释惑，正确引导舆论。推动卫生计生文化建设，加强职业道德教育和医德医风建设，努力构建和谐医患关系。

（四）坚持廉洁自律，坚决倡俭治奢，努力建设一支廉洁高效、作风优良的卫生计生干部队伍。高度重视拜金主义、享乐主义、奢靡之风以及系统内违纪违法案件的负面效应、恶劣影响，深刻认识党风廉政建设面临的新形势。系统各单位切实落实党风廉政建设主体责任，做到与业务工作同部署、同落实、同检查、同考核；纪检监察机构切实落实监督责任，履行“监督、执纪、问责”主责，加强对干部选拔任用、权力运行、资金管理、招标采购和工程项目等方面的督查，从严、从快查处违纪违规问题，坚持“一案双查”，既追究直接责任人责任，又追究单位领导班子及相关领导的责任。进一步强化党风廉政警示教育，全力打造廉政风险防控机制。按照《党章》规定，系统各级党组织要设置纪检监察办事机构，配齐配强工作人员。

同志们，当前卫生计生工作正处于改革发展负重前行的攻坚期，责任大，任务重。让我们在市委、市政府的正确领导下，团结一心，攻坚克难，共同促进全市卫生计生事业健康稳定快速发展，为奋力打造西部经济核心增长极、建设现代化国际化大都市作出更大的贡献！

（成都市卫生与计划生育委员会办公室）

成都卫生年鉴
CHENGDU HEALTH YEARBOOK

成都卫生事业
Chengdu Health Service

医疗卫生事业

【概况】 2014年,成都市卫生资源总量继续增加,政府投入力度加大,重大疾病防治得到加强,三大健康指标持续改善,卫生服务能力进一步提高,卫生改革与发展成就斐然。截至年底,全市医疗卫生机构达8 190个,其中:医院499个、基层医疗卫生机构7 575个〔含社区卫生服务中心(站)273个、乡镇卫生院247个、村卫生室3 041个、门诊部229个、诊所、卫生所、医务室3 785个〕、专业公共卫生机构100个、其他卫生机构16个。与上年比较,医疗卫生机构增加214个,其中医院增加23个,基层医疗卫生机构增加189个(基层医疗机构中,诊所增加219个,村卫生室减少15个)。全市卫生人员总数达16.43万人,比上年增加1.03万人。其中,卫生技术人员12.78万人,比上年增加0.77万人〔含执业(助理)医师4.83万人,比上年增加0.25万人;注册护士5.51万人,比上年增加0.5万人〕。每千人口执业(助理)医师数由上年的3.21人增加至2014年的3.37人,每千人口注册护士数由3.56人增加至2014年的3.86人。全市医疗卫生机构实际开放床位数达10.80万张,其中:医院8.76万张、卫生院1.37万张。与上年比较,医疗卫生机构床位增加0.7万张,其中:医院增加0.74万张,卫生院增加0.02万张。每千人口医疗卫生机构床位数由2013年的7.06张提高到2014年的7.55张。全市万元以上设备共100 075台,其中50万元以下的设备95 890台,50－99万元的设备2 412台,100万元以上的设备1 773台。全市城乡居民人均期望寿命78.42岁。按性别分,男性76.27岁,女性80.89岁;按城乡分,城市人口78.84岁,农村人口77.89岁。

【卫生事业发展规划编制】 开展了对《成都市区域卫生规划(2011－2020年)》的修订工作。在规划修订过程中,参照《四川省2008－2020卫生资源配置标准(2014年版)》,聘请专家对主要卫生资源配置指标开展测算,结合有关课题研究成果形成规划,与市发改委、市财政局共同召开部门会议再行修改,并联合行文上报市政府,建议市政府转发全市执行;提出了成都市卫生事业"十三五"规划初步思路报市发改委。根据省卫计委有关2015－2020年四川省医疗卫生服务体系规划编制的有关要求,通过对近年来全市卫生资源配置与利用的数据体系和课题研究成果,初步形成了成都市2015－2020年医疗卫生服务体系规划初稿。

【卫生项目推进】 成都市基层公益性医疗卫生机构标准化建设设备提升工程有序推进。截至年底,基层公益性医疗卫生机构标准化建设设备提升工程有序推进,全科医生服务包、中医药设备完成招标工作,已验收样品并签定采购合同;DR、救护车已完成第二次招标;共完成招标设备2 266台(件),设备采购资金10 148.4万元(较年初预算节约1 846.4万元)。2014年,中央及省、市、县37个卫生项目,建设规模23 220平方米,总投资7 931万元,中央4 850万元,地方3 081万元,主体完工1个,施工2个,未开工34个;14个村卫生室建设项目,其中大邑县7个、新都区5个、金堂县2个,均为2013年中央下达的预算内投资项目。项目资金由中央资金、地方配套资金构成,建设规模共计840平方米,预计总投资164万元,其中中央资金70万元,地方配套资金94万元。截至年底,项目已按计划全部竣工并投入使用。

【医疗联合体建立】 成都市第三人民医院托管浦江县人民医院、阿坝州林业中心医院;成都市第二人民医院托管青白江区人民医院;四川省人民医院托管温江区人民医院、新津县人民医院、崇州市人民医院；成都市第五人民医院牵头组建了由35个医疗机构组成的成都西部区域医疗联合体；华西医院与新都区人民医院进行医疗合作，为全市逐步建立分级诊疗、双向转诊的医疗服务模式进行了有益探索。通过医疗合作体的建立，使下级医疗机构的管理水平，服务能力得到明显提升。

【卫生培训与继续医学教育】 成都市制定了各类卫生人员培训项目实施计划和培训方案。市本级卫生行政部门组织开展卫生人员培训项目108项，培训人员2.957万人（次）。市级医疗卫生单位组织开展卫生人员培训项目178项，培训人员3.132万人（次）；19个区（市）县和高新区、天府新区社会事业局共培训卫生人员60.179万人（次）；完成住院医师规范化培训767人（累计完成住院医师规范化培训2 729人），全省排名第一，在全国副省级城市位列前三甲；全市4家市属三级医院被认定为国家第一批住院医师规范化培训基地（全科医师规范化培训基地），截至2014年底，全市共有国家级住院医师规范化培训基地4所，省级住院医师规范化培训基地8所，国家级全科医师规范化培训基地4所，省级全科医师规范化培训基地5所；启动高等医学院校农村订单定向免费培养项目，圆满完成省上下达的5人定向培养任务。组织做好了2014年国家、省、市级继续医学教育项目申报和执行等管理工作，全市各级各类医疗卫生单位申报立项国家级继续医学教育项目54项，省级继续医学教育项目194项，市级继续医学教育152项，备案项目23项；县、乡医疗卫生机构继续医学教育覆盖率达100%，县级以上医疗单位获取继教学分达标率达90%以上，乡、村继续教育对象获取及教学分达标率达85%以上；按照审批的市级继教项目发放学分证书，完成全市7万余名卫生技术人员继续医学教育学分的录入与审核工作；全市11家市属医疗卫生单位被确定为成都市首批“成都市专业技术人员继续教育基地”。

【卫生信息化建设】 成都市基本完成基层医疗卫生信息系统升级改造工作。全市基层医疗卫生信息系统（以下简称PHIS）升级改造项目获准立项，并申请专项资金300万元，先期在龙泉驿区、彭州市试点部署后，该软件系统通过了第三方测试和专家组论证，至年底已部署在12个区（市）县，该系统以区（市）县为单位，将该系统从分散式架构升级为集中式架构，实现城乡一体化部署，坚持统一标准、统一流程、统一管理、统一接口、统一编码、统一术语。成都市卫生局在坚持《成都市PHIS基本功能规范》（试用版）落地的前提下，积极指导其余9个区（市）县同步进行升级改造；在市级公立医院一卡通共享互认预约系统试点，试点医院确保了上线进度和接口质量，提升了医院的便民服务与预约服务质量；开展智慧医疗建设试点，依托基层医疗卫生机构提升工程项目实现影像、彩超诊断设备数字化；以县级综合医院为中心建立集中阅片信息系统、远程诊断信息系统和第三方医学检验服务远程信息系统，至年底已有4个区（市）县建立了集中阅片中心、18个区（市）县开展了检验外包业务；推进智慧医疗建设试点工作，全市至年底共有3个区（市）县9家社区卫生服务中心进行试点，郫县卫生局选定郫筒、安靖、友爱、唐元4家镇卫生院（社区卫生服务中心），投放全程采集仪37台，全程健康视频电话22台，全程健康一体查询机4台。温江区柳城社区卫生服务中心正式试点启动“智慧温江之智慧社区”医疗健康服务平台建设，正式开展智能健康服务。成都高新区在全省率先推出的全程健康管理与服务体系，通过“智慧健康卡”作为纽带，将社区健康服务与居民进行关联，形成健康服务的有机链条。该体系首先在高新区合作街道试点，惠及群众近10万人，至年底有合作、西园、中海国际、中和等4个社区开展。

【社会资本办医】 成都市卫生局依托市医学信息所和成都市中医药大学管理学院组成联合课题组，形成了《成都市社会资本办医现状、问题与对策研究报告》。1－10月，经全市各级卫生行政部门审核同意新增的医疗机构297家，其中综合医院7家，专科医院5家，投资总额近6.5亿元。提升诊所质量，鼓励在举办技术领先、服务优良、管理先进的连锁诊所，积极探索建立连锁化、标准化、品牌化、规模化运营的连锁诊所新模式。全市于2013年开始试点举办“百汇吉便民健康连锁诊所”，至2014年底已正式开业10家，40余家正在设置中；进一步深化医师多点执业，在“副高及以上职称医师申请多点执业注册，无需经第一执业地点医疗机构同意，只需向第一执业地点医疗机构备案”的基础上，进一步放宽人员和点位限制，引导优质医疗人力资源合理流动，为民营医疗机构引进人才提供更大的便利。

【市卫生局机关党的建设】 成都市卫生局机关党委深入学习十八大、十八届三中、四中全会精神，至年底，先后举办《十八届三中全会精神与社会改革》、《阐释中国特色，满足人民需求——习近平系列讲话精神解读》、《学习贯彻十八届四中全会精神，推动依法行政工作深入开展》等专题辅导；认真开展党的群众路线教育实践活动，及时抓好教育实践活动各项整改任务落实，推进专项整治落地生根，公开承诺事项89条已全部兑现。认真执行中央出台的各项改进作风制度规定，制定了《落实中央巡视工作要求对照卫生行业突出问题和典型案例加强廉政教育工作方案》（成卫发〔2014〕151号），开展了行风评议监督工作，机关作风建设进一步加强；坚持把“双报到”活动作为群众路线教育的实践载体，积极推行“三视三问”群众工作法，加强与锦江区合江亭及狮子山街道5个社区党组织的工作互动，共建文明和谐社区，同时推动“党员义工日”主题服务活动常态化长效化，坚持在每季度末结合节日组织党员及卫生志愿者开展义诊义检、卫生知识宣传、看望慰问以及环境清扫等志愿服务，义诊1 100人，健康咨询1 300人，发放健康教育资料7 820份，“健康成都”公益性刊物100份，并看望社区3户残疾人困难家庭，送去慰问金600元，不断深化拓展惠民行动，深受社区群众的欢迎和好评。

大力开展“学雷锋”等主题活动。按照全市统一部署，在机关开展“岗位学雷锋，做人民满意公务员”、在全系统开展“优质服务、便民利民”活动和文明处室、文明窗口等细胞创建活动，将学雷锋活动与立足岗位为民服务结合起来，引导广大党员干部进一步增强践行社会主义核心价值体系的坚定性和自觉性。

深入开展廉政文化进机关“廉政教育大讲堂”活动，加强正反面教育，组织参加“廉洁成都·你我同行”活动。向全市卫生医疗机构印发全国卫生计生系统违反中央八项规定精神的55起典型案例和国家卫计委卫生计生系统8起违纪违法典型案例的通报，组织局机关和直属单位420名党员干部观看警示教育片。

全局党员干部职工认真落实中央“八项规定”、省委、省政府“十项规定”和市委市政府“十条措施办法”，以及市卫生局《2014年贯彻执行中央八项规定反对“四风”实施意见》的通知（成卫发〔2014〕50号）有关规定，以及针对“慵懒散浮拖”有关要求，持之以恒地加强和改进作风建设。到基层单位开展调研时，轻车简从，厉行节约，在集体食堂就餐或吃盒饭，切实减轻基层负担。2014年，局机关会议量较同期减少50%，文件量减少38%，局机关和直属单位“三公”经费减少44.8%，取消、下放行政审批事项15项，办理时限提速50%以上。

【市卫生局系统工会建设】 市卫生局系统工会按照市总工会、市教科文卫体工会工作部署，在市卫生局党组的领导下，紧紧围绕全市中心工作和卫生改革与发展目标，强化工会自身建设，组织引导职工积极开展“围绕中心、服务大局”的各项活动，在推进职工素质建设、文化建设、作风建设上，在维护职工合法权益上作了大量的工作，增强了卫生系统职工队伍战斗力。

市卫生局系统工会及卫生片组各成员单位工会认真组织干部职工深入学习传达贯彻落实党的十八大、十八届三中、四中全会和习近平总书记系列重要讲话以及中国工会十六大精神，统一思想行动。基层单位工会主席参加“成都工会创新思维讲坛”专题辅导报告；工会干部职工参加市总工会、市教科文卫体工会“劳动争议调解员培训班”等各项培20余人次。

努力建好“职工之家”。市疾控中心作为全国模范职工之家，继续巩固完善建家工作；市急救中心对照创建模范职工之家标准定制了《中心创建模范职工之家方案》并开展自查。一致通过11月10日成都市模范职工之家验收组的“成都市模范职工之家”考核验收；市血液中心继续创建职工小家活动，3月对建设“职工小家”活动进行了检查验收，评出了5个“模范职工小家”和12个“合格职工小家”，同时还评选出28名先进女职工，并对获奖的集体和个人进行了表彰奖励。

深化民主管理，开展标准化试点工作。各单位按照程序修订完善了本单位“职工代表大会细则”，坚持将内部重要管理事务和对外社会服务有关事务通过职工大会、公示栏、网络等的形式向职工、社会公开。积极推进厂务公开民主管理、率先开展标准化试点工作。

积极组织开展职工技能竞赛和

文体活动。市卫生局及系统工会在市教科文卫体工会大力支持下，在市计生委、市总工会、市妇联联和新都区卫生局、市妇女儿童中心医院共同参与下，组织开展了“百万职工技能大赛”2 项赛事：分别在 7 月、8 月举办“2014 年成都百万职工技能大赛中医药知识技能比赛”和“成都百万职工技能大赛妇幼健康技能比赛”。于 7 月、8 月分别举办了卫生系统“放飞中国梦想，谱写成都华章”演讲比赛、“唱响中国梦、共谱新华章”歌手大赛系列活动。

（刘志刚　刘勇华　魏心斌　李祖俊　秦与闻）

卫生改革

【概况】 2014 年，成都市卫生局深入开展新形势下卫生改革，继续实施基层公益性医疗卫生机构标准化建设设备提升工程，市、县两级财政投入 1.17 亿元，按照“填平补齐”原则，为 200 个社区卫生服务中心（乡镇卫生院）配备了必要的医疗卫生设备；推进以武侯区、新津县为主要改革监测点，在全市启动为期 3 年的试点工作。在国家试点县以外另确立了新都、青羊、彭州、都江堰等 4 个区（市）县为全市重点监测点；推进全科医生执业方式和服务模式改革试点，基本公共卫生服务人均经费由 35 元提高到 40 元；组建全科医生服务团队2 300个，签约家庭覆盖率 26%。全市 69 家县级公立医院于 2013 年（36 家）、2014 年（33 家）先后 2 批次启动取消药品加成工作。2014 年 4 月国家卫计委将大邑、都江堰、金堂、彭州、郫县、蒲江、新津等 7 个县（市）纳入国家县级公立医院综合改革试点。全市取消药品加成工作取得初步成效。全市各级卫生行政部门审核新设置民营医疗机构 336 家，其中综合医院 10 家，专科医院 5 家，投资总额约 7.26 亿元。全市进一步优化医师多点执业管理，全市二类医师多点执业试点工作备案有1 526人次，三类医师多点执业试点工作经审核批准有 384 人次，分别比 2013 年同期增长 48% 和 71.4%。建立和完善住院医师规范化培训制度。全市市属医院被认定为省级住院医师规范化培训基地 8 家，国家级全科医生规范化培训基地 1 家，省级全科医生规范化培训基地 5 家。推进中医药传承与创新人才工程。目前已有 5 000余人参加专题培训班、县级中医临床技术骨干培训；启动中医药师承教育，培养 120 余名中医高端人才。

【公立医院综合改革】 成都市卫生局在新津县、新都区第二人民医院、邛崃市医疗中心医院等县级公立医院试点取消“以药补医”改革基础上，2013 年 10 月 1 日将 36 家县级公立医院纳入区县药品加成改革试点，按照 7∶2∶1（医保报销 70%，政府补助 20%，医院消耗 10%）的政策补偿机制启动了县级公立医院药品零差率销售综合改革试点。2014 年 10 月 1 日起，再次启动第二批 33 家县级公立医院（包括妇幼、专科）全面取消药品加成改革工作。各项工作正在有力有序推进，并取得了门诊及住院工作量上升、患者住院医药费用明显下降、门诊诊次费用上涨幅度趋缓的成效。2014 年 6 月，《成都市县级公立医院综合改革试点方案》正式出台，实行了医疗技术人员“基本编制加动态编制，或者基本编制加备案制”的管理制度。通过进行定岗定编，员工同工同酬，基本形成了人员能进能出，能上能下的灵活用人机制。建立健全现代医院管理制度，各试点医疗机构开展了包括法人治理结构、薪酬制度、监管体系等在内的综合改革；搭建以理事会、管理层、监事会为主要形式的法人治理构架，建立理事会领导下的院长负责制，以“保障公益服务需求和提高运行效率”为出发点优化公立医院内部运行机制。新津、新都、蒲江、青羊区、彭州等不同程度推进了此项改革。随着县级公立医院综合改革的有序推进，各地党委政府对医院的关注和投入得到进一步加强，新都区委政府划拨专项经费保证新都区第二人民医院的大型医疗设备配置，新津县党委政府划拨专项经费保障新津县人民医院的大型医疗设备配置、医院建设等。

【基层卫生综合改革试点】 成都市于年初被国家卫计委和财政部选定为基层卫生综合改革重点联系城市，并选定武侯区、新津县为重点联系区县。成都市卫生局联合市财政局印发了《成都市基层卫生综合改革重点联系点实施方案》，明确3年改革工作目标；制定了7项改革任务，确定青羊区、新都区、都江堰市、彭州市作为市级重点联系点。各相关区（市）县参照市级方案结合本地实际正在制定本级实施方案。截至年底，国家重点联系区县均以政府名义印发了实施方案，并完成基线调查相关监测。4个市级监测区县的实施方案正在抓紧制定完善中。

【全科医生职业方式和服务模式】 成都市卫生局截至12月底，在全市共组建全科医生团队2 300支，进行健康咨询239.7万人（次），健康评价179万人（次），完成签约服务123万户，签约覆盖率为26%。市发改委等5部门联合印发了《成都市全科医生执业方式和服务模式改革试点工作方案》，制定了《关于进一步做好全科医生签约服务的通知》和《基层医疗卫生机构全科医生团队绩效考核办法（试行）》等文件，进一步完善了试点工作方案。全市基层医疗卫生机构基本上能以全科医生为骨干，由全科医生、社区护士、防保人员组建全科医生团队，同时能将中医生和乡村医生纳入团队中，为居民提供基本公共卫生和基本医疗服务（包括中医基本医疗保健）。成都市卫生局加强全科医生实践技能的培训，我市4家国家级社区卫生服务培训基地，对全科医生及相关服务人员开展实地实践培训，已培训骨干200名，外派师资培训32期2 000人（次）；充分发挥三级医院的专科优势，承担全市的800名全科医生的出诊服务包内相关设备的操作使用的培训，有效提升了全科医生的服务能力；组织全科医生团队到发展较成熟又有特色的城市学习全科医生团队服务模式，如上海市、杭州市等，目前已派出3批95人。

【第三方医学检验】 成都市卫生局为进一步提高基层医疗机构临床诊断技术水平，让群众就近享有低价优质的医学检验服务，切实解决群众“看病难、看病贵”问题，推进基层医疗卫生机构使用第三方医学检验和开展集中阅片工作。截至年底，全市19个区（市）县146家基层医疗卫生机构开展了第三方医学检验，5个区（市）县41家基层医疗卫生机构开展了基层集中阅片工作，提升基层医疗机构总体实力。

【医疗服务质量管理】 2014年1月制定下发了《成都市加强医疗卫生行风建设“九不准”实施方案》；2月，出台了关于开展医患双方签署不收和不送“红包”协议书的工作文件。截至10月30日，全市二级以上医疗机构共签署了不收和不送“红包”协议书60万份。市卫生局根据国家卫计委《医疗质量控制中心管理办法（试行）》，建立健全以三级医院、卫生单位为支撑的医疗质量控制体系；通过发挥29家市级医疗质量控制中心的主动性，对全市包括麻醉、院感、康复、护理等专业开展培训提升工作，和医院专项检查整改工作，部门联合督查，规范诊疗行为。为加强对医疗机构从业行为的监管，市卫生和人社部门加强协作，形成联合会议制度，定期通报并协商管理问题和相关措施。市卫生局从8月20日起，与人社部门联合，组织血液透析、院感管理、医保管理20余名专家，对30家血液透析重点医疗机构进行为期一周的现场督查；根据督查情况，从9月起与人社医保部门实施了对全市49家开展血液透析服务的医疗机构，和5 000余名血透患者的逐一核实申报核实工作，进一步规范血液透析管理工作。市卫生局于5月7日–9日，对36家各级各类医疗机构的门诊及住院病人处方及合理收费、抗生素药物合理应用、院感防控等进行专项督查；7月中旬，组织专家再次对全市130家二级乙等以上综合、中医、妇幼、专科医疗机构、重点乡镇卫生院和社区卫生服务中心医疗机构的医疗质量和医疗安全进行全面督导检查。

（李祖俊　董　勇　何　勤）

疾病预防控制

【概况】 2014年,成都市市疾控工作围绕局中心工作和目标任务,以艾滋病、结核病、狂犬病、精神卫生等疾病防治为重点,全面开展重大疾病预防控制工作。1-12月,全市共报告法定传染病64183例,报告发病率378.09/10万,报告发病数与去年同期比上升26.89%;无甲类传染病报告,报告乙类传染病18 148例,报告发病率为106.91/10万,报告发病数与去年同期比下降7.35%;处理聚集性疫情1 558起,无重大暴发疫情。

【传染病防控】 成都市无霍乱病例报告,连续10年保持零发病。5月,报告1例资阳市输入布病病例,市农牧、卫生等部门坚持联防联控工作机制,开展重点人群布病血清学监测及行为干预,做好邛崃市省级布病监测点、金堂县、郫县、崇州市、彭州市市级哨点监测工作。全市以"预防暴发、严防死亡、减少发病数"为手足口病防控目标,对手足口病进行重点防控,继续推进预警分级响应、医校联合工作机制,做到学校/托幼机构聚集病例、重症死亡病例逐起处理到位。完成疫情月分析12期,1-12月共报告手足口病38 041例,较去年同期增加82.63%;累计报告实验室诊断病例1 274例,其中CoxA16占27.71%、EV71占17.56%、其他肠道病毒占54.71%;报告本地重症440例,死亡2例,处置率达100%。全市继续开展流感哨点监测工作,全市共报告流感样病例14 171例,流感样病例占门急诊病例就诊总数百分比(ILI%)为1.35%,流感活动强度变化不大,流行毒株以甲型H3N2流感为主,伴有B型、甲型H1N1流感病毒流行。做好埃博拉出血热疫情防控工作,追踪疫情动态,制定技术方案,开展埃博拉疫情风险评估、技术培训和演练、健康教育、物资储备,对疫情来蓉人员进行健康监护,截至12月31日,共对103名来蓉人员开展健康监测,均无异常症状出现。对机场出入境报告的2例来蓉发热人员予以排查排除,处置了我省首例埃博拉出血热留观病例并排除。

【艾滋病防治】 成都市成为全国艾滋病防治城市示范区。全市新增艾滋病初筛实验室3家,快速检测点20个,累计初筛实验室有139家,快速检测点341个,完成初筛检测169.2万人(次);全市6家美沙酮维持治疗门诊累计治疗5 273人,保持率为84.1%,新都区新建美沙酮门诊筹备工作已经全部完成,待国家批复后正式开诊。全市存活的艾滋病感染者和病人随访检测比例达84.36%;新增抗病毒治疗2 393人,在治总人数6 934人,抗病毒治疗覆盖率86.95%。成都市新发现现住址艾滋病感染者及病人3 638例,较上年同期新发现数增加23.57%,增幅环比下降1.38%,其中新发现艾滋病病人944例,既往发现的HIV感染者本年度转化成艾滋病病人有342例,感染者和病人共死亡459例。新发现的感染者和病人主要以性接触传播为主,异性传播2 301例,占68.30%;同性传播974例,占28.91%;注射毒品72例,占2.14%。截至11月30日,成都市累计报告现存活的艾滋病病毒感染者/病人11 463例,其中艾滋病病人4 246例,感染者和病人共死亡2 290例。

【结核病防治】 成都市全年共发现活动性肺结核患者5 781例,活动性肺结核患者数任务完成率为110.7%;发现新涂阳肺结核患者2 000例,任务完成率为104.4%;推荐耐多药可疑者1 285例,任务完成率为109.2%,其中确诊耐多药患者105例。全市完成活动性肺结核发现和治疗任务,新涂阳肺结核患者治愈率92%以上,涂阳肺结核患者密切接触者筛查率95%以上，报告的肺结核患者和疑似患者的总体到位率95%以上，结核病患者艾滋病病毒筛查率85%以上。市级开展结核分枝杆菌药物敏感实验，19个区（市）县开展结核分枝杆菌培养工作，青白江区创建成省级结核病综合防控示范区，3个区县争创省级结核病综合防控示范区。

【狂犬病防治】 成都市按照《2014年狂犬病防制工作意见》要求，加强与畜牧、公安等部门协作配合，继续巩固和完善部门联防联控机制。截至12月31日，全市报告1例本地病例和1例外地输入病例。1－12月，全市犬伤门诊共接诊犬伤患者134 190人（次），略高于去年同期（127 272人<次>），平均每日接诊368人（次），接种狂犬疫苗134 190人（次），疫苗接种率为100%，注射狂犬病免疫球蛋白10 471人次，高于去年同期（8 566人<次>）；开展犬伤处置技能培训和督导，各犬伤门诊覆盖率达100%；彭州市顺利完成四川省卫生厅“犬伤门诊示范区”验收；各区（市）县之间进行了狂犬病防制工作专项交叉检查，市狂防办组织相关部门对武侯区、青白江区和邛崃市开展狂防工作抽查。2014年1－12月全市累计犬伤处置费医疗报销4万余人，累计报销金额800余万元。

【慢性非传染性疾病防治】 成都市全年报告死亡病例82 520例，报告粗死亡率7.06‰。全市建立居民健康档案13 860 286份，居民建档率为97.34%，规范建档13 616 965份，规范建档率95.24%；管理高血压患者1 249 040人，健康管理率59.57%，高血压患者规范管理数为1 063 112人，规范管理率85.11%；全市管理糖尿病患者538 453人，健康管理率49.78%，糖尿病患者规范管理449 050人，规范管理率83.40%。全市65岁以上老年人管理人数为1 489 400人，老年人健康管理率95.66%。积极开展创建慢病综合防治示范区，青白江区、蒲江县、郫县、新津县4个区县通过国家级示范区验收，成华区、双流县已通过省级示范区验收。在全市范围内积极开展全民健康生活方式行动，组织慢病主题日宣传工作，推广成熟的技术指导方案及技术指南，推进示范创建，开展全市性督导及评估工作。2013年8月至2014年6月，武侯区、龙泉驿区、新津县、双流县等4个项目点顺利完成2013年度中西部地区儿童口腔窝沟封闭项目工作，共计检查10 745名7－9岁儿童，完成4 386名儿童15 484颗牙齿的窝沟封闭；都江堰市完成2013年度中西部地区学龄前儿童乳牙龋综合干预项目工作，共为2 635名3－6岁儿童进行了口腔检查，先后两次为2 628名适宜儿童进行了局部用氟。2014年度，项目工作在武侯区、龙泉驿区、新津县、双流县及成华区开展，截至12月，各项目地区项目人员接受了省级培训，正积极制定项目方案和培训人员。

【职业病防治】 成都市做好职业病诊断与报告，全面启动新的职业病网络直报系统，截至12月31日，职业病危害因素网络直报系统中共报告成都市用人单位2 551家，新发尘肺83例，晋级尘肺12例，系统中累计尘肺病例550例，职业中毒（含疑似）52例，农药中毒1 545例，职业健康监护1 733家98 318人（次），作业场所检测1 069家10 602个岗位（注：由于2014年12月下旬系统故障原因，统计数据未包括跨年后补报）；对16家省市级医院进行了疑似急性职业中毒、农药中毒的督导调查，共抽查职业病诊断病例12例，漏报4例，漏报率33.33%；职业健康检查报告658份，漏报309份，漏报率46.96%；作业场所检测报告376份，漏报128份，漏报率34.04%。开展职业卫生网络直报培训2次、职业健康监护培训、放射防护管理知识培训及突发中毒、核和辐射应急知识和处置技术培训会。进行食物、地表水的放射本底监测和地表环境γ辐射剂量率监测；深入开展职业病健康促进，联合成都市安监局在火车东站进行了流动人口职业健康知识宣传活动，联合市安监局、人社局、市总工会及金牛区相关部门在成都市人才中心开展职业病防治法宣传周的专项职业健康宣传，协助成华区疾控到龙潭工业园进行职业健康宣传等。发动19个区（市）县及高新区对职业人群开展集中职业健康教育活动，通过新闻通报、广播电视等媒体报道、公益广告、张贴宣传画、咨询、培训等方式，受众达21万人（次）以上，其中市级超过4.5万人（次）、区（市）县级超过16万人（次）。受成都市安监局委托，完成了“成都市重点行业领域职业病危害防控对策（2014）”政策调研项目，受到成都市安监局的表扬，并以成都市安监局的名义上报市政府。

【地方病防治】 成都市全市累计查螺面积为7 706.53万平方米，查出钉螺面积19.93万平方米；压检钉螺13 300只，未查见感染性钉螺。

累计药物灭螺2 944.98万平方米，全面完成年初下达目标任务。全市血吸虫病查病人数620 954人(次)，其中血清学查病580 329人(次)，阳性6501人，阳性率1.12%；粪便病原学检查61 080人，未查出阳性。全市全年报告历史晚期血吸虫病病人260例，无急性血吸虫病疫情发生。血吸虫病疫情形势稳定；对人群血清学查病阳性者进行同步治疗，并扩大化疗人员29 908人。全市完成碘缺乏病监测和健康教育工作，19个区(市)县及成都高新区、天府新区人群尿碘中位数均>100μg/L，达到国家消除碘缺乏病标准；在成华、双流、龙泉驿、彭州、崇州5个监测点，开展成都市重点人群碘营养水平监测；碘盐指标持续达到国家消除碘缺乏病目标；在金牛、武侯、高新、青白江、大邑、新都、金堂7个项目县，开展碘缺乏病健康教育工作；开展第21届5·15碘缺乏病防治日宣传活动；大邑县顺利达标国家消除疟疾标准。

【免疫规划实施】 成都市适龄儿童(0－6岁)920 438人，共接种国家免疫规划疫苗3 223 198剂(次)，免疫规划疫苗接种率以县为单位保持在95%以上，新生儿乙肝疫苗首针及时接种率达到95%以上，疫苗针对疾病总体保持低水平，未发生相关疾病暴发疫情；调查儿童4 686人，免疫规划接种建卡率为99.96%，建证率100%，卡证符合率98.06%；共报告疑似预防接种异常反应病例2 250例，预防接种异常反应处理率100%。全市1－12月，排除麻疹病例报告发病率2.58/10万，调查后48小时录入个案率97.26%，散发病例血标本采集率98.27%，病原学标本采集率91.13%。

【精神卫生工作实施】 成都市以"阳光救助"为中心，在全面完成阳光救助指标基础上，全市精神卫生工作整体推进。全市开展精神病管理培训，培训基层卫生机构业务人员507人，精神科专科医师116名，定点医院负责人、项目管理人员63人；实施卫生部重性精神疾病管理治疗项目，截至12月31日累计完成重性精神疾病患者线索调查62 788例，登记患者53 686例，常住人口患者检出率为3.8‰，户籍人口患者检出率为4.56‰，国家系统检出率达3.6‰。全面完成项目指标。根据上年精神卫生机构调查的基础数据，成都市卫生局牵头制定全市精神卫生事业发展规划(2015－2020年)。成都市未成年人心理咨询中心是成都市委、市政府为未成年人办好事办实事的重点项目，中心配备专业心理咨询师，开通免费心理咨询热线"87577510"，进行电话咨询1 692人次，开展未成年人免费面谈咨询1 025人次，并同时开展智力、行为、人格等专业心理测评。

【食品安全风险监测方案实施】 成都市卫生局全年共计对14大类食品2 130件食品样品开展了金属元素、食品添加剂、禁用药物、非食用物质或有害物质、真菌毒素、卫生学指标及食源性致病菌等共计100余项指标的监测；依据当前社会关注的热点、重点及相关职能部门要求，积极开展专项监测及应急监测工作，对成都市范围内所有医院开展食源性疾病暴发监测；开展社区食源性疾病负担调查，调查将于2015年4月结束；撰写《成都市2013年食品安全风险监测分析报告》、《成都市2014年1－6月食品安全风险监测结果分析》。

【农村义务教育学生营养改善计划实施】 成都市卫生局继续在都江堰市、彭州市、崇州市、金堂县、蒲江县、新津县、邛崃市和大邑县8个区(市)县开展农村义务教育学生营养改善计划，选取20%营养改善学校，即60所学校作为监测点校开展学生健康状况监测；为有效开展监测工作并对监测结果进行科学评估，制定了《成都市农村义务教育学生营养改善计划营养健康状况监测评估技术方案》，并编发了《成都市中小学校供餐营养指南》，针对2013年监测工作中出现的因报送数据质量差而无法分析利用、因权限问题无法掌握部分省级试点单位的数据等问题，2014年与中国疾控中心、四川省疾控中心进行反复沟通，最终争取将成都市所有监测点校全部纳入国家监督网络；先后举办4期培训班，对来自8个县(市)疾控中心、教育局营养办的工作人员及60所监测点校的副校长和相关负责人200余人进行了培训。

【疾病应急救助】 成都市财政、卫生、人社三部门根据《成都市人民政府办公厅关于印发成都市疾病应急救助实施方案的通知》精神，于1月22日联合印发了《成都市疾病应急救助基金管理暂行办法》，对疾病应急救助基金的管理和支付进一步明确。医疗卫生系统根据《国家卫生计生委办公厅关于印发需要紧急救治的急危重伤病标准及诊疗规范的通知》实施了成都市疾病应急救助相关医疗工作。据不完全统计2013年10月1日至2014年6月30日，全市申请疾病应急救助的有90家医疗机构，涉及疾病应急救助费用920余万元，救助4 300余人（次）。2014年4月至10月，在市医改办的大力推动下，我市疾病应急救助基金结算工作在人社部门的牵头下，进一步完善对救助范围的明确。于10月22日我市人社、卫生、财政、公安、民政五部门联合印发了《关于疾病应急救助基金结算工作有关问题的通知》，由医保部门牵头，启动实施成都市2013年10月1日起至2014年10月的疾病应急救助基金结算工作。

【疾病预防控制体系能力提升】 成都市卫生局开展疾控机构标准化建设，开发在线填报系统，进行信息收集分析；草拟《成都市"十二五"期间区（市）县疾控机构标准化建设指导意见》考核评估细则，完善指标体系；开展技术培训与技术指导，接受省卫生计生委专家组的疾控机构等级评审，提高专业技术人员业务技术水平；举办全市疾控机构第五届基本技能理论考试和技能比武，成都市第五届疾控技能比赛分为理论考试和技能比武；继续举办全市疾病控制突发应急处置骨干培训班第四期，全市疾控应急骨干培训班第三期23名学员经过一年理论学习、参与多项突发应急事件和重大专项工作，通过理论测试，最终完成答辩，顺利结业，第四期学员26人正式开班，开始为期一年的学习历程；完成成都市基层医疗卫生机构基本公共卫生服务项目2013、2014年度市级考核，开展全市居民健康档案信息核实调查，完成年度培训、技术指导、信息收集报送工作；开展临床素养培训，中心4名学员顺利完成在市传染病医院举办的新进疾控人员临床素养培训；深化成都经济区疾控工作协作组间合作，落实成都经济区（德阳、绵阳、乐山、资阳、眉山、遂宁、雅安）、合作区域（甘孜、阿坝、凉山）疾控合作，召开区域疾病防控协作会议。11月14日，由市卫生局主办，中心承办召开区域疾病防控协作会议，德阳市、绵阳市、乐山市、眉山市、资阳市、遂宁市、雅安市、甘孜州、凉山州、阿坝州参会。会议代表观摩第五届疾控技能比武，就疾控事业发展、加强区域合作进行交流。

（贾　勇）

妇幼保健

【概况】 2014年底，全市妇幼保健机构二级以上16家，三级5家，二甲10家，二乙1家。2014年双流县已完成三级乙等妇幼保健机构现场评审，锦江区已完成二级甲等妇幼保健机构复评，郫县已完成二级甲等妇幼保健机构现场评审。县级"母婴安康工程"经费得到落实。各区（市）县已配套经费近1 500万元用于产儿科能力建设及产儿科急救，以及母子保健系统管理、信息化建设和妇幼健康知识宣传等；7－8月在全市范围内开展了妇幼健康技能竞赛；选派50余名县级产儿科急救骨干到上海、广州等先进地区接受为期三个月的脱产进修学习，极大地提高了县级产儿科急救能力。全市基础设施设备和人力资源配置得到有效加强，金牛区已迁入新建妇幼保健院，青白江区、邛崃市、新津县、金堂县启动了妇幼保健院新建（迁建）工程，龙泉驿区、锦江区计划今明两年迁入新建妇幼保健院，县级妇幼保健机构基础设施得到加强。各区（市）县积极争取政策和制定人才引进优惠政策，补充了部分儿科等急需人才。落实自愿免费婚前医学检查工作，为41 151对夫妇实施了免费婚前医学检查，补助资金987.62万元，检出疾病或异常11 787人，并为其中有医学指征的3 082人进行了针对性的医学指导。2014年全市出生人口16.3万，住院分娩率达到100%，2014年孕产妇死亡率为6.0/10万，较去年大幅度降低，全年婴儿死亡率降低至4.30‰，较去年降低12.6%。

【妇幼公共卫生项目推进】 成都市加大宣传力度，通过孕妇学校、出院告知书，产后访视等向广大群众，尤其是孕产妇介绍妇幼重大公共卫生项目服务内容，及接受服务的途径和方式；加大培训力度，举办了2期针对相关医务人员、财务人员及访视人员的业务培训；落实配套物质，招标采购了HIV第一、二种快筛试剂，保证了药物试剂的供给；开展了两次全面质控，保证了项目工作质量。2014年，城乡居民孕产妇住院分娩补助39 244人，补助经费达1 774.61万元，住院分娩率达100%；城乡妇女增补叶酸服用率、依从率、知晓率分别达到98.24%、82.66%、98.56%；完成宫颈癌筛查121 470人，乳腺癌筛查45 324人；HIV、梅毒和乙肝检测率分别达到99.99%、99.99%、99.94%，其中HIV咨询率达到99.99%；乙肝表面抗原阳性产妇所生新生儿注射乙肝免疫球蛋白比例达到99.98%。各项任务均超额完成国家及省级任务数。

【新生儿疾病筛查】 成都市全年为90 952名新生儿的耳聋基因突变检测，发现基因突变3 340人，携带率3.47%，其中药物耳聋基因易感人数227人，0.24%。组织专家组对基因突变的家庭进行遗传咨询指导，为约500个家庭应用直接测序的方法进行了确诊，并进行扩大检测；启动新生儿四项遗传代谢性疾病（苯丙酮尿症PKU、先天性甲状腺功能减低症CH、葡萄糖－6－磷酸脱氢酶缺乏症G6PD、先天性肾上腺皮质增生症CAH）和听力免费筛查工作，为在我市所有助产服务机构分娩的新生儿（包括流动人口）进行免费筛查，此举在全省、全国均已走在了前列。2014年全市新生儿听力筛查率为96.52%，遗传代谢性疾病筛查率96.80%，为全省首列，在全国也位居前列。

【产儿科急救体系建设】 成都市卫生局在开展孕产妇和儿童动态管理的基础上，进一步健全产儿科急救体系，完善和明确各级产儿科急救组织体系和职责、流程。积极促进市级产儿科积极中心建设，新生儿急救中心购入了数码眼底镜（为四川省首台）、床旁B超机、床旁血气分析仪等设备，市产科急救中心将产科床位由原来的30张床扩建至38张，并在ICU常规给产科优先保障3－6张床；根据急救需求和实际，对产儿科专家和应班专家进行了合理调整，充实了血液科、ICU等专家，全年共发生产科急救3301例，市产急办共参与64例，其中出诊21次，出动专家42人次。通过新生儿急救网络安全转运了21例，电话会诊3例，值班专家参与危重患儿的现场救治2例；开展产儿科死亡评审和危重症评审工作；加强县级产儿科急救团队的建设，选送50余名县级产儿科急救团队成员到广州、上海等先进地区接受为期三个月的脱产进修学习。

【"妇幼健康服务年"活动】 成都市卫生局在全市范围开展"共圆妇幼健康梦"为主题，围绕"妇幼健康惠民行动、妇幼健康知识大讲堂、妇幼健康义诊乡村行、妇幼健康咨询伴你行"系列宣传活动。全市共设宣传点59个，悬挂各类宣传横幅63张、展板42张、发放宣传资料2.1万余份，接受义诊、咨询6.3万余人，开展讲座252次 联合市人口和计划生育委员会、市总工会、市妇联开展百万职工妇幼健康技能比赛，在全市381家妇幼保健机构掀起了大练兵的热潮，全市万余名医务人员积极参与各级比赛；全市共有88家助产服务机构开展爱婴医院申请复评或创建工作，经区（市）县评审后有84家通过；11月组织市级专家抽取近30%的助产服务机构，共25家进行复核，覆盖全市21个区（市）县，包括妇幼保健机构、省市县级公立医疗机构、部队工矿办医等，复核合格率100%。

（董　勇）

9月28日锦江卫生局组织医务人员在锦馨社区开展义诊活动

干部卫生保健

【概况】 2014年,成都市干部保健工作以干保对象医疗健康需求为中心,积极探索干部健康管理的新模式,引导各市级干保基地医院认真分析研究近几年的体检资料,用好用活体检档案,逐步建立起集领导干部健康体检、健康评估、疾病预警、追踪医疗、康复服务为一体的动态健康管理模式,多方面促进成都市领导干部整体健康水平的不断提高;加强干保队伍和基地建设,调整充实干保专家,组织开展干保科研,不断优化基地医院就医环境;认真开展医疗保健、健康管理及相关协调工作,截至11月底,已牵头完成了省、市"两会"、糖酒会、中国乒乓球公开赛、中考、高考、慕尼黑啤酒节、西博会、美食节等共60次重要会议和重大活动的医疗卫生保障任务。

【干部健康体检】 从4月中旬开始,成都市卫生局分别安排省级、市级、局级领导干部在四川大学华西医院、省人民医院和市一、二、三医院参加健康体检。为了切实做好体检工作,市卫生局成立了体检工作领导小组,进一步明确了市干保办、体检医院、参检单位的工作职责,并认真抓好体检方案制定、体检任务分配、体检准备检查、体检过程督导等重要工作环节,及时协调解决体检工作中出现的矛盾和问题,保证了体检工作的顺利进行。市一、二、三医院汇聚全院技术和设备优质资源,精心组织实施。在历时近2个月的体检工作中,医院上下周密安排、齐心协力,以热情、严谨的态度和优良的技术服务于每一位到院参检的领导,按时出具、送达了体检报告。对体检中发现有疑似重大疾病的参检领导,均及时通知有关单位让其尽快到医院作进一步检查和治疗。

据统计,2014年,成都市干保对象体检总参检率为82.38%,与2013年基本一致。其中:副省级以上及正市级领导干部参检率为67.39%;副市级(含享受副市级医疗待遇)领导干部参检率为78.61%;市级机关副局级以上(含享受副局级医疗待遇)领导干部参检率为83.12%;区(市)县四大班子在职主要领导干部参检率为65.79%。

【干部健康教育】 成都市卫生局认真贯彻保健工作预防为主、关口前移的方针,开展多种形式的健康教育和健康促进工作,为重保对象订阅《新保健》《药物与人》《保健医苑》等保健杂志;定期发送《健康成都》《健康时代报》等健康教育宣传资料;举办健康巡讲,邀请四川大学华西医院、省人民医院、成都中医药大学附属医院、省骨科医院的专家为我市在职和离退休领导干部讲授心血管疾病防治、饮食营养与健康、运动保健、老年健康保健知识;在重要农历节气及春节、端午、中秋等传统节日前夕为干保对象编发相关养身保健的温馨提示;通过手机短信平台每周向保健对象发一条健康教育宣传短信;在集中就餐区摆放合理膳食、均衡营养宣传资料,设立体重自检区。邀请市疾控中心的营养专家为食堂从业人员作科学烹饪及卫生知识专题培训。协助机关生活服务中心完成了机关食堂菜谱营养成分分析;协助市爱卫办在机关集中办公区开展控烟宣传。

【干部医疗服务】 充分发挥市级干保基地医院和干保专家的作用,做细做实医疗服务。干保基地医院均在原有基础上更加重视干保工作,从人员调配、环境改善、设备增添、流程优化等各个环节下大力气,不断完善干保工作机制,规范干保服务行为,改善干保服务条件,提升干保工作水平,顺利完成了各项日常干保工作任务。据统计,2014年1-11月,三家市级干保基地医院特约诊断室共接诊干部门诊10 064人次；特约门诊36 635人次(含市级机关集中办公区3个医务室接诊人次)；收治住院领导干部1 214人次。组织院内、外会诊121人次；发挥各医院特色优势，为干保对象提供个性化医疗保健服务。市一医院以中西医结合和中医保健理疗为特色，进一步做精做细中医治未病中心、中医专家门诊和老年病房的服务，开展了针灸、推拿、中药离子渗入、中药外洗外敷、中药熏洗、穴位按压等中医特色治疗，全年服务达3 195人次；市二医院以皮肤科、康复科为重点，将一站式服务理念融入日常干保工作，不断优化就诊流程，提高工作效率；市三医院注重在日常保健工作中发挥心血管、神内、内分泌等干保专家的作用，为市级老领导提供特色专科服务，受到老领导的欢迎和好评；有计划地开展巡诊。市一、三医院在做好特约门诊服务的同时，定期组织干保专家到领导干部集中办公区和老领导集中驻地巡诊，送医送药上门，开展健康咨询，及时掌握干保对象的健康状况和需求，针对性开展保健服务。据不完全统计，2014年市级干保基地医院共开展巡诊服务1 648人次；举办健康讲座44次；接受健康咨询4 078人次；上门送药1 969人次。

(郭　萍)

医政管理

【概况】 2014年，成都市医疗卫生工作紧紧围绕以服务病人为中心，以规范医疗行为、提升服务质量和服务内涵为根本，进一步推进县级公立医院改革、探索分级诊疗和健康服务业的发展、深化平安医院建设、引导医疗资源合理配置；开展县级公立医院(包括妇幼、专科)全面取消药品加成工作；创新人事制度改革，建立健全现代医院管理制度，加强医疗机构管理；践行“科学立法、严格执法、公正司法、全民守法”，进一步清理行政审批事项、减少行政审批环节、优化审批流程；实施国家基本药物制度、深化县级公立医院药械采购改革；为群众提供方便、高效、安全、便捷的医疗服务，取得了较好成效。

【卫生物价管理】 成都市卫生局根据国家2012版医疗服务收费项目标准，2014年初步完成了对目前正在执行的2001版医疗服务收费项目的平移工作，至年底正在准备新版医疗服务项目价格方案专家论证会；按照客观、公平的原则，市卫生局将按医学会专业委员会类别，分别组织各专业委员会专家对2012版项目价格进行论证；根据2012版医疗服务价格项目分类情况，召开不同专业委员会座谈会约50多个。完成省发改委、省卫计委关于成都市县级公立医院医药价格改革评估有关情况的报告；完成收费许可年度审核、收费项目清理等专项工作。

【分级诊疗制度建设】 成都市卫生局根据省卫计委等六部门《关于建立完善分级诊疗制度的意见》的要求，于8月28日启动相关工作，起草了《成都市关于建立分级诊疗制度的实施意见》。9月25日，市卫生局、市委宣传部、市人社局、市财政局、市医改办相关部门对《成都市关于建立分级诊疗制度的实施意见(讨论稿)》进行充分研讨并修改后报市政府。由于分级诊疗涉及的医保政策报销比例、适用范围、结算系统以及规范转诊相关制度正在进一步完善中，经向省卫生计生委相关领导汇报，至年底，成都市《实施意见》由市医改办牵头，在广泛征求人社、财政等部门及各区(市)县意见的基础上修改完善，已上报市政府，将尽快下发予以实施。

【国家基本药物制度实施】 成都市卫生局继续加强医疗机构药品阳光采购监管，制定并发布了《成都市卫生局关于加强医疗机构药品阳光采购监督管理的通知》；9月，在全市召开医疗机构药品阳光采购管理工作会，通报了全市上半年药品采购情况，深刻分析了问题和原因，提出整改措施及全市医疗机构药品阳光采购下一步工作要求；为规范全市基药补助资金的分配方式以及政府购买社会举办公益性基层医疗卫生机构实行基本药物制度的补偿方式，提高资金的使用效率，确保基本药物补助资金安全有效使用，下发《关于进一步加强国家基本药物补助资金管理的通知》；完善基本药物采购配送机制，召开实施国家基本药物制度成员单位工作会议，对基本药物配送问题作了专题研究，并做出《成都市卫生局关于进一步规范基本药物配送工作的报告》；充分发挥"四川省药品集中采购交易监管平台"对基本药物的配送监管作用，根据3月深化医药卫生体制改革工作领导小组专题会议精神，对全市基本药物配送模式的现状、成效和问题进行分析和评估，开展专题调研，形成专题调研报告，制定工作方案；转发了《四川省卫计委关于完善药品配备政策支持分级诊疗制度的通知》，截至11月底，成都市公立医院上网采购药品占药品总金额91%，市二、三级医院使用基本药物占药品总金额比例分别达46%、31%以上；10月，组成三个考核组，加强基本药物制度专项检查和考核。

【卫生行政许可规范】 成都市卫生局按照《成都市人民政府办公厅关于进一步加强审批事项集中人员入驻和审批授权工作的通知》，自6月1日起，行政审批事项全部授权市卫生局审批处组织实施，授权率100%；进一步清理和调整下放审批权限；进一步精简行政审批事项，切实落实《四川省人民政府办公厅关于第二批取消、调整行政审批项目的通知》《四川省人民政府关于取消和下放第三批行政审批项目的决定》精神，将医师执业注册、护士执业注册，麻醉药品及第一类精神药品印鉴卡审批权限下放到属地区（市）县卫生行政部门。将从省卫计委承接的涉及饮用水卫生安全产品卫生许可、消毒产品生产企业卫生许可和医疗广告审查的审批权限调整下放到属地区（市）县卫生行政部门；组织开展行政审批事项摸底核实工作；优化审批流程，取消放射诊疗建设项目预防性卫生审查，放射防护设施竣工卫生验收与放射诊疗许可一并进行，将原来分三步走的审批环节压缩成一步到位；将省卫计委下放的外国医师来华短期行医许可（团体）与由市卫生局审批的外国医师来华短期行医许可（个人）合并，并作为即办件办理。全面清理卫生行政审批前置条件；重点针对调整下放的行政审批事项，充分考虑区（市）县的实际情况和需求，以集中培训、现场指导、电话及网络咨询等多种形式，指导区（市）县做好下放事项的审批工作，对调整下放事项的承接落实情况和规范办理情况开展专项检查。

【县级公立医院药品"二次议价"】 成都市卫生局在新都区、邛崃市、新津县、大邑县四地县级公立医院开展"二次议价"试点工作以来，1－10月，议价结果与省卫计委挂网限价相比，四地抗生素类药品平均降幅达53%。其中，新都区4家区属医院87个品种药品平均降幅达62.68%，让利1 317.69万元；新津县2家县级公立医院77个品种药品平均降幅达58.39%，让利966.97万元；大邑县人民医院65个品种药品平均降幅达51.05%，让利295.15万元；邛崃市全部药品品种平均降幅为40%。截至11月底，四地试点医院共计减少群众就医支出1.45亿元（邛崃6年共计1.2亿元）。同时，成都市卫生局制定了《成都市自主创新重点独家医药品种目录》，采取多项举措深化成都市县级公立医院药品"二次议价"工作，促进地方产业的发展。年底，又对"二次议价"工作的开展情况进行了专项评估，提出改进意见和建议并形成分析报告，为下一步在全市县级公立医院全面推开奠定基础。

【"平安医院"创建】 成都市卫生局按照国家和省卫生计生行政部门的安排部署，通过"定标准、建机制、促落实"三步措施，加强了与公安、司法部门的密切联系，"平安医院建设"工作取得了实际性进展。10月8日，市卫生局联合市公安局、市综治办、市医管局，共同制定了《成都市医院安全防范标准》。对医院的"人防、物防、技防、巡防"建设进行明确定标。市卫生局制定的《成都市医疗纠纷预防与处置办法》经市政府常务会议讨论通过，并以市政府令形式印发全市，于2014年10月15日正式实施；建立卫生行政部门、医疗机构与公安机关之间信息沟通、警医联动等机制。“办法”最大的亮点引入了人民调解机制，为医患双方搭建及时解决纠纷的平台，有效避免矛盾进一步激化；推行医疗责任保险，构建赔偿的风险分担机制，确保患方能及时得到赔偿；加大对“医闹人员”和无理取闹人员的打击力度，对既不进行调解，也不通过司法途径解决纠纷，强行采取过激手段围攻医疗机构、扰乱正常医疗工作秩序，损害医务人员人身财产安全的，由公安部门依法予以处置，并在证据确凿的情况下，采取强制措施。

【卫生监督执法】 成都市两级卫生执法监督机构于1月1日至11月30日，共计开展监督检查95 687户(次)，监督合格率98.27%；共抽检健康相关产品类样品756件，合格739件，抽检合格率97.75%；抽检非产品类样品11 947项，合格11 584项，抽检合格率96.96%；办结行政处罚案件数551件，罚款金额185.18万元，没收违法所得9.54万元；办结行政许可审批事项21 072件；受理、办结各类投诉举报490件。其中，市本级开展监督检查1 737户(次)，实施行政处罚57件；紧扣医疗卫生民生热点和医疗服务核心质量，巩固“打非”成果，持续推进“打非”专项整治行动，市支队全年开展“打非”工作督导53次，全市“打非”工作立案查处问题医疗机构47户；在全市范围内创新性地开展医疗技术临床应用专项整治行动，检查相关医疗机构547户(次)，立案15起；继续推进全市诊所卫生监督量化分级管理，量化评级诊所3 629户，覆盖率达到96.41%，有效促进全市诊所硬件设施逐步改善，进一步增强医护人员依法执业意识；强化公立医院及妇幼保健专科医院的监管，对全市16家区(市)县级人民医院、妇幼保健院开展依法执业、血液安全及母婴保健的专项监督检查；拓展执法深度，针对就医放射诊疗防护开展专项检查，覆盖二级以上医疗机构16户，立案查处存在问题较为严重医疗机构3家，罚款1.82万元，突破了放射防护处罚零记录；积极宣传贯彻血液储存新标准，完成对全市3家采供血(浆)单位年监督覆盖率100%、监督频次4次/年的工作目标；同时强化医疗机构临床用血管理，对全市16家二级以上设置有输血科的医疗机构进行了检查。

(李祖俊　余　芳　何　勤)

中医药管理

【概况】 2014年，成都市认真贯彻落实党的十八届四中全会精神和国家深化医改的工作要求，加大中医药事业发展力度，中央、省投入成都市中医药事业专项资金2 350万元；市本级财政投入专项资金1 064万元；在建区(市)县中医医院工程建设项目共计6.56亿元；继续实施基层中医药服务能力提升工程；扩大名中医到基层服务的试点范围，成都市市域范围内副主任中医师以上人员均可以通过多点执业的方式到基层中医医疗机构和医疗卫生机构服务；合理调整医保基金对中药饮片贴数与剂量的支付标准，确定中药饮片的支付计量，为规范医疗保险基金对中药饮片剂量的支付奠定了理论基础；市卫生局与市财政局制定了《成都市城乡基层医疗卫生机构基本公共卫生服务项目(2013版)》，将全市人均基本公共卫生服务经费标准由35元提高至40元，新增经费主要用于65岁以上老年人中医体质辨识、0－36个月儿童中医健康管理服务和中医药健康教育等项目，进一步扩大了基层中医药服务覆盖面；制定并印发《成都市妇幼保健院中医科基本标准（试行）》和《中医药参与孕产妇保健工作手册》5 000册，为中医药参与妇幼保健工作提供了依据和参考；积极探索建立中药饮片监管的有效路径；支持和鼓励在职医务人员参加各类中医药培训；强力推进县级中医医院标准化建设，全市14家郊区（市）县级中医医院中，已有9家县级中医医院实施了基础设施建设工程（其中，迁建5家，扩建4家）。青白江中医医院通过二甲评审，截至年底，全市14个郊县中，已有5家建成三级乙等中医医院，8家建成二级甲等中医医疗机构。2014年，全市县级中医医疗机构新增市级中医重点专科23个。截至目前，县级中医医疗机构建有省级中医重点专科37个、市级78个。

【中医药城乡一体化管理试点】 新都区2013年8月被列为全国首批10个"中医药城乡一体化管理"试点地区之一，也是四川省唯一的一个试点区（市）县。新都区通过积极探索区中医医院托管卫生院（社区卫生服务中心）的中医科、中药房和村（社区）卫生站的中医药工作，取得明显成效并形成"新都模式"；区委、区政府投资2.3亿元启动了区中医医院扩建项目，打造集中医"治未病"、中医医疗、中医康复、中医药培训指导为一体的"四个中心"，修建1个中医药博览馆和1个中医药文化广场；区中医医院还开展面向基层的中医药适宜技术推广，为每个村（社区）卫生室培养1名"能中会西"的乡村医师，配备适宜的中医药诊疗设备；"新都模式"操作性强、公益性突出，有效缓解了老百姓"看病难""看病贵"问题，实现了区域内的优势资源共享，且多方受益。2013年，新都区中医医院业务收入1.5亿元，门诊病人40.52万人（次），收治住院病人1.32万人（次），与2011年相比，分别增长76.7%、95.2%、27.8%。全区（街道）卫生院、社区卫生服务中心门诊量33.86万人（次），比上年增长10.12%；中医处方量70.94万张，同比增长29.21%；开展中医适宜技术36.25万人（次），同比增长32.52%。2014年12月8日，四川省委全面深化改革领导小组办公室《四川改革动态》（第56期）刊载了《新都区县乡中医药一体化管理试点取得明显成效》，10名全国政协委员已向全国政协提出了推行"新都模式"的提案。

【中医重点专科和重点学科建设】 成都市中西医结合医院建有4个国家级重点专科、9个省级中医重点专科，在2014年国家、省中医重点专科建设中期评估中取得优秀成绩，获得省科技进步三等奖1项、市科技进步三等2项，省中医药科技奖2项。成都肛肠医院承建的国家级重点专科－肛肠科以及市级重点专病——锁肛痔病的建设，突出中医特色，用中医及中西医结合手段治疗肛肠病变，取得良好的临床疗效。2014年，全市中医医疗机构新增市级中医重点专科23个。截至年底，全市建成或在建中医重点专科（专病）共137个（国家级7个、省级45个、市级86个）。其中，县级医疗机构省级37个，市级78个。国家级名老中医传承工作室建设持续推进。"王静安名中医传承工作室"通过国家中医药管理局验收；"王晓东名中医传承工作室"通过国家中医药管理局中期评估，2014年，第五批全国老中医药专家临床经验及学术继承带徒3人中期评估均获得90分以上成绩。建设了一批名老中医药专家传承工作室及中医药学术流派传承基地（工作室）。

【城乡中医药服务网络建设】 成都市中西医结合医院通过国家"三甲中医院持续改进检查评估"，注重发挥中西医结合优势，制定中西医结合单病种63个，实施中医临床路径15个，制定了中医护理操作标准，开展中医护理辨证施护和中医护理技术操作培训，对住院病人广泛采用中西医结合治疗；通过打造提升"成都中医名医馆"、承建省级中医"治未病"中心、开展中医（中西医结合）专科（专病）门诊等服务，非药物中医治疗人次占医院门诊总人次8.2%，中药处方比例达51.51%，中药饮片处方比例达22%，生产使用本院制剂49种；彰显中医药文化特色，新增中西医结合雕塑和文化墙。市级综合医院和妇幼保健机构都设置有中医科、中药房，均开展了中医药特色服务，为中医科（中药房）规范化建设奠定了基础。

【基层医疗卫生机构中医药服务能力提升】 中央专项资金支持成都市19个区（市）县及成都高新区、天府新区成都直管区开展了基层中医药适宜技术服务能力建设；市政府继续投入专项资金544万元为136个乡镇卫生院和社区卫生服务中心配备颈腰椎牵引、中药熏蒸、中药粉碎机、中药煎药机共计347台。2014年，成都市100%的社区卫生服务中心和99.08%的乡镇卫生院设置了中医科、中药房,配备中医、中药药剂人员,中医诊疗设备;能运用中药饮片等6种以上中医药实用技术方法,开展常见病多发病基本医疗和预防保健服务;91.67%的社区卫生服务站和88.47%的村卫生室配备适宜的中医诊疗设备,并配备1名以上中医类别医师能够提供中医药服务。全市基层中医药服务量占44.66%;全市坐堂医诊所已有300多家,较2013年多了150余家,中医坐堂医中医师达到350名,其中,121名中医师通过"多点执业"到坐堂医坐诊。

【县级中医医院标准化建设】 大邑县、彭州市中医医院扩建工程顺利实施。青白江区人民医院川化病区整体移交区中医医院,完成区中医医院扩建。郫县中医医院迁建工程和新都区中医医院扩建工程已于年末启动。截至年底,成都市14家郊区(市)县级中医医院中,已有9家县级中医医院实施了基础设施建设工程(其中,迁建5家,扩建4家);中央、省专项支持成都市5家县级中医医疗机构开展了"医疗机构中医特色优势重点专科建设"、3家中医医疗机构开展"中医医院制剂室能力建设";青白江中医医院通过二甲评审,全市14个郊县中已有5家建成三级乙等中医医院,8家建成二级甲等中医医疗机构;有1家中医专科医院建成三级乙等医院。

【县级综合医院、妇幼保健院中医药建设】 市政府继续拨付专项重点支持7个县级综合医院和7个县级妇幼保健院打造中医集中诊疗区。截至年底,全市共有19个县级综合医院、13个县级妇幼保健院建成中医科、中药房;全市县级综合医院平均每个医院推广中医药适宜技术服务13种,中药饮片品种达400多种,年均中医药服务量占医院总服务量的9.36%。

【中医"治未病"】 成都市卫生局推进中医医院"治未病"科室建设。全市所有市、县级中医医疗机构都开展了中医"治未病"中心(科室)建设,26家市、县级中医医疗机构中已有6家医院建成"治未病"中心,提供具有中医特色的膏方、针刺、灸法、火罐等20余项中医预防保健技术服务,通过对人体的体质辨识和调理,对亚健康状态、高危人群等实施及时有效的干预;广泛开展了中医药适宜技术培训与推广,提升基层医疗机构中医集中诊疗区的中医药服务能力;在2013年基础上,开展基本公共卫生服务中医药健康管理,提高了65岁以上老年人中医体质辨识率,新增0-36个月儿童中医健康管理内容,细化了中医药健康教育内容。截至2014年6月,按全市基本公共卫生拨款的常住人口为计,全市65岁以上老年人中医药健康管理服务目标人群覆盖率平均达到43%,其中有11个区(市)县达到40%以上;0-36个月儿童中医药健康管理服务目标人群覆盖率平均达到57%,其中19个区(市)县及高新区达到40%以上。从2011年起,青羊区、双流县被列为国家基本公共卫生服务中医药服务项目试点区,在郫县、都江堰市开展国家级中医"治未病"试点,积极探索中医"治未病"服务路径和经验,2014年已通过国家中医药管理局和四川省中医药管理局组织的专家验收并得到好评。中医药参与养老服务工作,如武侯区簇锦社区卫生服务中心对武侯区铁佛养老院进行托管,温江区柳城街道社区卫生服务中心对管辖范围内全托的空巢、行动不便并有需求的老年人增加健康咨询和指导服务,龙泉驿区黄再军医院开办养老院并提供中医药诊疗服务。

【中医药人才培养】 成都市卫生局继续开展四川省第三批、成都市第四批中医药师承教育,25名导师开展对继承人的带徒工作;坚持每月1次集中大课,特邀师承导师主讲;编印《中医药师承特别教育培训教材》9辑,共1.8万册;学期三年,已完成两年在全国率先开办成都市中药临床药学特别师承教育,特邀祝之友等15人为导师,73名各级各类药学工作骨干作为师承学员;编印《中医药师承特别教育培训教材》7辑1.4万册;继续依托成都中医药大学开展中医类别全科医师岗位培训,全市共有172名中医类别医师参加学习;在新都区、彭州市、都江堰市、金堂县、蒲江县开展了"四川省乡村医生进行中医药基本知识与技能培训"项目,全市共计843名乡村医生参加了培训;举办基层中医药人才培训共4期;在郫县中医医院举办2014年成都市基层中药膏丹丸散"临方炮制加工"培训班;依托市中西医结合医院开展2014年中医类别住院医师规范化培训,招收规培生48人;分别在双流、都江堰中医医院举办,已完成"西学中"培训240人。双流县中医医院成功申报成为"四川省全国中药优势特色教育培训基地",并举办了首期培训班;成都市有2名中药专业人员被录取为全国中药特色技术传承人才培训项目培养对象；与市食品药品监督局联合主办了成都市中医临床用药及药事管理专题培训班；举办了2014年成都市中药临床用药质量管理培训班；举办成都市综合医院（妇幼保健院）中医科、中药房规范化建设培训暨经验交流会和中药房规范化建设培训会；举办了“2014年成都百万职工技能大赛中医药知识技能比赛”；组织全市2 829人参加了四川省中医药管理局组织的四部经典《黄帝内经》考试。

【中医药文化建设】 成都市卫生局深入开展“中医中药进乡村、进社区、进家庭、进军营”活动，通过基层中医集中诊疗区中医药文化和健康知识宣传、义诊咨询、专题讲座和发放中医健康教育处方等方式方法，让广大群众进一步了解中医药、信任中医药、接受中医药服务；编印了《中医刮痧术的临床应用》《千金十要穴与马丹阳的天星十二穴临床要法》《常见病多发病的中医药防治手册》《临床灸学》《杵针法要》《虫类药的临床应用》《冬病夏治——伏九敷贴治疗慢性呼吸系统疾患》《外科要略》《天真按摩入门》等资料5万册，免费发放各区（市）县基层医疗机构和中医药人员，积极开展中医适宜技术的推广和应用。崇州市、新都区、金牛区、蒲江县、天府新区等地积极开展了中医药进军营的活动，将中医药养生保健资料发放到军营，为部队官兵开展中医义诊，运用推拿理筋、按摩刮痧、针刺拔罐等中医药适宜技术手段为他们诊治。全市中医药文化知识普及96.63%的行政村、93.6%的社区和94.75%以上家庭。

（张 颖）

卫生应急管理

【概况】 2014年，成都市卫生应急管理以“及时、有效处置各类突发事件，保障人民群众生命安全和健康”为工作重点，不断探索新形势对卫生应急工作的新要求，加强卫生应急核心能力建设，积极加强口岸防控，展开了对H7N9疫情和埃博拉疫情防控。全年，120指挥中心电话呼入量达到 559 250次（较上年同期增长3%），调度派车261 061台（次）（较上年同期增长3%），紧急救治人员216 259人（次）（较上年同期增长6%）；报告突发公共卫生事件1起（职业性急性硫化氢中毒事故），发病4人，死亡4人，一般事件（6人以上）的突发公共事件实施医疗卫生救援158次，较大级别（10人以上）的突发公共事件实施紧急医疗救援32次。

【紧急医疗救援体系建设】 成都市卫生局实施全域成都急救信息联网第一期建设项目，市财政投入经费338.5万元，对市、区（市）县两级120指挥调度平台、120网络医院和救护车单元的语音、图像和数据、信息采集等进行联网建设，并为8个重点医院120救护车配置安装了单兵视频终端，通过实施全域成都市急救信息联网建设，确保了紧急医疗救援信息及时准确，为指挥决策快捷提供科学依据，有效提升了我市紧急医疗救援指挥调度的快速反应能力；成都市财政投入168万元，购置8辆装备优良、配置齐全、车况良好的监护型救护车，用于院前紧急医疗救援工作。

【卫生应急综合示范区（市）县建设】 蒲江县、崇州市、新都区、温江区、武侯区开展创建省级卫生应急综合示范县（市、区）工作。各相关区（市）县党委、政府高度重视，将其作为重要民生工程积极推动，专门成立了由县长任组长，党委、政府分管领导为常务副组长的创建工作领导小组，组织动员相关部门、街道、乡镇、社区和医疗卫生单位、重要企业全面参与，落实了专项经费；通过以创促建，进一步健全了基层卫生应急管理体制、预案体系、管理协调机制，基层卫生应急处置能力得到了有效提升。截至年底，全市已成功创建4个国家级卫生应急综合示范县（区）、12个省级卫生应急综合示范县（市、区），在全省起到领先、示范作用，在全国副省级城市中处于领先水平。

【重要旅游景点救护站建设】 成都市卫生局根据市旅游产业发展领导小组办公室《关于印发〈成都市2014年旅游重点工作安排〉的通知》文件精神，首批开展花水湾（西岭）、青城山、街子、黄龙溪、平乐、白鹿、五凤镇卫生院七个救护站建设。市卫生局组织市急救指挥中心和当地卫生局进行了调研，制定出台了成都市旅游景点急救站建设标准和实施方案，明确了建设目标和当地政府应配套的相应政策；市卫生局安排专项经费14万元，为每个急救站点配备急救箱和脊柱板，举办了两期急救知识培训。各相关区（市）县按照统一要求积极推进重要旅游景点急救能力建设，落实了相应资金和政策，使建设工作取得了实效。市急救指挥中心对7个重要旅游景点卫生院纳入120网络调度，承担突发事件现场第一时间急救处置和伤员转运任务。

【重大突发事件卫生应急处置】 5月，中冶集团公司工人在越南受伤事件发生后，市卫生局高度重视接回救治伤员的医疗救治和康复工作。接到通知后立即安排市一、二、三和五冶医院腾出病床收治伤员；紧急启动与机场的应急联动机制，安排40辆救护车直接在停机坪等待伤员，完成伤员转运的无缝衔接；积极协调优质医疗资源，将30名重伤员分别转运至四川大学华西医院和四川省人民医院进行救治；成立医疗救治和心理干预专家组，在完善个性化诊疗方案的同时，密切观察病人应激心理的变化，为存在心理障碍的伤员及时给予有效的心理干预。经过全市医疗机构的积极有效治疗，161名伤员已全部治愈出院。此项工作得到了省卫计委的表扬。

（刘益民）

卫生科技

【概况】 2014年，成都市卫生科技、教育工作紧紧围绕全市卫生事业发展和医改的中心、重点工作，着力建设医学终身教育体系、卫生科技创新体系，进一步提高全市卫生技术人员岗位胜任能力、科技创新与成果转化能力和科教管理能力，为全面提升成都市医疗卫生服务水平，促进卫生事业可持续协调发展提供人才和科技支撑。

【科研项目管理】 成都市卫生系统申报国家自然科学基金项目18项，立项4项；申报立项省级科技计划项目9项；申报省卫计委科研课题260余项；申报立项市科技局科研项目40项。发表论文2 212篇，其中核心期刊（包括出版专著、SCI、Medlin等）644篇。获得省医学科技奖9项、省医学科技奖（青年奖）5项；获得市科技进步奖9项、市医学科技奖13项。2014年，10项省级卫生适宜技术并全省推广应用。2014年，成都市积极组织申报成都市哲学社会科学优秀成果5项，2项获得成都市哲学社会科学优秀成果奖；申报成都市社科规划基金项目9项，4项获得立项；组织申报四川省第十六次哲学社会科学优秀成果11项。

【重点学科建设】 成都市新创建省级医学重点学科建设项目3个，省级医学重点专科建设项目8个；新创建市级重点学科建设项目8个，市级重点专科建设项目10个，1个市级重点专科通过动态评审为重点学科。全市共有省级医学重点学科（实验室）及重点专科（含建设项目）51个，市级医学重点学科（实验室）及重点专科（含建设项目）57个。全市有1人被确定为第十一批四川省学术和技术带头人，2人被确定为第十二批四川省有突出贡献的优秀专家；3人被确定为四川省卫生计生委第十一批学术技术带头人，14人被确定为第十一批学术技术带头人后备人选。

【实验室生物安全管理】 成都市卫生局根据《四川省可感染人类病原微生物二级生物安全实验室备案管理规定（试行）》，于4月初开始对即将到期的《四川省可感染人类病原微生物二级生物安全实验室备案登记书》进行复核备案，全年共办理期满复核备案实验室104个，新办28个，单位地址、法人等变更8个。

【卫生科技国际交流与合作】 成都市卫生局采用多种途径和方法加强师资队伍建设，采取"请进来、派出去"的办法，邀请国内外全科医学专家讲学，选送年轻优秀的全科医学师资赴国内外进修学习，进行国际交流与合作等形式，积极开展与美国、英国、法国、澳大利亚、新加坡和中国台湾、中国香港等国家、地区有关机构的学术交流与培训项目合作。市卫生局与法国蒙彼利埃市进一步开展医学交流与合作，组建了法国蒙彼利埃—中国成都医疗研究中心内分泌代谢疾病研究所和老年疾病研究所，大力促进了成蒙两市在内分泌代谢疾病和老年疾病研究方面的交流，促进市级医疗机构重点学科发展，打造优势学科和品牌，提升医院核心竞争力，为群众提供优质、便捷的医疗卫生服务。

（魏心斌）

爱国卫生运动

【概况】 2014年，成都市爱国卫生工作深入贯彻落实党的十八大四中全会精神，紧密结合卫生防病形势和群众关心的卫生热点难点问题，广泛开展以国家卫生城市创建和成果巩固、院落环境卫生综合治理、控烟履约和病媒生物防制等系列群众性爱国卫生运动，取得显著成绩，有力地促进了全市经济社会发展。

【社区院落环境综合治理】 成都市爱卫办按照《2014年全市城乡环境综合治理工作要点》和全国城市文明程度小区环境指数测评工作要求，从加快社区院落环境卫生管理常态化入手，开展了综合治理工作。在节日前组织各区（市）县开展了"爱国卫生人人参与，健康生活人人共享"迎新春、"我们的节日·中秋""干干净净迎国庆，人人动手清洁家园"等一系列主题活动；4月份以来为贯彻落实党的十八大关于"开展爱国卫生运动，促进人民身心健康"精神，根据全国、省爱卫办有关要求，组织开展了以"治理环境卫生、建设健康家园"为主题的第26个爱国卫生月活动；严格依照《成都市2014年居民院落清洁行动方案》

要求，开展老旧院落治理、星级院落评审和农村院落“四清五改工作”；为推进老旧院落环境常态化管理，在全市继续组织开展社区院落管理培训工作；组织各区（市）县爱卫办和相关部门持续开展了社区院落环境卫生专项督查等工作。全市老旧院落通过采取以上一系列工作措施，加强了院落盲点死角“脏乱差”现象的综合治理，环境治理达标率达90%以上，新建成星级院落587个，星级院落巩固达标率97.9%，城市管理转型升级示范区星级院落创建达80.37%，打造治理农村院落9 592个，全市社区院落环境卫生面貌得到明显改观。

【卫生城（镇）创建】 成都市中心城区、温江区、龙泉驿区、青白江区、新都区、双流县和蒲江县全面巩固了国家卫生县城创建成果。邛崃市顺利通过省级卫生城市复审工作。新津县、金堂县、大邑县、崇州市和郫县全面巩固了省级卫生县城的创建成果。彭州市、都江堰市全面开启国家卫生城市创建工作，并顺利通过市级初评。14个郊区（市）县结合创建环境优美示范镇村，积极开展省级卫生镇、卫生村创建工作，新创建省级卫生镇26个（覆盖率33.9%），省级卫生村164个（覆盖率27%），超额完成省爱卫办下达的创建省级卫生镇（村）的目标任务。

【病媒生物防制】 成都市爱卫办按照爱国卫生工作要求，制定了病媒生物防制方案，组织开展了灭鼠、灭蝇、灭蚊、灭蟑螂等系列活动，强化各区（市）县病媒生物防制相关人员的业务培训，举办了全市的《国家卫生城市标准》（2014版）宣传贯彻及病媒生物防制培训会，各区（市）县170余名相关工作人员参加培训；加大督查工作力度，市爱卫办组织了12次病媒生物防制现场督查；健全病媒生物监测网络，全面开展了病媒生物监测和防制工作，彭州市、都江堰市、新津县、金堂县顺利通过省级卫生城市（县城）病媒生物防制工作复查；组织中标病媒生物防制服务PCO公司，对公共区域开展消杀专业服务。全年共发放灭鼠毒饵约108吨，堵塞鼠洞近11万个；灭蚊蝇消杀面积累计2 200万平方米；发放灭蟑饵剂11万包。通过一系列工作措施，全市“四害”密度控制在国家规定的标准内，群众满意度较高。

彭州市疾控中心开展健康教育下乡活动

【健康教育及健康促进活动】 成都市爱卫办和健康教育所在全市范围内围绕“合理用药”“烟草控制”“慢性病防治”“传染病防治”“卫生应急妇幼保健”“职业病防治”“食品安全”等为主题启动巡讲工作以来，全市共组织专家在全市范围内开展健康巡讲190次，参加受众人数28 151人次，散发健康知识材料189种，共计102 940份；组织医务人员下街乡、进社区、进学校、进工地等，共开展大小活动4 904次，发放宣传资料近300万份，受益群众200余万人次，建立健康教育示范点598个；针对埃博拉疫情，印制宣传画、折页5万份下发区（市）县，普及防治知识；全面推广世卫组织合作项目“成都市城乡居民健康促进长效机制建立”。项目以管理培训、开展无烟区县建设、开展健康乡村及健康学校行动为主要内容，提高项目人员能力素质、建立健康促进相关制度、引导群众积极参与活动并提高健康素养；围绕中央财政和省财政项目开展了公益广告播放、健康巡讲、健康素养和烟草流行监测、创建无烟医疗卫生机构、艾滋病等疾病健康教育及亿万农民健康促进行动试点。除了双流作为亿万农民健康促进行动省级试点外，还在其余13个郊区（市）县推进市级亿万农民健康促进行动试点工作。

【农民集中居住区“三新”活动】 成都市爱卫办组织开展了成都市农村学校健康厨艺大比拼活动，为强化农村小学的学生膳食营养宣传，提高农村学生、家长、教师及学校食堂工作人员的营养知识水平及营养搭配技能，扩大社会对农村小学生营养午餐的关注度；与市教育局、市科学技术协会联合主办了成都市营养知识竞赛暨“我的营养午餐”2014主题烹饪比赛活动；开展了农村地区留守儿童吸烟行为调查，为农村留守儿童吸烟行为找准原因并开展相应的干预措施。

（李志春）

卫生相关工作管理

Health-related Work Management

成都市人口和计划生育

【概况】 2014年,成都市出生10.9万人,较上年增加1.22万人,增幅12.59%。人口出生率9.12‰,同比上升0.96个千分点。出生二孩2.29万人,二孩率21.01%、同比上升4.45个百分点,自1985年以来首次突破20%。人口死亡率6.27‰,同比上升0.23个千分点。人口自然增长率2.85‰,同比上升0.72个千分点,低于年度控制目标1.65个千分点。符合政策生育率94.3%,同比上升1.04个百分点,高于年度目标4.3个百分点。出生人口性别比106.71,同比下降1.47,回归正常域值。

【"单独两孩"政策实施】 3月20日,成都市全面实施"单独两孩"政策。截至年底,全市受理2.77万件,审批通过2.71万件,占全省的27.5%。通过超前谋划、细致宣传、简化审批、优生服务、妥处焦点、监测预警、强化保障等综合措施,严格执行了全省统一的政策口径和审批程序,还充分体现了地方特色,9个区(市)县获全省实施单独两孩政策表现突出单位。政策宣传上,充分利用现代传媒广泛开展社会宣传,突出对目标人群"一对一"宣传,政策实施工作经验全省交流。审批服务上,开通网上预约平台,严格落实"一改、三减少、四取消"规定,推行一次性告知和特殊情况承诺办理、委托代办理等制度。技术服务上,开展"一书一课一查两通道"优生服务。

【计划生育家庭奖励与扶助】 成都市精准落实各项计划生育家庭奖励与扶助政策,兑现计划生育家庭奖励扶助金、特别扶助金、独生子女父母奖励金总额4.41亿元,较上年增加0.6亿元、增幅15.75%,惠及157.83万人。其中,奖励扶助金2.95亿元、同比增加0.54亿元,惠及30.73万人、同比增加5.67万人;特别扶助金0.71亿元、同比增加0.11亿元,惠及1.83万人、同比增加0.28万人;独生子女父母奖励金0.75亿元、同比减少0.06亿元,惠及125.27万人、同比减少9.38万人。

【计划生育特殊困难家庭扶助关怀机制建设】 成都市人口计生委、民政局、财政局、人社局、城建委、卫生局、司法局、房管局、残联9部门联合出台包括经济、再生育、养老、医疗、安居、社会6个方面扶助计划生育特殊困难家庭的17条政策;实施"心灵彩虹"项目,采取购买服务的方式,开展基层心理关怀人员培训,开通心理疏导电话热线,为独生子女死亡家庭提供心理咨询、疏导服务;组织和动员社会力量开展扶助关怀活动,初步形成政府主导的政策一体化、主体多元化、服务社会化、管理信息化的计划生育特殊困难家庭扶助关怀机制。将5 313万元,2 159名对象纳入了城乡低保;为1 909名再生育对象免费提供咨询和技术服务;建立健康档案10 637份,为12 245名对象提供健康检查,为4 579名对象提供基本医疗保险资助或医疗救助;"牵手圆梦"项目让137户"失独"家庭与孤残留守儿童结对认亲。

【优生促进工程】 成都市以知识干预、免费孕前优生健康检查为重点的一级干预全面加强,优生促进工程深入实施。出生缺陷预防知识群众知晓率城区、农村分别达90%、80%以上。免费孕前优生健康检查扩面提质,通过细致的宣传发动、改善检验设施设备、加强技术人员培训、推行优生促进"一条龙"服务、前移特殊人群服务关口、改进目标人群确定及考核办法等综合措施,提高了目标人群检查覆盖率和质量。全年检查服务计划怀孕夫妇7.07万人(其中农村4.45万人),目标人群覆盖率111.06%(其中农村127.6%），较80%的年度目标高31.06个百分点；筛查出生缺陷高危人群1.02万人（农村0.68万人）；高危人群专家“一对一”优生咨询服务率100%。市计划生育指导所及19个区（市）县计划生育服务站（五城区为妇幼保健院）在全省免费孕前优生健康检查项目定点服务机构临床检验室间质评中优良率100%、优秀率95%，新都区获项目室间质评国家优秀。

【流动卫生计生基本公共服务均等化试点】 成都市人口计生委深入推进流动人口卫生计生基本公共服务均等化试点工作，不断完善政策一体化、机制联动化、服务常态化、管理网格化、支撑信息化“五位一体”的机制，均等化主要任务落实、重点项目扩面。市级投入流动人口计划生育工作专项经费1 317.19万元，同比增长4.05%，建成107个规范化流动人口免费避孕药具便民发放点，为33万名流动人口免费发放药具；在全国率先推行电子流动人口婚育证明，网上办理一孩生育服务登记4 003例。新市民健康倍增计划免费服务8 900人、同比增加1 881人，免费技术服务36.78万人（次），免费孕前优生健康检查服务3 638对夫妇，同比增加2 735对；困难家庭帮扶2 733户，同比增加1 184户；深入推进流动人口社区网格化服务管理，部门和区域流动人口信息互通共享水平提升，信息采集、更新以及动态的分类服务管理加强。全市录入全员流动人口信息235万人、同比增加39万人，纳入计划生育服务管理196万人、同比增加26.1万人，登记率91.5%，同比提高0.39个百分点；计划生育基本公共服务均等化服务率92%。试点工作经验全国交流，被国家卫生计生委确定为全国15个促进流动人口社会融合示范试点城市之一。

【创建幸福家庭活动试点】 成都市人口计生委围绕“文明、健康、优生、致富、奉献”主题，整合利益导向、优生促进、“三结合”、特殊困难家庭扶助关怀、流动人口卫生计生基本公共服务均等化等工作。以建载体、抓项目、促联动为主要内容，开拓创新、积极开展优质服务，扎实推进创建幸福家庭活动试点工作，促进计划生育家庭发展能力和生活质量提高。整合相关部门力量，深化拓展计划生育“三结合”，帮扶21 808户（新增4 785户），建帮扶基地278个；“扶助孤残留守儿童”项目帮扶492户（新增282户），“幸福工程”帮扶计划生育贫困母亲377户（新增167户）。会同卫生部门开展服务百姓健康行动，按实有人口落实卫生计生基本公共服务项目。联合教育部门依托学校“生命绿岛”，实施青少年健康人格教育工程，心理咨询服务8 000多人次、受益学生7万多人。联合民政等部门实施计生特殊困难家庭“安居工程”，联合妇联实施“关爱女孩，防范性侵”项目。依托计生协会推进计生家庭保险，全市参保人数达31万、参保总金额1 860万元，全年赔付总金额274.2万元。

【信息化建设】 成都市人口计生委完成具有人口统计指标、服务资源分析、计生业务监管监测、人口发展辅助决策等功能的人口计生统计分析决策子系统建设并上线运行，全面建成城乡一体的人口计生服务管理系统，实现与国家PADIS、省SCPIP人口信息平台，以及市公民信息管理系统互连互通，开通涵盖生育服务登记、再生育审批、独生子女父母光荣证办理、免费技术服务申请等业务的计生便民服务网上预约平台，再造人口计生业务办理流程，业务办理与监测电子化、群众办事服务网络化、人口信息数据采集与分析智能化的服务管理效能大幅提升，通过该系统预约办证1.36万人（次），提交市公民信息系统人口基础信息、业务办理信息等100万条（次），网络互通、信息共享、部门协作的信息化服务管理集群效应初显。

【人口文化建设与宣传教育】 成都市人口计生委推动人口文化建设与宣传教育理念、载体、形式创新，形成了全媒体、立体化的人口文化与宣传教育服务格局。结合城乡新型社区、公益文化阵地建设，新建人口文化公园、广场、长廊19个，人口文化中心、大院71个，人口文化书屋62个。新建成大中学校、工业园区、社区“生命绿岛”37个，累计达到84个，联合市教育局从建设标准、教育内容、活动方式、教材大纲、管理机制五个方面规范学校“生命绿岛”建设与运行，“生命绿岛”成为特色鲜明、功能完善、制度健全、常态运行的人口计生服务品牌。充分运用传统媒体和现代媒介开展宣传，新研发《幸福家庭宝典》手机宣传软件，新开通成都人口微信，新开办生育关怀公益大讲坛，共举办6期，宣传的广泛性、针对性、影响力增强。

【技术服务体系与能力建设】 成

都市人口计生委以市计划生育指导所为龙头、14个县级和3个中心乡镇计划生育服务站为骨干、村计划生育服务室和社区卫生计生服务中心为网底的计划生育服务网络体系进一步完善，县级和中心乡镇计划生育服务站人才、技术、管理等能力建设以及村计划生育服务室规范化建设稳步推进，服务能力增强，以技术服务为重点的优质服务提质。基本项目免费技术服务落实，“三查”服务进一步改进，“生殖健康促进计划”为165万已婚育龄妇女免费提供生殖健康普查。妇幼健康服务年活动扎实开展，温江区计生服务站、崇州市分获全省妇幼健康服务、妇幼健康服务年活动先进集体。药具服务管理改革力度加大，新添置免费避孕药具智能发放机303台，药具发放服务体系不断完善，药具服务向生殖健康全过程保健、艾滋病预防拓展，免费药具服务“十进”活动有效开展，药具服务覆盖面扩大、可及性增强。

【依法治理能力建设】 成都市人口计生委结合推进依法治市，制定落实加强和改进依法行政工作系列措施，推进依法治理能力建设。全面清理行政权力，依法明确市级人口计生部门行政权力19项、县级37项、乡级7项以及村级法定非行政权力事项9项，编印全市人口计生系统行政权力清单并公开，理清权力事项，开展行政权力运行专项督查纠正偏差。大力推进计划生育证件办理工作改革，规范一孩生育服务登记、独生子女父母光荣证办理和再生育审批程序，证明材料减少，推行一次性告知、网上预约申请、承诺办理、委托办理、上门代办、延时服务等制度。一孩生育服务登记9.9万例，再生育审批通过2.94万件（含单独两孩）。健全违法生育处理和社会抚养费征收管理，实行特殊情况社会抚养费分期缴纳集体讨论决定制度；规范自由裁量权；结合改进户籍登记服务，完善计划外生育婴儿上户“三联单”联系制度；落实加强计生管理、遏制违法生育。社会抚养费处理应办案件9 690件，结案率95.7%。执法监督检查加强，执法案卷质量评查和依法行政明查暗访实现经常化，无恶性案件、群体性事件发生。计生基层群众自治示范创建活动深入开展，全市16个村（居）获第五批全国人口计生基层群众自治示范村（居）。

【人口发展问题与政策研究】 成都市人口计生委围绕全市改革发展大局，联合科研院所，深化拓展人口发展问题与政策研究，取得《多点多级支撑发展战略推进中成都人口发展态势分析与对策建议》《调整人口战略与政策促进成都转型升级》《成都市新型城镇化中的人口城镇化问题研究》《单独再生育政策实施后的出生增长预测及可能面临的问题与对策》《计划生育特殊困难家庭扶助关怀机制探索与研究》等成果，提出服务科学决策的系列建议，并汇集出版《2014年成都市人口发展问题重点课题研究文集》。《成都市“失独”家庭基本状况调查与扶助问题研究》获成都市第十一次哲学社会科学优秀成果三等奖；《实施单独两孩政策对我市人口状况的影响》市委政策研究室《专报》刊发，市领导批示肯定。

【队伍与行业作风建设】 成都市人口计生委结合深化拓展党的群众路线教育实践活动，全面加强干部队伍思想、能力、作风建设。出台对全系统第二批群众路线教育实践活动的指导意见，围绕“反对四风，服务群众”的主题，聚焦办证不便、服务不优、规范不够、关怀不力等问题，上下联动，不遗余力持续推动解决服务群众“最后一公里”的问题，取得较好成效。全面贯彻从严治党要求，严格落实党建工作责任、党风廉政建设“两个责任”以及改进工作作风、密切联系群众的有关规定，干部教育管理严格，正风肃纪有力，全系统政风行风较好，为民、务实、清廉的形象进一步彰显，在调整完善生育政策、机构改革的特殊时期确保了思想不乱、队伍不散、工作平稳有序推进。

（李 琢）

高新区开展“关爱流动人口，共建幸福家园”活动

医疗保险管理

【概况】 2014年,成都市城镇职工基本医疗保险参保588.43万人,城乡居民基本医疗保险参保704.85万人;参加大病医疗互助补充保险685.27万人,参加工伤保险315.83万人;生育保险全市参保433.52万人。全市共有定点医疗机构1 913家,较上年新增307家;共有定点零售药店5 886家,较上年末新增797家。

【医保基金运行】 成都全市基本医疗保险、城乡居民大病保险、工伤保险、生育保险各项待遇均做到按时足额发放和兑现,保障水平稳步提高。全市城镇职工基本医疗保险住院医疗费用结算109.11万人次,统筹基金报销63.52亿元,实际报销比67.15%。城乡居民基本医疗保险住院医疗费用结算115.25万人次,统筹基金报销26.48亿元,政策报销比72.55%。全市工伤保险累计结算7.66万人次;统筹支付4.33亿元。全市生育保险累计结算7.88万人次,统筹支付8.87亿元。

【城乡居民基本医疗保险个人缴费】 成都市政府确定了2015年城乡居民基本医疗保险个人缴费标准,个人筹资工作将按照《成都市城乡居民基本医疗保险暂行办法》的规定,从2014年9月1日起展开。根据"以收定支、收支平衡、略有节余"的原则,结合成都市医保基金整体运行情况,成年人参加2015年成都市城乡居民基本医疗保险的个人缴费标准分为每人每年90元和每人每年190元两档。其中,锦江区、青羊区、金牛区、武侯区、成华区、高新区和有条件的区(市)县按每人每年190元标准筹资。低保对象、残疾人等符合《成都市城乡居民基本医疗保险暂行办法》(市政府第155号令)规定资助条件的人员,由民政、残联等部门按每人每年190元的个人缴费标准全额资助参加2015年成都市城乡居民基本医疗保险。大学生及学生儿童个人缴费标准为每人80元。在参加基本医疗保险的基础上,城乡居民参加大病医疗互助补充保险的缴费标准为每人每年190元和380元两档。成年居民、中小学生、儿童缴费时间为2014年9月1日－2014年12月20日,大学生缴费时间为2014年9月1日－10月30日。

【预算管理总额控制】 成都市医保部门根据医疗保险运行中出现的难点和问题,完善和优化方案,将卫生部门部分监管指标融入医保考核;完善总控考核基金风险分担机制,逐步实现总控考核工作精细化管理。通过建立基金预算机制、合理下达总控指标、改进费用结算、创新费用考核等多种手段,开展预算管理总额控制工作,有效遏制了医疗费用不合理增长,城镇职工、城乡居民基本医疗保险四项住院指标同比增速下降和放缓,呈现良好发展趋势,预算管理总额控制取得了明显成效。

【省内异地就医联网结算】 成都市医保部门按照省医保局部署,搭建了医疗保险异地就医结算前端服务器,与省医保实现联网,为实现全省范围内异地就医联网结算提供硬件支撑平台;完成了药品、诊疗项目、服务设施等基础信息库的对码工作;完善了成都市异地就医人员基本信息,制发了新的社会保险卡;完成了第一批异地就医定点医疗机构的系统切换工作,保证了全省异地就医联网结算首批医院正式上线开通;出台了《成都市基本医疗保险异地就医管理办法》,建立了完善的异地就医结算和监管机制。2014年10月1日,成都市如期完成异地就医联网结算信息系统建设工作,实现全市7家异地就医试点医疗机构作为就医医院,正常办理异地就医联网结算工作，保障了全市已经办理了省内异地就医登记的参保人员能够在全省各市州异地就医定点医疗机构联网结算医保费用。加上省局在成都市内定点的22家医疗机构，目前各市州参保人员能够在成都29家医院进行异地就医联网结算。

【工伤保险联网结算】 成都市从1月1日起，正式启动工伤医疗费用与协议医疗机构联网全域结算，包括四川大学华西医院、四川省人民医院、四川省骨科医院等110家工伤保险协议医疗机构正陆续开通工伤医疗费用与协议医疗机构联网全域结算功能，四川省人民医院川港康复中心、四川省八一康复中心医院、成都市第二人民医院3家工伤保险协议康复机构已正式开通工伤康复费用与协议医疗机构联网全域结算功能的相关功能。

【离休干部医疗费用联网结算】 成都市从8月1日起，通过信息系统管理平台与医院端实时共享离休干部的待遇享受信息、定点医院选择范围、就诊结算数据等。

【医疗保险基金巡查】 成都市医保部门出台《成都市医疗保险基(资)金巡查办法》，规定全市每年进行不少于2次巡查，巡查内容包括业务经办、城乡居民医疗保险征收、医疗费用审核管理、“两定”管理及稽核、基(资)金财务管理等五个方面的30项具体内容，进一步提高基金管理水平，促进医保经办机构自我约束、规范运行。成都市医保部门积极创新巡查内容、巡查对象、巡查方式。巡查内容引入可量化协议指标。将“挂床”数据化，做为日常巡查的重点内容，确保了巡查的科学性。创新巡查方式，提升巡查实效。集中派出稽核人员对监控信息异常数据、举报投诉较多的区县驻区县巡查。市和区(市)县医保经办机构全年共计巡查定点机构3 887家(次)，责令整改1 012家次，暂停拨付31家，中止协议39家，解除协议7家。追回违规金额651.92万元，扣减保证金929.21万元。巡查定点零售药店4 801家，责令整改534家，中止协议85家。

【城乡居民大病保险】 成都市医保部门通过严格招标程序，确定中国人寿成都分公司为城乡大病保险委托经办业务承办单位。从2014年3月25日起，全面启动城乡居民大病保险工作。75名驻点人员和稽核人员于2014年4月顺利进场合署办公，实施了“统一政策、统一经办流程、统一管理”的运作模式，实现了基本医疗保险和城乡大病保险业务“一站式”服务，提高了医保运行效率。实施城乡居民大病保险制度后，2014年城乡居民大病保险政策范围内的实际报销比例达60%左右，次均个人负担减少3 000元左右，人均负担减少6 000元左右，有效缓解了参保人员负担。城乡居民在基本医疗保险报销基础上(不含全自费)增加报销比例16%左右。

【门诊特殊疾病管理】 《成都市基本医疗保险门诊特殊疾病管理办法》于1月1日实施。市和区(市)县制定了应急处置方案，安排专人受理参保人员问题反映和投诉，并实时跟踪舆情；在全市“两会”期间，为卫生和民生领域的代表、委员们解读《管理办法》与背景；面对社会印制了大量宣传资料，增加参保人员政策和流程知晓率。实施《管理办法》以来，新增办理门诊特殊疾病增幅放缓，统筹基金支出得到一定控制，付费方式调整起到了较好的控费效果，城镇职工部分病种实行限额付费，使医疗机构主动控费意识增强，次均医疗费用总额和次均支付费用都有一定程度下降。

【智能辅助审核系统】 成都市医保部门将现行医保政策、物价收费标准、《中华人民共和国药典》、卫生部门相关规定和临床诊疗规范、常规，关联成都市已建立的医保药品、诊疗、材料及疾病诊断等基础数据库，形成了26大类审核规则，12万条审核条目，实现对全市医保报销政策和支付标准的数字化规则配置；将中公网智能辅助审核“引擎”嵌入医疗保险信息系统，实现了智能辅助审核系统与全市医疗保险信息系统的无缝衔接；建设了初审、复审、第三方评审三个环节的功能模块，形成了审核规程的全信息化管理体系；开发了智能辅助审核协同平台；再造了费用审核拨付流程，建立了审核规则调整和审核争议处理机制，收集到建议意见3万余条，调整审核规则内涵1.2万条，提升了智能辅助审核的系统性、规范性、公正性和权威性。智能辅助审核系统和实时在线监控系统建成启用后，基本实现了审核监控全覆盖，有力遏制了医保服务违规行为，促进了医保基金使用的合理性；工作效率明显提高。智能辅助审核系统完成全部住院医疗费用审核所需时间不到过去人工抽审时间的四分之一；

医保监管能力和水平明显提高，审核工作的专业性、科学性、公正性和权威性得到充分体现，审核的能力水平明显提高，促进医疗服务行为更加规范；医保治理能力有效提升。

【医疗保险实时在线监控系统】 成都市医保部门实时在线监控系统是在部颁基础上结合实际建设的，简称"8124"架构体系，即构建8个基础数据库（药品目录库、诊疗项目库、医用材料库、医用设备库、医保服务医师库、疾病诊断代码库、定点机构基础信息库和参保人员基本信息库），建设1个在线监控数据中心，依托基于宏观、微观2个层面的监控规则，实现对医疗保险4方（定点机构、医保服务医师、参保人和医保经办机构）的实时在线监控。成都市医保部门建立了监控指标体系和规则体系，以部颁医保监控规则为模型，结合成都市实际，建立了医疗服务信息采集标准和规范，形成了支持实时在线监控的489项基础数据指标体系，根据8个基础数据库建立健全情况，目前启用了41项监控规则和19项分析规则，对医保基金运行情况进行在线监控和分析；开发了实时在线监控信息系统，系统包括规则管理、实时监控预警、核查任务管理、监控分析、移动终端、诚信管理等6个方面内容，功能模块有规则设置和运行计划管理、疑点筛查与分析、核查任务流程管理、经办单元和医疗机构运行指标预警分析、基金收支监控与预测、稽核过程追踪、统计报表等58个；建立了监控疑点稽核工作的信息化管理机制，监控系统生成疑点稽核任务后，通过内部网络发布，各医保经办机构及时下载，领取任务，通过监控数据中心提取相关数据，组织现场稽核，并将研究确定的稽核结果录入监控系统，系统根据稽核结果自动生成处理结论。全程信息化管理，促进了稽核工作的主动性、规范性、公平性、公正性，减少了人为因素，提升了稽核工作法治化水平。加强了医保数据分析运用。依托医保监控数据中心，以"大数据"理念对医保数据进行深度挖掘和分析，及时发现医保经办、服务和基金运行过程中存在的突出问题，及时采取整改措施；对医保制度运行进行分析预警，为及时调整政策提供决策支持。实时在线监控系统发现疑点数据的时效明显增强，稽核监督的针对性和有效性显著提高。在线监控为现场稽核提供精准靶向，并提供数据支持，提升了稽核的针对性和核查能力水平。在线监控系统自动发现疑点、生成核查任务清单并下达医保经办机构进行靶向核查。医疗机构还普遍将审核、监控发现的疑点数据用于质量内控和绩效考核，提升医院的精细化管理水平。促进了医保由单向管理向共同治理的转变，"两定"机构由被动接受到主动对接、由消极应付到积极整改的转变，实现了医保患三方共赢。

【医保廉政风险防控信息系统】 成都市医疗保险风险防控信息系统分为两期建设。第一期系统开发共完成5个风险提示业务，9个签批权业务，1个《协议》处罚业务的开发工作。新增了8个业务功能模块，修改了36个业务功能模块；绘制了15张权力运行流程图；实现了3个系统权限管理应用，于7月1日正式投入运行；实现了医保经办业务一站式办理，风险业务以信息系统处理状态作为办理下一流程的前置条件，通过信息系统监控了风险岗位、关键人员的自由裁量权，有效控制了廉政风险。第二期风险防控信息系统包括工作回避、医保案件受理、机密稽核任务、稽核结果录入监控、城镇居民医疗保险超筹资期参保等廉政风险防控子系统，已基本建成。

【基本医疗保险费用谈判】 成都市继续开展基本医疗保险药品谈判工作。2014年7月召开了第十一批次基本医疗保险药品谈判专家评议会，完成10个厂家14个品规的药品谈判。通过谈判，药品团购价格在四川省药招挂网价基础上平均降幅6.5%左右；全面启动与定点医疗机构在支付方式、总额目标、群众实际自付比例等核心指标方面的谈判，遏制医疗费用不合理增长，切实减轻群众负担，充分发挥医疗保险作为最主要付费方的团购优势；制定并实施《成都市基本医疗保险药品和医疗服务费用谈判工作规范》。

（范　涛）

食品药品监督管理

【概况】 2014 年，成都市出台了《成都市食品安全委员会办公室主任会议制度》《食品药品投诉举报奖励办法》，修订《食品安全事故应急预案》等 30 余项规范性文件；成立了成都市食品安全专家委员会；全年检查食药企业 10 万余（家）次，完成各类检验 6.7 万批次，食品、药品总体合格率分别为 96.45%、97.73%；收集、核实、评价药品不良反应报告10 016份，同比增长 55.7%；开展食品“潜规则”、豆腐豆芽等 13 项专项整治，捣毁制假售假窝点 27 个，立案3 082件，移送司法机关 81 件，罚没款3 023万元；移送工商部门查处违法违规广告2 432个；促进肉菜溯源体系“提质扩面”，做好中药材溯源试点，完成2 717家零售药店电子监管试点工作，承办全国首次药械安全突发事件应急处置跨区联合演练；开展饮食用药科普宣传，建科普宣传站示范点 71 个，录播《师兄有说法》科普电视节目45 期，向群众印发宣传资料 100 万余份；受理各类投诉举报15 020件，同比增长 10 倍，发放举报奖励 30 余万元。

【食品药品监管体制改革】 成都市食药监系统首次机构改革工作基本完成。全市食药监系统共有行政编制和行政执法类事业编制1 935个，在岗1 041 人，其中：行政编制 745 个，在岗 568 人；行政执法类事业编制1 190个，在岗 473 人；市局机关内设 16 个处（室）和派驻纪检组监察室，下辖市食品药品稽查总队、市食品药品检验研究院、药品不良反应监测中心 3 个直属单位；各区（市）县组建食药监局（挂食安办牌子），实行分级管理，组建食品药品稽查大队；组建高新区、天府新区成都片区食药监局（挂食安办牌子）；除天府新区成都片区、大邑县外，其余 19 个区（市）县和高新区设立了食药监所，全市共设 290 个；9 月 18 日，以市食品药品检测中心为基础，整合市产品质量监督检验院涉及食品安全监督检验的相关人员编制、设施装备，成立成都市食品药品检验研究院，为成都市食药监局直属全额拨款事业单位，核定事业编制 295 个，主要承担食品药品检验检测、风险监测及相关技术保障和科学研究工作等职责。

【食品生产加工环节监管】 成都市食药监局对生产许可、日常监管、监督抽查等各项业务工作流程进行全面系统的梳理和优化。针对食品加工小作坊监管中存在的问题和面临的困难，实施登记备案试点，综合治理，消除隐患；完善了食品生产许可、日常监管、后处理等相关工作制度；开展了肉制品、食用油、酒类、调味品以及标签标识、食品添加剂等 10 余项专项整治；稳妥应对上海福喜、强冠地沟油等事件，扎实开展“亮剑”行动和“潜规则”整治，取缔无证生产、加工黑窝点 239 个；强化证后监管，注销了 217 家企业 254 张食品生产许可证，吊销 2 家企业的生产许可证；开展《食品生产通用卫生规范》专项整治；强化豆芽豆腐生产企业监管，探索‘专业化生产、准入化监管、连锁化销售”机制。督促肉类蔬菜追溯体系应用，探索开展乳制品、白酒及基酒溯源管理，在重点企业试点原辅料采购使用、过程控制、产品检验、出厂销售等“全过程”电子记录制度，做到质量安全可查询、可控制、可追究的追溯体系和责任机制。

【食品流通追溯体系建设】 成都市食药监局制定全市《肉类蔬菜流通追溯体系运行月度考核标准》，开展肉类蔬菜流通追溯体系运行自查评估。10 月 22 日，四川省食品安全追溯体系建设现场会在成都举行。通过青羊区长顺街市场试点，肉菜流通追溯系统设计进一步优化，运用天府通等便捷支付方式，实现用技术手段进行管理，建立溯源责任倒逼机制。在天府新区试点建设食品溯源电子商务平台，探索食品溯源新模式。

【餐饮服务环节监管】 成都市食药监局组织开展餐饮环节食品安全专项整治"亮剑行动"，立案查处37件，罚款68.46万元，移交公安线索2件；开展小餐馆规范和整治，取缔多次整改无法达标或存在较大食品安全隐患的小餐馆177户；开展"地沟油"和涉油产品专项整治，责令整改581户，责令停业2户，立案查处38户；开展禁止销售加工制作河豚鱼、查处餐饮单位违法添加罂粟壳、查处餐饮服务提供者在羊肉汤中违规添加非食用物质或滥用食品添加剂等专项整治，抽检火锅底料、羊肉汤等162批（次），对11批（次）不合格产品涉嫌违法犯罪线索移交公安机关。开展春秋两季、中高考期间、秋冬季病毒性感染性腹泻防控等专项检查，强化校长是学校食品安全第一责任人，共检查学校食堂3 265个（次），校园周边餐饮单位3 200余个（次），责令改正、警告938户，行政处罚21起，取缔7户。市食药监局制定《成都市重大活动食品安全监督管理实施细则》，规范集体用餐配送单位承接重大活动盒饭加工供应行为；完成美国高访团、德国经济访问团、省市两会、糖酒会、西博会等重大活动食品安全保障任务69起，保障盒饭供应68万余份，会议期间未发生一起食品安全事故。

【农村食品市场专项整治】 成都市食药监局9月－11月在全市范围内集中开展为期三个月的农村食品市场"四打击四规范"专项整治，对农村小作坊、小餐饮、食杂店、小超市、区域性食品批发市场、乡镇集贸市场等重点场所的重点品种、高风险食品开展全覆盖检查，完成专项整治期间食品抽检3 611批次，取缔无证经营59户，查扣侵权仿冒食品2.62万千克，查处食品违法案件296件，其中移送司法机关66件，受理和处理消费者投诉和举报918件，查处罚没款总数363.17万元。

【食品药品违法行为举报】 成都市于3月成立"12331"投诉举报中心，将所有食品药品投诉举报〔网络、信件、市长公开电话、市长热线（信箱）、"96110"文明热线、局长信箱、政务微博、政务微信等〕整合到"12331"投诉举报中心，统一受理，统一处置，实行"一个口进出"的模式，优化处置流程。修订《成都市食品药品违法行为举报奖励办法》，鼓励社会公众积极举报食品药品违法行为，简化奖励金审批、领取程序，提高奖励标准（最高标准从20万元提高到30万元）；全年发放"12331"投诉举报牌1万余个，宣传资料5万余份，发放投诉举报奖励36.93万元。

【保健食品和化妆品监管】 成都市食药监局组织开展对全市保健食品生产经营企业食品安全主体责任集体约谈；对全市保健食品生产企业和大型保健食品经营企业摸底，建立监管档案；举办保健食品宣传讲座138次，发放保健食品宣传资料65 754份，处理投诉994件；开展2014年成都市巩固打击保健食品"四非"成果专项行动，对保健食品违法添加、制假售假、套用批号、夸大宣传等违法行为进行查处，取缔无证经营户6户，取缔讲座点36个，立案查处47件，移交公安机关案件2件。市食药监局制定《化妆品监管指南》《化妆品生产流通企业主要违法责任》等工作制度；开展化妆品生产经营使用单位摸底并全面建立了监管档案；开展日常监督检查，规范化妆品生产流通秩序，检查化妆品生产企业35家（次）、重点流通企业4 636家（次），检查覆盖面100%；责令限期整改26家，立案处罚44件。

【中药材市场专项整治】 成都市食药监局于2013年12月－2014年1月，在荷花池中药材专业市场开展了中药材二氧化硫残留专项整治工作。对涉硫重点品种开展专项抽检，抽检药材68批次，对抽检不合格的26批次中药材进行立案处理；对涉嫌违法经营药品、中药饮片的6家经营户进行了立案查处。

【中药材流通追溯体系建设】 成都市中药材流通追溯体系于3月开始试运行。5月，初验小组对项目进行了初步验收，现已完成试点点位的设备安装，成都地方平台部署工作及与中央平台对接工作，溯源数据信息上传正常，消费者可以通过二维码查询到相关溯源信息。截至2014年底，全市中药材流通追溯体系覆盖点位达到1 589个，全年通过成都平台交易中药材50余万千克，中药饮片14万千克，上传中药材溯源数据400万余条。

【药品生产企业信用体系建设】 成都市食药监局组织开展药品生产环节的风险研判，对当前药品生产环节存在的风险隐患分析和研究制定监管措施；督促企业加快实施2010版《药品生产质量管理规范》，鼓励企业尽早通过新版GMP认证。加强对药包材监管队伍的培训，建立成都市药包材监管数据库；在中药材质量溯源系统建设基础上，实现种植、生产、流通、使用全流程贯通追溯。建立健全成都市药品及医疗机构制剂数据库，将药品和制剂的质量标准相关项目和生产配制数据实施信息化管理；建立药品生产企业重点品种监测档案，对企业的风险分析报告、风险管理计划及其执行和效果评估进行备案，联合卫生行政主管部门逐步推进医疗机构ADR上报工作。对全市所有药品生产企业进行信用等级评定和根据信用等级实施差异化分类监管工作。

【药品零售企业监管】 成都市食药监局制定《成都市药品零售企业药品经营许可证、药品经营质量管理规范认证证书现场检查评定标准》，完成80家药品零售连锁企业、换证（核发或变更）、GSP认证的现场检查工作，完成率100%；注销1家药品零售连锁企业的药品经营许可证；全市零售药店（含连锁公司门店及单体药店）换发药品经营许可证及GSP重新认证3 281家，新开办零售药店取得药品经营许可证及GSP首次认证304家；开展零售药店曲马多复方制剂和含特殊药品复方制剂集中整治工作，立案处罚44家。

【药品（含特殊药品）和医疗器械监管】 成都市食药监局制定《成都市药品生产日常监督现场检查工作指南》，推进新版GMP的实施，15家企业通过新版GMP认证现场检查；完成医疗机构制剂品种注册及再注册364个品种，标签和说明书备案82个品种，并进行专项检查和督查；对已入关但检验不符合规定的12个批（次）进口药品及时按有关规定进行公示，并向国家总局进行报告，同时通告各省、自治区、直辖市食药监局和其他口岸食药监局；联合ADR监测中心，开展合理用药和药品不良反应监测的指导和培训工作，全年开展合理用药知识宣传6次，组织召开不良反应监测和药物滥用监测培训会4次；严格监控特殊药品的采购渠道和销售流向，严格对含麻黄碱类复方制剂生产企业的原料药采购审批，严查生产环节的物料平衡和销售环节的成品流向，加强与公安等部门密切合作，对1起特殊药品流向问题及时进行联合处置。市食药监局指导企业按照《医疗器械生产质量管理规范（试行）》的要求进行技术改造，配合省食药监局完成无菌植入医疗器械生产企业按《医疗器械生产质量管理规范（试行）》检查工作；加强对经营企业索证索票、从业人员体检等方面的检查。开展县级以上医疗机构、民营医院的日常监督检查，规范医疗器械管理及使用行为，重点开展医疗机构使用高风险产品追溯，完善医疗机构大型器械设备档案工作。市食药监局开展医疗器械“五整治”专项整治，共检查生产企业254家（次）；经营企业1 930家（次），要求整改企业数276家，告诫约谈企业数27家，责令停产企业数8家，进行行政处罚企业数104家，共处罚金281万元。

【药品生产流通集中整治】 成都市食药监局按国家基本药物目录中中药品种成都市食药监局开展以物料管理、生产工艺合法性和质量控制规范性为重点内容的全市中药生产环节“亮剑行动”专项整治工作。对全市80余家在产中药企业进行了现场检查；同步建立了包含中药品种处方内容和挂网招标价格的数据库；对整治中发现的违法生产行为进行了查处，罚没金额290余万元。

【实施医药产业品牌战略】 成都市食药监局积极支持药品生产企业开展新版GMP认证，推进区域间企业兼并重组，扩大和深化生物医药产业化项目、中医药现代化等领域的合作，推动成都市医药产业结构调整升级，促进医药产业健康发展。在新药注册和生产报批过程中，服务企业，做好药品注册生产相关法规政策的宣传讲解工作，协调、帮助企业申请药品生产许可证。市食药监局鼓励企业创新，支持生物医药产业作为战略性新兴健康产业重点发展。华神生物的“美妥昔单抗注射液”、百裕药业的“银杏内酯注射液”、成都生物制品研究所的“治疗用卡介苗”等已成为国际领先水平的创新类药物。成都已成为我国生物医药产业创新研发和生产的核心孵化基地。

【突发事件应急处置演练】 国家食药监总局主办，成都市人民政府、四川省食药监局协办，龙泉驿区人民政府、成都市食药监局、雅安市食药监局承办的“四川省药品和医疗器械安全突发事件应急处置跨区联合演练”于11月18日在成都市举行。演练共分为序幕、事件的发生与报告、应急响应、跨区联合指挥、现场调查和应急检测、问题药品和医疗器械控制、应急响应终止和后期处置。

【"成都食药监"政务微信】 成都市食药监局于2月开通政务微信公众号@成都食药监(微信号:CDF-DA028)并试运行,发布食品药品监管信息,普及食品药品科普知识,受理食品药品投诉举报。12月18日,成都食药监政务微信公众号全新改版升级,成为全国首个"一键直拨12331食品药品投诉举报热线"的政务微信。市食药监局全年通过政务微信平台共发布食品药品安全信息740条,受理处置举报投诉和咨询43条。在"2014四川互联网政务峰会"上,"成都食药监"获得"四川政务微信十强"荣誉称号。

【食品药品科普宣传活动】 成都市食药监局在"3·15消费者权益保护日""全国食品安全宣传周""全国安全用药月""质量月"等活动期间,广泛组织开展科普宣传;全市在社区建立71个"饮食用药安全科普宣传站";提升《师兄有说法》电视节目的质量,全年播出45期;开展科普知识进社区和安全用药大讲堂活动约800次,发放科普宣传资料约100万份;设计全市食药监系统卡通形象,制作"12331"专题宣传片一部,在地铁传媒上播放1 600次。

(周佑权)

出入境卫生检疫监管

【概况】 2014年,四川出入境检验检疫局努力构建内陆特色卫生检疫工作体系。全年检疫查验出入境人员3 266 525人次,排查传染病受染嫌疑人472人次,确诊传染病病例32例,传染病确诊率同比上升1.69%。完成出入境人员健康体检、传染病监测32 350人次,检出传染病病原携带者及病人435例,传染病检出率同比上升2.48%。提供国际旅行卫生保健服务25 232人次,同比增长1.39%,预防接种疫苗、药品及保健用品等共计128 090人份,同比增长6.25%。签发国际旅行健康检查证明书等各类证书69 386份,同比增长0.96%。圆满完成专机保障任务11架次。全年检疫查验出入境飞机22 673架次,同比增长14.68%;检疫查验出入境集装箱3.7561万标箱,同比下降11.80%;查验行李、快件、邮包427.66万件,同比增长264.01%;查验出入境特殊物品195批,同比增长37.32%;查验出入境尸体、棺柩5具,同比下降37.5%。全年审批出入境特殊物品226批,同比增长61.43%,货值达3 535.37万美元。发放国境口岸卫生许可证249份,其中,食品生产经营卫生许可证113份,服务行业卫生许可证136份,口岸存储场地卫生许可证0份,同比下降6.8%;为口岸从业人员体检共3 256人次,同比下降27.43%。开展口岸卫生监督370家(次),抽样检测5 000份,检测合格率高于90%;对公共场所微小气候监测布点123点次,监测合格率接近80%。全年捕获鼠类、蚊类、蝇类、蜚蠊等医学媒介生物3 638只;在口岸布放实蝇监测点22个,捕获实蝇1 706只并完成其鉴定工作;核辐射监测出放射性超标19例。检疫处理入境航空飞机10 090架次,检疫处理航空货物5 413件,同比增长21.5%;消毒处理集装箱4 141个标箱,同比下降35.23%,熏蒸处理集装箱1 497个标箱,同比下降2.3%。

【口岸传染病监测】 2014年,四川出入境检验检疫局加强重点传染病防控工作。开展埃博拉疫情、脊灰野病毒、中东冠状病毒呼吸综合征、登革热、艾滋病等重点传染病防控工作。年初,制定2014年省级财政补助艾滋病防治项目实施方案,开展口岸艾滋病综合防制项目,印制艾滋病防治知识宣传材料3 500份,制作艾滋病防治行为干预包1 500份,实施出入境人员艾滋病防治行为干预,按时报送年度哨点监测分析报告,顺利完成四川省艾滋病哨点监测任务;从2014年6月1日-7月30日,共完成400名出入境人员的监测工作,按任务要求进行血样采集检测和流行病学问卷调查。分别检测出艾滋病抗体阳性1例,感染率为0.25%;梅毒血清学检测2人阳性,感染率为0.50%;丙肝抗体检测阳性1人;按照《质检总局 外交部 公安部 国家卫生计生委 国家旅游局关于防止脊髓灰质炎病毒传入我国的公告(2014年第79号)》要求,8月1日-12月31日,机场口岸共检疫查验脊灰野病毒疫区航班41架次,出入境人员4 079人次,为落实质检总局关于脊灰疫情各项防控措施,四川出入境检验检疫局在质检系统率先赴机场口岸开展脊灰预防接种服务,监督指导318名未持证外国人现场服用一剂次脊灰糖丸疫苗。共为318名来自巴基斯坦和阿富汗等国的入境外籍人员办理证书318份;有3名人员因医学原因不适宜服苗而办理接种禁忌证书;全年共查出31例艾滋病病毒感染病例,均已按照规定向各病例的属地疾控中心进行情况通报;指导口岸科学开展传染病疫情防控工作,分析与成都双流国际机场通航国家(地区)公共卫生风险,编制《四川口岸疫情信息快讯》月报共12期;探索建立口岸公共卫生服务新模式和国际旅行卫生保健体系,从三方面提出10项服务举措,积极服务外经贸发展。建立外派劳务人员QQ平台,发布疫情疫病最新公告、传染病防护知识,收集归国人员健康信息及解答旅行健康咨询等;并多次前往四川省送变电公司、水电五局等对外承包工程企业,提供卫生检疫及国际旅行健康针对性服务;3月起,前往有关外派公司了解具体情况,并制定有针对性的服务措施;4月,为广泛服务外派公司和人员,建立QQ平台进行业务咨询,疫情信息发布,在线医学答疑等,加强与外派公司层面合作和对回国人员的传染病监管;4月25日,邀请数十家劳务公司和外派工程企业参加全国疟疾日宣传活动;7月,再次召集常驻非洲的省内7家大型外派工程企业20名代表进行座谈,围绕外派人员境外和回国后的健康管理展开讨论并提出《对外承包项目企业海外工程国际旅行健康服务措施建议》,共同加强对外派人员的管理;9月,加入四川省商务厅针对外派企业建立的QQ平台;12月,参加省商务厅主办的全省劳务外派企业培训会,并在会上就境外公共卫生安全和传染病风险防控进行培训。截至2014年底,共有30个外派企业的相关管理人员加入QQ平台。

【口岸卫生监督】 7月23日-8月23日,根据《质检总局卫生司关于对口岸食品生产经营单位开展肉及肉制品专项检查的紧急通知》(质检卫函〔2014〕33号)要求,四川出入境检验检疫局对成都双流国际机场口岸食品生产经营单位开展肉及肉制品专项整治行动,查出并就地封存四川麦当劳成都双流机场第二航站楼餐厅库存的2批,共18.2千克、西航食品有限公司库存的2批,共1 445千克上海福喜食品有限公司的产品,移交食药监督部门进行处置,保障口岸食品卫生安全;加强对机场口岸公共场所、固液体垃圾处理单位和口岸储运场地的监管,全年共派员1 048人次,对179家企业进行监管;每季度对T1、T2候机楼、双流机场口岸范围内宾馆、长途客运车站等公共场所开展微小气候监测,分别于3月、6月、9月和12月在候机楼、宾馆、长途客运站布监测点170个点/次,全年监测发现53个点次不合格,出具微小气候监测报告48份,其中34份报告有不达标项目,不合格项目主要是温度、风速、噪声、可吸入颗粒,其他检测指标正常,符合国家标准规定。针对在检测中发现的问题,对相关单位提出整改意见并督导整改,确保国境口岸内的公共场所用品用具、军团菌、微小气候符合国家的卫生标准;根据质检总局《关于开展全国口岸及相邻边境线医学媒介生物本底调查和监测专项工作的通知》(质检卫函〔2014〕22号)的要求,制定四川出入境检验检疫局《2014年口岸医学媒介生物本底调查和监测工作指标绩效考核落实方案》,派员参加质检总局组织相关培训,布置四川出入境检验检疫局医学媒介生物本底调查和监测专项的工作任务,根据质检总局的工作方案并及时为一线部门购置相关的仪器设备;四川出入境检验检疫局完善新开航线备案制度,主动到新开航线企业进行法律法规讲解和业务培训,保障5条国际航线(越南芽庄、韩国襄阳、日本关岛、韩国清州、美国旧金山)顺利开航;为推动双流机场国家级航空枢纽的建设,3月,四川出入境检验检疫局与昆明机场局及国航西南分公司签署成都－昆明－仰光国际中转航班检验检疫监管备忘录,两地检验检疫部门将按照“依法行政、协作把关、共促发展、便捷高效”的原则,进一步加深合作,各负其责,形成“分段监控把关,联合全程监管”的联合检验检疫监管模式。规范进出境中转货物、航空器及其机组人员的检验检疫和监督管理,不断完善中转航班的检验检疫工作,进一步加快口岸通关速度。

【口岸卫生处理】 年底,设计并论证检疫处理综合信息管理系统建设方案,该方案整合相关系统数据、健全管理机制,建成覆盖广泛、功能先进、安全实用、监管有效、资源共享的网络体系,实现集约化、集成化、智能化、无纸化。为口岸配置通道式喷淋处理系统、硫酰氟和溴甲烷的浓度检测仪,增强口岸卫生处理的能力;根据质检总局《关于印发<检疫处理工作质量专项督察工作方案>的通知》(质检督审函〔2014〕23号)的要求,6月26日,开展各口岸卫生处理工作的自查和督察,宣传贯彻质检总局《国境口岸卫生处理监督管理办法》及相关文件,进一步明确口岸监督部门职责,规范一线操作人员现场操作和个人防护及原始单证的记录等。

【核生化有害因子监测】 5月,根据质检总局《关于印发〈口岸核生化涉恐事件应急处置预案〉的通知》(国质检卫〔2012〕670号)要求,结合四川出入境检验检疫局工作实际,修订下发《四川检验检疫局关于印发〈四川口岸核生化涉恐事件应急处置预案〉的通知》(川检卫〔2014〕53号);5月16日－6月6日,组织各口岸部门开展反恐防范自查工作,各口岸均能严格按照质检总局相关文件要求开展口岸核生化监测和涉恐事件应急处置工作。同月,四川出入境检验检疫局集中各口岸共计10台核辐射监测仪器,统一送中国测试技术研究院进行校准并获得证书。为提高口岸妥善应对口岸核生化涉恐事件能力,7月11日,举办“四川口岸核生化反恐防范培训班”,邀请四川省CDC急传所副所长刘伦光、四川省辐射环境管理监测中心站主任赵强、成都军区防化技术大队主任徐驰波授课,讲解核生化反恐防范基本理论知识和应急处置要点,全川口岸一线人员共21人参加培训及考试。7月21日,为各口岸购置生物有害因子检测试剂5套。7月23日－25日,质检总局反恐办主任戴雨率督查组对四川口岸反恐防范工作进行检查,四川出入境检验检疫局反恐防范机制建设、人才培养、应急演练等工作得到督查组肯定;2014年,四川出入境检验检疫局进一步提升航空口岸化学有害因子监测智能化水平,8月,为双流国际航空口岸购置2台高端化学战剂检测仪(德国布鲁克)、2台行李通道式核辐射监测仪、1台行李通道式核辐射监测仪加装抓拍系统并升级中子;为宜宾口岸配置通道式车辆核辐射监测系统1套和便携式核素识别仪1台。全年共发现19例入境人员核辐射监测报警,经排查原因主要为入境人员接受放射性造影检查及放射性治疗所致。其中,放射性诊疗人员16例(中国台湾8例,中国香港3例,日本、澳大利亚、韩国、泰国、荷兰各1例),核素主要为碘－131、铊－201;携带物报警3例,核素为钍－232,全部放行。

【出入境特殊物品卫生检疫审批】

四川出入境检验检疫局2014年共审批出入境特殊物品226批次,同比增长61.43%,货值3 535.37万美元。其中,出口143批次,产品主要为疫苗、球蛋白等高附加值生物医药产品,市场集中在印度、土耳其等发展中国家;进口83批次,货值143.56万美元,主要为用于产品研发、科学研究及质控比对的诊断试剂、酶制剂等,主要来自日本、美国等国家和地区。先后退运日本入境无证照含“胎盘分解物”生物制品1.18千克,拦截无审批手续出境人体血液200毫升,截获并销毁中国台湾入境带血渍输液医用物料1箱。在净化生物产品市场、防止国家人类资源流失、保障公共卫生安全和维护生物行业健康持续发展方面发挥作用;四川出入境检验检疫局建立“省局审批、口岸查验、属地监管”模式,实施风险评估和企业信用结合的审批办法,审批时间由法定20天缩短至1－3天,优化报检、查验、转单及后续监管各环节流程,提高通关便利化水平。对利于健康民生的眼角膜等特殊生物材料实施“预先审查、后续监管、全程跟踪、绿色通关”的24小时“即报即放”零等待通关模式。将促进生物产业发展纳入促外贸稳增长“五项工程”之一的“企业帮扶工程”强力推进;开展“三进三送”活动,重点帮助成都康华生物脑膜炎球菌多糖疫苗成功进入乌兹别克斯坦市场;帮助远大蜀洋、成都生研所、蓉生药业等企业扩大海外市场；帮助四川迈克生物、辉阳生命等企业开展国际质控比对、新产品研发；借鉴推广上海自贸区可复制经验，在成都内陆开放示范区探索试行“出入境生物材料风险管理制度”等政策，年底，出台《成都内陆开放示范区内出入境特殊物品卫生检疫管理办法》。

【口岸疫情联防联控】 4月25日，联合四川省卫计委开展“4·26全国疟疾宣传日”活动，为外派劳务人员宣讲疟疾防治知识。在口岸埃博拉出血热疫情防控期间，四川出入境检验检疫局与四川省卫计委、口岸办、公安、边防、外事、旅游、教育、商务等部门建立工作协作机制，先后召开联席工作会议10余次，建立通讯员联络机制。8月19日，与机场口岸联检单位、驻场单位（企业）、航空公司等成立“成都航空口岸埃博拉出血热疫情防控机场工作组”。8月21日，与成都市卫生局联合成立“口岸埃博拉疫情联防联控工作领导小组”。11月7日，联合多部门开展四川省口岸埃博拉疫情防控实战演习。8月15日－12月31日，四川机场口岸累计查验来自埃博拉疫区人员74例，共向地方卫生部门、兄弟直属局通报疫区来川或川籍人员回国信息282例次；传染病监测体检来自疫情发生国家、地区人员18人次，准备前往疫区人员208人次；处置疫区入境人员发热临界事件2例，埃博拉出血热留观病例1例。

【口岸卫生检疫核心能力建设】 四川出入境检验检疫局巩固双流机场口岸核心能力建设成果，推动口岸核心能力建设向铁路、公路、内河口岸覆盖。全年投入口岸核心能力建设专项经费300多万元，为机场口岸配置行李转盘核辐射监测仪、中子管和行李抓拍视频系统，为泸州局配置卫生处理喷淋系统等。全年组织开展人员管理或技术能力培训班5期，累计培训人员182人次。修订下发《四川口岸突发公共卫生事件应急处置预案》《四川口岸核生化涉恐事件应急处置预案》（川检卫〔2014〕53号）；积极协调双流县政府，为保健中心口岸卫生检疫综合实验室建设装修2 000平方米的业务用房，实验室建成后，四川出入境检验检疫局投入近300万元为实验室增添相关仪器设备，进一步增强四川出入境检验检疫局口岸核心能力和发挥保健中心卫生检疫技术支撑作用。

【口岸突发公共卫生事件应急管理】 抗击埃博拉出血热疫情。8月13日，成立以局长孙颖杰为组长的四川口岸防控埃博拉出血热疫情领导小组，组建四川口岸防控埃博拉出血热疫情专家组。8月13日，下发《四川检验检疫局埃博拉出血热疫情防控工作方案》。严格按照质检总局卫生司的统一部署，构筑境外、途中和口岸三道防线，落实各项检疫措施。严格疫区来华人员离境检疫要求，通过各种途径掌握在疫区劳务人员及疫区来川留学生情况，做好赴疫区人员宣传教育；要求航空公司做好机上防控工作，告知入境卫生检疫注意事项；对重点航班全部登机检疫，设立疫区人员专用通道，严格入境集装箱、货物、邮包等的入境申报、检疫查验和检疫处理工作，对来自疫区的邮件、快件实施100%查验等。8－12月，开展埃博拉出血热疫情知识、防控措施、个人防护等相关培训10期，确保每位一线专业人员都熟练防控技术方案。共投入专项资金近20万元购买各类防控物资，做到人员、技术、物资等储备到位。时任四川省委副书记、省长先后2次对四川出入境检验检疫局埃博拉防控工作做出肯定性批示，副省长陈文华也在批示中充分肯定四川出入境检验检疫局防控工作。

【科研工作】 12月，四川国际旅行卫生保健中心承担的质检公益性项目《航空口岸输入性传染病联防联控技术体系研究》进入结题阶段，已获得专利1项，完成SCI论著2篇，发表期刊论著15篇，研制行业标准2项，出版专著1部，培养博士1名、硕士3名。1月，正式启动质检总局科研《GeXP系统在归国劳务人员主要传染病检测中的应用研究》；同月，《基于免疫荧光层析技术的经唾液快速检测甲流H1N1/H5N1/H7N9技术方法研究》获得四川省科技厅科研立项和20万元经费支持。

红十字事业

【概况】 2014年，成都市红十字会内设办公室、赈济救护部、筹资财务部、组织宣传部、组织监察部，下设全额拨款事业单位成都市红十字会备灾救灾中心（加挂“成都市红十字会应急救护模拟实训基地”牌子），在全市各区（市）县均设立红十字会组织。2014年，成都市红十字会在市委、市政府的领导下，围绕全市中心工作，立足职能，通过创新救护培训方式，新增持证急救员20 247人，急救师资110人，应急救护能力不断加强；通过干部引进、交流，干部队伍不断充实；通过强化制度建设，捐赠款物使用管理进一步规范透明；通过报刊媒体、公益课堂、红十字会网站等平台的宣传引领作用，“人道、博爱、奉献”的红十字精神得到有力传播，积极发挥党和政府人道领域的助手作用，各项工作取得新进展，先后荣获国家级表彰2项、市级表彰1项，有6项工作在全国性会议上作经验交流。

【灾害救援】 成都市红十字会积极争取上级红十字会支持，为邛崃市争取“4·20”芦山地震灾后恢复重建资金3 115万元，对邛崃市妇幼保健院、火井镇中心卫生院、水口镇九年制义务教育学校3个恢复重建项目进行援助。按照2014年5月与邛崃市政府签订的《援助芦山地震灾后恢复重建项目协议书》，由邛崃市政府负责项目的组织与实施。成都市红十字会积极督促灾后重建项目推进工作，成立了项目推进工作组和项目监督组，为3个灾后重建项目的健康有序开展提供支持和监督保障；积极响应中国红十字会总会号召，向新疆于田地震捐赠10万元用于人道救助和灾后恢复重建。积极援助“8·3”云南鲁甸地震，及时向云南昭通市红十字会调拨了一批救灾物资，同时，按照中国红十字会总会的部署，积极开展募捐活动，共募集鲁甸地震捐款527.52万元，已全部汇缴四川省红十字会和灾区红十字会。

【备灾款物管理】 成都市红十字会进一步规范了市级红会备灾救灾捐赠款物管理，对仓储救灾备灾物资进行了认真清查，完善了捐赠物资管理制度、公示制度，规范了工作流程。及时向邛崃、彭州、金堂、新津等易发生自然灾害的区（市）县红十字会调拨了一批帐篷、衣物等物资。在中国红十字会总会关于加强捐赠资金管理的基础上，进一步细化了成都市红十字会捐赠资金管理制度。加强公示制度，实现捐赠资金收支逐笔公示，自觉接受社会监督；对捐赠资金进行年度审计，接受审计监督；每年度向理事会报告捐赠资金收支情况，接受理事会监督。

【“爱心助学接力”醒目实施】 成都市红十字会继续实施2012年启动的爱心助学接力项目，2014年在市建工集团等爱心企业和爱心人士的支持下，对114名城乡低保家庭大学生实施了第三学年资助，发放助学金共计57.1万元。

【重大疾病应急人道救助】 成都市红十字会继续实施城乡贫困家庭白血病儿童、先心病儿童、尿毒症患者、脊柱畸形患者专项救助项目，全年发放应急性人道救助金22.2万元；在官方网站开通“爱心桥”栏目，发挥应急性人道救助专用通道的桥梁作用；帮助23名白血病患者和2名先心病患儿申报中国红十字基金会“小天使基金”和“天使阳光基金”并办理了资助手续，共申报资助金额73万元。

【急救培训】 成都市红十字会不断创新培训方式，推出急救培训六类课堂。市红十字会通过“掌上急救课堂”，让广大市民在手机上免费下载软件，随时随地就能免费学习应急救护知识；通过“师资培养课堂”,免费对有师资培训意愿的单位和行业进行师资培训;通过“市民预约课堂”(周末公益课堂),利用周末双休日对有意愿学但工作日又无时间学的市民免费进行救护培训,开设周末公益课堂13期,563人参加培训;通过“急救移动课堂”,对成都市偏远社区(农村)、公共服务窗口、博爱家园社区等提供送课服务,开设移动课堂158期,培训7 000余人;通过“院校选修课堂”,对在蓉6所大中专院校师生进行应急救护培训,其中,成都理工大学、四川旅游学院2所院校开设了选修课,实行了“学分制”;通过“行业定制课堂”,对公交地铁、商场酒店、公安消防、社会组织等不同行业开设定制课堂219期,培训近9 000名急救员。截至11月20日,全市共新增持证急救员20 247名,新增和复训应急救护培训师资110名,分别完成全年目标任务135%和110%。

【“红十字博爱送万家”活动】 成都市红十字会于元旦春节期间,结合系统开展的“走基层、解难题、办实事、惠民生”活动,在全市范围内深入开展了2014年“红十字博爱送万家”活动。活动期间,全市红十字会系统共筹集爱心款物376.6万余元,走访慰问城乡困难家庭10 953户,惠及人口总数达27 635人,发放慰问金182.33万元以及价值194.27万元的慰问品。

【世界红十字日活动】 成都市红十字会在第67个世界红十字日期间,围绕灾难救援、应急救护、人道救助三个主题,开展了英特尔第十五果树林种植扶贫、邛崃文君广场纪念宣传、增设公益课堂等系列纪念活动。同时,积极动员19个区(市)县红十字会和高新区红十字会、天府新区成都片区红十字会同步开展“5·8”世界红十字日纪念宣传活动,传播人道、博爱、奉献红十字精神,弘扬社会主义核心价值观。

【博爱家园建设】 成都市红十字会以全市20个“红十字博爱家园”为阵地,打造社会服务平台,积极指导区(市)县红十字会在博爱家园项目点建立了红十字服务窗口,积极在社区开展应急救护能力提升、人道救助、红十字志愿服务、“三献”宣传等活动。

【艾滋病防治】 结合“5·8世界红十字日”“防灾减灾日”“世界艾滋病日”等活动,全市红会系统以设置宣传咨询点、发放宣传单、张贴宣传画和宣传标语等形式积极开展艾滋病防治宣传活动。截止12月,共开展防艾宣传活动73次,发放各种艾滋病防治宣传资料115 263份(册),开展的宣传教育、咨询等志愿服务活动,受益人群达104 603人次。

【对外交流合作】 成都市红十字会注重加强国际国内红十字间的广泛交流,发挥民间外交渠道作用。积极参与市应急办牵头的中欧应急管理合作项目;与台湾红十字组织在蓉探讨金牛区迎宾路社区备灾救灾建设,并组团赴台学习考察台湾红十字组织备灾救灾、应急救护等先进经验;与香港红十字会合作开展成都市二医院康复中心专业志愿服务机制及医务人员急救培训事宜;与美国红十字会在蓉进行博爱家园项目建设探讨与交流。通过开展对外交流,为后续开展交流合作奠定了基础。

(毕　鹏)

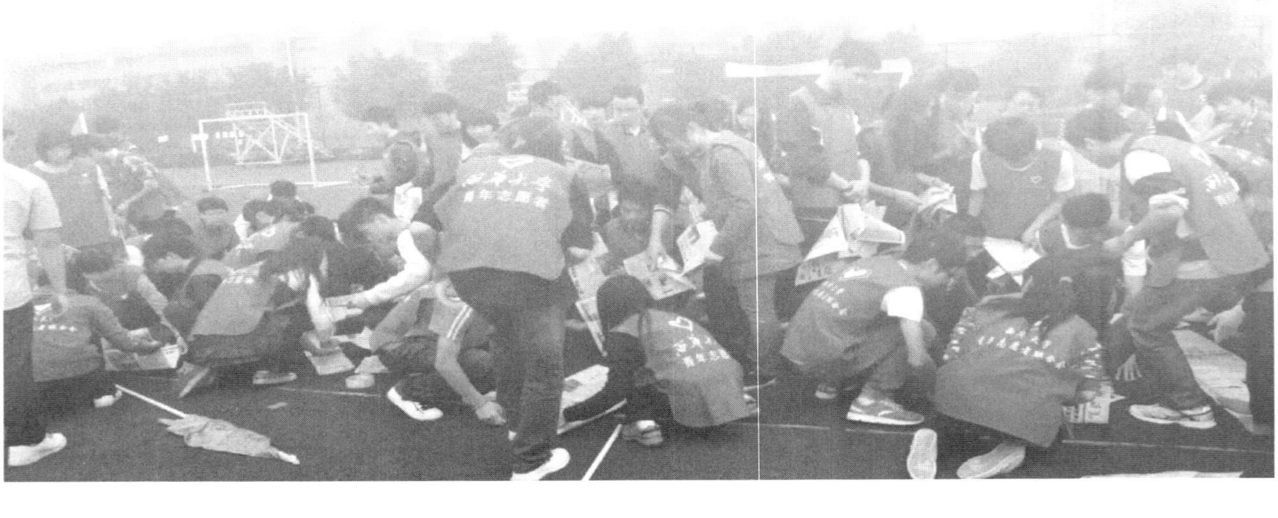

成都高新区卫生管理

【概况】 2014年，成都高新技术产业开发区有各级各类医疗机构264家，其中，医院27家（三甲医院2家：四川大学华西医院上锦南府分院、成都市第一人民医院）；社区卫生服务中心7家，社区卫生服务站11家；专业检验体检机构5家；门诊部、诊所、卫生所、医务室合计214家。全年新增民营医疗机构40余家。全区床位数4 691张，医师人数2 272人，护士人数3 119人；分别相比去年新增1 510张，468人，645人。

【医疗卫生服务】 成都高新区积极引入四川省人民医院、高新国际医院、成都市第一人民医院、四川大学华西医院上锦南府分院等优质医疗资源，形成中高端医疗服务体系。由政府举办社区卫生服务机构，解决辖区群众基本医疗问题；鼓励民营资本参与健康产业发展，引导社会力量打造专业体检检验机构、各类特色专科医院和二级医疗机构。截至年底，成都高新国际医院项目现已签署双方协定，确定规划用地。四川省人民医院高新分院项目已落实规划用地，力争5年内项目一期投入使用；成都中医药大学附属医院西区医院综合建设项目预计年底前完成调规；成都市第一人民医院二期工程及成都上锦南府医院二期工程已经投入使用。全区医疗资源质量与数量得到了大幅度的提高，医疗资源的结构与体系日臻成熟，为区内居民的健康提供了坚实的保障。全区共建成社区卫生服务中心7个，社区卫生服务站10个，在建社区卫生服务机构1个。各社区卫生服务机构硬件建设全面达标，所有社区卫生服务中心均建成了集“社区卫生、计划生育、残疾人康复、社区精神卫生”于一体，兼容基本公共卫生服务和基本医疗卫生服务的多元化服务平台，真正实现了辖区居民“进一扇门享受所有医疗卫生服务”的综合、便捷、及时与高效的社区公共卫生服务，“15分钟健康圈”逐步成形。

【卫生监督】 成都高新区将240家医疗机构的管理作为卫生监督主要工作，组织卫生监督力量，对全区医疗机构日常监督管理率达到100%；诊所量化分级管理工作和医疗机构依法执业监督信息公示制度覆盖率达100%。组织检察院、规划建设局、城市管理和环境保护局、工商局、公安分局、药监局及各街道办事处，每季度对辖区内的药店及医疗机构进行监督检查，对工地周边等重点地区的非法行医进行打击，并采取疏堵结合的形式，组织社区卫生服务中心进工地及周边送医送药，对广大群众进行治病防病宣传，有效地压缩了非法行医行为的生存空间。全年共处理投诉3起，组织专项行动11次，出动监督员121人次，车辆30台次，收缴非法行医的医疗药品和器械1 500余盒（件）。对1家药店未取得《医疗机构执业许可证》擅自开展诊疗活动的行为，做出没收非法所得284.5元，罚款2 000元的行政处罚。为了提升高新区卫生监督工作效率，在合作街道办事处召开了移动执法运用试点工作会。

【红十字会活动】 成都高新区将应急救护培训学习深入社区院落、家庭、企事业单位、工业园区、深入高校，为市民群众带去有针对性和实用性的应急救护知识指导。截至年底，全区7个街道，52个社区全覆盖，共开展社区应急救护学雷锋志愿者培训（含普及培训）50余次，参加培训3 500人，通过培训取得急救证的是1 165人，同时还发展了一批优秀的培训师资。积极组织开展了以“送一份爱心，共创幸福高新”为主题的“红十字博爱送万家”活动，共慰问困难家庭74户，其中城市困难家庭58户，农村困难家庭16

户;突遭变故、陷入困难的家庭4户,重病困难家庭63户;城乡低保家庭4户,困难党员家庭2户,空巢老人家庭1户,受惠人数达184人,参与的志愿者达410人(次),发放慰问物资共计2.2万元。

【疾病防控】 成都高新区全区无甲类传染病报告,共报告肺结核、梅毒、病毒性肝炎、细菌性痢疾、手足口病、其他感染性腹泻病、流行性感冒、流行性腮腺炎等乙、丙类传染病15种,3166例,报告发病率388.08/10万,与2013年(412.74/10万)相比,报告发病率减少了5.97%。发病前五位的病种为:手足口病、其他感染性腹泻、肺结核、梅毒、病毒性肝炎,占报告总发病数的86.96%。与2013年比,报告发病率上升较大的病种依次是流行性感冒、手足口病、猩红热、伤寒副伤寒;下降较大的病种依次是急性出血性结膜炎、麻疹、流行性腮腺炎、细菌性痢疾、艾滋病、其他感染性腹泻病、病毒性肝炎、淋病、肺结核、梅毒等。免疫规划疫苗相关传染病以肺结核、乙肝、流行性腮腺炎、麻疹、风疹为主,与2013年相比发病率均有下降。报告7例死亡病例,其中肺结核4例,艾滋病3例。报告死亡率0.86/10万。成都高新区疾控中心办公用房二期工程完成设计。成都高新区加强医疗机构疾病监测管理,组织市疾控中心高新区分中心和卫生执法监督大队开展2014年度高新区医疗机构传染病疫情报告等疾病监测工作考核,医疗机构7家评价优秀,2家评价良好;印发了《2014年成都高新区空气污染人群健康影响监测工作方案》,在中和街道辖区开展空气污染人群健康影响监测工作;开展医疗机构、学校和托幼机构培训和督导,培训覆盖率达100%。针对H7N9禽流感、埃博拉出血热进行专题培训。适龄儿童基础免疫报告接种率均在99%以上;加强免疫接种率均在98%以上;新增扩大免疫规划疫苗接种率也都在96%;组织区专家组对辖区4个预防接种门诊进行抽样复审工作,肖家河社区卫生服务中心预防接种门诊被市卫计委评为AAA级门诊。对辖区内小学(校区)28所、幼儿园52所开展查验预防接种证及补种工作,实查9081人,其中持证人数9 007人,持证率99、18%,需补证人数为271人,实补证人数为271人,补证率为100%;除白破疫苗外,各类疫苗补种率均达到95%以上。成都高新区实施民生工程"安全有一套"推广行动,制作并发放健康幸福包1万个,组织全区所有住宿场所、部分其他公共场所负责人召开安全套推广培训会,卫生执法监督大队将安全套摆放检查纳入日常监督内容,卫生与计生处提供无偿安全套,所有住宿场所无偿安全套全覆盖,区内4家社区卫生服务中心将使用安全套预防艾滋病知识纳入从业人员培训;在高危人群干预的同时免费发放安全套,艾滋病病人抗病毒治疗工作全面下沉社区卫生服务中心。开展暗娼监测、高危人群规模估计、娱乐场所本底资料调查、HIV检测等综合监测工作,针对暗娼、男男同性恋者、吸毒人群、性病门诊就诊者和流动人口进行防艾宣传和干预。深入娱乐场所、建筑工地、社区广场、大型企业、学校等地发放宣传资料41种22 278份,对城市居民、流动人口、校内青少年、校外青少年等4类人员共280人进行调查,在校学生的艾滋病知晓率最高,城市居民知晓率最低;为新增艾滋病病人申请免费抗病毒药物治疗并定期发放免费抗病毒药物,定期督促按完成CD4和病毒载量及生化相关检测。给予病人抗病毒治疗检测补助、配偶检测补助及感染者交通补助,向2名艾滋病儿童发放基本生活费。"世界艾滋病日"关心慰问3名艾滋病感染者,并发放慰问金。制定并印发了《2014年结核病防治工作计划》,确保病人归口管理;各社区卫生服务中心对辖区内结核病病人进行追踪确认,建立追踪档案,做到一周内建档建册,极大地提高了结核病人的归口治疗;利用"3·24"主题宣传日、结核病志愿者活动、结核病防治宣传进千村万户等活动对辖区居民进行结核病防治知识宣传,提高群众的知晓率。成都高新区社会事业发展局同经贸发展局、公安分局、各街道办事处深入社区大力宣传狂犬病的危害和预防狂犬病的知识,以满分成绩通过市卫计委组织的半年交叉检查。成都高新区制定并下发《成都高新区埃博拉出血热防控工作方案》,由专人负责"中国疾病预防控制信息系统"中埃博拉留观病例、疑似病例、确诊病例收集工作,将收集到的国内外埃博拉疫情信息,每周将进展在"中国疾病预防控制信息系统"中公开,供医疗卫生单位下载学习,对全区所有医疗机构多次举办专题培训,对来华前21日内有疫区旅行史和其他国家人员和从疫区归国到我区公民进行埃博拉密接者排查和健康教育,开展健康监测。制定并下发《高新区2014年精神卫生工作实施方案》《高新区2014年重性精神疾病患者摸底调查实施方案》《重性精神疾病患者项目管理工作计划》，在全区开展重性精神疾病患者线索摸底调查，提高全区重性精神疾病患者检出率。

【献血管理】 成都高新区通过世界献血日“每位献血者都是英雄”、国际红十字日等主题的宣传活动，全年共发放献血宣传资料6 000余份，辖区内城市居民无偿献血知晓率达到96%。认真组织开展2014年应急献血工作，全年完成应急献血2 000余人次，献血量达到45 1480 ml。

【信息化建设】 成都高新区继续推动高新区卫生信息化平台建设，顺利完成第二期工程。全面启动基层社区卫生服务中心系统软件优化改造升级工作。全面推广“智慧健康社区”信息化应用。

【妇幼保健】 成都高新区全区妇幼保健工作以保障母亲健康儿童优先为宗旨，实施“母婴安康工程”，优化服务模式、拓展服务领域，提高了我区妇幼保健服务能力和科学管理水平，降低了孕产妇死亡率、婴幼儿死亡率和出生缺陷率。成都高新区全年开展服务百姓健康行动妇幼健康服务年“共圆妇幼健康梦”大型义诊活动。建立了妇幼保健完善的管理体系；完成2次全面考核，对考核结果进行分析，及时调整我区妇幼卫生工作的重点，并制定了孕产期保健系统管理规范和儿童保健系统管理规范；定期举办母婴保健技术服务相关人员培训班；严把开展母婴保健技术医疗机构的准入制度。每月定期开展妇幼工作例会，每季度定期下社区，对各社区卫生服务中心进行现场督导，对较为突出的问题进行重点督导工作。全区加强宣传教育，提高高危、流动人口孕产妇保健意识。各中心每年至少进行6期孕期培训、6期儿童健康教育培训，全年共计举办孕期培训56期，参加人数1 683人(次)。举办儿童健康教育培训48期，参加人数2 458人(次)。

【基层卫生】 成都高新区圆满完成了2014年社区卫生服务中心绩效考核工作，各中心的年度总分均达到“优秀”。11月，会同人事部门赴泸州医学院、重庆医科大学开展了2015届医学专业优秀大学毕业生招聘工作，签约了共计8名应届医学本科毕业生；全面实施国家基本药物制度，解决群众“看病贵”的问题。全区纳入基层公益性服务体系的医疗卫生机构包括7个中心10个站，已全部实施基本药物制度，并全面实行零差率销售。成都高新区积极推进桂溪、合作、中和社区卫生服务中心新建设项目。截止年底，桂溪永安社区卫生服务中心已进入装修及设备采购阶段；合作中海国际社区卫生服务站已投入试运行；中和社区卫生服务中心综合楼工程正在积极申请立项；继续在芳草社区卫生服务中心开展“有偿+无偿”的全科医生服务模式；在合作社区卫生服务中心正式启动“智慧健康社区”的全科医生服务模式，并逐步在区内推广。截至12月，全区家庭医生签约率已超过22%，签约家庭45 418户，签约人数81 468人。各社区卫生服务中心积极开展基本医疗服务和均等化公共卫生服务，城乡居民健康档案规范化电子建档率97.5%。开展全科医生服务、开展健康教育宣传活动等，辖区内高血压患者管理率达47.3%、糖尿病患者管理率达41.7%。

【爱国卫生】 成都高新区以国家卫生城市创建和成果巩固为重点，深入开展城区环境卫生治理、卫生城区创建、病媒生物防制、公共场所控烟和健康教育与健康促进等工作。成都高新区督促我区各街办定期对社区卫生基础设施进行检查，由街道财政支出对差、缺部分及时配备完善，保证辖区“除四害”教育宣传专栏和消杀用喷雾器等设施设备正常使用，聘请专业公司对辖区公共区域和社区居民院落进行专业的灭鼠工作；在开展春、秋季病媒生物防制工作中，组织召开了对口各卫生专管员的病媒生物防治工作会议和业务培训等，组织疾控中心及灭鼠公司做好病媒生物灭前、灭后的密度监测，完善灭效考核评估机制，全年总计向各社区运送溴鼠灵鼠药2 120千克，运送灭蟑饵剂8 000包，投放溴鼠灵鼠药2 950千克，布放毒饵盒1 275个，布放灭鼠蜡块36千克，施用填补鼠洞药剂磷化铝47.5千克，喷洒灭蚊蝇杀虫药剂21%辛硫．高氯氟杀虫乳油85千克，使用下水道杀蟑药剂1%高效氯氟菊酯杀蟑热雾剂35千克。成都高新区全区范围充分利用广播、LED大屏、发放宣传资料等多种形式，出动宣传车辆，对所辖各学校、各机关、企事业单位人员、各社区居民院落切实开展健康知识宣传，特别是指导老旧社区居民养成良好的卫生习惯。并积极督促各社区卫生服务中心开展落实居民健康教育讲座及义诊活动。相继开展了卫生主题日宣传、居民健康及疾病知识咨询服务、健康知识讲座、控烟、急救知识普及培训等活动。成都高新区大力整治院落环境整治，先后6次组织人员对各街道办事处爱卫办院落清洁工作推进情况进行督导，环境卫生整治达标率90%以上，星级院落复评合格率达100%；采取多种形式在辖区企事业单位和居民群众中开展了“爱护环境、从我做起”等主题公益宣传活动。社区两委成员、楼栋长和广大党员、文明劝导员、群众骨干参与了每月一次的以“树文明新风、除生活陋习”为主题的院落卫生秩序引导、规范、清理活动。定期召开社区院落联系会议；在节假日、周末对绿地、沟渠、楼道、门卫室进行集中清理；院落垃圾处理全部实行袋装化；每周对楼道进行逐一清扫2－3次，对院落内的沟渠、绿化带每天清扫保洁。全区按照“蓓蕾片区”文化传承、特色街区和川西民居的地域特点，全区抓好精细化管理、规范化维护，改善环境质量、完善公共设施配套；探索市容秩序分类管理机制；形成平面整治、立面规范、空间有序的环境，确保环境净化、美化、亮化、规范化全力打造一个“宜居、宜商、宜业”的新蓓蕾。

【计划生育】 成都高新区截至2014年12月31日，全区年度内共出生3 704人。在年内出生人口中符合政策生育的3 665人，符合政策生育率98.95%；死亡人数1 144人。全区人口自增率为6.37‰。全区充分整合医疗卫生资源，积极探索“孕前优生健康检查—孕期保健—产后访视—儿童保健—计划免疫”计卫一体的“一条龙”服务模式，扩大检查覆盖率，充分发挥计生专干的宣传动员作用，强化宣传引导。2014年参加检查的人数达1 855人，优生知识知晓率达80%以上，计划怀孕夫妇免费孕前优生健康检查覆盖率达92%；继续实施“生殖健康促进计划”，推进计划生育基本项目免费技术服务城乡居民全覆盖。截至6月，开展免费计划生育手术6例，其中放置宫内节育器3例，人工流产3例，取环3例。无手术并发症和技术服务事故发生。同时加强了育龄妇女“三查”工作，全年共计检查19192人（次），投入经费11.6万元；组织专家为15个病残儿家庭进行病残儿医学鉴定，并参加了“一对一”优生咨询，为生育健康宝宝提供了帮助；高度重视出生人口性别比综合治理工作，深化“关爱女孩”行动。广泛宣传“关爱女孩”、“男女平等”、“生男生女都一样”、“女孩也是传后人”等新型婚育理念；全区共计投入帮扶资金22.96万元，帮扶女孩287名；全面完成2014年农村部分计划生育家庭奖励扶助、特别扶助、独生子女父母奖励金发放工作，奖励扶助对象339人，其中符合国家奖励扶助标准263人，符合四川省奖励扶助标准的61人，符合成都市奖励扶助标准15人；特别扶助对象329人，其中符合独生子女死亡家庭扶助标准240人，符合独生子女伤残家庭扶助标准89人；符合独生子女父母奖励金发放对象1904人。区级财政共计发放奖励、扶助金174.92万元。

（叶跃杰）

天府新区成都直管区卫生管理

【概况】 2013年7月，经省委、省政府同意，成都市委、市政府批准成立天府新区成都党工委管委会，负责天府新区成都片区发展政策研究、经济数据归总及协调工作，全面负责天府新区成都片区直管区开发建设、经济发展、公共服务和社会管理工作。天府新区成都管委会社会事业局于2013年7月组建成立，职能包括负责教育、体育、卫生、人口计生、劳动保障、司法、民政、残联、红十字会和其他社会事业工作。2014年10月，国务院正式批复同意设立四川天府新区。天府新区涵盖成都、资阳、眉山3市，规划面积1 578平方公里。天府新区成都直管区规划面积564平方公里，辖13个镇（街道），人口46.8万人。2014年，天府新区成都直管区卫生计生工作重点是“定规划、建机制、强基础、求创新”，深化医药卫生体制改革，推进优质医疗卫生资源落户天府新区，完善基层卫生和公共卫生服务体系，提升医疗质量和服务水平，加强基层计划生育服务，改善人民群众看病就医问题，健康水平和人口素质稳步提升。天府新区直管区人均期望寿命77.23岁，其中男性74.49岁、女性80.57岁；婴儿死亡率2.41‰，5岁以下儿童死亡率4.01‰，无孕产妇死亡。

【疾病预防控制】 天府新区成都直管区加强传染病管理，甲乙丙类传染病发病率493.7 / 10万，病死率1.69 / 10万，无重大传染病疫情发生；艾滋病、结核病、狂犬病、血吸虫病等重大疾病防控效果显著。狂犬病防治工作被市卫计委评委先进单位。结核病项目控制办公室被评为结核病防治规划先进单位。籍田镇长征村村医生蒋敏被评为结核病防治传播行动优秀志愿者。天府新区成都直管区实施妇幼保健，孕产妇住院分娩率100%，孕产妇系统管理率96.1%，3岁以下儿童系统管理率95.8%；免费婚检2 188对，孕前优生健康检查1 420对，农村孕产妇住院分娩补助2 077例、育龄妇女增补叶酸5 109例、HIV梅毒乙肝母婴阻断4 311例，新生儿疾病筛查3 269例、耳聋基因筛查3 243例和听力筛查3 235例项目。天府新区成都直管区实施免疫规划，华阳社区卫生服务中心成为天府新区首家AAAAA级预防接种门诊；直管区国家免疫规划疫苗基础免疫接种率均在95%，加强免疫疫苗接种率均在90%。天府新区成都直管区实施慢性病管理，居民健康档案建档率达95.46%，高血压、糖尿病规范管理率分别达61.26%、50.79%；开展社区健康直通车12次，健康教育宣传活动17次，参与人数10.1万人（次），城乡居民健康知识知晓率88.0%，健康行为形成率86.1%。

【卫生应急管理】 天府新区成都直管区制定《天府新区成都直管区突发公共卫生事件应急预案》《天府新区成都直管区卫生系统救灾防病应急预案》《天府新区成都直管区突发事件紧急医疗救援信息报告管理工作细则》；组建4个突发公共卫生事件应急小分队；将太平中心卫生院、籍田中心卫生院、正兴卫生院纳入成都市“120网络医院”。全区全年无突发公共卫生事件发生，共处置聚集性疫情72起，其中手足口69起、水痘2起、疑似食源性疾病分别为1起，紧急医疗救援共出诊68起。

【爱国卫生与精神卫生】 天府新区成都直管区万安镇双泉村、三星镇南新村、大林镇石庙村、白沙镇团山村被省爱卫会评委省级卫生村。直管区自来水普及率达91.4%，卫生厕所普及率90.98%，75个星级院落通过复审。天府新区成都直管区完成95例阳光救助患者救治，登记重性精神疾病患者1 878人，常住人口检出率3.54‰、户籍人口检出率4.17‰,管理1742人,管理率92.76%,规范管理1 546人,规范管理率88.7%;重性精神疾病患者参保率达100%。

【医疗卫生改革】 天府新区成都直管区深入推进区级公立医院管理体制、补偿机制、价格机制、药品采购、人事编制、收入分配、医保制度、监管机制等综合改革,提高区级公立医院的技术水平和服务能力,落实药品阳光采购,药品上网采购率达100%。直管区国家基本药物使用率39.23%,全年药占比38.11%,较上年降低2个百分点,全面实施药品零加成,减少群众药费负担2 014.81万元;严格落实国家基本药物制度,13家基层医疗机构、111家村卫生站基本药物制度实施率100%,全部药品实施零差率销售,减少群众药费负担709.93万元。直管区13家基层医疗机构均与2家以上大型医疗机构签订双向转诊协议,构建分级诊疗绿色通道,做到小病在社区(乡镇)、大病到区级、康复回社区(乡镇);全面推进全科医生服务模式,建立全科医生团队109个,深入镇、村、社区开展家庭医生签约服务,积极探索镇村一体化卫生服务模式,在永兴镇卫生院试点,严格落实镇村卫生机构“六统一”,以全科医生团队为主导,每日轮换派驻不少于2名镇卫生院医务人员到村卫生站开展基本医疗服务和基本公共卫生服务,有效解决偏远地区群众就医难的问题。

【高端医疗资源入驻】 天府新区成都直管区编制《天府新区成都直管区名优医院布局专题研究》,对成都直管区范围内的100张床位以上医院的数量、规模、区域、点位做了总体性规划,促进优质医疗资源合理布局新区。目前规划工作已趋近成熟,根据国家、省、市相关专项规划要求做修订完善。印发了《关于引进知名学校医院和高端养老机构的若干意见》,在准入条件、规划供地、税费减免、财政补贴、科研支持、人才引进等方面给予优惠政策,吸引优质医疗资源落户新区。目前已促成四川省第二人民医院天府院区、万达国际医院等项目签约。

【卫生服务】 天府新区成都直管区以“世界水平、全国一流、西部第一”为工作标准,学习借鉴国内外先进地区标准化建设经验,全年投入1 316.9万项目建设资金,提升医疗机构硬件建设水平,配套资金290余万元为永兴镇卫生院等6所基层医疗机构配置救护车、DR等医疗仪器设备,提升基层医疗机构设备配置水平。搭建区级医学影像会诊平台,基层公立医疗机构60%的医学影像检查通过信息平台上传医学影像会诊中心会诊。探索与第三方医学检验机构合作,托管基层医疗机构检验服务,使群众花更少的钱就近享受三甲医院标准的医学检验服务。增设2个预防性健康体检机构,方便群众就近办理健康证。全区医疗卫生机构医疗服务量增速较快,其中门诊量达270.56万人(次),比上年增加11.13万人(次),门诊量较上年增长4.3%;出院人数为7.47万人,减少8 670人,住院量下降10.4%。

【教育科技】 天府新区成都直管区加强医教协同改革,建立适合行业特点的人才培养机制,完善了卫生人才引进、人才流动、进修培训等制度。赴省外高校招聘编内卫生紧缺人才4名,引进副高职称人才1名;引进卫生专业技术人才21人,其中:中级职称2人、博士研究生1人、硕士研究生3人。开展了医学继续教育项目60期,承接市级医学继续教育项目2项,培训医护人员5 000人(次);住院医师规范化培训8人。医师定期考核参考人员565人,参考率、合格率100%;中医全科医师规范化培训23人,临床全科医生规范化培训4人。开展天府新区青年卫生论坛,通过论文评选、封闭培训、演讲比赛三个阶段,评选优秀论文30篇,优秀青年人才15名。选拔正院级后备干部2名,副院级后备干部11名。联合南京邮电大学开展主题为“转变工作职能,创新服务机制”的高级研修班;浙江大学“卫生系统干部能力与素质培训高级研修班”培训行政管理人员、院级领导、后备干部97人。2项科研课题被成都市卫计委批准立项;目前共有在研课题4个,其中省级课题2个、市级课题2个。开展新技术新项目8项;发表论文66篇,其中SCI收录1篇、核心期刊论文17篇。

【中医药服务】 天府新区成都直管区印发《基层中医药服务能力提升工程实施方案》,匹配中医专项经费65万元。集中打造兴隆卫生院中医“治未病”中心,籍田中心卫生院、大林卫生院中医集中诊疗区。为村卫生站配置了TDP、火罐、刮痧板、艾灸器等中医适宜技术诊疗设备880件,印发中医宣传手册1 800余套。截至2014年底,直管区中医师总计319人,占比医师总数的32.9%。100%的社区卫生服务中心和乡镇卫生院可提供10项以上中医药服务，96.36%的村卫生室能够提供中医药服务，98.18%的村卫生室配备了中医诊疗设备。基层中医药服务量占诊疗总服务量的49.6%。

【医疗惠民】 天府新区成都直管区为13个乡镇低保户和有重病慢病患者的边缘家庭发放医疗惠民卡3 507张(每张面值500元)，惠及困难群众7 626人，惠民金额175万元。“六免八減”惠及群众30 869人(次)，减免诊疗费用53万元。天府新区人民医院、四川石油管理局总医院选派48名优秀医护人员，对口支援营山县人民医院、色达县人民医院、邛崃高何镇卫生院、固驿镇卫生院和直管区内13家乡镇卫生院开展帮扶工作，开展大型义诊宣传活动87次，800余医护人员参与，免费健康咨询和诊疗8 726人(次)，发放宣传资料2.2万余份。

【卫生监督】 天府新区成都直管区联合成都市医学会开展天府新区成都直管区医疗服务与质量大检查，检查单位共15家，建立了基础本底数据；制定《天府新区成都直管区卫生技术专家库管理办法》，遴选医疗许可、评审、校验、检查、培训专家124名，组建卫生技术专家库。制定《天府新区成都直管区医疗质量控制中心管理办法》，成立院感、药事、护理、中医、病案五个区级质控中心，匹配50万元运行经费，承担标准拟定、检查实施、数据分析、决策参谋任务。建立《天府新区成都直管区医疗质量管理约谈制度》，对医疗质量管理存在问题的医疗机构单位或个人实行约谈管理，并将约谈及整改情况直接与医疗机构校验、评审等挂钩，拓宽了监管方式，提高了监管效率。

【廉洁行医】 天府新区成都直管区结合党的群众路线教育活动，围绕医疗卫生领域的突出问题，开展正风肃纪活动，营造廉洁医疗、和谐医疗氛围，动员单位14家，由市局领导开展来访调研5次、党工委管委会领导开展调研6次、局领导开展基层调研15次，共实地走访30次，发出征求意见函100份，查找出“四风”问题8条，“走基层”查找问题36条，卫生问题18条，整改解决问题31条，上报群教信息12条，各医疗卫生单位开展教育学习活动累计280次；制定《卫生计生系统“九不准”实施意见》，方案措施9条，完善制度3项；签订履行“廉政承诺书”100%；签订医患双方“不收和不送‘红包’协议书”2万份，医务人员拒收红包15个、累计金额1万元。

【人口计生】 天府新区成都直管区年末人口总量429 728人，全年出生4 685人、死亡2 699人，人口自然增长率4.5‰，符合政策内生育率90%，低生育水平持续稳定；审批1 620件再生育夫妇材料，其中符合单独两孩1 620件，按时办结率100%；计生奖励扶助对象8 657人，其中国家奖励扶助7 291人、四川省奖励扶助1 351人、成都市奖励扶助15人；享受特别扶助对象438人，独生子女父母奖励对象6.67万人，区级关爱392人。惠民资金总量1 416.402万元。直管区全力推广民政、婚(孕)检“一体化”服务工作模式，整合民政、妇幼、计生资源，建成集婚姻登记、婚前检查、孕前优生健康检查职能的“一体化”服务基地。6月，区婚(孕)检中心取得资质。截至12月31日，全区共完成免费婚检2 188对，免费孕前优生健康检查1 420对，受到区老百姓广泛好评。

【红十字会】 天府新区成都直管区红十字会全年新增8名应急救护师，组织救护普及培训500人，急救员培训360名，发放急救员证书347个。“博爱送万家活动”慰问650户困难群众，惠及1 910人，拨付救助资金219 385元。救助白血病患儿1名，救助金额2 000元。组织企业、爱心人士对“云南鲁甸地震”募捐资金219 575.1元，汇缴到市红十字会账户。

【劳动和社会保障】 天府新区成都直管区全年城镇新增就业10 082人，实现再就业3 800人、就业困难人员就业1 045人、农村富余劳动力新增转移就业6 620人，培训城乡劳动者(含青年职业技能)5 760人，动态消除“零就业”家庭，城镇登记失业率控制在4%以内。全区基本养老保险参保人数6.15万人，基本医疗保险参保人数7.25万人，工伤保险参保人数2.35万人，失业保险参保人数2.35万人，生育保险参保人数4.37万人，城乡居民养老保险参保人数16.86万人，被征地农转非人员实现应保尽保；社会保险参保人数69.60万人(次)(不含大病互助保险)，共计征收基金26.14亿元；拨付退休人员养老金80.65万人(次)、4.88亿元，拨付医疗保险待遇227.6万人(次)、2.59亿元。

(刘　茜　郭晓林)

成都卫生年鉴
CHENGDU HEALTH YEARBOOK

区(市)县卫生事业

Medical & Health Work at County Levels

锦 江 区

【概况】 2014年,锦江区常住人口69.51万人,拥有省、市、区各级各类医疗机构381所,其中医院34所、社区卫生服务中心(站)17所,诊所373家(门诊部28家),医疗卫生机构共设置床位3641张,注册医生4 228人,护士4 836人。锦江区卫生局按照锦江区委确定的"稳中快进、提速增效、又好又快发展"主题,紧紧围绕"一切为了人民健康"的宗旨,以广泛开展"三好一满意"活动为引领,深化医药卫生体制改革,着力提升了疾病预防控制、卫生执法监督和医疗服务能力,切实提高了全区医疗卫生保障水平,让人民群众享有更好医疗卫生服务。

【党风廉政建设】 锦江区卫生局党组在卫生系统深入开展党的群众路线教育实践活动,卫生系统共398名党员参与其中,做到了党员干部全覆盖。锦江区卫生局严格执行全省药品"阳光采购",在医院内部建立完善和执行"阳光用药"制度。区属各医疗卫生单位对重点科室、重点环节、重点岗位、重点人员、资金环节进行了排查。每位医务人员都书面作出了开展廉洁从业承诺书。区卫生局与区属医疗卫生单位签订《党风廉政建设及行风建设责任书》30份。联合相关部门认真开展打击非法行医专项行动,巩固基层医疗机构集中整顿成果,严厉打击无证行医、出租承包科室、聘用非卫生技术人员、超范围执业、发布虚假医疗广告等行为。

【卫生改革】 成都锦欣医疗投资管理集团有限公司与拉姆西森达美医疗股份有限公司目前就双方合作的重组构架、医院发展规划、商业定位、诊疗方向、经营模式、定价政策、医院信息化系统展开讨论并基本达成一致,下一步将根据合同中的法律条款逐条达成一致并完成合资。

【中医药服务】 锦江区中医院积极开展"治未病"服务,提供20余项中医预防保健服务;着力抓好"颈肩腰腿痛"专病、"顽固性面瘫"专病、"针灸穴位埋线减肥"专病、"中医骨伤"专病的人员建设及业务发展工作。扩大精品小包装中药、免煎中药在临床上的使用规模,医院精品小包装中药饮片种类已达200多种。加强了中药膏方、中药保健茶、中药药酒、中药浴脚药包、节气外洗中药及高端精品保健中药在临床上的推广使用。筹建了双桂路五福社区卫生服务中心"治未病"中心,并逐步以点带面在社区卫生服务中心(站)设置中医诊室、"治未病"诊室、中药房、中医适宜技术等功能治疗区,配备针灸椅、推拿治疗床等康复设备,大力开展中药、针灸、推拿、火罐、敷贴、刮痧、熏洗、耳压等中医药综合治疗手段,突出中医"治未病"专科特色,提高中医养生保健、疾病防控的质量和效果,打造锦江区中医"治未病"特色品牌。

【社区卫生服务】 锦江区17家社区卫生服务机构全部执行了国家基本药物制度,实行统一采购、统一配送;基药和非基药均实施零差率销售。并与省、市、区级各类15家上级医院签订了双向转诊协议;年初,与四川大学华西医院签订了日间手术协议,建立了华西医院日间手术患者到我区社区卫生服务机构进行康复治疗并开通绿色通道优先转诊的合作机制。目前已转入转出病患50余人(次);新建双桂五福、东大两家社区卫生服务中心。莲新社区卫生服务站升级为中心。总计新增社区卫生服务机构业务用房面积9 600平方米;开展社区卫生服务机构标准化建设设备提升工程,配备了救护车一台、膏方机、水丸机各一台,家庭医生服务包53套;继续深化家庭医生服务工作,全年签约家庭64 387户,签约率为28.27%,已经高于年度目标任务(22%),各机构的工作重心正在逐步由数量转向质量，进一步在服务的项目落实深化，在知晓率、满意率的提升方面做实做细。

【卫生信息化建设】 锦江区于4月启动了“智慧社区，智慧医疗”建设项目，智慧社区健康服务信息化体系包括医院信息系统（HIS）、实验室信息系统（LIS）、健康一卡通系统、排队叫号系统、公共卫生信息系统、健康小屋系统。目前基本完成了7家社区卫生服务中心的信息化建设，其他系统将在硬件到位后进行上线实施。

【卫生人才队伍建设】 锦江区组织各级各类医疗机构参加各类各专业培训120余场（次），参培人员720人（次）。通过锦江区医学会教育培训平台，全年医学专业技术骨干4 566人（次）参加培训，其中共113名区级医学学科学术带头人，超额完成了全年目标任务。36名中医药医师参训；全区有12名中医类别医师参加了中医类别全科医师岗位培训；每个社区卫生服务机构平均拥有2.25名中医药骨干，达到了基层中医能力建设要求。

【医疗管理】 继续以“病人为中心”和“三好一满意”活动为核心，结合医疗服务行为专项督查和医疗质量、服务质量检查。切实开展不良事件和医疗隐患排查，加强高危科室的管理，落实消毒制度，防止医院感染的发生；落实《临床用血管理办法》和《临床输血技术规范》，加强临床用血的监督管理；将医患双方签署不收和不送“红包”协议书工作和“九不准”列入医务人员年度考核、医德考评和医师定期考核的重要内容。从5月1日起，锦江区二级乙等以上医疗机构均与住院病人于入院24小时内签署了不收和不送“红包”协议书，年全区共签署不收和不送“红包”协议书48 769份。锦江区积极完善医疗服务监管机制和医患沟通制度，做好了医疗纠纷化解工作。全区全年未发生一例恶性袭医事件，共受理76起医疗纠纷投诉，调处结案73起，结案率96.05%；市级医疗事故技术鉴定2例，中止医疗事故技术鉴定1例，3起正在调处中。与去年同期96起医疗纠纷比较下降了20.83%。

【妇幼保健】 锦江区按照爱婴医院三年复评工作要求，积极组织相关医疗机构申报爱婴医院，经过省、市、区专家的评审，2014年全区共4家单位通过复评；加强儿童、孕产妇健康管理。全区孕产妇及儿童健康管理全部实行动态化微机管理，辖区内0－6岁儿童保健累计65 549人（次），0－6儿童口腔保健累计26 264人（次），0－36月儿童中医药健康管理累计5 573人（次），在管0－6岁儿童78 696人。辖区内孕产妇保健累计26 623人（次），在管孕产妇45 782人。全区全年城乡居民孕产妇住院分娩补助项目共计补助128人，补助金额57 600元，补助率100%；全区叶酸服用率95%，叶酸服用依从率88.43%，增补叶酸知识知晓率97.35%；婚前保健接受婚前保健1 713对，接受HIV检测1 713对，检测率100%。孕期及住院分娩全区孕期接受初次产前保健13 183人，接受咨询13 310人，咨询率101%，接受HIV、梅毒和乙肝检测13 503人，检测率102%。

【卫生监督监测】 锦江区卫生局对公共场所和医疗机构违法行为进行了行政处罚20起。开展各种卫生行政执法专项整治26个。受理群众卫生投诉43件，投诉处理率100%；选派卫生监督员参加省、市卫生监督机构培训128人（次），并完成了网络培训工作。同时强化内部培训，全年培训监督员、协管员302人（次）。开展业务培训7次，业务考核1次，发放各类学习资料80余份。法规科及卫生执法监督大队开展了多种形式的普法宣传教育活动，培训人数1 300人（次），宣传咨询人数达1 890人（次）；对全区重点场所安全套推广情况进行专项监督检查。共抽检房间504间，培训单位负责人和卫生管理员408人。并向公共场所重点四类场所发放了安全套共计2万只。监督检查覆盖率达到100%；开展2014年公共场所控烟监督检查，对辖区内的266户住宿场所、30户沐浴场所、36户游泳场所、543户美容美发场所、68户商场（含超市）、9户影剧院、317户餐厅七大类公共场所控烟工作进行全面抽检；开展春、秋季学校卫生专项整治工作。对辖区内108所学校开展专项检查，重点对学校内的生活饮用水、传染病防控和教学生活环境卫生状况进行监督检查和指导，加强传染病疫情报告制度、建立健全晨检记录和因病缺课病因追踪登记记录，及时了解因病缺课学生健康信息，落实预防接种证查验制度。并对辖区的幼儿园及中小学校开展了是否违规组织群体服药等健康服务管理方面的拉网式排查工作。

【疾病预防控制】 锦江区全年全

区无甲类传染病报告;乙丙类传染病累计报告14种2880例,累计报告发病率为48.84/10万,同比增长率21.26%;其中,急性传染病(乙类传染病)累计报告发病率为107.91/10万。疫情报告、处理及时规范,无突发公共卫生事件。锦江区疾控中心通过公开招聘和调入等方式引进人才,并新增冷链车、防疫消毒车、应急检测车各1台,实验室设备达到县级A类要求的94.4%,传染病控制类装备齐全率将达到90%,中毒处置类装备齐全率将达到80%,队伍保障类装备和核与放射处置类装备基础性装备齐全率达到60%。2014年应急物资采购工作已经区政府同意,目前正在实施过程中,采购完成后应急物资装备齐全率将达到100%。锦江区严格实施传染病管理和疫情报告制度。修订和完善了各种卫生应急预案和技术方案,建立健全卫生应急制度。及时接报、处置3起疑似食物中毒突发事件:3所托幼机构儿童,1起机关人员,1所学校学生和1家公司职员由诺如病毒感染引起的感染性胃肠炎聚集性病例;进一步完善精神疾病患者医疗保障机制,继续抓好重性精神疾病"关锁"患者阳光救助工作。目前,全区重性精神疾病患者户籍人口检出率为4.45‰,社区管理率88.98%,包括90名阳光解锁患者,均接受社区医生定期随访并针对个案拟定康复计划,病情相对稳定;在区疾控中心、成都市第二人民医院、成都市传染病医院、锦江区妇产科医院、四川省第四人民医院、解放军452医院设立有6家HIV初筛实验室,并在全区8家社区卫生服务中心,以及成都市肛肠专科医院、成都市骨科医院、成都东区医院3家医院设置了HIV快速检测点。全区各医疗机构实际完成67 331人次初筛检测,确认阳性804人,确认阳性率1.19%。完成VCT检测936人,初筛阳性55人,初筛阳性率5.88%。11月24日,四川省免疫规划示范区省级评估专家组对我区创建免疫规划示范区工作进行了检查评估,我区以94.4分顺利通过了省级的评估验收,成功创建成为"四川省免疫规划示范区"。

【血液管理】 锦江区卫生局积极开展无偿献血工作。组织专家讲解《献血法》和献血科普知识,利用节假日、社区主题活动、"卫生三下乡"、健康宣传、义诊等活动开展无偿献血宣传,在全区主要街道和社区张贴了800余张无偿献血宣传画及200本无偿献血知识手册,发放宣传资料2 000余份,接受居民咨询8 000余人(次)。

【爱国卫生】 锦江区卫生局对全区已评定的395个星级院落同步进行了复评。现全区共有117个社区、1 095个院落(其中无物管院落841个)、3个农村新型社区、40多万居民。打造市级示范点153个,创建爱国卫生示范院落3个,三星级院落95个,四星级院落238个,五星级院落82个(其中:新增四星级院落17个、三星级院落28个、取消五星级院落1个);已创星级院落巩固达标率99%以上,院落指导、督促检查覆盖面99%,群众举报和媒体曝光整改率100%。锦江区印发了健康教育、病媒生物防制、"远离烟草　保护健康"折页等健康教育宣传资料90 000多份。编印健康教育宣传手册50 000份。全年邀请举办大型宣传咨询活动共21次,组织医务人员开展免费量血压等义诊活动,参与人数达1 320余人,接受宣传约4 625人(次),分发各种宣传资料18 370多份,群众健康卫生知识知晓率达到了80%以上。锦江区圆满完成春秋两季灭鼠、灭蟑螂等除"四害"工作。共出动有害生物防制专业技术人员699人(次),共投入灭鼠药11 790千克,向社区居民免费发放毒饵盒1 600个,灭鼠宣传资料4 000份。全年进行了5次以上大范围、大面积的人工地面打药灭蚊蝇,消杀面积104万平方米。共发放气雾杀虫剂28 416瓶、喷雾器117个。

(冯志灵　冯　涛　雷　静)

青　羊　区

【概况】 2014年,青羊区共有各级各类医疗机构480家,其中省级医院4家、省厅注册医院10家、市局注册医院20家、军队注册医院3家、区局注册医疗机构446家,二级以上医院12家、三甲医院4家。全区全年门诊量12 310 780人(次),出院人数352 205人(次),平均每千人口拥有医疗床位13.02张;有卫生技术人员16 040人,千人执业医师(包括助理执业医师)6.78人、注册护士9.35人。全区有直属医疗卫生机构13个,包括区卫生执法大队(系参公管理单位)、疾控中心、妇幼保健院等3个公共卫生机构,新华少城、苏坡、文家、草市御河、府南金沙、草堂、太升7个社区卫生服务中心,成都儿童专科医院、成都第一骨科医院、青羊区中医医院3个专科医院。截至年底,青羊区直属医疗卫生机构共有在职职工1 980人,其中在编人员555人、临聘人员1420人、离退休739人。直属医疗机构全年门诊诊疗185.61万人(次),住院3.5万人(次),医疗机构药品收入占医药收入比例为57%。青羊区卫生局积极参加国家卫计委委托中国社区卫生学会举办的"我身边的社区卫生"主题宣传活动,新华社区卫生服务中心蔡正华医生被评为"全国群众满意的社区医生"。青羊区被选定为全国基层综合改革成都市试点区,开展为期3年的"基层医疗卫生机构综合算账收支结余基金分配方式改革"试点工作,完成"全国0－6岁残疾儿童筛查试点区"工作;深入推进全民健康生活方式行动,成功举办"中国健康知识传播激励计划(胆固醇管理2014)共享会"。青羊区在由"人民网"主办的"2014城市发展质量论坛暨全国民生典范城市案例征集活动"中成功入选,被评为"全国首批民生改善典范区"。

【疾病预防控制】 青羊区全年无甲类传染病报告,急性传染病(乙类)报告发病共9种982例,报告发病率为119.06 / 10万,未发生突发公共卫生事件。艾滋病防治:青羊区新建2家艾滋病快速检测点,使区内有艾滋病初筛实验室12家、快速检测点10家,初步建成艾滋病筛查网络。全区全年累计报告现住址为青羊区的现存活艾滋病感染者、病人624例,其中AIDS231例,传播途径以性传播为主(92.29%);开展5场艾滋病防治宣传教育"坝坝电影",观影人数达1 300人(次),现场发放安全套2 000个、宣传资料1 300份、艾滋病宣传卡包300个、艾滋病宣传指甲刀300个,取得良好的宣传效果。苏坡美沙酮门诊完成各项国家指标,累计治疗人数371人,正在治疗人数348人,保持率77.3%。全区全年公共场所安全套摆放率达100%,星级宾馆无偿提供覆盖率100%,其他宾馆无偿提供覆盖率95%,其他公共场所无偿提供覆盖率95%。高危人群干预,暗娼累计干预5 211人(次),检测850人,检测率106.4%,累计阳性数0例;男同累计干预637人(次),检测123人,检测率115%,累计阳性数0例;吸毒人员累计干预4 375人(次),检测2 522人,检测率100.2%,累计阳性数97例;性病门诊就诊者累计干预1 693人(次),检测1 693人,检测率100%,累计阳性数94例;外来务工人员累计干预12 016人(次)。驻区艾滋病初筛实验室累计检测1 570 373例,筛查阳性数569例,确证检测数401例,确证阳性数360例;快速检测点累计检测9 199例,初筛阳性数226例。定期组织感染者开展CD4检测,对于符合治疗条件的患者均按要求开展抗病毒治疗,共有362例病人现正接受治疗,累计治疗443例;自愿咨询检测1 004人(次),抗体待复检14例;梅毒检测990人(次),阳性13例;开展婚前保健女性艾滋病病毒检测率

100%，全区艾滋病防治工作全面按进度完成了国家、省、市艾滋病防治目标任务。血吸虫病防治：青羊区全年无急性血吸虫病疫情发生。文家、苏坡、黄田坝社区卫生服务中心对辖区内群众进行血吸虫病查病监测工作，共查病500人。结核病防治：青羊区新登记活动性肺结核300例，其中新发涂阳肺结核患者数85例，涂阳肺结核患者的治愈率达94%；综合医疗结构报告肺结核病333例，转诊333例，转诊率100%，追踪177例，追踪到位175例，到位率98%，报告肺结核患者和疑似肺结核患者总体到位率99.4%；涂阳肺结核患者密切接触者筛查236人，筛查率100%；结核病患者艾滋病病毒筛查率98%，所有指标均达到要求。狂犬病防控：青羊区全年未发生狂犬病病例。犬伤病例数7 883人(青羊区犬伤例数2 795例)，规范化处置7 883例，注射狂犬疫苗7 883例，犬伤处置及免疫率均达100%，注射免疫球蛋白844例。霍乱等重点传染病防控：青羊区法定传染病准确报告率100%，聚集性疫情处理率100%；未出现暴发疫情或突发公共卫生事件，及时上报处置信息，无漏报、瞒报。青羊区加强并指导发热门诊管理和流感哨点监测，积极开展流感、人感染高致病禽流感、流脑、麻疹等重点呼吸道传染病防控；加强输入性疟疾疫情监测与处置，巩固消除疟疾防治成果。慢性病防治：青羊区规范化电子档案830 181份，规范电子建档率99.5%。全区有在管老年人77 890人，管理率116.7%；管理高血压患者65 065人，管理率53.2%，规范管理57 696人，规范管理率88.7%；管理糖尿病患者29 714人，管理率47.1%，规范管理24 405人，规范管理率82.1%。碘缺乏病防治：青羊区对300户居民食用盐样进行现场采样和半定量测定碘盐检测，经测定，碘盐合格率96.60%，居民合格碘盐食用率94%，碘盐覆盖率98%，达到目标要求；完成8－10岁学生甲状腺肿大及尿碘监测工作，对5所学校8－10岁在校学生400名调查甲状腺肿大情况进行监测，甲肿率1.25%，校正甲肿率1.25%，达到儿童甲状腺肿大率小于10%的要求；随机抽取100名8－10岁儿童进行尿碘监测。

【卫生监督监测】 青羊区按时办结率、群众评议满意率均达100%。青羊区卫生局对30项行政审批权力进行清理，承接21项行政审批权限下放事项；继续全面开展住宿场所、沐浴场所、游泳场所和美容美发场所的卫生监督量化分级管理工作；对重点乙类公共场所的进行备案管理，创新开展学校卫生综合评价、诊所卫生监督信息公示，对集中式空调单位、歌舞厅、游泳池等多类公共场所的专项整治工作，加大对公共场所预防控制艾滋病的宣传教育力度；完成生活饮用水卫生、消毒企业、学校、托幼机构卫生监管工作。

【精神卫生】 青羊区卫生局登记在册重精患者2 927人，其中"国网"在册2 800人，常住人口检出率3.36‰，户籍人口检出率4.52‰，管理2 594人，管理率92.6%，稳定率超过75%。全区完成"2013－2014年中央补助中性精神疾病管理治疗项目"的主要目标任务数，检出登记2 927名、门诊救助150人、家属教育95人的目标。全区全年共发放43张阳光救助卡，完成目标任务。

【妇幼保健】 青羊区户籍孕产妇死亡率为零，婴儿死亡率为3.29‰，全面完成两率控制的目标。住院分娩率100%。农村及城乡贫困居民共补助355人，补助金额达15.97万元；城乡妇女服用叶酸1 985人，服用率、依从率及知晓率分别为97.53%、78.36%、98.05%；全年孕产妇HIV检测率100%；梅毒及乙肝的检测率均为99.75%；表面抗原阳性孕产妇所生婴儿注射免疫球蛋白100%；全面完成项目任务，成功举办"青羊区2014年妇幼健康服务年妇幼健康技能竞赛"活动，来自驻区各母婴保健技术单位的63人参加竞赛；积极参加省、市妇幼健康服务年活动，被市卫生局评为"组织工作先进单位"，被省卫计委评为"先进单位"；督促区属产科医疗机构开展10次产科急救演练，成立区产儿科急救骨干团队，在三级急救机制的基础上增强了自身的急救保障能力，选送骨干外出进修，已有两名急救成员先后到广医三院进修；完成青羊区爱婴医院复核培训。

【医疗管理】 青羊区全年共新设置医疗机构34家，注销医疗机构23家，为79家医疗机构办理了名称变更、地址变更等事项。完成医疗机构现场审查、指导150余次。积极组织开展2014年度全国执业医师资格考试报名工作。加强对局注册医疗机构的管理，全年召开局注册各级各类医疗机构例会四次，共有1000余户次医疗机构参加。开展了医师定期考核工作。组织辖区内各医疗机构开展青羊区"抗菌药物临床应用管理工作方案"的培训。全年共审批36家医疗机构的广告申请。全年共接待医疗事故争议投诉285例,其中委托鉴定22例,联合区级其他部门处理重大医疗纠纷44起;接到群众举报4例,信访投诉98例,处理率100%。完成百万贫困白内障患者复明工程者手术20例。

【对口支援】 青羊区妇幼保健院选派1名业务骨干支援得荣县妇幼保健院,成都儿童专科医院、成都第一骨科医院选派2名青年医师支援温江区和盛镇中心卫生院和青白江区弥牟镇公立中心卫生院。

【中医药事业】 青羊区卫生局继续实施国家基本公共卫生服务中医药服务项目试点工作,制定印发了《成都市青羊区2014年基本公共卫生服务中医药服务项目试点工作实施计划》,完成65岁以上老年人中医体质辨识30 613份。推进青羊区第九人民医院、区妇幼保健院中医科建设达标工作,完成区中医医院及社区卫生服务机构基层中医药服务能力提升工程目标考核。在全区卫生系统组织开展2014年成都百万职工技能大赛(青羊区)中医药适宜技术比赛。

【爱国卫生】 青羊区卫生局组织开展迎新春爱国卫生志愿服务活动、爱国卫生月活动。大力推进公共场所控烟工作,全面完成了病媒生物防制、环境卫生综合治理、社区院落"牛皮癣"专项整治工作。圆满完成2014年全国文明城市复查迎检、成都综合文明指数暨城乡环境治理测评工作。

【党的群众路线教育实践活动】
青羊区卫生局机关和系统13个党支部、1个两新组织,共427名党员参加了第二批党的群众路线教育实践和"庸懒散浮拖"专项治理活动,大力开展"12+X"正风肃纪专项治理,青羊区卫生局群教活动代表全区接受了市委第三督导组的督导检查,省委督导组还参加了青羊区卫生局专题民主生活会。开展了纠正医疗购销和服务中的不正之风专项治理、落实"九不准"规定、医患双方签署不收和不送"红包"协议书等活动,规范从医行为。

【社区卫生服务】 青羊区11个社区卫生服务中心和8家社区卫生服务站已全面实施国家基本药物制度,配备和使用基本药物734种,占全部品种的95.37%,并实行零差率销售;对全区所有社区卫生服务中心实施基本药物制度开展2次专项督查,针对发现的问题,要求限期整改;制定《成都市青羊区全科医生执业方式和服务模式改革试点工作方案》,全年共组建由全科医生、全科护士、公卫人员和中医医师组成的团队63支,团队人员237人,签约家庭72 277户,签约率达25.98%;承担成都市全科医生服务模式改革中"家庭医生服务模式下糖尿病管理疾病负担研究"的课题研究;组织开展"我身边的社区卫生服务"主题宣传活动演讲比赛;开展乡村医生执业证书有效期满再注册工作;联合苏坡、文家、黄田坝三个街道办事处,分别成立乡村医生执业证书有效期满再注册工作领导小组和考核小组,对申报再注册的乡村医生进行业务考评和职业道德评定,对考核合格的乡村医生进行再注册。

【打击非法行医】 青羊区卫生局开展打击非法行医"五进"系列宣传活动,向医务人员、社区居民、外地农民工、老年群众等宣传卫生法规政策,讲解非法行医、黑诊所的危害以及巫医游医辨别方法,劝导群众坚持到正规医院就医,并现场接受群众的投诉举报。活动共出动宣传人员210人(次),宣传车35台(次),张挂宣传横幅80条,设置宣传展板、黑板报150块,印发宣传资料2万份,现场接待群众咨询400人(次);组织14次打击非法行医专项整治行动,共检查医疗卫生机构、零售药店、计划生育服务机构、城市生活美容机构等2 000户(次),其中取缔无证行医27家;立案查处各类非法行医案件30起,罚款93 874.8元,没收违法所得6 540.7元;设立打击非法行医专项活动举报电话,全年共接到群众投诉举报14起。组织综合执法检查2次,其中取缔无证行医3家,没收器械、药品约12千克。

【无偿献血】 青羊区全年无偿献血人数1 761人(次),献血量达到628 880毫升,自愿献血率达到100%;开展"6·14"以"安全血液挽救母亲生命"为主题的宣传活动,发放"6·14世界献血者日"、无偿献血口号等主题海报或无偿献血公益广告宣传画200张。青羊区献血办、卫生局在苏坡社区开展以"安全血液挽救母亲生命及艾滋病防控"为主题的无偿献血宣传活动。

【全面健康生活方式行动】 青羊区卫生局制定《2014年青羊区慢病防治工作计划》,按计划对全区进行培训和指导,以会代训方式,培训社区卫生服务中心(站)、区属医院健康生活方式指导员220人(次),全年累计建成健康社区21个、健康单位21个、健康食堂17个、健康餐厅/酒店16个,鼓励开展健康小屋(健康加油站)7个、健康一条街3条、健康主题公园1个,“健康示范学校”创建工作正在推进中;推广控油壶、限盐勺、计步器的同时,新推“胆固醇健康管理盘”200个;研发并制作“健康转盘”23种共5 000套;制作老年痴呆预防盘、升糖指数盘、万步活动量计算盘、食品含盐量盘、吃动平衡盘等5种(盘)1万个,每周万步活动量计算盘2.2万个;结合各类卫生主题日开展宣传活动13次、主题日外的大型宣传活动5次,出动医务人员500人(次),直接服务群众5万人(次),主题活动宣传发放资料3万份,发放礼品3 000份。各社区卫生服务中心结合各类卫生主题日和联合多部门开展肠道传染病防治、科学运动、烟草控制等主题讲座40期。

【基层公益性医疗卫生服务体系建设】 青羊区卫生局完成太升、府南金沙2个社区卫生服务中心的迁址新建工作,为当地老百姓提供就近、便捷、廉价的基本医疗和免费的基本公共卫生服务,完善十五分钟健康圈;大力实施基层公益性医疗机构标准化建设设备提升工程,为府南金沙社区卫生服务中心等5个基层医疗机构配备2台彩超,3台DR,1台救护车,7台中医设备;加大社区卫生服务人员培训,开展全区中医适应性技术大比武,极大促进中医适应性技术的开展。我局与华西医院管理学院合作,举办了医院管理MBA管理培训班,对基层39名领导干部进行为期一年的培训,将极大提高基层医院的管理水平;推进区疾控中心标准化建设,已初步确定在三环路外IT大道旁的医疗卫生用地上新建区疾控中心。

【中国健康知识传播激励计划】 青羊区卫生局于5月14日受邀参加“中国健康知识传播激励计划(胆固醇管理·2014)”启动会,成为该项活动唯一参与的西部区(县);开展血脂流行病学调查与高危人群胆固醇管理干预项目、推广健康转盘、“爬行比赛”等一系列群众喜闻乐见的活动,提高全区居民健康知识知晓率和健康行为形成率,活动收到了实效;6月14日,承办“中国健康知识传播激励计划(胆固醇管理2014)”知识共享会,国家卫生计生委疾控局慢病处处长吴良有,四川省卫生计生委疾控处副处长谢仁兴,四川省人民医院老年科主任钟萍,青羊区人民政府副区长赵艳艳出席活动;在共享会上设置互动参与性强的“知识竞赛”环节,通过寓教于乐的方式,提高民众在血脂问题及胆固醇管理等方面的认知水平。

(王　玥)

金　牛　区

【概况】 2014年,金牛区共有各类卫生机构706个(包括驻区内中央、省、市、区的医疗机构),其中医院43个、门诊部46个、社区卫生服务中心(站)23个、妇幼保健机构1个、个体诊所(医务室)589个、疾病预防控制中心2个、卫生执法监督大队1个;已建成国家级示范社区卫生服务中心1家、省级示范社区卫生服务中心(站)3家。全区作为全国社区中医药工作先进单位,有省中医特色社区卫生服务机构2家

（营门口、沙河源）、市中医特色社区卫生服务机构12家（全部社区卫生服务中心）。金牛区全年孕产妇死亡率25.208 / 10万（1例死亡孕产妇为流动人口，居住在郫县，在华西住院时死亡，因其户籍在金牛区，统计在金牛区；经市级专家鉴定该产妇为不可避免死亡），婴儿死亡率4.54/‰。全区人均期望寿命78.42岁，其中男性76.27岁、女性80.89岁。

【医疗卫生改革】 金牛区人民医院、区妇幼保健院、区中医院、骨伤医院4所公立医院于2014年10月1日全部启动药品“零加成”工作（不包括中药饮片），门（急）诊诊查）费、住院诊查费、护理费上调部分纳入医保统筹基金支付范围。市卫生局已划拨金牛区40余万药品零加成补偿经费。

【疾病预防控制】 金牛区全年无甲类传染病报告，全区无突发公共卫生事件报告。全区18个预防接种门诊通过规范化建设，达到AA级以上标准，其中5A级门诊1个，4A级门诊3个，3A级门诊4个。全年完成国家免疫规划疫苗498441人次接种，接种率99.63%。国家免疫规划疫苗报告接种率达到98%以上。规范处置犬伤9731例，接种人用狂犬疫苗9774例，接种率100%，注射狂犬病免疫球蛋白812人。完成安全套有一套推广民生工程任务，举办安全套有一套推广行动大型公益演出，抓重点防控，落实各项防控措施，突出监测检测，落实高危人群行为干预，认真落实“四免一关怀”政策，艾滋病快速蔓延的态势得到较好遏制。

【免疫规划示范区创建】 金牛区于3月，金牛区启动省级免疫规划示范区创建工作，通过创新工作举措、抓创建工作落实，11月，金牛区以全省最高分通过了四川省卫计委对金牛区的评审验收。12月5日，金牛区沙河源社区卫生服务中心代表国家接受了世界卫生组织考察、调研金牛区接种门诊规范化标准化建设和免疫规划工作。2014年11月26日，金牛区以全省最高分数96.8分顺利通过四川省免疫规划示范区的评估验收。

【妇幼保健】 金牛区全年城乡孕产妇住院分娩率达100%，全区剖宫产率全市最低，完成妇幼重大公共卫生项目成绩显著、集体儿童保健工作成绩显著，得到市局通报表扬。

【卫生信息化建设】 金牛区卫生局全力推动全区域卫生信息化建设工作，完成区域卫生信息平台竣工验收，经过半年试运行，平台运行正常。11月中旬，依照市卫生局卫生信息化建设方案，将辖区内医疗机构现有PHIS系统由原有的C/S架构升级为B/S架构，12月完成了全区21家社区中心、站数据转移工作，升级工作顺利进行。

【爱国卫生】 金牛区卫生局开展院落环境清洁行动，依据《成都市社区院落清洁管理测评标准》，牵头组织对全区14个街道、1900余个院落实施环境整治和清洁管理。通过创新考核评比奖惩办法，落实网格化管理，督促指导全区院落环境问题整治达标。组织开展夏、秋两季以灭鼠为重点的除害防病活动，共投放毒饵27 000余千克，使用毒饵盒24 000余个，全区“四害”密度控制得到有效控制，达到了国家标准。区卫生局等12个单位和20名个人被成都市政府评为成都市2011—2013年度爱国卫生先进集体和先进个人。

【中医药工作】 金牛区制发了《二〇一四年金牛区中医工作要点》把基层中医药服务能力提升工程作为深化医药卫生体制改革的主要工作之一。大力开展中医进社区工作，推动中医“治未病”，针对重点人群制定（完善）了中医药保健服务指导方案，开展了中医体质辨识的健康指导服务。严格按照《全国社区中医药工作先进单位建设标准》，将中医药知识纳入基本公共卫生服务和基本医疗中。社区卫生服务机构门诊中医处方（包括中药饮片、中成药和中医非药物处方）数占处方总数比例68.9%。12家中心均能开展10项以上的中医药适宜技术；90%以上社区卫生服务站能提供中医药服务，均能开展4项以上的中医药适宜技术，不断提高了群众对社区中医药服务的知晓率和满意率，社区居民对社区卫生服务机构内容知晓率不低于90%，对社区卫生服务机构中医药服务满意率不低于85%。

【卫生应急管理】 金牛区建立健全区级各部门卫生应急协调联动机制，加强应急队伍和装备建设，应急物资储备满足辖区突发公共卫生事件处置需求。完善卫生应急体系，加强疾病预防控制体系建设、医疗救治体系建设和应急队伍能力建设，以实战演练提升应急处置能力，11月开展埃博拉出血热疫情防控应急演练，全区40余名医务人员参加演练，提高应急处置能力。2014

年全区无突发公共卫生事件发生。

【无偿献血管理】 金牛区卫生局利用“6.14”世界献血者日、“5·8”世界红十字日、“卫生进社区宣传月”等活动集中开展无偿献血社会公益性宣传,发放各种无偿献血宣传手册、折页等各种宣传资料5 000余份,张贴公益宣传海报400余张,赠送宣传年画和日历600余册,接受群众咨询750余人次。同时通过《新金牛》等刊登新闻稿12篇,在金牛有线台播报公益宣传广告节目150余频次,为无偿献血工作营造了良好的社会环境和舆论氛围。组织发动应急队伍参加自愿献血,在短时间内极大缓解了成都市临床用血紧张状态。2014年无偿献血总人次6178人次,献血量约200万毫升。全面落实了市上下达的无偿献血任务,也加强了各级医疗机构临床用血安全管理,确保临床用血100%来自无偿献血。

【卫生执法监督】 金牛区卫生局积极做好重大传染病的防控监督检查工作,对辖区内558户医疗机构传染病报告、25户腹泻门诊、27户发热门诊、8户犬伤门诊开展了专项监督检查;开展春、秋季学校卫生、公共场所卫生、打击非法行医等29个专项整治工作;对全区312户住宿场所,59户沐浴场所,28户游泳场所,575户美容美发场所,全面实施卫生监督量化分级管理,实施率均达到100%。圆满完成省人大、省政协会、财富论坛等6次重大活动卫生保障工作,确保无公共卫生事件发生。

【卫生行政审批】 金牛区卫生局全年共受理卫生行政许可事项5063件,其中,公共场所证审批1 046件,放射诊疗许可证审批15件,供水许可证审批43件,医疗机构执业许可(执业登记)审批235件,医疗机构执业许可证校验212件,执业医师(助理医师)执业注册审批1 500件,护士执业注册1 916件,母婴保健技术服务执业许可审批1件,母婴保健技术考核合格证审批43件,涉水产品卫生许可批件11件,麻醉药品及第一类精神药品购用印鉴卡审批28件,医疗广告审批13件,承诺时限内办结率达100%,群众满意率100%。

【人才培养】 金牛区卫生局向区政府推荐第八届有突出贡献专家8名,被选取4名;审核上报20名高级专业技术人员评审工作(其中:正高1名;副高19名)。选派15名中高级专业技术人员到基层下派锻炼,其中5名对口支援石渠县。8月10—16日,区卫生局组织以医疗卫生单位班子成员为主的43人,参加清华大学领导能力建设与素养提升高级研修班培训。

【优化医疗资源】 金牛区卫生局制定了《金牛区医疗机构设置规划(2013-2017)》为区域医疗服务体系的建设与发展提供了政策保障;以“北改”为契机,大力推进公立医疗卫生机构提档升级;新区妇幼保健院项目于10月已建成并投入使用;新区医院项目已进场施工;区中医医院、区疾控中心项目已落实项目用地;积极引导社会资本举办高水平医疗机构,2014年批准设立优质特色的民营医院4家,在三环路外新设置医疗机构37家,进一步完善区医疗服务体系。

【卫生项目实施】 成都军区总医院改扩建工程:位于天回街道办事处大湾2、4组,土门2组,项目占地面积150亩,按照三级甲等医院设计,项目总建筑面积约21万平方米,总投资11 350万元。2014年过渡门诊楼已建成并投入使用;经济适用房用地拆迁工作已启动。区妇幼保健院工程:位于沙河源街道长月路片区,项目占地约9.5亩,按照三级妇幼保健医院标准设计,总建筑面积1.746万㎡,设计床位200张,投入资金总额约8 600万元,于10月建成并投入使用。区人民医院工程:位于营门口街道办事处茶店5、6组,项目占地面积35亩,按照三级乙等医院标准设计,总建筑面积11万㎡,设计床位700张,预计总投资6.7亿元。项目2014年已施工进场。积极协调寻找融资渠道,经多方争取努力,最终与银行达成按照基准利率贷款3.7亿元的贷款意向。既解决了新区人民医院的建设资金,确保项目的顺利实施,又可为区财政节约了上亿元。

【“金牛名医”评选】 金牛区卫生局为表彰宣传一批医德高尚、医术精湛、服务优质、群众满意,能够代表金牛区医疗水平和医德医风形象的医务人员,2014年10月,在金牛区开展了首届“金牛名医”申报评选活动。经过推荐、初评、终评和社会公示等环节,区卫生局决定授予于冯贵明等8位同志首届“金牛名医”荣誉称号,并进行了表彰。

【“护理明星”评选】 金牛区卫生局为深入推动优质护理服务岗位示

范活动，大力弘扬新时期护士的南丁格尔精神，全面提升医疗护理服务质量，2014 年 4 月，区卫生局在全区卫生系统开展了“我最喜欢的护理明星”评选活动。通过组织申报单位的护理部专家进行先进事迹材料审核和无记名投票，最终评选出“我最喜欢的护理明星”20 名，并进行了表彰。成都日报，新浪网等媒体对评选活动进行了报道。

【医疗警务大队】 金牛区卫生局为了建立更加专业、高效的医疗机构安全保卫工作机制，有效整合各方工作力量，区卫生局在金牛区医疗纠纷调解中心的基础上，于 2014 年 4 月 22 日会同公安金牛分局成立了金牛区医疗警务大队，同时将区医学会纳入医疗机构安保工作协同单位，从而建立起卫生局牵头组织、警务大队处突、调解中心调解、医学会专业支撑的四方协同工作机制。在新的安保工作机制下，一旦遇涉医突发事件，区卫生局、属地街道办事处、医疗警务大队在第一时间启动应急预案，迅速搭建统一指挥平台，组织力量及时依法处置。由区卫生局相关人员、属地派出所值班警力、街道党工委综治力量、医疗警务大队工作人员为处突第一梯队，在第一时间赶赴现场依法进行处置；同时，区公安分局还将组织突击队作为处突第二梯队，在必要时增援第一梯队。与此同时，区医学会将组织相关专家对产生争议的诊疗行为进行评估，并将评估报告报区卫生局、医疗警务大队和调解中心，以此作为事件处置的重要依据，由医疗纠纷调解中心组织医患双方依法进行调解。

（王美全　赁涵水　彭　敏　刘洪明　唐　红　涂国平　李全昌）

武　侯　区

【概况】 2014 年，武侯区有常住人口 108.55 万人，其中 60 岁以上人口 11.83 万人。全区有养老机构 9 家，其中民办 5 家、公立 4 家；有床位总数1 260张，其中民办1 026张、公立 234 张，年接纳人员 830 人；有各级各类医疗机构共 802 家（民营医疗机构 730 家），医院 77 家、妇幼保健院 2 家、社区卫生服务机构 30 家（中心 12 个、站 18 个）、村卫生室 21 家、门诊部 62 家、诊所（卫生所、医务室）615 家。医院按类别划分，有综合医院 42 家、专科医院 25 家、中医（中西医结合）医院 2 家；按注册管理权限划分，有省管医院 21 家、市管医院 15 家、区管医院 36 家；按医院级别划分，有三级医院 11 家、二级医院 21 家、一级或未评级医院 40 家。全区医院共有床位 18 114张，占全市的 17.94%，每千人口拥有床位 16.69 张（成都市为 7.06 张）；有执业医师（含助理医师）9 537人，占全市的 20.8%，每千人口拥有医师 8.79 人（成都市为 3.21 人）；有注册护士12 118人，占全市的 23.83%，每千人口拥有护士 11.17 人（成都市为 3.56）。医疗机构全年总诊疗人（次）1 928万人（次），占全市的 19%。截至年底，全区无甲类传染病报告，乙类传染病发病数1 439例，发病率 104.26 / 10 万，较上年同期下降 7.23%；平均寿命为 78.95 岁、较上年下降 1.27%，其中男性平均寿命 76.64 岁、较上年下降 1.31%，女性平均寿命 81.31 岁，较上年下降 1.33%；婴儿死亡 41 人，死亡率 5.74‰，较上年下降 37.88%；缺血性心脏病、脑卒中、糖尿病、恶性肿瘤报告发病 4 187例，报告发病率 670.67 / 10 万，较上年的647.7 / 10 万，增长 4.66%。其中，糖尿病发病率为 202.63 / 10 万，较上年增长 1.28%；恶性肿瘤发病率为 189.65 / 10 万，较上年下降 6.55%；脑卒中的发病率为187.41／10万，较上年增长38.95%；缺血性心脏病的发病的发病率为90.98／10万，较上下降10.41%。居民前十位死因顺位疾病分别为：恶性肿瘤、呼吸系统疾病、心脏病、脑血管病、伤害、消化系统疾病、内分泌、营养和代谢疾病、其他疾病、泌尿生殖系统疾病、神经系统疾病。

【基层卫生综合改革】 武侯区卫生局扎实推进基层卫生综合改革。武侯区于5月被国家卫生计生委、财政部确定为全国基层卫生综合改革重点联系点区(县)之一，由区政府研究印发《武侯区基层卫生综合改革重点联系点工作实施方案》，提出3年改革目标；充分借鉴国际先进经验，优化全科医生团队建设，全面推行全科医生契约服务，有偿向妇女、儿童、老年人等重点人群提供，组建全科医生团队84个，签约9.01[illegible]万户，签约率达24.4%；建立完善社区卫生发展长效机制；启动基本医疗卫生服务成本测算及绩效考核课题研究、社区卫生进展研究、全科医生能力实训和评估项目、以市场化方式推进社区卫生信息化建设、社区卫生服务机构法人治理试点等各项改革探索工作。

【全科医生服务试点】 武侯区作为成都市的全科医生服务试点区，全面发展全科医生团队建设、契约服务、分配机制、竞争机制和协作机制，构建合理有效的分级诊疗体系。截至12月，武侯区已有139[illegible]名医生完成全科医学专业的注册，组建85支全科医生团队，家庭医生签约户9.35万户，签约覆盖率25.84%。全区全年完成基本医疗服务187.95万人(次)。

【社区卫生】 武侯区卫生局推进公共卫生服务均等化，完成《成都市城乡基层医疗卫生机构基本公共卫生服务项目(2014版)》项目及绩效考核，全年基本医疗门诊量187.95万人(次)，公共卫生服务量240万人(次)；居民健康档案累计建档数1 045 418件，电子建档率96.31%，规范化电子档案建立人数1 031 266人，建档率96.84%；高血压患者建档数88 614人、规范管理率98.64%、血压控制率61.50%，建档数39 640人，规范管理率92.97%，血糖控制率59.31%。武侯区继续巩固基本药物制度实施成果，社区卫生服务机构基本药物阳光采购平均积分99.77分，基本药物惠民14.08万人(次)，惠民金额227.88万元。武侯区的社区卫生服务中心和站的标准化建设率分别达83.33%、100%；推进社区卫生服务机构与华西医院、双楠医院等大中型医院建立完善双向转诊、资源共享、人才互动等合作关系，社区预约上级医院、上转病人720人(次)，上级转回社区康复162人(次)，社区医务人员参加上级医院进修培训200人(次)，开展科研项目合作8项。武侯区加强社区卫生服务中心建设，已建有有国家级示范中心5家、省级示范中心10家、培训基地3家。6月，全国社区卫生服务中心主任论坛在武侯区召开，全国400名中心主任参加。10月，武侯区玉林社区卫生服务中心被评为“全国群众满意社区卫生服务机构”。

【妇幼保健】 武侯区全年度孕产妇死亡率为零，婴儿死亡率为3.98‰，孕产妇系统管理率96.76%，3岁以下儿童系统管理率96.25%，7岁以下儿童系统管理率96.91%；剖宫产率为52.54%，较上年下降3.56个百分点。武侯区常规开展重大公共卫生项目工作，全年城乡住院分娩人数168人(次)，均享受住院分娩补助，为城乡育龄妇女发放叶酸9 283人(次)，完成艾滋、梅毒、乙肝筛查25 941例，筛查率为100%；积极开展新生儿耳聋基因筛查项目，共筛查3 810例；积极开展0－6岁儿童残疾筛查项目工作，全年共为18 785名儿童进行视力、听力、肢体、智力残疾及孤独症等五类残疾筛查。

【医政管理】 武侯区卫生局为保障医疗质量和安全，组织开展“服务好、质量好、医德好、群众满意”活动，严厉打击医疗违法违规行为；加强抗菌药物管理制度，制定《武侯区抗菌药物临床应用管理实施方案》，成立武侯区抗菌药物临床应用管理工作领导小组，开展医务人员培训考核、抗菌药物处方权授予、静脉抗菌药物输注业务核准和抗菌药物备案等工作；授予1 097人抗菌药物处方权或抗菌药物调剂资格，其中授予特殊级抗菌药物处方权90人，授予限制级抗菌药物处方权352人，授予非限制级抗菌药物处方权555人，授予在村卫生室执业的执业助理医师、乡村医生非限制级抗菌药物处方权14人，授予抗菌药物调剂资格86人。武侯区做好医疗机构及医务人员的准入管理，对医疗机构名称、标志标牌、诊疗科目、医务人员的执业范围和执业地点随时监控，依照《执业医师法》《医疗机构管理条例》和《护士管理办法》等规定，通过效验、换证对医疗机构场所、设施设备、医护人员资格及注册、药物管理等进行审查，对达不到医疗基本标准的均要求停业整改，对科室设置与人员执业岗位不符或达不到有关设置条件的科室予以取消。武侯区有民营医疗机构712家，占医疗机构总量的88.78%。其中，民营医院55家，占医院总量的76.39%；民营医疗机构共设置床位3 005张，占全区的20%；民营医疗机构从业人员达5 684人，占全区的21.18%；年诊疗人（次）1 278.73万人（次），占全区的31.97%。截至年底，全区有4家民营医院达到三级医院规模，有5家民营医院业务总收入已过亿元，区内民营医疗机构在骨科、妇产科、眼科、白癜风等专业领域已具有较大的影响力，民营医疗机构总数、规模仍居全省首位，医疗美容、健康体检机构持续健康发展，2014年共新增民营医疗机构49家，其中医院3家、门诊部10家、诊所36家。

【无偿献血】 武侯区卫生局巩固固定献血者、成分献血者、稀有血型献血者、应急献血者和无偿献血志愿服务者5支队伍的志愿工作长效机制，结合“6·14世界献血日”开展无偿献血宣传活动，共发放宣传资料2 308份，咨询人数达1 444人（次）；分别于2－3月、7－9月组织冬季和夏季无偿应急献血演练活动，共有2 135人参加无偿献血，献血量达2 941.3单位。

【疾病预防控制】 武侯区卫生局认真落实各项传染病防控措施，坚持24小时应急值班制度，加强疫情监测与分析，严格落实报告管理制度；开展学校、托幼机构等重点场所传染病防控，组织突发公共卫生应急演练及技术培训，储备消毒药品及车辆、设备等应急物资，成功创建省级卫生应急示范区。传染病防控，全区全年无甲类传染病发生，乙类传染病发病数1439例，发病率104.26／10万，较上年同期下降7.23%；调查处置输入性不明原因肺炎1例、输入性登革热病例4例、重症手足口病107例、流行性出血热4例、流行性乙型脑炎39例，疑似狂犬病1例、学校及托幼机构手足口病、流行性腮腺炎、水痘等聚集性疫情95起；完成13名埃博拉病毒疫区来蓉人员的健康监测和1例留观病例排查和现场处置工作。免疫规划，全区全年共接种一类疫苗298 406剂（次）、二类疫苗188 505剂（次）；常规免疫接种率和扩大免疫规划接种率均超过99%，达到国家相关要求；为确保免疫规划质量，冷链车全面投入使用，为全区16家预防接种门诊配送疫苗；完成12期预防接种门诊技术培训，并举办1期预防接种人员上岗培训，全区238名预防接种人员通过培训考核获得上岗资质；指导红牌楼社区卫生服务中心成功创建武侯区唯一的一家国际化预防接种门诊。艾滋病防治：全区全年完成艾滋病初筛检测56.3万人（次），其中初筛阳性1 870例，确认阳性1 062例；对1 064名HIV感染者和病人进行管理，免费抗病毒治疗695人，区二医院药物维持治疗（美沙酮）门诊、区药物维持治疗（美沙酮）望江路延伸服务点及新开设的武侯区药物维持治疗（美沙酮）航空港开发区学府路延伸服务点保持率89.7%；依托社区卫生服务中心及感染者自助小组，开展艾滋病健康教育和特殊群体的干预活动。狂犬病防制：全区14家犬伤门诊开展规范化犬伤门诊建设和犬伤处置工作，全年接诊犬伤患者12 861例，规范处置犬伤患者12 861例，接种狂犬病免疫球蛋白1 734人，有1 475名犬伤患者享受犬伤处置费用报销。慢性病防控：武侯区开展社会医疗机构慢病患者管理工作试点，建立“社区卫生服务中心—其他社会医疗机构”一体化慢性病管理模式；在社区积极推行“健康厨房”，搭建平衡膳食健康教育宣传阵地，指导社区居民科学、合理膳食，促进社区居民膳食结构平衡，减少慢性病危险因素，逐步降低慢性病发病率；通过口腔检查、健康教育、窝沟封闭等措施，成功创建省级口腔卫生示范区。精神疾病管理：武侯区遵循“防治结合、重点干预、广泛覆盖、依法管理”的原则，登记重性精神疾病患者3 821人，建档3 543人，管理率92.7%，发放阳光救助卡30张，完成25名重性精神病患者住院救助。结核病防治：武侯区全年新发现结核患者440例，新涂阳肺结核治愈率99.5%以上，肺结核患者和疑似患者的总体到位率98.27%，无学校聚集性结核病疫情发生；在西南民族大学和马家河小学实施“青春行动计划”和“蓓蕾行动计划”。6月，全国结核病防治健康促进工作研讨会在成都市召开，武侯区接受参会领导和专家考察，得到一致好评。

【卫生监督】 公共场所卫生监督：武侯区在商场、影（剧）院试点进行卫生监督量化分级管理，完成61家商场、11家影（剧）院量化分级评审；开展住宿业卫生专题培训6期，培训住宿商家负责人485人(次);开展游泳场(馆)卫生专题培训2期,培训游泳场(馆)负责人61人(次);开展艾滋病防控专题培训共12期,培训公共场所负责人、从业人员749人(次);开展乙类公共场所备案专题培训2期,分别培训托幼机构负责人144人(次)、网吧负责人112人(次);全年累计出动卫生执法监督员和协管员15 957人(次)、车辆4 865台(次),检查公共场所11 413户(次),对存在卫生许可证到期未复核、未按要求进行卫生检测或抽检不合格等问题的136家公共场所给予行政处罚,共计罚款203 100元。饮用水卫生监督:武侯区全年出动卫生执法监督员和协管员637人(次)、车辆214台(次),检查生活饮用水单位295户(次),有效保障群众饮水卫生;开展生活饮用水卫生专题培训会3期,培训230家物管公司涉及306个管理楼盘的供管水人员230人(次);开展摆台咨询11次,发放饮用水宣传折页1 100份,现场饮水快检9次,接受现场群众咨询300次。学校卫生监督:武侯区做好春秋两季开学前、开学期间学校卫生监督管理工作,开展托幼机构卫生专项整治,完成74家学校卫生监督量化分级管理评审和抽检工作,累计出动人员1 654人(次)、车辆552台(次),检查学校、托幼机构455户(次),针对存在问题下达卫生监督意见书27份。医疗服务监管:武侯区围绕传染病防控、医疗服务质量、放射卫生、采供血和临床用血安全等开展卫生监督检查。开展诊所量化分级定级授牌、医疗机构H7N9防控措施落实情况督查、医疗机构医疗服务质量重点监督检查、医疗美容项目备案、医疗机构防控埃博拉病毒措施落实情况督查、医疗机构二次供水和集中空调通风系统等专项整治工作20项,累计出动人员4 207人(次)、车辆1 053台(次),检查医疗机构2 405户(次),对违反相关规定的31家医疗机构实施行政处罚,共计罚款82 300元,没收违法所得10 389.12元。非法行医专项整治:武侯区下发《打击非法行医部门联动机制的实施意见(试行)》,积极开展培训,增强各街道办事处巡查员鉴别、发现非法行医工作能力,举办打击非法行医巡查员培训13场(次),共计培训232人(次);开展联合打非8次,全年出动人员2 015人(次)、车辆573台(次),巡查点位1 136个,取缔非法行医诊所100户(次);开展打击"医托"专项行动,出动人员94人(次)、车辆47台(次),对重点医疗机构进行突击检查和蹲点值守。

【爱国卫生】 武侯区卫生局充分利用卫生日和爱国卫生月,开展"卫生健康"进院落活动,覆盖13个街道办事处,17 345户47 189位居民和421人(次)医护人员参与活动,义诊120次,为居民提供健康咨询20 594人(次),健康体检1 915人(次),发放宣传资料18 000份。全区全年开展灭鼠工作8次、灭蚊蝇10次、灭蟑2次,出动技术人员1 900人(次);投放灭鼠毒饵17 381.5千克,磷化铝66.7千克,堵鼠洞10 993个;在87个社区开展消杀工作,灭蚊、蝇和蟑螂,消杀面积10 935 688平方米;烟熏剂128次,投放10%高效氯氰菊酯1 318千克,热烟雾剂712千克,涉及到739个窨井口、44 630米下水管道。全区全年开展健康教育直通车20次、健康教育下街乡活动26次、大型健康巡讲活动5次,共发放控烟宣传资料6 500册,摆放展板18张,发放环保袋600个、控烟标识8 000张;对全区2012年、2013年评定出的157个星级院落进行复评,合格率98.7%;于2014年10月对全区249个院落进行星级院落评审,215个院落达到星级院落标准,合格率86.3%;对2013年的100个文明院落进行"卫生健康"进院落活动。全区有5个部门、7个街道办事处、20名工作人员被成都市人民政府评为"2011—2013年度爱国卫生工作先进集体和个人",创建省级卫生单位8家。

【行风建设】 武侯区卫生局强化药品购进环节的管理,规范区属医疗机构药品采购途径,明确要求12家社区卫生服务中心、18家社区卫生服务站的药品和设备采购由区社区卫生管理中心统一招标采购,并实行"零加价"政策;以警示教育为主要内容,深入细致查找廉政风险点和漏洞,努力从源头上防治腐败;与全系统1 700名干部职工签订"九不准"和"六不"承诺书,提高医务工作者的道德素质,树立医护工作者风清气正的良好形象;在全区聘请20名行风监督员对医疗服务质量等进行监督,发现不正之风,随时反馈,及时处理;开展各类问卷调查3.5万人(次),居民及病员综合满意度达到94.8%。2013年、2014年,卫生分中心、区疾控中心体检大厅等窗口工作在武侯区政务服务机构窗口建设交叉检查与考评中连续两年名列第一。

(黄 懿)

成 华 区

【概况】 2014年,成华区共有医疗机构573家,其中医院46家、社区卫生服务中心14家、社区卫生服务站26家、门诊部及以下医疗机构487家,设置床位5 330张。全区共有卫技人员总数7 279人,其中区属卫生系统有1 451人;其中,正式人员313人、招聘人员846人、离退休人员292人,有高级职称42人、中级职称159人、初级职称574人、其他技术人员128人、工勤人员56人。全区每千人执业医师(助理)数4.54人;注册护士总人数4 459人,每千人注册护士数4.73人。全区急性传染病发病率116.76 / 10万,较上年增长1.75%;人均期望寿命75.77岁,较上年增长0.85%;缺血性心脏病发病率86.83 / 10万,较上年增长2.2%;脑卒中发病率179.68 / 10万,较上年增长10.72%;糖尿病发病率174.66 / 10万,较上年增长18.33%;恶性肿瘤发病率189.28 / 10万,较上年增长6.09%;孕产妇死亡率0,婴幼儿死亡率4.23‰。全区居民前10位死因顺位疾病是:恶性肿瘤、呼吸系统疾病、心脏病、脑血管病、内分泌,营养和代谢疾病、伤害、消化系统疾病、泌尿生殖系统疾病、传染病和寄生虫病、神经系统疾病。

【基层卫生服务体系建设】 社区卫生服务中心项目:新鸿路、跳蹬河2家社区卫生服务中心基本建成,于2014年底投入使用;府青路社区卫生服务中心装修改造项目正加快建设;双水碾社区卫生服务中心装修改造项目进入设计招标阶段。截至年底,成华区累计有政府举办社区卫生服务中心9家。社区卫生服务运行机制:成华区完善社区卫生服务机构收支两条线管理,提高资金使用效率;着力理顺社区卫生服务中心绩效考核、人员聘用、绩效工资、收支两条线核算管理、设备采购等管理机制,出台《成华区社区卫生服务中心维修改造管理办法(试行)》。全科医生制度落实:成华区推动家庭医生团队进社区、进家庭,为辖区居民提供简单、便捷的医疗卫生服务,至年底共有家庭医生团队115个,累计签约8.08万户居民,签约率达25.72%。社区公共卫生服务:成华区继续为辖区居民提供11类基本公共卫生服务项目,各社区卫生服务中心累计建立规范化电子档案898 272份,规范化电子建档率95.34%;完成免疫接种395 651人(次);0－6岁儿童健康管理146 110人(次);孕产妇健康管理52 348人(次);65岁以上老年人健康体检53 388人(次);高血压患者健康体检53 087人(次),高血压管理率达60.91%;糖尿病患者健康体检26 119人(次),糖尿病管理率达51.15%。卫生信息化建设:成华区建成基层医疗卫生机构财务管理系统,满足社区卫生服务中心“收支两条线”工作的需要;按照全市总体规划以及“统一标准、资源整合、信息共享、集成开发、政府主导”的建设原则,夯实基层信息系统应用基础,进一步实现数据共享和业务协同,对基层医疗卫生信息系统进行全面升级改造。

【卫生项目实施】 医院改扩建项目:新视界眼科医院已竣工验收,正式投入使用。市第二人民医院龙潭医院项目正在进行土地勘察及深化设计,新生堂妇儿专科医院项目正在进行设计及项目报建。成都誉美医院改扩建项目2014底前完工。核工业四一六医院改扩建项目正在进行土地平整及设计工作。成都市新华人民医院改扩建项目正在办理施工许可相关手续。区第三人民医院启动二级乙等综合性医院创建工作。

【国家基本药物制度实施】 成华区14家社区卫生服务中心均实行基本药物网上公开采购及零差率销

售,组织开展2次国家基本药物制度落实情况督导、2次对国家基本药物制度工作质量考核,实现国家基本药物制度社区全覆盖。全区社区卫生服务中心全年采购基本药物1 454个品规,共计2 237.08万元。

【卫生人才引进】 成华区卫生局以充实基层医疗卫生单位卫技人员力量为重点,会同区人社局积极研究《成华区卫生系统人才引进暂行办法》,拟通过完善相关政策措施,落实经费保障,设置人才专项基金,建立以政府奖励为导向、用人单位奖励为主体的人才奖励体系,吸引、鼓励高层次人才到基层医疗卫生机构工作;围绕区委人才规划“九大”重要人才工程工作目标,加强卫生高层次人才的培养,不断提升卫生人才素质,通过医师多点执业、“双向转诊”、项目合作等方式,引进中级及以上专业技术人员到区属医院多点执业,并邀请30名省和市的专家定期到区属医院开展坐诊、查房及讲课,提升区域内业务水平;按照“侧重高级,兼顾中级,严控初级”的原则,通过高校直招、考试招聘及单位自聘等方式,面向社会广泛招聘卫生专业技术人才,全年共招聘卫生专业技术人员79人,卫技人员大专及以上学历者增加8.9%。

【人事制度改革】 成华区卫生局全面试行全员聘用制度,以“定编、定岗、不定员”为原则,实行竞聘上岗、按岗聘用、合同管理,建立能上能下、能进能出用人机制;建立社区卫生服务机构编制统筹管理体系,在核定的社区卫生服务中心编制总量内,按照“区管院用”的原则,由区卫生局对其进行全局统筹,动态管理,按需合理调剂使用编制,逐步实现医务人员的编制管理由固定用人向合同用人转变、由身份管理向岗位管理转变,最大限度发挥编制管理效益,全面提升公共卫生服务质量;制定完善《成华区卫生系统岗位聘用统筹管理实施细则》,由区卫生局按照集中调控、统筹管理、综合平衡的原则,在核准的岗位总量、结构比例和最高岗位实行全系统内的调控,对使用各类岗位实行动态管理,鼓励广大员工不断提升自己的专业技能,促进优秀人才脱颖而出;进一步深化绩效工资改革,在社区卫生服务中心平稳实施绩效工资的基础上,将奖励性绩效工资比例提高至60%,并将基础性绩效和奖励性绩效均通过考核发放,合理拉开收入差距,体现多劳多得、优绩优酬。

【疾病预防控制】 成华区全年无甲类传染病报告,报告乙类传染病9种1 100例,发病率116.76 / 10万;报告丙类传染病6种3 354例,发病率356.01 / 10万。免疫规划:成华区为0-6岁适龄儿童免费提供一类疫苗预防接种,1—12月接种卡介苗7 710剂(次),接种率为99.10%;脊灰疫苗48 844剂(次),接种率为98.49%;百白破三联疫苗47 044剂(次),接种率为98.02%;麻风疫苗11 859剂(次),接种率为98.01%;麻腮风疫苗11 916剂(次),接种率为97.90%;乙肝疫苗29 921剂(次),接种率为99.12%;乙肝首针及时率99.69%;接种乙脑疫苗23 870剂(次),接种率为97.72%;流脑A群疫苗23 353剂(次),接种率为97.85%;流脑A+C群疫苗20 361剂(次),接种率为96.89%;甲肝疫苗11 903剂(次),接种率为97.68%。艾滋病防治:成华区开展综合监测,全年对67 285人(次)HIV抗体初筛检测,为1 565人提供艾滋病自愿咨询检测服务,并对女性性工作者、吸毒者、青年学生3类人群开展国家艾滋病哨点监测;开展女性性工作者、吸毒人群、男男性行为人群等高危人群干预,干预覆盖率和HIV检测率均达到考核要求;做好病人和感染者管理,建立病人随访管理和抗病毒治疗社区一体化机制;针对建筑工人、流动人口、学生、校外青少年、进城务工人员等重点人群开展宣传教育,共覆盖100万人,发放安全套2万只;开展“安全有一套”推广行动,覆盖四大类289个公共场所,发放“安全有一套幸福包”1万份;接待“非洲英语和法语国家艾滋病防治官员研修班”参观考察。结核病防治:成华区扎实开展结防基础工作,统一制定肺结核病人发现、报告、转诊、追踪、治疗管理制度及工作流程,在全面落实“双免”政策的基础上,积极推行补助新措,圆满完成“五率”等省、市结核病防治各项任务指标;开展主题宣传日活动、结防知识进千村万户活动、志愿者招募活动和“成华区结核病防治公益电影进社区”等特色活动,提高大众结防知识。慢性非传染性疾病防治:成华区开展死因、慢性病报告网络信息审核工作,抽查全区死亡网络报告率为95.95%,慢病网络报告率为95.95%;全面推进高危人群发现和干预工作,创新建立高危人群转介服务平台,落实35岁以上人群首诊测血压工作,建成11个健康自助检测点;强化慢性病患者管理,建成患者自我管理小组37个,居民规范化电子健康档案建档率和高血压、糖尿病患者健康管理率达标；组织开展并完成"四川省老年人健康影响因素跟踪调查"项目，启动"四川省儿童口腔疾病综合干预项目"。地方病防治：成华区积极开展血防工作，全年查螺总面积2.08万平方米，完成500人的血吸虫病查病任务；完成"三热"病人的血检559人，调查和处理1起输入性恶性疟疫情；完成土源性线虫病监测任务；开展碘盐监测工作和儿童甲状腺肿大率抽查、尿碘检测工作，开展重点人群碘营养监测项目，共计监测250人。

【四川省慢性病综合防控示范区创建】 成华区于4月启动四川省慢性病综合防控示范区创建工作，成立成华区创建省级慢病示范区技术小组办公室，制定出台《成华区2014－2016年慢性非传染性疾病预防控制规划》《成华区创建省级慢性病综合防控示范区实施方案》等工作和技术方案，召开多次相关部门联合会议，接受省、市专家指导，深入开展社区入户调查诊断、死因漏报调查、慢病危险因素调查、心脑血管事件报告、肿瘤登记等工作；创新打造具有成华特色的健康社区，集运动锻炼与健康传播于一体的健康步道和健康主题公园，完成健康食堂、健康单位、健康餐厅等示范单位的创建；在成华电视台、《新成华》报开设健康教育宣传专栏，设立大型户外广告牌2个、大型LED电子显示屏3个，全面传播全民健康生活方式知识和技能。10月，成华区顺利通过考评验收，成功创建成为省级慢性病综合防控示范区。

【执法监督】 成华区全年出动卫生执法监督员1.7万人(次)，监督检查经营单位8 434户(次)，监督覆盖率达100%，公共场所、医疗机构、学校卫生、生活饮用水单位监督频次＞4次/户，放射卫生单位监督频次＞2次/户。成华区开展文化娱乐场所卫生专项整治工作、乙类公共场所备案工作、游泳场所监督抽检工作、公共场所控烟专项检查、公共场所安全套推广专项工作、饮用水输配水管材管件专项整治行动、生活饮用水卫生重点监督检查、"卫剑2号"生活饮用水卫生安全专项检查、学校卫生重点监督检查、教学环境卫生专项监督检查、虚假违法医疗广告、埃博拉病毒感染防控专项监督检查联合整治等25次专项整治工作。成华区打击非法行医，采取日常监管和部门联动的方式，重点针对城郊结合部、农村集贸市场、社区街的"黑诊所"、游医、假医、巫医和生活美容场所非法开展医疗美容活动的行为进行整治，会同区城管局、公安分局、工商局、药监分局等开展打击非法行医联合行动3次，共取缔非法行医点35家，收缴非法用药品器械6箱；积极开展进社区、进建筑工地、进市场的打击非法行医宣传工作，共制作条幅2条，自行印制宣传单1 000份，接受市民卫生法规咨询300人(次)，发放各种宣传资料1 500份，有效地净化医疗市场。成华区新增麻醉药品及第一类精神药品购用印鉴卡审批、职业病诊断医师资格认定、医疗广告审批、消毒产品生产企业卫生许可、涉及饮用水安全产品卫生许可五大类、30个审批事项，行政审批事项增加至71个；将护士执业注册(含首次注册、延续注册、变更注册)的注册模式由原省、市州两级负责的模式调整为医疗机构属地化管理，医师注册也由原来的医疗机构审批机关管理模式调整为医疗机构属地化管理。政务中心卫生局窗口全年共发放告知单4 100份，接待现场、电话咨询1.4万人(次)；受理行政审批事项4 142件，办结4 142件，按时办结率100%，群众评价满意率100%；收到群众书面表扬1次、锦旗4面，10次被评为明星窗口，工作人员10次被评为明星首席、服务明星。

【医疗卫生服务】 成华区卫生局进一步强化医疗机构依法执业意识，分别对新入医疗机构负责人进行岗前培训，对各医院和社区卫生服务中心领导、医务科科长以及门诊部以下医疗机构负责人，进行法律法规、医疗业务等相关知识培训。区第三、四、六、七人民医院从10月1日起，统一启动药品取消加成工作，让群众得实惠。截至12月31日，这4家医院药品销售额600万元，为患者减少药品费用93万元。成华区为维护医患双方的合法权益和医疗机构正常的医疗秩序，下发《2014年成华区医疗纠纷预防及处置预案》，组织开展医疗安全隐患排查、院内应急演练、安保设施和人员配备专项检查等工作，开展医疗纠纷第三方调解机制调研，积极配合区司法局建立医疗纠纷第三方调解机制；积极探索医疗机构信息社区公示制，已在青龙、桃蹊、建设、万年、猛追街办的8个社区对68家医疗机构信息进行公示。

【教育科研】 成华区卫生局完成注册医疗机构1 700名医师的定期

考核工作;完成执业医师考试报名工作,共有340人参加执业医师考试;组织开展麻醉药品和第一类精神药品使用知识和规范化管理知识培训,共有193人参加培训,均考试合格;组织开展抗菌药物临床应用知识和规范化管理培训,共有1 179人参加培训,全部考试合格;以区医学会为依托,为1 980名卫生技术人员开展继续教育培训;选派900人(次)医务人员参加国家、省、市各类适宜技术培训;组织开展乡镇卫生院、村卫生站、个体诊所遗留问题医师资格考试资质初审工作,完成乡镇类7人、乡村类29人、个体类58人的报名工作。区妇幼保健院科研课题《延续性照护对产科出院患者影响的研究》,通过市级专家评审立项。

【妇幼保健】 成华区卫生局建立健全0－6岁儿童残疾筛查、诊断和治疗康复的衔接机制,使残疾儿童能够及时发现并得到康复服务。国家卫计委、中国残联2014年在北京、成都等五省(区、市)选点开展0－6岁儿童残疾筛查试点工作,成华区作为全国试点区之一,自2014年3月至7月大力开展,共计免费筛查4.9万人,减免经费58.80万元。项目在实施过程中分别接受国家级专家督导和终末调查,专家给予高度评价。成华区进一步规范0－6岁儿童健康管理服务,创新培训模式,安排各社区卫生服务中心儿保人员分期分批到区妇幼保健院进行为期1月的全脱产免费进修学习,共培训儿保人员16人(次)。按照成都百万职工技能大赛妇幼健康技能比赛的要求,区卫生局联合区总工会、区计生局、区妇联举办成华区区级预赛,选出代表队参加成都市百万职工技能大赛妇幼健康技能比赛,全市共30个单位、120人参赛,成华区荣获比赛"组织工作先进单位",1名选手荣获"技能比赛优秀奖"和"儿保专业"三等奖。成华区继续实施城乡妇女增补叶酸预防神经管缺陷项目、城乡居民孕产妇住院分娩阳光补助项目和艾滋病、梅毒、乙肝母婴阻断等重大公共卫生服务项目,全年共发放叶酸7 813人,叶酸服用率100%,知晓率99.61%,叶酸服用依从率87.47%;实施补助城乡孕产妇住院分娩253人,补助金额11.39万元,孕产妇HIV、梅毒和乙肝筛查率100%,HIV阳性阻断率100%;启动实施政府买单免费自愿婚前医学检查项目,截至12月31日免费检查2 299对。全区孕产妇死亡率为零,婴儿死亡率4.23‰,新生儿死亡率3.29‰,5岁以下儿童死亡率5.41‰,孕产妇系统管理率98.14%,高危妊娠筛查管理率100%,孕产妇住院分娩率100%,0－3岁儿童系统管理率97.30%,体弱儿管理率100%,出生缺陷报告率100%,新生儿疾病筛查率98.00%,新生儿听力筛查率98.90%,免费B超三查服务9.6万人(次),体检儿童24 346人。

【中医工作】 成华区卫生局采取多种方式实施基层中医药服务能力提升工程,顺利完成区中医药适宜技术推广网络平台建设、区中医药适宜技术筛选和区中医院"治未病"科室建设等项目工作;依托区中医药适宜技术培训基地,重点开展中医药适宜技术筛选项目培训12次、中医健康管理知识培训4次,培训人员500人(次)、学时达1 600学时;通过推行家庭医师制度、中医健康教育、名老中医到基层服务、中医健康管理、中医药适宜技术推广等工作,积极将中医药服务融入居民的基本医疗和公共卫生服务中;积极支持符合条件的药店申办中医坐堂医诊所,切实为居民提供更加方便、经济、安全的中医药服务,共审批中医坐堂医诊所27家,其中2014年新增7家;按照成都百万职工技能大赛中医药知识技能比赛的要求,由区中医院积极牵头实施,经过精心组织、强化培训、岗位练兵、预赛选拔,成华区选出代表队参加成都百万职工技能大赛——中医药知识技能比赛,全市共29个队伍、90人参赛,成华区荣获团体三等奖和优秀组织奖,2位参赛选手分别荣获个人三等奖、"优秀选手"称号。

【精神卫生】 成华区全年门诊2 620人(次),住院297人(次);实施贫困重性精神疾病患者阳光救助,全年救助患者107人,救助金额8万元;实施门诊救助,全年门诊救助患者270人,救助金额12.4万元;深入实施惠民政策,为贫困精神病患者减免挂号、诊疗、治疗等费用共计43万元,受益300人;深入开展重性精神病患者社区管理工作,登记在册患者数3 362人、在管患者数3 076人,常住人口检出率3.57‰(≥3.5‰),户籍人口检查率4.98‰(≥3.5‰),重性精神疾病患者社区管理率91.49%(≥85%),规范管理率70%(≥70%),稳定率93.78(≥65%);在全区范围内组织开展"世界睡眠日""精神卫生日""自杀日"等主题日义诊宣传活动,发放精神卫生宣传资料4万份,义诊400人(次),群众的精神卫生知识、相关法规及政策知晓率明显上升。

【爱国卫生】 成华区卫生局顺利完成城乡环境综合整治及全国城市文明程度指数测评工作，组织开展迎“春节”、爱国卫生活动月、“居民院落清洁行动”、迎“国庆”等系列活动，清运生活垃圾700车，悬挂宣传标语1 899个，清理乱堆放5 890处，清除乱张贴、乱涂画26 295处，清理乱牵挂、乱搭建2 540处，整治乱摆摊点、宠物敞放、饲养家禽、家畜等3 700处；督查居民院落5 229个(次)，下发督办通知和整改通知书109份，院落督查覆盖面达100%；评选出632个星级院落，其中3星级333个、4星级214个、5星级85个。全区除“四害”工作免费发放鼠药5 040千克，使用灭鼠毒饵盒5 600个，发放灭蟑螂药10 360袋；开展公共场所控烟督导85个(次)，成功创建成华实验小学、跳蹬河街道办事处等22家单位为“无烟单位”。桃蹊路街道办事处、保和街道办事处等6家街办被评选为省级“卫生单位”。

【对外交流】 5月16日，来自摩洛哥等15个非洲英语国家的“非洲英语国家官员艾滋病防治项目”考察组一行22人，现场参观成华区美沙酮门诊和清洁针具交换中心。12月5日，世界卫生组织专家一行3人到成华区考察创建省级免疫规划示范区工作。

（袁 琳 周建平）

龙泉驿区

【概况】 2014年，龙泉驿区有常住人口80.94万人、流动人口11.86万人、服务人口92.8万人、60岁以上人口12.18万人，65岁以上人口比例为10.4%。全区医疗卫生机构达300个，其中医院24个(其中，民营医院16个)、基层医疗卫生机构269个，包括：社区卫生服务中心(站)13个、乡镇卫生院9个、村卫生室113个、门诊部15个、诊所、卫生所、医务室共119个；有专业公共卫生机构4个、其他卫生机构3个，与上年比较，医疗卫生机构增加11个，其中基层医疗卫生机构增加10个。全区实际开放床位数达4 214张(编制床位3 797张)，医院共3 691张、减少196张。其中，民营医院床位数1 265张，专业公共卫生机构46张，卫生院和社区卫生服务中心共467张、减少10张。每千人口医疗卫生机构床位数由2013年的5.57张，减少到5.21张(按常住人口计算)。全区有卫生技术人员5 477人，比上年减少78人，高、中、初人员比例分别为8.98%、29.33%、45.54%。其中，执业(助理)医师2 201人、比上年增加116人，注册护士2 388人、比上年增加85人。每千人口执业(助理)医师数由上年的2.63人增加至2.72人，每千人口注册护士数由2.9人增加到2.95人(按常住人口计算)；民营医疗机构卫生人员1 053人。全区全年门诊量436.19万人(次)(其中民营医疗机构门诊105.05万人〈次〉)，比上年度增加37.03万人(次)，收治住院病人13.11万人(其中民营医疗机构收治2.74万人)，比上年度增加0.48万人。龙泉驿区全年急性传染病发病率92.59 / 10万，比上年下降7.52%，无甲类传染病发生。全区城乡居民人均期望寿命78.38岁、比上年上升0.19岁。全区婴儿死亡率3.65‰、与上年比较降低20.13%；成都市四类慢病(脑卒中、冠心病、糖尿病、恶性肿瘤)总发病率833.77 / 10万、比上年度下降

6.68%,其中糖尿病发病率408.06/10万,恶性肿瘤168.58/10万,脑卒中170.51/10万,缺血性心脏病86.62/10万;居民前10位死因顺位依次为:循环系统疾病、肿瘤、呼吸系统疾病、损伤和中毒、消化系统疾病、内分泌营养和代谢类疾病、泌尿生殖系统疾病、神经系统疾病、传染病与寄生虫疾病及起源于围产期疾病。死因模式中前三位疾病构成比为82.30%。龙泉驿区卫生工作以深化医疗卫生事业改革为重点,聚焦民生,夯实服务,为建设"三最"龙泉提供卫生服务保障;洛带、黄土四家卫生院成功创建为市级满意乡镇卫生院。山泉"独腿村医"陈永根作为基层医务人员典型,几十年如一日服务山区群众的先进事迹被中央、省、市、区媒体报道30次,在全国引进广泛关注。龙泉驿区创新实施医卫惠民工程在《中国改革报》(国家发改委主办)以"统筹并举推进医改　百姓分享更多红利——成都市龙泉驿区以创新思维助推经济社会发展"为题进行专访报道。

【卫生体制改革】　龙泉驿区开展县级公立医院综合改革试点,各区级公立医院全面实施取消药品加成制度,通过提升区级公立医院作为区域医疗卫生中心的能力、探索建立城乡医疗分工协作机制;深化人事制度改革,系统22家医疗卫生单位全面执行事业单位聘用制度和岗位管理制度;继续实施基层公益性医疗卫生机构标准化建设设备提升工程;推进全科医生执业方式和服务模式改革试点,完成《全科医生绩效考核方案和津贴补助标准》的研究,深入推进全科医生与居民建立契约服务关系,签约覆盖率达22.5%;加大政府投入,促进基本公共卫生服务均等化,全区人均基本公共卫生服务经费标准提高到40元/人·年;全面完成集中式部署基层医疗信息系统升级改造全市试点工作任务,实现健康档案的全域共享,基层医疗机构药品、诊疗、收费目录统一管理,镇、村两级卫生信息系统一体化应用;依托区第一人民医院建立全区医学影像集中诊断中心,为基层医疗卫生机构提供影像阅片服务和技术帮带;全面实施中医药服务能力提升工程,完成全区基层医疗机构中医集中诊疗区建设,各基层医疗机构均能按要求提供中医适宜技术服务。

【疾病预防控制】　龙泉驿区疾控中心完成二级甲等疾控机构等级评审,顺利启动省级免疫规划示范区创建工作,全区22家预防接种门诊均达到规范化门诊要求,AAA级预防接种门诊达到约40%,全年接种一类疫苗21.31万剂(次)、二类疫苗10.39万剂(次)。全区传染病疫情及预警信息及时处置率达100%,狂犬病、Ⅱ号病继续保持零发生;全年发现活动性肺结核患者295例,其中新发涂阳肺结核患者103例,新涂阳肺结核患者治愈率95.33%,结核病防治工作在四川省民族地区结核病防治工作调研会上作工作经验交流。全区继续抓好精神疾病患者筛查及阳光救助工作,累计检出重性精神病3 251人,重性精神疾病检出率4.15‰,新增阳光救助对象87名,累计救助339人;重性精神疾病患者基本医疗保险参保率为100%,社区管理率87.70%。全区完成1 031名肺癌高危人群筛查;免费为472例贫困白内障患者实施手术;继续推进60岁以下人群免费接种乙肝疫苗的"民生乙肝"项目,全区共免费接种886人,1 696剂(次)乙肝疫苗,无接种事故发生,减免金额5万元。

【妇幼保健】　龙泉驿区实施"妇幼阳光工程",累计惠民10.67万人(次),惠民资金1 169万元;免费筛查宫颈癌8 412人、乳腺癌2 107人,全省率先实施"两癌患者住院补助"项目,即对龙泉驿区户籍"两癌"患者的自付住院医疗费用部分实施补助;免费对7 593名新生儿实施耳聋基因筛查;从1月1日起实施免费婚前医学检查,全年城乡孕产妇住院分娩率100%,孕产妇系统保健管理率、儿童、0-6岁儿童系统保健管理率分别为95.95%、96.09%、96.64%;不可避免的孕妇死亡1例,孕产妇死亡率15.21/10万,无可避免的孕产妇死亡发生;出生缺陷发生率105.95/万;婴儿死亡率3.65‰,达到我区历史新低;5岁以下儿童死亡率5.63‰。区一院、区二院、区妇幼保健院、航天医院和长江医院顺利通过爱婴医院复核(创建)评审。龙泉驿区在"2014年成都市妇幼健康技能大赛"中以总成绩第一荣膺全市团体一等奖,并获个人二等奖及优胜选手、三等奖及优秀选手称号各1名。

【社区卫生】　龙泉驿区按照"保基本、强基层、建机制"的工作要求,进一步促进基本公共卫生服务均等化,城乡居民电子健康档案管理、健康教育、预防接种、传染病防治、慢性病患者健康管理等11项国家基本公共卫生服务项目有效推进。截至年底，全区共建立城乡居民规范化电子健康档案73.8万份，管理65岁及以上老年人8.3万人、0－6岁儿童4.5万人、孕产妇1.4万人、高血压患者4.6万人、糖尿病患者1.5万人、重性精神疾病患者0.29万人。龙泉驿区推进全科医生执业方式和服务模式改革试点工作，研究制定《成都市龙泉驿区全科医生团队绩效考核办法》《成都市龙泉驿区全科医生团队绩效考核标准》。截至年底，全区建立全科医生团队97支，累计签约5.7万户、15.2万人，并对集中对全区570户特殊家庭进行签约服务。

【卫生项目】 龙泉驿区加快推进区医疗救治中心（区一医院）、区公共卫生服务中心（区妇幼院）项目建设，全力推进"两中心"装饰装修、医学专业工程建设和设施设备采购等工作；建成投运龙安、黎明新邨等2个社区卫生服务站；指导完成区二医院病区改造等工程12个。全区所有公立乡镇卫生院和政府办的社区卫生服务中心均达到乡镇卫生院和社区卫生服务中心标准化建设的条件，居民看病就医的环境得到极大地改善；启动为期3年的基层公益性医疗卫生机构标准化建设设备提升工程；2013—2014年，共为基层医疗卫生服务机构配置DR 13台（其中区财政为区影像会诊中心建设项目配置7台）、彩超11台、救护车8辆、中医药设备24套、全科医生出诊包102个。

【人才培养】 龙泉驿区通过公开考试招聘、到北京大学等知名院校直选以及在职引进骨干医师等方式，累计引进高端人才169人，其中公招引进基层骨干人才46名、直选引进优秀毕业生117人（其中博士3人、硕士31人）、考核引进优秀在职人才6名（其中副高职称5名，正高职称1名）；出台《卫生系统干部挂职锻炼管理暂行办法》等一系列规范性制度，14名领导干部进行岗位交流；圆满完成5项中央补助基层卫生人员培训项目任务；选派152名业务骨干到省内外知名三甲医院规培进修。全区专业技术人员医学培训学习覆盖率达100%。

【科研教学】 龙泉驿区卫生局制定《2014年中央补助基层卫生人员培训项目实施方案》《龙泉驿区2014年基层卫生人员培训实施方案》。全区获市级以上医学教育项目37项，其中完成国家级5项、省级15项、市级17项，来自全省各地8 000名学员参加继教项目的学习活动；14项科研项目获得立项，其中1项为省卫计委科研项目、7项为市卫计委科研项目、2项为市预防医学会科研项目、4项为区科技局民生科技项目。区妇幼保健院与四川大学华西公共卫生学院合作的"标准化干预程序在美沙酮维持治疗和针具交换中的应用研究"项目，获得成都市科学技术进步奖三等奖。区一医院消化内科接受省卫计委组织的专家现场评审，同意推荐为省级重点专科建设单位。龙泉驿区申报省级第十一批委学术技术带头人4人、后备人选2人，其中1人获得省级学术技术带头人后备人选的荣誉称号。全区全年开展新技术、新项目120项，发表论文160篇，获2项实用新型专利。

【医疗质量管理】 龙泉驿区卫生局以"医院管理年""医疗质量万里行""三好一满意""进一步改善医疗服务行动"活动为契机，规范医院管理，改善服务态度，优化服务流程，实现服务质量大幅提升。在全市医疗服务与质量检查中，区一医院名列全市总体第14名，二级医院序列第4名。龙泉驿区持续推进医卫惠民举措，全区所有区级医疗、保健机构全部实行药品零差率销售，惠及城乡百姓91.61万人（次），累计金额1 773.28万元；基本药物制度惠及146.7万人（次），累计惠民金额1 012.3万元；免收挂号费、普通门诊诊查费181.2万人（次），544.2万元；邀请305人（次）三级医院专家坐诊和指导诊疗工作，为4 355人（次）患者提供诊疗服务。龙泉驿区积极组织临床合理用血知识培训以及临床合理用血检查；积极做好无偿献血宣传、招募工作，全年共有7 635人（次）无偿献血，献血量达12 516.8单位。

【中医药服务】 龙泉驿区卫生局加强县级医院中医科、中药房规范化建设和基层医疗机构中医集中诊疗区建设，在大面卫生院、西河卫生院和平安社区卫生服务中心实施基层中医适宜技术服务能力建设项目，为118家村卫生站和社区卫生服务站补充配备中医诊疗设备，改善中医药服务环境；大力培养中医药骨干人才，积极推广中医药适宜技术，不断提升中医药服务能力。

【医疗纠纷调解】 龙泉驿区医调中心全年共受理39例医疗纠纷调解申请，成功调解32例。龙泉驿区先后代表四川省接受由国家卫生计生委员会医政医管局及国家相关部委组成的维护医疗秩序打击涉医违法犯罪专项行动督导组对医疗纠纷人民调解工作的督导检查,得到高度肯定。

【对口帮扶】 龙泉驿区卫生局派出医务人员30人(次)赴甘孜县开展对口支援工作;安排医疗专家21人(次)对当地卫生技术人员进行集中培训;安排26万元专项经费为甘孜县孕产妇提供住院分娩补助;安排35万元专项经费按成都市标准补齐甘孜县公共卫生服务经费;免费接收甘孜县卫生专业技术人员26人(次)到区级医院进修培训。各区级医疗卫生单位和航天医院共派出医务人员57人(次)帮扶基层医疗机构。

【卫生应急管理】 龙泉驿区卫生局全面深化巩固国家卫生应急综合示范区、四川省卫生应急综合示范区创建成果。全区全年门急诊473.73万人(次),"120"接诊1.28万人(次),均较往年大幅提升;参与处置各类突发公共事件共215起,其中3人以上的197起、6人以上的13起、10人以上的5起,共救治伤员837人(次);共派出救护车84台车(次),医护人员241人(次)参与各种重大活动的保障工作。

【监督执法】 龙泉驿区卫生局将卫生监督协管职能下沉仁爱、航天社区卫生服务中心,实现卫生监督协管职能100%全部下放到位;率先实施卫生执法手持移动终端项目,实现卫生监督移动执法、智能执法;加大医疗卫生和公共卫生监督管理力度,综合监督覆盖率100%,全年开展打击非法行医、非法医疗广告、二次供水、涉水产品专项整治行动9次,查处违法行为41起,实施行政处罚31起,罚款8.4万元,移送刑事立案1起;深入实施民营医疗机构卫生监督量化评级和学校卫生综合量化评级工作,量化评价率100%;承接上级下放卫生行政审批权限事项6项,实现新承办事项平稳、高效办理;实行"非禁即入"的行政许可制度,放宽医疗机构准入条件;修订办事指南,统一规范申请表格,依法精简申请材料,提高审批效能。全区全年共办理各类审批事项2 139件,综合提速81%,公众评价满意率100%。

【信息化建设】 龙泉驿区成为全市基层医疗卫生信息系统(HIS)升级改造的首个试点区县。市卫生局于10月29日在龙泉驿区组织召开专家组评审会并通过试点评审,经验向全市推广。

【爱国卫生】 龙泉驿区卫生局以城乡环境综合治理为抓手,全力推进国家卫生城市巩固、社区居民院落环境卫生综合治理、健康教育和病媒生物防制等工作,居民健康意识、城乡环境卫生状况进一步改善。全区全年创建省级卫生镇1个、省级卫生村(社区)17个,建成健康生活方式示范单位9家、卫生系统外无烟示范单位19家;改造老旧院落198个,星级院落复评合格率100%,新创星级院落20个。

(陈鹏宇　郭　洁　黄小影　郭　迪)

青白江区

【概况】 2014年,青白江区不断加强医疗卫生服务体系和公共卫生服务体系建设,成功创建国家慢性病综合防控示范区、四川省结核病综合防治示范区;制定出台区级公立医院综合改革试点方案,成都市第二人民医院与区人民医院合作与委托管理取得新成绩,青白江区中医医院成功创建国家二级甲等中医医院。全区共有医疗卫生机构263个，其中二级甲等医院2所、疾病预防控制中心1个、妇幼保健院1所、工矿改制医院和民营医院9所、乡镇卫生院9所、社区卫生服务中心2所、社区卫生服务站2个、村级医疗机构131个，营利性医疗机构76个、非营利性机构187个。全区医疗机构卫生技术人员评中级职称314人、副高级职称103人、高级职称3人。全区医疗卫生单位建筑面积185 139平方米，其中业务用房面积131 724平方米。医疗机构床位2 547张，每千人拥有床位6.44张，固定资产总值2.5亿元。卫生人员3 364人（含乡村医生165人和卫生员3人），卫生技术人员2 603人，其中执业医师770人、执业助理医师144人、注册护士896人，平均每千人拥有卫生技术人员6.58人，平均每千人拥有执业（助理）医师2.31人，平均每千人拥有注册护士2.27人。医疗机构（门诊部以上，不含村卫生站、诊所、卫生所及医务室）全年完成诊疗人（次）162.03万人（次），住院病人手术人（次）数9 896人（次），出院病人8.43万人（次）。全区重性精神障碍患者常住人口检出率达4.5‰、管理率85%、规范管理率70%、稳定率65%，国家系统检出率全市第二；开展重性精神障碍患者阳光救助，完成住院救助71人，救助金额53万元；开展肇事肇祸重性精神病人医疗救助，共计救助27人（次）；办理精神障碍患者特殊门诊4 800人（次），为500名稳定的贫困重性精神障碍患者免费提供药物救助，救助金额32万元。

【教育实践活动】 青白江区卫生局将“铸医魂、强技能、惠百姓”主题贯穿活动始终，开展演讲比赛及各类技能竞赛6次、集中学习12次、专题讨论9次，查找出作风问题及建议100条，制定整改方案14个，废止制度8个，完善制度10个，新建制度7个，继续执行11个，承诺解决群众困难9件，中央、省、市各级媒体正面报道200次。市委群教办以《心系民生抓活动，问症于民促整改》《青白江区坚持“三个着力”认真做好卫生系统整改落实建章立制工作》《青白江区卫生系统“对症下药”抓实庸懒散浮拖问题专项整治工作》为题先后数次对青白江区卫生系统开展群教活动情况进行专题报道。

【人才队伍建设】 青白江区卫生局首次在区人民医院开展高层次卫生人才引进工作，共引进人才8名，其中主任医师1名、博士1名；公开招聘医学类专业技术人员39名，其中本科生32名、大专生7名；实施城市支援农村工程，从区级医疗卫生单位选派25名专业技术人员对基层医疗卫生单位进行对口帮扶，通过查房、学术讲座、现场教学等形式，提高基层专业人员的技术能力。

【卫生项目】 青白江区医疗中心二期项目总投资2.25亿元（其中中央资金0.18亿元，市级基本建设资金1 000万元），建筑面积42 399平方米，2014年4月开工建设，年底完成工程总量的77%。区疾控中心业务综合楼项目总投资1 246万元（其中中央资金350万元、地方配套896万元），建筑面积3 200平方米，2014年3月开工，12月26日竣工验收。区中医医院川化病区改造项目总投资175万元，其中区财政投入100万元、自筹75万元；按照“二甲”标准，对急诊科、手术室、住院部、中医集中诊疗等区域进行改造，安装中心供氧系统、呼叫系统等，改造面积1.3万平方米，2014年4月启动，5月29日投入使用。区妇幼保健院入驻广场病区改造工程投资1 804万元，对门诊楼、住院楼及附属建筑、总坪绿化进行改造，改造面积12 521平方米，新建供应室、洗浆房、非机动车棚等共计2 056平方米，2014年10月3日开工建设，年底完成工程总量75%。区爱心献血服务站投资49.8万元，建筑面积108平方米，2014年10月30日进场施工，12月底完工。

【党风廉政建设】 青白江区卫生局严格落实党风廉政建设“两个责任”，把各项工作任务细化分解，明确各项具体责任；召开述责述廉大会，2名局班子成员、1名科室负责人，3名下属单位主要负责人在大会上述责述廉；5月1日起，全区14家医疗机构全部开展患者入院24小时内医患双方签署不收和不送“红包”协议书。区卫生局开展廉政风险防控工作，局机关梳理职权事项83个，查找出廉政风险点226个，制定28项防范措施和制度；开展党风廉政案例警示教育3次、“拒腐防变每月一讲”8次；开展专项检查2次，集体约谈1次，单独约谈4次。

【医政管理】 青白江区卫生局深入推进“三好一满意”“医疗质量万里行”专项活动，为各医疗机构培养63名医疗质量“监管人”“守门人”；引入第三方开展医疗质量和医疗安全考核评估,医疗质量、服务能力持续改进,县域内就诊率达89%;印发《青白江区医疗纠纷预防与处置工作实施意见》,医疗纠纷进行依法规范处置。

【无偿献血】 青白江区卫生局加强区储血库的管理,大力推进科学、合理、计划用血,严格用血指征管理和输血风险控制,确保临床用血安全;深入发动各乡镇(街道)、部门、驻区企业等参加应急献血,全年献血1 952人(次)。

【科研教育】 青白江区卫生局举办区内专题培训36次,培训2 800人(次);组织参加省、市培训38次,参训268人(次);成功举办省级继续教育护理业务学习班2次。区、乡两级医疗卫生机构继续医学教育覆盖率达100%,学分达标率分别为90%和85%以上。区中医医院康复科、老年病科、脾胃科,区人民医院心血管内科成功创建为市级重点学科,区人民医院与成都市第二人民医院联合开展皮肤病学(卡泊三醇对白细胞介素-22诱导的角质形成细胞异常增殖及分化的干预作用及机制研究)等20多项科研课题。

【妇幼卫生】 青白江区卫生局落实城乡居民住院分娩补助政策,对住院分娩的孕产妇实施一站式结算补助;实现增补叶酸预防神经管缺陷项目全覆盖。孕产妇死亡率为零、新生儿死亡率2.78‰、婴儿死亡率4.87‰、5岁以下儿童死亡率6.96‰,分别较上年下降21.02%、15.60%、22.41%。孕产妇系统管理率97.32%、住院分娩率保持100%、3岁以下儿童系统管理率96.06%;新生儿疾病筛查率、新生儿听力筛查率和新增新生儿耳聋基因筛查率分别达99.48%、99.36%和99.36%;围产儿出生缺陷发生率168.04/万,较上年下降14.3%;剖宫率49.41%,较上年下降15.12%;免费宫颈癌普查5 000人、乳腺癌普查1 500人;实施免费婚前医学检查3 960人,较上年增加393%;妇女病普查率86.64%。

【中医工作】 青白江区中医医院新设置川化病区,深化与省二中医医院合作,建成中医远程会诊和远程中医院适宜技术推广系统,打造3个科室为市级重点专科,成功创建国家二级甲等中医医院。区中医医院设置"治未病"中心、乡镇卫生院(社区服务中心)设置"治未病"工作室,区人民医院、区妇幼保健院完成标准化中医科、中药房建设,并通过市级验收;为152个村卫生室(社区卫生服务站)增添9种、685件简易中医诊疗设备,中医诊疗量、业务收入大幅提升,中医服务量占总医疗服务量的43%。

【体制改革】 青白江区政府制发《成都市青白江区区级公立医院综合改革试点方案》,积极稳妥推行公立医院改革,探索建立区级公立医院管理体制、补偿机制、价格机制、药品采购、人事编制、收入分配、医保制度、监管机制等维护公益性、调动积极性、保障可持续的运行新机制,基本建立三级医疗机构为指导、区级医疗机构为龙头、乡级医疗机构为枢纽、村级医疗机构为网底的医疗卫生服务体系,整体服务能力得到提升;继续实施全区医疗机构基本药物制度,乡村两级医疗机构100%配备使用基本药物、100%统一配送、100%零加价销售;区级公立医院基本药物配置使用率达51%,三家区级公立医院全部取消药品加成,减轻患者药品负担1 800万元。

【卫生应急】 青白江区卫生局修订完善《成都市青白江区四川石化危险化学品公路运输事故卫生应急预案》等应急预案;印发《青白江区卫生局开展应对暴力恐怖袭击事件工作方案》,强化恐怖暴力事件的应急反应能力;完成"两会""2014年国际樱花旅游文化节"及"高考"等36次医疗保障工作,出动医护人员155人(次)、救护车辆60台(次),有效保障各级各类重要会议、活动的顺利举办;开展急救技能进社区、进学校、进农村培训活动,指导群众自救互救,共培训4 000人(次)。

【公共卫生】 青白江区有公共卫生工作机构136个,其中区级7个、乡级9个、社区服务中心2个、村卫生站118个;有公共卫生的工作人员有426人;成功创建省级结核病综合防治示范区、国家级慢性病综合防控示范区。青白江区卫生局免费建立健康档案累计38.92万份,规范化电子建档率93.56%;开展健康随访管理,管理高血压病人30 823名,管理率达60%以上,规范管理率90.82%;管理2型糖尿病13 105名,管理率达50%以上,规范管理率92.58%;管理65岁以上老年人48 524名,管理率均大于70%,开展老年人中医药健康管理服务,服务率47.66%;免费接种国家Ⅰ类疫苗75 038人(次);规范管理重性精神病人1 932人；管理0－6岁儿童2.1万人，管理孕产妇2 830人；发放健康教育资料20万份。青白江区人均期望寿命78.48岁。青白江区公共卫生服务考核名列全市第三名，获得省、市级基本公共卫生服务项目奖励20.5万元。

【疾病预防控制慢病防治】 慢病防治：青白江区开展慢性非传染性疾病发病监测，缺血性心脏病、糖尿病、脑卒中、恶性肿瘤四种慢病共计报告4 974例、报告发病率为1 197.67／10万，其中男性2 400例、报告发病率为1 151.69／10万，女性2 574例、报告发病率为1 243.98／10万。青白江区通过政府主导、多部门行动、全社会参与综合控制慢性病，8月成功创建为国家级慢性病综合防控示范区。传染病防控：青白江区全年无甲类传染病报告；共报告乙、丙类传染病16种，2 138例，报告发病率557.93／10万。其中，乙类传染病12种，498例，报告发病率129.96／10万；丙类传染病4种，1 640例，报告发病率427.97／10万；发病前10位的病种为：手足口病、肺结核、其他感染性腹泻、乙肝、梅毒、流行性腮腺炎、丙肝、艾滋病、痢疾、淋病。血吸虫防治：青白江区完成查螺501.83万平方米，反复巩固药物灭螺200.40万平方米；查病50 500人（次），血清学阳性1 584人，扩大化疗5 001人；为32名现存晚期血吸虫病人建立数据库；对994名不明原因发热病人进行排查，对全区48 784个历史血吸虫病病人开展情况摸底，建立相关档案，掌握现存历史病人数；与彭州、新都、金堂、什邡、广汉等地签订联防协议书，提高区域整体防控水平；承办省疾病预防控制中心2014年血吸虫病防治技术培训班，中医（血防）医院为学院提供现场观摩和现场教学。地方病防治：青白江区抽取5个乡镇20个行政村300户进行碘盐监测，居民户合格碘盐食用率98.0%，碘盐合格率98.3%，碘盐覆盖率99.7%；抽取5所中心小学校400名学生进行病情监测，甲状腺肿大率为0，测得尿碘中位数为159.5g/L；在姚渡镇开展土源性线虫病监测工作，检出蛔虫感染19人，感染率为1.89%。全区全年完成疟疾血片镜检558份，巩固了消除疟疾工作成果。

【社区卫生服务】 青白江区组建自助式健康检测室和健康小屋，完善中医服务“康复科”基地，打造AAA级预防接种门诊；创新家庭医生服务模式，深入推进基层首诊，建立社区医生和居民契约关系，共签订家庭服务协议49 033户，签约率达30%。

【村卫生站建设】 青白江区卫生局深入推进乡村卫生服务一体化管理，不断提高服务效率；开展村卫生站提档升级，投入10万元为全区118个行政村卫生站配置血糖仪、电子血压计等6类医疗设备425件；新打造18个“甲级”村卫生站，“甲级”村卫生站达54%，逐步实现等级村卫生站全覆盖；采用“多点执业”“选派驻点”服务的方式，妥善解决好人和乡“有站无人”问题；做好乡村医生历史遗留执业注册考试报名工作；组织全区41名符合条件的乡村医生执业注册考试，为31名考试合格的乡村医生办理乡村医生证书；完成209名乡村医生执业证书有效期满再注册工作；将基本公共卫生服务项目40%任务下沉到村卫生站，继续巩固基层医疗机构基本药物制度，及时落实乡村医生公共卫生服务和基本药物的补助政策。

【卫生监督执法】 青白江区卫生局全年共进行执法监督检查5 934户（次），其中公共场所、医疗机构、消毒卫生、放射卫生监督频次均值≥4次；开展医疗技术临床应用专项整顿23户（次）、消毒供应中心专项卫生监督检查12户（次）、洁净手术部监督管理、医疗废物（污水）督查36户（次），对全区8户临床用血单位开展医疗机构血液安全、核技术利用辐射安全监督检查；对11户乡镇卫生院、社区卫生服务中心开展基本药物制度检查；重点针对非法行医行为和集贸市场、建筑工地周边的游医、巫医等进行专项整治11次，检查场所185个，查获、取缔无证行医场所20处，立案查处4起；对公共场所、供水单位、医疗机构、放射单位实施量化分级管理；联合区教育局开展托幼机构卫生专项整治和学校量化评分综合评价和校园光环境检测；开展公共场所安全套推广专项监督；全年办理卫生行政处罚案件29起，结案率100%；处理投诉举报案件8起，调查处理率、回复率100%。

【卫生监测】 青白江区卫生局完成饮用水主动监测132件、食品安全主动监测76件、公共场所主动监测43家、霍乱弧菌主动监测42件；完成自备水委托检测60件，合格58件；完成公共场所委托检测88家，合格88家;监测学校(幼儿园)191所,其中餐具消毒监测合格率99.80%;二次供水2件,合格2件;开展2014年高、中考考生就餐学校食堂餐(饮)具消毒效果监测工作,采样监测率100%;监测农村集中式供水水样72件,全部合格。

【行政审批】 青白江区卫生局完成行政审批办件1 170件,开展审批下沉办件151件,开展局长进大厅10次,行政审批整体授权率达100%,按时办结率达100%,实施网上审批率100%,公众评价满意率100%;将行政钢印使用授权给审批窗口,极大方便了群众办事。青白江区卫生局行政审批服务窗口被评为“成都市工人先锋号”。

【爱国卫生】 青白江区城厢镇创建成为“省级卫生镇”,城厢镇十八湾村等20个村(社)创建成为“省级卫生村”,区卫生局、区法院等4个单位创建成为“省级卫生单位”;新评选出10个星级院落;开展各类宣传活动140次,发放健康教育资料20万份,健康咨询人数2万人;做好病媒生物鼠密度监测,继续开展以灭鼠为重点的“除四害”工作,投放灭鼠毒饵3 200千克,使用鼠夹320个,封堵鼠洞400个。

(应成龙)

新 都 区

【概况】 2014年,新都区有土地面积497平方公里,总人口717 731人(农业人口301 595人、非农业人口416 136人);人口出生率为7.92‰,人口自然增长率为2.09‰;每平方公里有1 444.13人。新都区卫生局下属6个直属单位,有在职人员395人。直属的医疗机构开放床位190张,全年门诊177 775人(次)、住院8 509人(次)。区境内有成都医学院第一附属医院、四川省革命伤残军人修养院、成都红星老年病医院3所驻区医疗单位,有卫生技术人员1 544人,其中执业医师(执业助理医师)523人,注册护士799人,设有床位2 134张。

【公共卫生】 新都区卫生局按照《成都市城乡基层医疗卫生机构基本公共卫生服务项目(2014版)》确定的工作内容和目标,制定《新都区基本公共卫生服务项目实施方案》《新都区基本公共卫生服务绩效考核办法》《新都区基本公共卫生服务项目绩效考核标准(镇、村两级)》等配套文件,扎实开展城乡居民健康档案管理、健康教育、慢性病管理等11类基本公共卫生服务,全面完成各项目标任务。新都区基本公共卫生服务项目的第三方测评结果,15家基层医疗卫生机构平均得分由上年的933.68分上升为952.87分,同比提高19.19分。截至12月31日,新都区城乡居民健康档案规范化电子建档率93.1%,高血压患者管理率52.1%,糖尿病患者管理率41.7%,65岁以上老年人管理率达80%以上,管理精神病患者2 815人,免费救治贫困重性精神疾病患者69人。全区签约全科医生服务家庭76 033户。新都区疾病预防控制中心1.4万平方米的建设项目进展顺利。

【疾病预防控制】 新都区加大全区鼠疫、霍乱、人禽流感、手足口病、艾博拉出血热、登革热等急性传染病的防治工作的力度,全区无重大传染病疫情及突发公共卫生事件发生,无甲类及按甲类管理传染病发生。截至12月31日,乙类传染病834例,发病率为83.78 / 10万(市级目标全年低于250 / 10万),1－12月全市发病率排序列第14位;

丙类传染病1 342例，发病率为134.81 / 10万；全区法定传染病报告总发病率为218.59 / 10万。艾滋病防治：新都区按照成都市政府下达的民生工程目标要求，完善以区疾控中心为主导，以定点治疗医院为支撑、基层医疗机构为平台的全区基层艾滋病防治服务体系，对艾滋病进行干预和艾滋病筛查，全区共有艾滋病初筛实验室7个，新增快检点1个；开展"安全有一套"推广行动，在宾馆、旅店等公共场所摆放艾滋病宣传资料5万份，发放艾滋病健康幸福包1万个，在全区299家酒店、宾馆免费摆放安全套2万只，覆盖率达100%。区人民医院美沙酮门诊完成基础建设和人员准备。结核病防治：新都区继续贯彻落实新都区结核病防治"十二五"规划，启动区人民医院及区二人民医院结核病定点医院门诊工作；按照《学校结核病防控工作规范（试行）》的要求，对17例师生结核病病例开展防控指导工作，学校未发生结核病聚集性疫情，全年共发现活动性肺结核患者407例，发现新涂阳肺结核患者141例，病人系统管理率达99.3%。狂犬病防制：新都区卫生局在犬只登记、管理、免疫、整治、宣传等方面加强督导，各医疗卫生单位坚持实行24小时预防接种，1－12月，各犬伤门诊累计规范处置了6 846例犬伤患者，并全部接种人用狂犬病疫苗，犬伤患者伤口处置率、接种率均达100%，为366名犬伤患者注射人用狂犬病免疫球蛋白，全区无一例狂犬病病例发生。免疫规划：新都区有预防接种点209个，免疫规划疫苗基础免疫接种率以镇为单位均达到96%，免疫规划疫苗接种率情况分别为乙肝99.32%、卡介苗99.10%、脊灰98.99%，百白破99.10%、白破94.77%、流脑A98.47%、麻风98.73%、麻腮风98.56%、新生儿乙肝首针接种率99.63%，二类疫苗（不含可替代一类疫苗的二类疫苗）接种剂（次）增长13.67%。血吸虫病防治：截至12月31日，新都区完成血吸虫病查病48 492人（次），查出免疫学诊断阳性1 338人，治疗501人，粪检501人，未发现阳性病人；继续开展血吸虫病流动人口门诊疫情监测，累计完成门诊疫情监测26 509人（次），未发现阳性病人；开展春、秋两季查灭螺，完成查螺748.4万平方米，均超额完成市上下达的目标任务。疟疾病防治：新都区开展全候疟疾"三热病人"血检，全年共血检1 997人，发生8例输入性疟疾病例，已按要求进行流行病学调查及疫点处置，无内源性病人。碘缺乏病防治：新都区根据成都市调整后的监测方案，全区完成300份盐样采集，碘盐检测合格率99.67%；接受市CDC监测复查，抽取5个镇5所中心小学的743名8－10岁学生进行甲状腺肿大情况检查，查出Ⅰ度肿大15例，触诊肿大率2.02%；采集100份8－10岁学生尿样做监测，尿碘中位数为184.7μg/L。

【卫生监督】 新都区卫生行政许可工作以创建"五星级"政务服务窗口为目标，进一步提高审批效率、强化审批责任、优化服务环境。新都区卫生局按照川府发〔2013〕63号等文件要求，较好地完成了下放事项的承接落实工作；按照市、区进一步清理和精减行政审批事项的要求，将医疗机构经营性质分类这一非行政许可服务事项并入医疗机构执业登记，全区卫生行政审批许可项目共10个大项、52个小项，无前置审批事项；创新"问需服务、预约服务、上门服务"方式，在医疗机构设置审批中，卫生行政审批采取提前介入、事前服务的措施；完善和强化重大行政审批事项集体讨论制度、医疗机构设置审批公示制度及医疗机构校验告知义务，全年共办理行政审批事项4 009项；继续开展以取缔无证行医和游医、巫医为主题的专项整治活动，对区内的所有的医疗机构（包括民营医院、个体诊所）进行检查，对全区公共场所卫生、学校卫生开展专项治理。

【妇幼保健】 新都区全面实施城乡孕产妇住院分娩项目补助工作，住院分娩补助孕产妇1 881人，补助金额83.16万元，补助覆盖率100%，住院分娩率达100%。全区未发生孕产妇死亡，孕产妇死亡率为0，婴儿死亡率低于4.9‰。新都区卫生局全年管理孕产妇9 313人，孕产妇系统管理率96.9%，全区流动孕产妇系统管理率大于80%，0－3岁儿童系统管理率97.4%，5岁以上儿童死亡率6.51‰；按照《成都市卫生局关于进一步加强爱婴医院管理的通知》要求，组织完成辖区内5家爱婴医院的复核（创建）评估。

【医政管理】 新都区卫生局强化医疗质量和安全监督管理，严格管理34家医疗机构的医疗质量，开展医疗核心质量专项检查和服务对象满意度调查；完成2 199名医务人员的刊授学习，组织参加继续教育培训4 800人（次），组织实施医师定期考核工作;圆满完成市、区布置的应急工作目标,全区无偿献血人数达5 486人(次),献血总量达109.71万毫升,圆满完成市上下达的冬季、夏季应急献血任务;根据省市关于卫生支农对口支援工作要求,全区2家二级甲等医疗机构、2家三级乙等专科医院对口支援“三州”医疗服务人员12人(次)全部到位。

【中医中药及科研】 新都区卫生局坚持以实施城乡一体化中医药服务管理试点工作为载体,全面实施基层中医药服务能力提升工程。区政府特别批准30个编制解决中医药专业技术人员紧缺问题。全国农村中医药先进单位期满复核成功。区中医医院被省中医药管理局批准为2014年度中医药数字化诊疗平台建设单位。新都区完成第一批国家中医管理局县乡中医药一体化试点工作并创建“新都模式”。区人民医院中医科、中药房规范化建设和中医集中诊疗区建设被列为市卫计委目标任务中的7个民生工程之一。镇(街道)卫生院和社区卫生服务中心均设立中医科,并设置有中药房、煎药室。区中医医院与成都中医药大学附属医院合作项目“Ⅱ型糖尿病中西医结合防治方案及其农村推广应用研究”荣获四川省科技进步奖三等奖。

【惠民门诊】 新都区卫生局多次与民政局、财政局等部门协调,完善医疗救助服务流程。根据《新都区惠民医疗服务补贴办法》,各惠民医院积极开展工作,截至12月31日惠民人(次)达34 177人(次),优惠金额为102 531元;完成市上下达的残疾人数据采集工作任务。10月,区卫生局成功组织全区各医疗单位开展“服务百姓健康行动”大型义诊周活动。

【行风建设】 中共新都区卫生局党委,深入推进创先争优活动,大力开展党风廉政和行风建设教育,在总体布置上,做到有计划、有记录、有考核、有学习心得;在具体安排上,主要领导亲自抓,分管领导重点抓,纪检监察监督抓,科室具体抓的职责任务,各单位的“一把手”是党风廉政和行风建设第一责任人;组织观看《焦裕禄》《兰辉》《蓝风衣》等先进典型影片后,党员领导干部和党员廉洁从政和自觉接受监督的意识有所增强,对世界观、人生观、价值观、权力观有了新的认识。通过党风廉政和行风建设教育,卫生系统的工作作风有明显改观。

【民生工程】 新都区疾病预防控制中心整体迁建工程于年底完成主体工程。区医院、二医院、中医院、妇保院4家区级医院开展药品集中议价,30家药品经营企业经过竞价入围,竞价产生的价格与现行价格相比,平均降幅54%,最高降幅达到92%。截至12月31日,仅抗菌药物一项就让利于民1 318万元。新都区作为四川省首批试点取消药品加成的区县之一,截至12月底,4家试点医疗机构共让利于民2 300万元。新都区完成白内障复明手术353例,项目执行进度超过100%。新都区在全区医疗机构中(含村卫生站)全面推行国家基本药物制度。全区基本药物销售“零差率”让利于民1 665.7万元。

【爱国卫生】 新都区以城乡环境综合治理、巩固“国家卫生城市”和全国文明城市创建成果及院落整治为重点,通过政府组织、部门协调、群众参与、分类指导等形式积极开展各项工作。城乡环境综合治理:新都区在参加成都市城乡环境综合治理“五十百千”示范工程建设和星级院落评选复审达标工作及文明院落打造和老旧院落改造工程中,做到组织领导、工作措施、设施配套和队伍建设四到位;坚持以创建示范镇为抓手,整治场镇“脏、乱、差”为重点,一批镇(街道)创建成省级、市级卫生镇,一批镇(街道)巩固了区级卫生创建成果。自来水三厂迁改扩建主体工程已完成,建成自来水管网87公里,实现村村通自来水的目标。城乡生活饮用水水质合格率达100%。农村5 848个院落开展环境卫生整治工作。全区新建农房无害化卫生厕所率达100%。巩固“国家卫生城市”创建成果和全国文明城市测评迎检及院落环境管理:各镇(街道)和区级有关部门均成立社区院落环境管理工作领导小组,开展院落管理人员培训工作,扎实有效地开展社区环境管理,并支持所包社区6 000元资金。各机关事业单位积极开展巩固国家卫生城市创建成果、全国文明城市测评的迎检工作。区卫生局、区城管局创建为省级卫生单位,受到市人民政府的表彰。健康教育:新都区将健康教育纳入全区社会发展规划,建立区、镇、村、社及各单位组成的健康教育五级体系,全区有健康教育专(兼)职人员246人;开展形式多样的健康教育活动,开展“爱国卫生月”“世界卫生日”“艾滋病宣传日”等大型公益宣传活动;在新都资讯开办健康教育栏目,在《新都卫生信息网》上开辟健康教育网页，在城区主要街道、社区和机关企事业单位设置固定的宣传栏；配送发行《大众健康报》1 000份，《健康时代》报400份和《健康教育壁画》300套，覆盖全区13个镇（街道）。在全区中小学校、幼儿园和大中专学校开设健康教育课，开课率达100%，学生健康教育知识知晓率和健康行为形成率均大于90%。群众的卫生意识和自我防病意识进一步提高，健康生活方式与行为形成率大于80%。5月30日，在黄桷树广场举办大型控烟宣传活动。11月12－13日，新都区爱卫办和健教所在农民集中居住区开展“新家园、新风尚、新生活”和健康教育巡演活动。全区共创建各级各类无烟单位77家。除“四害”：新都区建立区、镇、村、社四级除“四害”组织网络，成立由150人组成的“四害”消杀灭专业队伍；按照“谁受益、谁承担”和“谁主管、谁负责”的原则，各机关事业单位解决了除“四害”经费，区政府全年安排除“四害”工作经费27.5万元。各镇（街道）、区级各部门按照城乡环境综合治理要求，深入开展环境卫生治理，清除积存垃圾，清理鼠类孳生环境，完善各类防鼠设施，有效地降低“四害”密度。

（胡伯述　赵　敏）

温　江　区

【概况】 2014年，温江区共有医疗机构321家，其中医院20家（含综合医院和专科医院）、基层医疗卫生机构301家（含镇街医疗机构、村卫生室、诊所等）；专业公共卫生机构3家。按医院等级分，三甲综合医院共有3家（华西医院温江院区、八一康复医院、市五医院）；二甲（含综合和专科）3家（区医院、区中医医院、区妇幼保健院）。按医院性质分，公立医疗机构17家，村卫生站152家，社区卫生服务站10家，民营医院15家，诊所115家，卫生室、医务室10家。全区编制床位4 065张，实际开放床位4 908张，每千人口床位数（按全区常住人口46.05万人计算，下同）达到10.66张；共有卫生技术人员5 785人，每千人口卫生技术人员数达到12.56人；其中，执业（助理）医师1 659人，每千人口执业（助理）医师数为3.6人；注册护士2 116人，每千人口注册护士数为4.6人。区医疗资源总量较为丰富，其千人口床位数、卫生技术人员数及执业（助理）医师数、注册护士数等多项指标，均位列成都市各区、市、县前列。全区各级各类医疗机构全年门急诊人（次）数达到389.75万人（次），住院人（次）达到14.12万人（次），各级各类医院向上级医院转诊病人757人（次），上级医院向下级转诊39人（次），实行预约诊疗人（次）数为81.67万人。全区住院病人（次）均费用为8 163.4元，门急诊次均费用为136元（镇街为46.4元）。

【群众路线教育实践活动】 温江区卫生局在“学习教育、听取意见”环节，开展“卫生行政服务示范岗位、医疗卫生服务示范岗位、公共卫生服务示范岗位”的“三示范”活动；在卫生单位设立“卫生行政服务示范岗位”4个，在“示范岗位”开展“三温暖”活动；在医疗单位设立13个“医疗卫生服务示范岗位”，开展“三个一样”活动；设立“公共卫生服务示范岗位”12个，做到“防病知识宣传到位、管辖区域防控到位、重点对象守护到位”，确保全区无重大疫情发生。各医疗卫生单位在“查摆问题、开展批评”环节，回答好“服务能力强不强、服务形象正不正、惠民措施实不实、群众满意不满意”四个问题，牢固树立“全心全意为人民服务”和“以患者为中心”的服务理念,护佑群众健康;在“整改落实、建章立制”环节,通过开展“九不准”治理行动、医疗质量服务检查行动、健康卫士护佑健康行动、职业定力和职业道德行动、技能大练兵和能力大提升行动、转变作风和提升效能行动等六大专项行动,实现全系统基本医疗和公共卫生服务能力的进一步提升。区卫生局党组(党委)结合“挂、包、帮”工作,精心安排部署,切实开展好“走基层、解难题、办实事、惠民生”活动,将“送医送药送健康”作为卫生系统“走基层”活动的主题,全系统共到永宁花篱社区开展“走基层、送健康服务”20次,投入帮扶资金6.34万元,开展“暖冬”行动捐款2.34万元,为社区26户困难群众送上了温暖,解决37户群众的民生诉求;帮助社区完成了路灯安装工程、活动中心装修工程和漏沙燕沟渠清理工程,为社区群众办实事;在金马同福社区开展“走基层、送健康”大型义诊、健康宣传活动和慰问贫困群众活动,为社区14户贫困群众进行慰问和帮扶;对社区准备修建的村道进行实地考察,并在年前筹措资金10万元,将会同金马镇政府共同帮助社区完成村道的改造工程。

【公立医院改革】 温江区破除“以药补医”机制,区级医疗单位严格执行药品零加成及药品上网招标采购制度,镇(街)医疗机构全部实施国家基药及药品配送制度,全年基本药物销售12 172.65万元,让利1 057.93万元;探索推进多元化办医,引导社会资本参与公立医院改革,至年底,区中医医院引入社会资本办医项目在积极洽谈推进中;探索推进分级诊疗、双向转诊就医格局,探索建立省、市、区、镇(街)四级医疗联合体及家庭医生签约服务等综合配套制度,着力引导优质医疗资源向基层倾斜;在柳城街道和金马镇打造部分家庭医生金牌服务团队,试点探索家庭医生绩效制度、拓展家庭医生服务内涵,取得明显成效,截至年底全区家庭医生签约率24.57%。

【卫生项目】 温江区卫生局有序推进医疗卫生机构迁改建工作,至年底区人民医院新院区建设已先后和省医院、泰康人寿公司对接,研究论证提出三方合作的基本思路。永盛镇卫生院迁建工作已完成立项、招标代理比选、方案设计、施工图设计、编制预算清单、预算控制价评审等项至年底期工作,至年底已完成建设备案。区卫生局继续推进疾控中心标准化建设,已完成招标,实验室设备陆续到位;选定涌泉街办洪江村卫生站开展了精品村站打造工作,通过精品村站打造,树立外观、服务标准、服务能力的标杆。根据年初区委、区政府下达的2014年重大项目计划,博奥生物成都产业化基地至年底已完成项目医学楼、仪器楼、分中心及服务楼装修和转化中心的修建,正在进行室外总平景观施工。脐血干细胞项目:于2014年5月开工,至年底高压前门桩验收,施工许可证公示中。医科总部产业园:已完成主体工程量50%。阜外心血管病医院项目一期:正进行项目报建相关手续及施工前准备工作。成都市第五人民医院门急诊住院综合楼项目:至年底正进行项至年底期准备工作。区中医医院迁建项目:至年底正与成都中医药大学、成都华川公路建设集团有限公司深度对接。全区全年完成固定资产投资5.46亿元。

【医疗质量安全管理】 温江区卫生局深入推行医疗机构医疗质量和社会满意度社会公示制度,积极开展“医疗质量万里行”“三好一满意”和打击非法行医专项整治活动,全年开展针对“大处方、乱收费和骗取医保基金”三大违规行为的专项执法检查专项检查,规范辖区内医疗废物的处置管理,处置率达100%;加强血液管理,认真做好无偿献血、应急献血、临床用血工作,确保采供血安全和血液供应需求,全区血液采集成功人数1 414人,献血总量达2 605.98单位;严格医疗机构审批和人员准入,受理医疗机构设置审批和医疗机构执业许可证校验186家,医生和护士执业注册或变更注册515件;组织全区局注册医疗机构进行年度校验,共校验机构280个。

【人才培养】 温江区卫生局通过公开招聘、紧缺人才引进、高级人才考核引进、赴国内名校招聘引进等多种方式共引进43名卫生人才,其中引进紧缺卫生人才10、公开招聘专业技术人才28、引进副高及以上职称卫生人才3名,赴北京、上海招聘引进硕士研究生2名;规范院长台账管理制度,将医疗卫生单位管理、医疗卫生质量管理、医疗卫生安全管理、公共卫生服务体系建设等指标作为医疗卫生单位主要负责人台账管理的重要内容,进一步规范和约束干部从政行为,提高执行力,形成用制度管权、按制度办事、靠制度管人的长效机制;在卫生局机关、区医管中心、区疾控中心和区妇幼保健院开展中层干部竞争上岗及医管中心岗位聘用工作，产生医政科科长1名、区妇幼保健院院长1名、区疾控中心中层干部6名、区医管中心中层干部3名、八级职员7名；实施领导干部骨干队伍、医疗服务能力提升、公卫服务能力提升、医疗卫生工作保障“四大工程”加强干部人才培训，全年组织开展各类专业培训60次，共培训12 416人（次）。

【专科建设】 温江区卫生局以重点学科建设为引导，以点带面，促进医院学科群的整体提高；推进区级医院和上级医院、重点医学院校的长期深度合作，鼓励学术交流，促进全区医疗机构人才培养、科研实力、技术水平提升；按照“走出上，请进来”的办法，与省人民医院、市第五人民医院、成都中医药大学建立培训关系，借力推动区重点学科（专科）的发展，全年共建设4个市级重点专科。

【信息化建设】 温江区卫生局完成区域医疗机构运行监管平台一期项目，医疗投诉子系统已经运行，经营综合指标分析、财务运营监管、固定资产及设备监管三大子系统完成平台测试；推行集中阅片中心2个试点，依托区人民医院影像诊断技术优势，将区级医疗机构龙头单位优质资源下沉到基层，在永宁、万春2家乡镇卫生院试点推行集中阅片中心工作，提升医疗影像诊断报告质量，加快推进城乡医疗服务同质化进程；深化3个卫生信息系统建设，积极推进便民服务终端系统，在区级三家医疗机构和柳城社区卫生服务中心建立患者挂号、缴费、打印报告的自助便民服务终端系统，进一步优化医院门诊就诊流程；全面推进家庭医生服务信息系统，利用现代信息技术手段，将医疗卫生服务延伸到老百姓身边；扎实推进村卫生站信息系统，采取“自愿申请、医保审核、卫生支撑、统筹推进”的方式，实现30家试点村医门诊统筹实时结算；完善居民电子健康档案，加强城乡居民健康档案管理和培训，提升健康档案活化率和群众知晓度，规范化建档率达到96.5%，制作印发宣传资料11万份。

【中医药服务】 温江区卫生局积极宣传中医“治未病”先进理念，各医疗单位建立中医院健康教育基地，开展健康教育宣传；制定老年人、妇女、儿童以及亚健康人群等重点人群中医药养生保健方案，运用中医体质辨识、情志调摄、食疗药膳、运动功法等知识和方法，开展孕产妇、慢性病患者健康管理服务，并积极参与传染病的防治工作。区中医医院创建3个市级中医重点专科。全区10家镇（街）医疗机构，均按标准设立中医科。

【疾病预防控制】 温江区试点开展残疾儿童筛查，在全国开展0－6岁儿童残疾筛查国家级试点，圆满完成筛查任务，初筛儿童数20 249人，初筛率达98.43%；强化疾病预防防控，认真开展结核病防治、职业病防治、免疫规划接种、肠道传染病防治和农村群宴监管，免疫规划疫苗接种率95.68%，急性传染病（甲乙类）发病率114.78 / 10万；做好妇幼卫生工作，实施城乡孕产妇住院分娩补助，补助758人，补助经费341 100元，住院分娩率100%，2014年孕产妇死亡率为零；实施自愿免费婚前体检，全年免费婚检2 010对；抓好基层医疗机构基本公共卫生C类包服务，强化基层医疗机构规范化建档和老年人管理等工作，对基层公立医疗机构基本公共卫生服务情况中的11类14项60小项基本公共卫生服务项目内容进行检查、量化考核和指导培训；开展重性精神疾病阳光救助行动，做好重性精神疾病管理治疗项目的指导、人员培训、医疗救助、应急处置及健康教育等工作，重性精神疾病患者参保率达100%，常住人口检出率3.78‰，管理率92.27%；牵头全区艾滋病防治工作，制作幸福服务包5 500份，会同区人社局、建设局、总工会、妇联、团委、流管办等部门制定工作方案，开展专题培训，向5 500名流动人口、外来务工人员发放幸福服务包；强化地方病防治，结核病、血吸虫病、狂犬病防控工作有序开展，均已达到国家、省市防控目标；规范处置犬伤4 645人，狂犬疫苗处置及接种率均达100%；严格卫生执法监督检查，加大医疗执业、公共场所卫生等的监督检查和重大活动及会议保障工作力度，全年开展针对“大处方、乱收费和骗取医保基金”三大违规行为的专项执法检查专项检查，共派出执法人员137人（次）、车辆人23台（次），对区内4家公立医院、6家民营医院、7家卫生院、4家社区卫生服务中心、2家门诊部的医务人员依法执业情况、处方病历等医学文书进行专项检查。

【卫生应急管理】 温江区卫生局按照“区政府主导，卫生牵头，部门联动,社会参与”原则,10月全面启动创建工作,完成组织指挥系统、预案系统、监测预警系统、应急物资储备和调运以及保障系统建设,建成统一指挥、功能齐全、高效运转、反应迅速的卫生应急体系。12月15－16日,省卫计委应急办组织专家组对温江区创建工作进行评审,温江区以148.5的高分一次性通过评审。

【爱国卫生运动】 温江区卫生局大力开展省级卫生镇和省级卫生村的创建工作,对创建单位开展全方位、多种形式的督查和指导;在相关镇(街)的大力配合下完成全年的省卫创建工作,已建成1个省级卫生镇、10个省级卫生村,温江区省级卫生镇(街)3个、卫生村(社区)34个,全年新评定五星级院落1个、四星级院落10个,全区“星级院落”复评合格率达100%。各镇(街)结合城乡环境综合治理和新农村建设,广泛宣传改厕的目的和意义,充分调动群众改厕积极性,切实改善农村环境卫生状况,新建农房卫生厕所普及率达100%。区卫生局组织医疗卫生专业人员和健康教育专家,深入农村、社区、学校等场所重点开展以提高群众健康素养为目的的巡讲活动,开展城乡居民健康素养调查,科学评价广大群众健康知识、健康行为及健康技能情况,不断推进健康教育发展;全年共组织开展了15场“健康讲座”,积极推广健康生活方式,帮助居民建立健康理念,在提高居民健康知识知晓率的同时,也促进了居民健康行为的形成;积极开展“四害”防制工作,各镇(街道)、各部门积极采取环境治理、物理治理和药物防治相结合的除“四害”方法,统一行动、统一投放,全年共投放灭鼠药2 400千克、灭蟑螂药物2 000包,“四害”密度控制在国家标准范围之内。

（李红琴　帅牧云）

都 江 堰 市

【概况】 2014年,都江堰市辖13个镇、1个乡、1个经济开发区、5个街道办事处,年末户籍户数24.57万户、户籍人口61.93万人,常住人口67.12万人,城镇化率54.56%;全年出生人口4 931人,死亡人口4 532人,人口自然增长率0.65‰。全市有各级各类医疗卫生机构414所,其中市级医疗卫生机构7个、乡镇卫生院18所、乡镇卫生院分院5所、社区卫生服务中心4个、村卫生室180个;各级各类医疗卫生机构实有床位5 819张、卫生人员6 827人,其中卫生技术人员5 195人、执业医师1 513人、执业助理医师317人、注册护士2 150人、其他卫生技术人员570人。全区医疗机构全年诊疗人(次)491.23万人(次),收治住院20.17万人;建成国家级重点专科1个、省级重点专科6个、成都市级重点专科12个,建成省级中医住院医师规范化培训基地;积极开展“双向转诊”和“先看病、后付费”,村(社区)卫生站达标建设改革试点。都江堰市荣获成都市政府《2011－2013年度爱国卫生先进单位》、省爱国卫生运动委员会《2013年复查合格的省级卫生城市(县城)》和《2013年病媒生物防制考核(复查)合格的城市(县城)》及成都市卫计委和都江堰市委、市政府目标工作先进单位称号。

【卫生服务投资建设】 都江堰市卫生局为立足于都江堰市健康服务产业科学性、持续性和高起点发展,邀请上海市社科院和上海复旦大学等单位专家开展全市健康服务产业发展规划的编制;协助完成台湾擎安抗衰老医院招商落地，主动与四川德仁堂集团、南方基因、锦新投资公司、韩国奥拉克医学美容机构、香港福音医院投资公司、华西金卡医院等高端品牌医疗机构，就中医养生一条街、基因检测健康管理、医学美容、抗衰老高端医疗等项目，进行跟踪洽谈和服务。

【医疗机构提档升级】 都江堰市卫生局积极同成都市医院管理局、成都市第三人民医院和成都市第一人民医院进行沟通对接，将都江堰市人民医院和都江堰市中医医院分别与成都市第三人民医院和第一人民医院建立托管关系，完成全面托管协议初稿。都江堰市第二人民医院、四川省地矿局405地质队医院接受国家“二级甲等”综合医院创建评审。都江堰市骨伤专科医院通过国家“二级乙等”专科医院评审。解放社区卫生服务中心通过省级示范卫生服务中心复评。

【人才队伍建设】 都江堰市卫生局引进卫生人才17名，公招专业技术人员32名，招募支医大学生15名，选派5名业务骨干赴甘孜州道孚县援藏，组织城区85名卫生专技人员到基层开展对口支援服务；清退在编不在岗人员27名，临聘人员210名；选派内外妇儿等170名临床专技人员到分别上海、北京、成都等地参加中长期进修培训学习；组织800人(次)参加四川省、成都市各类医学学术机构专题培训85期；组织开展“三基三严”、适宜技术、医院管理、护理技能等业务培训90期，参培人数达1万人(次)。

【学科建设】 都江堰市卫生系统建成国家级重点专科1个、省级重点专科6个、成都市级重点专科12个，建成省级中医住院医师规范化培训基地1个；申报省、成都市级医学新技术、新项目37项，通过国家级科研专利2项、省级立项4项、成都市级科研立项2项；在国家、省级医学刊物发表学术论文120篇。

【信息化建设】 都江堰市卫生局通过自筹和上级次资金600万元，实施都江堰市人民医院排队叫号系统、都江堰市妇幼保健院容灾备份软件等卫生信息化软硬件升级改造；实施177家村卫生站双网改造，完成189个“健康港湾”系统升级；完成卫生系统“万店上网惠民生”工程，建成“市民健康一卡通”系统，启动“银医通”自助服务项目建设试点。

【公共卫生服务】 都江堰市累计建立规范化居民电子健康档案619 505份，规范建档率达93.2%。其中，慢病管理高血压患者46 324人，管理率48.27%；糖尿病患者13 536人，管理率27.34%；继续推行家庭医生服务模式，建立全科医生服务团队197支，深入村组(社区)、家庭开展健康宣传、健康体检、个性化健康指导、健康档案管理等服务。都江堰市深入开展健康教育进村进社区活动，开展健康讲堂330场(次)，报纸、电视、宣传栏健康教育宣传10期，免费义诊、体检以及健康咨询1万人(次)，发放健康宣传读物12万份，实现健康教育村(社区)全覆盖。

【中医工作】 都江堰市全面完成市中医医院“治未病”中心和各医疗机构“治未病”服务门诊(点)建设，开设睡眠调理、头部经络疏通等中医预防保健服务项目；实施中医养生保健准入试点管理，对都江堰市216家社会性养生保健机构进行摸底调查工作，开展社会性养生保健机构从业人员培训2期，打造中医养生保健试点单位3家。

【对口帮扶】 都江堰市卫生局组织开展“百名医师(专家)下基层”活动，每周组织3名以上专家到基层各医疗机构开展对口帮扶，市级医院288名专家到乡镇基层医疗机构开展查房、会诊、业务培训及指导648次，义诊600人(次)；接收基层卫生技术人员进修学习54人(次)。

【卫生应急】 都江堰市卫生局组织开展“防汛医疗救援”“群体伤应急急救”等应急演练；完成双遗马拉松热身赛暨首届蜀道择传马拉松接力赛马拉松、第一届世界太极拳锦标赛等各类重大活动现场医疗保障119批(次)。“120”呼救电话58 163次，急救派车9 152次，救治伤病员7 808人。

【国家卫生城市创建】 都江堰市成立创建国家卫生城市领导机构，召开创建国家卫生城市动员大会，制发《都江堰市创建国家卫生城市工作方案》和病媒生物防制、创卫宣传等专项工作方案，开展都江堰市级部门、乡镇(街道)和村(社区)创卫专题培训，建立创建国家卫生城市联席会议、督查、宣传等工作机制，各项创建国家卫生城市工作有序开展，为2015年打好创建国家卫生城市攻坚战奠定坚实基础。

【政务窗口延时服务】 都江堰市积极主动开展“338”延时服务,市政务中心卫生局窗口成为都江堰市7个审批类窗口开展该项工作单位之一。市卫生局及时研究制定《“338”延时服务工作方案》,建立落实管理制度,增添办公设施,新增3名工作人员;周一至周五开放2个延时服务窗口,配备4人,实行AB轮岗制延时服务;周六、周日开放1个延时服务窗口,后台其余6名工作人员实行流水排班制延时服务;周一至周五每天延时服务2个小时,周六、周日每天延时服务10个小时。

【卫生监督】 公共场所卫生监督:都江堰市卫生局对亲市117家乙类公共场所实行备案管理,备案率达到70%;组织召开全市住宿、KTV、公共浴室、车站码头等公共场所防艾知识培训会,开展公共场所安全套推广巡查,发放安全套3万个、防艾座牌2 000个、资料8 000份,设置宣传展示栏200个。生活饮用水卫生监督:都江堰市卫生局加强全市25家集中式供水单位、13家二次供水单位监督检查,对辖区存在问题的3家供水单位提出整改意见;在住宅小区内开展并设置生活饮用水常规水质快速检测项目公示,每月定期对公示小区进行水质快检常规项目检测并予以公示。学校卫生监督:都江堰市卫生局对全市141所学校、托幼机构开展学校卫生综合量化评价,以及教学环境、采光照明、微小气候、学校生活饮用水监督监测。医政执法:都江堰市卫生局办结行政处罚一般程序案件14起,警告5户,没收违法所得0.4万元,罚款9.11万元,没收医疗器械1箱,向公安机关移送案件1起,追究刑事责任1人。放射卫生监督:都江堰市卫生局出动车辆27台(次)、人员79人(次),对全市53家放射诊疗机构进行监督检查,发现有2家医疗机构未取得《放射诊疗许可证》擅自开展放射诊疗活动、1家医疗机构未对放射工作人员进行离岗前职业健康体检,对这3家医疗机构予以警告并罚款3 600元。

【重性精神疾病管理】 都江堰市筛查4 638人,确诊重性精神病患者2 684人,均纳入社区管理;检测具有肇事肇祸行为的患者147人,其中收治入院38人;开展“阳光家园”精神残疾人托养工作,托养精神残疾人40名;对170例贫困重性精神病患者开展阳光救助;开展健康教育宣传12次,发放宣传资料1万份,接受个别咨询230人(次)。

【疾控对口帮扶】 都江堰市疾控中心按照甘孜县政府和卫生局需求,派出14名专业技术人员,分两批赶赴甘孜县指导开展枯水期和丰水期生活饮用水水质监测采样工作;通过科学布点采样,枯水期采集30个点位、150个水样,丰水期采集44个点位、181个水样,所有水样均进行现场PH检测及标本固定处理,同时带回都江堰市疾控中心做进一步实验室检测检验分析。

【健康教育】 都江堰市卫生局开展“大讲堂”27场、“三进讲堂”22场、“小讲堂”348场,实现村社区健康教育全覆盖,直接受益20万人,免费进行义诊、体检及健康咨询10万人,发放健康宣传读物15万份,制作宣传展板40个。

【卫生监测】 水质监测:都江堰市卫生局对全市集中供水、农村饮用水、学校自备水等开展监测,采集水样607件,检测合格率90%。公共场所卫生监测:都江堰市卫生局监测旅店业131家、文化娱乐场所139家、公共浴室47家、美容美发150家、图书馆1家、商场9家、院候诊11家、餐厅2家,共490家,合格482家,合格率98.3%。托幼机构监测:都江堰市卫生局对托幼机构消毒监测34家,采集样品298件,合格率91.61%;采集食堂餐具样品159件,合格率86.16%;采集托幼机构环境空气、桌面、教师手表面等样品139件,合格率为97.84%。放射卫生监测:都江堰市卫生局对全市35家医疗机构放射卫生工作人员进行个人剂量监测,全年监测4次,监测放射人员1 040人(次)。职业卫生监测:都江堰市卫生局对确定的6家企业开展职业危害因素现场主动监测、报告尘肺病新病例和晋期病例14例,报告农药中毒病例103例。食品主动监测及健康相关产品监测:都江堰市卫生局对超市、农贸市场、零售店铺、路边摊所售食品进行主动监测,采集各类样品108件,其中送成都6件,检测合格率在90%;委托食品监测11件,合格9件,合格率81.8%。

【传染病防治】 都江堰市全年报告乙类传染病11种、722例,报告发病率108.73/10万,比上年下降27.94%,无甲类传染病报告。霍乱防治:采集标本2 372份,未查出霍乱弧菌。狂犬病防制:犬伤暴露者4 439人全部进行伤口规范处理,伤口规范处理率100%;人用狂犬病疫苗接种4 439人,接种率100%;人用狂犬病免疫球蛋白接种297人、接种率6.69%，全年无狂犬病例报告。手足口病防制：报告手足口病917例，报告发病率138.10/10万，无死亡病例和暴发疫情发生。不明原因肺炎监测：开展发热病人监测，实行"零"病例报告制度和发热病人周(日)报告制度，报告发热病人5 798例，无不明原因肺炎病例报告。疟疾防制："三热"病人血检955人(次)，复核92人(次)。结核病防治：初诊登记可疑肺结核患者620例；登记活动性肺结核病人219例；新发涂阳肺结核病人89例，复治涂阳病人10人，涂阴病人56人，未痰检病人64人。地方病防制：血防查螺101.1万平方米，人群监测548人(次)。

【免疫规划】 都江堰市卫生局认真做好冷链设备常规管理和每月全市一、二类疫苗常规接种率报告工作，基免接种率达到95%，扩大免疫接种率达到90%；通过客户端录入儿童4 695人，在册儿童4 545人。信息化实施以来，全市录入儿童个案60 953人，其中常住儿童49 927人、流动儿童6 710人、暂住儿童4 316人，5日内及时上传率和7日内及时备份率均达到100%；接种成人流感5 840剂(次)、儿童流感3457剂(次)；对免疫规划接种率开展现场抽样调查，调查结果五苗全程接种率95.24%，扩大免疫规划疫苗接种率达91.43%。

【妇女保健】 都江堰市卫生局继续在全市开展对农村妇女宫颈癌和乳腺癌免费筛查，按计划完成宫颈癌筛查1.2万例、乳腺癌筛查3 000例，宫颈癌筛查阳性率为24.7%；通过制作统一的叶酸宣传专版、印发宣传海报、电台、电视台专题等10余种宣传途径，提高准备怀孕妇女及孕早期妇女对叶酸知识的知晓率。全市叶酸应服用7 382人，实际服用人7 205人数，叶酸服用率为97.6%，服用依从人数3 406人，依从率88.49%；增补叶酸知识调查人数3 843人，知晓人数3 769人，知晓率98.06%。

6月9日，都江堰卫生局开展卫生"进农村、进社区、进企业"健康大讲堂

【婚前检查】 都江堰市积极开展免费婚前医学检查工作，在市政务中心增设免费婚检窗口，并组织人员到各乡镇巡回宣传，全年完成免费婚检4 378对。

【儿童残疾筛查】 都江堰市卫生局进一步完善全市0－6岁儿童残疾筛查、诊断和治疗康复衔接机制，按照成都市《0－6岁儿童残疾筛查工作试点实施方案》要求，在都江堰市妇幼保健院、乡镇卫生院和社区卫生服务中心建立0－6岁儿童残疾筛查初筛和复筛机构，筛查儿童残疾33 618例。

【儿童健康管理】 都江堰市有7岁以下儿童30 615人，保健管理29 206人，保健覆盖率95.4%；3岁以下儿童15 240人，系统管理14 255人，系统管理率93.5%；高危儿287人，管理率100%；5岁以下儿童死亡30例、死亡率7.72‰，其中婴儿死亡19例、婴儿死亡率4.89‰，新生儿死亡12人、死亡率3.09‰。都江堰市产科单位出生6 088(含双胎)人，新生儿血筛查6 052人，筛查率99.41%；新生儿听力筛查6 039人，筛查率99.20%；耳聋基因筛查从2013年12月16开始，至2013年底筛查3 096人。

【孕产妇健康管理】 都江堰市有户籍产妇3 857人，活产数3 885人，建卡人数3 853人，建卡率99.9%；产前检查3 851人，检查覆盖率99.1%；早孕建卡3 708人，建卡率95.4%；产后访视3 848人，访视率99.1%；系统管理3 702人，系统管理率95.3%；高危人数1 400人，高危管理率100%。4家产科执业单位分娩数6 088人(含双胎)，其中剖宫产3 744人，剖宫产率61.49%。

(曾守贵)

彭 州 市

【概况】 2014年,彭州市共有各级各类医疗卫生机构523个(其中市级医院8个、民营医院27个、卫生机构6个,社区卫生服务中心3个、镇卫生院19个、村卫生室360个、民营门诊部、诊所95个、医务室5个),包括三级乙等医院3所(市人民医院、市中医医院、市妇幼保健院)、二级甲等医院2所(同一医院、市精神病医院)、二级乙等医院1所(市第二人民医院)、二级甲等疾控中心1所(市疾控中心);有病床4 987张,每千人拥有医疗床位6.19张,固定资产总值12.56亿元;有专业卫生人员6 024人,其中执业(助理)医师2 172人,每千人口执业(助理)医师数2.69人,有注册护士2 041人,每千人口注册护士数2.53人。医疗机构(门诊部以上)全年完成诊疗467.05万人(次),出院病人15.58万人(次),急性传染病发病率为120.29 / 10万。

【基层卫生综合改革监测点试点】 彭州市被成都市确定为基层卫生综合改革监测点单位。为进一步探索基层卫生机制体制改革创新,彭州市卫生局和市财政局联合制定《彭州市基层卫生综合改革重点联系点实施方案》,坚持保基本、强基层、建机制的基本原则,加强基层医疗卫生服务体系和能力建设,利用3年时间,构建成维护公益性、调动积极性、保障可持续的基层运行新机制,已确定在利安社区卫生服务中心、敖平镇卫生院和丹景山镇卫生院等3家单位进行试点。

【医疗机构托管】 彭州市卫生局为探索适合彭州市医疗卫生行业发展的新思路,制定市级医疗机构托管基层医疗机构试点工作实施方案和考核办法,确定由市人民医院托管利安社区卫生服务中心、致和镇卫生院,市中医医院托管天彭社区卫生服务中心、红岩镇卫生院。成都大学附属医院与彭州市公立医疗机构签订双向转诊协议,与敖平镇卫生院签约实施托管。全年,彭州市被托管的基层医疗单位共开展新技术新业务7项,开展专家诊疗1 855人(次)、培训教学631人(次)、双向转诊126人(次),门诊人(次)同比增长27.15%,住院人(次)同比增长0.93%,县域内就诊率达87.7%。

【县级公立医院综合改革】 彭州市所有7家县级公立医院10月1日起全部取消药品加成;与上年同期比较,门诊诊疗人(次)增长19.71%,次均费用下降4.89%,其中药品费用下降6.93%,住院人(次)增长9.91%,次均费用上升0.2%,其中药品费用下降9.49%。彭州市人民医院于年底被国家卫计委列入全国500家重点扶持的县级医院,已制定措施努力提高技术水平和服务能力。

【医疗卫生服务能力提升】 彭州市投入690万元完成致和、天彭等16个镇卫生院和社区卫生服务中心设备提升工程,配备全科医生服务包72套、颈腰椎牵引设备2台、中药熏蒸设备3台、中药粉碎机7台、中药煎药机8台,天彭社区卫生服务中心积极创建AAAAA级预防接种门诊;投入800万元用于全市297家公益性村卫生站能力提升建设,配备电脑等设备,并全额承担2014年村卫生站接入网络费用,全面改造村卫生站风貌,添置基本诊疗设施设备,实施村卫生站标准化建设;投入245万元开展四川省农村医疗机构中医特色优势重点专科、基层医疗卫生机构中医药适宜技术服务能力、基层中医药服务能力提升工程和中医数字化诊疗平台建设。

【国家卫生城市创建】 彭州市于4月全面启动国家卫生城市创建工

作。市委、市政府高度重视,成立以市委书记韩铁为指挥长、相关部门为成员单位的彭州市创建国家卫生城市指挥部,下设创卫宣传、创卫督查等10个分指挥部,抽调相关成员部门6名工作人员组成创国卫办公室,设综合、宣传和督查3个工作组。全市各部门积极配合,广大市民广泛参与,营造良好的创建国家卫生城市氛围;大力开展全民健康教育,深入学校、街道、社区等开展健康巡讲24次;共建成通济镇黄村等33个省级卫生村,新兴镇、磁峰镇、红岩镇3个省级卫生集镇,完成市卫生局、市城乡建设局、市农发局3个省级卫生单位创建工作;圆满完成改厕任务1 000户,全市卫生厕所普及率达95.76%,饮用水卫生合格率为100%;8月底,在省级调研后积极开展以农贸市场改造、城郊结合部及城中村整治、"六小"行业整治、背街小巷、市容市貌、城市基础设施建设为重点的6个专项整治。彭州市爱卫办承办"清洁城乡健康家园"四川省2014年秋季爱国卫生运动主题活动,获得成都市社区院落环境治理工作优秀单位、卫生创建工作先进单位、农村改厕项目工作先进单位、健康教育项目工作优秀单位等称号。

【卫生信息化建设】 彭州市积极争取并创新完成成都市基层卫生信息系统升级试点工作;投入275万元建设区域医学影像信息系统(区域PACS),建成2个阅片中心,已接入7个单位,其余15家基层医疗机构即将全部接入;已开展远程会诊1.8万例,县级医院远程会诊占院外会诊97.5%,所有的基层医疗机构均与市内二级及以上医疗机构实行双向转诊;大力推动数字化医院建设,由市人民医院、市中医医院、市妇幼保健院和市第四人民医院创建为四川省星级数字化医院,各市级医疗机构均开通预约诊疗,实施临床路径管理,并积极试点移动医疗。

【人才培养】 彭州市全年有46人参加高级职称评审,38人通过,其中3名正高、35名副高;选派40名市级医疗机构技术骨干到基层医疗机构挂职服务,选派9名取得执业资质医务人员到基层医疗机构锻炼;招聘(引进)专业技术人员50名,其中高层次卫生专业技术人才13名,3名博士研究生在读;接收医学院校实习生219人,其中本科31人、大专72人。

【对口支援】 彭州市全年派出13人(次)支援3家藏区县级医院,诊治患者4 251人(次);派出1名队员支援藏区疾控工作。市人民医院、市中医医院分别对口支援21家基层医疗卫生单位,派出医务人员302人(次),诊治患者2 442人(次)。全市对口支援派出人员数量、基层诊疗服务量较上年同期增长33%。

【国家基本药物制度实施】 彭州市卫生局制定并实施《巩固完善基本药物制度和基层运行新机制实施方案》,拟通过完善基本药物采购和配送,加强基本药物使用和监管,深化机构编制、人事和收入分配改革,完善稳定长效的多渠道补偿机制,进一步提升基层医疗卫生服务能力,稳定和优化乡村医生队伍,加强基层医疗卫生服务监管等不断深化改革,着力解决基层医改面临的新问题,不断完善政策体系,扩大医改成果。

【公共卫生服务】 彭州市顺利创建为"四川省级规范化犬伤门诊示范区",连续7年无狂犬病患者;积极巩固血吸虫病阻断达标成果,艾滋病、结核病、狂犬病等达到防控目标,全市免疫规划疫苗接种率99.92%,急性传染病(甲乙类)发病率120.29 / 10万;开展防治艾滋病"安全有一套"推广行动,免费发放安全套20万支,幸福包6 000个,承办成都市防治艾滋病"安全有一套"大型公益演出活动。全市家庭医生服务签约率达24.19%,城乡居民健康档案规范化电子建档率达96.75%,城乡孕产妇住院分娩补助率100%、孕产妇住院分娩率100%,常住孕产妇死亡率为零,婴儿死亡率4.16‰;大力开展自愿免费婚前检查,自4月22日实施至年底已免费婚检4 843对,婚检率100%,在成都市区(市)县中名列前茅;加大精神卫生工作力度,免费救治贫困重性精神疾病患者207名,重症精神疾病患者参保率100%,社区管理率达93.14%;在综合性医院开设精神疾心理门诊,接诊82人(次);荣获成都市2013年度传染病疫情管理目标完成优秀奖、传染病综合防治目标完成先进奖、免疫规划工作目标完成先进奖、艾滋病防治目标完成先进奖、狂犬病防制工作目标完成先进奖、阳光救助专项目标先进奖、精神卫生工作目标先进奖等奖项。

【卫生监督监测】 彭州市卫生局完善不良行为记分结果运用常态化

管理机制,实现医疗机构监管全覆盖,全年共查办违法案件63起;打击非法行医和非法采供血,取缔游医等非法行医共41个;加强公共场所、生活饮用水、学校卫生工作,规范彭州市51家集中式供水单位经营行为,在全市55所中小学量化评定达到A级;优化审批流程,承诺提速率达85.13%;推进网上办事,开通网上预审批,网上审批比例由零提高到83.64%。

【重点专科和科研】 彭州市被纳入国家1－29岁人群乙肝血清流行病学调查项目点位,有在建省级重点专科5个、申报省级重点专科1个、建成成都市级重点专科6个、新立项科研项目12个、在研22个;发表论文162篇,其中A类核心期刊42篇、被SCI索引3篇。

【无偿献血】 彭州市全年采血24 793人(次),采血量近900万毫升,占成都市血液采集量16%,并积极做好血液紧张时期储备工作保障临床用血。

【对口帮扶】 彭州市卫生局机关主动压缩“三公”经费,出资3万元帮助天彭镇西街社区硬化道路,出资5万元帮助桂花镇清桥村发展产业、出资2万元帮助桂花镇沂水村建立天麻和灵芝种植基地、出资1万元帮助桂花镇灯塔村党组织建设,并对口帮扶8户困难群众;由机关干部捐资5 000元结对帮扶困难群众。全市卫生系统共计慰问困难党员50人、老党员70人、老干部及退休职工85人、留守儿童21人、孤寡老人530人、残疾低保户35户、困难群众及职工90人,发放慰问金99 800元,慰问品49 973.8元。

【党的群众路线教育实践活动】 彭州市卫生系统61个单位的6 808名党员、干部职工积极参与党的群众路线教育实践活动,通过调研走访等形式听取意见135次,收集到308条意见,归纳为254条,经梳理汇总共127个问题。其中,彭州市卫生局自身解决80条,上报成都市卫生局17条,上报市委群教办30条;建立健全党风廉政责任制,认真落实“两个责任”和“一岗双责”,进行正风肃纪专项治理,开展监督检查20次,督查专项治理工作“回头看”4次,提出整改意见54条,查处违纪违规人员16人,免上2人领导职务,责令下属单位免上3人中层干部职务,约谈领导干部20人(次)。

【医疗服务质量管理】 彭州市卫生局通过“九不准”“三好一满意”“医疗质量万里行”“抗菌药物临床应用专项整治”和医务人员“述评促进”等活动形式,不断规范诊疗服务行为,推进合理检查、合理用药、合理治疗,抗菌药物使用率明显下降,不合理使用抗菌药物现象得到有效遏制;将医疗服务质量检查结果纳入全市各级各类医疗机构管理考核指标,作为《医疗机构执业许可证》校验、医疗机构新增床位、科目以及医疗机构负责人任免的重要依据。

【卫生项目】 彭州市已开工建设市中医医院“治未病中心”,该项目已纳入全市重点建设项目,总建筑面积15 400平方米,总投资5 724万元,成都市支持1 000万元,彭州市融资3 000万元。彭州市传染病医院等单位积极配合完成汉彭路扩建任务。彭州市第二人民医院扩建项目完成方案设计,正编制可研和环评报告。彭州市120急救指挥中心于2014年2月建成并投入使用,建设120救护车GPS定位系统,及时直观掌握全市网络医院120救护车的运行状态。彭州市在市妇幼保健院原址筹建西郊社区卫生服务中心,年底已完成设计预算编制,进入政府采购程序。

【医患纠纷调处】 彭州市卫生局新建医患纠纷人民调解室,聘请第三方调解员,全年通过医患双方协商、社会协商对话、行政调解、司法调解等多种形式处置医患争议149起,有力促进公平、正义和依法维护医院正常秩序、保护医患双方合法利益,确保和谐共建。彭州市卫生局创建为成都市平安单位。

(刘兴杨　李小庆)

邛 崃 市

【概况】 2014年,邛崃市年末有常住人口645 225人、流动人口101 617人、服务人口612 753人;有60岁以上人口136 042人、占常住人口的21.08%,65岁以上人口82 328人、占常住人口的12.8%。全市有医疗卫生机构48个(其中政府举办医疗卫生机构29个,民营医疗机构19个)、村卫生站266个;有床位总数3 150张,比上年增加240张,每千人床位数4.88张。全市有卫生技术人员3 191名,比上年增加328名,其中执业医师(执业助理)1 310名,比上年增加143人,每千人执业医师(执业助理)数2.03人;注册护士1 180名,比上年增加185人,每千人注册护士数1.82人。全市全年门诊量2 604 308人(次)(其中民营医疗机构门诊人数295 817人〈次〉),较上年增加307 561人(次);收治住院病人130 462人(次)(其中民营医疗机构收治人数34 999人〈次〉),较上年增加3 748人(次)。全市全年无甲类传染病发生;乙类传染病报告发病率109.58/10万,较上年下降6.23/10万;丙类传染病报告发病率319.31/10万,较上年上升192.28/10万。居民人均期望寿命为80.58岁,较上年提高2.84岁。全市婴儿人数为5 275人,死亡18人,死亡率为3.41‰,较上年下降1.35‰。邛崃市脑卒中报告发病率252.6/10万,较上年上升69.46/10万;缺血性心脏病报告发病率67.3/10万,较上年上升6.7/10万;糖尿病报告发病率208.3/10万,较上年上升104.15/10万;恶性肿瘤报告发病率132./10万,较上年上升21.66/10万。居民前十位死因顺位疾病是:循环系统疾病,呼吸系统疾病,肿瘤,损伤和中毒,消化系统疾病,内分泌、营养和代谢疾病,传染病和寄生虫病,泌尿生殖系统疾病,神经系统疾病,肌肉骨骼和结缔组织疾病。

【卫生改革】 邛崃市羊安镇中心卫生院、平乐镇中心卫生院与邛崃市医疗中心医院,邛崃市牟礼镇卫生院、夹关镇卫生院、高何镇卫生院与成都市第五人民医院已经建立医疗服务合作体。邛崃市开展"人文医院"建设,高何镇、宝林镇、夹关镇卫生院创建为成都市示范乡镇卫生院,临邛社区卫生服务中心创建为省级示范社区卫生服务中心;在2014年成都市公共服务满意度测评中,邛崃市医疗卫生满意度在成都市排名前三位;对全市基层医疗卫生机构信息系统进行全面升级改造,对266个村卫生站建立卫生专网,火井镇高场、三和、夜合村,以及夹关镇熊营、高店、王店村等6个村站医保报账系统已开通,村卫生站就地医保报账系统将陆续开通,实现信息系统延伸到村(社区)。邛崃市全面实施市级公立医院药品零加成改革,邛崃市医疗中心医院已于2013年10月取消药品加成;2014年10月,市中医院、保健院已实施取消药品加成。

【灾后重建】 邛崃市2014年列入总体规划的火井、南宝、高何、天台山、夹关、道佐6个镇乡卫生院灾后重建项目全部竣工,走在全省前列;列入专项规划项目的市疾控中心实验室改造项目已完成受损房屋修复,市妇幼保健院异地重建项目主体完工。

【居民契约服务】 邛崃市推进全科医生执业方式和服务模式改革,建立由"全科医生+公卫医生+执业护士+乡村医生"组成的服务团队204个,对村(社区)群众进行契约式服务,累计签约服务73 678户,为签约群众提供免费健康咨询、免费健康体检、预约挂号等服务,全科医生服务模式已全覆盖所村(社区)。邛崃市全科医生团队工作考核在成都市排名第七位、三圈层排名第一位。

【公共卫生服务】 邛崃市卫生局累计完成城乡居民规范化电子健康档案584 429份(常住户口数612 753),建档率达到95.38%,高血压管理率为52.75%、糖尿病管理率为37.97%,重性精神病患者管理率达95.9%,市社区卫生服务机构标准化建设达标率达100%(1 / 1),乡镇卫生院标准化建设达标率100%(24 / 24),村卫生室标准化建设达标率90%(266 / 240);为火井镇、天台山镇、回龙镇等20个镇乡卫生院装备彩超、DR、牵引床、救护车等大型医用设备。全市孕产妇住院分娩2 608人,城乡孕产妇住院分娩补助117.34万元,住院分娩达100%,孕产妇死亡率为21.21 / 10万(死亡1例,经成都市专家两次评审为不可避免死亡),婴儿死亡率为4.24‰。

【基本药物制度】 邛崃市医疗中心医院、邛崃市妇幼保健院、25个政府办基层医疗卫生机构及266个村卫生站100%配备使用基本药物并执行零差率销售,100%基本药物通过四川省基本药物采购平台进行采购(村卫生站由镇乡卫生院统一代购)。

【人才培养】 邛崃市卫生局通过人事局公开招聘卫生技术人员42人,公开招募大学生志愿者18人。市医疗中心医院引进高级人才1名。市卫生局开展全科医师转岗培训和住院医师规范化培训12人,培训中医适宜技术2 050人(次),全年参加继续教育人数2 256人;开展十大基层优秀护理人员评选活动,对护理技能、群众满意度等表现优秀的10名基层护理人员进行表彰。

【对口支援】 邛崃市医疗中心医院对甘孜县人民医院和甘洛县田坝镇中心卫生院、海棠镇中心卫生院、阿兹觉乡中心卫生院及邛崃14所乡镇卫生院派出的30名医务人员进行驻点服务,与上年同期(26人)相比增加15.4%,参与诊疗患者29 310人(次),与上年同期相比增长10.7%;培训人员1 034人(次),与上年同期相比增长6.7%。全市所有基层医疗机构实现与市医疗中心医院、成都市第五人民医院和成都市妇女儿童中心医院的双向转诊。

【卫生城市复查】 四川省爱卫办、成都市爱卫办、成都市城管局、成都市疾控中心组成复查考核组,在11月25日对邛崃市省级卫生城市检查情况的综合分析和认真评议后,确认邛崃市通过省级卫生城市复查。邛崃市申报创建前进镇、高埂镇、道佐乡、夹关镇、茶园乡(共计5个)为省级卫生镇;茶园乡凤仪村、西禅社区,道佐乡寨沟村、张店村,前进镇凤凰社区、双江村,夹关镇熊营村、龚店,高埂镇高埂村、高桥社区,牟礼镇牟礼社区(共计11个)为省级卫生(村),已通过成都市爱卫办初评。邛崃市完成临邛镇文笔山村、前进镇凤凰社区2个健康乡村示范点的建设工作;配合邛崃市教育局完成邛崃市职教中心、邛崃市二中健康学校示范点的建设。全市无烟医疗机构已创建44所,所有机关事业单位已建成无烟单位。邛崃市牟礼镇已完成改造无害化卫生厕所400个。

【疾病预防控制】 邛崃市加强鼠疫、霍乱、人感染禽流感、手足口等急性传染病防治工作,预防和控制传染病及不明原因疾病暴发流行。全市27个接种点坚持月常规接种制,及时对儿童进行预防接种,1－11月完成卡介苗基免接种3 623人,接种率96.74%;脊灰疫苗基免接种3 853人,接种率93.88%;百白破三联基免接种3 656人,接种率98.52%;白破二联2 785人,接种率90.36%;麻风疫苗基免接种4 501人,接种率97.55%;乙肝疫苗基免接种3 755人,接种率98.38%;新生儿乙肝疫苗首针及时接种210人,接种率97.49%。1－11月,全市无甲类传染病发生,累计报告乙类传染病发病12种、706例,报告发病率113.24 / 10万;新涂阳肺结核治愈率94.8%,肺结核患者和疑似患者的总体到位率97.9%,疾控中心设立结核病实验室,开展分枝杆菌培养;累计查螺1 263.10万平方米,灭螺343.35万平方米,血检阳性761人,治病761人,无急性血吸虫病感染病例报告;犬咬伤5 395例,伤口规范处理5 395例,疫苗预防接种5 363人,狂免蛋白接种152人。

【监督】 邛崃市24个镇乡均配有卫生监督协管员2－3名,共有协管员60名,全年出动卫生执法人员3 458人(次)、车辆120台(次),对全市410家医疗机构、876家公共场所、119所中小学校、托幼机构进行监督检查,监督覆盖率达100%;与公安、工商等部门和当地镇政府配合,开展每月1次的打击非法行医专项检查,共出动执法人员1 856人(次),检查医疗机构852户(次),取缔无证行医点10个,立案查处14

件，移送公安部门1件，罚款4.99万元，没收违法所得0.072万元，无1起经行政复议后撤销的行政案件，无经司法确认违法的行政案件；继续推进公共场所量化分级管理评分工作，对363家公共场所经营单位实施量化评分，其中住宿业107家（B级79家，C级28家），评级率100%，沐浴场所3家（B级2家，C级1家），评级率100%，游泳场所6家（B级5家，C级1家），评级率100%，美容美发场所247家（A级1家，B级178家，C级68家），评级率100%；对63所中小学校实施了卫生监督量化评分综合评价。

【行政审批】 邛崃市卫生局全年受理办结各类卫生行政许可1 134件，按时办结率100%，群众满意度100%。卫生局窗口在2013年12月和2014年4月、6月、7月、9月被政务服务中心评为"月优质服务窗口"，窗口工作人员张利在2月、7月被评为"月服务明星"。

【健康教育】 邛崃市卫生局全年共举办社区健康教育讲座68次，开展卫生防病宣传咨询活动116次，发放各类宣传资料20万份。"健康教育下街乡"活动在全市24个镇乡全覆盖。

【群众路线教育】 邛崃市卫生局于3月31日召开群教活动动员会，安排部署相关工作；在活动中收集问题800条，最后聚焦为53条，归纳"四风"方面的问题30条，制定出13条整改措施，使"四风"问题得到有效遏制。

（汤晋飞　何崇嘉）

崇　州　市

【概况】 2014年，崇州市有土地面积1 090平方公里，平坝区占总面积的52%，山区占总面积的43%，丘陵区占总面积的5%；辖25个乡镇，总人口64.15万人。全市有各级各类医疗机构总数391个（其中民营医疗机构数12个），其中县级4个、乡镇级26个、村站231个；有床位总数4 620张（其中民营医疗机构床位数863张），每千人床位数及与上年比较增长78%；有卫技人员4 185人（其中民营医疗卫技人员总数614人），千人执业医师（助理）2.25人；有注册护士1 703人，每千人注册护士数2.54人。全市全年门诊量3 936 199人（次）（其中民营医疗机构门诊142 047人〈次〉）、与上年度比较增长0.54%，住院收治病人数139 444人（其中民营医疗机构收治21 462人）、与上年度比较增长11.14%。全市全年急性传染病发病率（乙丙类）为106.55/10万，较上年减少0.89%；全年无甲类传染病发病；人均期望寿命为78.9岁、较上年度增长1.26%（0.98岁）；婴儿死亡率为3.29‰，较上年度降低25%；脑卒中报告发病率为97.32/10万，较上年降低11.94%；冠心病（缺血性心脏病）报告发病率为277.19/10万，较上年降低7.07%；糖尿病报告发病率为532.65/10万，较上年增长50.39%；恶性肿瘤报告发病率为96.57/10万，与上年增长6.27%。居民前10位死因顺位依次为：呼吸系统疾病、肿瘤、循环系统疾病、伤害、内分泌营养和代谢疾病、消化系统疾病、传染病和寄生虫病、泌尿生殖系统疾病、神经系统疾病和精神障碍。

【党的群众路线教育】 崇州市卫生局党组按照第二批党的群众路线教育实践活动要求，高度重视，及时成立以党组书记、局长为组长的卫生部门党的群众路线教育实践活动领导小组,下设综合协调组、宣传督导组和信息组等工作小组,扎实推进各项工作,以“天使与百姓心连心”“健康服务为民服务”“结对心连心·我们在一起”、卫生扶贫等活动为载体,开展卫生下乡义诊活动23次;积极开展“挂、包、帮”“双报到”活动,帮扶困难群众34户,捐助失学青年13人、帮扶金5万元;召开社会各层面征求意见座谈会3次,发放问卷调查450份,收集到意见建议105条,梳理归纳出卫生局领导班子及班子成员和局机关存在的“四风”问题14个,关系群众切身利益问题3个,联系服务群众“最后一公里”问题4个;整改问题12个,修订和完善各项规章制度20条;编印简报(专报、调研信息)53期,被成都市级采纳18期(其中专报1期、调研信息2期),本市采纳17期。崇州市卫生局取得的显著成绩受到省、市督导组、市委主要领导的肯定,切实做到“学习教育贯穿始终,查摆问题从严从实,开展批评动真碰硬,立说立行真改实改”,取得实实在在的成效。

【卫生改革】 崇州市卫生局推进全科医生执业方式和服务模式改革,完善全科医师培养制度,建立社区医生与居民契约服务关系,已签约家庭医生62 610户、183 472人,签约率达24%;提高基本公共卫生服务均等化水平,保障基本公共卫生服务经费,着力扩大公共卫生服务覆盖面和保障面,城乡居民健康档案规范化电子建档率达到95.86%;积极鼓励社会办医,引导民营医院走大专科、小综合发展道路,引进外资2 050万元,引进高端上规划、上档次特色专科医院2所;开展医师多点注册和坐堂行医审批工作;全面取消县级公立医院药品加成覆盖率100%,在市中医院顺利实施部分药品“二次议价”试点。

【疾病预防控制】 崇州市卫生局积极推进疾病预防控制中心标准化建设,加强疾控人才队伍建设,已有3名在职人员通过继续教育取得本科学历;选聘本科学历以上专业技术人员6名,其中2名检验专业、4名公卫专业,至年底已1名到位,其余5名年底到位;新建标准化应急库,充实应急物资,并通过省级评审验收;新购冷链运输工作车1辆。崇州市疾病预防控制中心等级评审工作有序推进。启动疾控机构等级评审工作,成立工作领导小组,开展内部培训,印发评审手册,分解各项指标任务;加强实验室能力建设,启动结核病实验室培养和艾滋病CD4细胞实验室建设改造工作,向市委、市政府申请购置液相色谱仪、气相色谱仪、光谱仪、PCR系统、流式细胞仪等必备设备。传染病管理:全市无甲类传染病报告,累计报告乙、丙类传染病17种2 196例,报告发病率为326.34 / 10万;发病居前五位的病种分别是手足口病(1 510例)、肺结核(210例)、乙肝(157例)、感染性腹泻(170例)和梅毒(167例)。免疫规划:全市有2A以上预防接种基层医疗机构34个、3A以上规范化预防接种门诊2个;0－7岁儿童建卡、建证45 834人,建卡率、建证率均为100%;国家免疫规划一类疫苗应种96 937人(次),实种95 875次,接种率99.09%,其中常规免疫应种56 961人(次),合格接种56 445人(次),合格接种率为98.63%;扩大免疫规划疫苗应种39 976人(次),合格接种39 430人(次),合格接种率为98.63%,常规免疫和扩大免疫规划疫苗接种率全部达到国家标准要求。艾滋病防治:全市加大宣传工作,以“卫生下乡”“三新”“3·24”结核病防治宣传、“健康素养巡讲”“6·26国际禁毒日”活动为抓手,在农村、社区、学校、集市、工厂、敬老院等场所大力开展大众艾滋病健康教育培训和宣传,发放各类防艾宣传资料45 000份,不断提高重点人群艾滋病健康知识知晓率;定期开展高危人群干预,检测126人(次),干预699人(次);做好HIV检测实验室质量控制,累计检测各类人群31 442人;积极开展“安全有一套”推广行动,发放安全套39 500只,自创开发幸福安全包6 000个,发放5 000个。狂犬病防治:全市累计报告犬伤4 406例,签订狂犬病免疫制剂接种知情同意书4 406份,伤口规范处理4 406例(犬伤处置率100%),接种狂犬疫苗4 406人(份)(疫苗接种率100%),接种狂犬病免疫球蛋白215人,全市无一例狂犬病疫情发生,实现连续5年狂犬病零发病。结核病防治:全市共确诊活动性肺结核病人161人,其中初治涂病人49例;复治涂阳病人1人;初治涂阴病人96例,其中重症涂阴11例;未查痰15例;在上年登记的61例初涂阳病人中,治愈52例,治愈率为85.24%,系统管理57例,系统管理率为93.44%;在登记的189人当中,系统管理181人,系统管理率为95.76%;非结防机构报告患者403人(按现住址统计),重报33人,住院8人,总体到位336人(转诊到位157人,追踪到位178人,其他到位

1人),总体到位率为95.45%。血吸虫病防治:全市在17个血防乡镇强化重点环境灭螺和重点人群查病,全年反复查螺面积达401万平方米,反复药物灭螺150.2万平方米,查病51 200人(次),超额完成目标任务。重性精神病人管理:全市积极组织和协调残联、民政、公安等职能部门和四川省复员退伍军人医院、基层医疗机构开展精神卫生工作,国网系统累计建档重性精神病患者2 354人,检出率为3.55‰,检出患者规范管理率98%;重性精神病参保率达100%,阳光救助完成77人。手足口病防治:全市加强疫情监测和预警工作,开展手足口病防控知识培训、督导和健康教育宣传,一旦发现有重症病例、聚集性疫情发生,及时介入、调查和处理,共处置聚集性疫情44起,无暴发疫情;做到对每例患儿进行家庭随访指导。

【卫生监测管理】 崇州市卫生局对公共场所自备水卫生质量状况进行卫生监测,共监测生活饮用水626个,合格399个,合格率63.7%;对市自来水公司水厂的水源水、出厂水、末梢水按监测频率进行监测,采集样品102件,合格102件,合格率100%;对乡镇水厂12家,采集样品90件,合格83件,合格率92%;对53家中小学开展食堂餐用具、生活饮用水、学生因病缺课、症状体征监测,监测率达87%,其中食堂餐用具采集样品318件,合格294件,合格率92.4%;采集学校生活饮用水样品28件,合格19件,合格率67.8%;在全市331家各级各类医疗机构中开展院感监测工作,采集样品1 496件,合格1 235件,合格率83%;全面完成全市120名放射人员的培训,开展个人剂量检测218人;对全市职业卫生网络直报人员进行培训,对全市30家医疗卫生机构农药中毒漏报和有毒有害作业场所进行调查;全面启用成都市从业人员体检信息综合管理系统和新版合格证,累计完成从业人员预防性健康体检9 273人,查出胸部异常的19人、病毒性肝炎5人、复查3人;出动执法人员987人(次)、监督车辆252台(次),依法对全市436家医疗机构进行日常卫生监督检查,监督覆盖率达到100%;对748家公共场所(B级7家、C级741家)按照网格管理要求进行监督检查,监督覆盖率达100%;对31家学校自建供水、1家市政供水、12家乡镇集中供水、3家二次供水单位、2家单位自建供水进行监督,监督覆盖率100%,检查频率达2次以上;对33所小学、19所中学、4所大中专院校进行监督,监督覆盖率100%;共出动执法人员56人(次)、监督车17台(次),对52所中学、4所大中专院校及其周边医疗环境进行专项整治;对全市103名放射工作人员开展放射卫生法律法规暨防护知识培训,并进行放射卫生法律法规、防护知识进行考核,荣获成都市卫生局"传染病与职业卫生监督先进单位";开展埃博拉病毒感染防控专项监督,按省、市防控监督要求,对各医疗机构的预检分诊、感染性疾病科、医院感染防控、医护人员个人防护、应急物资等进行重点监督检查,切实做好防控卫生监督。

【行政处罚】 崇州市卫生局行政处罚案件共19件,其中公共场所1件、处罚1 500元,医疗机构18件(一般程序16件,现场处罚2件)、处罚64 900元,没收违法所得10 350元;评查案件15件,所有案件程序合法、依据合法,无不合格案件。

【妇幼卫生】 崇州市卫生局在纪念《中华人民共和国母婴保健法》颁布实施20周年之际,开展妇幼健康服务年活动,开展多种形式的"共圆妇幼健康梦"和妇幼健康服务岗位练兵、技能竞赛等活动,在成都市技能比赛中荣获"计划生育技术服务"第二名;进一步加强母婴安康工作,继续实施"高危孕产妇片区坐诊筛查"工作,抽派副高级职称、具有丰富经验的妇产科医生到乡镇卫生院对高危孕产妇进行坐诊筛查,共筛查管理高危孕产妇2 313例,其中危重高危40例,已平安分娩36例;开展孕产妇危重症评审工作3次,孕产妇死亡和5岁以下儿童死亡评审2次。全市全年无孕产妇死亡,新生儿死亡率2.73‰,婴儿死亡率3.14‰,5岁以下儿童死亡率4.82‰。市卫生局开展新生儿疾病筛查工作,在产科单位新开展"新生儿先天性肾上腺皮质增生症、葡萄糖-6-磷酸脱氢酶缺乏症"筛查和耳聋基因筛查工作,新生儿先天性代谢性疾病筛查率99.65%,新生儿听力筛查率99.69%;耳聋基因筛查3 139人,筛查发现遗传性耳聋基因携带者73人,均转诊到成都市妇女儿童中心医院进行遗传咨询。市卫生局继续实施重大公共卫生项目,全面完成农村妇女两癌检查任务,宫颈癌检查21 044人、乳腺癌检查3 139人,查出宫颈癌前病变52人,查出乳腺疾病1人;实施城乡孕产妇住院分娩补助政策,全市城乡孕产妇住院分娩3 980人,领取补助

3 802人,补助率为95.53%,补助金额171.09万元;通过多种渠道及时掌握孕情,大力宣传服用叶酸好处,叶酸服用知晓率100%,服用率98.35%,依从率77.05%;开展计划生育手术10 002人,产科单位活产数4 654人,剖宫产率55.4%;积极推进全市免费婚前医学检查工作的开展,免费婚前医学检查率由上年的0.68%上升到27.8%;实行出生医学证明网络管理、电子办证,全年共办理《出生医学证明》4 617份,办证率99.6%。

【卫生法制】 崇州市卫生局强化执法监督,深化依法行政工作,认真贯彻落实国务院《全面推进依法行政实施纲要》,以创建“依法行政示范单位”为契机,以增强执法监督意识,建立完善执法监督机制为抓手,狠抓执法监督实效,深化监督成果,全面推进卫生依法行政工作;依法调处医患纠纷25起,调解成功解决23起,医疗鉴定1起,正在调解中的1起。

【行政审批】 崇州市卫生局推进行政权力精简、服务下沉、网上公开、透明运行,全年对卫生行政审批事项和前置条件进行3次清理,承接四川省成都市下放的卫生行政审批事项7项、10个大项,共接件1 001件(医师注册317件、护士注册380件、放射16件、生活饮水25件、公共场所162件、消毒许可2件、医疗广告7件、医疗机构61件、母婴保健技术机构和人员14件、麻醉药品精神药品印鉴卡16件),无延时件,按时办结率100%,群众测评满意率100%,现场办结率95%以上。

【卫生应急】 崇州市卫生局完善应急各类预案,先后完善《崇州市突发公共卫生事件应急预案》《崇州市突发公共事件医疗卫生救援应急预案》《崇州市鼠疫疫情应急预案》《崇州市霍乱疫情应急预案》及食物中毒、肠道传染病、呼吸道传染病、群体性接种异常反应、人感染H7N9禽流感、地震、防汛预案等36个,健全突发事件应急预案体系;组建传染病防控、中毒处置、紧急医疗救援、卫生应急志愿者组成的4支200人的卫生应急专业救援队伍;开展卫生应急人员培训10期,参训共1 000人(次),覆盖所有医疗卫生单位;组织策划呼吸道传染病疫情应急处置演练,组织专家讨论洪灾、大型车祸、呼吸道及消化道传染病桌面推演方案;投入34万元,在崇州市疾控中心和崇州市人民医院设立崇州市卫生应急物资储备库;投入3万元,对120指挥调度系统进行升级完善。崇州市卫生局有效处置各类应急事件,及时有效处置“1·2”街子镇氨气罐泄漏事故、“4·8”隆兴食物中毒事件、“4·13”崇州监狱意外事故等突发公共卫生应急事件,并按规定进行信息报告工作;做好应急保障工作,顺利完成国家“两考”、成都第五届自行车车迷健身节、成都市乡村旅游节等20项医疗保障任务。崇州市成功创建四川省卫生应急综合示范市,9月23日以高分通过四川省卫计委组织的省级卫生应急综合示范市创建评审。崇州市卫生应急工作走在成都市前列,9月28日由成都市卫生局组织武侯区、温江区、新都区等兄弟区(市)县40人到崇州市参观学习卫生应急综合示范市创建先进经验。

【科教兴医】 崇州市百草枯中毒救治科研项目先后荣获成都市科技局科技成果奖,并被列为四川省卫生厅科技支撑计划,在国家农业部、国家疾控中心直接授权的全国百草枯中毒急救24小时免费咨询电话后,又成功申请国家级医学继续教育项目;开展继续医学教育,顺利完成刊授项目2 754人、华医网1 462人的报名学习工作;开展项目培训、学术讲座等累计开展30次,培训人员3 000人(次)。

【对口支援】 崇州市实施富民安康工程,认真开展富民安康工程,搞好三州对口援建工程,派遣10名医务人员到甘孜州泸定县对口援建;派遣3名医务人员到攀枝花市对口援建;派遣8名医护人员到凉山州盐原县对口援建。

【“千名医师”进万家】 崇州市卫生局开展卫生下乡34次,出动医务人员421人(次),展出医疗卫生知识宣传展板531个,发放各种卫生科普宣传资料和献血宣传资料10.7万份,义诊2.8万人(次)。

【无偿献血】 崇州市卫生局投入17.5万元,新建“爱心献血屋”1个;积极开展无偿献血工作,无偿献血3 464人(次),献血130 500毫升。

【中医药达标】 崇州市卫生局进一步完善中医医疗服务体系,形成以市中医医院为龙头、市人民医院中医科、市妇幼保健院中医科、中医集中诊疗区为支撑;社区卫生服务中心、乡镇卫生院、村卫生室(社区卫生服务站)为主体,社会资本举办的中医医疗机构为补充的基层中医药服务网络;100%的社区卫生服务中心、乡镇卫生院,75%的村卫生室(社区卫生服务站)都能提供中医药服务,城乡基层医疗机构中医药服务量占服务总量的43%,中医药能力进一步提升。

【党风廉政】 崇州市卫生局认真贯彻落实市委、市政府《关于建设廉洁崇州的决定》和《崇州市建立健全惩治和预防腐败体系暨建设廉洁崇州2013－2017年实施意见》,落实“两个责任”,提高党风廉政建设和反腐败工作规范化、制度化、科学化水平;深化治理医药购销和医疗服务中存在的突出问题,实施药品采购廉洁承诺制度,建立医药企业“黑名单”制度,依法打击医药购销活动中的商业贿赂行为;开展“四风”突出问题专项治理、廉洁从业和“九不准”专项整治活动,加强医德医风考评,严格落实省卫生厅《关于开展医患双方签署不收和不送“红包”协议书工作的通知》精神,并纳入医师定级考核和医院评审评价日常监管,严肃查处索取回扣、收受红包等严重损害群众利益的问题。

【爱国卫生】 崇州市卫生局加强卫生集镇创建,鸡冠山乡成功创建成‘省级卫生乡镇’,鸡冠山乡苟家村、街子镇上元村、街子镇古寺村、羊马镇凌翔社区、白头镇五星村成功创建成省级卫生村;配合市治理办将鸡冠山乡苟家村、街子镇上元村、山郎镇凤鸣村、白头镇五星村、桤泉镇群安村成功创建成环境优美示范村。崇州市卫生局推进农村改厕进程,加大农村卫生厕所新建和改建的技术指导,使新建农户卫生厕所达标率100%。社区居民院落环境治理成效突出。新打造20个老旧院落达到三星级以上标准要求;环境卫生整体达标率90%,新增星级院落10个;对往年命名的290个星级院落进行复评,复评合格率100%,继续保持星级院落的荣誉称号;组织开展全市春、秋两季的除害防病工作,各乡镇和市级部门共投放灭鼠药4吨,灭蚊、蝇、蟑螂药200千克,灭鼠饵盒800个,有效地降低“四害”密度;加强控烟工作。在市委机关、市人大机关、市政府机关、市政协机关、城区学校和重点公共场所等37家申报为第二批成都市无烟单位;组织开展“成都市人民政府关于表彰2011－2013年度爱国卫生先进集体和先进个人”的推荐评选活动,有13个先进集体和10个先进个人受到表彰。

【信息报送】 崇州市卫生局加强信息收集与报送工作,全年报送卫生信息589条;向成都市政府网站管理平台公开信息125条,向成都市卫生局、崇州市委市政府信息科报送信息125条,被《今日崇州》采用5条,在《崇州公众信息网》刊登125条。

(向　勇)

金　堂　县

【概况】 2014年,金堂县有各级各类医疗机构546个,其中县级二级甲等医院4个、二级乙等医院1个,还有县疾病预防控制中心、县卫生执法监督大队、医管中心、县精神病医院、川锅医院、工矿医院、驻县医院各1个,民营医院13个、乡镇卫生院21个、社区卫生服务中心2个、社区卫生服务站5个、村卫生室379个、门诊部11个、医务室19个、诊所84个;编制床位4 665张,开放床位4 672张,每千人床位5.24张。全县公立医疗卫生机构有在编职工2 263人,其中卫生专业技术人员2 000人,占人员总数的90.4%;其中,高级职称103人,中级职称387人,初级职称1 332人,分别占专业技术人才总数的5.2%、19.4%和66.7%;研究生以上学历12人,本科学历552人,专科学历1 332人,中专及以下学历462人,分别占专业技术人才总数的0.6%、27.6%、66.7%和23.1%。金堂县全年门诊量3 468 305人(次),较上年增长6.35%(其中民营医疗机构门诊人(次)570 060人(次),较上年增长23.7%;全年收治病人总数143 891人(次)、较上年增长1.29%,其中民营医疗机构收治人数11 615人(次)、较上年增长20.8%。全县急性传染病(乙丙)类发病率134.81 / 10万,较上年下降10.66%,无甲类传染病报告;全县总户籍人口期望寿命78.61岁,较上年增加0.07岁;全县婴儿死亡率4.74‰,较上年下降13.8%;慢性非传染性疾病发病8 562例,总报告发病率958.98 / 10万,较上年增长11.87%;居民主要死因顺位前10位依次是恶性肿瘤、呼吸系统疾病、脑血管病心脏病、伤害、消化系统疾病、内分泌,营养和代谢疾病、传染病和寄生虫病、泌尿生殖系统疾病、神经系统疾病,合计5 864例,占死亡总数的98.63%;与上年相比,全县死亡模式变化不大。金堂县获得"四川省规范化犬伤门诊示范区",市级艾滋病防治、狂犬病防制、卫生创建、传染病疫情管理、免疫规划、阳光救助、妇幼卫生信息、百万职工技能大赛,妇幼健康技能比赛组织工作先进等表彰奖励20项;狂犬病防制、结核病防治、城乡卫生软硬件建设、卫生应急能力建设、彭州石化项目三星镇污水氧化塘区域蚊虫控制处置等工作,获得市级领导肯定性批示8次。

【项目建设】 金堂县卫生系统完成固定资产投资2.5亿元,争取上级资金9 042.11万元。县第一人民医院迁建项目、县妇幼保健院迁建项目一期工程主体竣工,县第二人民医院门诊综合楼投入使用,官仓镇卫生院公卫楼和13个标准化村卫生室投入使用,五凤镇卫生院迁建项目主体竣工。

【基层医疗机构标准化建设】 金堂县卫生局组织全面完成基层公益性医疗卫生机构标准化建设设备提升工程,为转龙、清江、白果等18个乡镇卫生院和社区服务中心添置DR、彩超、颈腰椎牵引设备、中药熏蒸设备、中药粉碎机、中药煎药机、救护车、全科医生服务团队服务包等重点医疗设施设备。

【医疗服务与义务献血】 金堂县卫生局组织深入开展"三好一满意"、医疗质量万里行和"优质护理服务示范工程"活动,严格落实医疗质量和医疗安全的核心制度,优化服务流程,规范临床诊疗行为,完善医疗技术准入和管理制度,市政协副主席李铀给予肯定性批示2次。12月17－19日,金堂县第二人民医院顺利通过二级甲等医院评审。全县全年门诊(住院)惠民医疗1 023人,医药总费用40.2万元,减免金额5.23万元,占13.23%;共招募固定自愿无偿献血队伍4支、970名;建成县爱心献血服务站,无偿献血者2 625人(次),共采集88.73万毫升、临床用血81.45万毫升。金堂县应急无偿献血名列全市前茅,6月24日参加成都市卫生局在血液中心举办的应急无偿献血工作会并在会上作交流发言。

【全科医生与居民契约式服务】 金堂县卫生局实行全科医生为主导的家庭医生服务模式,组建服务团队148个,配备专兼职人员619人。全县共签约服务70 610户、170 651人,签约率达28.3%。

【公共卫生服务均等化】 金堂县卫生局开展城乡居民健康档案管理、健康教育、慢性病管理等11类基本公共卫生服务。全县城乡居民规范化电子健康档案68.2万份,建档率达常住人口的94%。全县调查出重性精神病患者3 660人,参保率达100%,社区管理率达90%;阳光救助重性精神病患者80人,发放贫困精神病患者服药需求服药卡200人,救助金额8万元;全面实施城乡孕产妇住院分娩补助,城乡孕产妇住院分娩率达100%,孕产妇死亡率为零;完成宫颈癌筛查10 143人、乳腺癌筛查4 889人、耳聋基因筛查6 462例。全县在管65岁以上老年人86 697人,完成免费体检70 988人,体检率81.88%。全县高血压患者管理率达60.69%、糖尿病患者管理率达50.65%。全县发现职业禁忌症75人,其中在岗35人、岗前40人。

【重大疾病防控】 金堂县卫生局开展艾滋病防治"安全有一套"推广行动,发放宣传资料11.3万份,安全套12.3万只,接受群众咨询7 000人(次),发放包括农民工在内的流动人群幸福包5 165个。9月28日,全省世界狂犬病日"共同努力,使狂犬病成为历史"大型宣传活动在金堂县举行。10月14日,金堂县启动创建四川省结核病综合防治示范区工作。12月24日,四川省卫生和计划生育委员会授予金堂县"四川省规范化犬伤门诊示范区”称号。全县免疫规划疫苗接种率达99.48%，无血吸虫病、狂犬病发生，艾滋病、结核病、血吸虫病、狂犬病等达到国家、省、市防控目标。

【爱国卫生】 金堂县巩固省级卫生县城创建成果，被四川省爱国卫生运动委员会评为“四川省卫生单位”。全县6个单位、6个村、8名个人获市政府表彰，创建14个省级单位、4个省级卫生镇、11个省级卫生村。金堂县巩固病媒生物防制考核成果，三星镇彭州石化项目污水氧化塘区域蚊虫控制处置及时有效，成都市副市长刘守成和成都市政协副主席李铀分别给予肯定性批示。

【中医医疗预防保健服务】 金堂县第一人民医院、第二人民医院、第三人民医院3所县级综合医院均建立标准中医科、中药房和中医集中诊疗区。县中医医院设置“治未病”科，21个乡镇卫生院（社区卫生服务中心）设置“治未病”诊室。基层医疗机构增加中医医疗预防保健服务项目。全县在管65岁以上老年人中，接受中医药服务管理老年人36 607人，中医体质辨识率42.22%；在管0－36个月儿童数41 318人，其中接受中医药服务19 877人（次），接受中医药健康管理率48.11%。

【卫生应急】 3月13日，国家发改委专家调研卫生应急指挥决策系统建设并予以充分肯定。4月10日，四川省创建卫生应急综合示范县现场会在金堂县召开，全省20余个区、市、县参加，金堂县在会上作经验交流发言。金堂县全年共接待省内外近20个区、市、县参观学习创建卫生应急综合示范县工作；组织卫生应急培训14次，完成迎春灯会、油菜花节和铁人三项赛等各种重大活动及县内重大会议的医疗救护保障，全年共派救护车90车（次）、出动医护人员500人（次）。

【卫生改革】 金堂县深化县级公立医院综合改革。10月1日，金堂县妇幼保健院取消药品加成，实行零差率销售，全县县级公立医院实现取消药品加成覆盖率100%。

【人才队伍建设】 金堂县加强干部管理和培训，下派100名县级医疗卫生单位干部和专业技术人员到乡镇卫生院锻炼，选拔10名党员干部及医护人员到小金县、炉霍县援藏；加大人才引进和培养力度，招聘医学人才97人，引进高层次人才6人（博士1人，副高级职称4人，研究生1人），签订医学院校2015年应届毕业生19人；完成各类专业培训9 000人（次）。金堂县年内晋升中级职称65人、晋升副高级职称13人，晋升正高级职称1人。

【党风廉政建设】 金堂县深入开展党的群众路线教育实践活动，贯彻落实党风廉政建设“两个责任”，扎实开展正风肃纪专项整治、中央巡视组和省委巡视组反馈意见专项整改；开展廉洁医院创建，深入推进廉政文化进医院和述责述廉，扎实推进党风廉政建设和反腐败工作。

（范忌建　吕小鹃）

双　流　县

【概况】 2014年，双流县有医疗卫生机构339家，其中县属医疗卫生单位17家（县级医疗卫生单位6家、基层医疗单位11家）、村卫生站108家、驻县医院4家、民营医院20家、急救中心1家、民营门诊部10家，驻县门诊部1家、诊所162？家、医务室15家，民营社区卫生服务中心1家；拥有卫生技术人员4 789

人、床位数3 478张,每千人拥有床位数4.61张、每千人拥有执业(助理)医师数2.47人、每千人拥有执业护士数2.41人。医疗机构门诊人(次)223.5万人(次)、同期增长22.96%,住院人(次)6.39万人(次)、同期增长0.16%。

【医政管理】 双流县的县、镇两级医疗机构投入经费7 364万元,新增或更新设备。在全市医疗机构的医疗质量检查中,县中医医院在同类医院中排名第二位,西航港社区卫生服务中心在同类机构中排名第一位。双流县引导社会资本参与双流高端医疗建设,协助引进川大华西国际医院。

【卫生改革】 双流县的镇、村医疗机构继续实施基本药物制度。县一医院、县中医医院继续开展取消药品加成工作,县保健院启动取消药品加成工作,全年为群众让利3 230.75万元。双流县推进医师多点执业,促进医师有效合理流动。

【对口帮扶】 双流县黄水镇卫生院、西航港社区卫生服务中心分别挂牌成为县中医医院和县妇幼保健院分院。县级医院派出94名专技人员到镇级医疗机构和巴塘对口帮扶,全年共参与诊疗患者5.29万人(次)、义诊6 803人(次),帮助基层医院开展新技术23项,填补对口医院学科空白,带教培训对口医院医务人员244人(次)。

【学科建设】 双流县有省级重点专科1个、市级重点专科5个、县级重点专科5个。县一医院普外科创建省医学重点学科建设单位,县一医院骨伤科、县中医医院康复科创建省级重点中医专科单位。县中医医院儿科、肺病科、老年病科创建为市级重点中医专科。县一医院与川大华西医院耳鼻喉科合作。

【公共卫生】 双流县成功创建为慢性病综合防控示范区。双流县累计建立居民电子健康档案61.39万份,建档率95.03%,其中规范电子健康档案60.36万份,规范建档率达93.43%;累计管理高血压患者4.78万人、糖尿病患者1.96万人、65岁以上老年人5.11万人、0－6岁儿童2.93万人、孕产妇5 976人。双流县在全省率先推进以镇村两级人员组建乡村医生服务团队的模式,并在全省推进乡村医生签约服务工作会上作交流发言,相关经验在全省推广。

【妇幼保健】 双流县妇幼保健院成功创建为三级乙等妇幼保健机构。双流县建立县、镇、村三级质控网络,开展高危孕产妇筛查和动态管理,实施危重孕产妇市、县、镇三级会诊及危重孕产妇提前免费住院等民生措施;开通产儿科急救绿色通道,成立县级儿科急救专家库,县一医院、县妇幼保健院为定点急救医院。

【疾病预防控制】 双流县投入500万元更新或添置疾控中心检验检测设备,实验室资质认定和食品检验机构资质认定能力提升,县疾控中心创建为二级甲等疾控机构;连续10年未发生二号病疫情,连续6年无狂犬病疫情,结核病和艾滋病上升趋势得到有效控制。全县无甲类传染病报告,累计报告乙类传染病12种963例,报告发病率136.15/10万;报告丙类传染病6种2 457例;乙丙类累计死亡10例,报告死亡率1.41/10万;现代结核病控制策略(DOTS)覆盖率100%。

【中医工作】 双流县以高分顺利通过全国基层中医药工作先进单位复审。双流县实施国家基本公共卫生服务中医药健康管理项目,中医服务量达61.6%,推广中医药适宜技术35项;进行第二届“双流县名中医”评选,评出李锦、卢本银、蔡晓君、杨茂清4位名中医。

【卫生执法监督】 双流县医疗卫生、公共场所卫生、生活饮用水卫生和学校卫生监督覆盖率达100%;开展“依法执业示范年”活动,严厉打击非法行医,全年打击非法行医52次,办理医疗卫生行政处罚案件24件;代表四川省接受国家卫计委《执业医师法》《学校卫生条例》的执法监督专项检查。

【行政审批】 双流县办理网上审批285件,每月网上审批率均保持在90%以上;共完成各类许可项目1 840件,无一起投诉。双流县卫生局窗口的各类满意度测评调查合格率均为100%。

【爱国卫生】 双流县城被全国爱卫会正式命名为国家卫生县城,县卫生局、县卫生执法监督大队被成都市政府评名为全市爱国卫生工作先进集体。双流县开展健康教育与促进活动及市健康素养控烟巡讲现场会、市县健康下乡活动,“四川省亿万农民健康促进行动试点县工作”通过省级验收,启动双流县创建全国健康促进试点县工作；开展公共场所控烟、环境卫生整治、病媒生物防制等工作。

【卫生应急】 双流县制定《反恐救治预案》《反恐防暴应急事件增援双流机场救治预案》，主动开展病例搜索，对传染病与突发公共卫生事件定期分析、预测预警；组织开展H7N9防控知识的应急培训和2次反恐救治演练。双流县全年无突发公共卫生事件报告。

【人才培养】 双流县通过面向社会公招大学毕业生，赴上海、北京、重庆等重点医学院校现场公招急需紧缺人员考核入编和高级职称人才引进等方式引进卫技人员。其中，公招158人，临聘人员考核入编42人，引进副高级以上卫生专业人才9人，赴高校招聘2015届毕业生49人（签订就业协议42人，意向协议7人）；实施“县管院用”人才使用机制。

【卫生项目】 双流县投入建设经费3 395万元。县中医医院迁建工程一期、永安中心卫生院迁建工程全面投用。截至年底，金桥镇卫生院住院楼新建工程基本完工；县第一人民医院迁建工程进行预算编制；县中医医院迁建工程二期工程、协和社区卫生服务中心新建工程完成初审和图审。

【信息化建设】 双流县在医学影像会诊中心增加心电会诊项目，对镇卫生院上传的影像资料实时会诊，基层医疗机构影像上传率为95%；率先在全市范围内开展“居民健康一卡通”工作。

【党风廉政建设】 双流县卫生局开展党的群众路线教育实践活动，得到县委、县第十三督导组和市卫生局的充分肯定；落实党风廉政建设“两个责任”，开展“深化医疗领域突出问题的专项治理工作”、廉政文化进医院等活动，无违纪违规情况发生。

（郑 伟 李恒雪）

郫　县

【概况】 2014年，郫县有土地面积438平方公里，辖14个镇（街道）、195个村（社区）；年末有户籍人口54.25万人、常住人口81.73万人，实有人口108万人。郫县是中国农家乐旅游发源地，成都市规划确定的七大卫星城之一，有豆瓣之乡、蜀绣之乡、盆景之乡的美誉。郫县有医疗卫生机构400家，其中医院20家、基层医疗卫生机构376家、专业公共卫生机构4家；有卫生技术人员4 517人，其中执业（助理）医师1 829人、注册护士1 856人；由医疗机构实际开放床位数3 493张。郫县全年门诊诊疗524.2万人（次），出院人数14.1万人（次）；报告急性传染病10种1 029例，报告发病率135.65/10万，较上年下降11.56%，无甲类传染病；人均期望寿命78.82岁，较上年提高0.98岁。成都市四类慢病报告发病率1357.76/10万，较上年上升21.86%。居民前十位死因顺位为肿瘤、循环系统疾病、呼吸系统疾病、损伤和中毒、内分泌及营养和代谢疾病、消化系统疾病、神经系统疾病、泌尿生殖系统疾病、传染病和寄生虫病、肌肉骨骼和结缔组织疾病。郫县于12月26日成功创建为国家级慢性病综合防控示范区。

【县级公立医院改革】 郫县作为国家第二批县级公立医院改革试点县，确立由医改办（设在县发改局）牵头，县委编办、县人社局、县财政局、县公安局等多部门联合参与，共同推进改革的工作机制;制定《郫县县级公立医院改革试点工作方案》,初步拟定《法人治理结构建设试点工作实施方案》并以郫县人民医院为试点实施推进。10月1日,郫县妇幼保健院启动实施"药品零加成",至此,郫县4家公立医院全面实现"药品零加成",使改革任务中的"药品零加成"工作提前全面完成。郫县政府积极落实补偿机制改革,自2013年10月起已为药品零加成"买单"137.5万元,并已完成20%兜底责任。

【公共卫生服务】 郫县的14家镇卫生院(社区卫生服务中心)继续开展国家基本公共卫生服务项目,下沉部分工作至村卫生站,满足居民的基本卫生服务需求,群众满意度进一步提高。在成都市卫生局2014年度基层基本公共卫生服务项目第三方考核中名列全市第四位,二圈层第二位。

【卫生援藏】 郫县投入2 000万元在八美镇对口援建的道孚县第二人民医院业务用房项目工程主体完成;实施卫生人才"百人帮扶"活动,为藏区输送医疗骨干29人(次);先后接受藏区医务人员15人(次)到郫县进行培训、学习。郫县卫生局原局长陈杰主动带队赴道孚,挂职副县长。郫县卫生援藏队突出做好"11·22"康定地震抗震救灾工作、"8·30"较大交通事故医疗保障,配合道孚县当地开展大骨节病的下乡普查和筛查工作、包虫病防控项目、食物中毒的处置等专业性工作;加快推进道孚卫生信息化平台建设,联系万达信息公司为道孚县建立医疗信息化平台,捐助前期建设费用468.2万元;充分协调成都363医院对道孚县人民医院的协作项目,基本达成协作意向,由郫县人民医院捐助道孚县人民医院价值5万元的设备,由郫县疾病预防控制中心捐助道孚疾病预防控制中心3万元用于防病工作开展。

【卫生项目】 郫县人民医院业务用房建设项目是2011年中央投资农村医疗卫生服务体系建设项目,实际总投资6 934万元(其中中央投资1 800万元、县级投入5 134万元),建设内容为门诊、医技、住院业务用房,建筑面积17 592平方米,项目建设工程于2012年9月开工建设,2014年10月全面竣工。2013年12月25日,郫县第十七届人民政府第19次常务会议议定,同意实施郫县人民医院业务用房迁建项目,项目于2014年1月29日批准立项,选址郫县东南部新城,占地面积86.8亩,计划投资4.4亿元,拟建建筑面积10万平方米、设置住院床位1 000张的三级综合医院,截至2014年底项目已完成建设方案设计并通过县规委会审定。2013年9月11日,郫县第十七届人民政府第16次常务会议议定,同意实施郫县中医医院业务用房迁建项目,项目于2014年1月29日批准立项,选址郫县东南部新城,占地面积60.2亩,计划投资3.2亿元,拟建建筑面积6.89万平方米、设置住院床位600张的三级中医医院,截至2014年底已完成施工图设计及审查、工程造价清单编制(土建工程部分)。

【科技创新】 郫县卫生局加强医学重点学科、优势专科建设,全系统有国家基层重点中医专科1个(县中医院中西医结合肺病科)、省级重点中医专科3个(县中医院康复科、肾病科、骨伤科)、市级重点中医专科4个(县中医院脾胃病科、老年病科、妇科、重症医学科)、市级重点专科1个(县医院心血管科),县人民医院心血管科积极创建省级重点专科。全县县级单位已开展国家级科研项目4项,省级科研成果4项。县级公立医院已开展各类新技术、新项目累计10项。

【人才队伍建设】 郫县卫生局公招35名、选聘18名卫生专业技术人员编制内补充到县镇医疗卫生机构;共有133人取得中、高级职称任职资格,选派65名专业技术人员到四川大学华西医院、四川省人民医院、成都市第三人民医院等上级医疗机构进修学习;实施"名医"培养创建工程,强化学科带头人培养,全系统共有31人入选省、市各类专业学会(9人入选成都市医疗质量控制中心组专家库);开展"卫生人才基层行"活动,47名中高级职称卫生专业技术人才到镇级医疗机构进行带教、查房、会诊等技术支持。全系统有224人参加执业医师资质报考、2 480人参加刊授继续医学教育、491人参加华医网远程继续医学教育、1 499名医师参加医师定期考核,完成医师定期考核复核1 236人,完成率100%;928人(次)参加全国、省、市继续教育培训,50人(次)参加省、市适宜技术培训。

【基层医疗机构标准化和信息化建设】 郫县卫生局按计划为镇级医疗机构配备到位彩超4台、DR6台、救护车5辆、全科医师服务包31套、颈腰椎牵引设备3套、中药熏蒸设备4台、中药粉碎机6台、中药煎药机5台、笔记本电脑31台；按照成都市卫生局统一部署，郫县基层医疗卫生信息系统升级改造工作在红光镇卫生院试点开展。

【医政管理】 郫县医疗机构总诊疗人数524.2万人(次)，出院人数14.1万人(次)。全县医疗机构实际开放床位数3 493张，出院者平均住院日7.4天。全县医疗机构医师人均每日诊疗10.9人(次)，处于全市较高水平。全县医疗机构平均每诊疗人(次)医疗费106.12元，平均每出院者住院医疗费4 255.68元，与全市平均水平262.29元和9 227.9元相比较，比例分别为40.46%和46.12%，处于全市较低水平。郫县全年基层医疗卫生机构基本药物让利于民1 911万元。至2014年10月，县人民医院、县中医医院、县第二人民医院、县妇幼保健院均已全面实施“药品零加成”。

【业务协作】 郫县人民医院、第二人民医院、中医医院，分别与华西医院、成都市第一人民医院、成都市第二人民医院、成都市第三人民医院、四川省人民医院等建立协作关系；郫县中医医院与上海中医药大学附属岳阳中西医结合医院、安靖镇卫生院与四川省军区总医院建立协作关系。

【无偿献血】 郫县全年在辖区内共采集全血7 680人(次)，13 084.15单位。其中，街头采血3 463.5单位、高校采血4 301.15单位、团体采血305.5单位、应急献血5 014单位，应急献血完成率为250.7%，位居全市第一位。

【医疗机构升级评等】 郫县人民医院于2013年通过评审，2014年被正式授予“三级乙等”综合医院称号。至此，郫县成为成都市第4家，同环区县第二家县人民医院、县中医医院同时达到“三级乙等”医疗水平的区县。

【中医服务】 郫县卫生局持续加强基层医疗机构中医药内涵建设，全面提升基层中医药服务能力，按期完成县人民医院中医科、中药房规范化建设，启动县妇幼保健院中医科、中药房建设；加强“治未病中心”建设，开展健康评估和健康干预，发放中医养生保健知识宣传册4.8万份，服务人群8 629人(次)；积极弘扬传统医学，整合针刺、推拿、敷贴等中医药适宜技术，开设药膳、膏方进补等特色保健服务。截至12月底，郫县组建79个家庭医生服务团队、367名医生和护士团队，签约率达25%；开展健康教育讲座1 073次、服务人群247 958人(次)。

【疾病预防控制】 郫县卫生局全年共投入专项经费219.46万元，购置FACSCount流式细胞仪、4位6通道快速全自动一体化实时荧光定量PCR仪、实时荧光定量PCR仪等先进检测设备，有效提高了中心实验室在HIV感染者CD4+淋巴细胞检测、结核杆菌耐药基因检测、手足口病检测、食品检测及突发应急事件快速检测能力；在周边区(市)县中率先购置热解吸仪1台，运用新方法进行苯系物检测，有效提高我县职业卫生检测能力；顺利通过省卫计委放射卫生技术服务机构资质复评审和省安监局组织的职业卫生技术服务资质复评审。全县全年共处置散发疫情822起、传染病聚集性疫情103起，疫情处理率为100%，无霍乱、狂犬病、人禽流感发生；发现活动性肺结核患275例，新涂阳肺结核患者94例，新涂阳肺结核患者的治愈率达95.92%，涂阳肺结核患者密切接触者筛查率达100%，非结防机构报告的肺结核患者和疑似肺结核患者的总体到位率为98.32%；结核病患者艾滋病病毒筛查率为92%；耐多药肺结核可疑者筛查率87.67%；全人群结核病知晓率达89.86%。郫县全年无疟疾病例，碘盐监测300份，合格碘盐食用率为99%；监测8－10岁学生甲状腺肿大400人，查出肿大人数2人，肿大率0.5%；开展螺情监测9.07万平方米，灭螺面积6.02万平方米。郫县作为四川省平原地区土源性线虫病监测点，完成线虫病监测1 000人，查出线虫病感染者8例，总感染率为0.8%；累计报告现住址在郫县的艾滋病感染者和病人713例，其中感染者430例、病人283例；累计开展抗病毒治疗438人(含3名儿童)，治疗覆盖率达88.32%，全年开展CD4检测537人，病毒载量检测210人；开展艾滋病抗体检测69 219人，其中阳性199人。郫县出生儿童9 549人、建卡9 507人、建证9 507人，建卡率、建证率均为99.56%；原五苗基础免疫接种率均达95%以上，乙肝首针及时接种率、扩免疫苗及加强免疫疫苗接种率均达90%以上；报告疑似预防接种异常反应病例60例，无疫苗质量事故和接种事故发生；建立规范居民健康档案733 999人，规范建档率95.25%，老年人建档率98.78%。高血压建档56 518人，健康管理56 518人,规范管理53 585人,规范管理率94.81%;糖尿病建档23 325人,健康管理23 325人,规范管理22 027人,规范管理率94.44%。登记重性精神疾病2 912人,管理2 427人,规范管理2 427人,规范管理率83.34%;对贫困重性精神疾病患者实施门诊、住院等医疗救助,其中住院救助8人,门诊救助70人。

【妇幼保健】 郫县卫生局继续深入实施孕产妇住院分娩补助政策,创新开展孕产前、产时、产后保健系统化服务,强化高效、有序、通畅的"会诊、抢救、转诊"绿色通道,全县流动人口高危妊娠管理率100%,高危儿童管理率达100%,城乡孕产妇住院分娩率达100%;全县孕产妇死亡1例,死亡率为24.83/10万(专家评审为不可避免死亡),婴儿死亡率为4.22‰;全年共为1 486名农村孕产妇发放住院分娩补助经费74.30万元;为待孕妇女发放叶酸13 600瓶,叶酸知识知晓率99%、服用率97.3%、依从率84%;规范开展预防艾滋病、梅毒、乙肝母婴传播阻断项目,免费为10 457名初次建卡孕妇进行艾滋、梅毒和乙肝免费检测及HIV咨;增HIV感染孕产妇7例,活产7例,孕产妇及所生婴儿干预率100%,婴儿早期诊断率100%;梅毒感染孕妇34例,活产22例,均按规范进行治疗和管理;为470名乙肝表抗阳性孕产妇所生儿童注射乙肝免疫球蛋白,注射率达100%,开展婚前免费医学检查7 948人,检测率达86.90%;开展产前筛查6 642人(次),筛出高风险人群均按规定转诊,确诊21－三体异常1人;新生儿疾病筛查率98.54%,新生儿听力筛查率99.1%,辖区新生儿追踪管理率100%。郫县2014年作为省级项目县,参加宫颈癌检查人数9 336人,完成任务数的117%;查出其中CIN1人数2人,CIN2人数8人,CIN3人数2人;参加乳腺癌检查人数2 366人,完成任务数的118.30%。乳腺彩超查出可疑/阳性人数25人,均进行乳腺钼靶X检查;发现乳腺纤维瘤3人;病理检查2人,确诊为乳腺浸润癌,已进行乳腺癌手术治疗。

【卫生执法监督】 郫县卫生局对78所大中小学校和208所托幼机构进行春秋两季饮用水卫生、传染病防控工作专项检查,开展全县56所中小学学校卫生监督量化评分综合评价;每季度对纳入卫生部饮水卫生监测网络的33个监测点位开展专项监督监测;组织开展现制现售自动饮水机专项整治和学校突发传染病事件应急演练;新办公共场所卫生许可证315户,办理灵活就业卫生辅导证68户、建立健全卫生管理制度323户,完善理发店、美容店卫生设施189户;全面推进公共场所经营单位安全套推广工作,为郫县旅店业提供安全套达100%,无偿提供比例为99.89%;对12户沐浴场所、12户游泳场所、22户校园周边公共场所、5户集中空调使用单位进行专项检查;对989户公共场所经营单位实施量化分级管理,住宿业、沐浴业、游泳场所、美容美发业实施率均为100%;对本县辖区内游泳场所、美容美发、饭店、住宿、沐浴场所、商场、集中空调等32户单位进行抽检监测,全部样品均符合要求;强化对辖区内47户X射线影像诊断、1户介入放射单位的督查,并组织放射工作培训、职业病防治宣传咨询活动各1次,发放5种宣传材料600份,接受咨询100人(次)。

【卫生法制】 郫县卫生局强化卫生行政执法队伍建设,定期开展行政执法稽查、认真落实案卷评查和行政处罚事后回访制度,全年未发生错案引起的行政诉讼、行政复议和行政赔偿案件;完善落实行政审批各项规章制度,及时完成行政审批事项的清理和调整,全年共办理卫生行政审批3 079件,发放卫生审批件2 805件,现场办结率100%、承诺时限办结率100%、公众评价率100%、网上审批实现率100%,无超时办件。

【卫生应急】 郫县卫生局加强卫生应急体系建设,提高卫生应急处置能力,共制定、完善卫生应急预案和工作方案4个,有效应对各类突发公共卫生事件,成功处置"11·15飞机坠机事件";共组织卫生应急培训班4期、卫生应急知识宣传活动2次、卫生应急演练2次,培训卫生应急人员185人(次),督促指导卫生应急演练40次;印发宣传手册4 000份,接受群众咨询200人。

【爱国卫生】 唐昌镇成功创建为"省级卫生镇",郫筒街道梨园村、唐昌镇青春村、安德镇交通村、犀浦镇锦园社区、红光镇宋家林村、新民场镇星火社区、古城镇邻城村、德源镇新城佳苑社区、花园镇麻柳村、友爱镇清河村10个村(社区)为成功创建"省级卫生村"。郫县评选出"2011－2013年度"成都市爱国卫生先进单位8个、爱国卫生先进个人12个、卫生镇1个、卫生村6个；新评星级院落26个、复评星级院落24个，评选卫生示范户142户、优秀门卫20名，评选无烟单位9个；组织重点公共场所专业灭鼠5次、灭蚊蝇消杀3次、热烟雾机灭蟑螂2次，消杀面积30万平方米；开展健康教育促进、宣传活动共22次，累计发放宣传资料12万份，参与2 095人(次)，义诊1 103人(次)。

（王　希）

大邑县

【概况】　2014年，大邑县共有各级各类医疗卫生机构460个，其中医院17个(民营医院15个)、基层医疗卫生机构个439(乡镇卫生院29个、社区服务中心1个、村卫生站337个、诊所57个、医务室6个、门诊部9个)、专业公共卫生机构4个(妇幼保健院1个、疾病控制中心1个、血防站1个、卫生执法大队1个)。全县医疗卫生机构核定床位数2 722张(其中民营医疗机构1 016张)，每千人口医疗机构床位数由上年5.23张提高到5.34张。全县有卫技人员3 185人，执业医师(助理)总人数1 473人，每千人拥有执业医师(助理)2.88人；有注册护士总人数1 511人，每千人拥有注册护士数2.96人。全县全年门诊量为2 739 519人(次)(其中民营医疗机构门诊348 613人〈次〉)，较上年增长5.01%；住院量为129 823人(次)(其中民营医疗收治16 821人〈次〉)。居民前10位死因顺位疾病为：循环系统、恶性肿瘤、呼吸系统疾病、脑血管病、心脏病、损伤及中毒、内分泌营养代谢疾病、消化系统疾病、泌尿生殖系统疾病、传染病。全县全年无甲类传染病发病，共报告乙、丙类传染病发病15种、1 733例，报告发病率332.06／10万；报告急性传染病发病率107.88／10万，与上年度比下降13.08%；死亡7例，报告死亡率1.34／10万，病死率0.40%。

【医疗卫生改革】　大邑县卫生局编制完成《全县医疗机构配置中长期规划(2015－2025年)》，对医疗机构分布结构进行优化调整；在县级公立医院开展药品(设备、耗材)供应机制耗材改革试点工作，县人民医院、县第二人民医院、县妇幼保健院全面实施药品(设备、耗材)供应机制耗材改革试点，县级医院将使用量、使用金额排名前242个品规的抗生素及非抗生素类药品进行集中议价采购，每个品种降价10%－30%不等，有的甚至达到50%，使患者药品费用负担总体下降，县级医院药占比由上年41.02%下降到35.98%，医院收入结构得到改善，县级公立医院药品采购“二次竞价”试点工作成效显著；高值耗材依托四川省医药耗材采购配送监督平台，对使用量较大的骨科高值医用耗材，由县医院开展集中议价采购，降价幅度达20%以上，全年为群众减轻负担3 000万元；探索县级医院托管乡镇公立卫生院新模式，出江、金星、鹤鸣等3家乡镇公立卫生院接受托管，通过医疗联合，提高基层公立卫生院的业务能力。

【能力提升工程】　大邑县卫生局实施基层公益性医疗卫生机构提升工程，为7家乡镇卫生院配置彩超、DR(CR)、救护车、心电监护仪及中医药设备33台(套)，为全科医生团队配置服务包133套，为270家村(社区)卫生站配置医疗设备及信息化设备，总价达767.27万元，实现全县所有乡镇卫生院(社区卫生服务中心)和公益性村(社区)卫生设施设备提档升级；加大项目建设力度，全县有卫生建设项目共40

个。其中，中央投资项目38个，含乡镇公立卫生院改造项目2个、120急救指挥中心建设项目1个、村卫生站建设项目35个，共投入资金1 090万元；民营投资项目2个，即县中医院综合大楼、县骨科医院外科大楼，共投入资金2.4亿元。

【信息化建设】 大邑县卫生局完成卫生信息平台软硬件设施设备建设，实现对基层业务数据的统一管理和市级平台的业务协同联动；由市财政投入600万元，建设县人民医院数字影像集中阅片中心和远程会诊系统投入使用，患者在乡镇就能享受二级以上医院的优质医疗服务。

【卫生科技】 大邑县卫生局申报医学优势专科推进项目，推进县级医院优势专科建设。县中医医院建成省级重点专科2个(康复科、肛肠科)、市级重点专科3个(肿瘤科、老年病科、针灸科)。县骨科医院建成市级重点专科2个(脊柱骨关节科、中医康复科)。县人民医院、县中医医院、县骨科医院已申报省、市级重点专科5个。全县在重点学科研究中每年遴选不少于5项新技术，将科研成果转化推广至临床；在适宜技术上，每年遴选不少于10项的适宜医疗卫生技术在基层医疗机构进行推广。

【大型设备】 大邑县医疗机构新投入大型医疗设备运行良好。1.5T核磁共振，为美国GE公司生产的整机全进口设备，经济投入1 350万元，运行频率为600人(次)/月，当年直接经济效益400万元。64排128层CT，为美国GE公司生产的整机全进口设备，经济投入1 298.6万元，运行频率为2 600人(次)/月，当年直接经济效益900万元。医疗机构新投入使用的CT及核磁共振为医疗、教学、科研、预防保健等工作提供科学依据和有力支撑，方便群众就地医疗。

【中医中药】 大邑县卫生局在县人民医院和县妇幼保健院开展中医科、中药房规范化建设以及中医集中诊疗区打造；组织98名中医药人员参加2014年度“中医药临床人员学习四部经典”全省统考；加大中医药适宜技术推广，将县中医医院及5家乡镇公立卫生院、60家村卫生站纳入2014年四川省中医药适宜技术服务能力建设项目单位。

【对口支援】 大邑县卫生局共派出22名医护人员支援基层医疗卫生单位，其中甘孜州10人、凉山州3人；派出医务人员参与诊疗11 287人(次)、学术讲座80次、业务培训65次、教学查房148次。

【行政审批】 大邑县卫生局全年共承接成都市调整下放的行政审批事项有医师执业注册(部分)、护士执业注册、麻醉药品及第一类精神药品购用印鉴卡审批、涉及饮用水产品卫生许可、消毒产品生产企业卫生许可、职业病诊断人员资格认定和医疗广告审批事项等7个大项；受理办结调整下放许可505件，其中医师(助理)执业注册195件、护士执业注册269件、麻醉药品及第一类精神药品购用印鉴卡审批25件、涉及饮用水产品卫生许可13件、消毒产品生产企业卫生许可3件；完善医师多点执业注册办事指南，优化办理程序，推动优质医疗资源纵向流动，完成医师多点注册共46人(次)，其中第二类24人(次)、第三类22人，比上年增长91%；深化行政审批“两集中、两到位”，卫生行政审批事项64小项，授权委托窗口首席代表60项行使审批决定权，授权率达93.75%，由窗口统一受理、办结、发证，办理各类行政许可事项1 802件，时限内办结率100%，群众满意率达100%，无对符合法定条件的不予以行政许可、不符合法定或者超越法定职权做出准予行政许可决定的事项。

【卫生执法监督】 大邑县卫生局监督公共场所889户，卫生监督覆盖率100%；开展“安全有一套”等各类公共专项整治4次，乙类公共场所备案35户；完成辖区28家饮用水生产单位检查112户(次)，对现有饮用水56个监测点进行现场快检，完成水源巡查工作48次；开展生活饮用水及涉水产品专项检查2次；对全县459家医疗机构，开展医疗广告、传染病防治、依法执业及临床技术应用等执法监督工作；监督各级医疗机构1 836户(次)，出动监督员3 214人(次)，下达监督意见书1 149份，监督覆盖率100%；开展“打非”行动4次；开展学校传染病防治、生活饮用水等专项检查7次，共计出动卫生监督员166人(次)，检查学校198所(次)，检查覆盖率100%；共出动监督员35人(次)对餐饮具集中消毒单位2家、消毒产品生产企业1家进行监督；查处卫生违法案件37起，处罚金额共计5.53万元。

【妇幼保健】 大邑县有户籍产妇

数3 348人，活产数3 384人，建卡人数3 325人，建卡率99.31%，系管人数3 247人，系管率95.95%；住院分娩3 384人，住院分娩补助2 318人，补助经费104.31万元，孕产妇死亡为零；开展孕妇HIV检测4 211人，梅毒检测4 211人，乙肝检测4 211人；累计发放叶酸6 300瓶，领取2 332人。全县有7岁以下儿童22 040人，系管21 458人，系管率97.36%；有0－3岁以下儿童9 846人，系管9 440人，系管率95.88%。全县新生儿死亡5人，死亡率1.48‰；婴儿死亡13人，死亡率3.84‰；5岁以下儿童死亡19人，死亡率5.61‰。全县全年完成免费婚检1 394对。

【卫生应急】 大邑县卫生局争取中央资金投资420万元，建成120急救指挥中心建设项目；加强120网络医院管理，全力做好"人员、设备、药品、车辆"的应急准备工作，完成"春节""五一""十一""高考"等全县重大活动的卫生保障和医疗救护工作任务，制定相关卫生应急工作预案，全县无突发公共卫生事件发生。

【全科医生服务】 大邑县卫生局推进全科医生执业方式和服务模式改革试点，人均基本公共卫生服务经费标准已提高到40元/人·年。全县签订《大邑县家庭医生服务协议书》的家庭达40 277户，覆盖人数达123 409人，签约率达23.6%。

【公共卫生服务】 大邑县卫生局加强糖尿病和高血压等重点慢病管理、健康教育等11项内容在内的基本公共卫生服务项目；规范化电子健康档案建档率达96.66%，糖尿病管理率96.78%，高血压管理率95.71%。

【人才队伍建设】 大邑县卫生局采取考核招聘、考试招聘、编外聘用等多种引才方式，引进专业技术人员，共招聘编制内医疗卫生事业单位专业技术人员32名，续签服务城乡基层项目大学生支医志愿者12名；落实待遇聚人才，有28名同志享受县政府的人才津贴，新聘3名主任医师、11名副主任医师；完善和规范继续医学教育工作，对933名卫生专业技术人员进行定期考核，全年参加刊授教育学习2 870人，县级医院开展学术培训19次，参加培训会的医务人员达1 259人（次）；实施中央补助基层卫生人员培训项目，共培训乡（镇）、村（社区）医务人员356名。

【爱国卫生】 大邑县新场镇成功创建"省级卫生集镇"，韩场镇兰田社区、晋原镇金龙社区等14个村（社区）被评为"省级卫生村"。大邑县卫生局组织开展爱国卫生月宣传活动、春季送健康下乡大型公益活动、大邑县社区院落清洁行动等"第二十六个爱国卫生月"系列活动；加强居民院落管理督查工作，召开"大邑县居民院整治专题工作会"，加强督查力度，与晋原镇、整治办、文明办、媒体联手对居民院落进行暗访督查、曝光，共发出整改通知书400份，现场督查整改150次，确保院落整治工作顺利开展；全面开展除"四害"工作，"四害"密度控制在规定范围内；结合"世界无烟日"宣传活动，重点加强公共场所禁烟宣传工作，医院、学校、商场等单位禁烟工作有效推进；全面完成200户改厕工作任务；通过在大邑电视台举办《健康》栏目、开展"三新"活动、发送短信、设立宣传点、举办宣传栏、发放宣传单等开展卫生常识和健康知识宣传，健康教育宣传有声有色。

【疾病预防控制】 大邑县卫生局完成疫情监测、重大传染病疫情审核、疫情分析、自动预警疾病的调查处理、人员培训等各项工作任务。地方病防治：大邑县全面完成碘缺乏病、疟疾监测任务，抽查盐样300份，碘盐覆盖率为100%，碘盐合格率为99.00%；抽查8－10岁儿童100份尿碘进行检测，中位数为173.60ug/L；抽检"三热病人"血检277人，合格率100%。血吸虫病防治：大邑县对16个流行乡镇钉螺孳生地及可疑环境开展调查监测，钉螺调查面积1 260万平方米，实施药物灭螺625万平方米，其中地膜灭螺3 900平方米；开展血吸虫病查病、治病工作，查病（监测）101 339人（次），其中粪检12 009人，血检阳性201人，无阳性感染者、无新发血吸虫病病人。全县现存58名历史晚血病人，所有晚血病人均建立健康档案。疟疾防治：9月29日，大邑县消除疟疾工作接受成都市考核验收，经过省、市专家组综合评定，疟疾防制已经达到国家消除疟疾标准（GB26345—2010）；12月24日，成都市人民政府地方病防治领导小组办公室专门发出《关于大邑县消除疟疾考核评估情况的通报》（成府地病办〔2014〕14号）。预防接种：大邑县完成常规免疫和扩大免疫规划接种率，卡介苗99.69%，脊灰疫苗99.47%，百白破三联疫苗

99.52%,麻风疫苗99.33%,乙肝疫苗99.57%(其中第一针及时接种率为96.62%),加强免疫接种率,脊灰疫苗98.95%,百白破疫苗99.09%,白破疫苗98.50%,A群流脑疫苗99.34%,3岁组A+C群流脑疫苗99.18%,6岁组A+C群流脑疫苗98.88%,乙脑疫苗99.26%,甲肝疫苗99.50%,麻腮风疫苗99.46%;对21家预防接种门诊进行评审,全县共申报预防接种规范门诊21家,通过AA评审19家,晋原镇社区卫生服务中心和悦来镇公立卫生院接种门诊通过市卫生局AAA评审;进行疑似预防接种异常反应监测,共报告疑似预防接种异常反应30例,其中男性18例、女性12例,经县级预防接种异常反应诊断小组诊断为异常反应7例、一般反应23例,无群体性预防接种异常反应发生。慢病及死因监测:全县人均期望寿命78.42岁(男76.27岁,女80.89岁),与上年度比较上升0.35%;脑卒中发病率133.24 / 10万,与上年度比上升3.9%;恶性肿瘤发病率108.37 / 10万,与上年度比下降8.77%;糖尿病发病率186.84 / 10万,与上年度比上升4.53%;冠心病发病率114.34 / 10万,与上年度比下降6.03%。卫生监测与检验:大邑县卫生局对城乡集中式供水单位水质和学校、幼儿园食堂餐具以及医疗单位院内感染控制开展卫生监测,完成城乡集中式供水单位水质监测,全年共抽检监测水样353件,合格341件,合格率96.60%,并按时上报水质检测数据至国家网络;完成学校食堂监测,监测覆盖率100%;完成乡镇以上医疗单位院内感染监测,并开展消毒技术督导。重症精神病人救治:大邑县继续实施精神病人阳光救助和重性精神病患者管理治疗项目工作,对登记的1 867例精神病患者社区管理率为100%,530例重症精神病患者100%享受特殊门诊待遇。

【党建和廉政建设】 大邑县卫生系统44个党组织、602名党员按照“照镜子、正衣冠、洗洗澡、治治病”的总要求,将锤炼“为民、务实、清廉”的作风品质转化为推动卫生事业科学发展的思想观念、实际举措和体制机制,确实改进行业作风,提升服务水平,提高群众满意度;开展党风廉政建设责任制及党风政风暨软环境测评,二级及以上医疗机构开展医生与住院病人签署《医患双方不收和不送“红包”协议书》1万份;开展医疗机构三级社会服务承诺活动;全面实行院务公开,各医疗卫生单位对常用药品价格、医疗服务等收费项目通过公示栏、显示屏等形式进行公示,设置意见箱105个,开通并公布投诉电话37部,开通主要负责人信箱14个,开通单位官方微博7个,进一步完善畅通群众诉求渠道工作;预防职务犯罪,分2批(次)组织县乡公立医疗卫生单位负责人、重点岗位人员100人,到县纪委廉洁教育基地大邑县新源监狱和邑州监狱开展现场警示教育,组织观看警示教育片;全面落实党组书记、各医疗卫生单位主要负责人讲廉政党课;贯彻落实“八项规定”,在重要时间节点开展廉政短信提醒和医疗突出问题、收受红包礼金等问题专项治理,发出廉政信息100条;结合群教活动,开展廉洁医院创建,进行“15+X”问题整改,卫生系统161人签订“不出入私人会所、不接受和持有私人会所会员卡”的承诺;开展正风肃纪明查暗访,对全县18家医疗卫生单位作风建设、工作纪律、卫生秩序等情况进行了监督检查;规范资金使用和公务用车。

(向丽华　张秀丽)

蒲 江 县

【概况】 2014年,蒲江县有各级各类医疗卫生机构178个和教学、管理机构2个。其中,政府举办县、镇乡医疗卫生机构和教学管理机构22个(县级8个,基层14个),村卫生站119个,民营医疗机构5个、门诊部2个,个体诊所28个,厂校医务室4个。卫生从业人员2 020人。其中,卫生技术人员1 613人,注册执业(助理)医师607人,千人口执业(助理)医师数2.45人;注册护士535人,千人口注册护士数2.16人。全县编制床位1 243张,实际开放床位1 553张,每千人口编制床位数5.024张,实有床位数6.28张;病床使用率78.98%,其中县级公立医院病床使用率95.42%;门诊人数139.91万人(次),同比增长9.45%。全县医疗机构收治入院人数59 187人(次),出院人数59 610人(次);住院病人手术5 323人(次),死亡率0.42%。

【创建四川省卫生应急综合示范县】 蒲江县于3月启动创建"四川省卫生应急综合示范县"。县委、县政府将卫生应急工作纳入《蒲江县国民经济和社会发展第十二个五年规划纲要》《蒲江县"十二五"突发公共事件应急体系建设规划(2011－2015)》《蒲江县卫生事业发展第十二个五年规划》,并写入政府工作报告;成立以县长任组长,县委、县政府分管领导任常务副组长,30个相关部门、单位和12个乡镇为成员的创建工作领导小组,构建政府主导、多部门合作、专业机构支持、全社会参与的卫生应急工作机制。县财政将卫生应急专项资金、应急处置、物资储备、网络运行、业务开展等经费纳入财政预算,并投入211.5万元予以保障;组建卫生应急专家咨询委员会,强化应急工作技术支持和指导;分类建立突发急性传染病、中毒处置、紧急医疗救援3类共40人的县级应急队,并成立卫生应急小分队20支,12个乡镇共组建61人卫生应急救援志愿者队伍;修订完善《蒲江县突发公共卫生事件应急预案》《蒲江县突发公共事件医疗卫生救援应急预案》等多项卫生应急处置预案和技术方案22个,并由乡镇、相关部门和县属医疗卫生机构制定完善卫生应急专业预案和操作规程,形成应急预案、专项预案、部门工作预案总体组成的较为完备的卫生应急预案和工作规范体系。县卫生局构建"横向到边,纵向到底"的县乡村三级卫生应急网络体系,成立卫生应急办公室,在乡(镇)组建卫生应急和医疗救援突发应急小分队,在学校、企业、村(社区)成立突发公共卫生应急管理小组,在医疗机构成立突发事件卫生应急领导小组。蒲江县健全"五个机制",健全卫生应急指挥协调机制,实行部门联动,形成相对完善的"政府主导、部门配合"的卫生应急工作指挥协调机制;健全卫生应急能力提升机制,培训县级应急队伍和医疗机构应急小分队1 696人(次)、104学时,在校学生、社区乡镇居民应急和自救互救知识30次、4万人(次),全县开展综合性演练20次,乡镇政府组织应急演练25次,医疗卫生单位组织应急演练40次;健全卫生应急储备装备机制,在县疾控中心建立突发公共卫生事件应急物资装备储备库,在县人民医院和县中医医院储备应急救治药品及物资,在各医疗卫生单位建立应急物资装备储备点;健全卫生应急监测预警机制,加强医疗机构发热门诊、肠道门诊建设,使之设置更科学,流程更合理,严格执行预检分诊制度,疾病监测工作开展更规范,在学校严格执行"两检一查一追踪"制度(即晨检、午检,晚医学巡查,教师、学生因病缺课进行追踪),落实突发公共卫生事件网络直报制度,做到早发现、早报告、早处置;健全卫生应急快速处置机制,由各卫生应急队伍在接到突发公共卫生事件或疑似事件信息报告和指令后,按现场处置要求需做出快速反应,保证第一时间抵达现场展开应急处置,并在结束响应后开展工作评估。全年县120急救中心共接交通事故呼叫5 783起,急救出车5 783车(次),救治患者6 397人。蒲江县广泛开展卫生应急宣传,充分利用广播电视、报刊网络、展板和健康教育专栏、发放资料等形式,大力开展卫生应急法律法规和科普知识进单位、进社区、进乡村、进学校、进企业宣传活动,提高广大群众卫生应急知识和法律法规知晓率,强化公众应急避险意识;发放《紧急自救应急手册》750册,印制发放宣传资料3万份;制作卫生应急动漫片,在优酷网、蒲江电视台、广播电台、世纪广场、客运车站循环播放,广播电视、今日蒲江开展卫生应急专题新闻宣传报道10次;在乡镇、学校、医疗机构设立健康教育卫生应急专栏,普及应急知识,学校卫生应急知识健康教育课开课率100%。12月24日,蒲江县被省卫计委授予"四川省卫生应急综合示范县"称号。

【鹤山社区卫生服务中心】 蒲江县鹤山社区卫生服务中心地处县城所在地鹤山镇,业务用房面积5 200平方米,服务6个社区、10个村委会共5.2万人。始建于20世纪50年代,曾先后命名"联合诊所""城关医院""红十字医院""鹤山镇卫生院"。2006年8月,县编办批准其整体转型为蒲江县鹤山社区卫生服务中心,机构性质为财政补助事业单位,人员编制86人;按照"六位一体"功能定位,开设全科门诊、预防保健门诊、内、外、儿、皮肤、口腔、中医、检验、医学影像等12个临床科室,中医诊疗区集中设置。2011年4月1日,中心正式实施基本药物制度,基本药物达254种。2013年,中心创建为"省级示范社区卫生服务中心"。2014年,中心设有公共卫生所,成立10个全科医生服务团队,管理辖区3个健康小屋;门急诊14万人(次),住院4 064人(次)。居民规范化健康档案45 034人、建档率93.2%,65岁以上老年人规范建档5 994人、建档率96.9%,高血压患者规范建档3 559人、建档率50.2%,糖尿病患者规范建档1 465人、建档率40%,精神疾病患者健康管理170人,管理率100%。中心先后获得蒲江县"文明单位""价格诚信单位""卫生先进单位"荣誉称号。

【医卫设施建设】 蒲江县投资358万元、建筑面积500平方米的县急救中心,和投资175万元、建筑面积700平方米的县卫生执法监督大队业务用房主体工程完工。急救中心80万元救护车和车载设备配置到位。各单位投入203.58万元购置医疗设施设备95台(件),投入108.01万元改善基础设施。全年卫生事业费投入6 028.15万元。

【卫生执法监督与行政审批】 蒲江县卫生局开展普法培训6次,发放宣传资料2.3万份;组织执法人员参加省、市各类培训班5期15人(次);举办卫生监督协管员培训班4期,参训61人;优化审批流程7项,精减申请材料9项,审批时限平均缩短21日;受理行政许可148件并按时办结;对公共场所520家,监督执法检查3 360户(次);对14家供水单位开展生活饮用水监督,覆盖率100%,查处违法单位2家;对168家医疗机构开展执法检查,对3家医疗机构7起违法行为立案查处,罚款1.02万元;取缔江湖游医32起,药店无证坐堂行医6家;对全县23所学校、53所托幼机构开展卫生监督。行政处罚案件11起,简易程序1起,一般程序10起,罚款1.13万元;接到投诉3起并办结,查办上级移交案件1起。

【医政与医疗服务管理】 蒲江县医疗业务收入33 444.2万元,其中县级公立医院20 488.5万元;签订县人民医院第二轮托管协议,县级3所公立医院全部取消药品加成,诊疗人(次)51.57万人,出院25 665人,业务收入21 416.80万元,药占比31.84%,县内病员回流显著,群众就医负担减轻。县人民医院托管改革模式取得的显著成效,先后被国家、省、市、县多家媒体报道。蒲江县成立医疗质量控制中心,对全县各级各类医疗机构开展专项督查6次,综合检查2次,集中培训骨干20次;派9人继续开展援藏卫生工作,其中甘孜州得荣县5名、德格县3名、炉霍县1名;完成高考体检2 042人,征兵体检518人,大型医疗保障活动14次,爱心献血服务站建成投用,三下乡义诊3 500人(次),咨询4 100人(次),测血压2 080人(次),发宣传资料5万份,免费送药26 300元。

【中医药工作】 蒲江县中医院获批国家二级甲等中医院,在建重点专科省级2个、市级3个、县级2个;投入200万元,开展信息化、中医药服务能力提升及专科和学科建设;与成都中医药大学合作,由5名博士生导师长期轮流在中医院坐诊、查房指导、带习中青年医师；实施中医药健康管理公共卫生服务项目，7 775人参与中医体质辨识，开展中医药健康活动56次，义诊咨询28 923人（次），发健康资料2.6万份。县人民医院、县妇幼保健院投入132万元，开展中医科、中药房规范化建设。蒲江县中医药服务能力提升工程通过省级中期考核评估。

【疾病预防控制】 蒲江县成功创建为"国家慢性病综合防控示范区"，慢病防控工作在全省现场会上作交流发言，艾滋病和结核病综合防治工作被列为省级综合防治示范区，由县财政投入194.27万元为县疾控中心配置检测设备，装备应急储备物资。法定传染病（甲乙类）发病数324例（无甲类），发病率129.84／10万。网报死亡病例1 433例并审核通过，报告粗死亡率6.49‰；规范化电子档案建档231 795人（份），建档率99.10%。全县65岁以上老年人33 280人，管理32 821人，管理率98.62%；14家监测单位报告腹泻病人803人（次），抽检88人（份），抽检率10.96%；监测门诊病人83.77万人（次），监测学校、幼儿园48所7 455人（次），无聚集性流感疫情；报告手足口病529例，调查管理529例，流调率100%，聚集性疫情8起，及时处置8起。全县血防查螺1 212.61万平方米，灭螺330.91万平方米；血检60 597人，查出血阳477人；粪检5 489人，未发现血吸虫病病人；扩大化疗10 532人；血检370人，未发现疟疾病人。全县发放精神疾病阳光救助卡90张，救助住院68人，门诊55人，重性患者参保率100%，社区管理率85%。全县免费治疗活动性肺结核患者94例，其中涂阳肺结核患者41例、涂阴53例，管理率为100%。全县新发现艾滋病感染者及病人90例，设置144个安全套发放点和9个免费取套机，酒店、宾馆100%摆放安全套；发放幸福包5 025个、安全套10.3万只，播放艾滋病电影11场。全县接诊2 419例犬伤病人，伤口规范处置2 419例，规范处置和疫苗接种率均100%。国家免疫规划Ⅰ类疫苗接种50 627人（次），接种率99.4%；Ⅱ类疫苗接种25 667人（次）。

【卫生监测与检验】 蒲江县卫生局采集水质样品237件，合格率94.94%；监测公共场所114家，采集样品496件，合格率98.25%；采集学校卫生餐具72件，合格率91.67%；监测托幼机构12家，合格率94%；检验盐碘样品300份，均合格；开展从业人员体检6 356人，办理健康证6 356人。

【妇幼保健】 蒲江县卫生局投入70万元开展产儿科能力建设。全县产妇总数1 874人，建卡1 874人，建卡率100%。住院分娩和新法接生活产数1 885人，活产新生儿185人，孕产妇死亡1人，死亡率53.02／10万。县卫生局开展孕产妇HIV检测2 319例，梅毒检测2 319例，乙肝病毒检测2 319例；发放叶酸6 339瓶，领取叶酸人数1 877人。全县7岁以下儿童14 012人，保健管理13 670人，管理率97.56%；3岁以下儿童5 560人，系统管理5 422人，管理率97.5%；婴儿死亡8人，死亡率4.24‰；完成婚前自愿免费检查项目806.5对，有1 559人符合住院分娩补助政策，报销费用72.85万元。

【基层卫生】 蒲江县卫生局投入774.2万元，为14个基层单位配备DR数字影像机8台、救护车7台、彩超7台、颈腰椎牵引设备7台、中药熏蒸设备7台、中药粉碎机7台、中药煎药机6台，公立基层单位和村卫生站全部实行药品零差率销售，上网采购率100%，采购金额4 017.23万元；探索建立成都市第三人民医院、蒲江县人民医院和蒲江县寿安公立中心卫生院的三级医疗联合体，由3家县级公立医院对口帮扶6家乡镇卫生院和2家社区卫生服务中心；下派140人，开展各类培训89次，诊查病人4 873人（次）；建立全科医生团队47个，融合推进基本医疗和公共卫生服务开展；实施卫生服务进新村、进社区，在鹤山街道、寿安镇和白云乡建5个健康小屋；投入50万元，在长秋乡长秋新村建设融中西医疗、康复、公共卫生服务于一体的新型社区卫生服务站并投入运行。

【行风与医德医风建设】 蒲江县卫生局制定和完善加强行风、医德医风、党风廉政建设，以及设备、耗材、物资采购制度等文件，签订《党风廉政建设责任书》62份；开展作风暗访督查30次、重大项目督查2次、药品阳光采购督查4次，下发督查通报22期，机关会议文件减少12%，"三公"经费减少36.22%；签订医务人员廉洁从业承诺书1 451份，聘请行风监督员56人，设置投诉意见箱50个，接受投诉处理27件，建立医德医风档案1 184份，开展医德医风培训67次，医务人员做好事162件，收到表扬信12封，收到锦旗37面，拒收红包37次，开展惠民门诊1 562人(次)，惠民金额32 377元。

【卫生人才队伍建设】 蒲江县卫生局签订农村订单定向医学生免费培养协议1人；招聘编制内专业人员73人，13人评上副高级职称，236人享受县级人才津贴，48人分别到三级医院进修、规培和转岗培训，下派基层锻炼18人，领导干部参加学习31人，有915人分别参加刊授、远程教育和技能培训；开展全县继教活动46次，累计学习5 800人(次)，乡镇卫生院12人参加102天业务培训，累计205人(次)乡村医生参加5天业务培训和中医药项目知识、技能培训；招募、续签大学生支医志愿者48名。

【卫生科研】 蒲江县人民医院开展新技术新项目43项、医疗项目27项、护理项目16项，其中"重症医学科""公立三级甲等市级综合医院全面托管县级二级甲等综合医院模式研究""县级医院开展腹腔镜结肠直肠癌根治术的安全性及疗效研究"科研课题获市级批准立项，康复科、妇产科、急诊科为县内第二批重点学科；血液透析室建成投用，床旁连续性肾脏替代治疗(CRRT)技术的开展，填补蒲江医疗技术史上2项空白。县妇幼保健院开展产后康复、儿童营养评价、神经运动检测等新技术新项目。市继教项目《院前急救知识及技能规范化培训班》在蒲举办，协办四川省肾病年会透析分会场学术交流会，"人大—辉瑞中层干部管理研修班"在县人民医院举行开班仪式，全国77个分会场进行视频直播。中医院承担《张之文名老中医经验治疗咳嗽变异性哮喘》科研课题临床研究。长秋乡古佛村为全国血吸虫病监测点，调查105.27平方米，调查14 274框，未查见钉螺。中国疾病预防控制中心营养与食品安全卫生科研项目"哈尔滨、济南、成都地区中学生、学生家长及孕妇饮酒行为调查"在蒲江县启动，700名中学生及学生家长和100名孕妇参与问卷调查。在各级医学期刊发表论文72篇。

【卫生信息化建设】 蒲江县、乡、村医疗卫生机构共配置工作电脑980台，服务器23台。县级3家公立医院投入490.8万元进行医院信息化建设。卫生数据中心迁至县人民医院。蒲江县投入27.5万元对基层医疗单位信息系统开展升级改造。

【爱国卫生】 蒲江县朝阳湖镇、大兴镇创建为"四川省卫生乡镇"。大兴镇炉坪村、白云乡窑埂村、鞍山村、长秋乡石马村、甘溪镇新民村、大塘镇八角井村、寿安镇龙泉村创建为"四川省卫生村"。大兴镇完成600座无害化改厕项目。蒲江县投放灭鼠毒饵1 000千克，对县城区38个单位厕所、公厕和4 800平方米公共场所开展每周一次药物消杀；组织3 100名志愿者开展环境治理，清除垃圾、杂草300吨，沟渠4 000米，各类"牛皮癣"500处；建立306个院落问题台账，发督查通报5期，对86个星级院落进行复查，合格率98.9%；开展以合理用药和烟草控制为主题的健康巡讲18场，受益3 300人(次)；在12个乡镇开展健康教育下乡、进社区宣传160场(次)，3.2万人(次)受益；创建无烟医院17家、无烟学校26家、无烟机关12家。蒲江县创建国家卫生县城工作在全市爱国卫生工作会上作交流发言。县卫生局获成都市人民政府表彰2011－2013年爱国卫生工作先进集体。

【群团关工委工作】 蒲江县群团、关工委关爱复兴乡三义村10名留守儿童，并送价值1 200元的书包、图书、学习文具等用品。关工委、老年协会组织到大塘五里村开展义诊活动，健康咨询80人(次)，诊治病人200人，捐助6名困难留守学生2 000元。在"青春献策成都发展"征文活动中，《县级公立医院综合改革面临的问题及对策建议》获共青团成都市委优秀"青年提案奖"。

（胡　颢）

新 津 县

【概况】 2014年，新津县有土地面积330平方公里，辖10个镇、1个乡、1个街道办、81个行政村、25个社区，年末有户籍人口31.2万人、常住人口30.96万人；拥有各级各类医疗卫生机构175个，其中县级医疗机构4个（县人民医院、县中医医院、县妇幼保健院、县精神病医院）、专业卫生机构5个、社区卫生服务中心2个、乡镇公立卫生院11个、农村新型社区卫生服务站和村卫生室104个、民营医院5个，以及各类门诊部、个体诊所、医务室43个。全县年末编制床位1 512张，开放床位1 921张（其中民营医疗机构床位数355张），每千人口床位数6.16张。全县有卫生技术人员2 268人（其中民营医疗卫技人员335人），其中执业（助理）医师792人，每千人口执业（助理）医师数2.54人，注册护士964人，每千人口注册护士数3.09人，乡村医生220人。全县门诊总诊疗量228.19万人（次）（其中民营医院机构门诊11.94万人〈次〉），比上年增长31.09%；住院收治病人88 958人（次）（其中民营医疗机构收治15 012人〈次〉），比上年增长4.89%。全县急性传染病发病率148.63／10万，较上年增长19.79%，无甲类传染病发生；人均期望寿命79.29岁，较上年提高0.8%；婴儿死亡率4.1‰，较上年降低2.86‰；脑卒中发病率466.84／10万，较上年增长19.62%；冠心病发病率628.92／10万，较上年下降7.13%；糖尿病发病率1 268.9／10万，较上年增长12.99%；恶性肿瘤发病率359.38／10万，较上年增长15.26%；居民前10位死亡顺位疾病（单病种）：慢性下呼吸道疾病、脑出血、肺癌、冠心病、肝癌、肺炎、脑梗死、糖尿病、急性心肌梗死、胃癌。新津县成功创建“国家慢性非传染性疾病综合防控示范区”，医疗卫生服务在公共服务满意度测评行业测评中列全市第一位。新津县卫生局先后获得成都市2011－2013年度爱国卫生工作先进集体、成都市卫生系统2013年度目标绩效管理工作先进单位、新津县综合目标工作突出贡献单位称号。

【医疗服务体系建设】 新津县卫生局会同相关部门拟订《新津县引进三级医院奖励扶持办法》，签订四川省骨科医院建设框架协议，与成都中医药大学开展合作；启动县人民医院改造项目、县中医医院和妇幼保健院迁建工程；完成全县基层医疗卫生机构、村卫生室能力提升工程，相关设备均配备到位；建立县医院与普兴卫生院、中医院与金华卫生院合作的县乡两级“医疗联合体”，加快推动医疗服务、后勤管理、医械采购一体化。

【医疗机构能力建设】 新津县卫生局着力提高卫生人才素质，加强住院医师规范化培训，启动三级人才培训计划，县级医院派出45名中高级职称医生、骨干医生到华西、省医院进修学习，基层医院派出53名医生分批到上海、杭州、武侯区培训学习；以四川大学华西医院全科医生能力实训基地、四川省人民医院住院医师规范化培训联合基地为契机，依托名医专家，重点打造内分泌、重症医学、普外、肿瘤等重点专科，开展一对一的带教，加快培养一批本地学科带头人。新津县卫生局全年申报并创建成功省级重点学科2个、市级重点学科5个。

【县级医院改革】 新津县妇幼保健院、县精神病院于10月1日取消所有药品加成，新增药品让利150万元。至此，全县所有公立医院全部取消药品加成，药品品种覆盖100%（中药饮片除外）。新津县改革药品采购机制，开展药品集中“量价挂钩、带量采购”工作试点。通过药品二次竞价,医院药品的采购价格大幅下降,平均降幅 48.1%,最高降幅 90%,药占比、抗生素销售金额等明显降低。县医院、中医院对抗菌药物实行“二次竞价”,比上年同期分别减少 353.38 万元、162.58 万元。

【基层卫生综合改革】 新津县卫生局认真开展全国基层卫生综合改革重点联系点工作,拟订《基层卫生综合改革重点联系点实施方案》和 2014 年基层综合改革工作计划;成立由国家、省、市专家组成的分级诊疗、公共卫生服务、监测评估等专家组,着重从推进分级诊疗、提升公共卫生服务、监测评估体系建设、加快信息化建设、加大财政投入和考核力度等 5 个方面,全面推进基层卫生综合改革试点。新津县基层卫生综合改革监测与调查工作受到国家卫计委通报表扬。6 月,国家卫计委主任李斌调研新津基层卫生综合改革和县级公立医院改革工作并予以肯定。

【公共卫生服务】 新津县卫生局突出“预防为主”,贴近群众健康需求,全面落实国家基本公共卫生和重大公共卫生服务项目,2014 年基本公共卫生服务项目第三方专业考核中列全市第一位;以全科医生执业方式和服务模式改革为抓手,探索实施基本公共卫生与基本医疗一体的防治结合契约式网格化服务,将健康体检、健康宣传、上门随访、重点人群管理等工作下沉到家庭和院落,构建全覆盖的健康管理网络,不断提升健康管理服务水平。全县共有 73 名全科医生,建立 83 个家庭医生团队,有 228 名医务人员参与,通过进社区、进院落、进村组,开展上门服务达24 096次。全县规范化电子居民健康档案建档率为 95.90%,高血压规范管理率为 97.16%,糖尿病规范管理率为 93.72%,超额完成目标。新津县在全国慢性病综合防治能力培训班上作交流发言。新津县成功创建“国家慢性非传染性疾病综合防控示范区”。

【信息化建设】 新津县卫生局运用卫生大数据思维,自主研发卫生数据监管平台,建立全市首个卫生数据监管中心;利用监管平台将卫生信息化网络中沉睡的海量数据变成鲜活的、有生命力的有效数据,进行 24 小时抓取与处理,实时动态筛选出违规行为,加强医院监管内部医生,医生自我约束医疗行为,形成一种崭新的医疗监管格局,打破传统的人工监管只能抽样检查、事后管理等样本不足、监督滞后的制约,推动医疗监管机制的创新。这一创新做法,影响力辐射至全国同行各省份,先后吸引省内外 32 家兄弟单位到新津县考察学习;分别被中央电视台、四川电视台、《经济观察报》《四川日报》、成都电视台等主流媒体报道。

【健康服务方式创新】 新津县卫生局充分运用新媒体技术的传播特点,建立“健康新津”微信公众服务平台,自主开发建设平台服务功能,打造医疗、预防、保健、健康咨询等全方位和多功能的掌上移动健康服务终端,开通 24 小时在线医生服务,提供解决非紧急健康问题咨询和相关免费医疗服务。“健康新津”微信公众平台拥有粉丝 3 万人,患者通过手机随时可参与健康管理,完成费用查询、诊疗记录、医保小助手、免疫接种、预约省市三级医院挂号等服务,满足老百姓的健康需求,开启医患互动的新模式,实现线上线下健康服务全覆盖;推行卫生行政审批微信绿色通道,群众办事时间缩短到 5 个工作日,提速 80%。

【医疗质量管理】 新津县卫生局持续开展“三好一满意”工作,每季度对各级医疗卫生机构开展一次病历质量评比活动,邀请第三方专家进行评比;每年组织县级专家进行医疗质量督导和检查,检查面达 100%,及时通报医疗质量检查评估结果并限期整改落实,不断规范诊疗行为,提高医疗服务质量;实行县对乡、乡对村逐级对口支援,年初签订帮扶协议,明确帮扶目标和帮扶措施,从医疗管理、技术、人员培训等方面进行全方位帮扶,建立起县、乡、村三级医疗质量管理体系;依托信息化平台,切实加强处方管理,实时动态监测用药情况,每月定期对全县医疗机构进行处方点评,促进临床合理用药、合理治疗;全面推行放射影像、心电图集中诊断,不断提高基层诊疗水平。在 2014 年全市医院医疗服务与质量检查中,新津县排名第一位。

【党建工作】 新津县卫生局扎实推进党的群众路线教育实践活动,把开展基层党组织、党员队伍建设与卫生工作紧密结合,开展基层情况大调查,建立起基层党组织“三分类三升级”台账,确定先进基层党组织 8 个、一般基层党组织 18 个、后进党组织 1 个,通过晋位升级,后进支部转化率100%，先进支部达14个；开展“群众路线教育实践活动”知识竞赛、“机关干部驻村蹲点联户帮扶”等主题活动，与兴义镇张河村结队共建，结对帮扶21户贫困户、30个留守儿童，落实帮扶资金2.84万元。全系统医务人员结对帮扶特殊困难户987户，落实帮扶资金8.75万元。兴义卫生院党支部组织生活会作为试点，在全市基层党组织教育实践活动工作推进会上作交流发言。花源卫生院被确定为县级党建示范点，花源卫生院院长张红艳作为基层先进典型参加全市群教活动巡回宣讲。

【疾病预防控制】 新津县全年无甲类传染病报告，共报告乙类传染病8种466例，报告发病率148.63/10万；全面完成艾滋病、结核病工作目标。“五苗”基础免疫接种率：卡介苗99.94%，脊灰疫苗98.45%，百白破三联疫苗98.45%，麻疹（麻风二联）疫苗97.29%，乙肝疫苗98.96%，乙肝疫苗24小时内及时接种率97.55%，“五苗”全程接种率为98.66%。全县全年查螺900万平方米，灭螺438万平方米，查病56 184人，扩大化疗5 540人。

【卫生执法监督】 新津县卫生局加强对2家集中式供水单位日常监督和强制性抽检，全年开展2次水质全分析监测，检测结果通过县卫生局微信公众平台向全社会公布，全年出厂水水质检测合格率达100%，未发生一起水介质传染病，确保了饮用水卫生安全；加大对全县医疗机构、住宿场所、理发店等经营单位的监督检查指导，全年监督检查1 096户（次），监督覆盖率为98.93%；加大医疗服务监督力度、坚决打击非法行医，开展打非专项整治行动12次，出动卫生执法人员2 502人（次），共取缔无证行医摊点23个、游医巫医29人，查处非法开展诊疗活动案件1起；对全县68所学校进行日常监督检查和专项检查，学校监督覆盖率为100%。

【妇幼保健】 新津县超额完成农村妇女“两癌”筛查工作，宫颈癌筛查7 848人，乳腺癌筛查1 673人，超额完成免费婚前医学检查，共计2 123对；实施城乡孕产妇住院分娩补助，全年共补助农村孕产妇1 748人，补助金额78.66万元，城乡孕产妇住院分娩率达100%，0－3岁儿童管理率为96%，婴儿死亡率4.1‰，孕产妇系统管理率95.2%，连续12年保持孕产妇零死亡。新津县在全市成都百万职工技能大赛妇幼健康技能比赛中，分别荣获儿童保健个人一等奖和围产保健三等奖，团体三等奖。

【中医中药】 新津县巩固“全国农村中医药工作先进单位”成果，实施基层中医服务能力建设提升工程，为全县所有村卫生室配备简易中医诊疗设备，对乡镇卫生院医生和乡村医生开展中医药适宜技术培训，加强全县乡镇卫生院、社区卫生服务中心、村卫生室中医药服务能力建设，全面提升中医药服务能力。新津县中医药能力提升工作得到省级专家肯定。新津县按照综合医院、妇幼保健院中医科、中药房规范化建设项目要求，实施县人民医院和县妇幼保健院中医科中药房规范化建设，开展“治未病”工作。新津县中医医院肺病科成功创建重点专科。新津县中医医院代表队在全市成都百万职工技能大赛中医药知识技能比赛中，勇夺团体一等奖和个人比赛第一名，丁松屹获“成都市技术能手”称号并代表成都市参加省级技能大赛。

【精神卫生】 新津县卫生局认真开展筛查工作。全县重性精神疾病患者登记在册确诊人数为1 814人，检出率为5.78‰，检出率居全市第一位。全县全年免费救治贫困重性精神疾病患者90名，重性精神疾病患者参保率达到100%，社区管理率达94%，圆满完成市级目标。

【卫生经费】 新津县全年医疗卫生总收入50 927.12万元，其中财政补助9 321.03万元、业务收入40 875.44万元；总支出49 983.08万元，其中业务支出41 391.6万元。

【爱国卫生】 新津县积极开展卫生镇（村）创建工作，共创建2个省级卫生镇和8个省级卫生村，分别是金华镇、永商镇和金华镇红岩村、方兴镇方兴社区、普兴镇山河村、永商镇烽火社区、华源镇东华村、文井乡李柏村、花桥镇马王村、邓双镇文山村。全县全年建设600座无害化卫生厕所。

（岳　桦　杨宏伟）

成都卫生年鉴
CHENGDU HEALTH YEARBOOK

医疗卫生单位选介
Medical and Health Units Guide

部省级医疗卫生单位

四川大学华西医院

【概况】 2014年，四川大学华西医院有在岗职工10 015人，其中在职高级职称727人、中级职称1 319人、初级职称6 141人；有中科院院士1人、973首席科学家3人、长江学者10人、国家杰出青年科学基金获得者13人、国家“千人计划”专家13人、青年“千人计划”人才12人、省“千人计划”人才12人；担任国家级学会（协会）主委、副主委24人，担任省级学会/协会主委、副主委150人。

【华西联盟网络】 华西联盟网络医院新增31家，总数达572家，其中市级医院82家、县（区）级医院328家、乡镇卫生院162家；全年123家联盟网络医院申请远程会诊，完成远程疑难病例会诊2 401例（次），同比增长19.63%；开展远程培训课程535.5学时，培训基层医务人员37.6万人（次），同比增长26.12%。中国医师协会全国基层医生继续教育华西学院项目，陆续开展8个“走基层”系列项目，在在线培训基础上，组织专家赴四川省、云南省、宁夏回族自治区及藏区等边远地区的县级医疗机构，进行疑难病例教学查房、现场学术讲座、手术指导，并分享医院管理经验，共完成现场培训33场、远程培训18场，培训4 400人（次）。

【医疗管理】 四川大学华西医院门、急诊462万人（次），出院19.49万人（次），手术11.56万台（次），平均床位使用率104.39%，平均住院日9.60天。温江院区康复病房服务能力提升50%，肺癌中心诊治患者6 416人。医院加强抗菌药物管理，抗菌药物使用强度由上年的43.91下降到42.77，抗菌药物使用率由44.69%下降到42.62%，三线送检率由76.22%提升到79.53%，I类切口围术期预防用药率由60.83%下降到50.61%。医院加强终末医疗质量指标管理，处方合格率由上年的72.60%上升到82.14%，住院患者死亡率由1.97%下降到1.66%，住院危重患者抢救失败率由11.15%下降到10.60%，非计划在此手术发生率由1.21%下降到0.73%，围手术期死亡率由0.28%下降到0.24%。医院加强感染管理，手卫生依从性由上年的70.08%提升到79.65%，手卫生正确率由91.60%提升到94.52%，多重耐药阳性密度由0.748例/千住院日下降到0.675例/千住院日，传染病报告正确率由89.12%提升至92.85%，医院感染现患率由4.20%下降到3.94%，医院感染现患率（例（次））由4.37%下降到4.24%。医院全年申报医疗新技术44项，较上年增加24项；获批国家卫生和计划生育委员会临床重点专科建设项目32个；省级质控中心已达13个。医院推进医护一体化及优质护理服务，上年门诊患者满意度为86.00%，同比增加4.67%；住院患者满意度为95.20%，同比增加2.66%；出院患者满意度维持在95.87%。医院门诊预约诊疗体系进一步完善，落实“实名制”就诊管控，增设58台门诊自助设备，官方网站（www.cd120.com）及微信平台开通预约功能；多学科会诊中心增至12个，全年完成疑难疾病会诊1 113人（次）。

【医学教育】 四川大学华西医院组织员工参加国际学术交流、短期进修654人（次）；招收毕业后培训学员506人，招收省内21家、省外5家医疗机构的委培医师168人，住院医师参加国家职业医师考试通过率达88%；全年通过短期参观学习、短期专项技术学习、长期进修学习等方式为基层医疗机构培养技术骨干2 487人；为省外近20家医疗机构及省内21个市(州)综合性医院、县级医院培训全科医学临床师资896人。

【科研工作】 四川大学华西医院获5项科技部国家高技术研究发展计划(863)项目,获批经费1 800万元;申报国家自然科学基金496项,立项126项。医院全年科研经费3.82亿元。医院发表论文被SCI收录1 100篇,同比增长21.86%;申请专利145项、同比增长64项,专利授权89项、同比增长2项。

【行业影响和社会评价】《微博矩阵在医院信息传播中的应用》获得2014年度亚洲医院管理大会“营销、公关以及线上业务类别”大奖,这是国内首个获得亚洲医院管理奖的新媒体运营项目,也是该院第六个获得亚洲医院管理奖的项目。四川大学华西医院在中国医学科学院医学信息研究所2014年度“中国医院科技影响力排行榜”排名全国第一;在复旦大学医院管理研究所“2013年度中国最佳医院排行榜”连续第五次排名全国第二。华西微信智慧健康管理平台获腾讯大成网评选的四川政务微信十强奖。

(四川大学华西医院院长办公室)

四川大学华西第二医院(华西妇产儿童医院)

【概况】 2014年,四川大学华西第二医院有在岗职工1 779人,其中正高122人(含退返45人)、副高117人(含退返10人)、博士生导师27人、硕士生导师96人;有国家杰出青年科学基金获得者1人、国家优秀青年科学基金获得者1人、国家自然科学基金重点项目获得者1人、全国百篇优博论文获得者1人、教育部新世纪人才8人、四川省学术和技术带头人26人、四川省卫生厅学术和技术带头人67人、享受国家级政府津贴和部、省级有突出贡献中青年专家41人,教师队伍中留学回国人员占40%。医院有编制床位730张,占地17亩,建筑面积5.9万平方米,医疗业务用房面积4.1万平方米,拥有16个临床科室和5个医技科室。

2013-2014年四川大学华西第二医院医疗指标完成情况

指标	单位	2014年	2013年
门急诊总人(次)	万人(次)	201.7	177.6
出院人(次)	万人(次)	5.2	4.7
分娩人(次)	万人(次)	1.1	0.9
手术人(次)	万人(次)	3.6	3.1
病床使用率	%	109.30	127.80
平均住院	日(天)	5.6	6.1

2014年四川大学华西第二医院学生情况

专业名称		录取学生(人)	在籍学生(人)	毕业学生(人)
专升本	护理学	778	1 395	602
	临床医学	818	1 579	791
	药学	122	238	135
	预防医学	24	45	20
	中西医结合临床医学	79	134	46
	临床医学高起本	-	-	4
	预防医学高起本	-	-	2
	小计	1 821	3 391	1 600
专科	护理	1 579	2 763	1 130
	口腔医学技术	33	69	31

续表

专业名称		录取学生(人)	在籍学生(人)	毕业学生(人)
	临床医学	89	138	108
	药学	447	588	159
	中西医结合临床医学	101	134	51
	小计	2 249	3 692	1 479
总计	4 070	7 083	3 079	

【项目建设】 四川大学华西第二医院以妇产科学和儿科学两大国家重点学科为龙头,重点加强国家临床重点专科建设项目,妇科和产科国家临床重点专科完成计划建设目标,并已提交终期审核验收;新生儿科国家临床重点专科建设项目正准备迎接终期审核评估;四川省人类精子库11月起正式运行,填补西南地区人类精子库技术服务的空白。医院锦江院区一期工程作为部、省共建重大民生工程及社会事业项目,被省政府列入四川省2014年加快前期工作重点项目,1月取得《国家卫生计生委关于四川大学华西第二医院锦江院区一期工程可行性可行性研究报告(代项目建议书)的批复》;3月,该项目一期工程获得四川省发展与改革委员会招标核准;10月,完成项目勘察—设计—施工总承包招标工作和监理单位的招标工作;11月,完成施工图设计文件审查机构比选工作和前期所有合同备案,完成安检备案及文物勘探工作并取得规划许可证;总承包单位完成与管护单位的进场交接,开始场地平整;完成地勘工作,报告经审查合格;完成现场部分办公区和生活区的临时设施的搭设,11月27日正式开工建设,实现年内开工的工作目标。

【学科建设】 四川大学华西第二医院新增四川省卫生和计划生育委员会第十一批学术技术带头人6人、后备人选13人,新增正高级职称7人、副高级职称21人,新增博士研究生导师1名、硕士研究生导师7名,引进优秀青年科学家1名;新增中国药理学会治疗药物监测研究专业委员会循证药学学组主任委员1人、中国医师协会新生儿分会副会长1人。医院儿童重症医学科(PICU)自2013年9月创建运行,至12月底出院1 207人(次),抢救5 091人(次),抢救成功率达98.9%。华西儿童医学中心整合优势资源,推动华西儿科学的发展,全年华西小儿外科会诊门诊9 420人(次),眼科会诊门诊1 790人(次),较上年同期分别增长13.99%、22.44%。

【医疗管理】 四川大学华西第二医院门诊1 639 358人(次)、急诊377 949人(次),较上年分别增长13.89%、12.14%;周末节假日夜间接诊病人296 294人(次),增长4.11%。医院提高门急诊服务能力,进一步推进多途径预约挂号,新开通门诊手术后预约挂号,拓宽预约范围,全年门诊实际预约率(预约人〈次〉/预约号源开放数)83.06%,较上年同期增长50.06%;开通17台自助服务机,为患者提供自助办理就诊卡、挂号、缴费等服务,累计使用逾54万人(次),有效缩短患者院内等候时间,改善院内拥堵状况。医院被四川省卫生和计划生育委员会认定为内镜诊疗技术医疗机构,获小儿呼吸内镜、小儿消化内镜、妇科内镜执业许可资质。

【医疗服务】 四川大学华西第二医院开展优质护理服务,建立数字病房,开展物品放置及晨晚间护理管理查房;开设分娩咨询门诊和流产后关爱咨询门诊,开设互动式孕妇学校;构建《以患者及家庭为中心的护理质控评价表》追踪质控检查;重点监控跌倒、液体渗漏、用药错误及烫伤事件,坚持每月开展“患者安全”主题品管圈活动,24项活动正在进行中;完善区域协同医疗服务体系,由华西远程医学中心、华西第二医院远程医学分中心同565家医院签订协议,开展妇产儿科远程医疗会诊及教学工作;完成远程会诊111次,较上年增加19.35%。医院加强再生育医疗服务,为9对地震灾区再生育服务对象夫妇来院登记免费就诊,为灾区再生育妇女提供优生优育咨询235人(次),提供产前诊断、产前筛查服务63人(次)。医院作为内江市卫生计生委指定的特别计划生育家庭再生育关怀扶助技术服务定点医院，为失独生子女或结婚多年未孕的家庭提供技术支持，2013 年 7 月－2014 年 12 月为 17 对夫妇提供服务。

【教学教育】 四川大学华西第二医院完成4 152人（次）749 学时课堂教学、2 189学时见习带教的本科教学任务，对 566 人（次）本校实习生、13 个学校 318 名外校实习生、4 名美国临床药学博士研究生的临床实习进行管理。医院继续医学教育获批继续医学教育项目 42 项，其中国家级 35 项；举办继续医学教育项目 33 项（国家 28 项、省级 5 项），参加6 500人（次）。招收规范化培训学员 243 人；原在院学员 473 人，结业 188 人。医院培训四川省专科护士 108 人，其中新生儿护理 52 人，母婴专科护理 56 人。医院招收国家卫生计生委临床药师培训 2014 级抗肿瘤药物和小儿用药专业临床药师 6 人，2012 级学员 5 人结业。医院招收进修医师 399 人，全部结业；招收博士研究生 25 人、硕士研究生 56 人；新设交叉学科《应激生物学》首届招收博士研究生 4 人、硕士研究生 2 人；招收八年制临床医学生 8 人入科、8 人毕业。医院参加教育部第十四届全国多媒体课件大赛，进入全国“微课组”决赛，获得国家级一等奖 1 个、三等奖 2 个、优秀奖 9 个；4 个课件进入全国“课件组”复赛，获得高教医学组优秀奖 4 个。

【科研工作】 四川大学华西第二医院获批各类科研课题 125 项，其中国家自然科学基金 13 项；获准经费 5 023.7 万元，较上年增长 78.9%；获成都市科技进步二等奖 1 项；获授权专利 30 项；发表 SCI 论文 118 篇。医院应用临床医疗新技术，申报一类临床医疗新技术 73 项，58 项通过审查，较上年增长 56.76%；申报二类临床医疗新技术 8 项，2 项获准开展。4 月，麻醉科被四川省卫生和计划生育委员会认定为四川省住院医师规范化培训基地；5 月，新生儿科、产科母婴护理 2 个四川省专科护士培训基地通过复审；9 月，医院被国家卫生和计划生育委员会认定为第一批住院医师规范化培训基地；12 月，医院助产士规范化培训基地通过国家卫生和计划生育委员会妇幼司评审。医院儿科母得志教授负责的“儿科学系统教学模式与人文素质教育整合的探索”项目获批为四川省 2013－2016 年高等教育人才培养质量和教学改革项目。赵霞教授负责的“妇产科专业学位研究生教育实践基地建设”项目和母得志教授负责的“交叉学科研究生培养模式与评价体系的队列研究”项目分别获批四川省学位委员会、四川省人民政府四川省研究生教育改革创新项目。宁刚教授负责的“以 PACS 为基础的骨龄测定教学方法的研究”项目获批为四川省科技厅软科学项目。《儿科学》被授予 2013 年度四川大学英语授课品牌课程；妇产科《生殖健康》获得四川大学 MOOC 课程建设项目。药学张伶俐教授指导的 2012 届硕士生梁毅的论文《消旋卡多曲治疗儿童急性腹泻的循证评价》被评选为 2013 年四川省优秀硕士学位论文。医院儿科母得志教授被美国加州大学旧金山分校聘为该校医学院儿科系兼职教授、被聘为国家自然科学基金委员会医学科学部第三届咨询委员会委员；药学部张伶俐教授被美国内布拉斯加大学医学中心聘为药学院兼职教授。

【对口支援】 四川大学华西第二医院派驻 10 人对口支援天全县人民医院、甘孜藏族自治州妇幼保健院及甘孜藏族自治州人民医院，共完成门诊诊疗 352 次，举行讲座 55 次，讨论疑难病例 51 人（次），专业查房 66 次，抢救危重病人 8 人（次），指导妇产科手术 60 台（次）。3 月 21 日，儿科专家陶于洪和汪志凌教授赴云南省丘北县主持救治中毒儿童工作。11 月 13－14 日，杨速飞教授赴汉源县为 18 名高血铅患儿制定诊疗方案。

【公益活动】 四川大学华西第二医院组织 5 人义诊队伍随四川省委宣传部、四川省卫生和计划生育委员会第十一届卫生下乡爱心服务团赴攀枝花市，为 120 位妇女和 160 位儿童义诊；开展各类公益义诊救助活动共 16 批（次），服务人群 2 380人。

（袁　梅）

四川大学华西第四医院

【概况】 2014 年，四川大学华西第四医院是直属国家卫生和计划生育委员会的职业病三甲专科医院，以职业中毒、尘肺、老年骨痛骨质疏松、肿瘤姑息医学、睡眠呼吸疾病、高压氧抢救治疗、职业体检、工伤鉴定等医疗服务为特色，编制床位 400 张。全院有在岗职工 600 人，其中教授 35 人、副教授 52 人、中级职称 118 人、初级职称 310 人，有杰出青年专家 1 人、四川大学教学名师 2 人，引进人才 6 人。

【分析测试中心】 四川大学华西第四医院分析测试中心接收200个样品检测工作，样品类别包括消毒产品、保健食品、食品、农药、化学品、职业卫生等，检测业务额1 000万元，客户满意度99%。分析测试中心于2月通过四川省质量技术审查评价中心食品检验机构资质认定复评审、实验室资质认定复评现场考核；10月，通过中国合格评定国家认可委员会实验室认可复评审。

【项目基建】 四川大学华西第四医院完成职业病防治综合楼建设项目可行性研究报告编制工作，取得国家卫生和计划生育委员会立项批复，完成方案设计以及初步设计的审查工作等；已按照国家基建项目相关规定，委托招标代理机构对施工单位公开招标，其中“土方、护臂、降排水工程”的中标单位为四川省工程机械化工程公司，工程于10月8日开工建设。

【医疗管理】 四川大学华西第四医院总收入19 343.84万元，总支出17 672.87万元；开放总床日数125 925天，门诊143 256人（次）（其中体检58 652人〈次〉）；出院病人8 181人（次），入院病人8 181人（次）；治愈率6.9%，好转率84.8%，病死率3.9%；病床使用率91.3%，平均住院日14.1天。医院以提高医疗质量与安全为抓手，巩固三甲评审成果，稳步提高医护质量，提升服务水平；组织依法执业检查、医疗质量安全大检查；组织全院医务人员开展法律、法规知识培训及考核。

【医学教育】 四川大学华西第四医院招收本科生230人、硕士研究生92人、博士研究生17人、公共卫生专业硕士研究生68名，有在读本科生954人、硕士研究生270人、博士研究生69人、专业学位研究生212人。医院完成2014届毕业论文共207篇、本科生高质量多样化毕业论文（设计）20篇，获校级优秀毕业论文一等奖1篇、二等奖4篇、三等奖9篇。本届207名本科生中185人取得毕业资格，184人获得学士学位，22人结业。医院完成实践及国际课程周课程安排与实践活动，邀请外籍教师及教学实践基地兼职教师为学生开设7门课程。2个实习队分获年度四川大学优秀实习队一、三等奖，1名教师获年度四川大学优秀实习指导教师一等奖。医院卫生管理干部培训中心举办四川省卫生监督各专业首席监督员候选人培训班8期、贵阳卫生监督执法能力提高班2期；举办河南省疾病预防控制专业技术人员培训班2期、疾控中心主任管理培训班2期、县级卫生监督业务骨干培训班2期；举办全国自然灾害卫生监督高级研修班；举办西藏自治区乡镇卫生院业务骨干培训班2期、疾控中心主任培训班1期。总计举办培训班20期，培训学员981人。

【科研工作】 四川大学华西第四医院获批国家自然科学基金项目6项（面上项目4项、青年项目2项），获准经费312万元；中央高校基本科研业务（社科处）获准2项，经费13万元；四川省科技厅项目获准2项，经费20万元；留学回国基金获准1项，经费4万元；成都市科技局项目获准2项，经费20万元。启动院级科研启动基金22项，金额68.53万元；启动博士启动基金5项，金额30万元。医院全年共有在研科研课题122项，到账科研经费1 554.82万元；发表论文205篇，其中SCI 50篇。

【李嘉诚基金会全国宁养计划项目】 截至2014年11月26日，李嘉诚基金会全国宁养计划项目华西宁养院工作提前超额完成554人、宁养办规定的服务病人的家居服务工作任务。

（张　琦）

四川大学华西口腔医院

【概况】 2014年，四川大学华西口腔医院门急诊67.8万人（次）、入院4 985人（次）、出院4 513人（次）、手术3 649台（次）。4月15日，医院举行四川省口腔质控中心成立大会和授牌仪式，泸州市、广元市、攀枝花市、德阳市、宜宾市、遂宁市已成立分中心。

【医疗管理】 四川大学华西口腔医院构建多层次预约就诊平台，已开通“114”预约、现场预约、科室电话预约、自助挂号机预约；规定医生临床班次及每班次最低号量，以提升服务能力；强化服务意识，在门诊大厅设有导医服务，在大厅设立现场预约点，实施分楼层收费、挂号，实行“无假日”门诊，完善门急诊信息化、网络化管理；制定分级诊疗双向转诊管理制度和实施办法，与社区服务点签署双向转诊协议，完成双向转诊患者32人（次）。医院修订2014年版医院规章制度；健全三级质控体系并将质控结果纳入医院绩效考核；举办系列讲座，定期进行医疗质量和安全教育；规范医疗技术，强化应用管理；加强临床路径工作管理。医院新增4个国家临床重点专科建设项目，至年底全院共有牙体牙髓病科、牙周病科、口腔黏膜病科、口腔修复科、口腔种植科、口腔颌面外科、口腔正畸科、儿童口腔科8个国家临床重点专科建设项目。医院承接7项药品临床试验，其中放射科吴红兵老师的项目《口腔X射线数字化体层摄影设备临床试验》已经结题，并通过四川省食品药品监督管理局的核查，洽谈3项。医院赴成都市成华区特殊教育学校开展“甜美微笑　从齿开始”关爱特殊儿童口腔健康公益活动；组织“服务百姓健康行动”大型义诊活动，派出6名专家赴甘孜藏族自治州人民医院进行口腔卫生和口腔疾病预防宣教；与西藏自治区人民医院、新疆医科大学、宁夏医科大学、青海省口腔医院、西北民族大学等签署帮扶协议。医院全年分3次派出国家临床重点专科牙体牙髓病科、口腔修复科、儿童口腔科、口腔正畸科、口腔颌面外科、口腔种植科17名教授组成医疗队，赴西藏诊疗患者890人（次），藏区干部保健30人，肿瘤疑难手术3例，唇腭裂疑难手术7例，牙种植手术4例，培训课14次。医院申报成功省级虚拟仿真实验教学中心，申报国家级虚拟仿真实验教学中心。

【**教学工作**】　四川大学华西口腔医院口腔医学本科教学于10月23－24日通过教育部国际认证专家组的国际认证。医院加强教学质量监控工作，开展领导评教、专家评教、教师评教、学生评教活动；召开专家督导组工作会议，制定实施学期督导工作计划，完成督导总结；建立公共教室巡查制度，完善相应管理和应急机制。医院加强大学生科研训练及创新实验工作，依托学生学术型社团，培养创新能力，营造良好学术氛围，组织学生申请2014年全国大学生创新创业训练计划，获批70项，其中国家级6项、省级3项、校级61项，249人（次）参与。医院加强课程建设，口腔基础医学、口腔内科学、口腔颌面外科学、口腔修复学、口腔正畸学、口腔黏膜病学等6门课程获精品开放课程建设突出贡献奖；申报2014年四川大学精品资源共享课程及省级精品资源共享课2门；调整口腔临床实习课程方案，建立临床技能多站式培训，在10级开展全科培训；邀请外籍教师为本科生开设全英文课程。医院加强教材建设，申报第二批四川省“十二五”规划教材4项，其中《中国现代高等口腔医学教育发展史》《口腔正畸学——基础、技术与临床》入选四川大学第二批四川省“十二五”普通高等教育本科规划教材书目；参与评选2014年度四川大学优秀教材8项，其中《牙合学》《口腔临床药物学》获校级一等奖，《中国现代高等口腔医学教育发展史》《口腔正畸学—基础、技术与临床》《口腔预防学》《口腔生物力学》获校级二等奖；申报2014年度四川大学校级立项建设教材6项，获批6项；推荐国家卫生和计划生育委员会全国高等学校五年制本科口腔医学专业“十二五”规划数字教材主编、副主编和编委。医院加强教学改革与研究，完成四川大学新世纪教育教学改革工程项目（六期）中期结题；参与评选四川大学2013－2014年度优秀实习指导教师10人、优秀实习生8人；完成2013年大班授课小班研讨的研究生助教招聘及管理工作；申报2014年四川大学设备处实验技术立项申报工作；完成2014年四川大学华西口腔医学院青年教师讲课比赛；推荐优秀教师参加四川大学第六届本科教学优秀奖的评选工作，获校级一等奖1人，校级二等奖1人。

【**医学教育**】　四川大学华西口腔医院申报国家级继续教育项目班22个、省级继续教育项目班9个，完成27班（次），培训学员2 347人；完成168人的口腔执业医师考试报名工作，对193名考官及考务人员进行了口腔实践技能考务培训，通过评审成为国家医师资格考试—实践技能考试与考官培训基地（口腔类）。医院完成国家千人计划申报1人，获批1人；青年千人计划申报2人；四川大学高端外籍教师申报9人，批准9人；四川大学人才引进项目海外名校博士申报2人，批准2人；四川大学讲座教授申报4人，批准4人；外专局高端外国专家项目申报1人，获批1人。医院完成四川大学优秀青年教师国际访学项目第六批、第七批申报，共获批2人；完成香江学者申报，获批1人；申报国务院政府特殊津贴专家1人；新增四川省突出贡献专家2人，四川省学术技术带头人2人，省卫生厅学术技术带头人4人及后备人员5人；完成教育部第15批博士服务团成员选派工作。4月和9月，医院与成都市人民政府联手打造的系列精品活动——第二届“口腔医学·成都论坛”，分春季、秋季两场在成都市举办，其中春季分场主题为2014中国（西部）国际口腔设备材料展览会暨口腔医学学术会议，以及牙颅颌面干细胞国际研讨会;秋季分场主题为国际牙医师学院中国区新院士授予仪式。本年度论坛极大促进了中国口腔医学事业与国际的合作交流,也为成都市打造一个新的高端学术名片。12 月 4 日,由口腔正畸国家临床重点专科承办的"CORE China - Cup of Orthodontics"学术会议在医院举行,世界著名正畸专家丹麦 Birte Melsen 教授作主题演讲:The role of orthodontics in the regeneration of the degenerated dentition。

【科研工作】 四川大学华西口腔医院申报各级各类科研项目 160 项,获准 90 项,批准经费4 000万元;签订横向合作研究项目 11 项,合同经费 180 万元。医院申报各级各类奖项 12 项,其中中华医学科技奖 2 项、中华口腔医学奖 2 项、华夏医学科技奖 2 项、四川省科技进步奖 4 项、成都市科技进步奖 2 项;获得四川省科技进步奖一等奖 1 项、三等奖 2 项,中华医学科技奖三等奖 1 项,中华口腔医学奖科技奖三等奖 1 项,成都市科技进步一等奖 1 项、二等奖 1 项;授权专利 10 项,申请专利 12 项。发表 SCI 论文 280 篇。国际牙医师学院(ICD)中国区秘书处组织 2014 年度新院士遴选工作,遴选出 43 名新院士,并于 9 月 5 日在成都市召于 2014 年度新院士授予仪式。

(四川大学华西口腔医院院长办公室)

四川大学华西基础医学与法医学院

【概况】 2014 年,四川大学华西基础医学与法医学院推进教学改革、教育教学、科研工作。

2014 年四川大学华西基础医学与法医学院学生情况

专业名称	录取学生(人)	在籍学生(人)	毕业学生(人)
护理	3 479	11 837	3 891
药剂	1 028	2 718	890
口腔修复工艺	215	674	235
康复技术	0	64	0
合计	4 723	15 293	4 986

【教学改革】 四川大学华西基础医学与法医学院基础医学课程课堂教学质量提升计划 1 项,立项 9 个子项目;结题四川大学六期教改项目 6 项,立项省级教改项目 2 项。教学成果《综合大学多元化实践教学体系的建设》获四川省教学成果一等奖。

【教育教学】 四川大学华西基础医学与法医学院加强本科教学,成功线上开课上线国家级 MOOC 课程 1 门(太极拳医学),2 628 名学生选课。全校国家级精品视频公开课程 1 门、省级精品视频公开课程 1 门;参加全国医学微课程比赛课程 6 门。研究生教学:招收留学研究生 1 人,全年开设研究生课程 37 门,有 2 116 人选课。2011 级博士研究生贺雪莲在 Nature Medicine 上发表论文,影响因子 28.05;硕士研究生 1 人获四川省优秀硕士论文奖、博士研究生 1 人获优秀博士论文奖、研究生 1 人获专利。硕士研究生蒋婷婷获专利:一种沉默人 c2orf68 基因的 shRNA 及其医药用途(学生排第二,导师排第一)。教材建设。获得校级教材奖 5 项,其中一等奖 4 项、二等奖 1 项;获省级十二五教材立项 4 本,国家级十二五教材立项 3 本;出版教材 1 本,专著 3 部。

【科研工作】 四川大学华西基础医学与法医学院申报各类基金 67 项,获资助 23 项,资助金额 848 万元。学院全年到校各类纵向经费 632 万元、横向经费 99 万元;获授权专利 2 项;发表论文 130 篇,其中 SCI 65 篇、EI2 篇、核心期刊 55 篇。

(黄　莉　蒋宝晴)

四川大学继续教育学院

【概况】 2014 年,四川大学继续教育学院推进学历教育、非学历继续教育工作。

2014 年四川大学华西青羊校区高教自考办学情况

专业名称		录取学生(人)	在籍学生(人)	毕业结业学生(人)
专升本	护理学	1 595	1 456	208
	小计	1 595	1 456	208
专科	护理学	8 277	7 412	857
	药学	1 456	1 240	40
	小计	9 733	8 652	897
总计	11 328	10 108	1 105	

2014 年四川大学华西青羊校区校外教学站点办学情况

专业名称	四川省卫生学校			凉山卫生学校			宜宾卫生学校			自贡卫生学校		
	录取	在籍	毕业	录取	在籍	毕业	录取	在籍	毕业	录取	在籍	毕业
临床医学	10	14	11	–	–	–	–	–	–	–	–	–
护理学	522	650	104	404	799	314	33	101	80	81	223	203
中西医结合	10	14	–	24	38	52	–	–	–	–	–	–
药学	–	–	–	–	–	–	–	–	–	–	69	96
助产士	81	87	19	61	95	39	–	–	–	–	–	–
小计	623	765	134	489	932	405	33	101	80	81	292	299
总计	623	765	134	489	932	405	33	101	80	81	292	299

【学历教育】 成人高等教育：四川大学继续教育学院 2014 年录取医药卫生及其相关专业学生4 070人，其中本科1 821人、专科2 249人；共有在籍学生7 083人，毕业学生3 079人。中等教育：四川大学附设华西卫生学校 2014 年录取新生4 723人，共有在籍学生15 293人，毕业学生4 986人。自学考试：2014 年，全校高等教育自学考试招收助学新生11 328人，其中专升本1 595人、专科9 733人；共有在籍学生10 108人，毕业结业学生1 105人。校外办学：全校有校外高等教育教学站点 4 个，即四川省卫生学校、四川凉山卫生学校、四川省宜宾卫生学校和四川省自贡卫生学校教学点，2014 年共招收专科学生1 226人，包括临床医学 10 人、中西医结合 34 人、护理学 1 040 人、助产士 142 人。

【非学历继续教育】 继续医学教育：四川大学继续教育学院申报 2015 年国家(省)级继续医学教育项目 34 项，备案项目 31 项，共计 65 项；举办国家(省)级继续医学教育项目班 48 项，培训医药卫生专业技术人员3 190人(次)；承担四川大学卫生扶贫有关继续医学教育任务 1 项，培训基层医药卫生专业技术人员 49 人。医学进修教育：四川大学继续教育学院组织学校医学及医学相关单位管理人员和科室主任录取 2014 年入学进修生3 388人(次)；接待到校进修生2 779人(次)，安排到相关单位学习；为进修生举办业余讲座 4 次，受训 500 人(次)。其他培训项目：四川大学继续教育学院组织相关院系教师申报教育部高职高专骨干教师培训项目 6 项，获准 1 项；组织相关院系教师申报四川省高职高专骨干培训项目 4 项，获准 3 项；申报四川省中职骨干教师资培训项目 1 项并获准；举办医学及医学项目培训班 15 期，培训基层专业技术人员和管理人员1 263人(次)；完成四川省卫生和计划生育委员会委托"CDC 等级评审"相关培训，培训四川全省疾病控制系统专业技术人员和管理干部 417 人(次)。

(张明义　吴钟萍)

四川省医学科学院／四川省人民医院

【概况】 2014 年，四川省医学科学院(四川省人民医院)有在职职工

6 392人，其中专业技术人员5 313人，高级职称人员835人，管理人员148人，工勤人员931人；3月，底完成草堂病区、皮研所与本部的一体化任务，实现人、财、物的顺利交接和平稳过渡，并在此基础上，统筹本部和草堂病区、皮研所资源，对全院医疗业务、科室布局进行相应调整；实验动物研究所完成动物器官移植手术室改造与病区的建设、改造及部分搬迁；全面启动GLP认证申报准备，初步建立GLP组织机构及运行体系，在动物所检验室基础上成立实验动物检测中心，并通过四川省实验动物质量检测中心资格认证。

【医疗管理】 四川省医学科学院（四川省人民医院）全年总诊疗4 399 151人（次），出院1 275 02人（次），手术111 468台（次）（含门诊手术），分别同比增长9.85%、4.64%、34.26%；Ⅲ、Ⅳ级手术达72.76%，药品比例降至39.66%，微创介入手术增长29.6%。学院（医院）加强医疗质量管理，突出抓好核心制度的落实，重点推进医疗缺陷管理，实施医疗核心指标排名与末位诫勉谈话制度，全院医疗质量指标进一步优化；加强病历质量监管，新临床系统与电子病历系统上线使用；建设完成外科监护室重症监护信息系统；全面开展“品管圈”质量管理活动；抓好合理用药、合理检查及门诊病历书写，不断提高门诊医疗质量。学院（医院）加强学科建设，抓好6个国家临床重点专科、17个省医学重点学科建设；探索多学科协助模式，建立脑卒中、心梗1小时溶栓绿色通道；成立神经疾病、心血管疾病和糖尿病3个门诊疾病诊疗中心；加强特色专科建设，中医科开设治未病专科，与中国医学科学院国家心血管病中心、阜外心血管病医院共建的国家科技支撑计划心血管诊疗质量监测基地挂牌。学院（医院）开展高新医疗技术，成功开展西南首例飞秒激光辅助白内障超声乳化术，在省内率先开展房颤患者经皮左心耳封堵术，成功实施全省首例腹腔镜辅助下肾肿瘤射频消融术；深化护理国家临床重点专科建设，在原有试点科室基础上，新推选4个病房创建优质护理特优病房，创新延续护理中心工作模式，将延续护理中心与PICC中心实施整合，护工规范化管理改革已在全院18个病区实施，逐步由公司护工进驻各病区替代“散陪护”服务患者；落实分级诊疗制度，与成都成华区卫生局签约合作卫生服务，与52家社区卫生服务中心签订合作协议，开展对口医疗技术指导及双向转诊工作。学院（医院）实施便民服务举措，开展和探索多种方式预约挂号，增加支付宝和手机“12580”预约挂号；新增诊断室48间，增加门诊医生人数与专家门诊次数；实施导医、分预诊挂号室员工和便民门诊医生“变频工作制”，设置自助挂号机与19台自助缴费机，在挂号室、入院处配置身份识别器，加快建档、挂号和缴费速度；开设医保政策咨询及异地医保手续办理专门窗口；在全省首家智慧门诊药房建成投用；改造病历供应服务窗口，住院病案供应信息化系统投入使用，实现病历复印一站式服务；成为首家开通异地就医即时系统双上线的省级定点医疗机构，正式开通省本级在职公务员联网结算，开通新的成都市特种病门诊认定、治疗、结算系统，制定市医保特种病门诊管理流程。

【教学工作】 四川省医学科学院（四川省人民医院）完成电子科技大学医学院临床医学和药学一级学科专业学位硕士授权点申报，药学硕士专业学位授权点已获批准；招收首届生物医学工程专业硕士29人、博士5人，硕士导师增至124人；组建医学院学位评定分委员会，完成医学院学位与研究生教育专家库建设，完成医学院四年规划与临床医学本科建设方案。

【科研工作】 四川省医学科学院（四川省人民医院）中标各级各类科研208项，其中国家重大科学研究计划子项目1项、国家重点基础研究计划（973计划）子项目1项、国家自然科学基金项目16项；发表论文1 159篇，其中SCI 127篇。

（何志萍　杨　晶）

四川省肿瘤医院/研究所（四川省第二人民医院）

【概况】 四川省肿瘤医院是按照院、所、中心合一的一套班子的管理模式，西南地区最大的集“医、教、研、防”四位为一体的三级甲等肿瘤专科医院。四川省抗癌协会、《肿瘤预防与治疗》编辑部同设于此。2014年，四川省肿瘤医院有职工1 421人，其中研究所27人，高级职称专业技术人员192人、中级职称341人、博士生导师2人、硕士生导师31名，获博士学位52人、硕士学位209人，国务院政府特殊津贴专家14人、省学术技术带头人4人、省突出贡献专家4人、省卫生厅学术技术带头人22人、省卫生厅突出贡献专家1人;有开放床位1 264张。四川省肿瘤医院全年门诊156 427人(次)、住院39 476人(次)、手术12 181台;平均住院天数从上年的15.7天下降到14天;药品收入占全院总收入的42.71%,同比下降1.56%。四川省肿瘤医院在省卫生和计划生育委员会2014年委局直属医疗机构和中央在川医疗机构行风群众满意度测评中,排名第11位。

【医疗管理】 四川省肿瘤医院提升服务水平和改善就医环境,调整并增加门诊科室、门诊医师和门诊时间,方便患者就医;开展分级诊疗工作,进行相关政策及流程培训500人(次),建设双向转诊信息系统,与对口支援单位签订双向转诊协议,开通转诊、入院绿色通道;将预约挂号方式增加为6种,预约挂号同比增长95.1%;整合门诊放疗功能,增设日间放化疗区域,控制病区收治规模和平均住院日;拓展优质医疗资源,11月与天府新区成都片区管理委员会签订协议书,随即开展天府院区前期建设筹备工作;加强优质护理服务和全面质量安全管理,完成四川省肿瘤护理、静脉输液专科护士培训班2期,举办四川省中心静脉置管继续教育项目;开展品管圈大赛,优秀项目参加全省以及全国的比赛并获得优异成绩;推进以专业小组为基础的肿瘤专科护理模式,推进癌痛护理和临床心灵关怀工作,癌痛筛查、动态评估达100%,开展癌痛及姑息培训和定期考核,新成立伤口—造口门诊,共接诊伤口病人约1 263例(次);开展医疗技术临床应用和手术分级管理,全年获准开展8个专业的内镜诊疗技术,完成10个第二、三类技术评审工作,成立9个MDT团队,多学科(MDT)联合门诊增加到7个,全年疑难病例讨论约200人(次);入选肿瘤科2013－2014年国家重点专科建设项目单位,结合肿瘤放射治疗科、肿瘤内科亚专业规划,对各亚专业临床、教学和科研提出明确的发展方向与目标;受省卫生和计划生育委员会委托,四川省肿瘤性疾病医疗质量控制中心开展“四川省省级癌痛规范化治疗示范病房”评审工作,经省卫生和计划生育委员会审核同意,授予44所医院“四川省省级癌痛规范化治疗示范病房”称号;在10月底召开“癌痛继教学习班”,为44所医院授牌;推动新增3个市州质控分中心;完成55家二甲以上综合医院和肿瘤专科医院肿瘤诊疗相关指标调查,四川省放射治疗质量控制中心着重完善组织机构建设体系,建立健全质量评审标准,编制《现代放射治疗质量控制与保证》《四川省放射治疗常规质控内容和方法》《四川省放射治疗常规质控内容和方法的评分标准》;建立7个放射治疗质量控制分中心;对五个地市、8家放疗单位进行放射治疗机的抽样核查,对全省放射肿瘤学科的管理、质控、运转情况进行抽查及技术培训;做好肿瘤防控、早诊早治、筛查及随访工作,全年在全省13点开展癌症筛查工作,筛查2.7万人;编撰《四川省癌症防治报告(2003－2013)》。

【医学教学】 成都医学院临床肿瘤学院加强实习生管理,顺利开展继续教育工作;派遣中青年医师12人出国研修、培训,免费接收对口支援单位进修生23人。住院医师规范化培训基地通过评审,成为首批国家级住院医师规范化培训基地之一。

【科研工作】 四川省肿瘤医院获得国家自然科学基金课题1项、科技部国家重大科学仪器开发专项子课题1项、四川省科技计划项目(包括青年创新团队项目)10项、四川省卫生和计划生育委员会课题8项、成都市科技惠民科研课题3项,共获科研经费403万元;获得2014年度四川省科技进步奖三等奖2项、四川医学科技奖一等奖1项和成都市科技进步奖二等奖1项、三等奖2项;不断完善GCP建设,进行临床研究项目共51项,接受国家药物临床试验机构资格认定复核检查。肿瘤护理学申报省医学甲级重点学科获立项,腹部肿瘤外科申报省医学乙级重点学科获立项。麻醉科和影像科评为院级重点学科。全院全年发表论文216篇,其中SCI 28篇。

(高向涛)

成都医学院第一附属医院

【概况】 2014年,成都医学院第一附属医院有在岗职工1 249人,其中专业技术人员1 078人、高级职称专家116人、硕士生导师35人;实际开放床位1 669张。医院建筑面积近6万平方米的新住院大楼正式投入使用,建筑面积1.2万平方米的科教楼竣工,并完成旧住院楼、急诊楼和门诊楼改造工程;新建成HIS、PACS和电子病历系统,采购医教研设备416台(套)、5 345.76万元。医院门、急诊病人41.2万人(次),出院病人3.5万人(次),手术6 040

台(次),床位使用率 81.85%,平均住院日 11.21 天。

【医院管理】 成都医学院第一附属医院坚持实施医疗质量目标考核制度,落实抗菌药物使用管控制度,推行医疗缺陷根据原因分析,充分发挥临床路径管理、单病种质量控制、院感监测、医保服务协议执行等对诊疗行为的规范和引导作用,共组织核心制度专项检查 35 次、点评处方及医嘱 1.92 万份、检查住院病历 3.2 万份,并首次施行律师查房;继续以专科设置为手段完善医疗服务体系,持续推进重点专科建设项目和优质专科建设项目,新设置老年医学、风湿血液免疫、肾脏病、内分泌等临床科室,进一步优化普通外科、骨科运行机制,开展院内新技术、新业务 24 项,获批开展二类医疗技术 7 项、申报三类诊疗技术 1 项;持续抓好优质护理示范工程,以护理队伍建设为切入点,抓好人员引进、能力提升、人力资源配置三个关键环节,共招聘护士 166 人、组织院内培训 33 次(项)、院外培训 60 人(次);推行三级护理业务查房、教学查房、管理查房;实施三级质控检查与质量分析,发挥不良报告事件、纠纷争议、满意度调查结果、检查考评结果的警示作用,护理各项质控检测数据合格率均达到 90%;制定双向转诊制度及服务流程,顺畅就诊绿色通道;深化与周边基层医院合作关系,逐步拓展分级诊疗服务网络;坚持以患者为中心,落实三好一满意、服务百姓健康行动等活动要求,注重人文关怀与个性化服务,持续改进服务流程,组织院内外义诊、讲座 90 次,发放宣传资料 1.4 万份,免费发放药品 8 万元。

【对口支援】 成都医学院第一附属医院选派 14 名医务人员赴九龙县人民医院、名山县人民医院和剑阁县人员医院开展对口支援,诊疗患者4 623人,培训管理及业务人员 1 362人(次),培训受援医院骨干医师 10 名。

【队伍建设】 成都医学院第一附属医院引进硕士及以下基础人才 94 名、博士和副高以上专业技术人员 5 名,选派出国进修学习、攻读硕士学位各 1 人,参加学术会议 121 人(次);举办国家级和省级继续教育项目 8 项,获批国家级、省级继续医学教育项目各 3 项。

【医学科研】 成都医学院第一附属医院申报各级各类课题 188 项,获批立项资助 15 项,其中国家自然科学基金青年基金 1 项,省科技厅科研项目 3 项;申请专利 4 项;发表论文 145 篇,其中 SCI18 篇、CSCD3 篇。呼吸内科学、心血管病学获四川省医学重点学科立项建设,启动呼吸病研究所筹备工作。医院省级重点学科达到 5 个。

【医学教学】 成都医学院第一附属医院确立临床医学院"院—系—教研室"分工协作运行机制,加快教学管理制度、教学规范、质控标准修订与完善,严格课前准备、课堂教学和课后反馈等教学全过程的质量控制,完成 292 门(次)9 395学时理论教学任务、19 292人(次)3 021学时见习教学任务;推广 LBL、TBL、CBL 等教学模式与手段,建立形成性评价考核体系,推进实践教学改革,完善课程评价体系,获全国大学生临床技能竞赛全国二等奖、全国大学生医学影像技术实践技能大赛团体三等奖、四川省医学生基础技能及创新竞赛二等奖;加强教学资源整合,成功申报临床医学硕士专业学位授权点,并获批研究生教育改革创新项目基地工作;立足专业学位培养要求,开展导师遴选、培养方案制定、质控体系建设、招生等系列工作;实施住院医师规范化培训基地动态管理评估与建设,招收规培学员 113 人、进修生 60 人,结业规培学员 39 名、进修学员 55 名;获省第二届规培生临床技能竞赛二等奖、三等奖各 1 项。

(于红典)

四川省妇幼保健院/四川省妇女儿童医院

【概况】 2014 年,四川省妇幼保健院(四川省妇女儿童医院)有在岗职工 653 人,其中高级职称 99 人、研究生以上学历 117 人;完成住院医技楼二期工程主体工程施工,并通过验收;先后荣获国务院全国民族团结进步模范集体、省卫生和计划生育委员会全省妇幼健康服务工作先进集体称号。全院门急诊 650 642 人(次)、出院 13 142 人(次)、分娩6 370人(次)。

【公共卫生管理】 四川省妇幼保健院开展妇幼健康服务年系列活动,牵头承办全省妇幼健康技能竞赛,全省共 22 个代表队、88 人参加省级竞赛,省级决赛遴选的选手参加国家预选赛和决赛,荣获全国妇幼健康技能竞赛团体二等奖;开展全省爱婴医院复核师资培训,组织各市(州)保健机构观摩爱婴医院示范单位,落实母乳喂养系列活动;

开展健康教育宣传活动、先进典型宣扬、落实预防出生缺陷等妇幼健康中国行系列活动。保健院加强全省妇幼保健技术指导和项目管理，着重加强民族地区和项目工作重点地区的指导，特别是艾滋病疫情重点地区开展下沉式分片区技术培训，全年共开展重大公共卫生项目培训7期1 260人（次）；加强民族地区HBB项目、儿童营养改善项目、基本公共卫生服务等项目的督导；在国内率先开展HIV阳性孕产妇所生儿童个案评审工作，首次组织省级评审专家组评审美姑县近3年HIV阳性孕产妇分娩儿童死亡个案，完成《四川省2013年HIV阳性个案分析报告》。保健院完成卫生行政部门指令性任务，开展2014年政府自愿免费婚检项目，完成397 725对婚检，全省婚检率达52.35%；完成农村孕产妇住院分娩补助50.35万人，增补叶酸项目补服70.11万人，宫颈癌、乳腺癌筛查分别完成89.21万人、17.90万人，完成孕产妇艾滋病、梅毒、乙肝全年检测任务的111.25%、111.27%、110.99%。保健院2014年孕产妇住院分娩率为97.52%，孕产妇、儿童系统管理率分别为93.16%、93.19%；孕产妇死亡率、婴儿死亡率较上年分别下降6.98%、11.92%；机构剖宫产率较上年下降5.46%；全省HIV感染孕产妇及其所生婴儿抗病毒药物应用比例分别为86.33%、90.09%。

【医疗管理】 四川省妇幼保健院（四川省妇女儿童医院）开展妇幼健康优质服务创建活动，强化门诊预约服务，增设自助预约挂号和医生诊间预约挂号，使预约挂号量达到挂号总量的75%；合理安排节假日门诊、周末门诊、夜间门诊、错时门诊；在门诊区域设立自助打印、自助挂号、自助缴费服务，分流人群，提高窗口服务工作效率；设立母乳喂养室，免费为门诊病人提供饮用水、针线、轮椅等设施；加强医患沟通，改善医患关系，启动医患手牵手活动，开展出院随访、组织医患恳谈会、社区义诊、上门看望等活动；开展患者满意度调查，创新满意度调查方法，2014年门诊患者满意度为92.67%，住院患者满意度为94.67%；建立和健全诊疗服务投诉反馈机制，全年接待门诊投诉41例，处理及时率达100%，并针对存在的问题及时跟踪改进。保健院（医院）加强医疗质量和医疗安全管理，坚持依法治院，修订和完善医院规章制度和科室诊疗规范，规范医务人员执业行为，及时对医院诊疗项目及大型设备的使用许可进行申报注册；开展定期医疗质量考评，组织疑难病例、死亡病例讨论和孕产妇危重症评审，强化医疗技术及手术分级管理，全年申报新项目新技术9项，妇科内镜、儿科呼吸内镜三级及以上诊疗技术、PCR实验室获省卫生和计划生育委员会准入；加强临床路径管理，加强处方点评和抗菌药物的分级管理；聘请德国妇产科专家Dr. Med. Kurt Lobodasch教授来院，组建专科团队开展盆底泌尿专科工作；加强重点学科的评选、扶持、考核，接受省卫生和计划生育委员会组织的专家对产科申报省级重点学科、新生儿科申报省级重点专科进行的评审。保健院（医院）开展感染预防与控制工作，定期对环境卫生及消毒灭菌效果监测、医院感染发生率监测和多重耐药菌监测，持续开展手卫生规范的检查和考核，加强对重点部门、重点环节的监管，全年未发生医院感染暴发和疑似暴发事件。保健院（医院）开展优质护理服务，引入品管圈管理理念，持续改进护理质量；建立护理信息管理系统，加强对护理不良事件及接近错误的监管；开展安全教育，护理安全应急演练；开展护理特色服务，相继推出剖宫产手术陪产服务、人工流产术后关怀项目、门诊健康教育宣讲等。保健院（医院）实施双向转诊工作，先后与10家医院和2家社区卫生服务中心签订协作协议，与3家市级妇幼保健院签订双向转诊协议。

【医学教育】 四川省妇幼保健院（四川省妇女儿童医院）申报国家级继续教育项目1项、省级继续教育项目21项，在妇产科住院医师规范化培训基地招收学员12人、宫颈病变防治进修基地招收进修人员64人；开展院内学术讲座21次，参加院内学习1 989人（次）；组织外出参加学术会议238人（次），外出进修12人。

【科研工作】 四川省妇幼保健院（四川省妇女儿童医院）申报省科技厅课题4项、省中医药管理局课题1项、省卫生厅课题13项、中国疾病预防控制中心妇幼保健中心课题2项；与中国疾病预防控制中心妇幼保健中心合作申报国家级课题1项；立项省科技厅课题1项；与四川大学横向协作课题1项、省人民医院合作科研课题1项；发表论文128篇，其中SCI期刊1篇。

（四川省妇幼保健院办公室）

四川护理职业学院／四川省卫生学校

【概况】 2014年，四川护理职业学院作为一所国家公办全日制普通高等学校，以护理专科教育为主体，以老年护理、康复护理、社区护理等专门化方向为特色，推进医技与药学等专业协调发展，重点培养高层次、专门化的实用性护理人才及护理相关技术类人才，努力打造办学特色鲜明、具有国际视野和引领示范作用的高职护理学院。四川省卫生学校与四川护理职业学院系同一套机构、两块牌子，开设大专专业5个（护理、助产、康复治疗技术、药学、医学影像技术）、五年高职专业3个（护理、药学、康复治疗技术）、中专专业6个（护理、助产、康复治疗技术、药剂、中医康复保健、口腔修复工艺），共有在校生7 973人。

【项目建设】 四川护理职业学院新校区采取整体规划分期建设。一期一标段1号综合实训楼建筑面积1.08万平方米，主体建设已竣工，完成装饰装修工程，年底进入工程验收阶段。一期二标段总建筑面积4.76万平方米，共有5栋建筑及运动场等相关配套设施，年底全面开工建设。

【医学教育】 四川护理职业学院引进硕士9人、博士5人，有3人参加博士学历学习、16人参加硕士学历学习、1人取得博士学位；招收中职学生760人（含藏区“9＋3”学生120人）、五年制高职学生520人、高中起点三年制高职学生1 365人；完成38个班共2 424名实习生的实习安排，毕业生2 504人，合格2 256人，合格率90.1%；新开辟6个就业基地，毕业生就业率96%，评选省级优秀毕业生73人。学院针对三年制大专专业学生开展“早临床、早见习”教改试点，理论教学与实践教学同步推进，完成四川护理职业学院学分制改革试点材料的准备及申报，完成省教育厅“四川护理职业学院五年制高职专业”备案，完成成都中医药大学“成教专业备案”。学院组织学生参加国家统考3次、共9 528人（次），参加国家资格考试、各类等级考试共5 511人（次）；组织选拔2名学生参加全省护理技能大赛，荣获二等奖。

【科研管理】 四川护理职业学院有2项研究成果获四川省2014年中等职业学校优秀研究成果一等奖，1项获四川省2014年中等职业学校优秀研究成果三等奖。学院全年发表、交流论文40篇，其中国家级核心期刊1篇、省级核心期刊4篇、国家级刊物18篇、省级刊物17篇；1篇获四川省性教育协会第一届优秀成果三等奖，1篇获课程教育研究编辑部优秀论文二等奖。

【综合治理】 四川护理职业学院做好安全综合治理工作，落实校园综合治理安全责任；加强食堂、超市监管力度，确保食品卫生、安全，全年无群体性食品安全事故。学院获第二届“关爱明天、普法先行”——全国青少年普法教育先进单位、“零犯罪学校”称号；被成都市公安局评为内保工作先进集体。

【对外合作】 四川护理职业学院与乐山海天公司合作三年制高中起点高职护理专业英语强化班于10月27日启动，首批招收学生42人。中德老年护理人才交流计划（四川）启动仪式于11月18日正式启动，四川护理职业学院为该项目在四川地区唯一的学员选拔、培养和输送基地，首批招收学生34人。四川护理职业学院与ISPN办公室以及河南安琪职业培训学校合作，为2012级、2013级高护学生制定2－3年的ISPN项目培训计划，2014年培训达124学时。

（四川护理职业学院办公室）

四川护理职业学院附属医院

【概况】 2014年，四川护理职业学院附属医院有职工157人，其中卫生专业技术人员128人，其中高级职称19人、中级职称19人、初级职称87人，有硕士研究生以上学历4人、本科学历64人、大专学历52人。在四川省卫生和计划生育委员会委托省社情民意调查中心对17家委（省中医药管理局）直属医疗机构、4家中央在川医疗机构的卫生行风群众满意度调查中，四川护理职业学院附属医院连续第2年荣获第一名。

【医疗管理】 四川护理职业学院附属医院全年门、急诊35 766人（次），住院2 408人（次），分别比上年增长12.14%、12.95%。医院加强质量安全管理，建立和完善医疗纠纷调解机制，开展医疗纠纷化解工作，落实责任追究制度，全年未发生重大医疗安全事故，无群体性医疗事故上访事件发生。医院加强药品采购使用管理，有在用药品539

种，其中基本药物333种，基本药物比例为61.8%；对药品招标采购严格执行《四川省医疗机构药品阳光采购管理办法》，每月积分均大于90分。医院完善卫生舆情处理机制，妥善处理院长信箱、医疗卫生舆情事项；通过医院官方微博，发布医院动态；提升突发事件的危机传播与媒体应对能力，建立新闻发言人制度、舆情处理机制及应急预案。医院创造舒适就医环境，在住院收费窗口增设凳子；将住院收费窗口和门诊窗口分离；将医保窗口从行政办公区前移到门诊大厅；增加门诊部导医人数和窗口服务人员，减少排队等候时间；新建环境优美的口腔科、体检科就诊区，设立温馨舒适的体检休息区；在门诊部免费为患者复印资料7 000张，免费测血压2 000人（次）。医院于年初加入成都市龙泉驿区120急救网络，急诊科全年出诊1 044人（次），救治1 170人（次），收治573人（次），救助“三无”人员28人，抢救危重病人103人（次），抢救成功率98%；回访满意度为100%，位居全区第一；举行5次心肺复苏培训，参加培训人员合格率100%。医院完善双向转诊制度，与四川省人民医院城东病区、四川省肿瘤医院、成都军区总医院签订分级诊疗双向转诊协议；加入华西远程医学系统，成为华西医院的网络联盟医院；陆续与平安社区卫生服务中心、十陵公立卫生院、洪安镇卫生院等5家基层医院签订双向转诊协议。医院提升优质护理服务，病房覆盖率达90%。加强人文关怀，制定高龄患者专人术后康复计划，开展全麻术后病人复苏及微创骨科手术的护理，术前、术后访视；每月对出院病人进行电话回访，了解病人恢复情况，听取病人的意见和建议。医院加强重点学科建设，院级重点学科康复医学科通过省市残联专家评审，并成为四川省脑瘫儿童定点康复训练机构。医院在龙泉驿区开展社区义诊30次，咨询、检查、诊断等1 000人（次）；协助龙泉驿区残联培训康复治疗人员及康复联络员共200人。

【医学教育】 四川护理职业学院附属医院全年接收见习学生1 000人、实习学生47人；组织50余名职工参加四川省高校师资培训中心举办的高校教师资格培训；选派13名医护人员到四川大学华西医院、省肿瘤医院、省人民医院城东病区、德阳市人民医院、上海长海医院等三甲医院进修。

【科研工作】 四川护理职业学院附属医院与成都信息工程学院合作成功申请厅级科研课题1项；申报专利1项、科研项目1项。

（饶 燕 苟雪松）

中国医学科学院输血研究所

【概况】 2014年，中国医学科学院输血研究所经四川省卫生和计划生育委员会批准，增挂四川省血液安全管理中心牌子。

【医学教育】 中国医学科学院输血研究所与泸州医学院合作开展输血医学成人教育，录取470人，毕业333人；承办血液管理培训班、输血科主任培训班、血液安全管理与临床科学合理用血培训班，共培训学员837人；联合北京协和医院、北京阜外医院、北京肿瘤医院及天津血液病医院建设北京协和医学院输血医学系；开展与美国耶鲁大学输血医学系远程教学项目；录取硕士研究生13人、博士研究生2人、经推荐的优秀应届本科毕业生免试攻读硕士研究生3人。

【科技成果】 中国医学科学院输血研究所与四川中科善庆医院管理有限责任公司共建干细胞研究与应用联合实验室，与成都康景生物科技有限公司共建联合转化医学实验室，与成都海圻生物科技有限公司共建胎盘干细胞及活性物质联合实验室，与四川省世海通医疗器械有限公司共建医学独立实验室；与企业以合作研发、委托开发、委托检测等形式签署合作项目（含框架协议）50项，到账经费472.86万元。

【科研工作】 中国医学科学院输血研究所获批各级科研课题27项，其中国家级7项、省部级项目8项、其他项目12项，到账科研经费1 438万元；申报四川省医学科技奖7项、成都市科技奖1项；获授权发明专利6个，实用新型专利2个；发表论文77篇，其中SCI/EI 18篇；为卫生行政部门起草《2013年全国采供血状况分析报告》《关于血液倍增计划进展的报告》《四川省血液制品行业现状分析报告》等咨询报告30份。

【中国输血杂志】 中国医学科学院输血研究所编辑出版《中国数学杂志》。杂志被列为血液病学、肾脏病学类核心期刊，核心影响因子为0.736，在37种临床医学类期刊中名列第9位，在12种血液病学、肾脏病学类类期刊中名列第4位；核心总被引频次列临床医学类第6位，血液病学、肾脏病学类第1位。

（中国医学科学院输血研究所行政办公室）

成都中医药大学

【概况】 2014年，成都中医药大学在教学工作、招生就业、学生工作、队伍建设、科研工作、医疗安全等方面取得较好成绩。

【教学工作】 本专科教育：成都中医药大学新增6门校级核心通识课程、引进开通40门网络通识课程；获批省级"十二五"规划教材7部；开展以"立德树人、强基固本"为主题的教学质量提升月活动；不断加强考试改革工作，在学校34个本科专业604门课程推广形成性考核；召开学校实习工作大会，新增非直属附属医院2所和社区卫生服务中心1所。研究生教育：成都中医药大学授予89人博士学位、689人硕士学位（含七年制学生174人），有4篇博士学位论文、7篇硕士学位论文获年度四川省优秀博、硕士学位论文，有7人被评为2015届省级优秀毕业研究生，有47名硕士、11名博士获研究生国家奖学金，有790名硕士、190名博士获国家学业奖学金。继续教育：成都中医药大学录取新生12 849人，至年底有成人学历教育在校学生29 960人；受甘孜藏族自治州政府委托开班培养成人高中起点藏医学专业本科人才；承办四川省基层中医医院财务骨干人员培训、四川省民族地区卫生十年行动计划人才培养等项目，培训人员3 300人。国际教育：成都中医药大学招收20名本科生和16名研究生，截至年底有在校境外学历学生155人；招收对外高级汉语培训美国学生10名，短期培训境外学生114人（次）。与马其顿共和国戈瑟德尔瑟夫（什提普）大学签署合作备忘录。学科建设：成都中医药大学全年新增临床医学、公共管理2个学科副教授（副研究员）专业技术职务任职资格学科评议权；获护理学专业学位授权点；成立学校第九届学位评定委员会；承担四川省教育厅首次设立的研究生教育改革创新项目13项。

【招生就业】 成都中医药大学面向全国30个省、市、自治区招收全日制本专科生5 058人，其中本科生4 132人、专科生926人；录取博士生92人、硕士生581人。本专科毕业生4 975人，其中本科生就业率94.77%，专科生就业率92.64%，全年最终就业率93.43%。

【学生工作】 成都中医药大学完成2014级4 900名新生心理健康测评，并对存在心理问题的学生有针对性地开展心理咨询、干预工作；通过发放困难补助、临时补助、冬衣补助、寒假路费资助以及申请国家开发银行助学贷款等方式，加强家庭经济困难学生的帮扶，提供专项经费30.24万元对就业困难的毕业生进行专项资助，就业困难毕业生就业率达89%；开展杏林之春文化艺术节、杏林之夏社会实践、杏林之星新生节、杏林之光科技学术节等各类校园活动，共举办各类活动40场，参与学生达3万人（次）。学生获全国针灸技能大赛一等奖，康复技能大赛三等奖，中医药技能和知识竞赛优秀组织奖，西北区临床医学技能大赛二等奖，泛珠三角区域中医技能大赛三等奖，四川省卫生检验技能大赛二等奖，四川省医学生基础技能大赛三等奖，"天堰杯"全国中医院校大学生创意大赛获一等奖1项、三等奖2项；在第七届四川省大学生艺术节中，舞蹈作品《问道》《医承》获一等奖，摄影作品《海岸温情》获三等奖；在"创青春"四川省大学生创新创业大赛中，获金奖2项、银奖7项、铜奖17项，金奖作品同时在全国比赛中荣获铜奖。

【队伍建设】 成都中医药大学全年引进13名博士研究生，聘用硕士研究生和本科生9名。1人当选第二届国医大师，1人获全国杰出专业技术人才称号，2人当选国务院学位委员会第七届学科评议组成员。学校教师在全国高等中医药院校教师发展论坛暨青年教师教学基本功竞赛、首届高等学校中药学类专业青年教师教学设计大赛、第四届医学（医药）院校青年教师教学基本功比赛中获一等奖2项、二等奖2项、三等奖2项、优秀奖2项。

【科研工作】 成都中医药大学申报课题778项，立项纵向项目420项，其中国家级课题42项、部省级课题56项、厅局级课题130项，校基金资助课题170项。学校获科研合同经费1.02亿元，到位科研经费7 553.22万元；签订横向技术合作协议48项，合同金额1 614.78万元，到位经费630万元；获专利授权103项（发明专利71项、实用新型32项），成功转化专利1项。发表论文1 202篇，其中SCI / EI源刊论文84篇；出版著作179部；获各级奖励18项，其中成都市科技进步特等奖1项、四川省科技进步一等奖和二等奖各1项，首次获得四川省第十六次哲学社会科学二等奖1项。成都中医药大学科技园通过四川省省级大学科技园认定，获政府支持经费225万元。学校牵头组建的针灸经穴效应协同创新中心成为四川省第二批正式批准认定的2011协同创新中心。四川省中药资源系统研究与开发利用省部共建国家重点实验室培育基地通过验收。学校获批建设国家级中医学实验教学示范中心、国家中医药虚拟仿真实验教学示范中心。

【医疗安全】 成都中医药大学落实安全稳定工作校、院（处）、科（室）三级责任体系；启动月月有主题、活动有专项2014年校园安全文化宣传教育系列活动；在重要单位、重要岗位建立政保工作安全信息员，对重点人员开展一对一帮扶教育管理，确保敏感时期和重要节点期间的维稳工作；强化各校区门卫管理、重点部位和校园守卫管理，开展24小时校园内巡逻和校园安全检查。

（成都中医药大学办公室）

成都中医药大学附属医院（四川省中医医院）

【概况】 2014年，成都中医药大学附属医院门急诊164.07万人（次）、入院44 411人（次）、出院44 450人（次），分别比上年增加20.67万人（次）、2 791人（次）、4 773人（次）；平均住院日15.3日，比上年下降2.55%；非药物中医技术治疗22.56万人（次），占门诊总人（次）的13.80%。三级中医医院持续改进活动通过省级检查。13个国家中医重点专科科室共计19个项目通过中期评估；13个省级重点中医专科通过省级项目清理检查，并被推荐为优秀项目。

【基本药物制度】 成都中医药大学附属医院有西药、中成药基本药物品种502个，中药饮片基本药物配备齐全，基本药物品种数占药品品种数比例为33.74%（不包括中药饮片），使用管理情况良好，基本药物（西药、中成药、中药饮片）销售金额占药品销售金额的37.9%。

【学科建设】 成都中医药大学附属医院病理科、眼科成功申报四川省医学重点学科建设点；组织各学科/科室申报成都市首次重点学科建设工作，中医皮肤病学、病理学与病理生理学、中医脾胃病科3个学科参加现场答辩工作；成功申报3个国家级名中医工作室，分别是罗才贵、胡天成、张发荣工作室；成功申报5个省级名中医工作室，分别是艾儒棣、胡天成、曹吉勋、钟以泽、熊大经工作室；实施名医优才培养123工程，选拔60名正、副高级职称医师参加师承学习，培养周期为3年。

【对口支援】 成都中医药大学附属医院对口支援医院为西昌市中医院、盐源县中医院、红原县中医院、雅安市中医院、米易县中医院；下派医务人员16人，参与诊治病人1 000人（次），疑难病例讨论26次，学术讲座26次，教学查房55次，开展新技术8项，业务培训4次；与米易县中医院开展院外视频会诊工作。

【医学教育】 成都中医药大学附属医院招收硕士研究生268人、博士研究生31人；派员参加短期培训568人（次）、进修15人（次）；参加成都中医药大学优秀研究生管理人员和优秀研究生导师评选工作，有2名管理人员获优秀研究生管理人员称号、8名导师获优秀研究生导师称号；组织2014年度研究生导师遴选工作，评选推荐14名博士生导师、24名硕士生导师；受成都市卫生局委托，修订《成都市中医类别全科医师培训方案》；承办基层中药膏丹丸散临方炮制加工培训班，培训90人；新招收的临床类医学生100%进入住院医师规范化培训；完成2011年首次招生的中医规培生结业考试，共计23人；完成2013届53名规培学员的管理考核工作；完成2014届中医住院医师规范化培训招生工作，招生118名；完成西医规培招生4人，均为本院新进职工，规培招生总量同比增长130%，其中对外招生占比增长77%，毕业合格率达95.7%；成功申报国家级继续教育项目6项、省级继续教育项目16项。

【科研工作】 成都中医药大学附属医院有立项课题115项，其中国家自然科学基金课题10项、部省级课题7项、厅局级课题46项、成都中医药大学校基金课题14项、成都中医药大学附属医院院基金课题38项，以成都中医药大学附属医院为第一申报单位申报四川省科技进步奖2项；申报新的医院制剂超过16个；获实用新型专利授权9项，发明专利授权5项；；发表论文280篇，其中SCI 6篇。

（成都中医药大学附属医院办公室）

四川省中医药科学院／四川省中药研究所

【概况】 2014年，四川省中医药科学院（四川省中药研究所）有在编职工611人，其中专业技术人员526人。

【医学教育】 四川省中医药科学院（四川省中药研究所）加强专业技术人才管理，推荐上报政府特殊津贴、省学术技术带头人等专家36人，完成23位专业技术人员职称聘任工作、职称评审推荐中、高级技术职称30人。科学院（研究所）加强实习生、研修生、进修生及进入院本部学习人员管理工作，对泸州医学院新下基地的2013级研究生进行岗前培训并安排实习轮转计划，完成对山西省长治医学院药学专业12名学生的实习培养工作，完成2014年与泸州医学院联合2014年级研究生招生工作；协助泸州医学院完成2011级联合培养硕士生毕业答辩工作，7名学生全部通过答辩顺利毕业，获得硕士学位。完成2014年新导师的遴选和培训工作，新增导师2名。科学院（研究所）扩大对外合作，与成都医学院药学专业联合申报硕士授位点获批后，就进一步联合培养研究生工作达成共识，并初步确定3名导师。科学院（研究所）实施师带徒教育，继续落实省中医药管理局关于国家级师带徒集体带、带集体的精神，牵头汇同四川省中西医结合医院举办由王成荣等师带徒导师主讲的学术报告和研讨会；落实国家中医药管理局《关于开展中药特色技术传承人才培训项目培训对象选拔工作的通知》要求，推荐上报6人参加选拔考试。

【科研管理】 四川省中医药科学院（四川省中药研究所）全年申报各级各类项目68项，其中国家级14项、省部级54项；获得各级各类项目资助50项，其中国家级6项，省级34项。科学院（研究所）对各级各类在研项目进展情况、阶段性成果、科研经费使用情况等进行检查，涉及课题90项、46人，执行率超过90%；组织项目结题、验收39项，其中四川省科技厅支撑计划项目2项、四川省科技厅基本科研业务专项14项、四川省科技厅成果转化资金项目9项、四川省中医药管理局项目13项、成都市科技局项目1项；组织科技成果鉴定3项，即“中药新型给药系统的示范研究与应用”“高原濒危药材羌活野生变家种关键技术研究与示范”“川产道地中药材附子、郁金优良品种选育及示范”；申报各类科技奖励7项，包括四川省科技奖励4项、成都市科技奖励2项、阿坝藏族羌族自治州科技奖励1项，“川产道地中药材附子、郁金优良品种选育与示范”获四川省科技进步三等奖，“食药用菌产业提升关键技术创新与应用”获成都市科技进步一等奖，“中药新型给药系统的示范研究与应用获”成都市科技进步二等奖；申请发明专利17项，其中国际专利1项；进入实质审查专利19项；授权发明专利10项，药理所申请国家发明专利6项、获国家发明专利授权4项，药学所申请国家发明专利12项、获国家发明专利授权6项；获得农作物新品种认证2个；发表论文100篇，其中SCI 8篇。

【新药研发】 四川省中医药科学院（四川省中药研究所）自主研制的中药五类新药“川射干黄酮胶囊”取得中药新药证书及生产批文；中药六类新药“麻芩颗粒”“芩味胶囊”完成申报临床注册，已通过研制现场核查，获得注册受理。

【研究室和实验室建设】 四川省中医药科学院（四川省中药研究所）全年加强各级重点实验室、研究室及基础平台、各级新药研发中心的建设与管理；完成2013年科技统计报表填报，并按照省科技厅要求完成该院科技基础条件资源调查。科学院（研究所）实行研究所、课题组二级责任制，与首席专家（课题组长）签订责任书，强化目标责任管理，落实科研、技术安全等责任，同时每个课题组指定专人负责安全；实行科研实验区和屏障系统实验区规范化、制度化管理，创新微观管理体系，分别制定相关运行管理制度试行草案。

【全国中药原料省级质量监测技术服务中心建设】 四川省中医药科学院（四川省中药研究所）的省级中药原料质量监测体系建设项目通过对中药资源家底的调查，建设国家基本药物中药原料资源动态监测和信息服务体系，构建面向市场需求、政府引导、整合优质资源、层次清晰、分工明确、组织架构稳定和合作成果共享的国家基本药物中药原料质量监测和保障技术服务体系。中心的建设对提高全省在中医药发展方面的基础服务能力具有重要意义。医院作为牵头单位负责筹建，已通过会议等形式就服务中心的建设进度、组织架构等进行了充分讨论，为中心建设奠定良好基础。

【重点科研项目建设】 四川省中医药科学院（四川省中药研究所）组织实施全国第4次中药资源普查（四川省）试点项目，由医院牵头组织的全国第四次中药资源普查（四川省）试点项目已在全省开展2批15个市（州）35个县的中药资源普查试点工作，在完成既定工作任务和目标基础上，将继续由医院牵头组织开展第三批6个市（州）11个县的中药资源普查试点工作，截至11月共压制植物标本7.7万份，制作种植标本4.5万份，采集药材标本1 400份、种子标本300份；调查28 902个样方和12家中药生产企业；共拍摄照片39万张，拍摄短片1 300条，开展传统知识调查290次；发现四川分布新记录中药材品种3个，草拟25个县中药产业发展规划；在省中药资源普查试点工作领导小组领导下，组织专家对全省第二批中药资源普查试点工作的10个试点县进行督导；牵头组织成都中医药大学、四川大学华西药学院、四川省食品药品检验检测院与国家中医药管理局中药资源普查试点工作办公室签署《中药资源普查保密数据保密责任书》《中药资源普查试点数据监管协议》。科学院（研究所）实施国家基本药物所需中药材种子种苗繁育基地建设项目，国家中医药管理局原副局长李大宁来川视察雅安市主基地和阿坝县玛咖种子种苗繁育基地，对四川省中药材种子种苗繁育基地建设组织工作和建设模式给予充分肯定；在“中药材种子种苗繁育技术研讨会暨中药材种子种苗繁育基地科技联盟成立大会”上，医院成为全国中药材种子种苗繁育基地科技联盟常务理事单位，副院长赵军宁当选副秘书长。医院协调推进国家基本药物所需中药材种子种苗繁育（四川广安）基地建设项目，作为技术支撑单位与国药广安医药有限公司、广安市人民政府签订三方合作协议，项目已进入实施阶段。科学院（研究所）实施中医药治疗艾滋病项目，中医药治疗艾滋病工作开展顺利，坚持做到县专家每月巡诊一次，省、市（州）专家每三月巡诊一次，并对县诊疗点进行指导，截至9月底累计治疗1 001人，正在治疗358人，累计死亡85人，累计脱落558人。科学院（研究所）参加并承担国家中医药管理局医政司艾滋病优势病种协作组的任务，制定艾滋病合并蛇串疮治疗方案，在云南省大理市举行诊疗方案论证会，制定实施方案，已进入临床观察阶段；参加由中国中医科学院牵头的国家科技重大专项“十二五”计划“艾滋病和病毒性肝炎等重大传染病防治”项目的“艾滋病中西医综合干预方案研究”“中医药延缓HIV感染者发病、促进免疫重建及降低耐药的临床研究”，共计纳入病例408例；在前期研究基础上，和企业合作，正在制备3个制剂，即针对提高免疫力的灵芝新品种制剂、促进免疫重建的复方制剂和降低病毒载量的复方制剂，促进免疫重建的复方制剂正在进行临床观察；通过专家会反复论证，制定和下发了《四川省中医药治疗艾滋病工作指导意见》。科学院（研究所）实施“川派中医研究”项目，四川省中医药管理局“川派中医研究”项目办公室设在该院，已整理编写《川派中医药源流与发展》，并收集汇总57名《川派名老中医学术思想及临床经验》丛书的稿件资料；《川派中医药系列丛书》印刷出版招标工作，已通过四川省政府采购网招标。科学院（研究所）开展的“陆干甫学术思想及临床经验研究”已结题，发表论文1篇，完成该书籍近15万字的编写任务，反复对书稿进行修改整理，已将书稿上交，“李克光学术思想及临床经验研究”已正式立项并已完成资料、图片、医话、医案、病例的收集整理。

（黄华先　文仁萍）

四川省中西医结合医院

【概况】 2014年，四川省中西医结合医院有在岗职工547人，其中卫生专业技术人员493人。

【医疗管理】 四川省中西医结合医院全年业务收入2.23亿元，门、急诊33万人（次），住院1.21万人，门诊病人（次）均医药费用251.40元，出院病人（次）均医药费用1.4万元，分别比上年增长16.5%、10.8%、15%、3.65%、5.3%；病床使用率105.4%。医院落实基本药物制度，基本药物使用比例为23.6%，全年非药物中医技术治疗人（次）占门诊总人（次）的10.40%，药品收入占业务收入的46.7%、中药收入占药品收入的64.9%、中药饮片收入占药品收入的27.9%。医院制定《医疗服务伤害危机发生后的应对策略及管理方案》，探索医疗伤害危机调解机制，开展医疗纠纷化解工作；优质护理服务示范病房覆盖率达到100%，全年未发生重大医疗安全事故，医疗质量安全事件上报率100%，无群体性医疗事故上访事件发生。四川省中西医结合医疗协作战略联盟第一次工作会于10月21日召开，全省200家各级医疗机构代表参会，现场签订协议190家，为今后在全省范围内开展双向转诊工作奠定了基础。医院组建反恐应急医疗救援队，设2个作战单元，制定工作流程，安排人员轮值，做好应急救援准备工作；组织5名专家参加省卫生厅举办的四川省第十一届卫生下乡爱心服务团活动，义诊300人，健康咨询120人，开展慢性病和健康教育讲座。

【医学教育】 四川省中西医结合医院依托国家和省级住院医师规范化培训基地，通过局市合作项目、社区合作项目、重点专科建设项目，接受各级各类进修人员比上年增长30%。

【科研管理】 四川省中西医结合医院联合省内30家县级及县级以上单位，首次举办共同申报科研课题战略合作工作会，组织2014－2015年度省、局级中医药管理局科研项目申报工作，签订长期科研战略合作协议；共同申报项目59项，新立项16项，总经费400万元。医院依托国家中医药行业专项——面向农村的5种常见病中医药成果集成转化研究与平台建设项目省科技厅重大产业链项目——院重点专科制剂研发平台，与32家单位签订科研合作协议，开展专题科研培训讲座5次，培养基层科研骨干258人(次)。

(万里红)

四川省骨科医院

【概况】 2014年，四川省骨科医院有在职在岗职工675人(含返聘11人)，其中专业技术人员563人、行政管理人员31人、后勤人员81人、卫生专业技术人员542人、中医药人员362人；专业技术人员中有中高级职称56人、中级职称76人，博士10人、硕士104人。全院职工平均年龄35岁，医生、护士、中层干部平均年龄分别为39.5岁、27岁、47岁。医院在省卫生和计划生育委员会开展的2014年委局(省中医药管理局)直属医疗机构和中央在川医疗机构行风群众满意度测评排名第二名。

【医疗管理】 四川省骨科医院全年门诊35.88万人(次)、急诊6.11万人(次)、入院1.57万人(次)、出院1.57万人(次)、手术8 663台(次)，分别较上年增长14.54%、19.46%、19.14%、18.88%、21.11%；平均开放病床600张，病床使用率124.90%，较上年增长11.04%；实际开放总床数219 000天，实际占用总床数273 527天，增长11.04%；出院病员占用总床日数272 898天，增长10.86%；实现总收入3.77亿元，医疗业务及药品收3.41亿元，药品收入6990.79万元，院内中药制剂收入3 350.15万元。医院有固定资产总值33 057.27万元。医院以落实医疗核心制度为重点，建立长效管理机制；实施《四川省骨科医院绩效考核医疗质量考核指标》，督促检查临床医技科室对《科室医疗质量管理手册》的使用情况，加强医疗行为过程监督和环节质量控制；强化各级工作人员法律法规意识和自我约束机制，遵守行业规范和医院规章制度，维护医患双方合法权益，防范事故的发生。医院为规范病历书写，提高病历质量，组织全体临床医师(含在院规培住院医师，不含退休返聘医师)中医病历书写规范考试。医院新成立手腕科、骨病科、筋伤科和运动医学科后，全院现有临床、医技科室24个，基本涵盖骨伤专科全部亚专科；鼓励和支持科室开展先进医疗技术，发挥各级各类人员技术专长，提高医疗和服务质量，中医科室开发应用特色优势明显的中医非手术、非药物疗法，同时借鉴现代医学新技术、新成果，形成独特的诊疗技术规范；评估、清理、优化、强化重点专科，每月考核，督促诊疗常规的执行、中医药的应用；上肢科成功申报为省卫生和计划生育委员会重点学科。

【医学教育】 四川省骨科医院举办中华中医药学会疼痛分会年会、四川省骨科医院康复论坛、全国体操运动队队医中医技能培训等国家级和省级继续医学教育项目12期。34人参加住院医师规范化培训；选派8人到上海中医大学岳阳医院、四川大学华西医院等医院进修学习，派出短期培训学习127人；接收成都中医药大学、成都体育学院、绵阳中医药高等专科学校等12所医学院校7个专业实习生461人。

【科研工作】 四川省骨科医院建设国家体育总局中医药防治运动创伤重点实验室申请被通过，恢复四川省中医药骨伤疾二级实验室；新立项课题21项，其中省科技厅课题7项、省卫生厅课题1项、省中管局课题7项、成都中医药大学校基金5项、四川省医学会课题1项；有在研课题113项，到位总经费697.03万元;完成厅局级及以上课题8项院内专家评审工作,完成科技成果转化推广应用项目4项;发表论文225篇。

【体育服务】 四川省骨科医院与台湾体育大学、香港体育学院建立为运动员医疗服务合作关系。国家射击队签订2016年里约奥运会医疗保障服务合作协议,与四川省体育局签订四川代表团参加第十三届全运动会医疗保障服务合作协议,与四川金强篮球俱乐部有限责任公司签订2014－2015CBA成都站医疗救护协议,举办2次全省运动队队医培训讲座。医院全年派出15名医生赴四川省体育局的15个运动中心,为19个运动项目近200名运动员进行运动医疗保障服务;派出36人(次)医疗人员到CBA现场进行医疗保障工作。

(四川省骨科医院办公室)

四川省第二中医医院/四川省中医药科学院中医研究所

【概况】 2014年,四川省第二中医医院(四川省中医药科学院中医研究所)有在岗职工467人,其中在编?235人、编外聘用232人;执业医师?143人,其中中医类别执业医师126人,中药专业技术人员占药学专业技术人员的64%。医院完成门诊15.92万人(次)、出院人数7 767人(次),分别比上年增长39.5%、6.9%;病床使用率96.71%,比上年增长8.06%;平均住院日20天;业务总收入12 672.87万元,比上年增长19.33%;治愈好转率达96%,病历合格率(甲级)90.52%,急危重症抢救成功率90.5%,急危重症中西医结合治疗率71%,处方书写合格率94.54%;总药品收入占业务总收入的48.13%,比上年下降5.21%;中药饮片占业务收入的35.61%,比上年增长5.19%;中药占药品收入的比例57.18%,比上年增长1.27%;非药物中医技术治疗门诊2.1万人(次),占全院门诊总人数的16.3%。

【医疗管理】 四川省第二中医医院(研究所)按照《三级中医医院以"病人为中心,发挥中医药特色优势,提高中医临床疗效"为主题的持续改进活动实施细则》,制定实施方案,落实责任科室、责任人,并分步实施,自查自纠,对检查中发现的问题及时整改。医院(研究所)实施中医临床路径和中医诊疗方案,实施中医临床路径管理病种32个,每科室实行中医临床路径管理病种数不少于2个,对中医临床路径实施情况进行统计分析,提出完善和改进路径标准建议;制定44个中医诊疗方案;实施优势病种中医护理方案30个,各科室开展中医护理技术不少于4项,对中医诊疗方案实施情况及中医优势病种的中医疗效进行分析、总结及评估。医院(研究所)优化诊疗及服务流程,结合医院信息化建设,门诊实行病员就诊卡管理,收挂室实施收挂一体式服务;将医保办公室搬迁到出入院处旁,避免患者为办理医保结算而反复奔波;在候诊区新开设导医服务中心,配备专职导医人员提供服务,调整专家坐诊时间,增加开放诊室,新增加19名专家坐诊。医院根据质量管理要求,健全三级医疗质量控制体系,制定《医疗质量控制方案》,修订《医疗质量检查考核方案》,对危重病抢救制度、三级医师查房制度、会诊制度、疑难病例讨论制度、首诊负责制度等医疗核心制度的执行情况进行督导检查;根据教育、引导、批评相结合的原则,采取平时督促抽查和集中检查相结合的方法,对基础医疗质量和环节医疗质量进行严格把关,多措并举,通过不断自查整改以及卫生主管部门的检查指导,使医院医疗质量进一步提高。医院严格按照《医疗文书书写规范与管理》要求,对住院病历、病程记录及其相关资料的书写提出进一步规范要求,运行病历及终末病案须经过各科室质控医师审查归档后由质控办再次抽查,发现问题及时反馈、整改。医院严格执行处方点评管理规范,按照处方点评制度开展处方点评工作,并认真总结和提出改进;抽查处方4 045张,中西药处方合格率94.54%;药剂科每季度不定期抽查处方,检查结果通过《质控简报》及《药讯》进行通报;组织职工学习《医疗事故处理条例》《执业医师法》《处方管理办法》等相关法律法规,增强法制意识和医疗安全意识,加强工作责任心,规范各项诊疗行为,全年处理医疗纠纷和投诉18起,无重大医疗事故。医院健全医疗质量控制体系,质控办每月进行环节质控及终末质控,每月督查临床科室运行病历及科室质控相关工作,负责组织科室质控员进行运行病历的交叉质控检查,每月组织病案质量管理小组成员质控上月终末病历,并将每月所有质控数据汇总为《质控简报》,按质控结果进行奖惩。医院按照有关法规的相关要求,进一步加强麻醉药品、精神药品、毒性药品、放射药品的管理，对“麻、精”药品实行三级管理和“五专”管理，严格按制度进行特殊管理药品的购置、使用和安全保管，严格执行特殊药品计划按规定申报审批，出入库专用账册，双人验收、双人签字、双人双锁保管等，每月对各环节进行督查，对检查中发现的问题有记录和改进措施。医院做好护理安全和护理质量控制管理，由业务院长节前安全检查6次，下发与护理质量安全管理措施3项，保证抢救药品、抢救设备、物资齐备完好，急救物品完好率100%；由各科室质控员、护士长完成质控检查24次；由护理部组织院级、终末的质控检查各12次，不定期检查26次，下发《质控简报》12期。护理质控合格率为96%。医院开展新技术新项目16项，其中骨伤科开展腰椎间盘髓核摘除、椎管减压、椎骨融合钉棒系统内固定术、椎体压缩骨折经皮椎体形成术（PVP）、椎体压缩骨折经皮穿刺球表扩张椎体后凸形成术（PKP）、人工关节置换术、四肢骨折微创内固定术，皮肤科和外科开展微创腋臭术、大隐静脉曲张高位结扎，微创腔内激光封闭术、细针穿刺、火针治疗粉刺性乳痈等新项目新技术。医院（研究所）加强专科建设，老年病科被卫生部列为国家级临床重点专科建设单位；完成3个名中医传承工作室年度建设任务，以及省级重点中医专科建设单位肛肠科、老年病科，针灸康复科、骨伤科、皮肤科、妇科及省级重点专病中风病、痤疮病、原发性肾病综合征、乳腺增生病的建设任务正按计划实施；四川省老年病中医药防治中心、中医药防治重大疾病工程、四川省盆腔炎防治协作中心和“治未病”中心完成年度建设计划。医院与四川大学华西医院签订区域联盟合作协议后，远程会诊4次、院内会诊730次、院外会诊22次。

【对口支援】 四川省第二中医医院（四川省中医药科学院中医研究所）指导基层医疗机构推广应用中医诊疗方案16个，中医临床路径16个，帮助开展火针治疗结节性囊肿性痤疮技术；对口支援石棉县中医院，帮助该院开展十余项中医特色诊疗技术，诊治1 993人（次）；对口支援丹巴中藏医院，门诊2 300人（次），举办中医理论、临床知识讲座20次，培训4次，疑难会诊20次。

【医学教育】 四川省第二中医医院（四川省中医药科学院中医研究所）接收进修和实习生138人；引进医务人员92人，其中专业技术人员84人、博士3人、硕士12人、本科31人、正高2人、副高9人；招聘药学顾问1人；举办各类业务讲座及培训近19次，中医药知识与技能考试合格率100%；非中医类别执业医师中医药基本知识与技能培训考核比例为100%，全院护理人员系统接受中医药知识和技能培训不少于100学时人数比例为81.67%；派遣18名医务人员到外院长期进修学习，同时派送15名医务人员到四川大学华西医院进行短期学习；接收8名基层卫生人员来院进修。医院成为国家中医药管理局住院医师规范化培训基地，同年招收规培生20人。

【科研工作】 四川省第二中医医院（四川省中医药科学院中医研究所）申报科研课题37项，其中国家科技部支撑计划项目1项、省科技厅科技项目9项、省中医药管理局课题项目23项、省干部保健课题项目2项、成都市卫生局科研课题项目1项；新立项课题33项，其中省科技厅支撑计划项目1项、省级公益科研院所基本科研项目22项、省中医药管理局课题项目7项、省干部保健课题项目2项、成都市卫生局科研课题项目1项；发表论文70篇，其中在SCI 1篇。

【卫生应急】 四川省第二中医医院（四川省中医药科学院中医研究所）按照成都市青羊区卫生局要求，开展防治结核病、埃博拉出血热等宣传活动；根据不同时期的疫情，相继对流感、手足口病重症、麻疹疑似病例、秋冬季节病毒性感染性腹泻等疾病，制定相应的防控措施，由相关科室落实执行；接受死因、慢性、性病、结核报告等各种专职培训，开展院内二次培训8次，并接受各级主管部门的督导检查6次。

（四川省第二中医医院办公室）

成都中医药大学附属医院针灸学校／四川省针灸学校

【概况】 2014年，成都中医药大学附属医院针灸学校（四川省针灸学校）在教学工作、招生就业、医学教育、培训鉴定、安全工作方面取得成绩；有在研课题6项，新增学校校基金课题2项。

【教学工作】 成都中医药大学附属医院针灸学校（四川省针灸学校）根据四川省教育厅《加强管理规范中等职业学校办学行为的意

见》要求，停止与龙泉卫校、南充卫校、内江医科学校、四川经济技术学校4个校外教学点的联合办学。学校与乐山、遂宁、泸州卫生行政主管部门采取政府委托分段培养模式办学；采取校企合作、产教结合模式，建立龙泉校区（实训基地），并停办红光校区，红光校区学生全部转入高新校区就读。学校完成成教专科（周末班）、五年制高职、四年制中专、三年制中专层次的教学任务，共43 634学时；其他专业课第二课堂、实习生岗前培训、职业鉴定培训、全国中医药职业教育“针灸推拿”技能大赛培训等1 800学时。学校两学期督导听课38人（次），涉及课程32门；开展学生满意度调查，两学期平均得分4.52分。学校承担教育部、国家中医药管理局全国中职中医康复保健专业顶岗实习标准牵头制定工作，已获教育部立项，年底正在开展有关医院、企业、学校的调研工作。学校授牌2个实习基地，即资阳忠华医院、成都仁品耳鼻喉专科医院；考察1个顶岗实习基地，即河北新绎集团；两学期分别对所有实习医院和顶岗实习企业进行了实习检查和指导。

【招生就业】 成都中医药大学附属医院针灸学校（四川省针灸学校）校本部招生1 017人，其中五年制高职135人、中职882人；完成毕业生533人考核工作；完成各类毕业生1 747人的学籍审查核实、毕业证办理、发放工作，中职2014届毕业生就业率90.8%，高职2014届毕业生就业率97%。

【医学教育】 成都中医药大学附属医院针灸学校（四川省针灸学校）调入专职教师1人，聘用专职教师4人；有在职攻读硕士学位毕业1人；组织教师参加四川省中医药在线和好医生继续教育46人；具有专业技术职称教师35人参加四川中医药在线继续教育学习，参加医院四大经典考试教师21人。教师平均继教学分34分。

【培训鉴定】 成都中医药大学附属医院针灸学校（四川省针灸学校）完成2个四川省中医药适宜技术推广项目25人的临床培训工作，以及12个县（其中民族地区6个县）的临床指导工作。学校完成2014年四川省中医适宜技术推广项目专题培训工作，培训项目6项，培训276人；完成24个县、4个乡镇卫生院（社区服务中心），共计28个单位的专家督导工作；完成2014年四川省中医讲师团师资培训工作，培训177人。学校完成职业技能培训和鉴定工作，完成1 122人（次）中、高级保健按摩师、足部按摩师、护理员、养老护理员的鉴定工作，超额完成目标任务12.2%。

【安全工作】 成都中医药大学附属医院针灸学校（四川省针灸学校）开展安全主题活动，坚持预防为主、防治结合、加强教育、群防群治的原则，重点加强8个方面的工作：日常安全宣传教育、治安、消防、食品卫生安全、维稳防邪、综合治理、交通安全和户口管理，全年无重大安全责任事故发生，无群体性上访事件发生。

（熊　梅）

市级医疗卫生单位

成都市中西医结合医院

【概况】 成都市中西医结合医院是一所以中西医结合为特点的大型三级甲等综合性医院，始建于1942年，原名“成都市立医院”，是首批“全国重点中西医结合医院”“全国百佳医院”，是国家级中医药继续教育和全科医学培训基地。医院由位于高新区万象北路的南区及红星路一段的北区组成。2014年，医院有编制床位1 860张、开放床位3 000张，有一级科室24个、二级科室80个；有在职职工2 424人，其中高级职称295人、博士后5人、博士67人、硕士294人、省名中医8人、市名中医15人、享受国务院特殊津贴专家6人；有4个国家级重点学科、11个省级重点专科、7个市级重点学科、3个国家级中医药科研实验室、2个全国名中医工作室、2个全国名老中医药专家传承工作室和2个省级中心；有各种大型现代化医疗设备总值达4亿元，资产总值达20.6亿元。医院门急诊187万人（次）、较上年同期增长23.4%；出院8万人（次），同比增长33%；手术5.2万（台）次，同比增长41%；业务收入13.7亿元，同比增长30%。医院药品比例为38.2%，较上年同期下降2.7%；住院患者平均住院天数13天，较上年同期缩短0.4天；门诊人（次）费用198.2元，较上年同期下降2.4%；抗菌药物使用率50.1%，较上年同期下降1.1%。医院荣获成都市医管局系统“加快发展示范奖”；作为四川省唯一一家医疗机构荣获省总工会主办的“用劳动托起中国梦”四川省职工征文大赛“组织奖”；荣获四川省科技进步三等奖1项、成都市科技进步三等奖2项，四川省中医药科技奖2项；被成都市卫生局批准为“成都市白内障复明工程定点单位”，圆满完成国家卫计委“百万贫困白内障患者复明工程”民生工程目标任务。

【人才队伍建设】 成都市中西医结合医院加强人力资源配置，注重培养“传承力”，全年引进博士研究生21名，较上年增加64%；引进硕士研究生82名，较上年增加37%。医院现有博士后5人，博士67人，硕士294人；全国学会委员及以上人员16人（次）；第五批全国老中医药专家经验继承工作指导老师2人；省学会的副主任委员及以上人员28人（次）；第三批全省老中医药专家学术经验继承工作指导老师2人；第四批全省老中医药专家学术经验继承工作指寻老师2人；第十批四川省学术和技术带头人后备人选1人；在职人员享受国务院特殊津贴人员1名，享受成都市政府特殊津贴人员6名。医院注重职工教育提升，卫生技术人员继教学分合格率达100%；派出参加短期培训321人、进修47人；派出的在职研究生19人，全部完成学业；开展全院职工素质提升培训，邀请全国著名专家讲课7场（次），参加培训职工1 456人（次）。

【科研与专科】 成都市中西医结合医院全年获得各级科研立11项，其中省卫计委1项、省中医管理局2项、市科技局2项、市卫生局6项，其中“不同取穴方法治疗偏头痛的优化方案评价研究”课题获四川省科学技术进步奖三等奖；“补肾填精法调控辐射损伤ATM / ATR通路的研究”获成都市科学技术进步奖三等奖；“分期针刺结合现代康复技术治疗中风偏瘫的方案研究”获成都市科学技术进步奖三等奖；“不同取穴方法治疗偏头痛的优化方案评价研究”获成都市科学技术进步奖三等奖；“温针配合康复训练治疗髌骨软化症的临床方案研究”获四川省中医药学会“绿光杯”科学技术奖三等奖；“麦粒灸电针夹脊穴结合围刺治疗带状疱疹后遗神经痛的临床观察”获四川省中医药学会“绿光杯”科学技术奖优秀论文。全院在各级医学期刊上发表论文282篇，占卫生技术人员1 796人的15.7%，其中核心期刊论96篇，占发表论文的34%，其中SCI收录6篇。医院特色专科工作量显著增长率，呼吸内科工作量达到5.1万人（次），比上年增长42%；腹部肿瘤外科工作量达到7.8万人（次），较上年增长160%。

【医疗质量管理】 成都市中西医结合医院开展“平安医院”建设，制定和完善各项制度、预案，修订医疗、护理、消防、危险品、配电等各类工作制度及应急预案，重新制定和规范相关操作规程、程序，建立相关的工作责任制.全面落实工作责任体系；开展应急预案演练，组织医院人员进行消防知识普及讲座和培训，帮助员工了解和掌握火灾时应采取的应急措施；查找工作的薄弱环节，对放射科、检验科、药剂科等重点区域开展隐患排查治理和整改。医院完善医疗纠纷处置细则，部门健全，有专门的医患沟通办公室和专职人员，职责明确，协作良好，医疗纠纷处置符合相关规定，流程清晰，落实到位；有医疗风险评估和3级预警机制，修订完善了医疗纠纷处置预案.6月组织专项演练，10月通过真实案例启动2级预案，有效检验预案的启动与落实情况。医院全年共受理医疗服务投诉51例，每诊疗人（次）医疗纠纷发生率仅为0.0035%，同比下降4.3%，未发生因医疗纠纷严重影响社会稳定的群体性事件，无医疗事故。医院加强院内感染和与抗菌药物管理，全年发生医院感染858例，医院感染率为1.42%；住院患者抗菌药物使用率为50.1%；门诊患者抗菌药物处方比例为9.15%；抗菌药物治疗住院患者微生物样本送检率为61.39%；Ⅰ类切口预防使用抗菌药物比例为29.96%；完成三、四级手术16 500台，同比增长93.2%。

【消防和安全管理】 成都市中西医结合医院健全完善消防和安全生产制度，职责明确，措施到位；定期进行培训演练和宣传，有应急预案；坚持每日对全院水、电、电梯、救护车、食堂、制氧站、水泵房等基础设施的使用情况进行一次安全检查；定期对地下室抽水泵，全院雨污水井、化粪池进行清掏，安全生产工作有序；定期进行安全生产大检查，扎实开展安全隐患排查治理和整改，有检查和整改工作报告，未发生消防和安全生产责任事故。

【便民惠民措施】 成都市中西医结合医院开展预约服务，实现网络、电话、现场、诊间、社区转诊、分时段预约等六种预约挂号形式，普通门诊、专家门诊均可滚动预约未来15天内的号源，超声检查、放射（CT、核磁共振）、心脏彩超、内窥镜等检查全面实行分时段预约检查，进一步方便病员合理安排时间，减少等候时间。1－12月，医院门诊预约挂号人数占总诊疗人数的50%以上。医院开展导医服务，整合提升“病友服务中心”功能，把咨询服务、推送服务、引导服务、交接服务，分别向院前、院内、院后延伸；增加门诊妇产科、眼科诊区二次分诊呼叫服务，在门诊大厅病员休息区、内外科诊区、耳鼻喉诊区等增设患者候诊服务内容，添加饮水机、一次性自动取杯器、增加免费杂志、报刊、老花镜等服务，给病员提供较好就诊环境。医院开展结算服务，进一步拓展“财务管家”的功能和范围，推行全程、全面、全心结算服务，为患者办理出入院、预缴费用、医保咨询、清单打印、费用查询等综合结算服务；增设服务窗口，提供现金、社保、银联等多种缴费方式，尽可能减少排队等候时间；根据病人的就诊分布时段，合理调整服务窗口；在高峰期，所有服务窗口全部开放，创新开展“移动收费”，切实履行“收费排队少于10分钟”的公开承诺。医院开展回访服务，充分发挥“病员回访中心”功能，确定8名专职人员专司病员回访，做到出院患者100%回访，门诊患者回访率25%，全年共回访85 118人，总满意率达97%，向临床科室反馈意见145条，并督促科室逐一进行整改。医院开展开放服务，开展“眼科医疗保健咨询”“孕产妇心理咨询”“冬病夏治—中医保健”活动，先后4次开展“医院开放日”活动，参与人数200人（次），进一步提升医院美誉度。医院严格执行市医管局对广大市民的八项公开承诺，采取不同措施保证门诊医疗质量，缩短病人就诊、检查、治疗、取药的等候时间，确保首次诊疗时间不少于8分钟，就诊排队时间控制在10分钟之内，改善患者就医体验。

【国际化建设】 成都市中西医结合医院培养国际化医疗人才，选派心内科、内分泌科业务骨干赴美国普林斯顿大学、法国蒙彼利埃开展进修培训，提升国际化医疗水平；开展大规模语言培训，参与对外医疗服务的医生和护理人员必须熟练掌握一门以上外语；在综合内科、内分泌、呼吸内科、骨外科、普外科、放射科开展400场（次）以青年研究生为主的青年双语读书会活动，提高医院青年医生的外语水平，为医院国际化进程营造学术氛围。医院加快与国内外知名医院、科研院所合作，10月与法国蒙比利埃市成立"中国·成都市与法国.蒙比利埃市糖尿病研究中心"；与新加坡百汇医疗集团建立长期合作，并在高新区成立医院和新加坡百汇医疗集团合作的成都国际诊所；与英国牛津大学、意大利阿尔法韦士曼公司联合开展课题研究。医院积极引入社会资本、高端技术和优质品牌，通过医企强强联合，与世界最大的连锁便利店集团"7－11"和中药连锁巨头"德仁堂"合作，开设市级公立医院中第一家"7－11"24小时便利连锁店和保健品超市，方便患者及家属；与解放军总医院进行深度合作多轮沟通，组建院士专家咨询团，全面提升医院水平；与高新区管委会、天府新区成都管委会、都江堰中医医院积极沟通协作，促进分级诊疗和优质医疗资源纵向流动。

【信息化建设】 成都市中西医结合医院开展多渠道、分时段预约挂号服务，将所有门诊医生号源纳入预约挂号，实时提供114电话、医院网站、114网站、自助挂号机设备、医生工作站（诊间）、窗口预约等多个方式预约服务，并在预约挂号的同时给出就诊时段；开展分时段预约，1月改进分时段预约挂号，3月正式实施分时段预约挂号，根据预约提示合理安排就诊时间，缩短病人等候的时间，使病人的就医环境更舒适，流程更便捷，普通门诊预约号源100%的开放预约、专家门诊99%号源开放预约，普通门诊、专家门诊均可滚动预约15天内的号源，预约挂号人（次）达门诊总人（次）50%。医院通过远程诊疗系统开展对外合作，通过成都市卫生平台实现健康档案、电子病历、检验报告信息的互连互能，达到信息的共享，实现医院优质医疗资源，与区县医院、社区卫生服务中心、帮扶医院等对接；正与中国人民解放军301医院开展远程诊疗合作。医院为确保信息系统安全，制定完善信息系统安全等级保护管理制度，认真做好系统网络安全管理和日常维护工作，计算机室实行24小时值班制，保证系统全年系统运行平稳；在门诊四楼和第二住院楼一楼分别设置主机房和灾备机房，配备双UPS电源、机房专用精密空调、气体灭火设备、监控设备、门禁系统、防雷击设备、防生物侵害设施；内外网完全物理隔离，防止外网对内网的侵入，保证医院信息系统安全；针对节日系统安全，节前完成信息系统安全巡查，形成节前系统巡查报告，并做好节日期间信息系统保障和应急保障准备工作，关键网络符合防雷防入侵要求；配备网络管理软件，实时监测网络运行状况，按照公安部门信息系统安全等级保护要求，积极开展备案前期自查、整改工作，全年未出现系统停机安全事故。

【党风廉政建设】 成都市中西医结合医院严格执行"九不准"规定，医务人员与入院患者签署"不收红包协议"，签署率100%；开展纠正医疗购销和服务中的不正之风专项治理活动、廉政文化进医院活动、廉洁从业专项整治活动、加强医疗卫生行风建设"九不准"四项活动自查，全面签订廉洁承诺书；组织全院中层以上领导干部签订《领导干部执行廉洁风险防控若干规定承诺书》174份、医务人员签订《医务人员廉洁从医承诺书》2 100份；组织全院职工填写和签订包括《配偶、子女移居国（境）外的国家工作人员有关情况报告表》《医德医风考核登记表》《"会所中的歪风"专项整治情况统计表》。全院编制内1 222名职工填写配偶已移居国（境）外的国家工作人员报告表，"裸官"零报告。医院院级领导、中层干部和重点岗位236名工作人员全面签订拒收不送红包礼金承诺书；医院法人徐荣华与设备、物资、人事、检验、中西药剂科等重点岗位负责人以及大内科、大外科主任现场签订"廉洁承诺书"。医院开展岗位廉政风险防控平台建设，各职能科室、临床科室完成岗位廉政风险点的再排查、再梳理，全院19个职能科室共查找岗位潜在风险点71个，防控措施76条；完善《成都市岗位廉政风险防控管理系统》中"岗位廉政风险防控动态查询"平台，对岗位职责、岗位人员信息、岗位风险查找等数据进行更新和完善；落实"两个责任"建设，贯彻落实党风廉政建设责任制，制定实施方案，成立领导小组，明确工作职责，院长负主体责任，党委负保障责任，纪委负监督责任，1月组织全院中层干部签署廉政建设承诺书174份；开展"两个责任"专项巡察，完成"主体责任""监督责任"和党风廉政建设"一岗双责"相关情况报告，党委、纪委与班子成员及重点岗位负责同志"一对一"谈话，共80人（次）。医院全年未发生违法违纪案件。医院加强基层党组织建设，全年开展中心组（扩大）学习15次；完成南北两区11个党支部换届选举工作；开展“关爱生命　关爱残疾人”志愿服务活动，为病困群众提供免费体检服务；组织医务人员到新北小区、天府新谷园区、府城社区汇雅园等社区进行义诊服务；参加新园社区党建服务项目双向领办制启动仪式暨庆“七一”文艺汇演；建立志愿者服务队，开展“温暖心灵，让爱延续”主题活动。医院加强群团组织建设，组织开展“眼科医疗保健咨询”“孕产妇心理咨询”“冬病夏治—中医保健咨询”等系统活动；向成都市医管局推荐医院志愿者服务站为优秀志愿服务组织，同时推荐优秀志愿者1名；联合成都高新区志愿者协会举办“笑迎职场，呵护健康”免费体检活动；参加成都市安全生产监督管理局、共青团成都市委员会开展的“你安全、我安心”安全生产公益作品征集活动，共投稿2项作品；联合工会开展“我们的节日·中秋”志愿者服务活动；参加成都高新区石羊辖区职工DIY艺术创意大赛；为2014年高新区半程马拉松慈善跑提供全程医疗保障服务。

【文化建设】　成都市中西医结合医院注重医院精神、办医宗旨、发展愿景等文化引领，梳理完成医院宗旨、发展战略、院训、院歌、院徽等内容，并印制成员工手册发到每一位职工手中；开展“学雷锋、焦裕禄”主题读书征文活动，共发放书籍634本，收到征文70篇；开展医院画册征选活动，收到全院踊跃来稿。医院开展对内对外文化宣传，投入100万元打造北区中医药文化广场；组织医院中层干部观看电影《焦裕禄》，组织党支部书记观看电影《兰辉》；坚持每月报送好人好事信息，党支部挖掘好人好事，撰写相关简报；开展“立足岗位，践行《公约》”活动，并在门诊大厅显示屏滚动播出《公约》内容，全年开展与文化建设相关类学习5次。医院运用新媒体做好联系服务工作，拍摄党建宣传教育片，弘扬“行医育德　敬业为民”，全景展现医院的院容院貌、先进的医疗设备、技术以及浓郁的中西医文化特色；在门诊大厅以及二住院部电子显示屏滚动播放，在优酷网站上的累计点击率超过8 000次，进一步提升了医院的美誉度；建立医院网络舆情监督员体系，由专人负责全院网络舆情监测及处置，实行24小时舆情监测，做到重点人物随时联系，重点网站随时监测，重点环节随时把握、重大件随时上报；及时处置“市长信箱”、市长公开电话投诉、网络舆情154起，回复率100%；发布官方微博340条，回复博主75次。医院强化“道德讲堂”建设，在北区建设专门市民“道德讲堂”教室，配备多媒体设备；制定“道德讲堂”活动实施方案、“道德讲堂”管理制度、“道德讲堂”宣讲人守则。

【对口支援】　成都市中西医结合医院圆满完成援外、援藏等指令性任务，1名同志在佛得角执行援外医疗任务，1名同志在甘孜州白玉县人民医院挂职副院长。医院开展对老、少、边、穷地区及基层医疗机构的对口帮扶和指导，对口支援甘孜州炉霍县藏医院、石渠县藏医院和凉山州宁南县中医院，共派出副主任医师13名、主治医师3名，开展学术讲座60次、业务培训48次；开展手术44例，其中示教手术5例；教学查房529人（次），共计诊疗患者11 933人（次），接受受援单位进修人员6人（次），受到当地群众和受援医院干部职工的欢迎和好评。

【卫生应急】　成都市中西医结合医院积极参与抢险救灾、会议、赛事医疗保障等指令性任务。4月，按照政府统一安排，医院参与“赴越伤员”的救治工作，成功救治赴越伤员25名，获得各级领导的充分肯定，取得很好的社会效益。四川省卫计委授予医院“‘5·16’事件伤员救治工作表现突出单位”荣誉称号。医院积极参与突发公共卫生事件救治，进一步完善突发公共卫生事件的处理预案，强化规范管理，各项措施落到有力。医院“传染病管理系统”建设居于四川省领先水平，能充分满足传染病疫情报告监测管理工作的需求，电子门诊日志、出入院登记项目齐全。6月26日，医院代表成都市接受四川省疾控中心组织的2014年传染病网络直报质量考核，受到领导和专家的一致认可。9月25日，医院接受成都市卫生局2014年度医疗机构传染病疫情报告等疾病监测质量考核，得96.9分，排名第一名。医院全年安排参加各种会议、赛事的医疗保障等指令性任务共计30次，共计派驻医生396个工作日、护士159个工作日，出救护车81趟。医院因高质量完成四川省政协十一届二次会议保障，被政协省委办公厅授予“服务热情、保障有力”奖牌。

（徐荣华　叶久勤　杨丽霞　罗红宇）

成都市第二人民医院

【概况】 2014年,成都市第二人民医院作为一所集医疗、教学、科研、预防、保健、康复为一体的国家三级甲等综合医院,至年底有职工2 056人,其中临床医技1 781人(占职工总数比例86.7%)、正高38人、副高216人、博士26人、硕士292人,享受市政府特殊津贴6人、国家政府津贴5人;设有一级临床科室20个、一级医技科室10个、职能科室18个,其中临床专业70个、医技专业17个;编制床位1 450张。医院拥有省、市、院三级重点学科群和一批特色专科:皮肤科是四川省医学甲级重点专科,开设湿疹、白癜风等14个特色专科门诊,建立疑难皮肤病会诊基地、实验室、激光室、医学美容治疗室等;心血管介入是四川省医学甲级重点专科,烧伤整形科是四川省医学甲级重点专科(建设项目),呼吸内科是四川省医学乙级重点学科(建设项目);皮肤科、烧伤整形科、肝胆胰外科、放射介入科是成都市医学重点学科,康复医学科、内分泌科是成都市医学重点学科(建设项目);神经外科、骨外科是院级重点学科。医院附设有成都市烧伤研究所、成都市工伤康复中心,在院内建有心血管专家张廷杰工作室、呼吸系统疾病研究室、老年心血管与代谢疾病研究室、微创外科手术协作组、医疗美容科、脊柱脊髓疾病诊治中心等。医院是遵义医学院和重庆医科大学非直属附属医院,是川北医学院、成都医学院、成都中医药大学临床教学基地,是国家级及四川省、成都市住院医师规范化培训基地,是成都市全科医师培训基地;内科、外科和皮肤科是遵义医学院联合培养硕士点。

【对口帮扶】 成都市第二人民医院着力构建多种形式的合作平台:1. 托管:托管青白江区人民医院一年成效明显,体现在业绩指标上,门急诊人(次)增长15.08%,体检人数增长63.5%,出院人(次)增长11.29%,手术台(次)增长35.20%,业务收入增长37.46%,总收入增长41.00%。青白江区人民医院的管理水平、服务能力和群众认可度都得到很大提升,中央电视台、《健康报》、省市区多家媒体都对托管的阶段性成果和托管后医院的可喜变化给予报道。2. 连营:与医院皮肤科联盟开展连锁运营合作的单位增加至6家,地域更加扩大,全年共派驻9名专家坐诊或开展免费义诊,合作单位业务量增长均在10%以上,开展双向转诊2 000人(次),接收合作单位10名医护人员来院免费进修学习。3. 协作:挂牌42家医疗协作单位,建立113家双向转诊关系单位,协作转诊关系单位增加73.8%;共安排26名专家到社区查房202次;社区急救出诊264次,同比增长106.25%;接受转诊1 917人,同比增长11.26%;下转30人,同比增长66.67%。4. 帮扶:选派4名医生圆满完成援外、援藏等指令性任务;开展对老、少、边、穷地区及基层医疗机构的对口帮扶和指导:派出45名中、高级职称医务人员开展支医服务,下派医务人员参与诊疗6 386人(次)、学术讲座110次、手术示教173次,开展疑难病例讨论395次。

【综合管理】 成都市第二人民医院极力打造新型服务方式和内容,着力提升预约、导医、结算能力,缩短就诊排队时间,成立"预约诊疗推行项目组",拓展预约形式,完成114预约挂号平台引入,接入市医管局预约挂号网,对接省卫计委"健康四川"预约挂号平台系统,拟定与"挂号网"合作,与73家基层医院和社区建立转诊预约服务。医院实现无假日预约,预约效期最长可达15天,全年预约量36 611次,较上年增幅31.8%;改进导医服务,实行全员导医、设立流动导医、开展医师分诊和特殊患者全程导医,配备双语服务专职人员;率先实行"出院结算到床旁",坚持实行"先看病后付费"。分时段动态调配挂号、结算、取药等服务窗口,将就诊排队时间控制在10分钟以内;举行"住院患者座谈会"及"护理人员座谈会",开展"221患者访谈"活动,回访13 982人(次),患者反映意见和建议的改进率61.4%;开展暑期中小学生急救技能培训及"5·12"国际护士节快闪等6个主题性"医院开放日"活动;建立流动病员图书室。

【廉政建设】 成都市第二人民医院强化法制建设、建设廉洁医院,积极配合上级配备纪委书记和建立纪委监察室,大树纪委和纪委书记的权威,每次院长办公会决定事项都要重视和尊重纪委书记的意见建议,各项医院经济活动的工作流程都有纪委监督环节。院纪委共参加院内现场踏勘、比选谈价、药品信息查询等监督156次;调查行风问题3件,并对1名违规行为的职工作出处理;细化班子成员反腐倡廉工作分工,形成各管一片、纪委主抓、党委统领的工作格局;实施三级责任制，层层签订责任书。医院将法制学习纳入职工教育和支部目标考核；组织开展全院全员专题教育培训7次、中心组学习7次、院长查房14次、支部书记会14次，组织院长书记讲、法治副院长讲、区检察院预防犯罪科长讲、分管院领导讲、中层干部讲、院外专家讲、身边模范讲，播放廉政短片《贪官心理档案》《悔恨》。医院继续深入开展创先争优活动，表彰优秀党务工作者、优秀党员、优秀党支部、季度优质服务明星、优秀征文获得者，代颁发程孝顶由共青团中央、人社部授予的“全国青年岗位能手”荣誉称号，开展院内道德讲堂2次，组织职工参加市医管局道德讲堂12次，以多种形式宣传正能量，营造以法治院和学先进、赶先进的氛围，以廉政文化进医院治根本，全力配合市医管局廉政平台的升级打造，实现对医院人、财、物、医、廉的实时监控；梳理岗位廉洁风险点12个，制定防控措施13条；严格执行不准收受患者礼金或财物的规定，与入院患者签署“不收受‘红包’”协议；加强对小金库、购销合同、抗菌药等使用情况的专项检查；召开民主班子测评会，7个班子成员优秀等次的投票率达到82.98%及以上。班子及其成员党风廉政建设状况及执行廉洁自律情况最终得分为19.66分。医院提高中层骨干和全体职工治院、管院的积极性和主动性，通过25个工会小组渠道收集了解职工思想动态；签订发展策略，平安创建、维稳、治安、消防工作等一系列目标责任书；召开班子民主生活会，针对“四风”表现深刻开展批评与自我批评；落实“四联系”，建立院领导、职能科室每周一次联系和服务一线科室、职工及患者的长效机制，倾听解决病员问题180个、临床问题430个；召开老干部、退休职工座谈会3次、民主党派人士座谈会1次、新进人员和临床青年医护人员座谈会2次，院长行政夜查房14次、院长接待日14次；做好“六必访”、人事走访制度工作，看望职工233人（次），拨出专项费用13 581.6元；看望慰问178名生病和困难职工，发放慰问金171 344.00元；为患重病的11名职工申请发放“爱心救助金”11 000元；为113名生病的职工办理“互助保障计划”理赔；聘请社会监督行风评议员7人，座谈会2次；建院务公开专栏5个、网站公开栏1个，公布200项事务，形成团结沟通配合，集体决策，院务公开透明的风气。

【和谐医患关系构建】 成都市第二人民医院协调解决病人反映的各类问题450次，解决非医疗投诉、信访90起、医疗纠纷156例、有效纠纷投诉64例，同比增长33.33%；监测舆情1 500次，舆情数量同比下降约10%。全年无重大医疗过失、无重大刑事案件及火灾、恐怖事件发生。医院收到病员赠送锦旗68面，感谢信、表扬信、红报45封，奖牌2个，拒收红包礼品总金额35 900元。

【质量管理】 成都市第二人民医院严格审核各级各类人员执法执业资质，加强各类别人员各种执业证、上岗证的审验和办理；邀请医院法律顾问刘莉律师对神经外科进行法律查房1次，对科室医务人员进行法律法规的面对面讲解。医院提出医疗质量与安全监管方面全新的管理思路，从环节管理、过程管理、个案管理、重点管理、缺陷管理几个方面进行全面管理，如在环节方面，加强医疗核心制度的管理，通过召开临床医技协调会、医疗质量追踪会等形式，对医疗环节质量进行重点监管，并根据实际发现的问题，有针对性地提出整改措施，制定相关制度和规定；在个案管理方面，由医务科定期进行医疗纠纷、医疗缺陷个案分析，开展医疗质量追踪会，将发现的问题及时反馈临床科室，要求临床科室提出整改意见，医务科再予以督查；在医疗质量与安全考核方面，医院制定新的日常查房、夜查房、专项查房的医疗质量和安全考核指标体系，并根据实际情况不断优化调整，检查结果定期向全院通报。

【护理管理】 成都市第二人民医院完善和修订制度、常规、流程预案及标准等157项，下发各类通知32个，指导临床护士工作；推行科室精细化管理，将科室成本控制纳入护理目标管理，护士长每月分析总结，护理部定期检查，有效杜绝物品囤积和物品、药品浪费现象。全院护理人员发表论文40篇，其中A类14篇。心内一、皮肤科2项省厅科研课题结题。医院搭建沟通平台，促进医患和谐，举行“住院患者座谈会”及“护理人员座谈会”，开展“221患者访谈”活动；依据四川省《住院患者体验与满意度监测》标准，修订和完善医院住院患者满意度调查表，每月护理部以第三方的形式对每个病房随机抽取10名患者进行满意度调查，2014年满意度92.9%。

【应急管理】 成都市第二人民医院修订完善《成都市第二人民医院

地震应急预案》《成都市第二人民医院关于甲型 H7N9 流感防控医疗救治应急预案》《成都市第二人民医院重大交通事故医疗救援应急预案》《成都市第二人民医院洪涝灾害卫生应急预案》《医疗纠纷预防和处置预案》《门诊突发事件预警机制及应急预案》《成都市第二人民医院危险化学品事故医疗救护工作应急预案》，制定《成都市第二人民关于 5·18 越南回国伤员紧急医疗救援应急方案》。医院相关技术人员参加各类突发公共事件应急管理和医疗技术操作的专业培训，学习内容主要包括《高危化学品中毒的规范处置》《人感染高致病性禽流感疫情应急处理预案》《突发公共卫生事应急预案》等；参加成都市组织的高危化学品中毒的规范处置培训班 6 人(次)。医院于 5 月 18 日参加成都市 120 反恐联合演练 3 次；6 月组织医院大型突发事件应急演练；11 月成立“11·27”群体烧伤事件应急救援领导小组及专家组，对烧伤病员及时进行处置；12 月参与院感暴发应急处置演练，提升了医院应对突发公共卫生事件的应急处置能力，全院各科室、各部门已将应急管理意识融入到日常管理工作中。医院全年未发生应急管理方面的重大事故、人员伤亡和财产损失的事件；准确及时上报突发事件信息，共上报突发事件信息 80 次，未出现漏报、迟报、错报等现象。

【科研教育】 成都市第二人民医院引进高端人才，注重学科建设，推动国际化，招录博士 4 名、硕士 87 名，引进主任医师 1 人、副高 4 人。医院入选全省首批国家级住院医师规范化培训基地，选送国内进修 30 人、攻读硕士 2 人、博士 1 人；派出国外培训学习 12 人；参加国际、国家级等各类级别会议和学习班共计 302 人(次)；举办国家、省、市级继续医学教育项目 23 项；举办全院性讲座和培训 22 次；参加市医管局组织大规模干部培训 130 人(次)。医院申报省科技厅、省医学会及市科技局等科研项目 48 项，其中市科技局惠民工程立项 3 项、市卫生局立项 11 项；职工公开发表论文 261 篇，其中 SCI 2 篇、A 类 81 篇。医院与香港红会合办的红十字博爱康复中心建成启用，继续与中国医学科学院阜外心血管病医院联办“成都心血管病技术培训基地”，与福建曦妍医疗投资管理有限公司合作共建医疗美容科运行良好，启动与麦吉尔大学建立互访培训合作。

【文化建设】 成都市第二人民医院全年编辑发放院刊《仁济》3 期、《仁济健康导报》4 期；制作医院廉政文化建设宣传片 1 部、医院历史回顾片微电影 1 部。医院廉政文化建设宣传片《白衣大爱》荣获中共市委组织部主办的《2014 年全市党员教育电视片观摩交流活动》文化文艺宣传片二等奖、最佳剧本奖；荣获四川省委组织部主办的《四川省第十五届党员教育电视片暨第八届党员干部现代远程教育教学课件观摩交流活动》优秀文艺片奖。医院改版公众微信，增加“医院信息”“就诊指南”“微官网”栏目，新增微视频，保持微信宣传在市管公立医院位居首位。1－11 月，医院受到各级媒体报道 913 次，其中国家级媒体 72 次；修改报送医院各类信息 44 条、简报 41 条，被市医管局网站采用 20 篇，《城市医院工作》采用 11 篇。

【公益活动】 成都市第二人民医院进社区开展健康教育、义诊活动 31 次，进社区志愿服务 15 次，组织健康促进知识培训 2 次，控烟培训 5 次，发放健康宣传资料 568 份；积极搭建社会志愿者服务平台，培训来院志愿者 2 次，门诊大厅志愿者累计服务时长 3 700 小时；组织 50 名志愿者集中来院开展中秋节慰问住院患者大型活动 1 次。

（马小驹　薛　文　赖雪竹）

成都市第三人民医院

【概况】 成都市第三人民医院建院 70 余年，是一所集医疗、科研、教学、预防、保健和康复为一体的国家三级甲等综合性医院，是国家级“爱婴医院”、卫生部“国际紧急救援中心网络医院”、国家卫计委首批外周血管介入诊疗培训基地、国家卫计委脑卒中筛查与防治基地、国家执业医师实践技能考试基地、省全科医师培训基地、省普通专科医师培训基地、省专科护士培训基地、市卫生局住院医师规范化培训基地，现为西南交通大学临床医学院和附属医院、重庆医科大学附属成都第二临床学院、泸州医学院成都临床医学院。医院学科设置齐全，拥有省级医学重点学科 5 个(心血管内科、神经内科、消化内科、呼吸内科、眼科)、市级医学重点学科 8 个(心血管内科、神经内科、消化内科、呼吸内科、骨科、重症医学科、普外科、检验科)、市级医疗质量控制中心 16 个，占全市市级质控中心的 57%；附设 3 个研究所(成都市心血管病研究所、成都市神经疾病研究所、成都市肿瘤研究所）。医院占地138亩，编制床位1 250张；有职工2 136人，其中享受国务院和市政府特殊津贴22人、高级职称311人、中级职称463人、博士63人、硕士286人，在省市医学会各专委会担任副主委以上21人，担任省级以上专业学术组织委员110人，有硕士研究生导师16人、海外客座教授17人、国内客座教授12人。2014年，医院门急诊126.89万人（次），同比增长9.71%；出院49 071人（次），同比增长5.61%；住院手术25 102台（次），同比增长0.65%；业务收入10 480万元，同比增长10.6%；业务收支结余9 110万元，同比增长5.0%；职工人均收入12.5万元（含五险一金），同比增长6.3%；住院患者例均费用1.37万元，同比增长2.4%；门诊例均费用258元（含门特和特约），同比增长1.9%；药品比例38.9%，同比降低0.05%；平均住院天数10.7天，同比减少0.46天。按照市委"市校共建"的战略部署，与西南交通大学签署战略合作共建协议，共同建设医学院和附属医院，全面推动临床、科研、教学、人才培养等方面的合作，已开展生物材料、信息技术等研究项目15个。

【学科建设】 成都市第三人民医院继2013年成为国家卫计委首批国家级"外周血管介入诊疗培训基地"之后，2014年引进国内最先进的心脏远程监护系统，在西南率先启动远程心电监护项目，成为"中国胸痛中心"认证单位，也是云贵川地区唯一获得国家认证的胸痛中心。医院器官移植项目取得实质进展，骨科开展的重度脊柱后凸畸形的矫正手术难度步入国内、国际前沿。医院已建立16个市级医疗质量控制中心，其数量位居成都市市级公立医院之首。

【对口帮扶】 成都市第三人民医院按照全市"转型升级年"的部署，发展模式从传统外延发展转变为现代内涵建设。医院在"蒲江模式"的基础上，托管阿坝州林业中心医院，建立紧密型医疗联合体，实现城市三甲医院的管理、技术、人才下沉。蒲江县人民医院全年门急诊人（次）337 837人（次），比2010年（托管前）的187 224人（次）增长80.4%；住院16 288人（次），比托管前的9 450人（次）增长51.2%；住院手术2 999台（次），比托管前的1 971台（次）增长52.2%；住院患者例均费用5 285元，同比2012年下降364元，医院药占比从托管前的44.41%下降到2014年的31.48%，降低12.93个百分点。阿坝州林业中心医院托管后，门急诊21 348人（次），月平均增长26.98%；出院3 093人（次），同比增长14.16%；住院手术398台（次），同比增长15.12%；门诊手术239台（次），同比增长39.39%；业务收入2 278.11万元，同比增长17.93%；医药比例36%，同比降低5.07%；抗菌药物使用率13.85%，同比下降7.4%；平均住院天数10.64天，同比减少0.75天。截至2014年底，医院已与省内、成都周边地区的49家医疗单位建立对口帮扶合作关系，通过优质资源的纵向延伸，让当地居民就近享受优质医疗服务。《人民日报》、中央电视台《朝闻天下》《新闻联播》等媒体均将蒲江医院托管作为分级诊疗样板进行深度报道。

【廉政建设】 成都市第三人民医院成立医院党风廉政建设和行风工作领导小组，健全"一把手负总责、分管领导各负其责、班子成员齐抓共管、纪委监督"的领导体制和工作机制；加强教育监管，开展"廉洁医院创建"等主题教育活动7项、专项整治活动5项；组织各级各类人员教育培训65次，培训2 582人（次）；邀请法制副院长、律师开展法律培训4次；推进惩防体系建设，按照市医管局党组"一把手"五个不直接分管规定，对班子成员分工进行调整；坚决执行"三重一大"的集体决策机制，努力把工作运行各环节置于有效的制约和监督之下；建立完善廉政谈话制度，通过约谈1 962人（次）为全院职工筑牢思想防线；与全院干部职工签订1 962份廉洁承诺书；签署副科级以上干部拒收不送红包礼金承诺书209份；开展常态化监察和作风督查工作，定期听取纪委监察工作汇报；注重群众监督作用发挥，认真处理群众来信来访，妥善处理网络舆情79次。

【医疗服务升级】 成都市第三人民医院加大预约诊疗服务力度，新增诊间、出院预约服务措施，门诊预约挂号率超过55%，住院床位预约率达74%；建立微信平台改进门诊服务，开展"微导诊""科室导航"服务，患者通过手机能便捷查询各项医疗信息，做到看病心中有数、轻松就医；扩大日间病房业务范围，新增眼科、肾内科、内分泌科日间病房，已有10个科室开展日间手术，日间手术人（次）同比增长11.5%；优化门诊服务流程，通过医患培训、信息提速、资源整合等措施，持续优化服务流程，解决病人拥堵、就诊耗时长等问题，如门诊特殊疾病单次办理时间由流程再造前的30分钟缩短至10分钟，日均审核量同比增长120%；搭建卫生健康信息平台，举行医院开放日活动4次，邀请社区、社会监督员、媒体及患者家属等代表参加，如开展“急救白金十分钟全国自救互救活动日”等活动，获得良好社会评价；开展公益活动，举办金沙讲坛健康大讲堂6期，邀请国内知名健康专家传播防病治病知识，受到市民及媒体高度评价；开展“粉红丝带”“脑力场”公益健康教育讲座46次，培训3 220人（次）；联合智善公益基金开展脊柱侧弯大型义诊公益活动，救助16位贫困重度脊柱侧弯患者。

【医疗质量提升】 成都市第三人民医院启动成都市远程心电监护项目，率先在西南地区引进远程心电监护技术，不论时间地点均能为患者提供持续心电监护，已采集心电数据34 790份，主动对1 700例异常数据进行追踪、随访，为近100位远程心电监护患者及时进行心脏介入或外科手术治疗；在大邑县、蒲江县、新都区等地建立远程心电监护分中心，覆盖人群超过20万人，为远程医疗平台奠定基础；转变诊疗模式，成立肥胖、胸痛、老年骨科、肿瘤等多学科协作团队（MDT），推动诊疗模式从“以疾病诊疗为中心”向“以健康服务为中心”转变；出色完成突发公共事件应急救援工作，越南打砸抢烧暴力事件发生后，医院全力救治越南归国同胞，得到上级部门、伤员及所属单位的一致好评，中国中冶集团特意送来感谢信。

【科研教育】 成都市第三人民医院全年举办国家、省、市级医学继续教育项目17项，培训学员2 000人；成功申报25个国家级住院医师规范化培训基地，规培学员参加“四川省住院医师规范培训技能大赛”并荣获全省非手术组二等奖、手术组二等奖；组织学员参加全省结业考试，合格率98.6%，为全省第4名；完成重庆医科大学本科教学及硕士研究生教育，10名授课老师获重医“最受学生欢迎老师”。医院获国家自然科学基金1项、国家级科研课题3项、省市级科研课题10项；获省市科技进步奖12项、省级科研课题成果鉴定2项。

【人才培养】 成都市第三人民医院加强医院人才梯队建设，选拔推荐优秀专家，先后完成国家计生委突出贡献中青年专家、国家百千万人才工程等推优项目10项；加大引进高层次与稀缺人才力度，全年新增博士11人；建立中青年骨干继续教育与培训项目，派送临床与管理骨干赴国内外或境外著名医疗机构学习、进修或培训；修订医院绩效方案，进一步提高医务人员职业成就感和幸福感。

【信息化建设】 成都市第三人民医院以医学大数据集成平台建设为目标，筹备信息化二期工程建设；以提升工作效率和管理效能为导向，自主研发病种数据采集处理、高值耗材管理等软件系统7个。医院圆满完成异地就医即时结算等指令性任务。

【国际交流】 成都市第三人民医院邀请美国哥伦比亚大学医学中心、美国耶鲁大学医学院、日本MJG心血管研究所等世界知名医学中心8位顶级学者来院举办短训班，开展床旁教学；新聘海外客座教授3人，选送2名青年骨干海外攻读博士后，选派优秀医疗和管理骨干28人赴外进修学习，归国人员成功开展腔内导管复律房颤，全麻下房颤射频消融术等前沿技术。

（黄远航　王　璐　黄张燕）

成都市第四人民医院

【概况】 成都市第四人民医院（成都市精神卫生中心）成立于1909年。经过百余年的发展，医院已成为一所设施齐备、专业技术力量雄厚，集医疗、教学、科研、康复、预防、心理咨询及心理治疗于一体的三级甲等精神专科医院。医院不仅承担精神病专科医院的基本医疗服务功能，还指导成都市各区（市）县精神病预防机构的工作，是国家“686”项目执行与技术指导单位、成都市基本医疗保险A级定点医疗机构，开展成都市精神疾病特殊门诊申报、审核工作。医院占地面积2.35万平方米，建筑面积4.02万平方米，固定资产14 875万元，拥有多种先进的专科医疗设备，总值2 030万元；编制床位550张，设急性精神科、老年精神科、慢性精神科、物质依赖科、内科、临床心理科6个大科共16个病区，其中省级重点专科1个、成都市重点学科1个、成都市医管局重点培育专科1个、成都市卫生局首批重点学科1个，成都市未成年人心理咨询中心是成都市委、市政府为未成年人办实事的重点项目。2014年，共有在岗职工596人，其中卫生专业技术人员489人、高级职称35人、中级职称79人、博士

2人、硕士28人、省级重点专科带头1人、市级重点学科带头人2人；全年门诊量178 713人（次）、较上年同期增长26.42%，入院人数5 867人（次）、较上年同期增长15.93%；业务收入1.82亿元，较上年同期增长29.70%，加强成本管理，增收节支成效显著。

【三甲复核】 成都市第四人民医院于2013年7月成立以院长为组长的“三甲”复核工作领导小组，设立复核办公室，负责执行领导小组决策。全院干部职工拧紧一根绳，紧紧围绕三甲复评标准准备资料、培训员工，监督质量，定人、定时间、定任务扎实推进工作；制定三甲复评奖惩办法，明确各级人员职责及达标细则。2014年5月7日，成都市第四人民医院顺利通过四川省卫生和计划生育委员会“三甲复核”。

【人才培养】 成都市第四人民医院全年招进5名医疗及其他专业技术人员，其中4名硕士研究生、1名博士研究生；送培“博士”学历教育2人，参加住院医师规范化培训7人，组织各类培训讲座48次，外派参加学术交流、学术会议、培训人数225人（次）；外出进修人员7人，赴外院参观交流178人。

【基础建设】 成都市第四人民医院扩建项目——门诊综合楼为成都市人民政府2013－2017重点工程。项目于2014年5月19日竣工，7月30日正式投入使用，门诊综合楼根据学科分类，规范调整全院病房设置，精神科各亚专业初具规模；临床科室由12个增加至16个，新增床位419张。6月26日，市政府召开“专题研究我市精神卫生有关工作会议”，明确“整合市红十字会有关资源改建为市四医院康复分院的具体方案”；7月10日，市政府资政杨伟亲赴双流县九江镇红十字会赈灾备灾中心视察，就改建方案、功能设置等作出指示。医院于2014年12月31日取得《地块控规图》，成都市规划管理局正式将位于双流县九江镇的成都市红十字会赈灾备灾中心红线划定，地块面积为44.8亩，用于建设康复病区。

【医疗质量】 成都市第四人民医院建立和完善质量安全管理体系、流程和操作规范，对医疗、护理、院感等质量与安全管理组织进行调整，梳理15项应急处置流程、预案，并逐一开展实战演练；重新修订医疗护理工作质量评价标准及《目标管理考核细则》，定期按照PDCA等质量管理模式对医疗护理质量进行计划、实施、分析、反馈和追踪处理，确保医疗质量持续提高；重视教育培训，增强队伍素质，将技能培训、竞赛及考核贯穿于日常工作中，组织开展《精神卫生法》、精神科风险评估、病案管理、医患沟通技巧等方面40次专题培训，开展医技、护理人员授课技能竞赛；率先在西南精神专科领域开展“品管圈”活动，医院所有病区均成立品管圈小组，激发医护人员工作主动性和创造性，从“要我做”变“我要做”，提升医院医疗服务品质管理；健全院科两级质量管理体系，医院质量与安全管理委员会定期组织召开工作会议，对医疗质量与安全检查、问题进行评估、分析、并提出改进意见；聘请华西绩效管理专家协助我院制定《成都市第四人民医院科室绩效考核分配方案》，新绩效方案倾向临床一线、关键岗位、业务骨干、有突出贡献的人员，自7月运行以来，医务人员价值得到更好体现，全院职工工作积极性、参与管理意识、服务意识、服务质量、工作责任心明显提升；坚持对核心制度执行情况进行严格督查，组织危重、死亡、纠纷病例及不良事件的讨论，强化医务人员风险防范意识和纠纷处置能力，危重病人抢救成功率96.3%，较上年增长1%，年压疮发生次数为0（除难以避免性压疮）；开展“三基三严”培训及考试，法律法规及其他各种培训9次，开展院内讲座7次，不断拓宽医护人员医疗知识水平，提高医疗安全意识。全院全年无重大医疗安全事故发生。

【医疗服务】 成都市第四人民医院持续推行“无假日”医院，服务窗口节假日照常开放，无假日办理出院结算手续；积极推进“一卡通”服务，预约挂号就诊同比增长180%；动态开放挂号、结算、取药的服务，就诊排队时间小于10分钟；从入出院程序、注意事项、饮食和服药须知，到办理特殊门诊程序、家庭护理须知等多方面给予患者及家属指导；通过对病家所提意见和投诉进行调查、反馈和整改，不断改进医院服务，提升全院职工优质服务理念；建立三级电话回访机制，病人出院一周内，病区医生通过电话、预约复诊等以多种形式完成出院病人回访工作，了解患者病后康复情况和对医院服务的评价，对需要帮助的患者提供恰当的指导；利用医院网站建立病友交流平台，打造医患互动“健康桥”。

【科研教学】 成都市第四人民医院与电子科大生命与技术科学院签署战略合作协议，挂牌“神经信息教育部重点实验室（电子科技大学）临床科研基地”，共同合作致力于精神与脑功能的结构与生理机制的相关研究，参与国家自然基金课题《难治性精神分裂症及其 MECT 治疗的脑网络特征研究》的合作研究。医院全年申报各级科研课题 40 项，在研课题 34 项，参与合作科研课题 3 项，其中国家级合作科研课题 2 项，首次申请成功市科技局重大课题 1 项；由市卫生局课题立项 4 项。成都市预防医学会课题立项 1 项及独立承担省级、市级科研课题 22 项，首设院级课题 12 项。医院以专科培训基地为依托，通过与高等院校的合作，切实提高医院影响力和提升竞争力，全年完成第四期精神专科护士培训，35 名学员全部通过四川省护理学会组织的专科理论考试及专业技能考核；完成住院医师规范化培训，6 名学员顺利结业；完成成都医学院、成都中医药大学等高校 68 人（次）实习带教任务、1 353 人的临床见习带教任务；开展 6 期“精神医学大讲坛”，有 54 名院内外医务人员参加医院 2014 年“精神医学岗前培训班”。

【专科建设】 四川省卫生厅正式批准成都市第四人民医院“精神病防治”为四川省医学甲级重点专科。老年精神科于 11 月通过成都市卫生局评审，被列入成都市重点学科建设项目。社区防治科为成都市卫生局首批重点学科，协助成都市卫生局规划并建立重性精神疾病管理体系，开展全市精神疾病患者现状调查、精神卫生防治技术管理、精神疾病防治健康教育和宣传，承担金牛区、青羊区、武侯区和成都高新区精神疾病防治任务，并对成都市区（市）县精神卫生医疗机构、社区卫生和乡村卫生等基层医疗机构提供支持、指导与培训。3 月，“重塑美好心灵”第三期启动，继续为成都市未成年人救助保护中心的流浪未成年人进行个性、心理健康等测评，心理测评 400 人，平均每位儿童进行 3－4项测评项目，累计进行心理测评1 600项（次）；何宗岭医生《基于大尺度功能连接网络分析方法探索广泛性焦虑障碍的神经机制》获四川省医学科研青年创新课题立项。6 月 6 日，医院正式加入中国社区精神卫生应用研究联盟。10 月 19 日，学科带头人秦小荣荣获首届四川省年度优秀精神卫生工作者称号。医院协助市卫生局起草完成并向市政府提交《成都市精神卫生事业发展与建设规划（2015 －2020 年）》。成都市精神障碍患者社区康复适宜技术——《个体服务计划的推广和应用效果研究》，首次获批成都市科技局惠民项目，课题经费 50 万元；临床心理科（儿少精神科）为市医管局重点培育专科，下设心理咨询室、心理测评室、心身障碍科、失眠抑郁门诊、EAP 服务部；“袁茵工作室”继续发光发热——2014 年心理咨询室完成门诊成年人心理咨询2 936人（次），接听热线 2 412人（次）；心理测评室继续承担门诊、住院病人的日常测评、伤残鉴定、司法鉴定等测评工作，年度累计完成测评量12 757人（次）。12 月 13－14 日，承办“四川省心理卫生协会第 22 届学术会”，来自 74 家精神卫生机构的 200 人参加会议。

【精神卫生】 成都市第四人民医院受成都市卫生局委托，起草《成都市精神卫生事业发展规划》《成都市精神卫生建设规划》；牵头建立成都市精神卫生三级工作网络，承担全市精神卫生技术管理和业务指导职能，为 43 家社区卫生服务中心提供技术指导和随访服务；累计举办重性精神疾病防治管理等培训 8 期，培训人员 686 人；在全市 19 个区（市）县及成都高新区、天府新区成都直管区宣讲《精神卫生法》25 期；协助成都市卫生局做好全市精神障碍患者管理，检出重性精神疾病患者53 579人，户籍人口患者检出率为 4.56‰，常住人口患者检出率为 3.8‰，在管患者48 888人，重性精神疾病患者社区管理率达 91.2%，阳光救助对象社区管理率达 100%，危险评估三级以上、有明确肇事肇祸行为的重性精神疾病患者1 521人，为社区管理病人的 3.11%。医院全面推进“阳光救助”工程，主要承担武侯、青羊、金牛 3 个区的阳光救助患者医疗救助工作，并收治全市范围内难治病例的阳光救助患者，累计收治“阳光救助”患者 185 人，全面完成市政府下达的目标任务；与高新区社会事业局签订技术指导服务协议，对所有高新区双向转诊患者应助尽助，不限制住院金额及天数，共收治高新区双向转诊患者 163 人。根据省卫计委《关于在全省设置六个区域精神卫生中心的通知》（川卫办发〔2014〕398 号）文件要求，成都市精神卫生中心（成都市第四人民医院）于 2014 年 12 月 2 日正式成为四川省 6 个区域精神卫生中心之一，覆盖成都市、眉山市、雅安市和甘孜州，承担该区域精神卫生指导工作，共同推进区域精神卫生工作建设和发展。

【社会公益】 成都市第四人民医院深入开展成都市 2014 年民生工程"提升自信，放飞梦想"主题心理活动，开展专题讲座 19 次、心理剧演出 4 场、团体辅导 10 场、心理辅导1 000人(次)；持续开通未成年人免费心理咨询热线，聆听未成年人学业困惑、人际交往、亲子关系、情绪问题、行为问题、精神卫生和自杀危机干预等，呵护未成年人的心理健康，累计进行心理咨询1 198例、接听热线2 303例；支持心理咨询行业发展，积极搭建公益平台。成都市心理咨询行业协会于 8 月正式迁入成都市第四人民医院，院长何满西任会长，心理咨询行业协会借助医院平台，积极开展公益性活动，深入推进心理健康知识的普及和推广，累计举办 6 期公益性社区心理辅导员培训活动，350 名社区工作者及社会人士参加；在 10 月 10 日"世界精神卫生日"开展街头义诊与心理健康宣传活动，为市民义诊咨询，共 70 名市民前来义诊和咨询，发送 8 种宣传手册总计4 000份；举办"焦虑与抑郁情绪的识别与处理"专题讲座，吸引社区居民、临床心理科开放患者、门诊患者及患者家属、心理学爱好者 60 人参加并参与互动。

【卫生应急】 越南多地从 5 月起陆续发生打砸抢烧外国企业的严重暴力事件。成都市第四人民医院在接到成都市卫生局紧急针对开展心理危机干预指令后，迅速成立心理危机干预领导小组，分批(次)派遣专家及工作人员到伤员所在医院开展心理救援工作，累计派出 21 名心理危机干预队员，为 128 名伤员开展心理评估工作，为筛查出存在情绪问题的 8 名伤员开展心理危机干预，共干预 12 人(次)。

【廉政建设】 成都市第四人民医院开展多形式廉洁警示教育 48 次，组织"检医共建"活动 2 次；开展"歪风邪气"大整治活动；与医院干部签署党风廉政责任书，与医务人员签署廉洁行医承诺书，开展患者及家属与医生签署医患双方拒收不送红包协定、拒收红包礼金等专项活动；集体决策"三重一大"事项 12 件；按照采、管、用三分离原则，成立综合采购办负责院内物资采购，组织公开招标 8 次、院内比选 62 次，节约开支 206.8 万元；开展廉政约谈 32 人(次)；严控三公经费，同比下降 21.03%；开展科级干部廉政谈话 72 人、科室负责人的任前廉政谈话 12 人，全院 553 名在职在岗人员接受廉政风险排查。全院干部职工拒收红包礼金 31 次19 900元，收到感谢信 20 封、锦旗 41 面，全年无违纪、上访事件。

【医院文化】 成都市第四人民医院为展示医院形象、提升社会影响力，重新设计符合医院特色的网站页面，邀请专业文化公司为医院拍摄宣传片；与主流媒体新浪、腾讯官方微博、微信平台以及四川新华网等媒体密切合作，广泛开展对外宣传，扩大医院的知名度和影响力；开展第 22 届世界精神卫生日"心理健康、社会和谐"主题宣传活动；全年发行医院院刊《精卫鸟》4 期；开展"凝聚力量 青春飞扬"的青年职工户外拓展训练活动，组建篮球队，开展礼仪风采培训，参加市总工会组织的羽毛球比赛；在"5·12"护士节、6 月 26 日，组织医师开展一系列的演讲比赛及慰问活动；持续开展"我为医院发展建言献策"活动，征集到高质量职工建议 54 条；坚持开展"三必访"，慰问职工和离退休老干部 37 人；向全院职工送生日祝福、蛋糕卡 524 人(次)。

(王远芳　范　洁)

成都市第五人民医院

【概况】 医院始建于1938 年，是一所历史悠久、文化底蕴丰厚，以微创技术和老年病综合治疗为特色的国家三级甲等综合性医院，集医疗、科教、预防保健、康复、急救于一体，是国家级爱婴医院，为多所医科大学的非直属附属医院和教学基地。医院有"三区两所"，即西区(综合医疗区)、东区(老年病区)、北区(教学区)；有成都市中草药研究所、中国成都—法国蒙彼利埃医疗中心老年疾病研究所。医院学科设置齐全，有一级学科 23 个、二级学科 39 个、临床科室 39 个、医技科室 17 个、职能科室 24 个。2014 年，医院有在岗职工2 042人，其中高级职称213 人，硕士、博士 203 人，成都市卫生系统学术和技术带头人培养对象 2 人，享受政府特殊津贴专家 1 人；编制床位1 380张，有开放床位1 950张。医院坚持以微创为特色，大力拓展新技术，实施微创检查、微创治疗，减轻手术创伤。泌尿外科为四川省乙级重点专科；老年病学科、心血管内科为四川省甲级重点专科建设项目；妇产科为四川省乙级重点专科建设项目；微创外科、老年病学科为成都市重点学科；重症医学科为成都市重点学科建设项目。医院12项研究成果获省、市医学科技奖，11项国家级医学发明及实用新型专利。拥有1.5T核磁共振成像系统、美国强生超声刀、德国wolf高清腹腔镜手术系统、storz输尿管软镜系统、直线加速器等一批具有现代高科技水平的大型医疗设备，设备总值1.5亿元。全年业务收入95 847万元，同比增长23.85%；业务支出82 154万元，同比增长17.22%；业务收支结余12 346万元，同比增长68.96%；门急诊人数91 1614人（次），同比增长13.5%；出院人数67 769人（次），同比增长17.22%；手术台（次）19 696台（次）、同比增长26.22%，其中三四级手术8 629台（次），同比增长33.08%；药占比38.23%，同比下降2.5%；出院病人例均费用11 276.13元，同比增长8.97%；门诊次均费用238.79元，同比增长5.46%；平均住院日9.67天，同比下降0.18天。核医学科主任胡德胜荣获"妙手仁心"——第二届成都"好医生"口碑榜评选第三名。医院荣获2013年度成都市医学科技奖三等奖、"三种微创手术方案在子宫肌瘤剔除术中的应用效果"三等奖、成都市厂务公开民主管理先进单位，成功取得国家级住院医师规范化培训基地。患者满意度达97.6%，行风满意度为92.0%，全年收到锦旗126面、红榜表扬43封、表扬信49封，拒收红包46 600元，做好人好事14件。

【改革发展】 成都市第五人民医院紧紧围绕建设"成都西部区域医疗中心"的目标，提出"提档升级、特色发展"的发展战略，以实施学科建设、人才队伍建设和精细化管理为抓手，凝聚发展合力，大力培育以病人健康为核心的质量文化，不断提升品质内涵和服务能力；转变思想观念，强化"居危思危"意识，在国家宏观政策调整、分级诊疗等急剧变化的外部环境和竞争激烈的因素影响下，保持良好的进取状态；转变管理模式，从经验式管理向现代医院管理转型，提出"依规治院"并实施为期3年的干部（骨干）培训，为医院运行注入新思维、新活力；转变经营理念，从粗放式经营向精细化管理转变，提高运营含金量；转变学科结构，由"大综合小专科"向"大专科小综合"转向，促进疾病结构的调整。

【项目建设】 成都市第五人民医院二期工程（门急诊、医技住院综合楼）是市政府重大建设项目工程，总建筑面积9.1万平方米，投资6.16亿元，新增床位800张。医院根据发展规划，按照"整体规划、分步实施"的原则，成立二期项目建设领导机构，制定项目进度倒排表，定人员、定责任、定时间按计划全力推进二期项目，保证年底按时开工。项目完成后，将形成设施配套较齐全、布局合理，更大能力满足医疗服务需求，拥有2 200张床位的大型现代化三级甲等综合医院。

【医院管理】 成都市第五人民医院以制度建设为抓手，为医院发展提供强有力的保障机制。医院按照"依规治院"的管理理念，加强制度的维护和建设，制定、修订、完善各项规章制度，形成制度体系，为各项工作提供保障；强化依法执业意识、规范医疗行为，加强医疗纠纷的预防和处置；开展有针对性的医疗质量专项查房；强抓精细化管理，出台系列管理方法和细则，严控不合理支出；实施后勤标准化、清单式管理模式，创新大型设备采购项目管理模式，从论证、签订责任书到运行全程监管，保证设备效益最大化；开展院长行政大查房，让质量、学科和经营"三驾马车"齐头并进，使全院职工统一思想、达成共识、明确发展目标，树立共同发展信念，推进学科建设、运营管理及医疗质量的持续改进；挖掘资源，新增3个病区，增床53张，努力缓解病人住院难问题；以患者需求为导向，创新服务流程，实行夏时制门诊，将早晨和中午上班时间各提前半小时，方便病人，缓解拥堵，门诊量提高27.8%。

【医疗质量】 成都市第五人民医院大力培育以"回归基础、回归规范、回归协作"和"敬畏生命、敬畏健康、敬畏制度"为核心的质量文化，实施医疗质量持续改进的新常态监管运行机制，完善医疗质量监管细则，将行政后勤一并纳入质量同质化管理，实现质量监管的全院全员全覆盖，全院质量管理的理念、内涵、参与度上不断上升；以重点病种点评的方式引导质量文化，以典型病案追踪的方式强化质量提升，用医疗安全不良事件为抓手构建全面质量观；实施医疗技术分级管理，促进医疗质量提高；以"专项整治"为契机，促进合理用药；通过临床药师参与疑难重症患者讨论、处方点评、抗菌药物临床应用评价，对不合理用药进行拦截，控制抗菌药物使用品种、疗程等，使抗菌药物临床应用更规范、指标更合理。

【护理管理】 成都市第五人民医院根据《三级综合医院评审标准实施细则(2011版)》要求,修订《2014年护理质量与安全管理方案》,完善紧急状态下护理人员调配方案,提升护理服务能力,提高患者满意度;全面开展责任制整体护理,对每位住院患者动态护理评估,实施个性化护理计划,提升护理内涵质量;实现优质护理示范病房全覆盖,第三方满意度调查,患者对护士满意度从92.5%上升到95.6%,医生对护士满意度达80.2%,护士自身满意度均在85%;加强"三基"培训,从理论、操作、综合三方面进行综合考评,积极培养专科护士。

【科研教学】 成都市第五人民医院的省重点学科老年病专科,与法国蒙彼利埃合作,挂牌"中国成都—法国蒙彼利埃医疗中心老年疾病研究所",标志着成都市的老年病研究与国际接轨,开拓研究的新视野,开辟医疗合作的新篇章;心内科成为四川省甲级重点专科建设项目,重症医学科成为成都市重点学科建设项目;建立重点学科目标考核评价体系,为学科建设提供有力保障;实现教学新突破,成为川北医学院本科全程临床教学基地,进行教学秘书及主讲教师遴选,分批(次)送到川北医学院轮训。医院取得科研新突破,有在研课题69项,全年申报成功省、市课题12项;发表论文286篇、SCI文章3篇,其中1篇影响因子4.242,为医院首篇独立撰写完成,实现论文发表的新突破。管理科研课题《城镇化背景下区域三甲综合医院全科医师规范化培训模式的研究与实践》被省卫计委立项,并获得经费支助,为探索新的规培模式提供了研究平台。医院举办各级继教项目50项,其中国家级4项、省级32项、市级14项,创历年新高;积极做好各级医学会推荐工作,共推荐53人在省级、市级专委会任职;成功获取"国家级住院医师规范化培训基地",在全省规培基地动态评估中被评为优秀基地;在院规培生200人,全年规培考试合格率达到95%,远高于省卫计委85%的合格线。

【人才培养】 成都市第五人民医院采取紧缺人才引进、专家进来讲授、员工出去学习、强化培训锻炼的人才培养战略,将走出上和请进来相结合;加大人才引进力度,夯实人才基础,优化结构搭建合理人才梯队。医院全年引进博士4人、硕士41人;启动为期3年的医院管理专题培训项目,培养高素质干部队伍;与上海复旦大学医院管理机构合作,对全院中层干部和业务骨干进行为期3年的管理知识培训,全年完成中干培训5期、骨干培训4期,培训中干715人(次)、骨干427人(次),并收取心得体会1 142份,为医院整体人文素养的提高奠定了坚实基础。

【社会公益】 成都市第五人民医院彰显医院公益性,充分发挥区域医疗中心作用,于3月28日组建成都首家"城西医疗联合体",有成员单位42家,服务成都西部六大片区,辐射人口300万人;通过建立双向转诊绿色通道、开设化验、检查直通车,对基层医院进行"一对一"帮扶指导,先后派出医护人员615人(次)到联盟医院进行查房、义诊、技术培训、健康教育等,诊疗患者3 082人(次),培训基层医护人员4 322人(次),接收基层医院进修人员141人(次),医联体单位转诊598人(次),带动了成都西部整体医疗服务水平提高;发挥区域产科急危重症救治中坚能力,完成区域外产科危重急救87人(次),接回孕产妇9人(次),抢救成功率100%;完成市残联"白内障免费复明"民生工程和市卫生局指令的"百万贫困白内障患者复明"任务;按规定及时报送突发公共卫生事件相关信息,信息报送率达100%;积极完成指令性任务,圆满完成"迪拜国际赛马世界杯""成都慕尼黑啤酒节"等大型活动的医疗保障任务6次,完成率100%。

【对口帮扶】 成都市第五人民医院跨区域延伸到甘孜州色达县医院、武警泸定医院、荥经县人民医院、贵州省毕节市第二人民医院等地区,拓展了服务半径;特别是由川黔两地民盟及卫生行政部门牵线搭桥,与贵州省毕节市第二人民医院的对口帮扶已取得实效,由成都市第五人民医院派出2批管理人员和专家16人到毕节市二医院进行管理和技术指导,按照既定计划实施帮扶。

【党建工作】 成都市第五人民医院以创先争优为载体,切实加强党组织的建设;结合"评先选优""党员民评""纪念建党93周年"等活动,把创先争优活动常态化,为发挥先锋模范作用搭建平台,创造条件;切实加强党支部建设,积极探索符合医院实际、操作性强的党建工作考核机制,形成与行政管理制度相衔接、与医院运行机制相协调的党建工作机制；加强党员队伍建设，保持党员先进性和纯洁性；严格按照标准发展党员，选送11名入党积极分子、9名预备党员参加党校培训，发展党员8名，按期转正党员11名；建立健全党内关怀帮扶机制，深化“关爱工程”，走访慰问困难党员、职工、老党员、老干部、老专家及遗孀，共计47人，发放慰问金额33 400元。

【廉政建设】 成都市第五人民医院完善廉政风险监督制约制度，强化落实党风廉政建设责任制，认真履行“一岗双责”；严格执行“三重一大”决策制度，实行决策的科学化、集体化、民主化；搭建岗位廉政风险防控平台，运用网络信息技术，将中层干部和重要岗位员工全部纳入《岗位廉政风险防控管理系统》监管；加强对药品、设备、物资采购等重点岗位、重点环节的监管和督查；实施廉政风险教育常态化，通过纪委与中层干部和重要岗位员工廉政教育谈话、签订廉洁承诺书、观看警示片、廉洁专题培训会、医德医风教育培训会等形式，实施全员廉洁自律教育。

【文化建设】 成都市第五人民医院以员工高幸福指数为目标，大力弘扬优良团队文化。医院开展系列培训，提升职工的专业技能和综合素养，引导职工做好职业规划，增强归属感和自豪感；认真落实“关爱工程”，关心困难职工、开展健康体检、鼓励职工“带薪休假”，保障职工正常福利等，增强职工的幸福感；开展“院兴我荣，院衰我耻”、感恩教育、道德讲堂等活动，培养员工对医院的忠诚度和团队精神；创新文化底蕴，提升医院品牌形象，利用院报、院刊、医联体专刊——《远舰》及各大媒体和网络，宣传报道医院新进展、新技术、救死扶伤感人故事、精神和品质、医学和人文，展示医院文化和精神；与多家媒体合作，发表专题及新闻报道80次，制作专题宣传片12期，全面扩大医院影响力。

（陈　韵　郑彦晞）

成都市第六人民医院

【概况】 2014年，成都市第六人民医院有在编职工718人，编外职工392人，高级职称115人，中级职称230人，博士研究生13人，硕士研究生94人；有床位800张。医院结合“转型升级年”，以质量与增量为主题，完善医疗质量与安全，设立11个委员会；运用PDCA质量管理工具解决存在的问题；规范临床疾病管理，监测临床路径及单病种2 254例；开展新技术、新项目；优化人力资源结构，加强后备人才培养；流程再造，优化服务；改造环境；与4家对口支援医院续签帮扶协议，捐赠药品4.2万元，设备6万元；义诊宣传30次；组织3人参加成都市学生体质与健康调研、5人参加成华区武装部反恐应急演练；由医院党委与全院中层以上干部签订《领导干部执行廉洁风险防控若干规定承诺书》，召开6次廉政专题教育会；在成都市率先签订“不收和不送红包协议”；完成党风廉政建设专项整治工作。医院全年门诊总诊疗552 539人（次），同比增长1.48%；急诊77 258人（次），增长1.74%；出院人数26 717人，减少1.1%；住院手术11 134人（次），增长58.1%；药品收入占医药收入40.59%，下降1.2%；业务收入38 514.22万元，增长14.87%。5月7日，正式晋升“国家三级甲等医院”。医院党委书记刘德顺获国家卫生计生委办公厅授予在妇幼健康服务工作中表现突出个人予以通报表扬。副院长黄雄为四川省学术和技术带头人候选人。妇产科副主任医师郭芳获市妇幼健康“围产保健”技能比赛一等奖、授予“成都市技术能手”称号。医院创建省级慢病综合防控示范区，8月接受上级检查验收合格。10月，肿瘤科获“四川省癌痛规范化治疗示范病房”。院刊《沙河梧桐树》在中国品牌内刊·2014年度优秀内部报刊评选中获“好杂志”特等奖。

【医院“三甲”】 成都市第六人民医院通过全院职工的共同努力，顺利通过“三甲”评审。2014年5月7日，四川省卫生和计划生育委员会（川卫办发〔2014〕138号）文件通知，成都市第六人民医院三级甲等综合医院评审合格。

【人事制度改革】 成都市第六人民医院为缓解专业技术岗位紧缺状况，对现有岗位数进行合理调整，增大专业技术岗位数量。2014年9月，成都市人社局批复变更岗位设置方案，高级专业技术岗位增加120个，中级专业技术岗位增加64个。

【业务技术】 成都市第六人民医院开展新技术、新项目8项；二类技术批准开展9项；内镜技术首批通过三级技术7项、准予57人开展，四级技术5项、准予11人开展；高风险技术监管52项，开展988例，出现并发症2例，发生率0.2%。MIR新开展增强磁共振振动脉血管成像术；超声科新开展骨关节超生（该技术成都市仅华西和省医院开展）、经食道心脏超声检查常态化；放射科开展经"T"管逆行胆道造影、旋转摄影、数字减影成像技术。

【医疗管理】 成都市第六人民医院修订医疗质量与安全管理规章制度33项，制度规定17个，授权文件12个，应急预案6项，优化流程10项；梳理一级职责21项，二级职责106项，三级职责750项；制定《手术医师资格分级授权管理制度与程序》《医师执业授权流程》，门诊及住院前10－15位病种制定规范化诊疗流程与服务项目；制定科主任例会制度，每月召开一次全院科主任、护士长及业务骨干大会；开展院级查房、科级查房、每周质控查房、节前安全检查，重点查核心制度；协助内科二线班排班，实行二线医师24小时值班；住院医师及低年资主治医师轮转相关科室；爱婴医院复核在成华区排名第一；肿瘤示范病房创建成功；参加成都市百万职工妇幼技能大赛获一等奖；医师外出会诊32人（次），接待外院专家来院会诊69人（次），全院大会诊20次，审批重大手术27台；接待投诉82起，解决各种医疗投诉、纠纷赔偿13起，费用149 054.46元，法院判决1起赔偿100 645.00元，赔偿金额下降85%。

【对口支援】 成都市第六人民医院派出26人分别到青神县人民医院、夹江县人民医院、青白江区清泉镇和城厢镇卫生院，参加临床诊疗、示范手术、临床教学、技术培训、科研设计；帮助开展新技术、新业务，建设特色专科、重点专科；帮助开展新技术、新业务8项，开展手术217例；为夹江县人民医院第一例肾衰竭病人透析治疗提供技术支持，捐赠药品42 000元；为青白江清泉镇卫生院捐赠心电监护除颤仪6万元。

【护理管理】 成都市第六人民医院梳理一级职责241条、二级职责330条、三级职责270条，新增流程2项，修订6项，优化护理表格17份；每周横向质控护理质量管理，设4个重点质控小组对压疮、跌倒、坠床不良事件教育培训重点质控和跟踪，发生不良事件92件、跌倒39件、坠床4件；无可控压疮发生，有不可控压疮845件；每月全面护理质量督查，共查533次，发现问题2 975个（次），现场整改2 088个；强化临床护理"三基三严"，规范仪表礼仪，优质护理服务病房100%，责任制整体护理病房100%；尊重患者隐私，采取多元化健康教育，延伸护理服务，前移护理服务，完善护理工具，改进消毒供应中心消毒方法，节约成本，与成华区27家社区医院签订外消合同；全年护士长短期学习45人（次），护理骨干外出学习16人（次），进修学习19人（次），5 052人参加院内培训59次；发表论文22篇；接受进修护士4名、实习生188名；举办以展示个性、温馨集体为主题的"5·12"护士节活动。

【科研教学】 成都市第六人民医院组织申报局级以上科研课题20项，其中省级8项、市级7项、局级5项；立项2项；与四川大学、电子科技大学联合申报国家自然科学基金1项；通过四川省科技成果鉴定1项；发表学术论文69篇，其中SCI 1篇、A类37篇、B类31篇；接收实习生274名、进修生36名，完成9＋3藏族学生实习任务；成为泸州、遵义医学院硕士生培养基地，10人为兼职硕士生导师；举办四川省医学继续教育项目2次；邀请知名专家来院进行管理知识培训7次、专题讲座1次，在院内讲座26次，继续医学教育学分Ⅰ类学科覆盖面100%，完成规定学分人员覆盖率＞93%；外出进修26人；专题培训120次；完成国家卫计委第一批住院医师规培基地（协同基地）申报，通过评审；新入人员规培28人，6人通过省住院医师规范化师资考试，取得资格；张光全主任医师被华西都市报评为"2014我心目中十大人气名医"，被中国医师协会聘为内镜医师分会保胆专委会委员，在全国第四届保胆学术会议上作专题报告，以《学科建设及如何当好科主任》培训龙泉驿区卫生骨干。

【对外交流合作】 泸州医学院教授讲师组成教学专家组深入医院肝胆外科、心血管内科进行教学查房，对典型病例进行示范操作、讲解，与学生亲切互动。医院与43家社区及基层医院签订合作协议，其中成华区29家、龙泉驿8家、青白江区3家、新都区和高新区各1家、青羊区1家。眼科和八里医院进行糖尿病、高血压眼底疾病发病率筛查合作；与成华区残联合作开展贫困白内障患者实施免费复明手术；心内科、呼吸内科、神经内科与十陵卫生院开展多点执业，每周派副高以上医师到卫生院坐诊。医院派6人赴境外学习，其中赴中国台湾2人、法国2人、德国1人、新加坡1人；邀请国内外专家来院讲课，开展8场管理知识系列培训。

【人才队伍建设】 成都市第六人民医院编内招聘19名，其中外出公招11名、公开招聘8名，临床医学研究生18名，本科护理1名；编外招聘人员60名，其中硕士研究生1名、本科生30名。往届毕业生及编外招聘人员均具有执业资格。正高级评审取得资格4人、副高级9人，2014年聘任正高级职称4人、初级编内52人、编外59人、中级59人。医院成立病案科，调整和新任命中层干部18人。

【医院文化建设】 成都市第六人民医院做好医院对外宣传，打造医院的文化形象名片，凝聚职工的文化向心力，制定出医院语录"病人信赖，员工自豪，同行认可，省内知名"；加强医院网站管理，及时更新信息，借助信息网络技术对版面、风格、架构、主题页面重整改版；对宣传形象板块进行系统性整合；利用传统纸媒、官方网站、官方微博充分挖掘报道医院好人好事，宣传科室先进医疗技术，全年在各级媒体上报道16次；加强网上舆情的监测、控制、处理；持续办好院刊《沙河梧桐树》的编辑策划工作，使形式、内容、风格上有所创新，在中国品牌内刊·2014年度优秀内部报刊评选中获"好杂志"特等奖，全年编辑发放院刊3期。

【医院服务优化】 成都市第六人民医院预检分诊台服务前移，主动为来院患者进行正确分诊，就诊卡由门诊导医在服务台替患者办理，提高挂号速度，缩短挂号时间；新增心血管内科、消化内科、呼吸内科、肾病内科、神经内科、内分泌科、血液风湿科专家下午门诊；调整冬季专家门诊时间；B超室错峰检查，缓解等待时间；特检科开设午间门诊（时间12：00－14：00），延长诊疗时间；检验科所有查血项目上午时段都统一安排在二楼静脉采血室，减少患者抽血次数及往返次数；提供手机短信报告检验结果，为外地患者提供邮寄报告单服务；门诊导医全程陪同住院患者办理入院手续，提供一站式服务；开展特色专科组合造福患者；调整特门收费办公地点，改变原特殊门诊病人在门诊看病须到住院结账处记账结算的状况，实现特门病人在门诊身份认定、治疗、结算一条龙服务；在门诊收费处增设入院办理窗口；在门诊4楼新增收费窗口，方便门诊4楼、5楼病人缴费结算；与银行协商各窗口配备POS机，方便病人刷卡结算；结账处下班时间由5:30延长到6:30；将内科楼原医生、护士值班室、科室库房改造为病房，提高持续供给力；对病床和推车更换定制静音轮，减少噪音；向患者提供定制餐板，方便病人就餐；规范床单元消毒购买床旁消毒机；着手开展低保病人出院结算一站式服务，低保病人在民政局享受的低保优惠由医院现行垫支，再和民政局结算。

【便利店引入】 成都市第六人民医院为提升三甲医院相应配套设施，服务好病员及医务人员，12月8日由医院办公会议决定引入便利店；12月26日召开院内专家比选评分会，对引入公司按照资质、管理水平、经验进行比选评分，最后通过"柒一拾壹（成都）有限公司"进入医院。

【党建工作】 成都市第六人民医院党委与全院中层以上干部签订《领导干部执行廉洁风险防控若干规定承诺书》；纪委监督所有"三重一大"事项运行情况，召开会议10次；邀请省检察院巡视员周力、成华区检察院检察长陈建勇、成华区检察院预防犯罪科科长许志鹏、成华区检察院副检察长淦友均来院举办专题讲座6次；率先开展签订"不收和不送红包协议"活动；开展干部任前集中廉政谈话、职工诫勉谈话、信访举报查办；开展"正风肃纪"、市级公立医院系统领导干部收受红包礼金问题、"庸懒散浮拖"问题、选人用人不正之风"5＋3"整治工作、"裸官"清理工作、公立医院系统"靠山吃山"6项专项治理整治活动。

（曹双双　王　彬）

成都市第七人民医院

【概况】 2014年，成都市第七人民医院编制病床502张；有职工759人，其中卫技人员625人、正高级职称14人、副高级职称68人、中级职称技术人员157人，博士研究生2人、硕士研究生56人；门诊人（次）与上年同期相比增长4.83%，门诊均次费用同比降低5.38%，平均住院日同比增长2.66%，出院病人均次费用同比增长6.29%，药品比例同比降低0.22%。

【医院管理】 成都市第七人民医院以卫生部三级综合医院评审新标

准为准绳，以国际 JCI 标准为指引，以落实制度为重心，进一步规范医院管理，提高精细化管理水平。医院按照国家三级医院新标准，全面升级各项服务，提高预约服务率，通过网络、电话、现场预约等方式，实现分时段预约。全年月均预约率53.1%；增开夜间门诊实现门诊无间断，全年“无假日医院”“午间门诊”“夜间门诊”共诊治患者36 527人(次)；深化“医院开放日”，全年共开展5次活动，向广大市民讲解常见疾病的预防、诊治和分级诊疗常识等，社会影响广泛；规范就诊流程，方便患者就医，医院将B超室、心电图室等辅助科室从原门诊4楼调整到门诊一楼大厅，同时对口腔科、急诊科、药剂科等科室也进行相应调整。完成层流手术间改建、中医科“名医工作室”改扩建及血透室改建，进一步优化就诊流程，方便患者就医；增设专科门诊，落实专病专治；细化“财务管家”服务，各病区的“财务管家”主动为患者提供费用解释、医保咨询和出院结算服务，节约患者经济和时间成本；多措并举，努力打造舒适温馨就医环境，改善患者就医体验。医院加强患者住院费用控制，加强平均住院日考核，全年平均住院日13.58天。医院积极探索建立法人治理机制，不断探索完善监督体系；开展依法治院干部培训月活动，进一步加强依法治院和党风廉政建设，提高干部职工队伍素质，提升医院管理、医疗质量和医疗服务水平；修订绩效考核指标，增加维护患者利益指标；规范执行财务制度，接受市医管局委托四川华文会计师事务所对医院2013年财务运营情况及财务年报进行审计和接受四川科达信会计师事务所对院长刘勇离任经济责任审计。

【党政建设】 成都市第七人民医院党委重点工作以强化基层组织建设、落实党风廉政建设“两个责任”为主线，围绕医院医疗业务中心工作，为医院管理、医疗服务、医院发展提供保障。医院落实一岗双责，把党风廉政建设要求融入到医疗业务管理工作中；落实纪委的监督责任，严格执好纪、问好责、把好关，使纪律真正成为带电的高压线。医院全年自查审核合同189份，均符合法律法规的相关要求。

【合作与引资】 成都市第七人民医院进一步梳理医院对外合作项目，针对对外合作项目进行可行性论证，规范合同审批流程，多部门参与合同签订前审批，保证合同合法合规和医院利益最大化。医院与中国建设银行成都一支行签订固定资产贷款协议，取得建行2.6亿固定资产贷款，确保天府新区医院基建项目资金及时到位。

【天府新院建设】 成都市第七人民医院天府新区医院一期工程于2014年1月正式开工建设；10月，二期工程被批准立项。天府新区医院作为市政府的民生工程，拥有1 000张床位，不仅将为天府新区提供优质医疗服务保障，而且服务覆盖面可辐射周边乡镇及更广阔的区域。

【医疗安全管理】 成都市第七人民医院为保证质量，重新修订印发《应急处置预案》(2014年6月版)；强化制度保障，新增应急预案17项，修订59项；调整医院各种组织机构22项，为医院工作提供制度保障。医院严控抗菌药物使用率和院感发生率，开展院感管理和传染病防治知识培训共17次，现场考核合格率100%；院感监测病例15 494例，感染率1.42%；环境卫生学监测共498例，合格率100%，住院抗菌药物使用率为51.30%，门诊抗菌药物比例为13.84%，Ⅰ类切口预防使用抗菌药物比例为28.31%，均达标；强化手术医师授权及手术分级管理，三、四级手术达2 008例，同比增加3.93%；开展新技术21项；定期开展案例分析，“向错误学习”成为常态；深入推进优质护理服务工作，优质护理服务病房覆盖率达100%，通过护士能级对应、分层管理等措施有效提高护理质量。医院健全基层安全组织，落实科室安全责任；强化消防安全管理定期督查，加强对安全设施监管，定期巡查各病区治疗室的保险柜，加强毒麻药品管理，全年未发生一起治安案件和毒麻药品被盗案件；强化医疗风险评估及预警机制，建立警医联动机制，有效减少医疗纠纷，共接待医疗争议23起，同比下降8%，全年无医疗事故发生。

【科研教学】 成都市第七人民医院有硕士生56人，同比增长36.36%。医院组织申报省卫生厅科研课题2项、省医学会科研课题1项、市卫生局科研课题2项。《刁本恕食治思想及经验研究》《刁本恕“口咽宁合剂”防治急性放射性口腔炎疗效观察》获批市卫生局课题立项。《两种术式治疗儿童阻塞性睡眠呼吸暂停综合征疗效比较研究》通过省卫生厅会议鉴定，并分别申报2014年市科技进步奖、省医学科技奖和市医学科技奖。医院有在研课题18项，其中省科技厅课题1项、省卫生厅课题8项、省中管局课题2项、市科技局课题1项、市卫生局课题6项；发表论文94篇，其中SCI论文7篇、专著1部、A级论文23篇、B级论文24篇、学术会议交流论文39篇，论文发表率为15.38%，SCI和A级论文占32.98%；开展院内学术活动29次，继教学习覆盖率达100%；加强人才培养，全年组织员工在职培训326人，其中到上一级医院进修深造26人；鼓励医护人员参加学会协会继教活动，申报市级继续教育基地，举办国家级、市级继教项目各1项。

【特色专科建设】 成都市第七人民医院耳鼻咽喉头颈外科作为“省医学乙级学科”建设单位，顺利举办国家级继教项目《嗓间与言语疾病诊治新进展》；肿瘤科作为“省医学甲级专科”建设单位，开展“癌痛规范化治疗示范病房”创建，获批“成都市肿瘤性疾病质量控制中心”，并成功举办市级继教项目《癌痛规范化治疗路径培训班》。

【医院文化】 成都市第七人民医院开展骑游、篮球赛、羽毛球赛等多种文化活动，丰富医院文化建设；设置医院文化墙、改版肿瘤专家栏；注重文化引领，做好新媒体联系服务群众工作，加强医院舆情监测及微博管理，全年共发生舆情12起，均得到有效处理。医院持续改进和提升回访服务质量，提升患者满意度，全年医院回访患者2 424人，科室回访患者7 665人，患者对医院满意率达98.13%。医生刁本恕、兰永乔在“成都商报”发起的“好医生”评选中成功进入前20强，获得美誉。医院通过为职工送生日蛋糕及提供年度免费体检等，提升员工的职业幸福感和归属感，职工年度体检率100%；严格执行年休假制度，休假率80%；成立离退休职工管理办公室，切实关爱离退休职工。医院开展反腐倡廉、医德医风和“八项规定”教育，组织干部职工签订“五严禁”“四不准”廉洁承诺书；定期排查矛盾纠纷，医院和谐稳定，无职工非法上京、省、市群访闹访事件发生。

【信息化建设】 成都市第七人民医院继续完善信息化建设，手术麻醉系统进一步完善；不断完善“一卡通”系统并定时上传数据；按照成都市医保局等上级部门要求完成多个接口程序。

【援外援藏】 成都市第七人民医院派出2名医生援外，刘存伟、陈旭军分别担任2012－2014年莫桑比克援外医疗队队长和东帝汶援外医疗队队长，陈旭军获得“全国援外医疗工作先进个人”称号，并受到习近平总书记亲切接见。医院派出4人进入藏区支援甘孜州白玉县卫生院及炉霍县医院，开展讲座10次、指导手术21例；帮扶白玉县医院建设“内镜中心”，向该院捐赠价值2万元的医疗设备，并免费培养内镜医师2名，至年底白玉县医院内镜中心已能开展常见胃镜检查，取得良好的社会效益。同时，医院为做好2014年文化科技卫生“三下乡”暨百姓故事会活动，向崇州市街子镇会元村高墩旅游小村捐赠价值5 000元的药品。

【对口帮扶】 成都市第七人民医院充分了解受援医院需求，认真落实对口帮扶工作的各项措施，全年共下派6名副主任医师、3名主治医师、1名主管护士、1名主管技师，到甘孜州白玉县人民医院、都江堰市翠月湖镇卫生院，共诊治病人1 000人(次)。下派人员充分利用当地现有条件，最大限度地为病人治疗疾病，采取传、帮、带的形式，帮助受援医院医师尽快提高专业技术水平。

【医疗保障】 成都市第七人民医院积极承担抢险救灾、会议、赛事医疗保障等指令性任务，圆满完成中国西博会、非遗博览会2次国际级会议，省人大、省政协2次省级会议，市人大、市政协2次市级会议的医疗保障及救护工作；圆满完成联合国教科文组织创意城市网络大会医疗保障及救护工作；组织参与越南归国同胞伤员的救治转运工作；积极配合“文明城市”指数测评；取得控烟及志愿者服务工作成效显著，全年组织志愿者活动9次、参加医护人员50人(次)；完成对口乡镇“新家园、新生活、新风尚”的“三新”卫生健康知识宣传活动，服务基层群众。

(刘丽 陈琴)

成都市妇女儿童中心医院

【概况】 成都市妇女儿童中心医院集妇科、产科、儿科、妇幼保健、康复、急救、培训、科研为一体，是一所西南地区规模最大的三级甲等妇产科儿童专科医院，是重庆医科大学非直管附属医院。医院由日月大道院区、实业街院区、太升南路院区组成，总占地面积117.2亩，建筑面积12.3万平方米；编制床位1 000张。2014年，共有职工2 267人，其中博士36人、硕士253人、大学本科830人、大专832人、中专及其他316人。专业技术人员中，医师系列人员640人，其中主任医师55人、副主任医师179人、主治医师203人、医师179人；护理系列人员1 023人，其中主任护师1人、副主任护师20人、主管护师236人、护师376人、护士371人。医院获得市级"妇幼健康技能竞赛"一等奖、省级"妇幼健康技能竞赛"二等奖、国家级"妇幼健康技能竞赛"二等奖，获成都市科学技术进步奖三等奖，获四川省"孕妇学校"师资讲课比赛第一名，被民政部授予"孤残儿童手术康复"明天计划先进单位，被中华慈善总会授予第二届"中华慈善突出贡献奖"。

【医疗质量管理】 成都市妇女儿童中心医院为提升医疗质量与安全医院，完善急救管理体系，增加急救设备，建立急救设备设施地图，编制3个院区各楼层抢救车、除颤仪分布图，每一层楼均配备除颤仪等急救设施；推进临床路径管理，各科室指定临床路径管理员，定期召开联席会议，已开展28个病种的临床路径工作，全年入径16 493例，完成13 491例，入径率42%，完成率82%；进一步完善医疗制度和流程，建立标准化的文件管理体系；修订《高风险患者和高风险服务管理规程》《手术安全核查制度》《医嘱制度》《危急值管理制度》等72个制度，新增《患者交接管理制度》《供应链管理制度》《病情恶化的快速识别和应对方案》等16个制度，修订完善《介入医疗工作规范》、伦理委员会等20个SOP文件，完成753个各类记录表单系统编码，实行手术预约制；正式运行3个院区的检验、超声及放射的危急值报告系统，实现危急值报告信息化，由专人负责日常监查危急值运行情况，危急值项目小组定期对危急值运行情况进行检查，及时反馈各科室，协调解决问题，持续改进；5月，成立入出院中心统一调配管理医院床位，优化服务模式和流程，方便病人，有效缓解了患者住院难的问题；深化双向转诊及分级诊疗模式，加强与各级医院的协作。医院"呼叫、转运、咨询服务站"，承担病员转接诊呼叫的协调、就诊健康咨询、电话预约挂号及出院病员的随访康复指导工作，全年接受电话咨询21.1万人（次），预约挂号13.1万人（次），出院病员回访1.1万人（次），病员转接诊1 414人（次），共计35.4万人（次），较上年增长10%；创新护理管理模式，将护理技术纳入医疗技术管理工作，全院共建立了74个学习型护理团队；举办科学思维班、组建护理实证团队；实施导师负责制，加强全院护理人员护理技能的三基培训及考核。

【学科建设】 成都市妇女儿童中心医院儿童呼吸内科于11月被评为四川省甲级医学重点专科，儿童心脏科被确立为成都市医学重点学科建设项目。医院已拥有四川省医学重点学科和重点专科5个，成都市医学重点学科5个，成都市医学重点学科（实验室）建设项目3个。医院是四川省儿内、妇产、医学检验、麻醉专业住院医师规范化培训基地，是四川省儿外、医学影像专业住院医师规范化联合培训基地，是四川省妇产科、儿科专科护士培训基地。医院全年引进博士研究生4名、硕士研究生46名，输送在职研究生学习10人，派出进修及国际交流学习38人，推荐第11批四川省学术和技术带头人3人、后备人选1人，推荐第12批四川省有突出贡献的优秀专家3人，推荐四川省卫生计生委第十一批委学术技术带头人3人，推荐享受成都市政府特殊津贴1人。

【科研教学】 成都市妇女儿童中心医院全年获国家级自然科学青年基金立项1项、四川省卫计委青年创新科研2项、成都市科技局惠民工程项目3项、成都市社科联项目1项、成都市卫生局科研项目7项，参与省、部级联合科研项目11项，《炎症加重脂质介导的肾脏损害的基础及临床研究》获得成都市2014年科技进步三等奖；积极引进和开展新技术项目，以技术升级提升医院核心竞争力，产科实施"数字减影、放射介入下髂内动脉封堵及超选择子宫动脉栓塞"治疗"凶险性前置胎盘"，以明显降低这类病人的出血量和死亡率；实现妇科由开放型的外科手术模式向大规模微创手术模式转型，明显减少患者痛苦，妇科微创手术占妇科手术的80%，平均住院日由6.38天下降到5.5天；实现儿外科面向国际，与美国哥伦比亚大学医学中心合作开展脊柱侧弯等先天性疾病的手术矫形治疗，形成儿童先天性骨关节畸形外科矫形治疗新模式。医院全年新增医疗技术16项，立项34项；共发表论文157

篇，其中SCI类5篇、中华级论文11篇、专业A类期刊18篇、A类期刊52篇；举办各级继续教育学习班，其中国家级4项、省级8项、市级4项。

【国际合作】 成都市妇女儿童中心医院以观念转型升级为导向，促进医院与国际接轨。医院打造三支外语服务队伍，即专业技术外语服务专家队伍、现代急救保障外语服务队伍和青年志愿者外语服务队伍；建立绿色救治通道，优化双语服务流程，与德国阿莎芬堡医院乳腺中心合作建立中德（成都）乳腺病中心，选派3人到美国辛辛那提儿童医院进修培训。医院通过加强与国外知名院校的合作，从科学研究、学科和专科建设方面全方位提升医院的形象和品牌。医院连续4年与美国"中国儿童医疗基金会"（Children of China Pediatrics Foundation）开展"中美携手—关爱孤残儿童"慈善活动，美方38名医疗护理专家与中心医院医护人员协作为60余名来自陕西、河南、湖南、四川省等地福利院和贫困家庭的孤残儿童提供免费诊疗服务，并为其中27位患儿实施免费手术治疗。医院举办"小儿微创外科新技术及可视化麻醉技术研讨会"，邀请美国哥伦比亚大学摩根斯坦利儿童医院儿童骨科终身教授Dr. David Roye、美国新泽西州大西洋医疗集团小儿外科主任Dr. Eric Larza以及哥伦比亚大学摩根斯坦利儿童医院泌尿外科主任Dr. John Connor等就"先天性髋关节发育不良""儿外科微创手术""口腔黏膜移植""尿道重建原则"等前沿课题发表演讲。

【对口支援】 成都市妇女儿童中心医院选派49名中级职称以上医师、护士和医技人员对凉山州妇幼保健院等8家医院进行对口帮扶，捐赠医学教材；继续对雅安市雨城区妇幼保健院进行灾后援建。医院全年累计完成诊疗5.57万人（次），同比增长9.24%，帮扶人员在基层期间共进行专题讲座和业务培训168次，培训人员2 000人（次），组织会诊及疑难病例讨论211人（次），开展手术示教169台（次），教学查房169次，接收受援单位转诊80人（次），免费进修8人。

【社会公益】 成都市妇女儿童中心医院开展健康教育下乡活动，到社区开展咨询、义诊活动；定期举办妇产儿《健康课堂》；协助四川省生殖健康协会"快乐孕育项目"，指导基层"孕妇学校"的开展和改进，分别到浦江县、温江区等近10家基层单位"孕妇学校"讲课和指导，受众达500人（次）；推出"妇女健康周""儿童健康周""母乳喂养周"主题活动，宣传母婴健康知识，深入学校、社区宣传妇儿疾病防治及保健知识、倡导健康生活；为环卫女工免费体检，为女性免费"两癌"筛查、"怀二胎"孕前健康评估；组织"心系新生命项目"活动20场，参加的孕妇家庭1 000个；组织"孕妇缺铁性疾病防治项目全国巡讲"，参加孕妇家庭近100个。医院新增成龙慈善基金会"蕊合阳光重症儿童救护基金"。截至年底，医院开展的慈善项目达16个，共为802位患儿进行诊疗及手术。医院针对三台县、芦山县等偏远贫困地区集中开展先天性唇腭裂、先心病、脊柱侧弯等疾病筛查救治工作。医院全年组织各类公益活动1 079次，参加者达2.22万人（次）。成都市妇女儿童中心医院被民政部授予'孤残儿童手术康复"明天计划先进单位，被中华慈善总会授予第二届'中华慈善突出贡献奖"。在由成都商报发起组织的"妙手仁心·第二届成都好医生口碑榜"评选活动和华西都市报发起的"我心目中的名医"评选活动中，医院共有11位名医生获此殊荣："2014我心目中的十大名医"——儿童肾脏内科冯仕品、产科罗丹，"2014我心目中的十大人气名医"——儿童呼吸内科艾涛、中医科周从容，"2014我心目中的名医（妇产科）"——妇科林永红、张凌、产科周辉，"2014我心目中的名医（小儿科）"——儿外科胡显良、儿外科张利兵、儿童消化内科谢晓丽，"2014我心目中的名医（中医）"——中医科周从容，2014成都好医生专业大奖——妇女保健指导中心刘莉。

【妇幼保健】 成都市妇女儿童中心医院认真履行妇幼保健公共卫生职能，积极推进各项重大公共卫生项目的实施，深化妇幼保健网络建设，加强对基层妇幼保健工作的指导，促进全市妇幼保健事业的健康发展。医院协助主管局完成成都市孕产妇、儿童死亡评审及母婴保健专项检查等工作，完善全市产、儿科急救网络体系，推进出生缺陷监测工作，做好妇幼卫生信息统计和分析；通过优化产科资源配置，加强对产科从业人员培训考核，完善孕产妇和儿童系统保健管理，全市孕产妇死亡率和婴儿死亡率持续降低，流动人口孕产妇死亡得到有效控制；协办成都市妇幼健康技能竞赛，组织完成成都市29支队伍117位参赛选手的理论考试和技能测评，选拔和集训市级参赛队伍，并派出4名人员组队参加市、省、国家级比赛，获得市级一等奖及"成都市技术能手"称号3项，三等奖1项；获省级二等奖1项 获国家级二等奖1项，单项奖2项。

【妇幼联盟建设】 成都市妇女儿童中心医院党委书记林永红被推举为新一届妇幼联盟理事长，理事会提出中长期建立联盟单位之间有序双向转诊和开展科研教学合作的设想和规划。医院充分发挥"成都妇幼健康联盟"优质资源的辐射作用，优化联盟单位之间开展合作的转诊、科研教学与进修等方面的协议和流程，接受中短期护理和临床医生进修生16人(次)，继续教育培训项目8项，与都江堰市妇幼保健院等机构开展科研协作项目5项。安琪儿(西区)医院和乐山市妇幼保健院加入联盟，联盟单位总数达到28家。

【廉政建设】 成都市妇女儿童中心医院严格执行党风廉政建设目标责任制，形成班子成员齐抓共管，充分发挥党委的主体责任和纪委的监督责任；接受群众监督，及时处理群众诉求；坚持"立院为公""服务为民""患者至上""廉洁从医"，结合"红线教育"，与干部签订《廉洁承诺书》，科室同医务人员签订"四个严禁"承诺书，全面抵制商业贿赂；认真落实中央"八项规定"等作风建设要求，扎实整治"会所中歪风""收受红包礼金"等不正之风，7名院级领导及全院143名副科级以上中层干部签署不出入私人会所和不接收持有私人会所会员卡的承诺书；开展医患双方签署不收和不送"红包"协议书工作，由医务人员与病人签署不收不送"红包"协议，全年拒收病人红包66人(次)，拒收金额5.45万元，病人满意度平均达96.65%。

【医院文化】 成都市妇女儿童中心医院编辑出版医院院刊《妇幼情怀》4期；配合四川省生殖健康协会编辑出版《健康生活》杂志1期、编辑出版医院《2013年年报》；通过网站发布医院重要活动和新闻事件103条，被中央、省、市级媒体宣传报道159次；医院官方微博共发布2 059条信息，医院的知名度和影响力进一步扩大；开展群体性文体活动，丰富职工的文化生活，增强医院凝聚力，组织三八节、植树节、护士节、中秋节活动，举办法律知识有奖问答、中英文演讲比赛、开展5S管理竞赛，创建"舒适值班室"等；承办"市医务工会职工羽毛球比赛"，获得女子双打、混合双打亚军和男子单打季军，医院工会获得"优秀组织奖"；建设医院廉洁文化，制作《廉洁文化口袋书》，全院职工人手一册；举办"明礼守纪、健康生活——第一届儿童绘画比赛"及"童心看医院—第二届儿童绘画比赛"，部分获奖作品在医院的文化长廊展示，美化了医院环境，也把医院廉洁文化传递给了职工和病人。

(江　红　李　蕾)

成都市公共卫生临床医疗中心医院

【概况】 成都市公共卫生临床医疗中心医院始建于1940年，是四川省三级甲等传染病专科医院、全国结核界为数不多的一所三级甲等医院。2014年，医院有净居寺院区和航天院区，占地面积148.2亩，建筑总面积82 338平方米；编制床位760张，最大可开放床位892张。医院有一级科目21个、二级科目61个、行政职能科室19个，新增外科二病区；有在岗职工996人、专业技术人员889人、高级职称89人，中级职称231人、硕士50名、博士4名；有省卫生厅学术技术带头人后备人1名、市卫生局学术技术带头人3名、市卫生局学术技术带头人后备人1名、博士生导师1名、硕士生导师2名；有国家中医药管理局中医药防治传染病重点研究室1个、省级重点学科(专科)2个、市级重点学科2个、市医管局特色专科2个。医院是卫生部"肝炎防治健康教育计划"全国培训基地、国家西南地区耐多药结核病区域性培训基地，省结核病定点医疗机构、省艾滋病抗病毒治疗定点医疗机构、省艾滋病防治培训中心、省中医药防治艾滋病培训中心，市结核病预防与控制中心、市疾控人员临床素养培训基地和成都医学院教学基地。蒋良双获"第三届成都市道德模范敬业奉献模范"称号；蔡琳获第二届成都好医生口碑榜"十强金口碑好医生"称号；胡蓉获"第二届成都好医生专业大奖"称号；蔡世忠获"甘孜州援藏干部人才先进个人"称号。

【应急医疗】 成都市公共卫生临床医疗中心医院加强应急工作常态化管理，常备一支应急队伍、一栋负压应急病房楼和充足应急物资；不断修订完善各类应急预案，每季度举行烈性传染病救治应急演练；承担新突发传染病处置任务，完成9

项指令性传染病救治任务，举办15期全市骨干培训班；收治1名非洲籍疟疾患者；参与2014成都三圣花卉展·百合花节紧急医疗救援工作，处置丹棱县丹棱中学结核病疫情，承担全市人感染H7N9禽流感、埃博拉出血热临床医疗师资培训和应急演练桌面推演工作；选派1名院感专家赴几内亚比绍执行为期32天的培训任务，处置1例埃博拉出血热留观病例；参演四川省2014年口岸输入性埃博拉出血热疫情处置省市县联合演练。

【重大传染病防治】 成都市公共卫生临床医疗中心医院开展市级结核病督导64次，培训人员400名，新涂阳肺结核2 318例，耐多药109例；承担并开展艾滋病省级培训、进修、督导、药品管理等7项工作；派出专家到攀枝花、凉山州等三地五县市宣传走访、随访关怀、治疗艾滋病患者300人；接受国家传染病防治、省市埃博拉出血热防控等检查。国家卫计委综合监督局副局长何翔、市政府杨伟资政、市政府曾敏副秘书长、省卫生执法监督总队卢杰首席监督员、市卫生局刘培毅副局长、市疾病预防控制中心彭中副主任等领导相继到院视察。

【质量管理】 成都市公共卫生临床医疗中心医院按照三甲标准狠抓13项核心制度的执行和落实，从“以查找临床存在的问题”转变为“以发现问题为临床服务、指导、督促改进”的人文关怀服务理念，从医疗质控转向全面质控，从重终末质控转变为重环节质控。医院坚持医疗查房和院长行政查房，开展抗菌药物专项整治，实施临床药师查房制，医疗安全不良事件上报率明显增加。医院住院患者抗菌药物平均使用率55.41%，门诊患者抗菌药物处方比例16.02%，急诊患者抗菌药物处方比例23.82%，抗菌药物治疗住院患者微生物样本送检率≥98.12%。医院感染发生率2.03%，下降0.67个百分点；三级手术229台，增长13.36%；四级手术418台，增长263.48%。医院成为全市医疗服务质量免检单位，自查得分1 088.2分，取得“成都市感染性疾病质量控制中心”铭牌。

【服务转型】 成都市公共卫生临床医疗中心医院巩固五大服务提档升级、落实八项承诺，实现现场、电话、诊间、出院和网络预约，预约率达56%；开设多科联合门诊服务，增设收费窗口、自动挂号机、排队叫号系统、自动缴费机、检查结果查询机，诊断室外增设一米线3处，保护病人隐私，优质护理服务全覆盖，实现门诊就医检查“一条龙”服务；再造就医环境和服务流程，提高服务效率，改造门诊输液室，统筹设计纤支镜室、检验科、胸外科、体检中心的改造方案，改造放射科预约窗口；建立管理科室限时办结督查制、后勤每日巡视制和每月协调工作制，将“行政后勤围绕临床转，临床围绕病人转”落到实处；推进和谐医患关系，提高病人满意度，执行“首诉负责制”，实行满意度调查全覆盖，共发放问卷3 397份，收到锦旗40面、感谢信7封，拒收红包77 100元，病人总体满意率97.01%。

【对口帮扶】 成都市公共卫生临床医疗中心医院继续帮扶4家基层医疗机构，共派出医务人员117人(次)、参与诊疗量10 351人(次)、会诊及疑难病例讨论78次、业务培训368人(次)、学术讲座61次、教学查房111次、开展新技术新业务8项、接受受援医院人员进修22人，双向转诊15人(次)，派驻1名管理人员挂职彭州市传染病医院副院长，支援25万元设施设备；积极组织开展“三新”教育活动，共义诊700人(次)、入户宣传70户，健康教育讲座5次。

【学科建设】 成都市公共卫生临床医疗中心医院提倡交叉学科建设，启动肝癌介入和生物治疗；推动三大特色学科亚专业发展；筹备传染血透中心，解决传染病患者透析难题；深入传染病基础研究和中医药研究，开辟传染病诊治新途径；与上年同比，结核、艾滋、肝病诊治数分别增长12%、17.8%、7.9%，其中省外患者数分别增加78.1%、46.9%、8.8%。医院于9月17日完成首例CIK细胞免疫治疗；12月，完成首例CIK细胞免疫治疗与肝癌微波消融术综合治疗肝癌；10月24日，开展首例开腹肝癌微波消融术，同时对该病人施行巨脾切除术，术后1月接受血管性介入治疗；11月4日，开展首例腹腔镜下肝癌微波消融术，术后1月接受CIK生物治疗及介入治疗。医院特色专科全年度投入525.97万元，出院增长12%，门诊量增长11%。

【科研教育】 成都市公共卫生临床医疗中心医院接受省厅申报评审重点学科1个，各级科研立项19项，省卫生厅3项，市科技局5项，市卫生局11项，4项科研项目按期结题；发表论文109篇，其中A刊

54篇、SCI文章3篇，开展新技术新业务20项，对外合作项目12项；新增各级各类学（协）会委员及专家39人，其中全国学会委员及专家5人；增加博士研究生1名、硕士研究生7名。医院举办院内学术讲座24次，承担各级继续医学教育项目共18项，受培人员2 300人；选派职工外出参加各类学术活动324人（次），其中国际会议4人（次）、国家级学术会议92人（次）；外派至北京佑安医院、四川大学华西医院等地进修学习25人（次），使用进修费47 376.5元；接收进修生94人、实习生和见习生272人；报读在职硕士4名。医院参加省厅组织的德中医疗交流项目，通过院内公开选拔，选送呼吸内科专业技术人员杨铭赴德培训3个月。

【亚专科建设】 成都市公共卫生临床医疗中心医院于12月31日下发《关于印发亚专科建设指导意见的通知》，并对住院病区的功能推行科学规划。肝病科一病区收治肝硬化和病毒性肝炎患者为主，二病区收治肝衰竭和非感染性肝病患者为主，三病区以肝病（中西医结合、免疫性）治疗和肝癌治疗为主。结核科一病区耐药结核病为主，二病区儿童结核及肺外结核为主，三病区鉴别诊断及介入治疗为主，四病区合并糖尿病及艾滋病等免疫相关性疾病为主，五病区老年结核病（中西医结合）为主，结核性脑膜炎、肿瘤为辅。艾滋病科专业组一艾滋病合并肿瘤，专业组二艾滋病合并肾脏疾病。外科：外一科，骨科专业组脊柱及骨关节，胸科专业组胸外科疾病及结核性颈部疾病，其他脑外科、头面部外科、四肢创伤、犬伤及烧伤（在五官科没有病房前涵盖五官科疾患，除外所有甲状腺疾患）；外二科，肝胆、胃肠、甲状腺乳腺外科、肛直肠外科、泌尿外科、性质不明颈部包块活检及穿刺、HIV感染者的颈部疾病。

【学术年会】 成都市公共卫生临床医疗中心医院于3月21日召开2010—2013年学术年会，邀请市医管局改革发展处处长张新强、四川大学孙群教授和暨南大学陈青山教授到会进行指导和学术讲座。100名医护人员参会。会议对2010年9月1日至2013年12月31日期间的29项科研项目、262篇论文、13项新技术新业务和1项专利发明进行表彰和奖励；孙群教授、陈青山教授分别就《国家自然科学基金申报技巧》及《统计学在临床中的应用》为主题作精彩讲座。

【西南结核胸科学术研讨会】 成都市公共卫生临床医疗中心医院、成都市防痨协会主办，贵阳市公共卫生临床医疗中心承办的四川省继续教育项目"（第三届）西南胸部结核外科暨胸外科新进展学术研讨会"于5月16日在贵阳召开。首都医科大学附属北京胸科医院胸外科主任刘志东教授，同济大学附属上海市公卫中心胸外科主任朱益军教授，山东胸科医院胸外科主任王成教授，四川大学华西医院胸外科主任车国卫教授、伍伫教授，贵阳医学院附属贵州肿瘤医院院长冉鹏，昆明医学院附属一医院袁兵教授，成都市公卫中心主任岳冀、重庆市公卫中心主任叶嗣宽等国内知名专家到会，参会代表超过250人。研讨会上，专家们分别就近年结核病的治疗最新进展，耐多药肺结核的外科治疗、支气管结核、结核性脓胸及胸外科新技术等内容作专题演讲，展示国内胸部结核外科的先进水平，对结核病外科治疗领域前沿技术进行了广泛深入的交流。

【感染性疾病诊疗质量控制中心成立】 5月28日，经成都市卫生局批准，成都市感染性疾病诊疗质量控制中心成立。中心主任刘勇、执行主任曾义岚、秘书长王伟、专家顾问吕晓菊，常务专家9名、市级质控专家21名。中心的主要职能是，按照卫生行政部门的统一部署开展医疗质量控制工作，并提供质控工作报告，提出改进工作的措施及建议，供卫生行政部门决策参考。

【埃博拉出血热疫情处置联合演练】 11月7日，四川省卫计委牵头，多部门联合举行四川省2014年口岸输入性埃博拉出血热疫情处置省市县联合演练。演练现场布置在双流国际机场国际入境大厅和市公卫中心，现场分检验检疫、流行病学调查、救治、消杀等7组。市公卫中心主要承担救护车接诊、核实诊断、病例隔离治疗、标本采集、医学观察、病人转运等工作。演练模拟一位在非洲L国从事劳务工作的中国籍旅客，经卡塔尔多哈转机返回成都，在入境口岸检疫过程中出现发热（38.6℃）症状；经口岸检验检疫部门、双流县疾控中心及专家组会诊，符合埃博拉留观病例诊断标准，立即启动联防联控处置措施。16:48，医院专用负压救护车载着从双流国际机场接诊的埃博拉留观病例驶入烈性病房楼门口，按三级防护穿戴的应急队医护人员迅速将病人送至负压隔离病房。护士立即给予监测生命体征、安置心电监护仪等处置，医生详细询问病史、进行体格检查并报告专家，护士抽血送病毒血清学检查，各环节紧密衔接、准确到位。各部门参演人员通过视屏会议系统，实时观摩病人收治全过程。演练结束后，领导、专家们对演练的各个环节进行总结和点评，充分肯定市公卫中心工作，认为市公卫中心作为定点收治医院，有足够的能力为全省人民群众的身体健康和生命安全保驾护航。

【增设外科二病区】 12月24日，成都市公共卫生临床医疗中心医院增设外科二病区。开科60天，医院收治病人146人(次)，手术86台(次)，其中收治25人(次)肝胆胰胃肠肿瘤病人，接受外科手术、血管性介入、内镜治疗、围手术期化疗、免疫治疗等多学科综合治疗。

【国际国内交流与合作】 2月27日，礼来新兴市场总裁Alfonso Zulueta一行4人到访市公卫中心。省结防所所长张佩如、副所长饶正远、市公卫中心相关领导陪同考察；双方就培训基地相关情况进行了座谈。4月16日，法国巴斯德研究所NalinRastogi教授一行到院进行学术交流，向大家分享了结核病全球疫情、结核病实验室诊断技术、分子流行病学研究及临床应用情况的最新前沿知识，双方展开深入细致的探讨和交流。5月20日，非洲英语国家的卫生官员和高级卫生技术人员组成的"艾滋病防治研修班"成员一行30人到院考察学习。7月23日，非洲法语国家的卫生官员和高级卫生技术人员组成的"艾滋病防治研修班"成员一行29人到院考察学习。截至2014年，医院已连续6年接待非洲国家艾滋病防治研修班代表团。7月18－19日，中华护理学会与国际护士会主办、北京协和医学院护理学院与市公卫中心承办的2014年"国际护士会结核病／耐多药结核病"师资培训班学员交流会在市公卫中心召开。9月8日，通过院内公开选拔，杨铭医生被选拔成为四川省德中医疗交流项目成员，赴德北威州盖尔森基兴市布尔伯格曼医院进行呼吸内科相关技术培训3个月。10月24日，武汉市临床医疗中心院长张定宇一行5人到访市公卫中心，医院党委书记程健及相关职能科室成员陪同参观，双方就学科建设与发展、绩效考核管理及政府政策支持等方面进行了深入交流。12月18日，院感专家陈萍被选拔成为四川省援几内亚比绍抗击埃博拉专家组成员，前往几内亚比绍执行为期32天的培训任务。

（周晓飞　杨　爽　晋云艳）

成都市慢性病医院

【概况】 成都市慢性病医院是成都市唯一一所以老年病、慢性病为主，集医疗、科教、康复、健康保健、生活照料、专业照护培训为一体的专业医院。医院建筑面积14 435平方米，其中业务用房11 037平方米；编制床位250张，实际开放床位630张。有在岗人员265人，其中卫生技术人员227人。2014年，医院坚持"科教兴院、人才强院、服务立院、管理治院"的发展战略，走特色发展、服务创新之路。医院门诊人(次)费用同比下降35.8%，出院患者例均费用同比下降21.26%，医院业务收入同比增长28.77%，业务收支结余同比增长20%。医院被国家卫计委、《健康报》评为"服务好、质量好、医德好，群众满意"医院荣誉称号。

【医疗管理】 成都市慢性病医院再次对《医疗质量和医疗安全管理与持续改进实施方案》进行完善和修订；坚持各类医疗质量管理例会、院长行政周查房、持续加强医疗质量的整改和监督，进一步规范医院管理，在市卫生局组织的2014年上半年医疗质量与服务督导专项检查中得分844.52分，较2013年下半年的检查得分提高了93分；修订完善医院医疗应急预案，积极组织各种应急培训，并开展医疗安全、综治安全、消防安全多部门联合应急演练，进一步提高应急响应的综合应急能力。

【科研教学】 成都市慢性病医院加大对老年医疗科研教学的投入力度，成功承办"老年认知功能障碍的防治学习班""老年慢性病长期照护服务模式现状及新进展学习班""老年性痴呆的综合管理学习班""晚期肿瘤的姑息治疗学习班"4个市级继教项目的培训，各级医疗机构参会人员近1 000人(次)。医院肿瘤科课题"老年慢性病终末期舒缓疗护的实践与效果评价"获省级批准立项；神经内科课题"综合认知训练联合要上对AD所致轻度认知功能障碍(MIC)的临床研究"、康复医学科课题"'个体化计时'子午流注针法临床应用研究"获市级批准立项；四川省卫生厅科研课题"老年慢性病护理服务模式改革探索'管床护士——护工捆绑管理'"顺利结题。

【"医养一体"模式】 成都市慢性病医院积极探索新型"医养一体"的老年服务模式，将老年医疗资源与养老服务结合，努力为全市老年人提供优质便捷的医疗服务。医院与多家养老机构和社区卫生服务中心以及市民政局下属的专业养老服务中心签署医疗合作协议，充分发挥医院的医疗技术优势，让养老机构和社区的老人享受到专业、优质的医疗服务。医院为医养协作覆盖的老年人群开通绿色快速转诊通道，定期选派院内专家对老年人开展巡诊、营养指导、康复指导、健康咨询和管理及讲座等服务；加强对养老院、社区卫生站的技术指导和医疗保障，从健康保健知识、老年照护知识、护理技能等方面进行培训，提升其开展老年家庭照护工作的能力，更好地满足养老院、社区老人的医疗服务与健康需求。该模式开展获得媒体关注报道，取得较好的社会反响。省卫计委来院调研给予好评，并将医院作为省内唯一一家"计生家庭养老照护试点医院"。市发改委就老年医疗照护和医养结合工作到院进行调研，对医院在"医养结合"模式上的探索给予充分的肯定。

【项目建设】 成都市慢性病医院一期住院综合楼被列入成都市政府重点民生工程，2014 年 2 次接受市委目督办及市民代表检查验收。一期住院综合楼 2014 年底完成主体封顶，预计 2016 年初竣工投入使用。二期工程——老年康复综合楼已通过成都市政府审批获得立项，为 800 张床位的老年综合康复疗养区，将更好地满足不同层次老年人群的就医需求。

【护理员培训】 失能老人的不断增加，加剧了老年人对长期照护服务的需求。成都市慢性病医院针对老年患者的特殊性，医院将护工纳入医院一体化管理，独创了一套老年患者入院医疗、生活照护评估、护工服务、培训和考评体系。2014 年，医院成为成都市卫生系统首批 3 家"护工培训考核试点医院"之一后，又与成都市人社局下属的成都市携成职业技能培训学校合作，成为至年底首家具备卫生、人社双重资质的护工培训、考评和鉴定基地的医院。医院 2 名主管护师代表四川省参加国家卫计委人才交流服务中心举办的"卫生职业技能鉴定考评人员培训班"，经考核取得"护理员考评师"资格。医院多年来在老年照护方面积累的丰富实践经验，得到社会和政府的广泛关注和认可，同时多家民营机构、公司委托我院对其开办养老机构护理员进行专业培训。医院为置信臻熙·亲睦家的养老护理员进行为期 2 个月的生活护理服务技能培训；根据亲睦家养老护理需求，制定适合他们服务人群的培训计划，开展专业理论知识和技能操作培训，参培学员顺利通过考核。

【对外合作】 成都市慢性病医院与成都市医学院合作签署协议，正式成为成都医学院临床技能综合训练中心及教学医院；制定《老年健康服务人才培养实践教育方案》，在老年医疗、护理照护以及老年事业管理等方面给予教学指导，共同培养专业理论扎实、实践能力过硬的老年健康服务人才；与四川养老与老年健康协同创新中心就"医养结合"寻求合作点，共同探索创新养老与老年健康服务的新模式。在四川省卫计委、成都市卫计委的支持下，医院与日本 IGL 集团就老年健康产业合作进行探讨，双方就先进理念、管理方法、人才培养等方面进行 2 次交流并达成初步共识。

【优质服务】 成都市慢性病医院在新都区保利 198 社区和三河街道 2 个居住人群较为集中的片区建立 2 个医疗服务延伸点，将优质的医疗资源延伸到社区，通过"科技之春""服务百姓健康行动""敬老月"等大型活动，开展"送医送药送健康"义诊活动，服务总人(次)4 000 人(次)；制定《开展分级诊疗及双向转诊工作实施方案》，初步与龙潭社区卫生服务中心、铁二局社区卫生院等 5 家乡镇卫生院和社区服务中心建立双向转诊协作关系，逐步建立分级医疗、急慢分治的医疗模式，实现优势互补、资源共享；与龙泉街道敬老院、同乐敬老院、静竹苑疗养中心 3 家养老机构建立医疗合作关系，定期选派医护人员进行免费巡诊、膳食指导、健康义诊及知识讲座等服务；与寸草心居家养老服务中心建立友好合作关系，共同为 5 家社区老人建立健康档案并提供健康巡诊、健康咨询等服务。与四川省老年大学联手，开办老年健康讲座及老年心理学习班。

【志愿者服务】 成都市慢性病医院从 2014 年起面向全社会长期、广泛招募"关爱老人·情暖夕阳"志愿服务联盟单位及志愿者，得到社会各界的热烈反响。来自政府、高校、企业、部队等19家单位已成为医院首批“关爱老人·情暖夕阳”志愿服务联盟单位，定期到院为住院老人开展志愿服务，全年开展关爱老人志愿服务活动21次，服务住院老年患者超过130人(次)。医院加强对志愿者服务技能的培训，并形成一套志愿服务规范体系；联合成都义工联合会在医院建立了成都志愿者(义工)服务平台，并成为民政认可的首家既能办理义工卡又能计分的市级公立医院。

【文化建设】 成都市慢性病医院结合服务特色，全院临床科室都制作了特色鲜明、内涵丰富的科室文化墙，通过展示，宣传科室文化，传播服务理念，展示团队风采，为患者营造良好的就医环境；携手成都市慈善总会，成立以成都市慢性病医院冠名的爱心助老基金，用于助老、助孤、助残、助困、助医和赈灾、救灾等慈善项目。医院启动“捐资助学·圆梦行动”，倡导全院职工“奉献小爱，集成大爱”，用善举和爱心圆贫困学子的“求学梦”，长期开展对贫困学生的捐资助学活动，已对四川省甘孜州丹巴县、雅安市荥经县两名品学兼优的贫困学生进行爱心资助。成都市慢性病医院举办首届羽毛球暨徒步竞速赛；组织职工积极参加“挥舞球拍　健康生活”成都市级公立医院第一届羽毛球比赛，医院荣获市级公立医院第一届羽毛球比赛“优秀组织奖”及“女子单打冠军”的优异成绩。

【人才培养】 成都市慢性病医院坚持“请进来，送出上”的人才发展思路，搭建人才梯队。医院与上海复旦医院管理培训公司合作，组织班组长及以上骨干1 200人(次)参加管理培训；送出学习、培训人员达83人(次)；加大人才引进力度，引进实用型、紧缺型人才49人，其中硕士4名、副高级职称1名。

【廉政建设】 成都市慢性病医院强化落实“两个责任”，将廉政建设与医院发展同步推进。医院成立监察室，开展“两级约谈”，对内对外签订廉政协议，梳理重点岗位的管理制度、工作流程及廉政风险防范措施，制作《医院廉政手册》；每逢节日向干部职工发送廉政短信，全方位开展廉洁教育，强化“红线意识”和“底线意识”；推进依法治院工作，邀请法制副院长作金牛区市级公立医院预防职务犯罪专题讲座、开展法律法规知识竞赛活动、建立办公会前学法制度，强化干部职工的法律意识；落实中央巡视工作要求，开展专项治理。扎实做好“中央巡视反馈问题”“选人用人不正之风问题”“庸懒散浮拖问题”“靠山吃山问题”“领导干部收受红包礼金问题”五个专项整治，查找并完成整改问题12个，签订承诺书312份。

【党建工作】 成都市慢性病医院以建设“学习型、服务型、廉洁型”医院为重点，狠抓党的组织建设、思想建设、作风建设、制度建设，党支部由3个扩展为5个，年内发展党员5名。医院继续深化党的群众路线教育实践活动，突出公开“八项承诺”，全年组织学习和培训16次，观看警示教育片8部，开展法律知识竞赛1次，举办市管公立医院“道德讲堂”1次，撰写心得体会300篇，开展“慈善一日捐”活动1次。

（吴林利　朱珂函）

成都铁路分局医院

【概况】 成都铁路分局医院系成都市卫生和计划生育委员会直属的一家单位，集医疗、教学、科研、预防、保健、康复为一体的国家二级甲等综合医院。医院有院部和东区两个院区，实行“一证两点”管理，服务范围分布于成都、宝成线、成渝线514公里铁路沿线。2014年，医院有开放床位363张；有在岗职工504人，其中高级卫生技术人员46人、中级卫生技术人员109人；有四川省医学会医学工程专业委员会、四川省医学会肾脏病分会等省、市专委会委员15人。肾内科为医院的特色专科，血透专业为市级公立医院特色重点专业，设备为成都市第一位，拥有进口血透、血滤机99台。医院将“错位发展、服务领先、人才兴院”发展思路贯穿医院始终，以“迁建突围，建设三级甲等成都市肾脏病专科医院”为目标，培育和打造与“病有适医”相适应的服务体系，全院工作取得较好成绩：医院收入同比增长6.33%，出院人(次)增长7.74%，血液透析人(次)增长8.33%，出院例均费用降低7.34%，平均住院日同比降低1.25%，药占比下降1.25%。

【特色专科】 成都铁路分局医院肾内科发展势头良好，有专科床位120张，长期维持血透病人超过420人，人才、技术、设备有较高水平，3位肾内科主任能完成较高难度的手术以及高龄病人、多并发症病人的透析治疗，逐步推进科研项目的完成，在中华系列杂志发表论文，为申报成都市重点学科奠定了一定基础。

【医疗业务】 成都铁路分局医院强化医疗工作高效运转，加快床位周转率，有效控制医疗成本，降耗节能，增加收支结余。医院每医生日均门（急）诊35.83人（次），较上年增加0.93人（次）；大型设备阳性率CT93%、彩超74.5%，病床周转25次，同比增长3.2%；人均业务收支结余增长率207.01%。医院结合《成都市医疗服务质量检查标准（2014年版）》以及最新的医院评价标准，新制定、修订医院各项规章制度、工作流程48项。医院急诊科全年成功处理4起突发事件（3起交通事故、1起食物中毒事件）共10人（次）医疗急救，无一例意外事件发生，成功率100%。5月22日，孟豫洁被成都市食品药品监督管理局、成都市卫生局评为2013年度药械不良反应事件监测工作先进个人。7月17日、11月17日，医院两次迎接成都市卫生局专家组对医疗核心质量的督导检查。9月4日，医院迎接市卫生局、市人社局联合对血液净化（透析）进行的专项督查（得分91分、优秀）；10月16日，医院迎接成华区专家组对爱婴医院复核，并取得成华区第3名的好成绩。医院体检科全年体检9 085人（次），由体检车体检5 873人（次），其中体检在川铁路职工2 717名；开展健康教育6次，受众400人。

【护理管理】 成都铁路分局医院护理部根据《四川省综合医院评审标准（2012）》《成都市卫生局医疗服务质量检查标准》《四川省医院护理质量管理评价标准（2014）》，修订相关制度及流程及预案38项，修订、新增护理常规4项。医院为有效解决老年病人住院陪护问题，通过比选，成功引进拥有丰富管理经验的乐于护理公司，保证病人在接受优质护理的同时享受到优质的生活护理，逐步实现私人陪护到公司化管理的转型。医院于2月对全院护理管理人员进行管理理论考核，参考率100%，合格率93%，达到管理要求；4月，对全院护士进行理论考核，内容涉及核心制度、安全管理、岗位职责、生命支持技术、危重病人抢救等，合格率100%。5月17日，陈阳获“2014年四川省护理学会血液净化专委会讲课比赛二等奖”。全年，护理部组织全院业务培训12次，包括护理质量管理、核心制度、患者安全、岗位职责、急危重症管理、团队建设、护理文件书写、护士职业礼仪、沟通技巧等专题，主讲者从日常的护理工作中选取多个案例，用讲座、情景演示、互动等方式进行启发和培训，引导正确处理和对待工作中的问题，实现优质护理、安全护理和高质量护理。

【科研教学】 成都铁路分局医院于3月26日举办了ICD－10病历编码培训班，邀请中国卫生信息学会医院统计专业委员会常务委员、《中国病案》杂志社编委、四川省卫生厅医院等级评审专家组专家、成都大学附属医院专家杨建南教授到院授课。医院组织全院开展知情告知、血气分析、母乳喂养、心肺复苏等专题讲座，提高全院职工的综合素质。医院的“应用下腔静脉直径评估血透干体重在心血管事件预测中的临床意义”“尿毒症病人跌倒风险筛查量表应用及综合干预方法效果研究”两项科研课题获成都市卫生局立项，协助外科开展了膝关节镜等新技术。医院全年发表论文52篇，其中A类医学杂志4篇，占7.69%。

【人才队伍建设】 成都铁路分局医院全年外派19名医护人员到华西、省医院等医院进修，掌握前沿医疗知识。医院于8－9月邀请西点医院管理研究院到院开展3S执行力目培训，管理团队53人通过“周结果周计划”“YCYA”等管理工具的运用，大大提升了执行力。医院全年完成395人继教学分的审核、录入和上网工作，全院科室人员继教学分合格率为99.48%；组织4名医生的执业医师资格考试报名及现场确认工作；变更执业医师10人，新注册执业医师5人，接受实习生118人，安排见习医师的轮转工作，组织医学会成都继教项目的申报。

【党建工作】 成都铁路分局医院党委进一步加强领导干部理论武装和思想政治建设，从反“四风”、转作风入手，在全院7个基层党支部、252名党员中落实好中央“八项规定”，确保廉政之风的形成，树立良好党员干部形象。

【廉政建设】 成都铁路分局医院持续开展“纠正医药购销和服务中不正之风专项治理”“廉洁从业专项整治”“深入推进廉政文化进医院活动”“成都市加强医疗卫生行风建设‘九不准活动’”“管理干部收受红包礼金问题专项整治”“‘庸懒散浮拖’问题专项整治”“‘靠山吃山’专项治理”“市级公立医院系统选人用人不正之风专项整治”等活动，严格落实“九不准”规定、“五权”廉政风险防控规定、领导干部“五个严禁”和医护人员“四个不准”规定。医院3名院级领导干部签订了“领导干部执行廉洁风险防控承诺书”和“落实两个责任承诺书”，34名党员干部签订了“党员干部不出入私人会所承诺书”，2名纪检干部签订了“纪检干部承诺书”，61名医院中层、重点岗位采购、库管员签订“九不准、五严禁承诺书”，88名管理干部签订“拒收不送红包承诺书”，全院497名职工签订“九不准廉洁行医承诺书”和“成都市医务人员廉洁承诺书”。

【文化建设】 成都铁路分局医院发布医院院刊《双行线》第9期、第10期，做到医院宗旨、愿景等医院文化人人知晓；开展多种文化活动，丰富医院文化建设；做好运用新媒体联系服务群众，加强医院舆情监测及微博管理。医院全年未发生舆情。

【对口支援】 成都铁路分局医院由副院长李晓贞任组长，副主任医师、设备科科长、护理部主任组成工作组，赴甘孜州得荣县茨巫乡、子庚乡、奔都乡中心卫生院，开展医疗技术、人力、物力等的对口援建。

【志愿者服务】 成都铁路分局医院医务人员志愿者服务不低于16小时／人·年，建立全院502人的志愿者队伍，招募医学生2人，与西南交大信息科学与技术学院青年志愿者协会结成对子；利用休班时间深入22个社区63次为群众提供志愿服务，参与者793人（次）。社区卫生服务站为7名低保人员和15位残疾人员进行免费体检，建立716户家庭医生签约档案。医院免费承担成都铁路局机务段、车辆段冬季运动会赛事的医疗保障服务。

【信息化建设】 成都铁路分局医院投入50万元建设灾备机房，不断完善HIS和OA系统，提高临床工作效率，确保信息安全。7月，“一卡通共享互认预约系统”正式投入试运行，并于9月实现短信自动转发功能。10月，医院开通与重庆市医保联网实时结算。

【“十个一”活动】 成都铁路分局医院从5月起在全院范围开展“优质服务提档升级”主题活动，强化全院职工“患者至上，服务领先”的工作理念，积极构建更加和谐的医患关系，促使医疗服务更上新台阶。活动内容（即“十个一”活动）包括：办一次礼仪培训，礼貌的谈吐、得体的举止、亲善的仪表、真诚的微笑……良好的礼仪是优质服务的一个组成部分，是提高服务质量必不可少的条件；读一本好书，由医院为各科室购买《构建和谐医患关系　医护人员读本》供全院医护人员阅读，该书深入阐述了作为医护人员应当如何在复杂的医患相处中从自身利益做起，从岗位做起，用融洽的方法和技巧，树立起医护人员“白衣天使”的高尚形象，构建更加和谐的医患关系，各科室至少交2篇心得体会到党办；提一条建议，医院每位职工都应该是优质服务的提供者，活动期间欢迎全体职工就“如何构建更加和谐的医患关系、医护关系?”提一条建议，被医院采纳的建议者所在科室和个人，将作为年度考核加分项之一；创新一项服务举措，各科室根据病员的年龄特征、实际需求，创新服务举措至少1项，努力让病人获得身体和心灵的健康，并能充分体现出本科室的文化特色、服务亮点；做一件好事，在活动期间，倡议全体职工发扬助人为乐的精神，做一个有利于医院、有利于科室的人；发一张名片，医院免费为医生制作名片，需要名片的医生，将姓名、毕业院校、临床工作经验、擅长、电话号码报党办，由党办统一制作。医生为病人留名片，以增进患者的了解和信任，建立自己的“粉丝病员群”；开展一项新技术，各科室结合实际，力争开展一项新技术、新项目；再造一项服务流程，各科室要根据服务对象、服务内容和服务重点的新变化，对现有工作流程和环节进行再梳理、再设计、再优化；完善一项服务设施，良好的就医环境和设施环境对医务人员的精神面貌以及患者对医院的信任程度和战胜疾病的信心都有重要影响，总务、设备、基建办要着力改变“脏、乱、破、旧”的面貌，规范车辆停放、定期清洗楼宇外墙、保持公共区域、卫生间的清洁卫生、保持给排水的通畅等；进社区作一次宣传，为吸引有效病员到院就诊，临床各科室，尤其是东区要积极主动地深入到社区开展健康知识普及宣传和疾病义诊咨询。活动期间，医务人员拒收红包9人（次）、4 700元，收到锦旗30面、感谢信17封，创新服务举措共8项；开展新技术5项，完善服务设施14项。通过活动的开展，进一步强化了全院职工“患者至上，服务领先”的工作理念，群众满意度得到了进一步提高。

（廖雪松　顾辰妍）

成都市血液中心

【概况】 成都市血液中心是成都市卫生和计划生育委员会直属卫生事业单位，是一所集血液采集、检测、制备、供应及科研教学于一体的公益性卫生机构，承担着成都市19个区（市）县及成都高新区、462家医疗机构、1 400万人口提供临床用血和保障安全用血的重任，同时还开展疑难血型鉴定及配血、新生儿溶血病的检查、输血反应鉴定等输血相关服务项目，承担着成都市输血质量控制中心的职责，承担省内外血液调配工作，保障突发事件的应急血液供应；受四川省卫生厅委托，为全省采供血机构开展业务培训、技术指导、质量控制与评价。中心位于武侯区人民南路四段玉洁东街3号，占地面积18亩，建筑面积14 381平方米。中心建立覆盖采供血全过程的质量管理体系和信息管理系统，拥有完善的采供血服务网络，在成都辖区内共有40个献血点（其中固定献血点14个）、15个储血点，提供全年无休的采供血服务，采血规模居全国血液中心前列；拥有价值7 000万元的专业设备，血液采集、制备、检验和储存的仪器设备达到国际先进水平。血液研究室是四川省医学重点实验室、成都市医学重点实验室，先后承担20余项省、市科研课题，开展多项新技术研发，有7项获得省、市科技进步奖，有8项新技术在省内血站推广应用；是四川大学、中国医学科学院输血研究所、成都医学院的科研教学基地；与美国、斯洛文尼亚等多个国家血液中心开展国际交流与合作；在汶川地震的应急血液保障经验赢得国际高度赞扬，提升了中国应急血液保障能力在国际上的影响，填补国内灾害应急血液保障的空白。2004—2014年，成都市连续11年保持临床用血100%来自公民自愿无偿献血，连续四届8年荣获“全国无偿献血先进城市”光荣称号。成都市血液中心也先后荣获“全国无偿献血促进奖”、中国输血协会第五届理事会“特殊贡献奖”、全国医药卫生系统“创先争优先进集体”、四川省“无偿献血促进奖先进集体”、成都市“抗震救灾先进集体”、成都市“三八红旗集体”、成都市文明单位等多项荣誉。2014年，中心坚持服务献血者和服务临床的宗旨，严格规范管理，严控血液质量，创新招募机制，强化优质服务，在面临临床用血不断增长的压力面前，克服重重困难，确保了全市医疗临床用血的需要及安全。

【无偿献血工作促进】 成都市血液中心无偿献血工作得到政府部门高度重视。6月13日，中心为迎接“6·14第11个世界献血者日”，承办由省市卫生部门举办的“安全血液挽救母亲生命”为主题的大型无偿献血宣传活动，四川省献血领导小组副组长、省卫生计生委主任沈骥带头参加献血活动，来自省市机关、卫生系统、建筑行业、部队的公务人员、医务人员、部队官兵、建筑工人、无偿献血志愿者，以及社会各界嘉宾等300人参与活动，265人成功献血79 900毫升。7月15日上午，中共四川省委常委、市委书记黄新初到中心调研工作，对加强无偿献血宣传、关爱献血者和建设高水平血站作出重要指示。7月14日，市政府召开成都市2014年度献血领导小组会议，对成都市无偿献血工作提出具体要求，并通过《成都市爱心献血服务站（献血屋）管理办法》。11月，市献血办组织对各区（市）县无偿献血工作、15个储血点及24家省市用血医院开展专项督导检查，对进一步健全全市无偿献血“政府主管、部门协作、全社会参与”的工作机制发挥了有效的促进作用。11月11日，省卫计委主任沈骥第8次到中心，带头捐献血小板。12月14日，中心承办省、市卫生计生行政部门主办的主题为“献出一份爱，温暖一座城”冬季四川省公务人员无偿献血公益活动，来自21个省直相关部门公务员和省、市卫生系统的公务人员等共计200人参与活动，其中132人成功献血，献血量达201个单位、4万毫升。12月25日，中心承办四川省血液管理中心召开的全省血站工作联系会，会议通报了四川省血液管理中心2014年工作及2015年工作计划，各地市州血站分别汇报了无偿献血及采供血工作情况，省卫计委副主任张祖芸出席会议并对今后的工作提出明确要求。

【保障血液供应】 成都市血液中心全力做好血液采集，全年共有18.2万人（次）参与无偿献血，采集血液31.4万单位，合计62.8吨，较上年增长3.6%；血液采集量占全省1/3，居全国副省级城市第2位。其中，全血采集16.6万人（次）、291 676单位，较上年增长3.7%；机采血小板采集16 299人（次）、21 974治疗量，比上年增长1.8%。中心为应对季节性、结构性缺血的问题，多措并举，开展节日献血活动，全年在春节、国庆等节日采血

1.8万人(次),占采血量11%;开展高校献血活动,全年采血车进高校177车(次),采血3.2万人(次),占采血量16%;开展应急献血活动,采血2.8万人(次),占采血量18%;开展团体献血活动,采血0.5万人(次),占采血量3%。中心实现全市血液核酸检测全覆盖,保障血液质量。3月,中心正式开始机采血小板标本的核酸检测工作,是继2013年6月实现全血标本核酸检测后,全面实现所有血液标本核酸检测全覆盖,缩短了经血传播疾病检测"窗口期",降低了输血风险,最大限度地保证了临床用血安全。血液筛查实验室按时保证质量地完成182 132份血液标本的酶免初复检、172 408份血液标本的核酸检测工作,未发生血液检测质量方面的差错事故;与2013年(酶免173 393份、核酸109 030份)相比,分别增长5.04%、58.13%。全年核酸检测标本17.2万份,较2013年增长58%,阳检标本317份,阳性率达1.84‰。中心做好血液分离及供应,血液产品制备总量385 158袋、较上年增长2.6%,分离全血290 761.5单位(165 226袋),较上年增长3.8%;节假日分离全血占全血量的30%,较上年增长3.3%;红细胞分离率达99.37%。中心全年向临床医院发放12种血液制品59.6万单位,比中心年增长6.8%;为产科急救等临床急诊送血1 048次,确保临床急危重病人抢救用血;为省内各级医院提供疑难检测16 534次,疑难输血标本急诊加班185次,为临床提供RH阴性血2 545单位,千方百计地保障了临床用血。中心强化血液应急保障能力建设,面对冬、夏两季采血的淡季,及时启动全市应急献血工作,下达献血任务,安排专人对接各区(市)县献血办,做好献血服务,确保应急献血按时、按量完成。全年两次应急共采集2.8万人(次)5.1万单位全血,比上年增长27%。中心加强对临床用血指导和临床血液质量信息反馈管理,建立临床退血反馈标准和流程;建立标准的关键物料(试剂质检)质控标准品的制备、鉴定、分类、编号储存等操作标准流程,更有针对性选择不同质控标准品用于试剂的质控;开展并完成新血液产品(加红细胞保存液保存的洗涤红细胞)的质量确认工作,确保临床用血质量和及时供应;针对连续发生血液标本留样的问题,组织标本留样突击检查,规范留样操作管理。中心做好全市临床用血质量控制中心工作,组织全市有关输血专家讨论并形成《成都市医院临床用血管理评价表(试行)》,有助于科学合理用血;组织到成都市第一人民医院等市级医院开展合理用血培训;举办3期科学用血培训,共597名医务人员参加培训;对24家用血医院开展专项督导检查。

【宣传方式创新】 成都市血液中心针对不同献血人群、不同参与阶段进行分类宣传,注重宣传效果评估,提升宣传实效;针对适龄献血人群开展普及性宣传,在公交车、地铁免费投放公益广告2万次,在成都电视台制作播放《无偿献血专题节目》,在四川卫视播出"为生命举臂,无偿献血需要有你!"公益广告;针对首次献血者开展强化形象宣传;充分打造具有高辨识度的外部形象、标识及内在形象环境,开通微信公众号发布动态无偿献血信息,结合"6·14世界献血者日"等节日开展无偿献血宣传活动;针对固定献血者开展维系宣传;12月,启动成都市2015年无偿献血公益形象大使选拔活动,面向全社会招募形象大使,以普通献血者的健康形象为无偿献血爱心公益事业代言。

【献血服务能力提升】 成都市血液中心持续改进质量管理体系,顺利完成体系文件E/0的换版工作;完成质量体系内部审核和管理评审;加强质量问题的整改机制建设,保证体系运行的有效;积极推进ISO15189工作进展到第四阶段,实验室质量手册和程序文件的编写,3个实验室工作文件的修订。中心提升服务过程管理,5月成立献血服务组,负责献血招募、献血者服务、志愿者服务、献血场所的维护与优化、献血结果的查询与告知等工作,整合和优化采供血服务流程;开展关爱献血者活动,举行"爱心献血、乐游金沙""奔跑吧,2015!"趣味运动会等献血者联谊活动;继续做好志愿服务培训工作,全年组织志愿者参观血液中心共计88次、5 000人;组织志愿者进行无偿献血知识宣传、献血服务等人数达8 000人;为贯彻落实7月15日市委书记黄新初调研时要求为献血者提供接送服务的重要指示,中心在全国首创、专设免费公交车为主城区献血者提供交通便利,12月16日"无偿献血巴士"投入运营,共有2条线路,每天发车4趟,行车路线覆盖成都市主城区采血点和主要交通干道、枢纽,成都市无偿献血在全国率先再创新的服务举措。成都市血液中心完善献血网络布局,在主城区新增天府广场爱心献血屋和中医附院采血点，在郊区（市）县新增新津、大邑、金堂、蒲江4个爱心献血服务站。截至年底，全市共建成启用14个献血屋，有40个固定献血点，并在新津献血服务站试点开展区（市）县用血退费工作，使成都市献血服务能力得到进一步提升。中心统筹规划，积极推进迁建工作，推进项目征地、拆迁工作，做好建设前期准备工作，至年底已完成32户拆迁，完成率为84%。

【血液管理与调剂】 四川省卫计委于10月13日正式批复成都市血液中心增挂"四川省血液管理中心"，由中心履行相应省级血液中心职责。在业务工作中，成都市血液中心对省内中心血站开展核酸检测等业务工作指导；负责省内外血液调剂、支援工作，全年支援北京、西安以及省内凉山等6家省内兄弟血站和陆军总医院红细胞类血液制品2 343单位，血浆388万毫升，机采血小板7个治疗量。

【科研教学】 成都市血液中心成立科研小组，充实3名人员对科研集中攻关，全年共申报开展课题4项，中心的1项课题获四川省2013年医学科技进步三等奖；共发表学术论文15篇，向中国输血大会的投稿论文17篇，有2篇被选为会议交流论文。中心全年共派出52人参加外出培训；开展各级、各类培训，全年承办省、市级培训班7期，涉及无偿献血宣传、血站质量和临床用血等，培训达1 323人（次）；接收成都医学院40名见习生、实习生，安排省内外血液中心、中心血站进修生40人进修学习。

【制度建设】 成都市血液中心做好目标绩效工作，于6月成立绩效领导小组，对照市卫计委下达的目标绩效任务，加强制度建设，全面梳理11个职能部门现有的58项行政管理制度，按照国家法律法规和上级文件要求，将28项修订完善的制度进行汇编；成立物资设备采购组，配备4名专职采购管理人员，由采购组负责中心的全部采购工作；规范所有采购活动的方式、方法和运作细则，实现财务、计划、采购"三权分离"，初步形成分段管理、分工协作的工作关系，按照需求论证、提出申请、依章管理、制定计划、规范采购的工作思路全面推进各项采购活动，对被纳入政府采购的项目全部依法实施政府采购。

【文化建设】 成都市血液中心加强党建工作，积极发挥党工团作用，深化中心文化内涵建设。中心为提高人员素质，建立职工书屋，开展道德讲堂、心理健康专项培训、知识竞赛、演讲比赛等；推进民主管理，启动事务公开民主管理标准化工作，完善职代会的民主决策机制，创建职工小家；着力提升服务，开展全体职工岗位练兵、劳动竞赛活动；营造和谐氛围，开展羽毛球比赛、消防趣味运动会、歌咏比赛、健步走、摄影比赛等活动丰富职工文化生活。中心认真落实党风廉政建设"两个责任"，坚持和采供血工作一起安排、一起考核，从严管理干部，切实改进工作作风。针对市委党风廉政建设巡察组到中心开展延伸巡察时指出的问题，中心认真落实整改，全面梳理"三重一大"具体工作要求，完善决策程序；增加纪检干部，加强纪检工作力度，完善监督机制；成立采购组，规范所有采购活动，严格执行政府采购和招投标规定；成立绩效考核小组，规范中心绩效考核制度和收入分配，截至12月已基本完成整改工作。

（周　健）

成都市急救指挥中心

【概况】 2014年，成都市急救指挥中心有职工人数48人，其中技术人员数27人，正高职称2人，副高职称5人，中级职称8人、初级职称12人。中心全年新增120网络医院7家，使全市网络单位增至93家；由指挥调度处置"5·4双流县永安镇永洪大桥公交车相撞事件""6·17成渝高速中巴客车相撞事件""7·4郫县香地华府工地群体性发病事件""8·5龙泉驿区大面镇界牌工业园公交追尾事件""9·29双流县三星镇锦石村货车与公交车相撞事件""11·10天府新区籍田镇多车相撞事件"等大型突发事件。成都市急救指挥中心荣获"第五届全国急救中心急救技能大赛优胜奖""成都市三八红旗先进集体""5·16事件伤员救治工作表现突出单位""2013年度工会工作先进集体""成都市模范职工之家""2013年度石羊经济社会发展突出贡献奖""全民社保工程献爱心先进单位""成都市卫生局2013年度目标工作先进单位"等荣誉。

2014 年成都市急救指挥中心指挥调度情况

类　型	调度指标数(包括区〈市〉县)	同期增减率
电话呼入量	1 559 250 次	3%
电话呼通率	78%	
呼救处置率	100%	
平均呼救受理时间	113.59 秒(小于 2 分钟)	
呼救电话量	594 851 次	3%
派车数	261 061 次	3%
有效出车数	202 528 次	6%
救治人数	216 269 次	6%
联动部门取证	93 次	
联动部门呼救、处警	13 705 次	
网络医院服务满意率	≥95%	

2014 年成都市急救指挥中心受理突发事件情况

伤亡人数	件数(人〈次〉)		同期比(%)		救治数(人〈次〉)		同期比(%)	
	中心	全域	中心	全域	中心	全域	中心	全域
3 人	1 716	2 637	6	6	6 699	10 098	5	4
6 人以上	161	220	11	-2	1 457	1 941	5	-8
10 人以上	32	32	-20	-20	571	571	-15	-15

【应急体系建设】 成都市急救指挥中心拟定的《实施全域成都市急救信息联网第一期建设的可行性研究报告》通过专家鉴定，投入资金 1 836万元对成都市 120 指挥调度平台信息化(第一期)、反恐卫生应急、彭州石化卫生应急、重点旅游景点卫生应急项目进行建设；完成大邑县西岭雪山、都江堰市青城山、崇州市街子古镇、邛崃市平乐古镇、双流县黄龙溪镇、彭州市白鹿镇、金堂五凤镇 7 个旅游景点急救站点建设；将成都市 120 指挥中心、各区(市)县 120 指挥分中心和 120 急救网络医院及救护车之间，进行全程数据、语音、图像信息联网，提升成都市紧急医疗救援指挥调度快速反应能力；增加急救救护车及车载设备、反恐防护设备购置，规范救护车标准化管理，提升突发事件特别是反恐卫生应急处置能力。

【应急预案编制与实施】 成都市急救指挥中心起草《四川石化危险化学品公路运输事故卫生应急现场救援工作预案》《成都市急救指挥中心有效应对恐怖事件医疗救援工作方案》《埃博拉出血热密切接触者转运应急处置演练方案》，参与修订《四川石化危险化学品公路运输事故卫生应急救援预案》《成都市森林火灾医疗卫生救援应急预案》《成都市卫生局突发恐怖事件卫生应急救援预案》《成都市非正常上访行为卫生应急预案》，编辑印刷《四川石化危险化学品公路运输事故卫生应急救援预案资料汇编》《成都市卫生局反恐应急突击队卫生应急勤务管理办法》《反恐备勤通讯录》，制作上墙《成都市反恐卫生应急备勤管理流程图》，梳理特殊时期和常态化反恐应急机制。

【天府新区(成都直管区)急救网点建设】 成都市急救指挥中心根据天府新区布局和人口分布，对天府新区(成都片区)120 网络进行合理布点，确定对天府新区籍田镇、正兴镇、太平镇急救网点先期布点的规划；组织急救专家实地调研、指导这 3 个镇的卫生院急救能力建设。这 3 个镇的卫生院经过培训、整改，达到成都市乡镇卫生院入网标准，成为成都市 120 网络机构，填补了新设区域急救网点的空白。

【120 救护车管理】 成都市急救指挥中心起草《成都市 120 救护车管理办法》，严格规范全市 120 救护车管理、规范救护车统一标识，各网络医院完成救护车换装工作，实行统一编号。中心与市卫生局、市公安局、市交管局、市交委、市卫生执法所联合打击“黑救护车”，严厉查处各医院周边的“黑救护车”使用违法行为。全市网络医院对 120 救护车车况、设备、人员、药品等按照标准配置，专人管理医院救护车。中心组织急救专家进行 120 救护车检查，一家医院因违规使用 120 救护车，受到全市通报批评等严厉处罚。1－12 月，中心完成“8＋3”经济区域联动处警 120 次。

【科研教育】 成都市急救指挥中心参与配合四川大学华西公共卫生学院张建新教授主持研究《成都市紧急医疗救援（院前）体系现状及对策调研报告》，课题作为市卫生局重点科研课题，中心主任助理蒲玉辉为该课题调研组成员，经过反复调研中心及全市各区县乡镇急救体系现状，至年底该课题已经结题，上报市卫生局。中心调度科黄瑾敏、黄霞撰写的《成都市急救指挥中心突发事件直报管理系统简介》和《2013 年成都市院前急救呼救特点分析及探讨》，在“全国院前急救通讯调度信息化学术会议暨首届中国 Navigator 会议”上交流收录。中心应急培训科苗挺主任医师撰写的《加强国际交流做好急救培训的体会》在“院前急救国际高峰论坛”上交流收录，并被推举为“全国急救大赛”创伤搬运项目方案制定专家，承担该项目评判专家组组长。中心特医队侯宇飞主任医师被聘请为中国医院管理协会急救中心（站）管理分会“航空医疗救援学组、水上医疗救援学组”委员。中心卫技人员全年完成规定学分覆盖率及定期考核建档工作，完成卫生信息化建设目标任务。

【交流培训】 成都市急救指挥中心邀请美国、英国 4 位急救专家，举办“2014 国际灾难紧急医疗救援学术交流会暨灾害医学救援能力提升培训班”；组织市特别医疗救援队在都江堰崇义镇开展集结、拉动、生化防护、沙漠掘金——项目沙盘演练（团队协作、沙漠生存训练）、双绳作业技术、队列训练等科目训练培训；组织多家网络医院参与市安检局组织“石油管道泄漏”事件演习、市公安局组织“公交车燃烧”事件、市政府组织“地铁灾害事故处置”演习；举办和承办“反恐、石化桌面推演、埃博拉防控培训班、院前急救知识及技能规范化培训班、阿坝州援藏项目培训班；举办“8＋3”120 主任联席会，梳理联动合作相关机制和流程；与绵阳联合举办国家级继续教育项目“灾害医学救援与急救技能培训班”。中心完成成勘院职工野外逃生急救公众培训、新都特殊行业（列车长、副车长）培训，富士康、费希尔久安、腾讯等公司公众培训，新北社区、新园社区急救义诊宣传、肖家河、桂溪、东寺社区等公众培训，培训专业人员 2 637 人（次）；培训特殊行业人员和公众近 20（次），培训 1 067 人（次）；承担各种赛事及大型活动医疗保障 25（次）。

【党建工作】 成都市急救指挥中心以“严格党内生活，严格党的纪律，深化作风建设”为主题，开展廉政教育、卫生行业治理商业贿赂、落实医德医风考评、规范医疗服务行为、重大项目的招标、采购和建设问题等 5 个方面专项治理；梳理廉政建设风险及防控措施，在已制定出 43 项相对应的防控制度及措施的基础上，进一步梳理出防控廉政建设风险点 5 个，建立问题台账 24 种，其中涉及形式主义 3 种、官僚主义 5 种、享乐主义 2 种、奢靡之风 2 种、卫生民生问题 10 种、党的群众路线教育活动 2 种；对存在的问题有中长期整改安排和近期整改计划，提出整改措施和办法；对中层干部进行约谈并签订党风廉政建设责任书，将干部述责述廉，接受班子和群众监督，纳入个人年度考核内容，签订《廉洁从业承诺书》35 份，同时制定和完善相关制度 16 个。中心领导以“弘扬廉洁文化、共创文明建设”和“依法治国总目标”为题，带头上党课。中心全年组织收看廉政建设警示教育片 10 次，发送廉政短信共计 40 条，公务接待费降低 66.56％。

（邢　红）

成都市疾病预防控制中心

【概况】 2014 年，成都市疾病预防控制中心有在职职工 340 人。其中，专业技术人员 280 人，占总人数的 82.4％，正高 27 人、副高 53 人、中级职称 94 人，博士 7 人、硕士 97 人、本科生 121 人，国家级专业委员会委员 1 人、国家级杂志编委 2 人、实验室国家认可评审员 2 人、国家级食品检验机构资质认定评审员 2

人、四川省政府学术技术带头人1人及后备人选2人、四川省卫生厅学术技术带头人2人及后备人选3人、四川省卫生厅有突出贡献中青年专家2人、四川省司法厅批准的司法鉴定人3人、享受市政府特殊津贴专家2人。中心有设备3 771台(件),总价值7 037万元;有重点学科3个,其中省级卫生理化检验重点实验室1个、省级流行病学重点学科1个、市级卫生学重点学科1个,实验室检测能力西部地区领先,全国省会城市一流。中心全年获得各级各类荣誉和表彰54项,相继被国家卫生和计划生育委员会授予全国疾病预防控制工作先进集体,省卫生和计划生育委员会、省人力资源保障厅授予四川省医疗卫生系统先进集体,省重大传染病防治工作委员会授予全省艾滋病防治信息工作先进集体,中共成都市委组织部、宣传部等授予成都市厂务公开民主管理示范单位等称号;获得省委常委、市委书记黄新初的充分肯定。

【疾病预防控制】 成都市疾病预防控制中心全面完成民生目标任务,深入开展传染病防制。中心在全市推进国家慢病综合防治示范区创建,将高血压、糖尿病患者管理纳入疾病预防控制工作年度目标考核和基本公共卫生服务绩效考核项目。截至2014年11月30日,全市高血压患者健康管理率达到49.90%,糖尿病患者健康管理率达到39.05%。中心大力开展职业病防治,广泛开展食品安全风险监测,继续加强消毒与媒介生物控制,坚持做好食品、环境、学校卫生工作,积极开展健康教育。

【机构建设】 成都市疾病预防控制中心开发在线填报系统,开展信息收集分析;草拟《成都市“十二五”期间区(市)县疾控机构标准化建设指导意见》考核评估细则,完善指标体系,开展技术培训与技术指导;以“三级甲等”为创建目标,开展疾控机构标准化建设等级创建及评审工作,通过省卫生计生委专家组现场评审与验收。

【卫生应急】 成都市疾病预防控制中心修订印发《应急值班工作制度(2014)》和《应急值班手册》;完善应急预案及技术方案;加强应急演练和培训;开展舆情监测、突发公共卫生事件网络监测分析和风险评估;完成大型会议疾控保障和应急事件协调处置,牵头协调处置全市H7N9禽流感、埃博拉出血热疫情防控工作;加强卫生应急核心能力建设,草拟《成都市加快推进公共卫生应急核心能力建设实施方案》(代拟稿),明确部门联动工作机制建设、实验室能力建设及生物安全管理、口岸核心能力建设、人畜共患病防控能力建设、食品药品监测能力和加强核和辐射以及危化品应急处置能力等卫生应急能力建设实施方法;深化成都经济区(德阳、绵阳、乐山、资阳、眉山、遂宁、雅安)疾控工作协作组间合作,落实成都经济区、成都市合作区域(甘孜、阿坝、凉山)疾控合作,召开区域疾病防控协作会议。

【埃博拉出血热疫情防控】 成都市疾病预防控制中心全面部署、开展各项埃博拉出血热疫情防控工作,密切跟踪疫情形势,分析疫情信息、撰写疫情动态简报36期,综合研判疫情形势开展风险评估,与省检疫局建立对口联系协作机制共享信息;制定下发防控方案,举办技术培训和演练;利用多种媒体开展健康宣传教育,指导区县追踪和落实健康监测共96名来蓉人员,开展流调排查2例,现场调查处置我市首例埃博拉留观病例,指导集中隔离医学观察点建设,做好应急物资准备。

【创建全国艾滋病综合防治示范区】 成都市于6月被国家卫生计生委确定为第三轮全国艾滋病综合防治示范区。成都市疾病预防控制中心以城市为单位,研究解决防治中的重点和难点问题,有效控制艾滋病疫情。中心结合本市实际,制定《成都市艾滋病综合防治示范区2014－2018年工作规划》,拟在未来5年内,深入落实各项防治措施,增加医疗机构确认实验室,加强防治体系建设,提升社区艾滋病防治能力,探索建立城市男男性行为人群立体化防治模式,阻止艾滋病进一步传播,推动“十三五”目标实现。

【成都市性病艾滋病防治协会成立】 在市财政提供专项经费支持社会动员,将社会组织参与艾滋病防治纳入防治经费统一预算,向社会组织购买服务的政策下,成都市成立性病艾滋病防治协会,发挥桥梁纽带作用和优势,以项目招标形式向全社会动员社区组织、高校学生团体参与MSM、暗娼行为干预、感染者关怀和青年学生宣传教育,对社会组织加强培训和引导,促进社会组织参与四川省社区社会组织防治艾滋病能力评估,达到以评促建，提升社会组织能力的目的。4月10日，“成都市社会组织参与的城市男男性行为人群防治策略”在联合国艾滋病规划署（UNAIDS）全球策略研讨会议上专题报告。

【雾霾监测】 成都市疾病预防控制中心制定技术方案，全面开展监测及数据收集上报，积极协调和指导全市各监测点工作，及时分析全市雾霾发生及相关监测数据对人群健康影响程度，组织召开研讨会，分析气象、空气质量数据与急救中心、医院门诊及死因监测、社区人群出行和小学生健康状况监测的相关性，初步探索评估雾霾的健康风险程度。国家疾控专家对成都市项目工作进行督导检查及调研，对成都市首次开展雾霾与人群健康监测在多部门协调的良好效果及数据监测质量给予肯定。中心撰写的调研报告获得成都市科协优秀调研文章。

【技术应用创新】 成都市疾病预防控制中心关注不明原因聚集性症候群疫情，积极探索致病因素，为政府作出疫情预警提供依据；充分利用既往肠道病毒监测平台学科能力建设成果，首次在聚集性呕吐疫情中检测出诺如病毒，证实成都市存在诺如病毒感染的聚集性疫情，此技术为全省首次报导。根据监测疫情信息，中心开展疫情暴发风险评估，为政府做出疫情预警提供依据。10月中旬，中心将诺如疫情信息及风险评估报告市卫生局、市食药监局和教育局，三部门联合印发“关于切实加强秋冬季食品安全和病毒性感染性腹泻防控工作的紧急通知”。中心牵头组织起草的《应急状态下饮用水卫生要求》，被四川省确定为区域性地方标准颁布，于2014年4月1日起正式实施；持续提升实验室检测能力，积极开展新项目检测，全年新开展检测项目31项，新建检测方法7个，其中微生物检测新项目5个（诺如病毒核酸检测，O创伤弧菌、溶藻弧菌分离鉴定，金黄色葡萄球菌肠毒素分型，副溶血性弧菌毒力基因检测和血清学分型，人群流脑W132群和Y群抗体水平检测等），理化检测新项目26个，新建检测方法7个。

【“四位一体”艾滋病治疗管理】 “疾控中心—定点医院—基层卫生机构—社会组织（CBO）”共同参与的“四位一体”治疗管理模式达到完善，治疗以市公共卫生临床中心为龙头，区县定点医院为主架；管理以疾控中心为主导，基层卫生机构为依托，社会组织为补充，抗病毒治疗管理更加规范、科学，达到资源利用优、覆盖面积广、治疗效果好的目标。“成都市艾滋病抗病毒治疗质量管理”在全省治疗专家研讨会上交流。

【“安全有一套”推广】 “安全有一套”推广行动继续被纳入2014年市政府为民办实事民生目标，市性艾协会以公开招标形式，委托公司举办3场安全套推广大型公益演出，以小品、游戏、问答等形式向群众宣传艾滋病的严重性，正确使用安全套的必要性，同时现场发放宣传材料和健康幸福包，倡导健康生活方式，在全市掀起以倡导“正确使用安全套，预防艾滋病经性传播”的健康教育热潮。成都市“安全有一套”推广行动在全省工作年会上进行经验介绍。

【调研成果】 成都市疾病预防控制中心积极开展调查研究工作，及时转化为调研成果。中心在撰写的12份调研报告中，有4份获得市委、市政府、市卫生局及相关部门领导肯定表扬，5份获得成都市科协优秀调研成果奖，1份被市政府采纳实施作为2015年市级重大公共卫生项目，2份在国家级杂志发表。《成都市流动人口传染病发情况调查》《成都市空气雾霾对人群影响调查及对策研究》《成都市埃博拉病毒防控方案的建立》《成都市居民健康信息核实调查报告》《成都市公务员吸烟现况调查》获得成都市科协优秀调研成果奖。《2013年成都市HIV－1耐药警戒线调查》发表于中国卫生检验杂志、《成都市生活饮用水中铜绿假单胞菌的污染调查》发表于《环境与健康》杂志；《老年人群肺炎链球菌性肺炎感染的疾病负担论证和调研》被市政府采纳实施，作为2015年市级重大公共卫生项目。

【科研教育】 成都市疾病预防控制中心申报省科技厅项目中标1项，申报市科技局科技惠民工程项目中标2项，申报市卫生局项目中标7项；成果鉴定1项，待鉴定3项，结题8项，科研获奖3项，其中“黑色塑料地膜覆盖加碳酸氢铵杀灭钉螺效果的研究”获得四川省医学科技三等奖、成都市政府科技进步三等奖，“成都市主城区狂犬病暴露预防门诊服务现状及能力建设研究”获得四川省医学科技三等奖，“动物性食品中β_2－兴奋剂的测定方法研究”获得成都市政府科技进步三等奖；从13份内部科研项目中通过专家评审、公示，确定资助中心项目10项共29万元;发表论文47篇,其中B类9篇,A类34篇,SCI 3篇,MEDLINE收录1篇,三个重点学科顺利考核和评审。中心重视继续医学教育,举办国家级继教项目1项、省级继教项目8项、市级项目10项;申报2015年国家级继教项目2项、省级继教项目第一批5项;组织学术讲座24次,598人(次)参加;举办培训项目10期,1 000人(次)参加;接待进修生、实习生63人,与四川大学华西公卫学院联合培养本科生11名,西藏特培生4人(次);委派4人分成2批参加临床素养培训班。中心提高专业技术人员业务技术水平,举办全市疾控机构第五届基本技能理论考试和技能比武;继续举办全市疾病控制突发应急处置骨干培训班第四期;落实基本公共卫生服务项目,完成成都市基层医疗卫生机构基本公共卫生服务项目2013－2014年度市级考核,开展全市居民健康档案信息核实调查,完成年度培训、技术指导、信息收集报送工作;开展临床素养培训,中心4名学员顺利完成在市传染病医院举办的新进疾控人员临床素养培训。

【民主管理】 成都市疾病预防控制中心被成都市总工会举荐为成都市健全企事业单位民主管理制度改革事项暨厂务公开民主管理综合标准化试点单位(成都市委、市政府全市质量强市和民生工程目标),先后2次作为成都市和成都市总工会教科文卫体工会的“试点工作推进会”现场交流示范点,并作大会经验交流。

【信息化建设】 成都市疾病预防控制中心完成应用支撑平台、协同办公系统和文档(知识)管理系统的建设并投入正式使用;基本完成体检管理系统开发,从业人员体检部分试运行,职业卫生体检部分完成开发和调试;正在加紧建设实验室管理系统,已完成整体架构和业务流程开发;完成中心网站运行维护和二期大楼搬迁计算机联网布线工作。

【廉政建设】 成都市疾病预防控制中心加强基础制度建设,共修改完善《“三重一大”决策程序有关规定》等制度6个,新增《干部年度述责述廉的规定》等制度8个,制定《改进工作作风的实施办法》等文件8个,查找确定150个廉政风险点;加强责任落实,与中层以上干部签订《党风廉政建设及行风建设责任书》35份,与61名副科级以上干部签订《党员领导干部不出人私人会所,不接受和持有私人会所会员卡的承诺》,与班子成员、各科室负责人签订《贯彻落实党风廉政建设主体责任承诺书》36份,与全体职工签订《拒收红包礼金承诺》,与中心纪委委员、纪检干事签订《省纪检干事承诺书》7份。中心全年共发放《行风满意度问卷调查表》300份,总满意度98%;做好信访办理工作,共接群众来信来访6起,均按时办结,办结率为100%;开展“落实党风廉政建设‘两个责任’专项工作”“落实中央巡视工作要求开展中心整改和专项治理工作”等一系列专项工作12个;接受市纪委和市纪委派驻卫生局纪检组检查有关党风廉政建设工作共8次,获得市纪委和市卫生局肯定。

(王　成　张　黎)

成都市卫生执法监督支队

【概况】 2014年,成都市卫生执法监督支队围绕国家、省、市卫生监督重点工作,加大违法违规行为查处,有效服务地方经济和社会民生。全年共监督检查113202户(次),监督合格率98.49%;抽检健康相关产品1941件,抽检合格率97.32%;办理行政处罚案件621件,罚款金额200.93万元,没收违法所得10.17万元;办结行政许可审批事项25559件,按时办结率和群众满意率均为100%。

2014年,获得成都市卫生局市级卫生单位2013年度目标绩效管理工作“先进单位”、成都市公共场所艾滋病防控知识竞赛“组织奖”等表彰,获得市人民政府办公厅2013年度市政府政务中心窗口服务绩效考核“先进集体”表彰。

【卫生保障】 成都市卫生执法监督支队全年圆满完成省市“两会”、熊猫灯会、武侯祠大庙会、第90届全国糖酒会商品交易、现代五项世界杯、第五届亚洲阳光纪录片大会、中外知名企业四川行活动、第十五届中国西部博览会等重大会议(活动)的卫生保障任务。7－12月,市支队联合主城区卫生监督机构,对1.4万户监管单位进行拉网排查和重点督查,责令整改问题单位1 910户,立案查处重大问题单位26户,圆满完成文明城市复查测评迎检等各阶段卫生监督创建任务。

【应急联动】 成都市卫生执法监督支队制定《市支队突发公共卫生事件应急预案》等一系列工作方案,

做好卫生应急各项准备。市支队在埃博拉防控工作中，举办埃博拉防控全市卫生督二作培训会，指导区县开展应急演练；牵头组建支队危险化学品突发事故卫生应急监督队伍，派人参加应急能力培训并对应急队员进行2次培训；配备充足的应急物资和适宜的装备，保证埃博拉等重大传染病卫生应急工作有效开展。市支队针对监管薄弱领域，对全市22家区(市)县疾控中心传染病疫情网络直报、病原微生物实验室生物安全等内容进行检查，促进全市疾控中心依法执业意识和依法管理水平。11月，国家卫计委综合监督局副局长何翔调研成都市传染病防控卫生监督工作，给予充分肯定。

【监督形象提升】 成都市卫生执法监督支队组织策划的“蓝盾卫士315”“热心市民进水厂”“影剧院3D眼镜”“激情夏日”“艾滋病综合宣传”等活动被媒体正面报道64次，“综合防艾，四个轮子一起转”“卫生执法：保护一座城市的健康”“一滴水的奇妙旅程”“大揭秘：神医现形记”等重量级宣传信息登陆《成都日报》、成都电视台等专题栏目。“2014激情夏日”游泳场所专项整治行动检查公示首次被成都移动传媒在公交、地铁上滚动播出，不仅扩大了公示结果受众面，也推动了专项工作的开展。市支队打造网站、微博、杂志多元统一的交流平台，通过创新编排方式，提升内容趣味、注重语言通俗、紧扣民生热点，宣传成都卫监特色亮点工作，激发网络活力和行业关注，进一步拓展成都卫生监督影响。

【廉政建设】 成都市卫生执法监督支队进一步巩固践行教育实践活动成果，狠抓党风廉政建设，扎实开展正风肃纪、落实“两个责任”和治理“庸懒散浮拖”等问题的专项治理行动，通过党政主要负责人带头进行廉政宣讲授课、集中观看警示教育片、参观法纪教育基地、建立“民生诉求”台账和层层签订《党风廉政建设及行风建设责任书》等多种形式，深入开展拒腐防变教育，树立正确执法理念；为充分发挥全市卫生执法队伍统领作用，拟定成都市《卫生执法监督人员“十禁止”》，带头严肃行业纪律，规范人员行为，扎实推进依法执法、规范执法工作。

【能力建设】 成都市卫生执法监督支队监管领域纵横拓展。市支队抓纵向，深入医疗服务监管“真空”，突破单一的证照监管模式，紧扣医疗卫生民生热点和医疗服务质量核心，开展二、三类临床医疗技术、放射诊疗防护、消毒供应中心和洁净手术部监督抽检等专项整治行动，促使成都市医疗机构贯彻落实好医疗卫生法律法规和卫生标准，提升医疗服务质量，保障市民就医安全；抓横向，在成都市甲类公共场所日常卫生监管工作趋于规范化、常态化的基础上，又全面推进乙类公共场所卫生监督管理工作，进一步拓展公共卫生监督领域。市支队制定队伍建设科学规划，改变以往“填鸭式”的培训方式，以执法一线为对象，针对难点定课题、针对问题写教材，受训对象带着问题接受培训、培训讲师针对问题进行解答，培训内容更加实用、培训氛围更加活跃；改变以往大课集中培训模式，分区分期办小班、理论实践相结合，将教学点搬进医院、公共场所等卫生监督一线，现场带教培训形式更加直观、培训效果更加显著；强化市区两级联合行动、协同办案、协查办案的工作机制，将“宣读式”和“灌输式”的理论培训转化成为实时实地的工作指导，既提升了一线人员执法水平，又保障了专项行动效果和案件查办质量。市支队助推手持终端试点工作，积极支持龙泉驿区等有条件的区县先试先行，在卫生监督手持终端项目硬件采集、软件设计等给予全面指导；通过市区两级努力，龙泉驿区已于2014年12月完成项目采购和试运行，做出亮点特色，既做到与成都市卫生监督信息系统二级平台及四川省行政权力平台的无缝对接，又使一线监督员在卫生监督现场的工作效率显著提高，还有利于基层综合执法，有效缓解基层执法队伍人少事多的矛盾。

【环境卫生监督】 成都市卫生执法监督支队集中组织全市游泳池水质卫生、大型购物场所空气质量、影剧院3D眼镜消毒卫生、公共场所禁烟、“卫剑2号”等多项专项行动，并在全省率先开展乙类公共场所监管工作。其中，在“激情夏日”游泳场所专项整治中，市支队连续10周通过官方网站、微博向社会公示监督检查和水质抽检结果，受到新闻媒体和市民群众的广泛关注和好评。市支队全年持续深化“安全有一套”推广行动，通过制发宣传资料、培训光盘，开展微博知识问答和举办知识竞赛等举措，全市7 089户四类场所监督覆盖率达100%，相关工作在四川省2014年公共场所安全套推广研讨会和成都市政府重大传染病防控工作会上进行经验交流。

【医疗卫生监督】 成都市卫生执法监督支队全年开展"打非"工作督导53次，全市"打非"工作立案查处问题医疗机构47户；围绕社会关注焦点，开展医疗技术临床应用专项整治，对全市16家区（市）县级人民医院、妇幼保健院开展依法执业、血液安全及母婴保健的专项监督检查；针对受检者放射诊疗防护开展专项检查，覆盖二级以上医疗机构16户，立案查处存在问题较为严重医疗机构3家，罚款1.82万元，突破了放射防护处罚零记录；大力抓基层医疗机构医疗服务质量监督，采取以区为主、市区联合的方式，加大对乡镇卫生院、社区卫生服务中心的执法力度；持续推进全市诊所卫生监督量化分级管理，量化评级诊所3 629户，覆盖率达到96.41%，对全市二级以上设置有输血科的16家医疗机构进行临床用血检查。

【传染病与职业卫生监督】 成都市卫生执法监督支队在防控人感染H7N9禽流感、埃博拉出血热的关键时间节点开展专项督查，进行消毒供应中心和医院洁净手术部专项监督，促进医院切实落实消毒隔离管理工作，开拓传染病防控监管新领域；采用"教育培训+行政处罚+不良记分+约谈通报"四位一体方式，提升传染病防控工作实际效果；先后在春节、消费者权益日开展2次餐饮具集中消毒专项监督检查，以课题调研和产品抽检为抓手，力促全市消毒产品生产经营使用单位规范经营；依据《职业病防治法》以及新修订的《职业病诊断与鉴定管理办法》，对全市22家职业卫生服务机构进行监督检查，责令整改8家，立案查处2家。

【学校卫生监督】 成都市卫生执法监督支队继续深入推进学校卫生监督量化评分综合评价工作，全市1 068所中小学完成量化评分覆盖率达到100%；先后完成针对有非洲留学生的在蓉高校开展的埃博拉出血热疫情防控专项督查、校园及周边医疗卫生专项整治、以幼儿群体性服药违法行为为重点的专项巡查和"卫剑3号"学校卫生安全专项整治等多项专项整治行动；在春、秋两季开学前，实现中小学、托幼机构100%监督覆盖，大专院校83.6%监督覆盖，完成177个两考考点卫生保障任务；以专项抽检为契机，垦拓托幼机构、校内图书馆卫生监管新领域，进一步规范高校住宿场所、游泳场馆经营行为。

【火车站地区卫生监督】 成都市卫生执法监督支队认真履行直管单位监管职责，完成对火车北站地区和火车东客站地区54家公共场所卫生直管单位监管工作，开展巡查监督183户（次），监督覆盖率100%，量化分级管理100%；切实做好站前卫生安全保障，圆满完成两运、军运、重要节假日和第90届糖酒会等各项卫生保障工作，先后在管辖内开展文化娱乐场所卫生专项整治、"遏制不法商贩新搭乱改和违规经营行为"公共场所经营单位专项整治，并积极参与配合全市开展艾滋病防治宣传、文明城市复查迎检等多个专项行动。

【审批服务】 成都市卫生执法监督支队认真贯彻落实国务院简政放权工作要求，持续深化行政审批制度改革，全面推进下放行政审批事项承接落实工作，圆满完成下放行政审批事项培训和专项检查任务，完成内外资投资准入负面清单、准许清单及监管清单工作，市级政务中心卫生局窗口行政审批授权率首达100%，全年办结行政审批事项1 499件，按时办结率和群众满意率均达100%；做好全市食品安全企业标准的变更、延续备案工作及饮用水和食用油两类品种的企业标准备案工作，受理办结备案69件，完成食品安全国家标准跟踪评价调查问卷87份；做好医疗美容项目分级管理备案审查工作，完成市级注册的14家医疗机构的医疗美容项目备案，并开展区（市）县专题培训，保障全市医疗美容项目备案工作顺利推进；认真落实《市支队行政许可改革实施方案（试行）》，受理办结建设项目卫生审查260个。

【法制稽查】 成都市卫生执法监督支队落实执法制度建设，积极参与省、市两级卫生行政执法裁量规范（标准）修订工作，对重大案件法律咨询、集体讨论、约谈和备案等13项执法责任制度进行全面修订；认真开展全市案卷集中评查和层级稽查工作，切实加强卫生法制指导，提升卫生行政处罚案卷质量，规范执法人员行为；大大缩短审查时间，大部分案件均能在次日完成审查；10月14–15日，进行全市集中案卷评查，抽调10名区县法制稽查人员组成评查小组，对全市45个案子进行集中评查；建立行政处罚权力清单，积极开展行权平台建设，全面完成流程设置、事项录入和外网接入工作，共计录入行政处罚事项 299 项、行政强制措施 11 项，实现全市卫生行政处罚案件各环节、各流程的网上监督监察。全市全年共受理举报投诉 542 件，办结 539 件，办结率为 99.45%，每件投诉举报均做到处理迅速及时，并做好处理回复工作，处理率 100%，按时办结率 100%。

（赵 静 吕 艳）

成都市医学信息所

【概况】 2014 年，成都市医学信息所作为成都市卫生和计划生育委员会直属的公益Ⅰ类事业单位，核定编制 35 人，实有在编职工 29 人、编外聘用人员 14 人、专项工作临时聘用人员 9 名，其中高级职称 7 人、中级职称 7 人、初级职称 4 人、享受市政府特殊津特专家 2 人、市劳动模范 1 人；设置有综合办公室和财务室 2 个行政科室，有信息咨询室、统计室、继教培训办公室、学会工作办公室、医疗事故技术鉴定办公室和编辑部等 6 个业务科室。成都市医学信息所以服务促工作、以质量提水平，全面完成全年目标任务。

【卫生信息化建设】 成都市医学信息所开展基层信息系统升级改造工作，完成通用版本基本功能模块、业务流程、历史数据导入方案、与其他系统互联互通要求、项目验收方案、评审标准及维护运行协议和管理制度，确认 ICD－10 编码、诊疗项目、科室字典和药品目录，修订完善市级平台数据交换接口标准规范；指导基层信息化建设，组织开展温江区智慧医疗建设卫生信息规划专家评估和论证以及区域卫生信息化专题培训，与新都区签订卫生信息化建设技术支持协议并参与指导该区卫生信息化建设，对都江堰市区域卫生信息平台（三期）设计方案给予现场指导。市医学信息所搭建市级平台，完成市级平台与市电子政务云服务系统资源清单确认和 2014 年 CA key 更新，并做好市平台数据监控工作；完成《2014 年成都市区域卫生信息平台接入情况和数据质量监控工作通报》；完成市公民信息系统、流动人口信息系统对接，将市卫生局窗口政府信息公开目录“政策文件”和“政策解读”延伸至“推送新基层”栏目，涉及政策文件 389 条，政策解读 30 条；完成中医药信息系统招标项目，与建设公司签订建设合同；完成《成都卫生信息网》《成都市卫生局协同办公系统》、成都市政府网站《成都市卫生局窗口信息报送栏目》更新、维护，报送信息1 300条。

【卫生统计】 成都市医学信息所完成全市 8 190 家医疗卫生机构 2013 年度卫生统计年报汇审及上报；完成 2014 年 1－12 月卫统一表至三表的实时报、卫统四表的季报以及医改监测月报和季报；完成 1 200家医疗机构月报；配合省卫生信息中心对成都市 15 家医疗卫生机构开展卫生统计督查；举办 5 期基层医疗机构卫生统计培训班，举办 6 期疾病编码和病案首页填报培训班；完成《2013 年和 2014 年上半年成都市各医疗机构比较分析》《国务院医改办深化医药卫生体制改革进展季度数据表》《深化医药卫生体制改革进展月度数据表》数据统计。

【科研教学】 成都市医学信息所完成全市各医疗单位申报市级继教项目 123 项，受理 2013 年度成都市医学科技奖申报 24 项，评出医学科技奖 12 个；组织 5 次全科医师培训，召开“基层卫生药学人员培训工作会”，对全市基层药学人员实施远程培训，举办成都市 2014 年医疗质量标准培训班，完成全市7 000名卫生技术人员继续医学教育学分的录入与审核；完成市卫生局 2014 年科研立项评审 206 项、科研结题鉴定 5 项；完成各类医疗机构的机构校验、新增诊疗科目及机构设置。

【承接政府职能转移】 2014 年，成都市医学信息所圆满完成了市卫生局等相关政部门交办事项。完成中医师承 11 次大课 21 个专题，1 次教学实践；完成中药师承 10 次大课 23 个专题，2 次教学实践；组织专家整理、编辑“健康成都 · 中医药文化系列丛书”，已出版 6 本；受天府新区社会事业管理局委托，完成天府新区 16 家医疗机构医疗服务与质量检查并形成检查报告，针对存在的问题提出了改进意见和建议，为天府新区进一步规范医疗服务奠定了基础；受金牛区卫生局委托，完成了金牛区辖区内 25 家医疗机构医疗服务与质量检查，分析了该辖区医疗机构的服务水平状况、存在的问题，提出了整改方向，为强化卫生行政管理提供了有力的支撑；受原市计生委委托，组织“心灵彩虹”项目实施，设立成都市计生特殊困难家庭心理关怀中心，开通 2 部疏导热线电话，组织专业人员对心理疏导对象开展工作；组织心理卫生专家对成都市及区（市）县人口计生行政管理人员、基层计生干部及妇女主任等开展系统心理卫生专业知识培训。

【学会协会工作】 成都市医学信息所代管的8个学协会全年组织召开年会、学术交流会41场,举办常规学术讲座38场(次),举办医学新进展学习班54期、新技术推广会11次;3月,开展以"保护生态环境,珍爱生命健康"为主题的科普月活动,印制《高血压预防心血管疾病》手册发放基层群众;深入基层开展医学义诊、咨询16次,专题学术报告20场,完成卫生下乡送医到基层进社区28场(次)。

【横向合作】 成都市医学信息所与成都中医药大学合作,完成《成都市社会办医现状、问题与对策研究》《多点执业政策实施现状的探讨与建议》调研;与西南财经大学合作,完成《成都市基本药物制度实施情况及其对基层医疗机构的影响分析》《成都市医疗资源配置与利用情况分析(2007 -2013)》调研;与四川大学合作,完成《成都市分级诊疗》调研。

【医疗技术鉴定】 成都市医学信息所代管的医学会接受鉴定委托98例(其中法院委托3例,卫生局委托88例,双方共同委托7例),受理委托96例,完成医疗事故技术鉴定71例,事故37例,事故率52.11%,同比下降17.24%,全年重新鉴定率为零;受理职业病鉴定申请7例,完成鉴定3例。

【期刊与修志】 成都市医学信息所建立审稿专家库,开展同行专家审稿;新购黑马校对系统和参考文献辅助校对系统,强化文字复制比检测;出版《现代临床医学》期刊6期;完成2014年卷《成都卫生年鉴》出版,完成《中国中医药年鉴》《四川省卫生年鉴》《成都年鉴》《四川省中医药志》《成都市大事记》文字和图片供稿工作。

(成都市医学信息所办公室)

成都市卫生医药科技开发服务中心

【概况】 2014年,成都市卫生医药科技开发服务中心共有员工55人,有在编人员7人,其中管理人员3人,专业技术人员1人,工勤技能人员3人,编外人员48人。中心开展卫生洗涤、物业管理、药品物资配送、院内制剂生产4项业务。截至12月31日,中心总资产为3 582万元,其中固定资产原值1397.4万元,较2009年增加291.11万元。中心全年实现总收入2 197万元,较2009年增长101.1%;收支结余274.5万元,较2009年79万元增加195.5万元;有国有净资产3 311.8万元,较2009年增长88%,确保国有资产保值增值。

【业务发展】 成都市卫生医药科技开发服务中心洗涤项目:中心全年洗涤总量4 050吨,较上年增长5.3%,全年收入1 640万元;有服务对象48家(其中省级医院4家、市级医疗卫生机构25家、区县医院12家、其他客户7家);服务内容从单一的卫生洗涤扩大到医用布类用品制作与租赁。物业项目:中心全年物业项目收入480万元;有代管人员170人;为6家医疗卫生机构提供导医服务、2个居民小区提供物业服务。制剂项目:中心全年实现产值435万元;继续按医院派人直接指导生产和对制剂的半成品和成品实施严格检验,负责协助组织生产管理的方式同医院合作。药品配送项目:截至2014年底,蓉风公司总资产7 409万元,所有者权益1 887.48万元,其中未分配利润809.3万元;2014年全年实现不含税销售收入13 205万元,销售额达1.5亿元,税后净利润300万元,较上年增长51.5万元,净利润率2.3%;累计上缴增值税132.7万元,其他税费24万元,应缴所得税100万元。

【新项目调研】 成都市卫生医药科技开发服务中心积极围绕卫生行业,调研新的服务项目,对健康证集中制作、中医药制剂调配使用、中医药含片等事宜进行调研,部分已经提交初步研究成果并开始试行;对已完成初步调研项目的实际论证,消毒供应中心项目虽已获市财政局、市卫生局批准,但在具体实施中,因土地性质为教育用地、加之水质不符合消毒、灭菌生产要求,只能暂停该项目;积极开展单位新增职能的调研工作;拟增设"中医药研发、健康服务推广"职能,通过咨询相关专家、查阅资料,形成可行性报告。

【改革创新】 成都市卫生医药科技开发服务中心积极进行工作程序再造,严格事务跟踪程序,责任到人,确保洗涤质量与服务水平进一步提高;尽力实施设备自修,洗脱机大修2次,制作烫平机抽湿热装置2台,冷凝水回收装置改造维修,改善车间环境,节约修理成本。

【安全工作】 成都市卫生医药科技开发服务中心加大安全隐患排查力度,完善员工安全培训机制,组织学习新《安全生产法》;完善管理人员值班制度,组织各项目修订完善一批安全应急管理制度,加强安全生产的宣传,夯实安全教育的基础;与所在村镇紧密联系,做好综治工作,未发生被盗事件,未发生群体性事件、集体上访事件和久拖不决信访事件。

【帮扶工作】 成都市卫生医药科技开发服务中心为认真落实上级对口帮扶任务,把"挂包帮"纳入党支部工作的重要组成部分,分别于9月28日、12月3日到黎沟村5组开展帮扶慰问;通过入户了解具体情况,结合村民的具体实际,提供工作岗位,帮助脱贫。

【文化建设】 成都市卫生医药科技开发服务中心坚持"以人为本"的经营理念,加强与员工的密切联系,把满足员工的需要、维护员工的利益,作为想问题、办事情的出发点和落脚点,做到感情上贴近员工、行动上深入员工、利益上维护员工,真心实意地为员工谋利益,为受伤职工捐款3 000元,为困难职工捐款2 860元,慈善一日捐1 709元;组织"新年游园活动""新春慰问""职工技能竞赛""羽毛球比赛"有益员工身心健康的活动。

【中心建设】 成都市卫生医药科技开发服务中心梳理现有制度,制定完善《干部培训制度》《领导干部监督制约制度》《岗位责任制》《干部在岗公示制度》《日常监督检查考核制度》。中心紧紧围绕中心工作开展信息宣传,通过中心网站积极宣传中心工作开展情况,让社会更加了解。中心全年报送信息、简报30条,通过中心微博,发布(转发)信息409条。中心全年迎接上级检查3次。2月下旬,中心迎来市卫生局机关党委检查组对中心开展党的群众路线教育实践活动情况进行检查,并在中心党的群众路线总结会上对中心接下来的工作进行指导。4月上旬,市卫生局纪检督查组对中心班子成员超标使用办公用房情况进行检查。督查组对中心能够及时按照《党政机关办公用房建设标准》合理调整安排办公用房进行表扬与肯定。7月,市财政局开通"大平台"系统,中心办理网上支付业务,并全面实行公务卡改革,实施强制使用公务卡结算目录制度。10月,中心形成相关制度,并组织全员培训学习,严格执行新的规章制度。12月上旬,中心接受市卫生局"庸懒散浮拖"专项治理工作暗访工作,在检查中未发现任何问题,市局督察组给予肯定。

【党建工作】 成都市卫生医药科技开发服务中心积极开展警示教育,组织中心管理人员观看《阳光下的"黑幕"》反腐警示片,并参与观看市委组织的《阳光下同行》——2014年"廉洁成都·你我同行"廉政文化文艺专场节目;组织员工观看《西藏天空》,并收到心得体会2份。中心全年按照中心学习计划,组织党员学习讨论6次、专题党课1次,组织反面警示教育4次,参加人数28人;按照市卫生局要求,由办公室组织开展党风廉政建设约谈工作和召开"两个责任"宣讲会,并在约谈后签订承诺书。中心大力推进廉政文化建设,组织开展"廉政警示教育月"活动,通过召开专题学习会和廉政警示教育大会,增强廉洁从业意识,提高工作效率,创新思想政治工作。中心办公室通过官方微博,大力宣传全市卫生行业反腐败斗争形势任务、决策部署、工作成效,同时结合中央专项治理活动在中心官方微博上公布专项整治举报电话。

(刘　丹)

成都市人才流动服务中心卫生分中心

【概况】 2014年,成都市人才流动服务中心卫生分中心作为成都市卫生和计划生育委员会的直属事业单位,共有职工13人,其中在编职工3人、编外聘用10人。

【卫生行业职业技能鉴定】 成都市人才流动服务中心卫生分中心成立"卫生行业职业技能鉴定成都工作站",负责组织开展成都市护理员职业技能考试鉴定工作。全市全年参加国家级护理员技能鉴定184人,取得国家护理员技术资格证93人。

【卫生人才服务与"对口帮扶"】 成都市人才流动服务中心卫生分中心认真做好应届毕业生及流动人员档案接收和落户工作,全年建立集体户口3 000人;共接收新档案3 526册,在库档案总数25 828册,档案装订总数22 000册,办理归档材料6 000份;办理转正定级、核定工资40人(次),为500名存档人员出具证明。卫生分中心组织党员先锋岗和党员示范岗创建活动,制定2014年度"挂包帮"和对口帮扶活动计划,扎实开展"走基层、送服务""慈善一日捐"活动,先后6次分别到天府新区新兴乡卫生院帮扶、大邑县花水湾镇慰问困难户、市慢病医院为病弱老人服务。捐款捐物价值4 000元。

【卫生专业应届毕业生招聘】 成都市人才流动服务中心卫生分中心于12月9日–20日组织市属机构17家医院和成都大学附属医院，分别到哈尔滨、沈阳、重庆等5个城市召开“成都市卫生系统2015年应届毕业生公开招聘”招聘会，参会学生达2 000人，签约应届毕业生110人，其中硕士生108人、博士生2人。

【卫生人员管理和培训】 成都市人才流动服务中心卫生分中心全年受理信息更改、信息补录37人（次）；完善成都市卫生高级人才库管理4 069人，其中正高级479人、副高级3 590人；举办全市护士、护师技能提升培训班2期、成都市职称政策解读讲座3期，参加培训400人（次）；组织基层医疗机构优秀技术人员赴香港、台湾交流培训3批（次）45人，促进成都与港台三地在养老事业和医疗服务控制等方面的课题研究和交流。

【卫生专业技术资格考试】 成都市人才流动服务中心卫生分中心组织2014年度全国护士执业资格考试，全市共有25 000人报名，成都考点共审核通过考生21 834人，设置19个考场1 072个考室，共有38 349人（含厅直属单位）参加考试；共投入30套监听设备和无线电监控车，处理考试违纪违规人员43人。成都市有2.18万名考生参加考试，通过1.35万人，通过率62%。卫生分中心组织2014年医师资格考试，成都考点受理考生8 600人，8 142人通过资格审核参加考试，5 719人通过实践技能考试，通过率为70.2%。卫生分中心根据省卫计委《关于做好化解乡镇卫生院及村卫生室遗留问题相关工作的通知》精神，组织开展2014年全市乡村医生注册考试、省医师资格考试和医师资格补认定的组织宣传和审核工作，接受全市报名2 500人，审核通过2 247人；12月组织619人参加全省乡村医生注册考试，502人考试合格。

【卫生专业技术职务任职资格评审】 成都市人才流动服务中心卫生分中心开展2014年卫生高级专业技术职务资格评审工作，收到评审申报材料1 000份，初审合格正高级156人、副高级731人；经四川省高评委和成都市评委会评审通过正高级职称144人、副高级职称661人，通过率分别为92.3%、90.4%。卫生分中心积极推进全市基层卫生专业技术职务任职资格评审和考试工作，全市取得省级基层卫生中级技术职务资格273人、基层卫生高级技术职务资格40人。

【管理建设】 成都市人才流动服务中心卫生分中心加强排查化解和信访工作，设立投诉、咨询电话记录，落实服务窗口首问责任制，全年接受咨询电话1 100个、信件27件，回复率达100%；落实“一岗双责”制，加强制度管理，定期对全体职工进行安全知识教育；每月召开安全会和巡查工作，特别是节假日、重大活动前和医学考试期间等敏感时期加强安全保密防范工作，对档案室、保密室等重要区域部位进行封闭、重点管控，全年无安全事故发生。卫生分中心加强政务微博和网站管理，及时发布咨询政务信息，截至12月共发布微博521条；严格执行中央“八项规定”，进一步建立和健全中心财务工作制度，修订和完善《卫生分中心现金管理制度》《卫生分中心绩效工资管理规定》《卫生分中心出差报销制度》；全面落实委中心组（扩大）会议精神和落实中央巡视组反馈整改意见，深入开展专项治理工作，认真开展领导干部收受红包专项治理、商业贿赂专项治理、“庸懒散浮拖”专项治理等6项专项整治工作，坚决杜绝“小金库”、私收“红包”“回扣”等现象，组织观看警示教育片4场，全面落实党风廉政建设“两个责任”，对重大活动、重要工作开展情况及时进行宣传报道，全年报送工作信息简报26篇；修改、新建服务流程和工作制度6项，全年向社会公开单位政务信息1 000条；管理在册流动党员104人，组织流动党员参加学习、培训、对口帮扶和志愿者服务等组织生活。

（陈　佳　黄雅琪）

卫生协会（学会）组织

【概况】 2014年，成都市主要有成都预防医学会、成都市视力保护协会、成都医学会、成都护理学会、成都中医药学会、成都市医师协会、成都市医院药事管理协会、成都卫生经济学会、成都市民营医疗机构协会9个卫生协会（学会）组织。

【成都预防医学会】 成都预防医学会于1991年7月在成都市民政局登记成立，2013年被民政局评为4A级社会组织，连续数年被市科协评为“十佳学会”。2014年，学会由疾病预防控制、妇幼卫生、精神卫生、卫生监督等方面的专业人员组成，下设15个专业委员会、80个团体会员单位，其专家库有相关专家86人、青年专家库有青年专家24人。学会围绕"三服务一加强"宗旨，着力提升自身能力，以项目工作为抓手，承接政府职能转移，关注民生，关注社会焦点，调查研究，为政府建言献策；举办学术交流和培训，服务会员；开展科普宣传，提高市民科技素养；组织义诊活动，为群众办实事做好事。学会会长傅小鲁，常务副会长（法人代表）梁娴，秘书长叶庆临。学会开展问卷调查，分析评价学会科研项目管理能力提升的途径，承接成都市科协、成都市教育局、成都市爱卫办、中国疾控中心、中国健康促进与教育协会等交办的12个项目。其中，"邛崃地震灾区灾后鼠蝇现状及干预项目"，指导邛崃地震灾区专业人员做好蚊、蝇、鼠等病媒生物的现况调查，制定防制干预措施，进行防制效果评估，制定的《成都市灾区预防性消毒卫生规范（试行）》被成都市卫生局采用；"成都市病媒生物防制效果现场评估项目"，对市爱卫办委托PCO公司招标合同约定的病媒生物防制作业范围，蚊、蝇、鼠、蟑螂四害防制效果进行评估；"成都市公务员控烟调查项目"，调查公务员800名，找出公务员在公共场所吸烟的原因，提出对策，为政府决策提供建议，同时对龙泉驿区、温江区、青白江区、新都区巩固国家卫生城市工作情况进行暗访调研，完成暗访报告；"成都市农村青少年吸烟现况调查及对策研究项目"，选取新都区、青白江区、邛崃市、金堂县各3所农村中学和3所农村小学，调查4 180名学生，对3.4%的学生吸烟提出控烟对策；"农村小学营养干预项目"，在6个区（市）县的6所农村小学开展基线调查，通过发放资料、讲座、竞赛等一系列营养知识宣传活动，提高学生的营养知识；"成都市2014年中小学生体质健康监测工作项目"，建立25所监测点校，全市体检中小学生1 286 616人，25所监测点校体检学生45 304人；"空气雾霾对人群健康影响调研项目"，通过调查，提出成都市雾霾防制的几点建议。"乐敦护眼工程项目"，在全市推广新版眼保健操，培训师资46人，组织新版眼保健操比赛，60名小学生参加比赛。学会还查阅国家相关法律法规及标准，广泛征求相关专家意见，对2012年编制的《成都市学校卫生工作评估标准（试行）》进行修订；开展饮酒行为调查，调查51所学校的6 000名中学生生及家长、12所医院的700名孕妇，为国家制定相关政策提供科学依据。8月4日，学会举办"ATP用于清洗效果量化监测技术区域性科技沙龙"，邀请将ATP技术引入医院感染应用领域的奠基人之一的美国博士Marco Bommarico作主讲，成都市、重庆市、自贡市、绵阳市等地的卫生局、卫生执法监督、疾控中心、医院、社会学术团体50位代表参加沙龙。9月16日，学会召开2014年成都市科技年会重点学术活动"疫苗与健康"论坛，各区（市）县疾控中心、社区卫生服务中心，以及政协委员、疫苗公司、学校老师、家长、媒体代表100人参加论坛，该项目获2014年成都市科学技术年会优秀活动项目三等奖。11月26日，学会承办"2014年成都市农村学校健康厨艺大比拼——我的营养午餐"活动，有6所农村中小学的学生、家长、厨师参加比赛；通过回答问题、菜品制作、早餐食谱制作3轮比赛，邛崃市桑园小学荣获第一名，蒲江县复兴九年制学校、天府新区煎茶小学荣获第二名，金堂县可口可乐希望小学、郫县竹瓦小学、新津县五津三小荣获第三名。

（尹献捷）

【成都市视力保护协会】 成都市视力保护协会于2000年5月成立，2004年11月29日在市民政局正式登记注册，被市民政局评为4A级社会组织。协会设办公室、秘书处、财务处，"两处一室"有专职人员3人、兼职人员6人。协会由科研、教育、卫生、新闻、企业等单位和热心视力保护工作的工作者组成。协会通过义诊、科普宣传、培训，增强全社会的视力保健意识和提升眼病防治水平；针对眼保健操操作时穴位不准、力度不够、不易长期坚持的问题，组织专家研究论证，开发简便易学、方便操作的《健康用眼指南（试行）》、在中小学生、中老年人、IT行业等重点人群中推广运用。2014年，经专家委员会评审和成都市民政局第103次局长办公会审议通过，协会研发的项目"《健康用眼指南》在成都市中小学校推广项目实施方案"项目获得立项，该项目利用在学生用彩色塑料书皮上印制《健康用眼指南》核心信息，通过书皮发放和培训，让学生掌握《健康用眼指南》技能，达到保护学生视力的目的，至年底已对54所小学发放62 168份书皮。3月13日，协会到彭州市通济镇组织开展科技之春科普活动，发放科普资料8种2 000份，为145名群众义务眼科检查。3月15日，协会在成都铁路学校举办"小儿眼科权威专家咨询会”，增强青少年视力保护意识。3月28日，协会承办“关爱明天，青少年视力健康公益行”活动，在德阳市绵竹市紫岩雨润中学为1 957名学生免费检测视力。5月14日，协会在成都美视国际学校组织开展“健康用眼指南”宣传活动，为学生举办“健康用眼指南”讲座，发放宣传资料160份。5月15日，协会到新都区新繁镇组织开展科技活动周大型宣传活动，发放宣传资料10种5 000份；义诊120人，发药200份。6月6日，“2014年成都市科学技术年会”重点学术交流项目，成都市视力保护协会承办的“视力与健康”中美合作论坛在市科协召开，美国专家Bradely K Farris教授、Hildbrand Peter教授，中国专家周春阳、陈辉作学术交流，这次论坛活动获2014年成都市科学技术年会优秀活动项目二等奖。6月6日，协会在武侯区晋阳社区卫生服务中心组织开展“爱眼日”宣传义诊活动，发放宣传资料8种共200份，为80名中老年人免费视力检查和眼底筛查。7月11日，协会召开第四届会员代表大会，42名代表参加会议，选举出29位新理事组成新一届理事会；在第四届理事会举行第一次会议上，选出15位常务理事，白宪策当选理事长，李明川当选常务副理事长（法人代表），叶庆临、朱晋、刘荣华、周华祥当选副理事长，朱晋当选秘书长。9月18日，协会组织“新版眼保健操培训”，19个区（市）县及成都高新区、天府新区成都直管区的会员单位教师共46人参加培训。9月25日，协会到彭州市通济镇组织开展“全国科普日活动”，发放资料11种2 500份，视力检查及眼底筛查105人，义诊50人。10月22日，协会到大邑县四川省革命伤残军人大邑休养院组织开展义诊宣传活动，为53名革命伤残军人及家属检查视力和眼底筛查。11月12日，协会举办小学生眼保健操比赛，19个区（市）县及成都高新区的20所小学的60名小学生参加比赛，比赛分笔试和眼保健操操作2个部分；青白江实验小学荣获一等奖，金堂赵镇一小、蒲江北街小学、锦江盐小锦馨荣获二等奖。

（尹献捷）

【成都医学会】 成都医学会为中华医学会成都分会，成立于1937年5月，由罗品三医师发起，并被推荐为首任会长。成都医学会是依法在成都市民政局登记注册的学术类群众团体，2012年在成都市6 000家社团组织中被评定为成都市首批5家5A级社团组织之一。成都医学会历经70多年的发展，在“文化大革命”中有较长时间的活动中断，已换届9届，至2014年有团体会员单位133家、个人会员4 747人，荟萃了驻蓉的部、省、市和部队等各级医学教学、科研、临床机构中的国内省内知名学者和专家；下设心血管、消化、呼吸、泌尿、麻醉、骨科、放射、病理等42个专科分会；编辑出版有全国公开发行的医学类刊物《现代临床医学》，现任主编为成都市医学信息所主持工作的副所长龚怀宇；常年举办各类专题讲座和学术活动50次，每年承办中华医学会交办的全国性学术活动数场，专科分会每年学术安排100次。学会和专科分会与国际和国内有广泛的学术交往，学者和专家每年有数10人赴国外讲学、学术交流和技术援助；每年都安排有义诊、巡回医疗、科普宣传等辅导基层活动，还承担了支援边、老、少地区的医学援助行动。自2002年以来，成都医学会承担了成都地区医疗事故技术鉴定工作，迄今已完成500例医疗事故技术鉴定的组织工作；作为成都地区继续医学教育基地，受卫生行政部门的委托，每年开展常规性学术讲座300场（次）、各类学习班30次、学术年会和专题研讨会30场（次）。成都医学会是国内西南地区学术交流最活跃的学会之一，影响力大，在全国医学学会中享有盛名。现任会长李虹是四川大学常务副校长、中华医学会泌尿分会副主任。成都医学会连续多年被成都市科协评为“学会工作先进集体”，荣获成都市“十佳学会”称号。

（丁　烯　赵晋莉）

【成都护理学会】 成都护理学会又名中华护理学会成都分会，成立于1979年6月12日，1999年更名为成都护理学会，2013年被成都市民政局评为3A级社团组织；至2014年为第九届理事会，理事长为成都市第三人民医院护理部主任李锐主任护师。成都护理学会连续多年被成都市科协评为“学会工作先进集体”。2014年，成都护理学会有70家团体会员单位、6 800名个人会员，荟萃了驻蓉和成都市各级各类医学教学与科研、临床医疗机构的知名学者和专家，下设护理内科、护理外科、护理妇产科、护理儿科等16个专业委员会。学会的宗旨是遵守宪法、法律、法规和国家政策，遵守社会道德规范，团结和动员广大护理科技工作者，以经济建设为中心，坚持科学技术是第一生产力的思想，贯彻国家科学技术工作基本方针，弘扬"尊重知识、尊重人才"的风尚，倡导"献身、创新、求实、协作的精神、面向现代化、面向世界，为繁荣成都市护理事业，发展护理学科努力奋斗，为促进人民健康，实现我国社会主义现代化作出贡献。学会每年开展各类学术活动50场(次)，积极承办中华护理学会等全国性学术会议，参加学术交流；完成对基层护理人员的继教、刊授、培训等工作；组织开展义诊、巡回医疗、科普宣传等活动，承担支援边、老、少地区的医学护理援助工作；积极承接卫生行政部门的委托，完成每年一度的"5 12护士节"大型纪念活动、成都市护理岗位创新技能大赛、医疗质量管理检查、医院评审等项工作，对成都市护理学科的发展起到积极促进作用。

（伍 倩 赵晋莉）

【成都中医药学会】 成都中医药学会的前身是于1941年12月14日由成都市国医公会改称的成都市中医公会；1979年11月正式成立，名称为中华全国中医学会成都分会，1999年更名为成都中医药学会。2012年，学会被成都市民政局评定为首批4A级社团组织。第七届会长为成都市卫计委副主任赵文，理事会有理事169人、常务理事37人、正副会长13人、秘书长1人；下设学术、组织、科普等6个工作组，有内科、管理、中草药、民族医、社区等12个专业委员会，共有团体会员单位69家、个人会员2 000人。学会工作多次受到上级有关部门肯定，被中华中医药学会和成都市科协评为优秀学会，多名会员被评为优秀会员和优秀学会干部，多名专家获得"中医药贡献奖""郭春玲式的好医生""优秀基层中医师"等荣誉的称号。成都中医药学会团结和组织成都地区的广大中医药科技工作者，积极组织各种学术交流，积极推荐优秀论文参加全国、省、市学会、科协举办的各种学术交流会；组织中医药专家到社区、乡镇、村社开展"三下乡"活动，为群众开展卫生科普、健康咨询、义诊服务、为基层医疗机构讲课、辅导业务、提合理化建议。近几年政府职能转变后，学会承接多项政府交办工作，参与市政府出台的《进一步加快中医药事业发展的意见》咨询、论证、调查研究和文字起草工作，制定中医药服务技术及其他有关中医药服务标准，向市医保局提交中医药服务收费标准的建议，并得到采纳；受市中医管理局委托，承接成都市第3批名中医药专家学术经验继承教育、首批成都市中医临床药学特别师承教育的教学管理、日常工作及组织专家对省市师承学员进行考核。

（王忠洪）

【成都市医师协会】 成都市医师协会是由在成都地区注册的执业医师和执业助理医师及单位会员自愿组成的全市性、行业性、非营利性的社会团体，是经成都市民政局批准登记注册的具有独立法人资格的社会团体法人。协会是由成都地区50多家医疗卫生单位组成的社会团体，开展活动覆盖成都地区及周边地市，以开展学术交流、办班、办会为主要活动方式，以收取会费、接受捐赠、政府资助、在核准业务范围内开展活动或服务的收入以及其他合法收入为主要经费来源。2010年9月19日，协会召开第一次会员代表大会，选举产生第一届理事会，石应康为会长，副会长10名，秘书长1名，常务理事20名。协会的宗旨是发挥行业"服务、协调、自律、维权、监督、管理"职能，致力于加强医师队伍建设和管理，维护医师合法权益，弘扬以人为本、救死扶伤的人道主义职业道德，提高医师执业水平和服务质量，为广大人民群众健康和社会经济建设服务。协会依法接受成都市卫生和计划生育委员会的领导、成都市民政局的监督管理、中国医师协会和成都市科学技术协会的业务指导。协会业务范围涉及实施行业自律性管理，协助卫生行政部门制定医师执业规范，建立医师考核体系，审查、认证医师执业资格，监督检查医师执业情况，积极探索医师队伍管理的新模式、新方法，加强医师队伍建设；依法维护医师在执业活动中享有的合法权益，尊重和保护医师的处方、诊断和治疗权利，保障医师在执业活动中其人格尊严、人身安全不受侵犯，努力营造和谐有序的医疗环境和医疗秩序，更好地为人民健康服务，使医师的劳动得到全社会的尊重；开展对医师的医学继续教育，关心和帮助农村、社区、基层卫生工作，促进其预防、医疗水平不断提高；积极开展医学科普宣传教育，推广医学科普知识，反对和批判封建迷信、伪科学；开展业务咨询服务，兴办会员服务机构；推广医药新方法、新技术、新成果，创办医学学术刊物，促进医学科学技术的进步和发展；开展与国际及港澳台地区的医学交流与合作，学习借鉴先进的医师行业管理经验和医疗服务经验；表彰奖励在协会工作中作出突出贡献的会员和优秀的协会工作人员，对违反医师执业规则和职业道德的会员以及协会工作人员予以惩戒；调查了解医师队伍的现状、要求和愿望；积极向政府提出建设性意见，更好地调动和发挥广大医师的积极性；承办卫生行政部门委托的相关工作，以及与本会宗旨有关的事宜。

（成都市医师协会办公室）

【成都市医院药事管理协会】 成都市医院药事管理协会于2002年7月26日成立，是在成都市卫计委领导下、在成都市民政局依法注册的具有独立法人资格的成都地区医疗机构药事管理的社会团体；1988年，成立成都市医院药剂科主任联系会，主任委员由四川大学华西医院药剂科主任柯尊洪教授担任，当时为一松散联系的专业组织，有15家医院参加；1992年1月18日，在成都市卫生局直接领导下，成立成都市医院药事管理委员会，是全国范围内建立的第一个区域性医院药事管理组织；2002年7月26日，由卫生行政部门牵头，经有关部门批准，在成都市医院药事管理委员会的基础上成立具有法人资格的社会团体——成都市医院药事管理协会，成员单位涵盖成都地区部属、省、市和区（市）县级医疗机构，成为具有一定规模的部队、民营、工矿职工医院，下设管理、学术、组织、财务4个工作委员会。管理委员会第一届主任委员由文长青担任，第二届主任委员由汪良吉担任；现为第三届理事会，理事长由四川大学华西医院药剂科教授张志勇担任，成员单位由成立时的63个发展到现在的78个。协会的宗旨是团结组织广大医药科学技术工作者，遵守国家宪法、法律法规和国家政策，遵守社会道德风尚，贯彻国家科学技术和卫生工作方针，落实科学发展观，坚持党的基本路线、方针、政策，团结成都地区的医院药学工作者，倡导“求实、创新、协作、奉献”的科学精神，坚持民主办会、依法管药，为会员单位和药学科技工作者服务，依法维护他们的合法权益，促进医疗机构药事的法制、科学和规范管理，保护人民身体健康，为社会主义经济建设服务。近年来，协会积极参加医疗卫生体制改革，配合政府做了大量卓有成效的工作，在贯彻落实《抗菌药物临床应用指导原则》《处方管理办法》，组织专家遴选成都市城镇居民、新农合、少儿金基医疗保险基本药物目录，开展医疗质量管理检查、医院评审，对医护、药剂人员组织技术培训，开展学术交流等方面发挥了重要的作用。

（赵晋莉）

【成都卫生经济学会】 成都卫生经济学会是成都地区从事卫生经济研究、管理和教学的依法登记成立的非营利性学术团体，成立于1985年10月，首任理事长徐自进、秘书长周文友；2009年12月，召开成都卫生经济学会第五次会员代表大会暨学术年会，理事长为张伟，秘书长为朱自彬。学会是党和政府联系卫生经济工作者的桥梁和纽带，是成都地区发展卫生经济事业的重要社会力量，宗旨是在中国共产党领导下，高举中国特色社会主义伟大旗帜，以邓小平理论和“三个代表”重要思想为指导，坚持“以人为本”、深入贯彻落实科学发展观，坚持解放思想、改革开放、理论联系实际和“百家争鸣”的方针，开展卫生经济理论和应用的研究与宣传，团结和组织成都地区广大卫生经济工作者，为发展卫生事业，增进人民健康，为构建社会主义和谐社会服务，为夺取全面建设小康社会新胜利作出学会应有的贡献。学会发展至2014年，设理论方法、城市卫生经济、农村卫生经济、工业卫生经济、卫生统计5个学术专业委员会，有会员703人。

（成都市卫生经济学会办公室）

【成都市民营医疗机构协会】 成都市民营医疗机构协会成立于2004年1月，是在市民政局依法注册的具有独立法人资格的学术性社团组织，首任会长陈东明（原成都市卫生局中医处处长）；至年底为第二届理事会，会长龚怀宇为成都市医学信息所副所长（主持工作）。协会是党和政府联系民营医疗机构医学科技工作者的桥梁和纽带，是在社会主义市场经济条件下，推进成都市卫生事业发展的一支重要力量；宗旨是宣传国家卫生法律、法规，贯彻国家卫生工作方针和政策，开展民营医疗机构管理的理论研究，经验交流，信息传递，人才培训，促进民营医疗机构管理水平和业务素质的提高，反应民营医疗机构诉求的责任。协会始终坚持当好卫生行政部门的参谋助手，维护其合法利益，为广大民营医疗机构医务人员服好务。截至2014年，协会有团体会员单位100家，下设护理专委会1个、工作指导小组3个（依法执业和诚信自律督导工作小组、医疗保险管理指导小组、医疗法律维权工作指导小组）。

（成都市民营医疗机构协会办公室）

企事业单位医院

成都大学附属医院（临床医学院）

【概况】 成都大学附属医院（临床医学院）是一所集医疗、教学、科研和预防、康复等功能于一体的三级甲等综合医院，是成都市人民政府主办的唯一一所综合性大学附属医院。医院前身为法国天主教会于1901年创办的圣修医院，2010年整体划转成都大学，2014年成都大学临床医学院在医院挂牌成立。医院历史悠久，文化底蕴深厚，是“中国百年名医院联谊会”成员和“中国医疗机构公信力示范单位”。医院至2014年底由位于成都市二环路北二段的院本部、位于成都市金牛区通锦路的铁二院分院、位于成都大学校本部的校门诊部3个院区组成，共开放床位900张，拥有一大批现代化医疗设备，医疗设备及固定资产3亿元；有职工1 100人，其中高级职称人员170人，博士、硕士150人；有110人在各级学会担任学术职务，拥有一批省市知名专家、学术技术带头人和硕士生导师。医院是四川省医学会骨科专委会主任委员单位，首席专家、骨科主任李开南教授为四川省医学会骨科专委会现任主任委员、四川省医学会创伤专委会候任主任委员。医院学科体系完善，技术力量雄厚，已形成省、市、院三级重点学科群和一批特色专科。医院的骨科是省级重点学科，西南地区唯一一家创伤骨科研究所——成都市创伤骨科研究所设在医院；呼吸内科、泌尿外科、胸心外科为省级重点专科；内分泌科和消化内科为院级重点学科。医院的创伤及复合伤急救、呼吸重症治疗、高难度骨科手术、中医康复、泌尿系微创手术、前列腺癌早期诊治等技术在省内具有较大影响力。医院为全国首批住院医师规范化培训基地、四川省高等医学院校临床教学基地和遵义医学院临床硕士研究生培养基地。近年来，医院获省、市科技成果奖十余项，开展新技术300项，出版医学专著多部。2014年，成都大学附属医院以学校“第三次创业”发展精神为指导，贯彻落实“十年跨越三步走”的发展战略，以建设高水平的城市型综合大学附属医院为目标，奋力推进医院各项事业全面改革和发展，全年门诊诊次、出院人（次）、住院手术台（次）、业务收入、收支结余等发展指标，与上年同比分别增长11.41%、14.29%、26.63%、12.97%、601.20%；职工收入比上年同期增长13.5%，职工继续教育投入经费同比增长34.8%；在实现可持续发展的同时，努力做到患者经济负担不增加，患者门诊诊次费用、出院例均费用、平均住院日、药品使用比例，与上年同期相比分别下降0.65%、1.28%、2.95%、4.96%。

【医疗质量与安全】 成都大学附属医院（临床医学院）成立独立的质控部，抽调业务骨干强化医疗质量与安全管理，进一步完善医疗质控体系和质控标准，修订完善《住院超30日管理规定》《关于加强“专病专治”管理规定》《三级医师查房流程指导意见（试行）》等医疗质量管理制度20余项；组织医务人员《医疗机构病历管理规定（2013版）》专题培训1次，院级医患沟通培训工作2次，病历书写培训1次，病情评估制度、医嘱制度培训1次，新进人员质量与安全管理培训1次，每周组织1次院级疑难病例讨论与培训等；加强不良事件管理，对每一例报告的不良事件及时处置，提出改进措施并回复报告科室，开展不良事件培训会2次，全年共报告不良事件165例，达到三甲评审标准的A级（每百张床位≧20件）；严格护理质量管理，持续改进护理工作质量，全年共组织护理质量大检查96次，专项护理查房107

次；加快医护一体化服务模式，继续深化优质护理服务，推行医护联合小组负责制，体现个性化的护理服务模式，全年护理服务满意度为95%；加强感染和传染病疫情监测报告和防控工作，感染率3.50%，感染例(次)率3.96%。

【改善医疗服务行动】 成都大学附属医院(临床医学院)针对医疗服务工作中存在的问题和不足，于年终启动开展"优质服务年"主题活动。活动通过分阶段宣传动员和查找问题，共查找出医院在综合管理、医疗质量管理、学科建设与人才培养、职工福利、后勤保障等5个方面的154个问题；通过医院集体研究，提出整改措施并限期整改，做到发现问题，解决问题，打通了医院管理"最后一百米"，极大地改善了医院的就医流程，提高了技术水平，改进了服务态度，有力提升了医院医疗服务的质量和内涵。医院在门诊成立"圣修病员服务中心"，为病员职工和群众提供各种便捷服务。医院成立事业发展部门，加强医院对外拓展和宣传，将医院周边方圆五公里范围内社区居民的健康保健和义诊服务纳入医院常态工作，让社区居民在家门口享受到"三甲"医院的优质医疗服务。医院全年共组织各种义诊20次，接待病人3 000人(次)，发放医院义诊惠民号1 000诊(次)，制作发放健康教育手册1万份。医院作为成都大学附属教学医院，为成都大学的在职和退休职工3 500人、附院在职职工和离退休职工1 800人、成都信息工程大学职工及家属免费制作发放职工和教师就医关怀卡，为大学师生及职工的生命健康提供关怀服务。同时，医院作为曾经的成都铁路中心医院，长期以来承担成都铁路局下辖各站段内职工的医疗保障任务，派出医疗队多次赴基层铁路站段，为辛苦奋战在边远山区铁路沿线的基层职工们送上贴心的健康保健和义诊服务，深受一线职工们的欢迎和好评，为确保西南地区铁路交通大动脉的通畅运行作出自己的贡献。

【分级诊疗体系建设】 成都大学附属医院(临床医学院)积极落实分级诊疗政策，与彭州市、崇州市、邛崃市三地卫生局签订战略合作协议，将医院优质医疗资源下沉，让人民群众在家门口就能享受到"三甲"医院的优质服务；继续做好对石渠县人民医院、九寨沟县人民医院、马尔康武警医院、十陵镇人民医院、龙泉驿区第二医院、中江县集凤镇中心卫生院的对口帮扶工作，与彭州市25家、崇州市23家、金牛区45家公立医疗机构签署双向转诊合作协议，实现"小病进社区，大病进医院"，双方优势互补、资源共享、改善民生，分级诊疗体系初具规模。

【医学教育】 成都大学临床医学院于4月在医院挂牌成立，按照学校要求加快推进学院的硬件设施建设和师资队伍培养；增加教学用房，改善教学环境；成立综合办公室，做好建章立制工作；实施"双师型"人才培训计划，加快培育临床医学院师资队伍力量建设，举行2次教师试讲选拔会，严格教师准入考核机制，有87人取得高等学校教师资格证，通过临床医学专业认证工作的准备来推进学院的各项规范建设；设立专门的教授和讲师工作室，创新实践以问题为导向的教学方法(PBL)，探索现代医学人才培养的新方法、新思路和新途径，提升人才培养质量；突出"小规模、精培养"的培养理念，依托卓越医生教育培养计划，创新开展医学生的职业养成体系培育，培养突显成大特色的医学生。

【人才队伍建设】 成都大学附属医院(临床医学院)制定、修改人才队伍建设相关工作新文件共计10份；与成都大学和教务科合作，积极参与和推动十陵院区以及临床医学院人员配置工作，全力打造高素质人才队伍，为医院建设和发展新战略提供人力资源保障。医院首次引入和采取新进员工素质拓展训练方式，新引进各类人员共167人，其中硕士以上学历人员28人、副高以上职称人员2人；启动医院首席专家制度，聘任首批首席专家1人；在国际教育与合作方面，启动中德联合培养护理本科生的合作项目，至年底已与德国米歇尔医疗集团签署关于护理专业赴德研修生项目的合作备忘录。

【科研工作】 成都大学附属医院(临床医学院)成立独立的科研科，引进2名博士研究生推动医院科研工作；组织申报学校交叉研究中心3个，完成省、市科研立项完成6项，获成都市医学科技奖应用研究类一等奖1次；积极筹建医院中心实验室，为临床提供先进的科研服务和保障；依托学校协同创新中心平台与自身医学专业技术平台积极服务市场合作平台，与成都晚霞社会养老服务中心建立战略合作关系，建立医养合作外循环体系。

【国际交流合作】 全国唯一一家德中科技交流基金会医学科技交流基地于4月在成都大学附属医院（临床医学院）挂牌。医院依托该基地，先后邀请德国原康复协会主席、柏林医院院长兼神经科主任、德国波恩大学附属医院耳鼻咽喉科专家、德国医院质量管理专家等国外知名专家教授来院开展各种学术交流活动；与德国马丁路德大学哈雷维滕伯格医院签订合作协议；与泰国清迈大学、荷兰林堡省生命科学和卫生代表团进行友好合作交流。

【外科综合大楼建设】 成都大学附属医院（临床医学院）积极推进院本部外科综合大楼建设项目，至年底已通过市政府和规划局批准立项，并完成待建区域病理科、核医学科的搬迁，地勘工作即将入场。项目设计总建筑面积5.5万平方米，总层数25层，包括住院病房、医技用房、手术室、重症监护室等业务用房及配套用房。建设周期为2015年到2017年，预计2018年全部建成投入使用。项目建成后，将增加病床600张，极大改善医院诊疗环境和硬件设施，对医院突破瓶颈发展具有重大意义。

【党风廉政建设】 成都大学附属医院（临床医学院）深入推进廉洁医院建设，开展"医德医风专项教育活动"，在全院职工中牢固树立"三线三不"的警示意识，即道德底线不能越、纪律高压线不能碰、法律红线不能闯；在专项教育活动中，组织干部警示系列专题讲座、干部职工参观四川省法纪教育基地锦江监狱并开展医德医风知识竞赛和廉洁行医主题征文等各种活动。此外，医院进一步加强医院廉政防控工作的组织、制度和流程的优化，落实"一岗双责"、廉政责任制和卫计委"九不准"；修订廉政风险防控制度6个；修订和完善药事管理制度5项；组织3类人员签订廉洁承诺书，做到全院覆盖；确保做到申请、决策、购买、监督、评估"五权分离"，对医院院科两级重点岗位、风险岗位实行定期轮岗制度；加大党风廉政监督检查力度，加强行风和医德医风建设；认真完善医德医风考核机制和考核奖惩制度。

【医院文化建设】 成都大学附属医院（临床医学院）实施文化引领战略，以"改革创新、提升水平、办群众满意的大学附属医院"为目标，继承百年老院"圣心修德、精业笃行"的圣修文化，把创新医院文化建设作为引领医院管理的核心工作，坚持以病人为中心、救死扶伤、患者至上的仁医文化，倡导"团结、仁爱、奋进、创新"的院训精神和家文化，全面推进医院文化建设的理念创新、思路创新、制度创新和实践创新；启动文化建设示范科室建设项目，重点打造体检中心、骨科、会议室等文化建设示范点，成为医院文化建设的模板和名片；以先进的医院文化温暖人心、凝聚共识，推动附属医院各项事业的快速发展，充分体现公立医院的社会公益性，有力助推医院社会公信力的提升，获"中国医疗机构公信力示范单位"荣誉称号。

（易向明　刘开铖　王　麒）

三六三医院

【概况】 三六三医院隶属于世界500强排名第178位的大型国有企业中国航空工业集团公司，为三级乙等综合医院，是四川大学华西医院区域联盟中心医院、泸州医学院非直管附属医院，1972年经国务院、中央军委批准筹建，1979年开院开诊，集医疗、教学、科研、预防保健功能于一体。院区占地面积1.6万平方米，建筑面积5.1万平方米，其中业务用房建筑面积4.8万平方米；编制床位550张，开放床位600张。2014年，医院有在岗职工990人，其中高级职称人员100人；有固定资产3.9亿元。

【犀浦项目推进】 三六三医院犀浦院区的建设，实现跨越式发展的重要机遇，年内先后完成犀浦院区郫县地块58.4亩建设用地批准书及建设用地划拨决定书的办理、土地款缴纳、项目监理等咨询服务公开招标及备案、可行性研究报告编制上报、总体规划及概念性设计方案审查、交通评价、造价公司招标遴选等工作。

【科教工作】 三六三医院继续加强住院医师规培基地建设，完成国家卫计委住院医师规培基地认定申报工作；启动规培生院外轮转工作，先后派出2批共7名规培生到泸医附院轮转半年；年内接收规培生8人，现有在培规培生27人；接收实习生409人、进修生13人，首次接收省外实习生；加强教学联系，与武侯区人民医院签订联合培养协议，解决产科、儿科实习基地问题；扩大教学规模，与攀枝花医学院签订建立临床教学基地协议；开展"科主任示范教学查房"活动，完成22名主任副主任、6名副主任医师查房；建成临床技能培训中心，教学硬件条件得到较大提升；承办省级、市级继教项目各1项；开展院级培训349次，同比增长7%，累积参与18 173人（次），人均培训26.73学时；外派培训383人（次），人均培训29学时。医院出台科研激励制度6项，包括院内科研项目、科研基金设立，重点专科建设，科研经费及科研奖励管理等，积极为职工搭建创新平台和环境；获批科研课题10项，其中四川省科技厅课题1项、四川省卫生厅课题1项、成都市卫生局课题1项、横向课题1项、其他课题6项，共获科研经费51万元，2014年在研课题28项；完成心血管呼吸内科课题科技成果鉴定1项；发表高质量学术论文57篇，同比增长23.91%，其中SCI 3篇、北大核心8篇、统计源核心46篇。

【技术提升】 三六三医院积极申报中航医疗重点学科10个，包括呼吸内科、消化内科、神经内科、肿瘤内科、重症医学科、骨科、神经外科、泌尿外科、耳鼻咽喉头颈外科、微创外科。医院心血管呼吸内科呼吸专业获批成都市重点专科建设项目；肿瘤科顺利通过四川省癌痛规范化治疗示范病房及四川省二、三类医疗技术临床应用能力现场评审；11月，引进并开展3D腹腔镜技术，使医院微创技术水平再上新台阶。医院加强医疗技术管理，对临床科室医疗组长进行重新评价并授权；完善医疗技术准入管理制度，组织专家对8项新技术进行审核论证及阶段考评；梳理各科Ⅰ、Ⅱ类技术项目开展情况，将开展1年以上、例数较多、开展情况良好的新技术纳入Ⅰ类技术项目管理；完成重大手术申报审批116人（次）。

【服务提升】 三六三医院门诊服务质量不断改善，启动门诊电子处方系统；开放门急诊候诊区免费WIFI；制定完善门诊服务流程24个；严格执行坐诊医生考勤制度，定期公示考勤情况，门诊准点率大幅提升，坐诊医师更换频率明显下降。医院细化投诉处理流程，加大总结分析、反馈及整改力度，定期通报；畅通投诉渠道，设专人负责监控和收集网络舆情。医院加强医德医风建设，认真开展党性党风党纪教育，组织管理干部、重要岗位人员参加中纪委纪检监察业务培训等157人（次）；完成新任管理干部任前集体廉洁谈话32人（次），签订党风廉政建设责任书150人（次）；集中开展贯彻落实医疗卫生行风建设“九不准”工作，学习教育覆盖率100%；启动廉洁从业风险防控管理工作，制定防控措施29条；在全院开展《医患双方不收和不送“红包”协议书》签订工作，开展专项督查2次，形成自觉抵御“红包”歪风的良好风气，全年全院收到锦旗107面、感谢信76封，拒收礼品礼金138人（次）、24.94万元；继续执行药品集中上网采购制度，招标挂网药品采购率97%，高值卫生耗材网购率100%。成都市医保局批准医院为A级基本医疗保险定点医院及具有认定和治疗门诊特殊疾病的定点医疗机构，并成为全市22家具有全省异地联网结算资格的定点医疗机构之一。医院强化医疗质量和患者安全管理，启动医院内审员培训，促进科室风险自我评估并持续改进，推动质量管理自主化；实施医师绩效管理，提高医疗质控力度，将质控结果与医师部分绩效挂钩；加强患者安全管理，组织律师查房6次，开展法律讲座4次，继续实行不良事件上报非惩罚制度，对不良事件实行追踪管理；继续严格执行临床路径开发与规划实施，已开展的45个病种中，临床路径入径率84%、完成率95%、变异率5%，无退出；继续深入开展“优质护理服务示范工程”，对照标准，每季度自查，平均得分97.1分，同比提高2.3分。

【内涵建设】 三六三医院党的群众路线教育实践活动历时7个月，院领导带队深入一线听取意见60次；根据征集到的意见或建议，制定“两方案一计划”，共整改落实56项，基本完成整改26项。医院业务招待费同比压缩50.96%，会议减少20.7%，文件减少16%；面向全院职工开展与院领导有关的代办代约服务，自5月底启动以来，完成代办事项222项。医院充分发挥工会团委的服务职能，深化民主管理，组织召开职代会5次、职代会联席会5次；加强院务公开，利用各类会议、网站、微信、OA系统等进行信息公开769人（次、项）；进一步保障职工权益，修订《职工健康医疗管理办法》，提高职工健康体检及医疗待遇；完成《院史》和《大事记》30万字编修工作。医院强化信息系统支撑作用，建立四川省异地医疗实时结算系统，为省内异地病人提供更加便捷的医疗服务；完成成都市新门特病人接口程序升级工作，方便门特患者就医；完成医院综合信息平台（OA）二期建设；完善PACS系统，优化病人就医流程；完善临床信息系统应用功能，使之符合电子病历质控要求；稳步推进临床路径和单病种质量信息化建设，优化各类护理记录单；上线院内数据挖掘系统，细化数据查询权限，满足临床核算需要；上线人力资源信息化 E－HR 系统；建立电子图书馆，完成维普医学期刊、康健外文期刊更新，提供网络医学文献数据库检索服务；通过省卫计委组织的数字化医院评审。

【公益彰显】　三六三医院加强应急管理，制定埃博拉防控预案，开展埃博拉诊疗、防治规范培训；修订安全生产、交通事故、保密管理等应急预案；开展总值班人员培训；开展消防、急救、安全生产、公共卫生等演练8次。医院继续对德格县人民医院进行对口支援，共派出8人前往德格累计工作744天，参与诊疗患者1 814人（次）、手术173台（次），主持会诊及疑难讨论87次，开展学术讲座35次、业务培训43次、教学查房86次、手术示教22次，参加巡回医疗210人（次），帮助德格县人民医院开展清醒气管插管、慢诱导、臂丛神经阻滞等16种新技术，填补当地多项技术项目空白。医院与成都武侯慈爱医院、达州妇幼保健院等20家医院，以及成都市武侯区玉林社区卫生服务中心、红牌楼社区卫生服务中心等10家社区卫生服务中心签署医疗合作帮扶协议。医院开展藏区义诊，8月组织义诊医疗队一行17人赴甘孜州白玉县亚青寺义诊500人（次），常规体检275人；赴甘孜州道孚县义诊检查患者40名，得到当地政府和群众的一致好评。医院继续免费接收藏区"9＋3"护理专业实习生，年内共有9名藏区"9＋3"实习护生在院实习，29名护生已圆满结束实习踏上工作岗位。医院开创医院—慈善机构合作先河，成立阳光基金，帮扶救助特困门诊及住院患者、本院职工、"三无病人"等，已帮扶3人。医院圆满完成成都大庙会、省政协干部外出、武侯区防恐防爆演练等卫生保障任务；组织开展卫生"三下乡"、社区义诊、健康宣教等公益活动20次。医院根据中航医疗产业管理有限公司授权，托管成都青羊成航医院，多次赴成航医院考察、调研、座谈，编制《成都青羊成航医院发展规划》《成都青羊成航医院医养结合项目可行性报告》并上报中航医疗，完成成航医院领导班子和中层干部考核工作，对成航医院领导班子进行调整，并派驻一名主任医师任副院长，参与经营管理。

【社会评价】　三六三医院开展的藏区服务工作被中国航空工业集团公司推荐参加2014年度全国慈善展览，受到广泛好评；获中航资产2013年度"经济效益奖""经济价值奖"、成都市城市节水办"2014年成都市城市节水宣传周先进集体"。医院心血管呼吸内科获"2009－2013年度成都市模范集体（班组）"；急诊科获市总工会"2013年度成都市'安康杯'竞赛优胜班组"；总务科获市总工会"2013年度工人先锋号"。

（郑尚英　吴　健）

成飞医院

【概况】　成飞医院始建于1958年，占地面积27 004平方米，建筑面积24 925平方米。成飞医院是全国第二家实行国有控股股份制改革的医院，集医疗、教学、科研、预防医学于一体，是一家大型综合性"三级乙等"医院。医院是国际爱婴医院，四川省、成都市、区医保定点医院，成都市门特认定医院，成都铁路局医保定点医院，成都市"120"网络急救医院，四川大学华西医院网络协作医院，武汉科技大学医学院教学医院，成都医学院教学实习医院，川北医学院非直管附属医院，四川省医学科学院·四川省人民医院医疗集团战略合作医院，全国百姓放心示范医院，中国诚信守法中心授予"AAA守法诚信单位"，通过四川省卫生厅住院医师规范化培训联合基地认定，为省内率先通过ISO9001质量认证的企业医院。2014年，成飞医院下设门诊部、住院部及社区卫生服务中心，共有科室55个，其中职能科室17个、临床科室27个、医技科室11个；编制床位600张；在职职工675人，其中卫生技术人员604人、主任医师13名、副主任医师43名、副主任技师3名、副主任药师2名、副主任护师3名。

【基础管理】　成飞医院抓好改革及发展工作，医院董事会和监事会实行换届；完成医疗综合大楼修建前期论证和董事会立项工作；成立"医疗综合大楼115项目筹备领导小组"和"医疗综合大楼项目领导小组"；荣获2014年全国改革创新企业医院，荣获健康报社评选的中国医疗机构业公信力示范单位，荣获中国网2014推进医疗改革先锋医院。医院进一步深化人力资源管理，启动外聘员工考核入编工作，转正8名；调整2014年公积金、企业年金标准，申请开通公积金独立开户；提高工龄工资、最低生活费、卫生保健津贴、全院夜班费；制定《员工工资制度》《单身公寓管理规定》《成飞医院人才引进实施细则》。

医院加强后勤设备保障管理，完成住院大楼停车场改建和血透室扩建，建立精神科心理治疗诊室，投入使用大型设备彩色多普勒超声波诊断仪，完成大型设备64排128层螺旋CT招标工作（西门子），完成全院医疗器械不良事件督查及特种设备检查，举行全院消防知识培训，成立治安保卫委员会领导小组、安全防火领导小组。

【数字化医院建设】 成飞医院通过四川省数字化医院评审检查，完成中心机房改扩建工作，完成全院网络结构调整和网络拓扑图的绘制，完成二代身份证识别办理一卡通接口升级，建立疾病诊断治疗系统，完成OA系统升级。

【标准化和精细化管理】 成飞医院启动并推进医院标准化体系建设，建立护理标准化手册2份、门诊服务标准化手册2份；实行门特“专病专治、专科专治”新管理办法，保证门特病人的有效诊治和总费用控制；建立微信公共平台，实现微信预约挂号和微信体检查询，建立成都市首家“患者诉求中心”，集中整合“投诉、询问、求助、预约、服务”五大功能。

【社会公益活动】 成飞医院承担各种政府指令性任务和对口支援工作；积极开展“132蓝天关爱”；定期开展各种健康教育，普及健康知识，共向社会开展健康讲座32次，其中到成飞公司10次；组织医务人员参加第11个“世界献血者日”献血活动；在高温季节到成飞公司生产一线进行医疗健康巡诊；向贫困学生捐助学习文具和爱心棉鞋；坚持开展医院志愿者服务，全年累计服务1 000人（次）；坚持对“三无”人员救治。

【医疗质量】 成飞医院医疗质量与安全得到持续改进，全面引入质量工具，开展临床科室质量工具应用成果比拼，临床科室质量工具使用率达到100%；开展“品管圈”活动，进行“品管圈”评比交流大会，全年“品管圈”结题7个，新组圈12个，荣获四川省医院品管圈大赛二等奖、三等奖，荣获第二届全国医院品管圈大赛决赛最佳表现奖；深入开展2014年医疗质量月活动，共4个阶段、7个版块，涵盖25个活动；举行全院医保知识竞赛；开展外科缝合比赛、内科气管插管技能大赛；开展病历质量内涵提升专项培训；规范门诊疾病证明、病假证明管理；落实重大手术审批等制度；开通华西医院远程会诊。医院开展“优质护理示范工程”活动，举行首次“手卫生周”活动，完成对护士长和全院护理人员的岗位考评工作，完善三级护理质控体系；引进专业陪护公司，规范陪护管理。

【科研教学】 成飞医院首次获得四川省卫计委专项建设经费10万元拨款，承办中航医学装备管理委员成立大会和成都市神经外科专委会年会，开通四川大学华西医院远程教学，新增中航工业医院协会各专委会主任委员1名，新增成都市医疗保险管理局评审专家1名、成都市质量控制中心专家16名（其中常务专家2名）、成都市医疗服务与质量检查专家22名；通过成飞公司课题立项2项，即《成飞社区中老年人群的康复需求研究》《关节镜微创手术治疗半月板损伤的疗效调查分析》；完成省级继续教育项目培训3项、市级继教项目培训4项。医院提高应急急救能力，举行涉医暴力突发事件应急演练、医务人员职业暴露应急演练、医院感染暴发应急演练、护理应急预案演练、消防处置联合应急演练、平安医院演练。

【精神文明建设】 成飞医院抓形势任务教育，统一干部、职工思想，及时召开医院职代会，对成飞公司科研生产形式任务进行宣贯，对医院“十二五”规划实施情况、2014年行政和党务工作进行总结部署；定期召开干部例会和全员职工大会，通过会议将公司行政例会精神、卫生行政管理部门管理精神和医院经营管理教学科研思路及时传达到干部职工中，注重舆论引导，开展“变革创新、弯道超越、从我做起”为主题的大讨论。医院深入开展党的群众路线教育实践活动，全面提升班子整体功能，启动以“为民、务实、清廉”为主题的群众路线教育实践活动；在整个活动中严格遵照“学习理论提高认识、深入实际调查研究、查摆问题深挖根源、转变作风见诸行动、建章立制狠抓落实”的要求，成效明显。医院开展学习型组织建设，确立《引入“品管圈”质量管理工具，促进质量文化进班组研究》的政研课题；组织医院班子和全员近600名职工共同参加业务知识考试；邀请四川大学华西医院专家进行干部管理知识培训，坚持每月两次的干部政治学习；积极开展高层荐读活动，坚持开展党政领导上党课共4次。医院积极实施“132蓝天关爱”工程，通过电视台、科协、工会、社区等多种途径开展急诊急救、泌尿系统健康、口腔保健、青少年青春期心身健康等医学科普知识讲座，将健康、将知识送到一线干部职工身边；配合成飞公司“132 蓝天关爱”工程完成各类体检 13 万人(次)。医院狠抓党风廉政建设，将职工最关注、难度最大的外聘员工转编制工作列为效能监察课题；在医院经营目标与医德医风建设问题上，始终坚持“两手抓，两手都要硬”的原则；开展职工医德医风评价、医德医风问卷和院外监督员制度；启动医患双方签署不收和不送“红包”协议书，全年共收到患者赠送锦旗25 面、感谢信 25 封，拒收红包 9 个(金额10 400元)。医院抓好工团工作，为职工配发羽绒内胆御寒，帮组职工子女解决入托难问题，安排组织职工省内外疗养，组织女职工参与公司女职工读书活动并获一等奖；开展“3·5 学雷锋”义诊、纪念“五四”演讲比赛；召开职代会 8 次，充分发挥职代会参与民主管理和民主监督的主渠道作用。

(李元富　罗洪萍)

民营医院

成都爱尔眼科医院

【概况】 成都爱尔眼科医院是中国西南地区学科门类全、医疗技术实力较强的专业眼科医院之一，是爱尔眼科医院集团设立在西南地区的核心眼科医疗机构，也是省市区医保定点医院、成都市总工会困难职工惠民帮扶医院、成都市工会会员复明手术定点医院、中国首个全飞秒展示基地，创建了四川首个高度近视及疑难屈光矫治专科门诊。医院成立于2002 年，位于成都市一环路西一段 115 号(大石路口)，按照三级眼科专科医院标准进行打造，总面积9 330平方米，下设屈光、视光、白内障、青光眼、眼表及整形美容、眼底病、斜视及小儿眼科、特检、检验等科室；三个住院病区共设床位 80 张。2009 年 10 月，爱尔眼科股票在深圳证券交易所公开发行上市(股票代码 300015)，成为中国首家 IPO 上市医疗机构，是社会各界对爱尔眼科医疗质量、规范经营与规模实力的高度认可。2014 年，全院有职工数 253 人，其中高级职称 14 人、中级职称 25 人、初级职称 131 人。

【行医规范】 成都爱尔眼科医院秉承集团使命，致力于人类眼健康事业，使所有人，无论贫富贵贱，都能享受到眼健康的权利；追求社会责任和自身发展的和谐统一，本着责任、协作、创新、奉献的精神，与眼科同行、合作伙伴一道，不断提高医疗技术水平、创新医疗服务模式，持续开发和满足患者的需求，力争在医疗服务、人才经营、医院管理、患者服务、社会回报等方面成为医疗行业典范。医院严格规范行医，坚持合理检查、合理用药、因病施治；严抓抗菌药物使用，制定《抗菌药物临床应用指导原则》，在各科室已执行抗菌素分级使用原则，对医生使用抗生素药物实行动态管理及再授权制度。医院不断完善和落实医疗制度，汇编成册发至全院医护人员，侧重提高医务人员综合素质、实际工作水平与应急能力，狠抓学习制度落实，规定每周一早上为医院业务学习日，作好内容安排，包括相关法律法规、技术操作常规、各规章制度及规范以及专业相关的专业理论及医学进展；注重学习方法，包括全院性及科室业务讲座、病例讨论、远程教育、外出参加学术活动，选送医护人员到上级医院进修及短期培训等；以考促学，强化院感和“三基三严”训练，对全院45周岁以下在职在编的医技人员每年举行三基考试2－4次。

【医疗质量安全管理】 成都爱尔眼科医院做好医疗质量安全考核工作，强化高危重症患者的重点监控，严格执行医疗防范措施和医疗争议处理预案，实行医疗缺陷责任追究制，严格按照医疗操作规程标准开展医疗活动，加强科内及全院会诊工作。医院业绩再创新高，并演绎了“零投诉”佳话，病历甲级率99.5%，处方合格率99%，入出院诊断符合率100%，手术前后诊断符合率100%，无菌手术切口甲级愈合率100%，均达到卫生部对二级医院的质控要求。

【前沿技术开展】 成都爱尔眼科医院一直紧盯国际国内前沿技术，让患者在“家门口”就能享受与国际同步的先进眼科医疗服务。医院在近视矫治技术领先的基础上，7月率先在西南地区引进德国蔡司VisuMax全飞秒设备，开展全飞秒激光近视手术。全飞秒激光近视手术的开展，以其“无瓣”“微创”的独特魅力，吸引了一大批近视患者，并为他们顺利摘镜。11月20日，备受国内眼科行业关注的中国首批中央孔型ICL(V4c)晶体植入术，在成都爱尔眼科医院顺利开展，这也是西部地区首例中央孔型ICL晶体植入术，这项前沿技术的运用，实现了国内近视手术的又一飞跃。医院引进湿房镜，对于多发的干眼疾病有特别的疗效，能够在不影响日常生活的情况下，轻松地拯救干涸的双眼。

【人才梯队建设】 成都爱尔眼科医院人才梯队的建设是提升医院综合实力的决定性因素，关系到医院发展的兴衰成败；用好现有人才，留住关键人才，引进特需人才，特别制定了人才发展目标——建设一支德技双馨、精干高效的专业技术人才队伍，使全院专业队伍年龄结构、学历结构、职称结构更趋合理。医院在使用好现有人才的同时，将人才的培养摆上同等重要位置，对新职工实行先轮训再定科制度，住院医师轮训完毕后，进行专业定科；实行“双向选择制”，即由临床科室与住院医师本人双向选择，不断完善人才队伍建设，构建更加合理的专业人才梯队。医院鼓励卫生科技人员申报课题，钻研新业务，并给予科研经费资助，卫生科技人员申请到科技项目均给予一定资金补助，每年度对新技术、新项目要进行评审和奖励，在第十九届全国眼科年会上，医院投稿42篇。

【社会公益】 成都爱尔眼科医院作为一个有着高度社会责任感的企业，一直热衷公益事业，并多次携手成都市总工会开展公益慈善活动。医院积极响应成都市总工会、武侯区总工会的号召，在2014年元宵节正式挂牌“15分钟之家”，一大早便准备爱心元宵驱车送达全市环卫工人手中。3月，医院联合《华西都市报》，开启“为爱攀登·救助贫困眼疾患儿”大型公益活动，成为全市唯一定点救助医院，全年共救助斜视、白内障、上睑下垂等眼疾患儿10名，为孩子赢得了光明，也获得了良好的社会反响。5月，医院携手冠群驰骋投资管理（北京）有限公司，启动“用爱点亮光明”公益活动，作为手术救助唯一定点医院，救治先天性白内障患儿。9月，“爱尔眼科善行全川”正式启程，关爱革命老区留守学生，关注他们的眼健康成长。12月1日，医院救治贫困独眼妈妈，让29岁的冯梅重见光明。

【惠民活动】 成都爱尔眼科医院于3月1－31日开展致盲眼病全城普查行动，主要针对青光眼，早发现、早干预、早治疗。6月6日是第19个全国“爱眼日”，医院糖尿病眼病普查走进牛市口社区，主要针对中老年糖尿病患者常见的糖尿病性白内障、眼底血管瘤、眼底出血以及视网膜病变进行义务检查。10月、11月，医院义务参与成都市2014年度学生健康体检工作，承担视力体检环节，为20所学校的2万名学生进行眼健康体检。11月14日，世界糖尿病日，医院派出多支专家队伍走进成都市各个社区、乡镇，开展关注糖尿病眼病“网计划”公益活动，进行义诊及防治“糖网病”讲座。此外，医院长期开展老年白内障、翼状胬肉等眼病的普查行动，普查对象几乎覆盖成都所有区县乃至乡、镇、村，并延伸到全省各市州。同时，医院不定期开展眼科讲座进社区、进乡村，全面普及眼科知识，提高群众眼病防治意识。

【集团资源共享】 成都爱尔眼科医院作为集团设立在西南地区的核心眼科医院，依托强有力的医院集团作后盾，经常与集团专家一起开展网络会诊，共同针对疑难、典型案例进行讨论，确定诊疗方案，运用到诊断治疗中。正是因为拥有强有力的集团作为后盾，成都爱尔眼科医院在医疗技术、人才引进、行医管理等方面更易与国际接轨，在第一时间与集团实现资源共享。医院不定期邀请知名眼科专家到院现场坐诊，为西南地区老百姓提供更加多样化的医疗服务；组织开展川内眼科论坛、学习研讨班，将先进眼科医疗技术及时与川内眼科同行分享，构建川内开放眼科学术交流、前沿技术普及新模式。

（钱　双）

成都黄再军医院

【概况】 成都黄再军医院位于成都市龙泉驿区阳光城阳光大道4号，占地面积260亩（含公园），建筑面积2万平方米，有床位500张（含康复）。2014年，医院有员工数268人，其中卫技人员198人、占73.9%，大学专科以上学历166人、占61.9%，副高及以上技术职称14人、占8.3%，行业内知名专家18人。医院有普外科、心血管内科、消化内科、呼吸内科、妇科、五官科、中医科、牙科、医学影像科、检验科、黄风湿系列疗法治疗科、制剂科、药剂科等完善的临床、医技科室15个，拥有500mAX光机、肌电图机、心电图机、彩超、心电监护仪、生化仪等设备，总价值500万元，保证了医院高质量诊疗工作的需要。医院拥有可调式吸罐、手足薰蒸按摩器、四肢医疗保健活动药敷袋、防风通络丸、路路通散等专利8项；开发防风通络丸、路路通散、三七骨舒搽剂、三七风湿膏、灵心安神丸、黄风湿酒等产品22个。医院主要采用黄再军所独创的黄风湿系列疗法（即中药内服、外用法、外贴、三针一罐、循经推拿等传统自然疗法））主治风湿、类风湿（风湿性关节炎、类风湿关节炎、痛风、强制性脊柱炎、骨性关节炎、颈椎病、肩椎炎、腰椎间盘突出等）、肌无力、肌萎缩（重症肌无力、硬皮病、皮肌炎、进行性肌营养不良、运动神经元病等）、小儿疳积、中风后遗症、眩晕、哮喘等疑难杂症。医院进行多项技术革新，对“中草药上下进入阴阳平衡疗法”“121健康保健法”“黄风湿医疗保健操”进行完善和广泛应用，大大提高治疗风湿、类风湿等疑难病的疗效。

【医疗服务管理】 成都黄再军医院加强质量控制，明确工作职责，严格实施“医院、科室、个人”三级质量管理体系，加强科主任和科室质控小组工作责任心，坚持医疗质量评价制度，从根本上深化医疗服务内涵；对影响医疗质量的重要环节进行重点控制，切实提高医疗质量；实行“二线班”及总值班巡查管理制度，重点掌握全院疑难重症及特殊患者诊疗情况，加强病区夜间值班医务人员管理，及时消除事故隐患，降低医疗风险。医院与四川省中西医结合医院达成双向转诊协议，与第三军医医大学附属医院建成远程会诊系统。

【科技研究与培训】 成都黄再军医院全年组织开展医务人员对八大疑难病知识全员培训，特别是强化类风湿关节炎、重症肌无力、进行性肌营养不良、黄风湿系列疗法操作、院内制剂等培训；先后举办急救技能、医院感染管理、风湿病基础知识及规范化诊断、护理管理、“三基三严”训练、职业道德及礼仪等专场培训27次，开展院内外培训848人（次），同比增长32.7%；参加院外医学继教培训18场（次），参加培训56人（次），同比上升100%，其中到北京、山西、杭州、重庆、攀枝花、广州等地考察学习20人（次），进一步提高各专业人员的技术和管理水平。医院共推出黄风湿系列新产品三七抑菌搽剂、愈溃灵、路路通浴足粉、活血止痛膏4种产品上市；完善归芪健力丸、三七骨舒酒剂两个制剂的申报制剂批文资料的工作（待审）；开展黄风湿系列新制剂的临床应用如黄风湿系列膏方、三伏贴、三九贴的临床应用与研究工作。医院全年向国家医学杂志和期刊推荐优秀论文10篇。

【公益事业】 成都黄再军医院一直致力公益事业，全年开展专家义诊100次，义诊量超过2 000人（次）。其中，医院下属的再军志愿者文艺团将文艺创作、演出和宣传活动与实现“中国梦”、赞美龙泉、歌唱幸福生活相结合，以“走基层、惠民生、办实事”、“廉政文化建设”“邻里守望”“反腐倡廉”等为主题的文艺演出以及与加强社区精神文明建设相结合的各类文艺演出90场，出简报100期，促进全区精神文明、和谐社会建设协调发展，营造积极健康、昂扬向上、团结奋进的文化氛围和舆论氛围。3月，成都市社会福利行业协会正式成立，黄再军担任协会会长，进一步提升了医院及护理院在社会的影响力。医院以股份制方式接管成都武侯无方中医门诊部有限公司经营管理，扩大了黄风湿在成都市西部城区的影响力。成都市青白江公建民营红阳颐养居由再军爱心护理院接管运营，在养老行业赢得良好声誉。医院为回报社会，实现“帮天下子女尽孝，给世上父母解难，为党和政府分忧”

的理念，积极为社会孤寡、残疾、困难老人和群众提供力所能及的帮助，得到社会的好评。院长黄再军荣获第四届“全国非公有制经济人士优秀中国特色社会主义事业建设者”称号，受到全国政协主席俞正声等党和国家领导人的亲切接见并为其颁奖，在11月25日晚7点在中央电视台新闻联播节目中报道和晚间新闻重播。黄再军等12名员工荣获2014年成都市龙泉驿区“龙泉万名好人”殊荣，黄再军被授予“十好慈善人士”，杨碧芳、鲁丛文被授予“十好活雷锋”，万红光、刘元富被授予“十好志愿者”，田正琼被授予“十好节俭人士”，姜秀华被授予“十好服务明星”，罗朝斗被授予“十好技术能手”，钟方容被授予“十好企业员工”，鲜玉全被授予“十好医生”，张松霞被授予“十好青年”，唐克良被授予“十好健康老人”。医院党支部荣获中共龙泉驿区2014年“先进基层党组织”殊荣；黄再军、张谢玲荣获“优秀共产党员”称号。

【医院建设与党组织建设】 成都黄再军医院全年投资600万元，在规定时间内完成青白江红阳颐养居的整体装修，保障青白江颐养居分院正常运营，成为成都市公办民营典范；同时，完成总院门诊部、药房部、餐饮部的装修，增加服务功能。医院在开展党员教育工作中，紧紧围绕提高党的执政能力建设，树立科学发展观，制定了完善的学习制度和学习计划，坚持党“三会一课”制度，积极开展爱国主义、集体主义和社会主义教育，要求党员亮证上岗，科室主任是党员的设立党员示范岗，通过广泛开展活动，使每名党员都从理想信念、宗旨观念、组织纪律、工作作风、廉洁自律和立足本职发挥作用等方面进行党性分析。医院结合工作实际制定长效机制，按照“让党员受教育，让群众得利益”的要求，使党员教育活动真正成为群众满意工程。

（王月清　刘华国）

基层医疗卫生机构

都江堰市人民医院

【概况】 都江堰市人民医院开放床位800张，有在职职工1 494人，卫生专业技术人员1 273人，高级职称178人，其中正高33名。医院设32个临床科室、14个医技科室，有卫生部内镜与微创医学培训基地2个（普外科、妇科）、卫生部—世界健康基金会康复医学继续教育项目培训基地1个（康复医学科）、四川省省级重点专科2个（普外科、儿科）、四川省住院医师规范化培训基地4个（内外妇儿科）。2014年，医院申报新技术新项目22项，其中四级手术技术5项、二类腔镜技术3项；申报3级介入技术1项。医院骨科完成四川省医学重点专科立项。医院门诊651 545人（次），同比增长14.72%；住院54 749人（次），同比增长7.15%；住院手术9 759台（次），同比增长6.16%；接生2 489人，较上年增加547人；平均病床使用率123.9%，较上年增长6.3%；病床周转次数46.9次/年，较上年增加1.3次/年。医院总收入达到5.64亿元，较上年增长16.07%。

【对口联系】 都江堰市人民医院是上海瑞金医院指导医院、上海白玉兰远程医学网络医院、解放军总医院远程医学站点医院、华西医科大学临床教学医院、都江堰市医疗指导中心和医疗教学培训基地，国际奥比斯组织和四川大学华西医院联合开展的"眼见为实四期"'项目都江堰市白内障分中心,四川省人民医院集团医院,成都军区总医院协作医院,成都大学非直管附属医院,北京大学医学部(原北京医科大学)第三临床医院永久性医疗协作。医院强化医院援建帮扶工作,积极推进对全市26家乡镇卫生院帮扶,全年组织专家320批680人(次)下乡义诊、会诊、业务指导及健康咨询,服务对象共计18 600人(次)。医院加大新都区新民镇卫生院的对口支援,选派3名专家赴甘孜州道孚县支援,促进当地医疗水平提高。

【学科建设】 都江堰市人民医院形成学科设置齐全、特色学科突出的学科建设格局,开设有预防保健科、内科、外科、妇产科、儿科、眼科、耳鼻喉科、皮肤科、肿瘤科、传染科、急诊医学科、康复医学科、麻醉科、疼痛科、医学检验科、病理科、医学影像科等为主的一级学科,心血管、消化、呼吸、血液、神内、免疫、内分泌、肿瘤、妇科、产科、普外、泌尿外科、神经外科、骨科、胸外科等二级学科。医院在浓厚的学术和技术氛围中树立理论和技能并进、科研与临床齐飞的学科发展理念,各学科中有60名学科带头人担任中国医师协会、四川省医学会、成都市医学会等学术组织的理事、常务委员、委员等职务。截至年底,医院以腔镜微创技术为特色的肝胆外科、泌尿外科、胸外科、妇科等学科成为具有特色的优势学科,神经外科、颌面外科、泌尿外科等学科成为都江堰市医疗中心的领衔学科。

【医疗质量管理】 都江堰市人民医院每季度开展一次全面的医疗质量督查,对问题严重者单独诫勉谈话,每季度对重点指标进行通报,特别是Ⅰ类切口抗生素的预防使用情况、药占比、耗占比等;对全院护士进行全员护理安全教育培训,对临床医生召开医师质量大会,对产儿科医务人员进行产科急救医疗安全分期分批培训。医院为全院临床医务人员购买医疗责任保险;顺利通过省医学会等部门对"临床基因扩增技术(PCR)""白内障超声乳化+人工晶体植入"技术、四川省癌痛治疗示范病房、爱婴医院和全国综合医院中医药工作示范单位评审工作,有8个科室申报9项二类内镜技术;修订新技术新项目准入及医疗技术分级管理制度,完成麻醉医师和检验科技术人员授权工作;通过信息化执行手术ICD-9码制度,完成动态向国家卫计委"抗菌药物上报网"和"HQMS"上报的各种统计指标;开展30个临床路径,共入径3 422例、入径率为69.1%,完成2 833例、完成率为82.78%,均符合卫生部标准;开展对住院时间大于30天患者病情评估,全年完成200例,不良事件上报例数达到要求;组织医院全院大会诊30例(次),组织上海白玉兰远程会诊8例。医院7个工作日之内病案归档达到A级标准,全年评审出院病历2 548份,达到甲级病历2 409份,甲级率95%;医嘱点评402份,不合理医嘱63份;完成门诊病历书写情况检查考核医师325人(次);对14家医疗机构584名医师定期考核,全院269名医师业务考核合格率达100%。医院组织全院中医药人才技能培训,张丽丽代表都江堰市参加成都市中医药技能大赛并取得个人三等奖;组织医院妇产科、儿科人才技能培训,冯丽代表都江堰市参加成都市母婴保健技术技能大赛并取得个人三等奖;组织10人(次)外出参加ICD-10编码学习,提高了医院病案编码的准确率和医疗科研水平。

【护理质量管理】 都江堰市人民医院在急诊科启用改良早期预警评分系统和疼痛评分,更好地及时、准确、有效地识别和救治患者;完成B超下引导的赛丁格18例、PICC置管103例、PICC门诊维护4 330人(次);在呼吸内科建立呼吸监护室,对使用无创呼吸病人进行集中照护与观察,体现人文关怀,住院患者使用无创呼吸机不舒适率由52.5%降低至18.3%,舒适率提升34.4%;开展延伸护理服务,如癌痛患者居家管理、患者联谊会、为高血压患者建立个人档案、发放爱心服务卡,深受患者及家属好评,出院患者满意度为93.38%;新增护理管理制度及培训办法各1条、护理常规6个,修订制度9项、流程4项、护理文件9项;规范皮试结果的观察及记录(双人签名),规范湿化瓶消毒、钟表同步、冰箱冷冻室存放药物、患者死亡后管理等;认真落实卫生行业标准("护理分级"和"静脉治疗护理操作技术规范")、四川省医院护理管理质量管理评价标准;开展伤口造口、骨折护理等护理疑难问题会诊46次,护理不良事件报告知晓率100%,护理不良事件41例较上年度减少;落实护士分层级培训,以提高护士岗位胜任能力,其中安全警示教育参训达901人(次)、应急演练参训达646人(次)、专业培训参训达5 629人(次),护理技能大练兵活动参培率达100%。医院有17名护理管理人员分别在四川省、成都市护理学会和质控中心任职；举办省、市级继教项目培训班各2次，全市参培人员达575人(次)；组织过敏性休克等141个培训项目，参培人员达8 291人(次)；组织管路滑脱和紧急状态下护理人力资源调配等8个项目的演练，参加人员达547人。医院护理团队荣获都江堰市卫生系统“先进单位”和护理技能大赛团体“一等奖”及个人“一等奖”和“二等奖”。

【医院感染管理】 都江堰市人民医院持续开展医院感染环境卫生学和消毒灭菌效果监测，每月对全院重点科室、部门，监测结果进行通报，采集监测标本1 805个，监测合格率99.94%；加强医务人员对埃博拉出血热防控工作认识，分别对门、急诊及相关科室医务人员进行培训，组织对埃博拉出血热接诊、隔离、转诊、消毒控制措施、医务人员职业防护流程进行演练；提高医务人员对埃博拉出血热疾病认识，对接诊、报告及工作流程、职业防护知识及技能有更进一步了解；加强手卫生管理，受到专家好评，被四川省预防医学会评为“四川省2014届手卫生优秀奖”。医院全年未发生感染暴发事件。

【人才队伍建设】 都江堰市人民医院全年招聘博士1人、硕士17人，考上硕士10人、博士7人，有6名人才入选都江堰市拔尖人才名单。

【科研成果】 都江堰市人民医院申报新技术新项目22项，其中四级手术技术5项、二类腔镜技术3项、3级介入技术1项；骨科完成四川省医学重点专科立项。全院公开发表论文308篇(含录用24篇)，其中SCI论文12篇、A类期刊78篇；参编专著9部；申报各级各类科研项目25项，立项4项，其中省级2项、市级2项，共有8人获得14项国家专利；协作省级科研1项，共获经费38万元。

【继续医学教育】 都江堰市人民医院组织远程继续医学教育项目34项，普外科、妇科国家卫生部内镜与微创医学培训基地及四川省住院医师规范化培训基地接收30名学员培训；与德国博尔纳大区莱比锡大学学术教学医院建立相互合作关系并派出3名医生前往学习；完成国家护理专业硕士学位授予点；组织都江堰市继续医学教育培训500人(次)。院内各种小讲座参会人员550人(次)；组织远程继续医学教育项目34项，200次课，学员3 000人(次)。

【信息化建设】 都江堰市人民医院建成IT维护管理系统、输血信息管理系统、114预约挂号系统、危急值管理系统、抗菌药物监测管理系统、银行自助建卡挂号缴费系统等系统，采购193台(件)设备设施(其中计算机65台、打印机88台、网络及其他设备40台)。医院全年维修计算机750次、打印机450次，处理网络故障260次，确保医院信息化的顺利进行。

【控制费用增长】 都江堰市人民医院加强财务管理，合理编制2014年医院总的财务收支预算、各临床和医技科室财务收支预算及职能科室支出预算，预算情况报医院预算管理委员会、市卫生局及市财政局审定批复后予以执行，总收入预算执行率达到110.19%，总支出预算执行率达到111.31%。医院强化固定资产的管理，特别是加大对设备仪器的购买的可行性论证工作，避免盲目购置设备仪器，全年购置一般设备164万元、专业设备1 209万元，均正常运行。医院资产总值达到8.25亿元，总资产增长率为8.69%，总资产较上年末增加6 594万元。

【公益行动】 都江堰市人民医院全年开展先抢救后付费绿色通道抢救患者487人(次)，处置突发公共事件共计77起，共计331人(次)，其中事故灾难事件59起249人(次)、公共卫生事件13起60人(次)、社会安全事件5起22人(次)。医院积极开展扶困济贫工作，全年对困难党员、职工、贫困患儿、云南鲁甸地震发起募捐4次，共计10.2万元；慰问残障儿童、关爱都江堰市贫困儿童、弱势青少年并对其捐款捐物2万元，慰问困难职工、困难党员、社区、乡镇对口联系困难户62人(次)，捐款捐物4万元。

【党风廉政建设】 都江堰市人民医院深入扎实开展“走基层，解难题，办实事，惠民生”和群众路线教育实践活动，共发放各类征求意见表541份，收集意见68条，召开各类座谈会9次，收集意见44条，整改率100%；废除制度1项，整改制度22项，新立制度9项，“四风”得到明显好转。医院坚持一手抓业务、一手抓党风廉政建设，党风廉政工作实行院科两级管理负责制，并责任落实到人；与科室、党支部签订党风廉政目标责任书，科室公开签订承诺书，与全院1 436人签订廉洁从业承诺书；开展警示教育、廉政文化进医院活动，查找重要风险防控点80个，并加以警示提醒；建立设备、物资、药品、耗材、议价等委员会，加强采购流程和程序监管，金额10万以上采购交由卫生局采购，10万以下全省公开登报组织招标采购，并邀请上级纪检人员参与监督；建立干部任前廉洁谈话制度；定期组织纪检、审计等相关部门进行暗访调查；执行重点岗位轮换制度，采购岗位一年一轮换；畅通投诉渠道，对来自电话、网络、信箱等渠道群众来信来访进行认真分析，信访处理率100%，满意率100%。医院严格按照财经制度执行财经管理，收支两条线，取消各种津贴补助，严把“三公”经费关口，较上年下降60%，顺利通过省财政厅和市发改局例行检查。医院成功创建“四川省文明单位”，开展道德讲堂12次，开展“市民进医院”活动2次，积极配合完成成都市文明指数测评及各级行风检查7次，受理电话各类信访投诉件22份，处理完成22份，处理率100%，满意率100%；被患者评为最满意的医护人员52名，张兰、刘莉2人被评为“成都市最美护士”，邓礼衡被评为“四川省身边好人”，由医院拍摄的纪录片《医者》获得成都市一等奖。全院急诊科、妇产科、外二科、儿科、内七科、外五科、门诊药房、门诊护理组8个科室顺利通过“青年文明号”复审，眼耳鼻喉科和门诊收费室被团市委评为“十佳青年文明号组织”。

（杨 钊 李 舜 姜 玲）

都江堰市中医医院

【概况】 都江堰市中医医院是国家三级乙等中医医院，占地面积60亩，建筑面积3万平方米；编制床位401张，实际开放床位600张；有职工600人，有四川省名中医3名、成都市名中医4名、都江堰市名医6名，成都中医药大学客座教授6名、客座讲师10名，医学硕士16名，在读医学博士2名，主任医师2名、副主任医师21名。2014年，医院门诊307 034人（次）、急诊10 636人（次），住院13 962人（次），开展健康体检22 148人（次），实际开放总床日数190 530天，平均开放病床数522张，实际占用总床日数164 326天，病床使用率86.25%。

【医疗质量管理】 都江堰市中医医院召开医疗质量和医疗安全工作例会18次，落实核心制度15项，落实各级人员岗位职责，落实各项医疗工作流程专人监管（科室成立质控管理小组），重点抓好交接班、病例讨论、知情告知、危重症抢救、三级查房、会诊、转诊等关键环节管理；落实“分级诊疗”和“双向转诊”工作，与都江堰市21个乡镇卫生院、3个社区卫生服务中心、2个市级医疗机构签订双向转诊协议。截至10月1日，都江堰市中医医院向上级医院转送病人148人（次），下级医院转送都江堰市中医医院53人（次），都江堰市中医医院转送下级医院223人（次），转诊人（次）共计424人（次）。医院完善“绿色通道”管理，对危重病人、省级以上劳模、警察、双向转诊病人、三无人员、流浪乞讨人员和60岁以上老年病人实行“一免四先一后”（即免挂号，先接诊、先检查、先治疗或抢救、先住院，后付费），减免挂号费14 320元，免诊疗费33 942元（147人〈次〉）。医院120出诊接回病人2 064人（次），其中抢救114人（次）（包括院前抢救），抢救成功率达90%。医院严格病历质量监管，完善既往诊疗流程，严格病历书写规范管理，对检查发现的病历问题及时进行反馈，相关科室和个人进行整改，病历书写甲级率达95.91%，病历书写质量日趋提高；强化输血质量监管，加强输血人员的技术培训，输血全过程的适时监管，无一例输血不良事件；加强产科安全管理、母婴安康管理，严格院感流程管理和“爱婴医院”复查评审工作；做好人员培训和资质准入，严把剖宫产指征，切实降低剖宫产率，完善新生儿科基础设施建设，实施产科人性化服务。

【护理质量管理】 都江堰市中医医院按三级中医医院护理质量管理要求，建立12条线护理质量评价标准，实施三级护理质量控制；大力开展中医护理，组织召开中医护理周集中培训，中医药理论共培训22学时，中医护理技术操作共培训15学时；建立和完善优势病种护理常规，组织重点专科中医护理查房、护理会诊及护理病例讨论，积极开展辨证施护，中医特色技术及健康宣教；实现优质护理服务病房100%开展，并在“手、供、产、门、急”开展优质护理服务，全院病房优质护理患者满意度调查平均值为98.8%。

【抗菌药物专项整治】 都江堰市中医医院为有效促进合理用药、保障医疗质量和医疗安全、遏制乱用和滥用抗菌药物现象从而有效控制医疗费用，坚持整治工作以来，抗菌药物使用更加规范，各项相关指标明显改善。

【中医师承教育】 都江堰市中医医院推动名医工程，培养和造就高层次中医药人才，加强名中医专家学术继承工作，开展四川省第三批成都市老中医药专家学术继承工作，继承人郑永新、赖燕、彭长恩、丁小军、仙新平每周定期前往成都参与跟师学习；选派刘自强、高强参加成都市中医药临床药师师承教育。

【对口支援】 都江堰市中医医院除对口支援都江堰市乡镇卫生院外，还承担对口援建甘孜州道孚县人民医院、甘孜州德格藏医医院、阿坝州汶川县中医医院和阿坝州金川县中医院；指导德格藏医医院建设规范化制剂室，同时协助该院成功创建国家二级甲等民族医院；指导汶川县中医医院，顺利完成国家二级甲等中医医院创建工作。都江堰市中医医院开展对基层卫生院的中医药业务指导，共安排45人(次)中医专家组成员到基层医疗机构进行培训、讲座及技术指导，工作覆盖全市社区卫生服务中心及乡镇卫生院，累计讲座时间27小时，讲座受益群众达2 000人，发放资料2 600份，健康咨询人数800人。

【中医治未病】 都江堰市中医医院"治未病科"成立2年以来，致力于通过"治未病"真正实现"未病先防，病早治，既病防变，病愈防发"的理念，使用中医药服务大众，提高医学健康保健水平。医院以"治未病"为方式，开展健康辨体质、"三伏贴""三九贴"针刺(普通针刺、电针)、灸法、火罐、刮痧等具有中医药特色的健康干预服务项目，全年共计接待"三伏贴"1 600人(次)，二十四节气灸500人(次)，各种健康指导达到6 000人(次)，接受中医药服务4 000人(次)。

【科研教学】 都江堰市中医医院发表论文数43篇，其中在核心期刊上发表4篇；接收医疗、护理、药剂等各医学院校专业实习学生共计190人，其中临床22人、护理139人、药学22人、检验6人、医事法律1人、见习生21人；招收中医住院医师规范化培训规培生16人；组织院内学术教育活动18次，其中都江堰市级继续教育活动4次、国家级继续教育活动1次，累计市内1 000人(次)参加活动；邀请中国中西医结合学会烧伤专业委员会、上海曙光医院、四川省人民医院、成都市第一人民医院等各级专家到都江堰市中医医院授课、查房和会诊，推动医院业务工作。

【群众路线教育实践活动】 都江堰市中医医院以贯彻落实中央"八项规定"精神为切入点，以"为民务实清廉"为主题，按照"照镜子、正衣冠、洗洗澡、治治病"的总要求，以集中解决"四风"问题为目标任务，立足医院实际，突出中医特色，扎扎实实开展活动。医院主动融入群教活动中，组织全院党员干部职工认真完成"学习教育，听取意见""查摆问题、开展批评""整改落实、建章立制"各环节的工作，不断转变工作作风，提升服务能力，建设"三好一满意"医院。

【党风廉政建设】 都江堰市中医医院加大院务公开力度，强化监督，严格执行"三重一大"集体决策制度，实行重要岗位轮岗制度；拓展院务公开渠道，强化内部监督、社会监督和职工监督；加强医德医风查房、行政查房、病人满意度调查，召开行风监督员座谈会，收集意见建议，切实加以整改，主动接受监督；深入开展"廉政文化进医院""廉政文化进家庭"活动，打造廉政文化长廊，长廊全长50米，宣传效果明显。

【公益惠民】 都江堰市中医医院减免烈军属、劳动模范的挂号费、检查费、医药费，救治贫困孤寡人员、残疾人员、"三无"人员、农村"五保"人员、城市低保人员等26人(次)，实际减免费用累计达45 974元；无偿献血9人，献血量3 200毫升；开展志愿者服务活动5次，出动志愿者41人(次)，接受志愿者服务达1 000人(次)；送医下乡指导24次，开展讲座20次，业务指导覆盖全市所有社区卫生服务中心及乡镇卫生院；组织院属名医、专家到社区、基层义诊21次，义诊人数达2 500人(次)，送医送药及健康宣传共6次，发放宣传资料3 600份，免费发送药品4 600元；向"四川志愿·携手圆梦"新书节活动捐款4 790元；为云南鲁甸地震灾区捐款15 200元。

(刘鹏举)

都江堰市幸福镇民丰社区卫生服务站

【概况】 都江堰市幸福镇民丰社区卫生服务站开设预防保健、中医、中西医结合诊疗、健康教育、公共卫生、妇科保健、计划免疫、计划生育指导等基本医疗和服务项目。全站有工作人员6人,其中中医师1名、医师2人、中西医结合医师1人、护士2人;有工作业务房266平方米,配备相关医疗、药物设备和设施,固定资产总值25万元。年民丰社区卫生服务站医生马万林,入选《城市地理》杂志:最美都江堰、天生好人、马医生的济世情怀、都江堰人物志。

2013-2014年都江堰市幸福镇民丰社区卫生服务站基本公共卫生服务情况

项目	2013年	2014年
建立规范健康档案	150人	700人
0-6岁儿童系统管理	25人	40人
孕产妇系统管理	5人	10人
高血压病人管理	50人	60人
糖尿病人管理	60人	62人
重型精神病人管理	2人	4人

【基本医疗】 都江堰市幸福镇民丰社区卫生服务站主要开展常见病、多发病、慢性病、中医中药、上门诊治等诊疗服务,全年门诊量2.4万人(次),业务收入12万元,增长10%。服务站医生主动与居民联系,上门服务,定时核查血压,指导服药,辅导康复治疗技术,规划生活饮食,病人康复。

【基本公共卫生】 都江堰市幸福镇民丰社区卫生服务站积极开展"健康港湾"服务,建立患者健康档案,开展健康教育、知识讲座12次,通知免疫预防接种,0-6岁儿童健康管理,流动儿童登记管理,孕产妇健康管理,高血压、糖尿病健康管理及档案,传染病管理,突发公共卫事件报告和处理。全年免费发放各种卫生知识资料400份。

【中医药工作】 都江堰市幸福镇民丰社区卫生服务站自建立以来,即设立中医中药、针灸、拔罐、刮痧等诊疗项目,应用中药治疗子宫肌瘤、阑尾炎。

【病案病例】 2014年5月,民主小区病员张宪淑,女,105岁,因腹痛到都江堰人民医院就诊,经检查为急性阑尾炎,因其年纪大不宜做手术。她回家后经家属商量到民丰社区卫生服务站治疗,查体;右下腹麦氏点压痛,反跳痛,舌苔黄,脉洪大。中医诊断为肠痈,给中药大黄牡丹汤合五味消毒饮治疗,加西药盐酸林可霉素0.6肌肉注射一日两次,一周后痊愈。

【健康教育】 都江堰市幸福镇民丰社区卫生服务站积极参加社会活动,在民主小区内宣传健康教育,讲解高血压、糖尿病等防治知识。年底,医生马万林开展迎新春送春联诗歌展览,展出热爱家乡都江堰的作品80篇,得到都江堰市委宣传部,市文联,都江堰市书画院、国学会、都江堰市作家协会和永丰街道办和民丰社区的大力支持。

(都江堰市幸福镇民丰社区卫生服务站办公室)

成都市青羊区新华少城社区卫生服务中心

【概况】 2014年,青羊区新华少城社区卫生服务中心有在职职工208人,其中卫技人员178人,高、中级职称37人;管辖新华、少城2个街道办事处,服务面积2.93平方公里,服务人口15.6万人;先后被评为"全国示范社区卫生服务中心""中国社区卫生协会培训基地""四川省中医药特色示范社区卫生服务中心",卫生部中医"治未病"首家西部试点机构。中心始终坚持"服务社区居民,保障百姓健康"的服务宗旨,以"建设老百姓自己的健康家园"为奋斗目标,全方位为社区居民提供预防、保健、医疗、康复、计划生育、健康教育等基本公共卫生和基本医疗卫生服务。

【家庭医生团队】 青羊区新华少城社区卫生服务中心于2007年在全省率先推行由家庭医生、家庭护士、防保医师组成的"家庭医生团队"服务模式。该模式是以街道、院落作为服务区域,重点开展慢病筛查管理、健康教育、重点人群健康管理等服务项目,既兼顾团队合作的力量优势,又融合个人的服务特长,极大提高管理效率,增强团队协作能力。中心每个团队深入居民院落,实行"网格化分片管理",为辖区老年人、慢病人群、育龄妇女、儿童、残疾人等重点人群,开展健康筛查、健康促进、妇幼保健、慢性病管理、双向转诊等主动式连续性健康管理服务。中心按1个居委会配备1个团队的标准,已组建7个家庭医生团队;每个团队有2名家庭医生、1名中医全科医师、1名家庭护士、1名防保人员,并统一服装,统一工作标牌,同时配发自行车1辆、笔记本电脑1台、家庭医生综合服务包1个。中心依托家庭医生团队,开展有形、多样、生动和立体的健康教育内容,推动辖区全民健康素养的提升,成为省级健康示范社区。

【中医"治未病"】 青羊区新华少

城社区卫生服务中心在成都中医药大学指导下成立西部首家立足于社区的中医"治未病"中心，既有西医健康管理的基础，又运用中医"治未病"理论对亚健康、老年人及慢性病等高危人群，开展中医体质辨识、体质评估；根据体质类型，运用中医理法方药和传统康复技术，提供有针对性的中医特色健康干预服务。

【自助式"健康小屋"】 青羊区新华少城社区卫生服务中心在"健康小屋"为社区居民提供血压、血糖等多项健康指标自助检测服务，居民通过主动参与自助式健康指标测试，在家庭医生指导下，成立老百姓的"慢病自我管理小组"及"养生俱乐部"；增强居民自身的健康意识，提高老百姓自我健康管理的能力。

【培训基地建设】 青羊区新华少城社区卫生服务中心于2011年被评为"中国社区卫生培训基地"后，设立单独的社区示教室、培训教室，添置电脑、电视、桌椅、书架、展柜等各类培训设备，至2014年底有培训师资28名，其中通过协会培训合格师资10名，24名师资均取得四川省全科医生、社区护士转岗培训合格证及相应师资证。中心承担规范班和特色班各1项，其中规范班为"社区健康教育服务规范培训班"，主要内容是社区健康教育服务规范和实际工作开展的方式与方法，课程设计以健康教育学专业大纲为框架，社区健康教育服务规范为主要内容，结合实际工作内容教学；特色班为"家庭医生服务及应用培训班"，主要内容是青羊区的家庭医生服务模式，课程设计以家庭医生团队的各个角色为框架，重点突出以家庭医生为主体角色的团队服务模式，课程内容重点在于协调工作的探讨。此外，中心还承担成都市和青羊区的骨干培训。2012年至2014年底，中心开展国家级培训班4期，共培训学员299人，其中省内学员216人；开展市级培训1期，培训学员500人；开展区级培训1期，培训学员300人。

【管理运行机制创新】 青羊区新华少城社区卫生服务中心在机构内部管理上不断创新运行机制，务求优化管理，提高工作效率，从2007年开始在全区医疗卫生实行"收支两条线"财务管理制度。员工收入由2004年人均3万元，增长到2014年底的人均8万元。中心经过几年运行，公共卫生、基本医疗服务数量均呈逐年上升趋势，中心内部形成良性运转，服务人数、业务收入逐年增长，初显成功转型成效。2008年度至2014年度，中心门诊人数由7万人(次)，增加到14万人(次)；出院人数由2 638人(次)，增加到4 064人(次)；业务收入由1 990.45万元，增加到7505.37万元。同时，公共卫生指标也不断提高。截至2014年底，中心累计完成建档1 464 098份(占应建档人数的94.5%)，其中规范建档144 145份。辖区65岁以上老年人规范化健康管理8 680人；高血压规范化健康管理10 228人；糖尿病规范化健康管理4 222人；0－7岁儿童健康管理3 035人，孕产妇健康管理316人，重性精神疾病患者健康管理461人，低保户健康管理297人，残疾人健康管理295人。中心综合满意度不断提升。2014年底，通过第三方调查统计，社区居民对中心服务的利用率在82.3%，满意率超过90%；辖区居民的健康知识知晓率为85.24%，健康行为形成率为80%；中心住院服务总体满意率为87.5%。在区卫生局组织的全区第三方考核中，中心获总分第一位。

（都江堰市幸福镇民丰社区卫生服站办公室）

成都市金牛区沙河源社区卫生服务中心

【概况】 成都市金牛区沙河源社区卫生服务中心(始建于1952年，于2004年由成都市金牛区金建人民医院整体转型建立)，覆盖沙河源街道及凤凰山街道13个居委会，服务面积14.6平方公里，服务人口10.7万人。中心于2012年被授予全国示范社区卫生服务中心称号，设有阳光家园日间托老中心、残疾人康复训练室、居家养老床位。中心是一所由政府举办的非营利性医疗卫生服务机构，开设全科、中医、内、外、妇、儿、麻醉、口腔科，实际开放病床157张，集基本医疗、预防保健、健康教育、康复、计划生育功能于一体，是市、区两级社保定点医疗机构，是成都市孕产妇保健定点机构、成都市儿童保健定点机构、成都市产科、计划生育定点执业医疗机构。中心于2013年被授予计划免疫3A门诊，2014年8月申请计划免疫5A级门诊。中心与6家综合性三级医院签订双向转诊协议，建立双向转诊绿色通道，使社区居民逐步走向"小病在社区、大病进医院、康复回社区"的就医格局，不仅利于老百姓患病得到合理诊治，并为辖区居民转诊至上级医院提供更便捷的途径。2014年，中心有职工

190人，卫技人员168人，其中副高级职称11人、中级职称19人、初级职称101人、执业医师60人，其中硕士学历3人、学士学历52人。

【法人治理结构改革】 成都市金牛区沙河源社区卫生服务中心在事业单位法人治理结构改革试点期间多次召开理事会研究，在2013年改革试点的基础上，制定《法人治理结构人事改革办法》和《岗位设置方案》，这一改革达到调动各类人员的积极性、创造性的目的，有效促进医院各项事业发展，逐渐建立一种保障医院持续发展、各方权力制衡、专业技术人员能够长期培育的机制。在人事招聘方面，中心成立人事招聘领导小组，调整招聘人员的待遇，不断选送人才外出进修学习先进技术及管理理念，开展专题培训会，不断提升服务质量。

【基本医疗服务】 成都市金牛区沙河源社区卫生服务中心主要承担常见病、多发病、慢性病诊治、中医中药、康复理疗、心电监护、彩超、心电图、DR、常规化验检查等基础医疗服务，并通过邀请四川省人民医院的专家定期到中心指导业务查房，不断提升医疗服务质量。中心全年门诊总量163 616人（次）（其中中医门诊15 064人〈次〉），同比增长11%；住院4 962人（次），同比增长12%；中、小手术1 140台，同比降低5%；管理特殊疾病2 504人（次），同比增长36%；业务收入4 938万元，较上年增长5%。中心预防保健科全年计免接种人数38 909人，其中本地3 044人；计免接种58 368针（次），其中免费32 693针（次）。

【基本公共卫生服务】 成都市金牛区沙河源社区卫生服务中心严格按照国家基本公共卫生服务规范开展健康档案管理、健康教育、预防接种、0－6岁儿童健康管理、孕产妇健康管理、老年人健康管理、高血压、糖尿病健康管理、重性精神病患者管理、传染病及突发公共卫生事件报告和处理。12月，世界卫生组织专家Andrea Gay博士、Lawrence Rodewald博士、夏伟博士在国家卫生计生委免规处处长李全乐及相关领导陪同下，就“成都市金牛区免疫规划工作情况”对中心免疫工作进行实地考察调研，通过查阅预防保健科“流动儿童主要筛查登记本”以及“学校幼儿园预防接种证”等相关资料，与会专家及领导一致认为中心这种地处城乡结合部的社区卫生服务机构，能够对于大量流动儿童的预防接种工作开展的如此扎实，给予充分肯定。

【居家养老托老中心】 成都市金牛区沙河源社区卫生服务中心于2013年建成集居住、休闲、娱乐为一体的“居家养老托老服务中心”，共设置床位33张。养老服务中心设立图书室、棋牌室等活动项目，为老人们营造了一个优美舒适的生活环境。托老中心采取专业机构和家庭照料相结合的模式，为老人提供全托、临托、日间照料、老人餐桌、居家养老等服务；为残疾人员提供毛线编织、串珠、手工鞋、扎纸花等助残服务；为居家养老提供老年病的预防、治疗、护理、康复训练、健康知识普及等服务。2014年7月，成都市政协副主席李铀与市政协、市卫生局相关领导，在金牛区副区长梅健、区政协副主席张鼎陪同下，就“拓展社区卫生服务功能，促进健康与养老服务结合”课题，到中心对养老托老中心进行实地考察调研，对这种医养结合的养老托老形式给予充分肯定，对中心开展的残疾人康复训练以及阳光家园活动等一系列工作的开展给予好评。

【重点学科建设】 成都市金牛区沙河源社区卫生服务中心将康复理疗科作为重点学科，大力开展中医药适宜技术工作，弘扬祖国的传统医学。中心在2013年的基础上继续加强中医药工作力度，充分发挥中医药“简、便、廉、验”的特点和“治未病”的优势，相继开展针灸、拔罐、刮痧、推拿、按摩、火针等14项适宜技术，并派出医师上成都中医药大学进修学习，提升业务水平。中心邀请成都骨伤医院副主任医师定期参与查房、指导手术，并开展病案讨论、学术交流等活动。

【服务环境改善】 成都市金牛区沙河源社区卫生服务中心为缩短病人就诊时间，方便广大群众就医，2014年10月对服务流程进行改善，首先对医院硬件设施进行改造，包括门诊大厅及挂号收费室进行改造，其中挂号收费窗口由原来的4个窗口增加至8个窗口，改造后的挂号大厅也更加宽敞明亮；在大厅增设门诊医师坐诊一览表，每天公示，方便病人选择；增设门诊诊断室至16个／日，以及2个专家门诊；在咨询台处增设城乡居民一般诊疗费（门诊统筹）及预约挂号系统。中心对特病门诊进行改建，方便病人检查、划价、取药等流程，得到广大病员同志的赞扬。此外，中心根据病人高峰情况进行分流，动态开放挂号室、收费室、取药室，以缩短病人等候时间；在预防接种门诊修建儿童乐园，改善儿童及家长的等候就诊环境。

【新闻宣传力度加大】 成都市金牛区沙河源社区卫生服务中心充分利用新闻媒体宣传特色服务、惠民措施，共在《成都日报》2014年6月4日15版健康成都周刊做题为“家门口的‘养老院’比家还方便”的宣传报道；分别于2014年2月13日、3月20日在《新金牛》杂志436期、441期，以及7月18日在四川新闻网上作专题宣传。中心全年报送各种信息75件，在辖区泉水广场开展“三八”妇女节卫生知识科普宣传活动1次。中心深入开展群众性精神文明创建活动，积极争创“优质服务窗口”单位和各级文明单位。

【惠民服务】 成都市金牛区沙河源社区卫生服务中心为更好地方便社区居民在家门口看病，为群众送医上门，2014年11月为社区居民量身打造社区康复服务站，开设基本医疗、健康体检、针灸、中频、刮痧、推拿按摩、足疗、火罐、熏药等项目，由专业医生轮流坐诊，居民共同参与预防保健，通过居民互动健康管理使服务中心对社区居民群体保健更贴近民心。社区康复服务点的开业充分体现中心对社区居民的关心、关爱，并获得居民的好评。中心积极开展青年志愿者服务活动，1－12月组织卫生进社区、义诊等送医、送药及各种宣传活动38次，为辖区居民开展健康教育讲座14次，免费测血压1 427人（次）、测血糖1 124人（次）、发放宣传资料4 891份。

（徐　菲　廖　伟）

成都市武侯区玉林社区卫生服务中心

【概况】 2014年，成都市武侯区玉林社区卫生服务中心共有94名员工，其中全科医生24人、公卫医生6人、注册护士38人，有副主任医师15人、中级职称医生19人、硕士研究生2名。中心总门诊量237 402人（次），其中全科门诊量152 829人（次），占总门诊量的64.38%，较上年增长1.98%；业务收入2 634.37万元，人均门诊费较上年下降12.62%。中心荣获全国“群众满意的社区卫生服务机构”。

2014年成都市武侯区玉林社区卫生服务中心基本公共卫生服务情况

项　目	建档情况				管理情况	
	总建档（人）	建档率（%）	新建档（人）	新增率（%）	管理（人）	管理率（%）
健康档案	78 040	96.66	678	0.87	49 946	64
65岁以上老年人管理	10 423	99.59	284	2.72	8 381	80.41
高血压患者健康管理	7 165	60.52	756	10.55	5 922	50.02
糖尿病患者健康管理	2 820	46.15	345	12.23	2 448	40.07
重性精神患者健康管理	276	85.45	6	2.17	270	83.6
结核病患者管理	38	100	25	65.79	38	100
艾滋病患者管理	110	100	82	74.55	110	100

【基本公共卫生服务】 成都市武侯区玉林社区卫生服务中心加强居民健康档案管理、老年人健康管理、慢病健康管理、传染病管理，家庭医生签约量有明显增长，家庭医生签约4 300户，签约率15.98%；计划免疫新建卡1 030人，一类疫苗接种13 165人（次），接种率99.6%，较上年增长3.6%；新生儿建档693人，儿童保健11 748人（次）；孕妇搜索1 088人，管理及随访率100%；产后访视接卡579张，访视1 158人（次），产后访视率100%；举办各类健康教育讲座32次，发放健教资料2万份，制作壁报6期，累积健康宣教9 000人（次）。中心还按照武侯区创建四川省卫生应急综合示范县的要求，积极准备应急示范区创建工作，完善公共卫生事件应急预案体系、预警系统及应急队伍建设，组织培训演练和应急宣教。武侯区全年共组织相关培训5次、培训人员120人（次），参与各类演练共6次，通过各单位共同努力，成功通过四川省卫生应急综合示范的评审。

【科研教学】 武侯区玉林社区卫生服务中心采取多种方式，加大对全科医生和社区护士的培养，全年中层干部参加管理培训28人（次），参加省级全科医学师资培训5人(次),派医护人员外出进修4人(次),参加省外短期学习19人(次),参加省、市、区上级部门组织的短期专业技术培训共50人(次)。中心全年增加3名副高职称、3名中级职称,并选送8名同志参加健康管理师和营养师资格培训。中心依托武侯区科研项目《全科医生团队人员配置研究》及"十二五"国家科技支撑项目《儿童健康管理家庭医生制度——家庭医生团队人员配置研究》,探索家庭医生团队人员的岗位职责和协作方式,明确各岗位功能定位,至年底这2个项目已结题。

【拓展服务功能】 成都市武侯区玉林社区卫生服务中心结合党的群众路线教育实践活动的开展,对群众反映强烈的门特办理环境问题和职工反映的食堂问题,研究解决方案,将站上收回的4间铺面整体打造为门特工作站、爱心营养食堂,通过合理的局部改造,达到拓展业务优化流程的目的。门特工作站已改造完成,爱心营养食堂打造进入项目施工阶段。

【探索签约服务】 成都市武侯区玉林社区卫生服务中心与跳伞塔社区卫生服务中心合作,共同制定老年、慢性病患者健康管理服务包。中心计划从相对较好推广的妇女、儿童服务包着手,逐步推动老年人签约服务包。中心至年底正在做妇女、儿童包推广前的准备工作,包括人员培训、房间改造、设施设备、宣传材料撰写。

【强化内部管理】 成都市武侯区玉林社区卫生服务中心上半年结合党的群众路线的开展,强化对中心薄弱环节的疏理,通过边查边改,修订完善中心部分管理制度,包括差旅费管理规定、继续教育管理制度、行政巡视制度、医保管理制度等,通过制度的约束推动各项工作常态化并使中心文化建设再上新台阶。此外,中心还为领导班子购买管理课程,先后组织28人(次)参加《医院目标与时间管理》《责任意识与执行能力》《医学人文精神与防止暴力行为暨医患沟通艺术》等课程学习,提高中层管理者的领导力和执行力,提升中心整体管理水平。

【医疗质量管理】 成都市武侯区玉林社区卫生服务中心分别于7月和11月两次代表武侯区接受成都市2014年医疗服务质量检查,深刻认识到中心在医疗质量管控上的薄弱环节。为加强中心医疗质量监管,提升综合服务质量,中心把原来由办公室承担的质控工作分离出来,专门成立医疗质量管理办公室,质管办由各科室抽调人员组成,并安排质管办负责人员到成都市第七人民医院学习,提高质管办的工作能力和工作力度,充分发挥中层管理者的管理能力,承担起相应的质量管控责任和上下沟通的桥梁作用。根据检查反馈,质管办整理各科室需要改进的地方,编制质量管理制度手册,组织学习13项医疗核心制度等相关制度,加强药品管理、处方点评、院感管理等工作,并每月开会追踪整改情况,将医疗质量管理与持续改进纳入中心的重要工作常抓不懈。

【创新全科医师培训】 成都市武侯区玉林社区卫生服务中心继续创新带教模式,通过外部培训、内部交流的方式加大对师资的自身培养,全年培养国家级全科医学师资1名、省级全科医学师资5名;创新培训模式和课程,根据培训对象和时间的不同以及培训对象的需求策划培训课程和方案,承担包括重庆市全科医学师资培训、成都市社区慢性病患者健康管理服务规范培训等培训班19期,以及四川省全科医学师资、武侯区"社区卫生人员服务能力建设项目"实践带教、接待省内其他社区进修实习等26期。

【交流与合作】 成都市武侯区玉林社区卫生服务中心于6月承办全国社区卫生服务中心主任论坛,来自全国20个省、市的345位社区卫生机构管理者参加,这是第一次由社区卫生服务机构承办的国家级论坛,对中心的办会、办班能力是一个极大的考验和提升。论坛取得圆满成功,不仅为社区卫生服务中心搭建了一个交流平台,也对宣传武侯区社区卫生形象、社区卫生事业的发展起到积极的促进作用。中心重视社区卫生品牌营销,每次调研、参观接待都做到认真准备,精心组织。中心全年年代表武侯区接受各类工作调研17次,其中国家级12次、省级1次、市级4次;接受工作检查8次,其中国家级2次、省级1次、市级5次;接受省内外学习考察、参观交流19次,其中国际交流7次、省级1次、市级5次;接受各级媒体报道14次,其中国家级3次、省级4次、市级1次。9月,中心取得"群众满意的社区卫生服务机构",中心主任代表获奖机构作大会发言,中心职工隋亚莎被中华预防医学会儿童保健分会评为“最美基层儿童保健医生”，何君妮积极参加2014年成都百万职工技能大赛并获“2014年成都百万职工技能大赛妇幼健康儿童保健技能比赛三等奖”及“2014年成都百万职工技能大赛妇幼健康技能比赛优秀选手”，王颖婷参加武侯区医疗急救知识技能竞赛并获“武侯区医疗急救知识技能竞赛包扎止血一等奖”，冷晴参与的武侯区卫生系统代表队获“第五届运动会暨2014年全民健身运动会第九套广播体操比赛第二名”的佳绩。中心积极传达取得的荣誉并进行表彰，提高员工的自豪感和中心的凝聚力，形成“中心是我家，人人爱中心”的良好氛围。

【“开展医养结合”试点】 武侯区玉林社区卫生服务中心为进一步促进“医养结合”社会化养老服务模式的推广，实现党的十八届三中全会“加快建立社会养老服务体系和发展老年服务产业”的战略目标。中心按照《成都市武侯区社区医养结合社会化养老服务试点工作实施方案》要求，与玉林养老院联合，试点“医养结合”社会化养老服务，至年底已完成人员准备、服务对象筛查、服务场所打造、物资准备等工作。“医养结合”工作在区人社、区民政、区卫生等相关部门的协调下正在有条不紊地推进中。

（曾　玲　江长勇　刘顺琴）

龙泉驿区龙泉平安社区卫生服务中心

【概况】 2014年，龙泉驿区龙泉平安社区卫生服务中心服务面积36平方公里，下辖15个村（社区）、11所（村）社区卫生站，常住人口9万人。中心一期业务用房面积3 300平方米，有开放病床42张；在岗职工80人，其中硕士研究生4人、本科生36人，副高级职称2名、中级职称7名、初级职称40名；设有全科、妇科、中医、口腔、肛肠、住院部、慢病科、公共卫生科等15个科室。中心坚持“情怀民生、追求卓越”的愿景，全面落实各项医卫惠民政策，充分发挥基本医疗和基本公共卫生两大职能，全力当好辖区百姓的“健康守门人”。

【基本医疗保障】 龙泉驿区龙泉平安社区卫生服务中心全年门急诊人数105 489人（次），同比增长25.87%；实现业务总收入525.16万元，同比增长26.92%（其中医疗收入392.28万元，同比增27.05%）；免收“两费”31.64万元，同比增长25.87%；住院报销（城乡、城职、大病）58.75万元，同比增长3.07%。中心坚持实施基本药物制度，组织医务人员认真学习基药文件，详细研读基药目录，合理调整中心用药结构，全年基本药物销售132.88万元、同比增长26.54%，但同期药占比仅为25.30%、同比下降0.30%。

【服务能力提升】 龙泉驿区龙泉平安社区卫生服务中心坚持硬件提升与人才培养两手抓，不断提升服务能力。中心全年累计投入82万元，新增彩色多普勒超声诊断仪、视力筛查分析仪、听力筛查分析仪、金卫信息数字化门诊接种系统等设备。截至年底，设备总投资达320万元。中心先后新增开展彩超检查、糖化血红蛋白测定、CRP蛋白检测、儿童听力筛查等项目，不断丰富完善服务内容；引进本科毕业生3名，选派6人参加市、区两级进修规培，完成首轮住院部医护人员轮训工作；在继续推行区医院专家定期教学查房的基础上，充分利用区医院帮扶医师资源（新增帮扶医师15名），全面参与中心排班坐诊、社区义诊、住院查房等工作，有效提升中心医疗服务水平。

【基本公共卫生服务】 龙泉驿区龙泉平安社区卫生服务中心全年累计建立规范化城乡居民健康电子档案8万份，规范管理重性精神疾病患者200例；全面落实新生儿关爱项目和孕产妇住院分娩补助项目，累计办结新生儿关爱补助发放近300例、孕产妇住院补助发放8例，发放总金额36万元；累计接种43 843人（次），及时接种率为99.62%；累计完成200名肺癌高危对象筛查和1 450名适龄妇女宫颈癌筛查任务；累计建立高血压档案4 000份、糖尿病档案2 000份、老年人档案7 000份；开展主题日活动17次、开展健康教育讲座90次、发放健康传单4万份；查灭螺面积3万平方米；开展现场流调200次，开展传染病督导87次，对600名手足口病儿童进行电话及居家随访；完成33名结核病人、28名在管的艾滋病人的规范管理。辖区产妇总数1 869人，产后访视1 869人，产后访视率100%。辖区0－6岁儿童总数6 513人，实际管理6 246人，0－6岁儿童系统管理率95.9%；实现对371家单位日常执法监督的全覆盖。

【全科医生队伍建设】 龙泉驿区

龙泉平安社区卫生服务中心有7支由全科医生、护士、公卫医生、乡村医生(村级公共卫生服务人员)、社区志愿者组成的家庭医生服务团队,覆盖15个村、社区。中心坚持全面实行家庭医生"五全""五定"服务模式,2014年试推行三级医疗(区级对口帮扶医师队伍、中心家庭医生团队、村级乡村医生队伍)联合服务模式,提供持续健康咨询和健康教育服务、慢病筛查管理、重点人群健康管理服务,同时针对不同需求人群提供个性化服务。中心依托家庭医生服务团队,以重点人群为基础,全面开展家庭医生签约服务,截至年底累计签订家庭医生服务合同7 000份。家庭医生服务团队全年下社区服务300次,完成慢性病筛查1万人(次),健康教育覆盖1万人(次),全力做好居民健康守门人,促进居民健康素养提升。

【便民措施】 龙泉驿区龙泉平安社区卫生服务中心计免接种开通假日门诊,办理阳光服务证时间2天调整为工作日随时办理,办理新生儿关爱项目申请从1天增加至2天,更加方便群众。中心班子成员、中层干部、行政后勤人员全面参与晨间大厅服务的排班工作,有效缓解服务高峰时段公共卫生服务区域拥堵状,首问负责制得到进一步落实;新增配置公共卫生数字化门诊系统、推行重点人群管理手册、儿童预检登记手册,在实现流程便捷的同时,服务更加规范;先后实施高危孕产妇两级共管,充分利用村级公共卫生服务便捷优势,确保对区域高危孕产妇管理的全覆盖;建立村级卫生执法监督协管员团队,实现11项基本公共卫生项目的全面下沉。

【惠民措施】 龙泉驿区龙泉平安社区卫生服务中心坚持以儿童和老年人口腔保健为重点,推出"免费窝沟封闭""免费口腔检查""分级减免或全免治疗费"等优惠政策。中心全面落实新生儿关爱项目和孕产妇住院分娩补助项目,累计办结新生儿关爱补助发放297例、孕产妇住院补助发放8例,发放总金额36万元;完成肺癌、宫颈癌筛查及早诊早治项目指标,累计完成200名肺癌高危对象筛查、1 000名适龄妇女宫颈癌筛查任务;针对签订家庭医生服务合同者,新增中医诊疗减免费服务项目。

【区域合作】 龙泉驿区龙泉平安社区卫生服务中心坚持与社区协作,实现共建互助、资源共享。中心与利民社区达成协议,由社区提供固定房屋,中心配置设施设备,共同筹备利民社区家庭医生服务工作站。在家庭医生服务工作站内,中心家庭医生团队定时为居民提供服务,切实为居民提供方便快捷的服务。中心坚持与区疾控中心、辖区派出所等建立应急联动机制,确保辖区卫生应急工作得到充分保障。中心联合区执法大队、区食药监局、辖区派出所、社区居委会成功取缔18个非法执业摊点。

(龙泉驿区龙泉平安社区卫生服务中心办公室)

郫县郫筒街道社区卫生服务中心

【概况】 郫县郫筒街道社区卫生服务中心位于郫县政府所在地郫筒街道,为政府举办的公益性医疗机构;始建于1952年,前身为郫县红十字医院,于2006年8月整体转型为社区卫生服务中心。2006－2014年,中心经历转型、创建、改革和发展4个阶段,始终坚持政府主导,立足公益,改革创新,着力"建机制、强责任、重落实",先后被授予"成都市中医药特色社区卫生服务中心""省级示范社区卫生服务中心""全国示范社区卫生服务中心"等荣誉称号,是郫县老年人健康指导中心、郫县听力和语言康复指导中心、郫县心理健康指导中心。2014年,中心服务面积21.5平方公里,辖25个村(居)委会,服务人口20万人,其中常住人口129 188人、流动人口8万人;提供以家庭医生为核心的医疗卫生服务,为辖区居民,尤其老年人、慢性病患者、残疾人、妇女儿童等重点人群提供优质、安全、有效、价廉的基本公共卫生和基本医疗服务。中心业务用房面积4 000平方米,编制床位60张,设置有全科、预防保健、中医、药剂、口腔、医技、综合病区、妇科等科室;有在岗职工104名,其中卫技人员96人、占职工总人数92.3%,高中级职称19人、占卫技人员数的19.79%,硕士研究生2名,本科学历14人。在"感恩、奋进、勤勉、务实"的中心文化哺育下,通过全院职工的努力,中心功能不断增强、内涵建设不断拓展、服务质量不断提高、惠民政策有效落实,已经成为辖区群众满意、党和政府放心的基层医疗卫生服务机构。

2012－2014年郫县郫筒街道社区卫生服务中心基本医疗和公共卫生服务情况

项　目	单位	2012年	2013年	2014年
门急诊人数	人(次)	160 478	216 069	120 728
居民规范化电子建档	人	19 241	125 570	120 728
老年人健康管理	人	12 941	11 471	14 218
高血压患者健康管理	人	8 117	9 902	9 806
糖尿病患者健康管理	人	3 515	4 099	4 395
重性精神病患者管理	人	122	334	411
0－6岁儿童健康管理	人	4 182	4 478	4 973
孕产妇健康管理	人	567	1 673	2 335
老年人中医药健康管理	人	2 880	5 115	5 740
0－36个月儿童中医药健康管理	人	1 202	2 313	2 912

【卫生服务条件完善】 郫筒街道社区卫生服务中心优化服务环境，依据卫生部《社区卫生形象手册》要求装饰装修，按照功能分区合理，兼顾保护服务对象隐私原则，分全科诊疗区、预防保健区、中医康复区和综合病区，符合无障碍设计要求，环境温馨、舒适。2014年，中心在县卫生局的支持下，以人性化服务为原则，以丰富的童话为主题，以信息化和数字化门诊为标准，对预防保健区进行流程改造，为辖区居民提供一个科学的温馨舒适有序就诊环境；保持畅通的绿色通道，与四川省人民医院、郫县人民医院、郫县中医院建立“预约转诊”平台，逐步做到“梯度就医、逐级转诊”。中心依据居民对健康的需求，设置视力预防保健防控门诊，心理咨询室，小儿推拿按摩室，拓展延升服务项目，提升服务能力；打造集中医、中药、康复服务于一体的中医集中诊疗区，营造中医药文化氛围，进一步巩固中医特色社区成果，充分发挥中医药的健康管理优势。

【社区卫生管理】 郫筒街道社区卫生服务中心从2007年开始，根据四川省、成都市、郫县有关发展社区卫生服务工作文件的要求，制定《郫筒街道社区卫生服务中心工作制度职责汇编》《郫筒街道社区卫生服务中心技术操作规范》《郫筒街道社区卫生服务中心核心制度手册》，涵盖基本公共卫生服务和基本医疗服务的规章制度、操作规范、操作流程，确保中心基本公共卫生服务和基本医疗服务工作有效运行。中心施行“因事设岗、以岗聘人、绩效考核、全员聘用”的用人原则，建立人员能上能下、能进能出的机制，打破传统的就医模式，建立坐诊、巡诊相结合的主动服务模式，进一步推进家庭医生签约服务，并层层签订目标责任书，实行周检查、月考核、季汇报的目标管理运行模式，实现各项工作责任到位。郫县县委、县政府相继出台《关于进一步加强社区卫生服务工作的意见》，各级财政对社区卫生服务中心的社区卫生补助（国家、省、市、县财政）到位，有力地保证了社区卫生服务工作的开展。

【社区卫生服务模式建立】 郫筒街道社区卫生服务中心建立4个社区卫生服务管理技术体系（社区人群健康综合管理技术体系、社区居民健康管理技术体系、社区慢性病患者健康管理技术体系、基本公共卫生绩效考核管理体系），定时召开社会监督员会议，全面落实国家基本公共卫生服务项目，完成预期发展目标；建立健全制度化、规范化的医疗质量管理体系。建立健全医疗质量及安全管理委员会，明确各部门和各科室的任务职责，逐步完善医疗保健规章制度，并贯彻落实到每项医疗保健活动中，医疗、医技、护理、保健等各科室坚持定期质量检查，每月形成质控简报通报和持续整改；按照依法行医、依法执业、规范行为的原则中心进一步健全制度、完善体系建设、加大人才培养，促进基本医疗和预防保健健康可持续发展。

【党风廉政建设】 郫筒街道社区卫生服务中心扎实认真开展党的群众路线教育实践活动，共查找梳理30条意见建议，切实整改落实26条；严格“三重一大”集体研究、集体决策，充分发挥职代会作用，重大决策通过职工代表大会讨论决定；健全权力运行监督，清理和建立职权清单，制定权力运行流程图并公开公示，严格流程执行。中心领导班子成员和中心全体医务人员签订《郫筒社区卫生服务中心医务人员遵守“九不准”承诺书》；通过召开座谈会、群众测评、满意度问卷调查，社区群众和病员的满意度不断提升。

【特色医疗项目】 郫筒街道社区

卫生服务中心首开中医小儿推拿项目，全年累计服务1万人（次），在小儿脾胃调理、感冒、咳嗽、腹泻等方面疗效甚佳，取得辖区百姓的好评；在郫县老科协、郫县残联的支持帮助下，在美国铁姆肯家族基金会的捐赠支持下购买全套先进设备，开设视力保健防控门诊，延伸公共卫生眼保健服务，开展辖区居民、青少年和幼儿免费视力筛查、视力保健训练、近视、老花眼防治及眼保健服务，提高群众视力健康水平。中心全年累计免费学生视力筛查11 232人、残疾人视力筛查145人，建立视力健康档案，并配合残联开展助视器验配工作。

（刘芙辰　刘曙玲　杜　娟）

彭州市天彭社区卫生服务中心

【概况】 彭州市天彭社区卫生服务中心始建于1953年，是彭州市政府举办的一所差额拨款公益性医疗卫生机构；2007年11月，由原天彭中心卫生院迁址至天彭镇东大街星火巷52号，整体转型为天彭社区卫生服务中心，覆盖天彭镇管辖范围，服务面积38平方千米，辖22个社区及居委会，服务人口11.4万人，承担辖区基本医疗、基本公共卫生和中医康复等服务。2014年，中心占地面积4亩，业务用房建筑面积6 000平方米；编制床位135张，开设门诊、住院、中医、影像、检验、妇幼儿保、计划免疫、社区服务等科室；配置彩超、全自动生化分析仪、DR等大型医疗设备；有专业技术人员100人，其中全科医师36人、公卫医师2人、注册护士45人，有副主任医师3人、中级职称25人。中心先后荣获“国家一级甲等医院”“爱婴医院”“四川省示范社区卫生服务中心”“全国示范社区卫生服务中心”等多项荣誉称号；与四川华西医院建立远程教学、与彭州市中医医院建立托管协议定点帮扶，开展中医适宜技术网络远程教学。经过多年的发展，中心服务功能不断完善，内涵建设不断强化，服务质量不断提高，惠民举措有效落实。

2013－2014年彭州市天彭社区卫生服务中心基本公共卫生服务情况

项　目	指标	单位	2013年	2014年
家庭医生团队服务	签约数量	户	7 806	8 386
	签约率	%	20.8	22.4
“健康档案”建立	建档数量	份	104 278	108 158
	规范建档率	%	92.1	95.5
	健康档案使用率	%	62.0	63.0
健康体检	人数	人	17 328	28 632
中医体质辨识	人数	人	1 858	3 543
预防接种	Ⅰ类疫苗	人(次)	15 109	12 556
	Ⅱ类疫苗	人(次)	6 984	8 481
0－6岁儿童管理	系统管理	人(次)	3 524	4 196
	系统管理率	%	98.6	98.3
孕产妇管理	建卡人数	人(次)	699	989
	建卡率	%	99.9	99.8
高血压患者管理	规范管理	人(次)	7 451	8 992
	规范管理率	%	90.1	90.1
糖尿病患者管理	规范管理	人(次)	3 120	3 879
	规范管理率	%	90.7	90.1
重型精神患者健康管理	规范管理	人(次)	276	346
	规范管理率	%	70.4	71.3

【基本医疗服务】 彭州市天彭社区卫生服务中心主要开展常见病、多发病、老年慢性疾病的诊治，积极推行中医中药、优质护理、康复理疗等优质服务。中心全年门诊收入较上年同期增长16.7%，住院收入较上年同期增长10%，门急诊人数较上年同期增长8%，床位使用率82%。中心持续深化“三好一满意”“抗生素专项治理”和“优质护理服务示范工程”活动，以彭州市中医医院托管为契机，提高整体医疗服务水平；积极开展新技术引进、添置诊疗设备、创新医疗服务模式、探索全科医生医疗服务模式改革；坚持实施基层基本药物制度，严格合理检查、合理诊疗、合理收费、合理用药，切实减轻患者负担，构建和谐医疗关系，为基层群众提供优质的基本医疗服务；加强中医药适宜技术能力提升，传承和弘扬中医药文化和适宜技术，充分发挥中医药适宜技术在基层防治常见病、多发病中的优势和作用；提供免费预约、免费转诊接送等便民惠民措施，实现区域化集中阅片，提高影像诊疗水平。通过近几年的社区卫生服务，患者对中心的综合满意度不断提高，小病到社区，大病到医院，康复回社区的服务格局逐步形成。

【基本公共卫生服务】 彭州市天彭社区卫生服务中心逐步实现“全民、全程、全面”的社区健康管理服务新模式，开展健康档案管理、健康教育、预防接种、0－6岁儿童管理、孕产妇管理、老年人管理、高血压、糖尿病慢病管理、特殊人群管理、传染病防控、卫生监督与爱国卫生服务、突发公共卫生事件处置等公共卫生服务工作。

【家庭医生契约服务】 彭州市天彭社区卫生服务中心自2011年开始，开展“家庭医生服务模式”，并探索家庭医生契约式服务。截至2014年，中心组建家庭医生团队17个，实施家庭医生团队包村负责制，变被动为主动，变等待式服务为上门服务，开展错时服务，逐步实现辖区居民人人享有家庭医生的服务目标。中心重点开展慢性病筛查、慢性病健康管理、老年人健康管理和有针对性的健康教育宣传等服务项目；与社区居民建立起良好健康信任的关系，实现居民健康需求心理上的可及性，增强居民对国家基本公共卫生服务项目的感受度，实现社区卫生服务机构有限资源的整合；让辖区群众在家门口就能享受到卫生服务，做到小病不出村、大病不出镇。中心大力推行网络化社区医疗卫生综合服务模式和村站一体化管理模式，对辖区慢病患者实行健康管理；通过制定实施社区年度健康教育方案，有针对性的向社区居民提供健康需求指导，采取多种形式提高居民防病知识普及率和良好卫生行为习惯。

【中医适宜技术】 彭州市天彭社区卫生服务中心主要运用针灸、推拿、熏洗等20项中医适宜技术，结合现代理疗方法开展中风后遗症、疼痛、骨关节病等多种疾病的治疗，获得患者的广泛认可，已实行预约排队住院。中心对医集中诊疗区进行风貌改造，形成中医药特色浓郁、装修装饰风格明显的中医药文化氛围，便于群众接受中医药服务。中心增添中医诊疗设备、选派中医骨干人员到上级医疗机构学习，提升中医药人员服务能力，同时向群众宣传中医养生保健知识，集中开展基本医疗、预防保健、养生康复等一体化中医服务；开展“三伏贴”“中医治未病”，将中医“治未病”理念充分融入到重点人群管理和健康教育中；对高血压、II型糖尿病和脑卒中等人群制定中医药健康管理方案；充分发挥中医药适宜技术在基层防治常见病、多发病中的优势和作用。

【医疗卫生改革】 彭州市中医医院从2014年7月1日起对彭州市天彭社区卫生服务中心实施医疗托管，由彭州市中医医院定期下派医务、质控、护理、院感、药剂等职能科室的管理团队，以及内科、康复科、妇科、治未病科、检验科、医学影像科的专家到中心进行指导，全面提升中心的管理水平和医疗技术水平。中心重点加强中心的内科建设，培养内科专业技术人才；建设妇科和康复科2个特色重点专科；强化医技科室的质量监管，提高诊疗水平；建立城乡一体化的基本医疗卫生服务，实现分级诊疗。

【门诊优化环境提档升级】 彭州市天彭社区卫生服务中心积极创建AAAAA预防接种门诊，对不合理布局进行改造，添置设施设备，安装金维信软件管理系统，使接种门诊由原来的120平方米增加至238.5平方米；增设预防接种专用电梯和专用楼梯；合理分布接种区域，使接种区、候种区、留观区、儿童娱乐区和哺乳区相对独立。中心统一启用四川省预防接种门诊标识标牌，合理调整配置预防接种人员，新添置更具人性化的儿童娱乐、防滑防撞设施和婴儿哺乳室，升级为数字化信息管理系统，实现排号、预检、登记、接种、留观的全数字化一体服务；新增特色化儿童预防保健服务项目，如视力、听力筛查，经皮黄疸测试及0－6岁儿童发育筛查和气质评估，向家长传授摩腹、捏脊、按揉穴位等中医保健方法，并指导家长选择科学合理的育儿及保健方法。

【内部管理】 彭州市天彭社区卫生服务中心按照“因事设岗、以岗聘人、绩效考核”的用人原则，根据服务人口的增长和工作需要配备工作人员，全面实行全员聘用、合同管理、同工同酬、绩效管理，逐步建立符合中心实际的用人机制；完善后勤物资库房、中药库房、免疫疫苗库房，成立物资采购小组，规范物资采购，执行专款专用，充分发挥出机构绩效管理和基本公共卫生服务项目绩效考核的导向和效应作用；打破传统的院内科室设置，建立坐诊和巡诊服务相结合的主动服务模式，探索家庭医生服务改革；打破常规吃“大锅饭”格局，极大地促进了社区卫生工作质量的提高。

（彭州市天彭社区卫生服务中心办公室）

金堂县淮口社区卫生服务中心

【概况】 金堂县淮口社区卫生服务中心是在原“金堂骨伤科医院”与原“金堂县淮口镇城关卫生院”于2008年合并为“金堂县淮口中心卫生院”的基础上，2012年整体转型为“金堂县淮口社区卫生服务中心”，2013年被评为“四川省示范社区卫生服务中心”。中心位于金堂县淮口镇，占地面积5 334平方米，业务用房4 010平方米；服务面积104.5平方千米，辖20个行政村和5个社区，有常住人口70 661人、流动人口28 753人。2013年，中心有职工102人，其中在编职工65人；有全科医师21人、公卫医师7人、副主任医师2人、主治医师7人，其中中医主治医师2人；有护士21人，其中全科护士12人。中心设有全科、内科、外科、儿科、眼科、口腔科、肛肠科、妇科、中医、康复、妇女保健、儿童保健、预防接种、计划生育技术指导、社区卫生服务部、医学影像、检验等科室。

【基本医疗卫生服务】 金堂县淮口社区卫生服务中心于2010年5月全面启动华西区域协作信息平台，依托华西医院人才技术与管理资源，以骨科专科为特色，以信息技术和网络通讯技术为手段，实现“一卡通”就诊、远程会诊、跨院开单检查、预约挂号、远程教学等，达到共享信息、共享知识、共享资源的格局。2014年，中心全年完成门诊量145 759人（次），住院3 961人（次），业务收入2 496万元。

【基本公共卫生服务】 金堂县淮口社区卫生服务中心严格按照国家基本公共卫生服务规范及依托信息群发器、排号机服务，开展居民健康档案管理、健康教育、预防接种、传染病报告、卫生应急管理、儿童健康管理、孕产妇管理、慢病管理、重性精神病管理、卫生监督协管服务、计划生育技术指导服务，截至2014年完成居民规范化电子健康档案65 905份，建档率达常住人口的93.3%；家庭医生服务签约7205份，签约率22.1%；65岁以上老年人规范化管理8 277人；高血压规范管理5 544人，糖尿病规范管理2 279人，重性精神病患者管理312人；0－6岁儿童管理5 269人，一类疫苗接种28116人（次）。中心全面实施城乡孕产妇住院分娩补助，城乡孕产妇住院分娩率达100%，孕产妇管理680人。

【家庭医生服务模式】 金堂县淮口社区卫生服务中心根据“统筹城乡”的思路和“全域卫生”的理念，将城市社区卫生服务“六位一体”的模式向农村延伸，组建11个以全科医生为主体，以公卫医生、社区护士、乡村医生加入的“家庭医生”服务团队；重点提供健康教育、居民健康管理、疾病筛查、慢病管理、老年人保健、残疾人康复、结核病人管理、重性精神病患者管理、中医药特色等服务。中心印制“家庭医生”团队名片，同时在每个社区、村组张贴“家庭医生”服务牌，居民可以通过拨打印在上面的服务电话，随时进行健康咨询；积极利用上门访视、义诊、健康教育宣教等方式，加强沟通交流，引导辖区更多居民提高对家庭医生服务模式的认同度和参与率；切实为辖区居民提供优质、便捷、经济、有效、连续的基本医疗和基本公共卫生服务，有效实现健康管理进社区、进家庭，“疾病管理”向“人群管理”服务模式的转变。

【基本药物制度】 金堂县淮口社区卫生服务中心从2011年4月1日起严格执行国家基本药物制度，实行药品零差率销售。2014年，中心利用显示屏等方式对基本药物政策、药品价格进行公示；每月编制药品分期采购计划，经药事管理组审核同意后进行网上集中招标采购，阳光采购积分每月达100分；认真贯彻落实卫生部抗菌药物临床应用相关规定，遵循《抗菌药物临床应用指导原则》，坚持抗菌药物分级使用，建立临床科室、医师合理用药绩效评估制度，每月对抗菌药物使用量在前10位的抗菌药物名单进行抗菌药物使用情况分析，对存在的问题及时反馈科室并分析上报，控制不合理用药。

【分级诊疗】 金堂县淮口社区卫生服务中心成立分级诊疗组织机构，建立健全首诊责任制度，并与县二医院、县中医院签订对口帮扶和双向转诊协议，有效解决老百姓看病难的问题，实现"小病在基层，大病进医院，康复回社区"的就医新格局。

【村卫生室（站）一体化管理】 金堂县淮口社区卫生服务中心下辖37个村卫生室、1个社区卫生服务站。中心按照深化医药卫生体制改革总体部署，积极推进村卫生室一体化管理，集中配送基本药物，为每一个村卫生室及服务站配备TDP、氧气瓶、体重秤、血糖仪、电子血压计等设备，定期加强对人员的专业知识与服务能力培训，2014年完成3个村卫生室标准化建设，受到上级领导的高度肯定，先后被金堂县电视台、成都电视台今晚8：00播报。

（唐　海　陶　玲）

大 事 记

Historical Events

1月

6日　上海市医院管理协会西部行在都江堰市开展业务管理讲学和学术经验交流活动，都江堰市医疗机构业务管理人员186人参加。

8日　成都市第三人民医院第二轮托管蒲江县人民医院签订协议工作座谈会召开。

★ 成都市第七人民医院天府医院项目开工。

9日　成都市第七人民医院院耳鼻咽喉头颈外科课题——“两种术式对比治疗儿童阻塞性睡眠呼吸暂停低通气综合征疗效比较研究”通过四川省卫生厅鉴定。

★ 成都市发展和改革委员会副主任张新宇及成都市人社局、成都市卫生局等相关部门人员到新津县专题调研县级公立医院综合改革试点工作。

9－17日　成都市卫生局、成都市中医管理局、成都市市食品药品监督局联合主办，成都中医药学会承办的《成都市中医临床用药及药事管理专题培训班》在郫县举行。全市中医医疗机构的分管院长、中医临床用药及药事管理人员、中药生产及经营企业单位250人参加培训。

15日　成都市卫生局党组书记、局长杨小广，法监处、监审处负责人一行，对成都市卫生执法监督支队2013年党风廉政建设责任制落实情况进行检查。

16日　成都市卫生局组织的文化科技卫生“三下乡”活动在邛崃市火井镇举行。

17日　成都市卫生局局长杨小广到大邑县卫生局就“成都市基层公益性医疗卫生机构标准化建设设备提升工程”设备发放使用情况进行调研。

20日　成都市医管局纪检组组长边登荣到成都市第五人民医院，成都市妇女儿童医院对纪检工作进行调研。

22－24日　成都市卫生局举办、成都市急救指挥中心承办的《成都市危险化学品突发事故卫生应急救援能力培训班》在成都市举办。成都市急救指挥中心、成都市疾控中心、成都市执法监督支队、四川大学华西第四医院、四川省人民医院、成都军区总医院、成都大学附属医院，成都市一、二、三、四、六医院等15家医疗机构，以及部分区（市）县卫生局、急救指挥分中心、疾控中心、执法监督支队和相关医院分管应急工作的领导、医疗卫生专业人员230人参加培训。

23日　成都市防痨协会第六次会员代表大会在成都市公共卫生临床医疗中心召开。

★ 成都市委常委、成都市总工会主席赵小维到成都市疾控中心，慰问四川省劳动模范魏咏兰。

26日　成都市政府资政杨伟到成都市公共卫生临床医疗中心调研人感染H7N9禽流感防治工作。成都市卫生局、成都市医管局、成都市疾控中心、成都市公卫中心相关负责人陪同调研。

2月

7日　成都市卫生局局长杨小广、副局长刘培毅、医政处处长一行3人到血液中心进行节日慰问。

8日　成都市卫生局局长杨小广率队到龙泉驿区十陵社区卫生服务中心调研基层卫生信息化建设情况。

20日　四川省人民政府副省长曲木史哈到青羊区文家颐养中心实地调研。参加调研的还有成都市副市长谢瑞武、四川省民政厅厅长黄明全、四川省卫生厅副厅长王雪、成都市青羊区委书记谢强、成都市青羊区人民政府副区长池勇。

★ 成都市爱卫办和市疾控中心联合举办的成都市中央财政健康素养巡讲现场会第一场在双流县举行。巡讲传授了控烟、戒烟的知识，230人参加会议。

3月

4日　成都市召开全市卫生工作会议。成都市委常委、市委宣传部部长白刚出席会议并讲话，成都市政府资政杨伟主持会议，成都市政协副主席杨小英、市委副秘书长罗波出席会议。成都市人大常委会、成都市政协，市级有关部门、有关单位分管负责同志，各区（市）县政府分管负责同志及卫生局局长，成都高新区、天府新区成都片区管委会分管负责同志及社会事业局局长；部分医疗卫生机构及有关单位负责同志参加会议。

6日　都江堰市代表成都市卫生局接受四川省人民政府就2013年艾滋病防治目标任务完成情况的现场检查。检查组一行到都江堰市人民医院、第三人民医院美沙酮维持治疗门诊、水源商务宾馆及外国语实验学校检查艾滋病检测、抗病毒治疗，美沙酮维持治疗门诊运行情况、防艾宣传教育及学校对青少年艾滋病防治健康宣教等工作。

7日　国家卫生计生委基层卫

生司司长杨青一行到新津县调研基层卫生综合改革试点工作。

★ 国家卫生计生委基层卫生司司长杨青一行到武侯区玉林社区卫生服务中心调研基层卫生综合改革工作。四川省卫生厅巡视员赵晓光、成都市卫生局局长杨小广，武侯区委副书记、区政府区长林丽陪同调研。

★ 成都地铁天府广场站爱心献血屋工程正式开工建设。该献血屋占地 161 平方米，位于地铁天府广场站下沉式广场中心区域。

13 日　国家发改委专家到金堂县调研卫生应急指挥决策系统建设工作。

14 日　成都市卫生局纪检组组长赵平一行到成都市疾控中心检查党风廉政建设工作。

14－24 日　成都市卫生局、成都市爱卫办组织成都市疾控中心等 6 家医疗机构分别到大邑的沙渠镇等乡镇，汇同当地社区卫生服务中心开展一系列走基层——健康教育下街乡宣传活动。

17 日　四川省中医药管理局中西医结合人才培训项目在双流县中医医院培训基地开班。四川省中医药管理局副局长冯兴奎、成都市卫生局副局长赵文出席会议。

18 日　成都市政府副市长刘守成一行到新津县花源镇卫生院指导卫生系统开展党的群众路线教育实践活动工作。

19 日　成都市卫生局纪检组长赵平到市血液中心中心了解办公用房和党风廉政建设工作情况。

25 日　成都市卫生局党组书记、局长杨小广带队到新津县指导卫生系统群众路线教育实践活动开展情况。

27 日　成都市委督导组调研彭州市人民医院开展党的群众路线教育实践活动情况。

★ 成都市“餐饮具集中消毒服务机构”卫生管理工作现场会在双流县召开。四川省卫生执法监督总队、各区（市）县卫生监督机构及餐饮具集中消毒服务机构负责人共 110 人参加会议。

4 月

1 日　成都市卫生局副局长刘培毅与英国驻重庆总领事馆 Simon Mellon 领事一行 2 人就英国与成都市在医院建设及管理、医护人员教育及培训、医疗信息化和老年人医疗护理等领域可能开展合作的进行了洽谈。

3 日　成都市卫生局党组书记、局长杨小广一行 3 人到邛崃市夹关镇、高何镇、火井镇等重灾镇乡和偏远山区调研卫生灾后重建项目进展情况和医疗卫生工作。

4 日　成都市人大常委会副主任仰协一行到新津县调研卫生信息化建设工作。

★ 蒲江县被正式确定为国家县级公立医院综合改革第二批试点县。

★“2014 年美国 CCPF 慈善活动”在市妇儿中心医院正式启动，美方医疗团队由 38 名来自美国哥伦比亚大学、哈佛大学等全美顶级医学院的儿童康复、小儿骨科矫形、小儿泌尿外科、普外、内科、麻醉及护理医疗专家组成。在为期 8 天的慈善活动中，双方共为 60 名来自陕西、河南、湖南、四川等省内外福利院和贫困家庭的孤残儿童提供免费诊疗服务，并为其中 27 位实施免费的手术治疗。

8 日　成都市卫生局党组书记、局长杨小广一行到金堂县调研县级公立医院改革和乡镇卫生院标准化提升工程建设情况。

10 日　中欧应急管理合作项目欧方执行总裁菲利普·拿丁等 6 名欧盟专家，在成都市政府应急办和成都市卫生局应急办的陪同下，到成都市妇女儿童中心医院参观、交流和考察。

11 日　成都市第五人民医院举办的成都市级继续教育项目——老年护理适宜技术培训班在东区学术厅开班，来自全省各医院的护理部主任及护理骨干 250 人参加培训。

16 日　省、市、区三级卫生行政部门在武侯区双楠医院开展以“科学规范治病，拒绝巫医游医”为主题的打击非法行医法制宣传活动。

16－17 日　成都市卫生执法监督支队分别在崇州市、都江堰市召开两期全市涉水产品卫生监督工作培训会及现场带教会，19 个区（市）县及成都高新区、天府新区成都直管区的 130 名卫生监督员参加培训会。

18 日　成都市中医管理局在温江区柳城社区卫生服务中心，召开 2013 年成都市中医类别全科医师岗位培训总结会暨走基层座谈会。四川省中医药管理局副局长冯兴奎、成都市卫生局（中医管理局）副局长赵文、副巡视员温蓉利、成都中医药大学附属医院副院长谢春光、区（市）县卫生局、部分社区卫生服务中心、部分乡镇卫生院及村卫生室代表、培训班教师、学员等有关人员参加会议。全市共有 454 名学员参加培训。

21日　成都市卫生局党组书记、局长杨小广带领卫生局相关处室负责人到郫县安德镇卫生院基层能力提升情况、郫县妇幼保健院妇幼卫生工作进行调研。

23日　金牛区率先挂牌成立金牛区医疗警务大队。

24日　成都市卫生局、锦江区人民政府主办，成都市疾控中心、锦江区卫生局协办的“成都市4·25预防接种宣传周活动启动暨等级门诊授牌现场会”在锦江区狮子山社区卫生服务中心开幕。成都市卫生局局长杨小广、市爱卫办主任傅小鲁，锦江区副区长吴文辉出席活动。

28日　四川省中医药管理局副局长冯兴奎一行到成都骨伤医院调研。冯局长现场查看成都骨伤医院中医特色文化建设、中医综合治疗、中医适宜技术应用推广以及该院中药房、制剂室建设等情况。

★ 成都市市政协副秘书长、科教医卫体委员会副主任苏伟带队，在成都市卫生局副局长刘军、金牛区老龄办、金牛区卫生局、金牛区民政局等相关部门负责同志陪同下，到金牛区沙河源社区卫生服务中心就医疗养老托老新模式进行调研。

5月

5日　国家卫生计生委、财政部确定武侯区为全国32个基层卫生综合改革重点联系区（市、县）之一。

7日　成都市委常委、成都市总工会主席赵小维到武侯区晋阳社区卫生服务中心调研党的群众路线教育实践活动。

8日　成都市卫生局、成都市中医管理局主办，成都中医药学会承办的成都市中药临床药学师承教育班举行开班仪式。成都市特聘的16位中药临床药学特别师承教育导师、各区（市）县卫生局（高新区社会事业局）分管领导、市中西医结合医院和各区（市）县中医医院院长、部分基层医疗卫生机构的负责人以及来自市、县医疗机构和基层医疗卫生机构的69名学员（继承人）共计150人参加会议。

★ 国家卫生计生委疾控局慢病处处长吴良友、中国疾病预防控制中心慢病中心副主任马吉祥一行6人，对成都市青羊区府南金沙社区卫生服务中心和武侯区晋阳社区卫生服务中心慢病防控工作进行调研。四川省卫生计生委、四川省疾控中心、成都市卫生局、成都市疾控中心，以及青羊区、武侯区相关人员陪同调研。

11日　全国政协常委、副秘书长、致公党中央常务副主席、中国社区卫生协会会长蒋作君一行13人，到武侯区玉林社区卫生服务中心进行调研。四川省政协副主席、致公党四川省委主委杨兴平，四川省卫生厅妇社处处长王天贵，成都市政协副主席、致公党成都市委主委罗霞，成都市卫生局、武侯区相关人员陪同调研。

13日　九三学社成都市委副主委、秘书长张平带领医卫委员会6名专家到彭州市隆丰镇卫生院对接定点指导工作，并进行义诊和教学查房。

15日　成都公共卫生临床医疗中心和成都市防痨协会主办，贵阳公共卫生临床医疗中心承办的四川省继续教育项目“（第三届）西南胸部结核外科及胸外科新进展学术研讨会”在贵阳召开，110名代表出席大会。

15－16日　成都市中医管理局召开成都市综合医院（妇幼保健院）规范化中医科、中药房建设培训暨经验交流会。成都市卫生局（中医管理局）副局长赵文、副巡视员温蓉利、各区（市）县卫生局分管副局长、中医科长、人民医院、妇幼保健院院长及成都市各市级医疗机构分管中医负责人等125人参加会议。

16日　四川省卫计委副主任欧力生、副巡视员刘捷率相关处室人员到龙泉驿调研公共卫生服务、医疗卫生体制改革、省级民生工程、实施单独二孩政策、群教活动等工作情况。

★ 民盟毕节市委副主委吴玲娜带队一行5人，就帮扶贵州省毕节市二人民医院相关事宜到成都市第五人民医院进行协商洽谈，并举行对口帮扶协议签订仪式。成都市医管局副局长张铁、成都市卫生局副局长刘培毅、民盟成都市委副秘书长何立新、民盟毕节市委、毕节市卫生局、毕节市第二人民医院等领导、成都市第五人民医院领导班子、相关科室负责人出席签订仪式。

23日　成都市发改委、成都市卫生局一行6人，到成都市慢性病医院，对医院集“医、护、养、康复”一体的医疗模式开展实地调研。

27日　成都市纪委派驻成都市卫生局纪检组组长赵平和纪检组副组长、监察室主任王京到成都市血液中心现场巡查，重点了解中心近期党风廉政建设工作情况。

28日　成都市感染性疾病诊疗质量控制中心在成都市公共卫生临床医疗中心成立。

29日　成都市卫生局、成都市

爱卫办、武侯区卫生局、武侯区爱卫办在武侯区王府井百货广场联合开展第27个世界无烟日主题宣传活动。四川省卫生厅重大疾病防治处处长、四川省爱卫办常务副主任徐保华、四川省爱卫办调研员鲜加平，成都市卫生局局长杨小广、成都市爱卫办主任傅小鲁、武侯区副区长杨建德出席活动。

6 月

10 日　国家卫生计生委基层司社区卫生处调研员马海燕、卫生部发展研究中心社区卫生研究中心主任秦江梅及基层卫生综合改革重点联系点的中央和地方专家一行5人，对武侯区基层卫生综合改革重点联系点工作开展情况进行现场调研。

10－11 日　受成都市卫生局委托，成都市公共卫生临床医疗中心举办2期人感染H7N9禽流感临床医疗师资培训班，来自全市19个区（市）县及成都高新区卫生局、成都市级医疗卫生单位以及120网络医院300人参加培训。

11 日　国家卫计委社卫处调研员马海燕、卫生部卫生发展研究中心社卫研究中心主任秦江梅、北京市社管中心副主任张向东一行5人到新津县调研基层卫生综合改革工作。

14 日　四川省献血领导小组办公室主办，成都市卫生局、成都市血液中心承办，四川华西集团有限公司协办的以"安全血液挽救母亲生命"为主题的大型无偿献血宣传活动在城南1号建筑工地举行，来自省市机关、卫生系统、建筑行业、部队的公务人员，医务人员、部队官兵、建筑工人、无偿献血志愿者，以及社会各界嘉宾等300人参与活动，265人成功献血79 900毫升。四川省献血领导小组副组长、省卫生计生委党组书记、主任沈骥作为第7次献血的固定无偿献血者。

★ 国家卫生计生委和中国记协联合发起的"中国健康知识传播激励计划（胆固醇管理2014）知识共享会"在青羊区举行。国家卫计委疾控局慢病处处长吴良有，四川省卫生计生委疾控处副处长谢仁兴，四川省人民医院老年科主任钟萍，青羊区人民政府副区长赵艳艳，青羊区卫生局党委书记、局长张倩等参加活动。

15 日　中央国家机关16位青年干部组成的调研团到都江堰市人民医院进行为期一个星期的调研活动。成都市团市委、成都市卫生局及都江堰市人民医院部分领导参加调研活动启动工作。

19 日　成都市医学会放射专委会"科技下乡——医学培训"专家组在大邑县人民医院举行"CT / MRI新技术临床应用培训班"。这次培训特别邀请到四川省放射诊断与技术专家，金堂县、崇州市、新津县、彭州市等区（市）县的卫生人员共149人参加培训。

★ 成都市预防腐败局副局长刘耘芸一行3人到成都市卫生局调研成都市卫生局2014年基层公益性医疗卫生机构标准化建设设备提升工程项目和卫生民生工程项目推进工作情况，成都市卫生局党组书记、局长杨小广，派驻成都市卫生局纪检组组长赵平、局机关党委书记何军和有关处室负责人参加调研。

19－20 日　全国社区卫生服务中心主任论坛在成都市武侯区玉林社区卫生服务中心召开，来自全国20余个省、市的420位社区卫生机构管理者参加会议。

20 日　国家卫计委主任李斌一行到新津县调研基层卫生综合改革和县级公立医院改革工作。四川省副省长陈文华、四川省卫计委主任沈骥、成都市政府资政杨伟、成都市卫生局局长杨小广、新津县委书记夏先义、副县长罗智敏陪同调研。

27 日　四川省医学会急诊专业委员会"卫生下基层及继续医学教育活动"在都江堰市人民医院举办。都江堰市卫生系统各级医疗机构急诊专业及相关专业200名医护人员参加活动。

7 月

1 日　成都市政府资政杨伟、成都市卫生局局长杨小广带队到大邑县花水湾镇黎沟村调研扶贫帮扶工作。

★ 公安部禁毒局副处长张道明一行到武侯区第二人民医院调研戒毒康复工作。国家卫生计生委、四川省禁毒总队、成都市公安局、武侯公安分局相关领导陪同调研。

1－2 日　成都市卫生局、成都市中医管理局、成都市教科文卫体工会主办，成都市卫生局系统工会、新都区卫生局、新都区医院管理办公室承办，新都区中医医院协办的"2014年成都百万职工技能大赛中医药知识技能比赛"在新都区举行。成都市卫生局机关党委书记何军、成都市卫生局副巡视员温蓉利、成都市教科文卫体工会主席古勇奇、新都区副区长冯静，以及新都区总工会、卫生局、医管办等有关领导参加开幕式和颁奖仪式。

10日　成都市政协副主席李铀率成都市政协科教医卫体委员一行18人到成都市慢性病医院，就全市老年医疗发展现状进行调研，成都市纪委派驻市医管局纪检组组长、局党组成员边登荣陪同调研。

14日　成都市2014年度献血领导小组会议在成都市政府会议室召开。成都市政府资政杨伟、成都市卫生局局长杨小广、成都市委宣传部副部长崔昌宏等领导和30个成员单位负责人参加会议。会议由成都市卫生局副局长、成都市献血领导小组办公室主任刘培毅主持。成都市卫生局局长、成都市献血领导小组副组长杨小广通报2013年以来成都市无偿献血工作情况，并安排部署下一步工作。大会原则审议通过《成都市爱心献血服务站(献血屋)管理办法》。

15日　四川省委常委、成都市委书记黄新初就全市医疗卫生工作进行调研，先后查看成都市疾病预防控制中心、成都市血液中心、成都市第一人民医院、成都高新区芳草社区卫生服务中心，详细了解全市疾病预防控制、采供血、基层医疗卫生以及中医工作的基本情况。成都市委常委、成都高新区党工委书记刘超，成都市委常委、秘书长黄建发，成都市委常委、宣传部部长白刚，成都市政府资政杨伟、成都市卫生局、成都市人社局、成都市财政局、成都市医管局、武侯区委主要负责人陪同调研。

17日　成都市政协副主席李铀一行20人到文家“颐养中心”调研。

22日　美国、英国急救专家和成都市急救指挥中心举办的“2014国际灾难紧急医疗救援学术交流会暨灾害医学救援能力提升培训班”在成都市开幕。成都市相关网络医院、全省各地市州部分120指挥中心及医疗单位200人参加学术交流暨培训班。

23日　成都市政协副主席李铀到青白江区调研青白江区人民医院与成都市第二人民医院合作与托管工作开展情况。

★成都市卫生局副局长赵文在青羊区中医医院进行题为“中医院的发展状况及未来发展方向”的专题讲座。

28日　成都市卫生局举办、武侯区卫生局承办的卫生改革发展专题讲座在武侯区举行，来自法国圣安蒂安大学的王涛教授作专题讲座。成都市卫生局、各区(市)县卫生局及基层医疗机构有关负责人共380人参加讲座。

30日　四川省卫计委主任沈骥一行5人在成都市卫生局局长杨小广、温江区委书记谢超陪同下到温江区调研国际医学城建设情况。

8月

3日　九三学社成都市委员会在彭州市隆丰镇卫生院举行“九彭合作”定点医院授牌仪式。九三学社中央委员、四川省委副主委、成都市委主委、成都市政协副主席戴晓雁，九三学社成都市委员会副主委张平、王绪本，彭州成都常委、成都统战部部长尧敏双，彭州市人民政府副市长陈善彬等参加授牌仪式。

4日　在西非发生埃博拉出血热疫情后，成都市公卫中心成立埃博拉出血热疫情医疗救治工作领导小组，领导小组下设专家组、医疗救治组、院感组、宣传信息组、后勤保障组、安全保卫组、财务审计组。

5日　成都市卫生局党组书记、局长杨小广带领医政处处长李祖俊在成都市血液中心召开专题会议，现场办公研究血液库存落实措施。

10－16日　四川省中医药管理局组织专家组对成都市开展成都市2014年基层中医药服务能力提升工程省级督导评估暨全国基层中医药工作先进单位复审工作。专家组通过抽签，对成都市的双流县、蒲江县、新津县、大邑县、彭州市和金牛区6个区(市)县进行督导评估检查。

12－13日　成都市卫生局主办、成都市妇儿中心医院承办的“成都市百万职工技能大赛妇幼健康技能比赛”在成都市树德中学光华校区举行，来自全市各区(市)县的30个代表队参加比赛。

13日　成都市卫生局副局长赵文到彭州市调研医疗卫生工作。

14日　四川省中医药管理局组织的专家检查组一行4人，对大邑县开展基层中医药服务能力提升工程实施情况进行督导评估。

★成都市卫生局党组书记、局长杨小广到新津县调研指导卫生系统党的群众路线教育实践活动。

18日　受国务院医改办委托，中国社区卫生协会专家组一行7人对成都市全科医生执业方式和服务模式改革试点工作进行现场评估，武侯区、新津县作为试点区(市)县接受评估。

19日　成都市卫生局党组书记、局长杨小广一行到成都现代医院和武侯区簇桥社区卫生服务中心调研。

22日　成都市政协科教医卫

体委员会主任陈新湖、副主任苏伟，成都市卫生局巡视员刘军一行13人到邛崃市调研卫生系统灾后重建工作。

27日　国家中医药管理局法监司副巡视员司文武、国家卫计委科教司处长宋广霞、医政医管局副处长付文豪、综合监督局副处长钟发英等一行5人到双流县检查《执业医师法》《学校卫生工作条例》等法律法规的贯彻落实情况。四川省卫生计生委综合监督处处长康凤琴、成都市卫生局副局长刘培毅、成都市卫生局法监处调研员周亚光、双流县卫生局副局长陈忠致陪同检查。

28日　国家慢性病综合防控示范区调研组白呼群一行6人到青白江区调研慢性病综合防控示范区开展情况。

9月

1日　成都市中医管理局主办、双流县中医医院承办的"2014年中西医结合人才培训项目"在双流县中医医院培训基地开班。四川省中医药管理局副局长冯兴奎、人教处副处长贾建勋，成都市卫生局副局长赵文，双流县卫生局局长屈勤和市、县、镇等33家医疗机构共156人开班仪式。

2日　国家中医药管理局调研组一行在四川省中医药管理局副局长冯兴奎、成都市卫生局副局长赵文、四川省中医药管理局医政处处长方清、成都市卫生局副巡视员温蓉利、双流县卫生局副局长李芳平陪同到双流县中医医院调研中医工作。

4日　国家中医药管理局医政司副司长杨龙会、国家卫生计生委基层卫生司副调研员郝凤莲等一行4人，在四川省中医药管理局和成都市局相关人员陪同下，先后实地考察新迁建的双流县中医医院和"治未病中心"，青羊区的新华少城、府南金沙、草堂社区卫生服务中心和石南社区卫生服务站，调研成都市基层医疗卫生机构基本公共卫生服务项目中医药健康管理工作的组织管理、实施方案制定、工作机制建立、人员培训、项目宣传、督导考核和目标任务完成等情况。

10日　成都市卫生局副局长赵文到金堂县赵镇卫生院调研中医适宜技术提升工作。

11日　中国妇幼协会会长张文康、国家卫计委办公厅巡视员齐平江、四川省卫生计生委副主任欧力生到金堂县调研妇幼卫生工作。

17日　成都市政协副主席李铀带队到大邑县开展县级公立医院取消药品加成民主监督，成都市政协副秘书长吴安平、成都市政协科教医卫体委主任陈新湖以及部分委员，成都市卫生局副局长刘培毅，大邑县政协主席张春生、大邑县政府副县长严学茹，市、县卫生行政部门相关人员陪同检查。

17－19日　成都市卫生局、阿坝州卫生局共同主办，成都市急救指挥中心和阿坝州卫生局应急办联合承办的成都市卫生援藏项目《阿坝州应急医疗急救培训班》在阿坝州茂县成功举办，来自阿坝州13个县卫生局分管卫生应急工作的副局长、应急办主任，各县医院分管业务副院长、急诊科主任、总护士长和茂县各级医院等，以及省内部分市州的急救专业人员200人参加培训。

22－23日　四川省卫计委党组成员、副主任杜波一行对崇州市卫生和计划生育局创建卫生应急综合示范市工作进行评审验收。

24日　成都市中医管理局主办、成都中医药大学附属医院/临床医学院承办的2014年成都市基层中药膏丹丸散临方炮制加工培训班开班。各级医疗机构和基层医疗卫生机构的90名学员参加培训。市卫生局副局长赵文、副巡视员温蓉利等参加开班仪式。

25日　成都市政府重大投资项目评审联席会议（2014第4次会议纪要）同意成都市第七人民医院天府医院二期建设项目实施。

26日　成都市卫生局党组书记、局长杨小广等一行4人到血液中心进行党风廉政两个责任检查。

28日　四川省卫生计生委、成都市卫生局、金堂县人民政府主办，金堂县狂犬病防制指挥部、金堂县卫生局承办的四川省2014年"世界狂犬病日"宣传活动在金堂县举行。

★ 四川省医学科学院·四川省人民医院与成华区卫生局举行合作签约仪式暨"服务百姓健康行动"联合义诊活动。四川省卫生计生委副主任张祖芸、成都市卫生局副局长刘培毅，成华区委副书记、区政府区长张孝军，成华区政府副区长曹晓琼，省人民医院副院长邓绍平、院长助理曾俊等出席活动。

28－29日　青羊区卫生局党委书记、局长张倩等相关人员代表成都市青羊区参加在北京国际会议中心召开的由中国社区卫生协会主办的"第九届中国社区卫生服务中心服务发展论坛暨第三届我身边的社区卫生服务主题宣传活动总结大会"。青羊区新华少城社区卫生服务中心全科主任蔡振华获得中国社区卫生协会授予的全国首批“群众满意的社区医生”荣誉称号。

10月

9日　成都市卫生局党组书记、局长杨小广到青白江区调研县级公立医院取消药品加成及卫生信息化建设工作开展情况。

★ 成都市卫生局副局长刘培毅一行前往成都第一骨科医院调研公立医院实行药品零加成后的运行情况并召开座谈会。

★ 成都市卫生局、成都市中医管理局主办，郫县中医医院承办的2014年基层中医药特色技术培训班（第一期）开班，来自全市各医疗单位的共197名中医人员参加培训。成都市卫生局副局长赵文参加开班仪式并对学员提出要求。

11日　成都市卫生局党组书记、局长杨小广到彭州市调研县级公立医院取消药品加成及卫生信息化建设工作开展情况。

13日　四川省卫计委正式批复成都市血液中心增挂“四川省血液管理中心”牌子，履行相应省级血液中心职责，承担全省血液质量控制与评价、业务培训与技术指导、应急调剂和保障、信息化建设指导、采供血机构督导检查以及省卫计委交办的其他工作任务。

14日　成都市卫生局副局长赵文到彭州市中医医院调研制剂中心工作开展情况。

★ 成都市卫生局副局长刘培毅带领成都市卫生执法监督支队和卫生局医政处、法监处相关人员到市公共卫生临床医疗中心督查埃博拉出血热防控措施落实情况。

★ 成都市中医管理局主办的成都市2014年中药房规范化建设培训会在彭州市召开。成都市卫生局副局长赵文、彭州市副市长陈善彬出席培训会，成都市各区（市）县卫生局分管中医工作副局长及中医科负责人，市级医疗机构、各中医医疗机构、各区（市）县县级综合医院及妇幼保健院的分管副院长及中药房负责人共计180人参加培训会。

21日　中国工程院院士赵凯、中国CDC免疫规划中心主任王华庆在四川省CDC副主任祝小平、四川省CDC免规所所长方刚陪同下到彭州市开展成都市乙肝血清流行病调查进展现况。

23日　“法国蒙彼利埃·中国成都内分泌代谢疾病研究所”授牌仪式在成都市第一人民医院举行。蒙彼利埃医疗卫生代表团、成都市医管局副局长张轶、成都市卫生局副局长刘培毅、成都市外办副主任吕天一等出席授牌仪式。

★ 成都市妇女儿童中心医院与德国阿莎芬堡医院乳腺中心共建“中德（成都）乳腺病中心”项目签约、授牌仪式，四川省卫生计生委、四川省医学会、成都市卫生局、成都市医院管理局等相关领导出席。

11月

3日　国家卫计委委派中国疾病预防控制中心妇幼保健中心儿保部副主任徐韬、中国疾病预防控制中心妇幼保健中心副研究员黄小娜等专家一行4人，对成华区0－6岁儿童残疾筛查工作试点项目进行国家级终末调查。

7日　成都市中医管理局组织专家到成都市公共卫生临床医疗中心，就“十二五”中医重点专科（传染病科）、国家中医药防治传染病重点研究室及四川省艾滋病中医药防治中心等建设项目进行督导并召开座谈会，成都市卫生局副局长赵文及成都市卫生局应急办、中医处，四川省中医药科学院副院长张毅，成都市公共卫生临床医疗中心的负责人、科室相关人员参加座谈会。

★ 四川省卫计委、四川省疾控中心、四川省出入境检验检疫局、成都市双流国际机场、成都市卫生局、成都市疾病预防控制中心、成都市传染病院、成都市急救中心、双流县疾病预防控制中心等12家单位在成都市双流国际机场出入境区域举行跨部门、省市县多级联动的口岸输入埃博拉出血热疫情应急处置联合演练。

11日　四川省卫计委主任沈骥到成都市血液中心带头捐献血小板，这是沈骥主任第8次参加无偿献血，这一次他选择以捐献血小板的方式奉献爱心。

★ 日本IGL集团理事长永见宪吾一行就老年健康产业到成都市慢性病医院进行参观、考察，双方并就老年健康产业的发展进行交流和探讨。

13日　成都市中医管理局主办、双流县中医医院承办的2014年成都市中药临床用药质量管理培训班开班，为期2天，成都市各级中医医疗机构的分管院长和中药房主任共计112名学员参加培训。

16日　龙泉驿区西河镇公立卫生院代表成都市接受四川省卫计委专家对乡镇卫生院规范化建设（等级评审）的复核评估工作。

18日　全国人大常会委员、教科文卫委主任柳斌杰一行10人到成都市中西结合医院和玉林社区卫生服务中心考察调研。

19 日　国家卫计委综合监督局一行 12 人到成都市第六人民医院调研传染病防治监督工作，分别查看感染性疾病科、医疗废物暂存点等工作。

20 日　民盟中央常委、四川省委副主委、成都市委主委，成都市政协副主席李铀一行 5 人到成都大学附属医院（临床医学院）附属医院调研工作。

24－25 日　国务院医改办、国家卫生计生委体制改革司副司长刘殿奎一行 5 人到新津县督查评估县级公立医院综合改革试点工作。四川省卫生计生委副主任张祖芸，成都市卫生局副局长刘培毅，县委常委、统战部长黄蓉生，县政府副县长罗智敏等相关领导及部门负责人陪同。

25 日　成都市卫生局局长杨小广、纪检组长赵平一行 4 人到血液中心，现场听取血液中心在市委巡察组查出问题整改落实的进展情况。

12 月

2 日　四川省卫生计划生育委员会副巡视员刘捷一行 3 人对大邑县省级民生工程项目和公共卫生工作开展情况进行督导。成都市卫生局巡视员刘军、机关党委书记毛火平及县卫生局相关人员陪同调研。

3 日　司法部基层司副巡视员李冰带队，公安部、卫生计生委等部门组成的维护医疗秩序打击涉医违法犯罪专项行动督导组对龙泉驿区医疗纠纷人民调解工作进行督导检查。成都市卫生局、龙泉驿区卫生局、区司法局、区大调解办、区公安分局等相关部门领导陪同。

5 日　联和国儿童基金会 Andrea 博士、世界卫生组织驻华代表处 LawrenceRodewald 博士、夏伟博士，国家卫生计生委疾控局免规处处长李全乐、中国疾控中心免疫规划中心郝利新主任等一行 7 人对成华区、金牛区、都江堰市免疫规划工作进行现场考察。四川省卫生计生委、成都市卫生局、四川省疾控中心、成都市疾控中心相关负责同志陪同考察。

9 日　成都市卫生局机关党委书记何军一行对双流县卫生局开展“庸懒散浮拖推乱”问题专项整治工作进行督导检查。

★ 日本 IGL 集团理事长永见宪吾一行到成都市慢性病医院就老年健康产业进行合作的初步探讨，双方在先进理念、管理方法、人才培养等方面达成了初步共识。

10 日　成都大学附属医院与彭州市公立医疗机构签订双向转诊协议并举行托管敖平镇卫生院授牌仪式。

12 日　成都市政协副主席李铀带领市政协科教医卫体委员一行 15 人到市妇儿中心医院调研成都市政府民生工程一、二期项目建设情况和成都市妇幼公共卫生工作情况。成都市卫生局机关党委书记何军、成都市医院管理局副局长张铁等陪同调研。

14 日　四川省献血领导小组办公室主办，成都市卫生局、成都市血液中心、峨眉电影制片厂承办的主题为“献出一份爱，温暖一座城”冬季四川省公务人员无偿献血公益活动在四川峨嵋电影制片厂举行，来自 21 个省直相关部门公务员和省、市卫生系统的公务人员等共计 200 人参与活动，其中 132 人成功献血，献血量达 201 个单位。

18 日　四川省中医药管理局局长田兴军一行对都江堰市人民医院中医科、中药房规范化建设工作进行了调研。

★ 成都市公共卫生临床医疗中心院感专家陈萍被选为四川省援几内亚比绍抗击埃博拉专家组成员之一，前往几内亚比绍执行为期 32 天的培训任务。

22 日　成都市卫生局党组书记、局长杨小广、副巡视员温蓉利一行到双流县调研县级综合医院中医科建设工作，实地察看双流县第一人民医院、双流县妇幼保健院的中医科、中药房及中医集中诊疗区的建设情况，并就医院中医工作的投入力度、业务管理、人才培养、名医名科的建设等情况进行详细了解。局长杨小广对综合医院中医科建设提出 5 点要求。

24 日　四川省卫生计划生育委员会授予金堂县“四川省规范化犬伤门诊示范区”称号。

卫生论坛

Public Health Forum

托管联姻促发展　转型跨越惠民生

——记成都市第三人民医院托管蒲江县人民医院的探索与实践

让优质医疗资源下沉，帮助基层医院发展，是市委、市政府深化医药卫生体制改革、统筹城乡医疗卫生工作、促进区域医疗公平的战略决策。2011 年 1 月，成都市第三人民医院（以下简称“市三医院”）托管蒲江县人民医院（以下简称“蒲江医院”）以来，蒲江医院在服务功能、服务质量、营运管理等方面取得了长足进步，实现了群众满意、职工满意、政府满意的初期目标。2014 年 1 月，双方签署第二轮托管协议，确定用 5 年时间将蒲江县医院建设成为“具有三级医院水平的区域医疗中心”。

一、主要做法

（一）签订框架协议全面托管，着力推动医院“联姻”深度合作。蒲江医院是蒲江县唯一一所“二级甲等综合医院”，承担着全县 26.3 万人医护、急救及其他社会公益事务。近年来，由于专业技术人才匮乏、设备陈旧落后，发展相对滞后，病员流失严重。2010 年 10 月，蒲江县政府与市医管局签署《关于成都市第三人民医院与蒲江县人民医院深度合作办医的框架协议》，探索医院托管运营模式，借力成都市第三人民医院的优质医疗资源，全面提升综合服务能力，为群众的健康保驾护航。成都市第三人民医院与蒲江医院本着“托管期间行政隶属关系不变”“财政补助政策与渠道不变”“基本医疗服务职能不变”“公共卫生职能不变”“资产归属和所有权性质不变”“服务价格不变”“在职职工身份不变”“离退休职工的管理方式不变”“八个不变”，以及“确保医院国有资产保值增值”“确保医院业务收入和医院职工收入逐年增长”“确保医疗服务水平和能力不断提高”“三个确保”的基本原则，确定了“一坚持”（坚持公立医院公益性）、“两突破”（突破人事、分配制度改革）、“三提高”（提高医疗质量、安全，提高服务效率、质量，提高人员待遇）、“四落实”（设施设备建设、专科化建设、惠民工程、帮扶工程）、“五步走”（信息化建设、人才梯队建设、科研教学、医院文化建设、群众评议）的“12345”医院托管战略发展模式，确立了打造“具有三级医院水平的区域医疗中心”的发展目标。2011 年 1 月，蒲江医院增挂“成都市第三人民医院蒲江医院”牌子，接受成都市第三人民医院的全面托管。

（二）派驻管理团队和医疗专家，着力引领医院综合服务能力全面提升。成都市第三人民医院全面接管蒲江医院的经营管理权后，一是改组了蒲江医院管理层，委派院长助理担任蒲江医院院长，带领管理团队、临床专家长期入驻；二是派出 4 名医学博士分别担任重症医学科（ICU）、神经内科、心血管内科、呼吸内科等业务科室主任，全面负责科室管理和医疗技术服务；三是先后派遣 100 余名医疗骨干到蒲江医院坐诊、查房、手术、讲座，推广新技术和新项目的临床应用，通过“传、帮、带”提高医务人员的业务水平。高端医疗技术人才进驻显著提高了蒲江医院的业务水平，多项新业务、新技术填补了蒲江地区医疗技术空白，如胃癌根治术、右半肝切除术、急性心肌梗死急诊溶栓抢救、恶性心率失常和顽固性心力衰竭规范化抢救等，部分医疗技术已达到三级医院水平。

（三）不断改革创新科学管理，着力推动医院实现跨越发展。管理团队入驻蒲江医院后，迅速进行了一系列的改革创新。一是细分科室，建设专科。先后成立呼吸内科、心血管内科、神经内科、重症医学科（ICU）、急诊重症监护病房（ECU）和肛肠科，积极筹建血液透析室。同时，将原外一科细分为普通外科、泌尿外科，原外二科分为神经外科、骨科，原内二科分为消化内科、神经内科、心血管内科。二是撤“科”并“部”，管理岗位公开竞聘上岗。将职能科室合并为“部”，设置 15 个职能科室和业务部门、17 个管理岗位。医院原中层干部就地解聘，分 3 批（次）开展管理岗位竞聘，选拔了一批品德好、能力强、肯吃苦、有朝气、敢担当的医务人员走上管理岗位。三是量化考核，强化医疗成本核算和完善绩效管理制度。转变过上仅重视收入的观念，强化成本控制、提高节约意识，将成本和费用控制纳入医务人员绩效考核。同时，把绩效考核与医务人员技术水平、科研水平、服务质量、患者满意度、贡献大小等要素挂钩，做到医院管理有量化指标、职工绩效有量化考核、管理成效有量化评估，实现分配向关键岗位、临床一线倾斜，体现多劳多得、优劳优得。四是转变作风，强化医疗服务软环境建设。坚持培育以"一切为患者服务"为核心理念的医院文化，不断强化医务人员的服务意识；建立和完善行政、后勤、窗口等部门标准化、规范化管理措施，安排专家就医患沟通、规范操作、温馨服务等进行培训；开展护理人员技术操作培训，"优质护理服务示范病房"达75%。

（四）强化医院硬件建设，着力提升医疗卫生综合服务水平。着力强化硬件建设和现代化技术设施，不断提高医疗环境和医治水平。一是加大先进医疗设备投入，添置高中端医疗设备。先后投入3 200万元，有计划、分批（次）购置了彩超、螺旋CT、电子腹腔镜、血气分析仪等设备，极大地提高了临床诊断的准确性、高效性，并为专科业务发展奠定了基础。二是加快医院基础设施配套建设。先后投资500万元，升级输电线路和消防、空调设施，新建血透室、新生儿科室、消毒供应室、污水COD、康复VIP治疗室，增设候诊区电视录像、信息电子屏等。三是加快推进以电子病历、电子处方为核心的医院信息化建设，实现计算机网络科室全覆盖。着力构建LIS、手术麻醉、院感、诊断、考核、用药监测、检验管理系统和PASS系统，升级财务管理系统，推动管理体系数据化、科学化、精细化、简单化发展。

（五）规范和加强制度体系建设，着力推进医院规范化、精细化管理。规范和加强医院制度体系建设，完善内部管理体制和运行机制，是提高医疗护理质量、规范医疗行为、杜绝医疗事故发生的重要保障。一是修订完善管理制度。建立健全了医疗质量、医疗安全、廉洁行医等核心管理制度，以及组织、财务、信息、保障、科教、应急等管理制度500项。二是建立院、科、组三级质控网络。成立医疗质量管理委员会、护理质量管理委员会等14个质量控制、安全领导小组，加强医疗质量、合理用药、单病种质量控制和管理；严格落实病历书写、抽检和手术核对制度，加强对医务人员、病人、时间、诊疗措施等全方位的质量监控，及时消除安全隐患。三是建立有效、严密、实用、畅通的双向转诊和疑难重症会诊制度，为患者提供了方便、快捷、优质、连续性的医疗服务。

（六）加强人才培养和梯队建设，着力增强医院的核心竞争力。在加强外部"输血"的同时，注重"造血"功能的培养。一是强化人才引进和培养。新招聘高校毕业生203人，包括五官、麻醉等紧缺专业人才；投入专项培训经费100万元，选派新入职医护人员到市三医院参加为期两年的规范化培训，外派进修医护人员60人，管理培训132人（次）。二是推进医院网络教学。建设网络图书系统、考试系统和诊治系统，建立起包括课程体系、教学内容、教学方法、课件制作、自学、辅导、作业、实验和实践教学、网上测试、教学质量保障与监控等各个教学环节的网络教学系统，搭建了医务人员学习交流的平台。三是大力倡导科研兴院。成立了大内科与重症医学教研室，推动医院学科建设、科学研究和高水平人才培养；鼓励和支持医务人员开拓新技术、新项目，从事科研活动，申报科研课题，撰写学术论文。托管以来，医务人员在国家级期刊发表论文56篇，申报的2项省厅课题和1项市级课题获批立项，实现了蒲江卫生系统临床医学省级科研课题"零"的突破。

二、主要成效

（一）医院运行效率大幅提高，社会效益和经济效益实现"双丰收"。蒲江医院坚持服务社会、惠民利民、注重公益的原则，充分发挥区域核心的辐射作用，实现了社会效益和经济效益"双丰收"。一是县内病员回流显著。与托管前相比，2011年、2012年、2013年总诊疗人（次）分别同比增长16.0%、27.6%、61%，住院治疗人（次）分别同比增长14.0%、22.8%、53.3%，手术例数分别同比增长5.4%、34.6%、53.1%。2012年，异地医保占全县医保基金的3%，远低于托管前的7%。二是医院资产大幅增值。医院总资产由托管前的10 670万元，增加到2013年底的13 432万元，增长25.9%。三是社会公益职能不断拓展。先后组织环卫工人、困难职工、高危职业人群健康体检2 000人（次），深入村（社区）开展疑似残障人员鉴定10 703人（次），义诊50 000人（次）；落实优抚人员优先挂号、优先就诊、优先检查、优先取药、优先住院"五优先"制度，减免检查、药品费用20万元。四是托管示范辐射效应不断凸显。2012

年，蒲江医院获批"蒲江县基层医疗人才培训基地"，为乡镇卫生院免费培训人才1 680人（次）。蒲江县在充分总结托管经验的基础上，建立了县级医院对口支援基层医疗机构长效机制，3家县级公立医院分别对口支援3至4家乡镇公立卫生院，为城乡居民提供更加安全、有效、方便、价廉的基本医疗卫生服务。同时，受蒲江医院托管模式的启发，双流、青白江、邛崃、广元和安徽省某县多次到蒲江医院考察学习托管经验，结合自身实际启动了当地医院托管改革工作。

（二）医务人员积极性主动性明显增强，医德素养和医技水平实现"双提高"。蒲江医院托管后，一是推行内部改革，定编设岗，实行中层干部竞聘上岗，建立了重视能力、突出责任、强化竞争、能上能下的用人机制，优化了队伍结构，提高了工作效率，增强了工作主动性；二是选派优秀中青年骨干外出进修培训，鼓励和培养具有发展潜力的青年医生攻读硕士、博士，提升学历层次，优化了医院执业环境，提升了医务人员的工作积极性；三是组织开展形式多样的教育文娱活动，营造了浓郁的文化氛围，激发了医务人员爱岗敬业、健康向上、奋发进取的精神风貌；四是建立了以服务质量为核心、岗位责任与绩效为基础的考核激励机制，极大地鼓舞了医务人员的工作、学习、服务热情。托管后，医院职工人均年收入（含五险一金）持续增长，2010年为43 569.7元，2011年为55 575元，2012年为65 638元；2013年为76 395元，同比2010年增长44.4%。

（三）医疗卫生服务水平明显改善，社会公众满意度和安全感实现"双提升"。一是社会公众满意度明显提高。市级医院的"光环效应""一切以患者为中心"的人性化服务、合理有效的专业检查、精湛高超的诊治技能、舒适安全的病房条件，让患者在家门口就能享受满意的医疗服务。2012年，成都市卫生局对全市二级以上医院医疗质量和"三好一满意"进行评比，蒲江医院综合排名第4位；2013年98家二级以上医院医疗服务与质量检查排名第25位，62家二级综合医院医疗服务与质量检查排名第20位。二是群众安全感显著提升。规范和建成了内科、骨科、神经外科、儿科、妇科、产科、重症医学科（ICU）等30个科室，极大提高了医院的综合服务能力。特别是新成立的重症医学科（ICU），在市三医院专家带领下，共收治、挽救危重病人1 072人，救治成功率达90.3%。危重病人在县内即可得到及时救治，无须送往城区大型医院，既为病人节省了救护时间和就医成本，也缓解了中心城区大型综合医院的诊疗压力。三是有效减轻群众的就医负担。2013年，医院门诊药品比例为37.97%，比2012年同期下降7.97个百分点；住院药品比例为39.58%，比2012年同期下降6.11个百分点。2013年，医院门诊抗菌药物使用比例为56.70%，比托管前下降27.7个百分点；住院抗菌药物使用比例为18.80%，比托管前下降22.4个百分点。门诊例均费用128.72元，比2012年同期降低1.1%；住院例均费用5472元，比2012年同期降低4.3%。

镇村一体　团队协作　签约服务
促进村级基本公共卫生和基本医疗服务全面提升

双流县卫生局　李芳平

一、背景

推进基本公共卫生服务均等化是医疗卫生体制改革的重要内容。国家、省、市先后出台了多项措施推进基本公共卫生服务工作在农村的普及，一是在基本公共卫生服务补助经费上予以政策倾斜，省卫生厅和市卫生局先后出台文件要求将基本公共卫生服务补助经费的26%、40%落实到村卫生站；二是为提高乡村医生服务能力，国家、省、市开展乡村医生签约服务试点工作，我县是全省5个试点县之一；三是成都市率先在全省开展家庭医生服务模式试点工作，我县是试点县之一。

二、现状和问题

（一）现状

2009年以前，全县共有村卫生

站281个、村医生524名。全县90%的村卫生站属个体性质，主要工作为基本医疗服务和简单粗略的公共卫生服务，村医生学历和职称普遍低下，服务能力极为有限，收入来源主要为医疗收入，公共卫生服务经费补助仅1 200元/年。自2009年起，全县全面开始村级公共卫生服务体系建设，建设的主要内容是："阵地"建设，村委会提供村卫生站房屋或租金，县卫生局提供医疗卫生设备；队伍建设，村医生实行公开招聘，竞争上岗；服务外包，制定村级基本公共卫生服务包，签订服务合同；经费保障，村委会在村级公共服务经费中每年列支不低于2.1万元的基本公共卫生服务外包经费；多方考核，实行村委会、镇卫生院和村民代表三方共同考核；养老保险，为老一代村医生购买养老保险，为新一代村医生出台按城镇职工购买养老保险的政策等。通过一系列的措施，村卫生站的设备设施、经费保障、服务能力跃上了一个新的水平。至年底共有村卫生站219个，村医生358名，中专以上学历271名，占75.7%。

（二）问题

1. 大量基本公共卫生经费下沉到村卫生站与村医生提供服务不足的矛盾。按照省、市相关文件要求，大量的基本公共卫生服务经费将下沉到村卫生站，但至年底全县每个村卫生站仅有村医生1－2名，仅靠村医生不可能完成相应的工作任务。

2. 服务质量要求与服务能力的矛盾。按照基本公共卫生服务均等化的要求，城乡居民享有等量、同质的基本公共卫生服务项目，但村医生的知识面、工作阅历、服务能力远不能满足农村居民对基本公共卫生服务日趋高涨的需求。

3. 镇卫生院和村卫生站在村级公共卫生服务的职能职责划分难以界定。镇卫生院按职责要求应对辖区所有居民提供均等化的基本公共卫生服务，即镇卫生院要保证在村卫生站服务不足的情况下提供弥补式的服务，在二者均要对同一服务对象提供服务的情况下，如何划分职能职责在实际工作中很难界定，由此引起的公共卫生经费划分也难体现公平，两种极端的情况时有发生：一种是村级公共卫生服务包基本由镇卫生院落实，村卫生站不劳而获相应的公共卫生经费，一种是由村卫生站独自落实村级公共卫生服务包，导致该辖区的农村居民享有的基本公共卫生服务项目少、质量低。

三、镇村一体的团队签约服务模式应运而生

为切实解决至年底村级基本公共卫生服务中存在的问题，全县通过深入调查分析，提出了镇村一体的团队签约服务模式的理念，并积极稳妥地开展试点工作，在试点工作取得成效后，一举向全县推广。

（一）整合镇村资源，组建服务团队

以村为单位，组建由村医生、镇级医疗机构相关工作人员（全科医生、护士、中医医生、公共卫生人员、健康教育人员、医院管理人员等）、村委会卫生干事组成的村级基本公共卫生服务团队，团队长由镇卫生院全科医生担任，负责落实本村的基本公共卫生服务工作和基本医疗工作。

镇卫生院和村卫生站打破原有工作服务模式，实施镇卫生院－村卫生站基本公共卫生服务一体化工作，具体方法：成立由镇公卫人员、村医生为成员的村级公共卫生服务团队，镇卫生院人员负责村级健康信息档案管理、健康教育、预防教育、传染病防治、儿童健康管理、孕产妇健康管理、65岁老年人健康管理、慢病管理、重性精神病管理、公共卫生中医服务等12项主要的公共卫生业务工作，村医生负责组织协调等协助工作，将健康教育课堂搬到农户，将访视工作深入农户，将慢病管理服务到田间地头，使农民群众足不出户便能享受到优质的公共卫生服务。

（二）结合家庭医生制度，实行乡村医生签约服务

2011年，全县被列为成都市家庭医生签约服务试点县，2012年全县列为全省乡村医生签约服务试点县，为切实做好签约服务工作，全县将两项工作紧密结合，统筹推进，成立了以分管副县长为组长、各相关部门负责人为成员的双流县家庭（乡村）医生签约服务工作领导小组，先后制定了《双流县城乡基层医疗卫生机构推行家庭医生服务模式试点工作实施方案（试行）》《双流县村级基本公共卫生服务团队签约服务工作方案》《双流县乡村医生签约服务工作方案》等一系列文件，统一印发了《双流县家庭（乡村）医生签约服务工作手册》《双流县家庭医生式服务签约协议书》《致辖区居民的一封信》，安排资金统一购买了家庭医生签约服务工具箱等，同时，县卫生局加强督促检查，将签约服务工作纳入年度目标管理。

（三）落实保障措施，稳定乡村医生队伍

为保障村级医疗卫生服务工作的顺利开展，稳定乡村医生队伍，提

升村卫生站服务能力，全县通过以下三个方面落实村医生的保障：一是全面落实各级对村卫生站的基药补助；二是在村委会的公共服务经费中每年划拨不低于2.1万元经费补助给村卫生站；三是根据村医生签约服务情况和基本公共卫生服务情况，经过绩效考核，据实核拨40%的国家基本公共卫生服务补助经费。四是将村医生的养老保险纳入城镇职工养老保险。

四、工作成效

截至8月31日，全县累计签约67 843户，签约率达到常住家庭的31.5%。

（一）最大的成效是为推进基本公共卫生服务的均等化提供了强有力的保障，农村居民将不再会因村医生服务能力不足的问题而得不到应有的公共卫生服务。

（二）有效解决了公共卫生补助经费与实际工作不匹配的问题。该模式鼓励村医生完成更多、提供更好的基本公共卫生服务，充分体现了多劳多得，绩优多得的分配原则。

（三）该模式通过团队分工与协作和镇卫生院“传帮带”的作用，有效提高了村医生的服务能力，为以后村医生独立完成一些基本公共卫生项目提供了长效成长环境。在服务水平上进一步筑牢了公共卫生服务三级网络的网底。

（四）充分整合了镇村两级公共卫生服务资源，有效调节了镇卫生院与村卫生站的利益，使可能因职责不明、补助不均的阻力变成了合力。

（五）契约式服务满足了居民的个性化需求，为家庭医生服务模式的推广奠定了基础。

五、存在的问题和今后工作打算

（一）乡村医生签约服务工作至年底面临以下几个方面的问题

1. 签约服务内容对群众的吸引力不够，群众签约依从性不高。至年底的签约服务内容主要为公共卫生服务项目，受物价政策、个性化服务项目立项、群众对医务人员的信任度等因素影响，还未能引入过多的基本医疗服务项目。

2. 还不能满足群众最关心、最直接的需求。如预约挂号、家庭病床、送医送药上门等群众最直接的需求在签约服务中没有得到很好的满足。

3. 群众对村医生服务能力的信任度还不高，希望与更高级别的医生进行签约。

4. 缺乏直接的签约激励机制，医务人员对签约服务工作积极性不高。

（二）下一步打算

1. 立足于解决群众最直接、最现实的医疗卫生需求，进一步丰富签约服务项目，制定优惠措施，尽可能地满足群众提出的个性化服务，吸引更多群众进行签约服务。

2. 加快家庭医生服务信息化建设。通过信息化系统，为群众提供方便、快捷的综合医院预约挂号、在线健康咨询、一键式紧急呼救等特色签约服务。

3. 通过县级医疗机构医生多点执业，将县级专家引入村级签约服务团队，并与群众进行签约服务，满足群众更高层次的服务需求。

4. 制定优惠政策，完善绩效考核，激励医务人员开展签约服务的积极性。

抓住机遇　大胆探索
武侯区深入推进基层卫生综合改革

武侯区卫生局

武侯区经过区（市、县）申报、市级推荐、省级评估和国家验收，于2014年5月，被国家卫生计生委和财政部确定为基层卫生综合改革重点联系点区（县）之一。我区以开展重点联系点工作为契机，巩固完善社区卫生运行机制，探索创新社区卫生服务模式，努力促进社区卫生服务提档升级。

一、明确目标任务，强化协调推进

经过充分的调研论证，制定《武侯区基层卫生综合改革重点联系点工作实施方案》，明确我区基层卫生综合改革将紧紧围绕体制机制改革、服务模式转变、巩固基本药物制度、人才队伍建设、信息化建设、行业监管等六方面开展。制定工作实施计划表，明确了未来3年我区卫生系统深化基层综合改革的“路线图”和“时间表”，严格按照计划表推进工作。《方案》上报国家卫生计划生育委员会后，得到专家组的高度肯定，于2014年9月正式批准实施。区委、区政府高度重视基层卫生综合改革重点联系点工作，专门成立了由分管区长任组长的领导小组和项目办公室，建立了21个区级部门单位参加的联席会议制度并定期召开例会，明确了部门单位责任分工，细化了年度目标和具体措施，区政府按照1:1的比例安排了三年区级配套工作经费，保证了重点联系点工作有序推进。

二、转变服务模式，破解医改难题

如何发挥好基层医疗卫生机构的居民健康“守门人”作用，充分落实预防为主方针，是深化医改面临的难点之一。为此，我区在基层卫生综合改革中，以推进全科医生同居民建立契约服务关系为重点，积极转变社区卫生服务模式。

一是强化科研攻坚，拓展服务项目。我区组织社区卫生服务机构，采用分人群、分需求、多层次的方式，研究制定出覆盖国家基本公共卫生项目的基础服务包，满足儿童、不同年龄妇女、老年人、慢病患者等人群健康管理的标准服务包以及满足个性化需求的定制服务包。

二是强化团队建设，提升履约能力。围绕签约服务的内容和范围，切实加强全科医生团队建设，充实全科医生、社区护士、公共卫生医生、中医医生以及社区志愿者等团队成员，对团队成员进行合理分工，保证签约居民享受一站式、一体化的公共卫生服务和基本医疗服务。针对全科医生团队人员配置、签约服务模式等开展专项研究，引导各机构优化人员配置、建立服务制度、完善协作机制。

三是深化国际交流，加强对外合作。全区积极开展国际合作，与IBM组建联合创新中心，同美国犹他大学医学院建立伙伴合作关系，借鉴国外成熟经验，开展全科医生团队建设和美国PCMH服务模式（以患者为中心的家庭医疗模式）本地化的研究。

四是强化平台支撑，改善服务条件。在推进社区卫生服务中心、服务站标准化建设基础上，全区在社区新建全科医生工作室29个、设立工作点48个，把服务平台延伸到居民家门口。

截至2014年底，全区已组建全科医生团队84个，签约居民9.23万户，签约率达25.5%。全区的签约服务工作得到了广泛关注，2014年6月，全国社区卫生服务中心主任论坛在我区召开，来自全国各地的400余名主任参加；9月，晋阳社区卫生服务中心主任肖俐因创新健康管理服务被网络媒体评选为“成都10大改革创新人物”；10月，玉林社区卫生服务中心被评为“全国群众满意社区卫生服务机构”。

三、优化运行机制，促进持续发展

为了切实转变社区卫生服务模式，促进社区卫生持续健康发展，全区在重点联系点工作中不断巩固完善社区卫生运行新机制，2014年全面启动了各项研究探索。

一是探索建立稳定长效的筹资机制。继续完善社区卫生收支两条线管理，强化社区卫生服务的公益性。探索建立“政府承担基本公共卫生服务费用、医保支付基本医疗费用、居民个人合理分担个性化需求服务费用”的三方支付机制。

二是探索深化人事和分配制度改革。在全区社区卫生机构强化用人自主权，继续推行“因事设岗、以岗聘人、全员聘用”的用人机制，在两个社区卫生服务中心启动了法人治理结构试点，强化社区卫生服务机构法人主体地位。在收入分配上，把全科医生签约服务费作为全科医生收入组成部分，充分调动基层医务人员积极性。

三是探索政府购买基层医疗卫生服务的新机制。与中央财经大学合作，共同开展基本医疗和公共卫生服务成本测算与绩效考核研究，为下一步向政府举办和社会力量举办的医疗卫生服务机构购买服务提供参考依据和标准。

四是探索以市场化方式推进社区卫生信息化建设。委托IBM公司制定武侯区区域卫生信息化建设规划，并探索与企业合作，研究开发与我区社区卫生服务同步成长并可推向市场的信息系统。

五是探索建立全科医生能力评估体系。借鉴美国、澳大利亚等国家的经验，在国内率先设计出完整的全科医生能力评估和培训体系。启动全科医生能力实训项目，探索全科医生能力提升和评估途径。

六是探索利用社会资源的有效途径。实行药房托管，已将11家政府办社区卫生服务中心的药房交由医药公司管理，解决了以往社区药品积压问题，提高了药品流动效率、丰富了药品品种、规范了药房管理。推进社区卫生机构医学检验外包工作，改善医学检验条件、增加检验项目、提升临床诊断技术水平。促进社区卫生机构与上级公立医院、民营医院及辖区诊所加强合作，提升资源利用水平。

文献·文件

Official Literature and Document

成都市医疗纠纷预防与处置办法

（2014 年 8 月 18 日经成都市政府第 50 次常务会议讨论通过，
2014 年 9 月 2 日以政府令第 184 号公布）

第一章　总　则

第一条　（目的依据）

为有效预防和处置医疗纠纷，保护患者、医疗机构及其医务人员的合法权益，维护正常医疗秩序，根据《中华人民共和国侵权责任法》《中华人民共和国人民调解法》、国务院《医疗事故处理条例》等相关法律、法规，结合成都市实际，制定本办法。

第二条　（术语含义）

本办法所称的医疗纠纷，是指医患双方当事人因医疗行为引发的争议。

第三条　（适用范围）

本办法适用于本市行政区域内各级各类医疗机构发生的医疗纠纷。

第四条　（遵循原则）

医疗纠纷的预防与处置，应当坚持“以人为本、预防为主、及时妥善、依法处置”和“统一领导、综合协调、属地管理、分级负责”的原则。

第五条　（政府责任）

市和区（市）县人民政府应当加强对本行政区域内各级各类医疗机构发生的医疗纠纷预防与处置工作的领导，协调解决医疗纠纷预防与处置工作中的重大问题；建立医疗纠纷预防与处置工作部门协调联动工作机制，负责建立医疗纠纷第三方调解与理赔工作机制，并提供必要的工作保障。

第六条　（部门职责）

卫生、公安、司法行政、财政、民族宗教、残联等部门应当依法履行在医疗纠纷预防与处置工作中的相关职责，各司其职，密切配合，促进医疗纠纷及时妥善化解。

卫生部门负责实施、管理、监督医疗纠纷预防与处置工作。

公安机关应当加强医疗场所的治安管理，明确现场处置工作程序和方法，依法处理扰乱医疗秩序的行为。

司法行政部门应当加强对医疗纠纷人民调解工作的领导和指导。

财政部门应当对医疗纠纷人民调解工作所需运行经费、补助经费、调解员补贴经费和专家咨询费等纳入财政预算给予保障。

民族宗教、残联等部门应当在涉及民族宗教、残疾人的医疗纠纷中积极配合相关部门妥善处置。

第七条　（参与处理）

医患双方所在单位、基层群众自治组织和镇（乡）人民政府、街道办事处应当配合做好医疗纠纷处置工作，必要时可应医患双方或一方请求参与医疗纠纷处理。

第八条　（信息发布）

卫生部门和医疗机构应当建立信息披露制度，及时发布相关医疗信息。

医疗机构应当加强自身管理，提高医疗服务质量和服务水平，保障医疗安全。

第九条　（医患双方权利）

患方的生命健康权、知情权等权利依法受保护。

医务人员在执业活动中，人格尊严、人身安全不受侵犯。

第二章　预　防

第十条　（卫生部门职责）

卫生部门应当依法加强对医疗机构及其医务人员的监督管理，督促医疗机构提高医疗服务质量，指导医疗机构建立医疗纠纷预防机制，做好医疗纠纷的行政调解和处置工作，引导医患双方通过人民调解化解医疗纠纷。

第十一条　（公安机关职责）

公安机关应当依法做好下列医疗纠纷预防工作：

（一）依照国务院《企业事业单位内部治安保卫条例》等相关法律、法规，督促指导医疗机构健全安全防范制度，落实人防、物防、技防、联防等各项措施，加强对医疗机构内部保卫部门工作的指导和内保队伍的业务培训；

（二）与辖区医疗机构建立医

疗纠纷预防与处置信息共享和接出警快速反应对接工作机制；

（三）及时协助排查和消除影响医疗安全的隐患，协助做好可能引发社会不稳定因素的医疗纠纷防范化解工作。

第十二条 （医疗机构职责）

医疗机构应当做好下列医疗纠纷预防工作：

（一）应当建立完善医疗工作全程质量监控、考核评价、风险评估、责任追究等制度，制定医疗纠纷应急、处置、调解工作预案；

（二）应当建立医疗纠纷预防与处置相应的组织机构，配备专兼职工作人员；设立患方投诉服务接待室工作窗口，公布投诉电话、公示相关法律法规和医疗纠纷处置、调解程序，接受患方咨询、投诉和医疗纠纷协商调解；

（三）应当加强医院内部管理，严格遵守各项诊疗护理规定，减少或避免医疗事故的发生；

（四）应当建立医疗纠纷报告制度，不得隐瞒、缓报、谎报；

（五）应当加强对医务人员的职业道德教育、职业素质教育和服务能力培养，加强医患沟通，预防和减少医疗纠纷的发生。

第十三条 （新闻媒体责任）

新闻媒体及其从业人员应当正确发挥舆论监督与引导作用，客观公正地报道医疗纠纷，不得对医疗纠纷进行定性报道。

第三章　处　置

第十四条 （医疗机构处置程序）

发生医疗纠纷后，医疗机构应当根据医疗纠纷的实际情况，采取下列措施及时处置：

（一）及时协调沟通。医疗机构应当及时介入，认真听取患方投诉意见，告知其处置医疗纠纷的法定途径和具体程序；患方要求协商解决的，推举确定不超过五名代表，按照法定途径和程序，同医疗机构协商解决纠纷；

（二）组织专家会诊。医疗机构应当及时组织院内专家进行会诊或讨论，并将会诊或讨论的意见告知患方，答复患方提出的各种咨询和疑问；

（三）封存和启封相关证据。医疗机构应当同患方代表共同参加，对与医疗纠纷及医疗行为相关的现场实物及相关病历资料及时进行封存或共同启封；配合相关行政部门和医疗纠纷调解组织做好以后的调查取证工作；

（四）尸体处理。患者在医疗机构死亡后，医患双方当事人不能确定患者死因或对死因有异议的，应当在患者死后四十八小时内进行尸检；不进行尸检的，应当按照国家和省有关规定及时将尸体移送殡仪馆；

（五）启动应急预案。对可能引发影响医疗机构正常秩序或出现不稳定事件苗头的医疗纠纷，医疗机构应当迅速启动应急处置预案，及时将有关情况上报所在地卫生、公安等部门，并按照应急预案程序组织实施，防止事态扩大。

第十五条 （卫生部门处置程序）

卫生部门接到关于医疗纠纷的报告后，应当按照下列程序处置：

（一）责令医疗机构及时采取有效措施，防止事态扩大，及时了解掌握情况，必要时派人赶赴现场；

（二）赶赴现场的人员要充分发挥指导与协调作用，积极开展政策宣传和教育疏导工作，引导医患双方依法妥善解决纠纷；

（三）收到当事人申请医疗事故争议处理的，按照国务院《医疗事故处理条例》的规定进行。

第十六条 （公安机关程序）

公安机关接到关于医疗纠纷的治安警情后，应当按照下列程序处置：

（一）立即组织警力赶赴现场，原则上应当在接警后十五分钟内到达现场；

（二）开展教育疏导，制止过激行为，依法维护医疗机构医疗秩序；

（三）对下列违反治安管理的行为依法进行处置：

1. 在医疗机构寻衅滋事，故意毁坏医疗设施及公私财物，抢夺、毁损病历、档案等重要资料的；

2. 侮辱、威胁、殴打医务人员或者侵犯医务人员人身自由的；

3. 利用医疗纠纷，通过组织、策划、煽动、串联等非法手段牟取不正当利益的；

4. 患者在医疗机构内死亡，患方拒绝将尸体移送殡仪馆，劝说无效的；

5. 其他严重影响医疗机构正常工作秩序经劝阻无效且依法应当予以处理的行为。

第十七条 （患者及家属义务）

患者及其家属应当遵守下列规定：

（一）遵守医疗机构规章制度，维护医疗秩序；

（二）如实向医务人员陈述病情，配合医务人员进行诊断、治疗和护理；

（三）支付医疗费用；

（四）发生医疗纠纷后，应当通过合法渠道和正常途径表达意见或诉求。

第十八条　（解决途径）

医疗纠纷发生后，应当查明原因，分清责任，按照“调解优先，合法、自愿”的原则，由医患双方协商，可自行协商解决或申请医疗机构所在地医疗纠纷人民调解委员会调解。若医患双方不愿协商或协商、调解不成的，任何一方当事人均可向人民法院提起诉讼。

医疗机构发生赔偿额在二万元以下的医疗纠纷，可以通过双方自行协商解决；赔偿额超过二万元的纠纷，原则上应当选择人民调解、行政调解或司法诉讼等途径解决。

第四章　调　解

第十九条　（调解机构）

各区（市）县应当建立医疗纠纷人民调解委员会（以下简称医调委），并接受区（市）县司法行政部门的指导。

医调委调解医患纠纷，不收取任何费用。

第二十条　（保障措施）

市和区（市）县司法行政部门负责指导建立本行政区域的医调委。

医调委应当具有必要的工作场所、调解室和工作保障条件。医调委工作所需经费、调解员工作补贴、工作场所和设施等纳入保障渠道，由财政统筹安排解决。

第二十一条　（调解员管理）

医调委原则上聘请专职人民调解员不得少于三人。聘请的专职、兼职人民调解员中应当有法律、医学方面的专业人员。

医调委应当建立由相关医学、药学和法律等专家组成的专家库，负责为医疗纠纷的调查、评估和调解提供技术、法律咨询服务，必要时可参与调解。

卫生部门应当积极配合并协助司法行政部门做好医学及药学相关专业调解员的聘用、管理、培训等工作。

第二十二条　（调解程序）

医患纠纷发生后，患方可直接到辖区卫生部门投诉，也可自行向医疗机构所在辖区医调委申请调解。医调委接到调解申请后，在双方自愿的情况下，经审查符合人民调解受理范围的，应当立即受理，并同时向医患双方出具医患纠纷调解受理书，明确双方的权利、义务和调解期限。

医调委应当自受理调解申请之日起三十日内调结；到期未结束的，视为调解不成（双方当事人同意延期的除外）。调解不成的，医调委应当积极引导医患双方通过诉讼渠道解决纠纷。

第二十三条　（不予调解情形）

有下列情形之一的，医调委不予调解，已经受理的，终止调解：

（一）一方当事人向卫生部门申请医疗争议行政处理，卫生部门已经作出处理的；

（二）一方当事人已经向人民法院提起诉讼，人民法院已经受理或已经作出判决的；

（三）其他不予由医调委调解的情形。

第二十四条　（调解效力）

经调解达成调解协议的，医调委应当制作医患纠纷调解协议书，并由双方当事人签字或盖章。当事人应当按照约定严格履行自己的义务，不得擅自变更或者解除调解协议。医调委应当督促当事人依法履行约定义务。

经医调委主持调解达成协议的，双方当事人可以依法共同申请法院确认调解协议的效力。

第五章　医疗责任保险

第二十五条　（保险原则）

全市建立医疗责任保险制度，医疗责任保险应按照“政策引导、政府推动、市场化运作”的原则推行。

第二十六条　（保险督促）

卫生部门应当加强对医疗机构参加医疗责任保险的督促指导，组织公立医疗机构参加医疗责任保险，鼓励和支持其他医疗机构参加医疗责任保险。

第二十七条　（保险公司参与处理）

承担医疗责任保险的保险公司应当设立医疗纠纷理赔部门，接受医疗机构委托，参与处理医疗纠纷。

第二十八条　（参保规定）

医疗机构应当按照招投标方式确定医疗责任保险的责任范围、保险费率、赔偿限额，并择优选择承保的保险公司和保险产品。

参保的医疗机构和承保公司应当按照国家和省有关医疗责任保险制度规范实施。

第二十九条　（费率确定）

医疗责任保险应当按照“公开、公平、公正”的原则确定费率。费率应当依据精算规则并结合医院规模、不同临床专业等风险系数制定，并根据风险的大小建立浮动费率制。保险到期续保时，保险费可根据以往年度赔付情况进行合理调整。

第三十条　（缴纳方式）

保险费用实行个人缴纳与单位

缴纳相结合，由医疗机构按年度统一缴纳。医疗机构承担的部分，按规定计入医疗机构成本，但不得因参加医疗责任保险而提高医疗收费标准或变相增加患者负担。

第三十一条 （衔接规定）

医疗机构和医调委应当与保险公司建立工作衔接制度，对承保责任范围内的医疗纠纷，保险公司应当早期介入调解工作，按照有关规定及时调查核实，并根据医疗责任保险合同的约定承担赔偿责任。

第三十二条 （理赔依据）

承担医疗责任保险的保险机构应当将依法达成的医疗纠纷人民调解协议作为保险理赔的依据之一，在保险合同约定的保险责任范围内，依法及时、足额支付赔偿。

第六章 责任追究

第三十三条 （医疗机构及其工作人员责任）

医疗机构及其工作人员违反国务院《医疗事故处理条例》和本办法相关规定的，由卫生部门责令改正；情节严重的，依法给予行政处罚或者行政处分；构成犯罪的，依法追究刑事责任。

第三十四条 （患方责任）

患方违反本办法第十六条第（三）项规定扰乱正常医疗秩序的，由公安机关依照《中华人民共和国治安管理处罚法》依法给予行政处罚；构成犯罪的，依法追究刑事责任。

第三十五条 （部门及工作人员责任）

卫生、司法行政、公安等部门及其工作人员，在医疗纠纷预防与处置工作中，滥用职权、玩忽职守、徇私舞弊的，依法给予行政处分；构成犯罪的，依法追究刑事责任。

第三十六条 （调解员责任）

人民调解员违反相关法律规定的，由聘任单位责令改正，情节严重的，予以罢免或者解聘。

第三十七条 （保险公司及其工作人员责任）

保险公司及其工作人员违反相关规定的，按照相关法律、法规进行处理。

第三十八条 （新闻媒体及其工作人员责任）

新闻媒体及其工作人员违反本办法第十三条相关规定，对医疗纠纷作出严重不实报道的，依照国家相关规定予以处理。

第七章 附 则

第三十九条 （施行日期）

本办法自2014年10月15日起施行。

2014年深化医药卫生体制改革重点工作任务

（2014年5月13日由国务院办公厅以国办发〔2014〕24号文件印发）

2014年是贯彻落实党的十八届三中全会精神、全面深化改革的开局之年，也是深化医药卫生体制改革的关键之年。要按照今年《政府工作报告》的部署和保基本、强基层、建机制的要求，深入实施“十二五”期间深化医药卫生体制改革规划暨实施方案，坚持以群众反映突出的重大问题为导向，以公立医院改革为重点，深入推进医疗、医保、医药三医联动，巩固完善基本药物制度和基层医疗卫生机构运行新机制，统筹推进相关领域改革，用中国式办法破解医改这个世界性难题。

一、加快推动公立医院改革

重点解决公立医院规划布局不合理、公益性不强、管理制度不健全、就医秩序不规范以及综合改革不配套等问题。把县级公立医院综合改革作为公立医院改革的重中之重，系统评估试点经验，梳理总结试点模式并加以推广。启动实施第二批县级公立医院综合改革试点，新增县级公立医院改革试点县（市）700个，使试点县（市）的数量覆盖50%以上的县（市），覆盖农村5亿人口。扩大城市公立医院综合改革试点，研究制定城市公立医院综合改革试点实施方案，2014年每个省份都要有1个改革试点城市。重点任务是：

（一）推进公立医院规划布局调整。编制《全国卫生服务体系规划纲要（2015—2020年）》，各地要按照国家卫生服务体系规划以及卫生资源配置标准，制定区域卫生规划与医疗机构设置规划，并向社会公布。将区域内各级各类医疗机构统一纳入规划，每千常住人口医疗卫生机构床位数达到4张的，原则上不再扩大公立医院规模。进一步明确公立医院保基本的职能，优化结构布局，严格控制公立医院床位规模和建设标准。（卫生计生委、发展改革委、财政部、中医药局负责。排在第一位的部门为牵头部门，分别负责为各部门分别牵头，下同）

（二）建立科学补偿机制。破除以药补医，公立医院取消药品加成减少的合理收入通过调整医疗技术服务价格和增加政府投入，以及医院加强成本控制管理、节约运行成本等多方共担，由各省（区、市）制定具体的补偿办法。落实政府对县级公立医院符合规划和卫生资源配置要求的投入政策。落实对中医医院的投入倾斜政策。充分发挥医疗保险补偿作用，医保基金通过购买服务对医院提供的基本医疗服务予以及时补偿。（卫生计生委、财政部、发展改革委、人力资源社会保障部分别负责，中医药局参与）

（三）理顺医疗服务价格。按照"总量控制、结构调整、有升有降、逐步到位"的原则，综合考虑取消药品加成、医保支付能力、群众就医负担以及当地经济社会发展水平等因素，提高护理、手术、床位、诊疗和中医服务等项目价格，逐步理顺医疗服务比价关系，体现医务人员技术劳务价值。降低药品和高值医用耗材价格，降低大型医用设备检查、治疗价格，已贷款或集资购买的大型设备原则上由政府回购，回购有困难的限期降低价格。价格调整政策要与医保支付政策相衔接。公立医院综合改革试点地区要制定价格调整的具体方案，明确时间表并组织实施。（发展改革委、人力资源社会保障部、卫生计生委、中医药局负责）

（四）建立适应医疗行业特点的人事薪酬制度。研究拟订适应医疗行业特点的公立医院人事薪酬制度政策，建立健全收入分配激励约束机制。严禁向医务人员下达创收指标，严禁将医务人员奖金、工资等收入与药品、医学检查等业务收入挂钩。（人力资源社会保障部、财政部、卫生计生委负责）

（五）完善县级公立医院药品采购机制。县级公立医院使用的药品（不含中药饮片）要依托省级药品集中采购平台，以省（区、市）为单位，采取招采合一、量价挂钩等办法开展集中招标采购，同时允许地方根据实际进行不同形式的探索。进一步增强医疗机构在药品招标采购中的参与度。鼓励跨省联合招标采购，保证药品质量安全，切实降低药品价格，有条件的地区要建立与基层基本药物采购联动的机制。逐步规范集中采购药品的剂型、规格和包装。推进高值医用耗材公开透明、公平竞争网上阳光采购。药品和高值医用耗材采购数据实行部门和区域共享。（卫生计生委、中医药局负责）

（六）建立和完善现代医院管理制度。加快推进政府职能转变，推进管办分开，完善法人治理结构，落实公立医院法人主体地位。合理界定政府和公立医院在人事、资产、财务等方面的责权关系，建立决策、执行、监督相互分工、相互制衡的权力运行机制。完善公立医院院长选拔任用制度，明确院长的任职资格和条件，推进院长职业化、专业化，强化院长任期目标管理，建立问责机制。推动公立医院上行政化，逐步取消公立医院行政级别，到2014年底卫生计生行政部门负责人一律不得兼任公立医院领导职务。严格执行医院财务会计制度和内部控制制度。（卫生计生委、中央编办、人力资源社会保障部、财政部、教育部、中医药局负责）

（七）健全分级诊疗体系。制定分级诊疗办法，综合运用医疗、医保、价格等手段引导患者在基层就医，推动形成基层首诊、分级诊疗、双向转诊的就医秩序。通过技术合作、人才流动、管理支持等多种方式推动建立基层医疗卫生机构、县级医院和城市大医院之间分工协作机制。各省（区、市）要按照分类指导、管理与技术并重的原则，统筹安排本省（区、市）内各项对口支援工作。国家选择部分城市开展基层首诊试点，鼓励有条件的地区开展试点工作。研究完善方便流动人口参保和就医的政策。（卫生计生委、人力资源社会保障部、发展改革委、中医药局负责）

（八）完善中医药事业发展政策和机制。研究完善鼓励中医药服务提供和使用的政策，加强县中医院和县医院中医科基本条件和能力建设，积极引导医疗机构开展成本相对较低、疗效相对较好的中医药诊疗服务。继续实施基层中医药服务能力提升工程。研究制定中医药发展战略规划，提出加快中医药发

展的政策措施。(中医药局、发展改革委、卫生计生委、财政部、人力资源社会保障部负责)

二、积极推动社会办医

重点解决社会办医在准入、人才、土地、投融资、服务能力等方面政策落实不到位和支持不足的问题。优先支持社会资本举办非营利性医疗机构,努力形成以非营利性医疗机构为主体、营利性医疗机构为补充的社会办医体系。重点任务是:

(九)放宽准入条件。修订中外合资、合作医疗机构管理暂行办法,减少外资在合资合作医疗机构的持股比例限制。按照逐步放开、风险可控的原则,将香港、澳门和台湾地区服务提供者在内地设立独资医院的地域范围扩大到全国市(地)级以上城市,其他具备条件的境外资本可在中国(上海)自由贸易试验区等特定区域设立独资医疗机构,逐步扩大试点。清理社会资本举办医疗机构的相关行政审批事项,进行取消或合并,减少审批环节,公开审批程序和条件,提高审批效率。(卫生计生委、发展改革委、商务部、人力资源社会保障部、中医药局负责)

(十)优化社会办医政策环境。各地要集中清理不合理规定,加快落实对非公立医疗机构和公立医疗机构在市场准入、社会保险定点、重点专科建设、职称评定、学术地位、等级评审、技术准入、科研立项等方面同等对待的政策。研究制定在人才流动、土地、投融资、财税、产业政策等方面进一步支持社会办医政策,并向社会资本举办非营利性医疗机构和投向医疗资源稀缺及满足多元需求服务领域倾斜,放宽对营利性医院的数量、规模、布局以及大型医用设备配置的限制。非公立医疗机构医疗服务价格实行市场调节。完善按照经营性质分类的监管和评价政策,逐步建立符合卫生行业和医务人员执业特点的管理制度。依法加强行业监管。(发展改革委、卫生计生委、财政部、人力资源社会保障部、中医药局负责)

(十一)加快推进医师多点执业。出台推进医师多点执业的意见,进一步简化程序,推动医务人员保障社会化管理,消除阻碍医师有序流动的不合理规定,完善鼓励多点执业的政策措施。(卫生计生委、人力资源社会保障部、发展改革委、中医药局负责)

(十二)推动社会办医联系点和公立医院改制试点工作。创新社会资本办医机制,支持社会办医国家联系点在人才流动、土地、规划和投资补助等政策方面大胆探索创新,率先形成多元办医格局。健全与社会办医国家联系点的沟通联系评价机制,及时总结推广有益经验。推进政府办医院改制试点和国有企业医院改制试点,着力在调整存量、体制机制创新方面取得突破。(发展改革委、卫生计生委分别负责,财政部、人力资源社会保障部、国资委、中医药局参与)

三、扎实推进全民医保体系建设

重点解决筹资机制不健全、重特大疾病保障机制不完善、医疗服务监管尚需加强、支付方式改革有待深化等问题,进一步巩固完善全民医保体系。2014 年职工基本医疗保险、城镇居民基本医疗保险(以下简称城镇居民医保)和新型农村合作医疗(以下简称新农合)三项基本医保参保(合)率稳定在 95%以上,城镇居民医保和新农合人均政府补助标准提高 40 元,达到 320 元;个人缴费同步新增 20 元。城镇居民医保和新农合政策范围内住院费用支付比例分别达到 70% 以上和 75% 左右,进一步缩小与实际住院费用支付比例之间的差距。适当提高城镇居民医保和新农合门诊统筹待遇水平。重点任务是:

(十三)推进城乡居民基本医保制度整合和完善筹资机制。指导地方进一步推进城乡居民基本医保制度整合,完善管理服务,确保保障水平不降低。完善政府、单位和个人合理分担的基本医保筹资机制,根据经济社会发展和城乡居民收入水平逐步提高筹资标准,强化个人缴费责任和意识。研究建立稳定可持续、动态调整的筹资机制,在逐步提高整体筹资标准的同时,按照积极稳妥、逐步到位的原则,逐步提高个人缴费占整体筹资的比重。(人力资源社会保障部、卫生计生委分别负责)

(十四)改革医保支付制度。总结地方开展医保支付制度改革的经验,完善医保付费总额控制,加快推进支付方式改革,建立健全医保对医疗服务行为的激励约束机制。重点配合试点县(市)和试点城市的公立医院改革完善支付制度改革。积极推动建立医保经办机构与医疗机构、药品供应商的谈判机制和购买服务的付费机制。(人力资源社会保障部、卫生计生委分别负责)

(十五)健全重特大疾病保障制度。在全国推行城乡居民大病保险,规范委托商业保险机构承办。完善城镇职工补充医保政策。做好儿童白血病等新农合重大疾病保障向大病保险过渡工作。加强城乡医疗救助、疾病应急救助，各省（区、市）、市（地）政府都要通过财政投入和社会各界捐助等多渠道建立疾病应急救助基金，制定具体的实施方案和操作细则。推动城乡医疗救助制度整合。加快推进重特大疾病医疗救助工作，进一步扩大试点范围。继续提高医疗救助水平，救助对象政策范围内住院自付医疗费用救助比例达到60%。全面推进医疗救助"一站式"即时结算服务，提升信息化管理水平。做好基本医保、城乡居民大病保险、疾病应急救助和医疗救助等制度间的衔接，发挥好各项制度的整体合力。（卫生计生委、人力资源社会保障部、民政部分别负责，财政部、保监会、全国总工会参与）

（十六）推进异地就医结算管理和服务。加快提高基本医保的统筹层次，提高统筹质量，鼓励实行省级统筹。在规范省级异地就医结算平台建设的基础上，启动国家级结算平台建设试点。以异地安置退休人员为重点，积极推进跨省（区、市）异地就医即时结算服务。各统筹地区医保经办机构也可以探索通过自主协商、委托商业保险经办等方式，解决跨省（区、市）异地就医结算问题。（人力资源社会保障部、卫生计生委分别负责，保监会参与）

（十七）发展商业健康保险。研究制定鼓励健康保险发展的指导性文件，推进商业保险机构参与各类医保经办。加快发展医疗责任保险、医疗意外保险，积极开发儿童保险、长期护理保险以及与健康管理、养老等服务相关的商业健康保险产品。（保监会、人力资源社会保障部、卫生计生委负责）

四、巩固完善基本药物制度和基层运行新机制

重点解决基层医改政策落实不平衡、部分药物配送不及时和短缺、服务能力不足等问题。全面抓好《国务院办公厅关于巩固完善基本药物制度和基层运行新机制的意见》（国办发〔2013〕14号）的贯彻落实。继续支持村卫生室、乡镇卫生院、社区卫生服务机构建设，加快乡镇卫生院周转宿舍建设。继续为中西部地区招录5 000名农村订单定向免费医学生。重点任务是：

（十八）巩固完善基本药物制度。全面实施国家基本药物目录（2012年版），严格规范地方增补药品。政府办的基层医疗卫生机构全部配备使用基本药物，提高二、三级医院基本药物使用比例。完善政策措施，有序推进村卫生室和非政府办基层医疗卫生机构逐步实行基本药物制度。进一步稳固基本药物集中采购机制，把是否通过《药品生产质量管理规范（2010年修订）》（GMP）认证作为质量评价的重要指标。加强基本药物配送和回款管理，严格落实市场清退制度，对配送不及时的企业加大处罚力度，保障基层用药需求。（卫生计生委、食品药品监管总局负责）

（十九）建立短缺药品供应保障机制。对临床必需但用量小、市场供应短缺的药物，通过招标采取定点生产等方式确保供应。完善短缺药品储备制度，重点做好传染病预防、治疗药品和急救药品类基本药物供应保障。（工业和信息化部、卫生计生委负责）

（二十）进一步改革人事分配制度。强化基层医疗卫生机构的法人主体地位，切实落实用人自主权。全面落实聘用制度和岗位管理制度，建立能上能下、能进能出的竞争性用人机制。在平稳实施绩效工资的基础上，适当提高奖励性绩效工资比例，合理拉开收入差距，调动医务人员积极性。完善基层医疗卫生机构绩效考核办法，依托信息化手段加强量化考核和效果考核，鼓励引入第三方考核，考核结果与绩效工资总量、财政补助、医保支付等挂钩，体现多劳多得、优绩优酬。（人力资源社会保障部、卫生计生委分别负责）

（二十一）稳定乡村医生队伍。原则上将40%左右的基本公共卫生服务任务交由村卫生室承担，考核合格后将相应的基本公共卫生服务经费拨付给村卫生室，不得挤占、截留和挪用。加快将符合条件的村卫生室纳入新农合定点，全面实施一般诊疗费政策。基层医疗卫生机构在同等条件下可优先聘用获得执业（助理）医师资格的乡村医生。研究制定提高偏远、艰苦以及少数民族等特殊地区执业乡村医生待遇的相关政策措施。落实乡村医生养老政策，采取多种方式，妥善解决好老年乡村医生的养老保障和生活困难问题，同步建立乡村医生退出机制。适时组织对乡村医生政策落实情况进行专项督查。充分发挥基层计生工作者在普及健康知识、提高公民健康素养中的积极作用。（卫生计生委、人力资源社会保障部负责）

五、规范药品流通秩序

重点解决药品流通领域经营不规范、竞争失序、服务效率不高等问题。充分发挥市场机制的作用，建立药品流通新秩序。重点任务是：

（二十二）规范药品流通经营行为。针对药品购销领域中的突出问题，开展专项整治，严厉打击药品生产经营企业挂靠经营、租借证照、销售假劣药品、商业贿赂以及伪造、虚开发票等违法违规行为，严厉打击“医药代表”非法销售药品行为，有效遏制药品流通领域的腐败行为和不正之风。实施医药购销领域商业贿赂不良记录的规定。（食品药品监管总局、卫生计生委分别负责，工业和信息化部、商务部参与）

（二十三）提升药品流通服务水平和效率。加快清理和废止阻碍药品流通行业公平竞争的政策规定，构建全国统一市场。采取多种形式推进医药分开，鼓励零售药店发展和连锁经营，增强基层和边远地区的药品供应保障能力。（商务部、发展改革委、卫生计生委、人力资源社会保障部、食品药品监管总局负责）

（二十四）改革完善药品价格形成机制。健全药品价格信息监测制度，推动建立药品零售价格、采购价格、医保支付标准信息共享机制，加强药品价格信息采集、分析和披露，引导形成药品合理价格。改进药品定价方法。完善进口药品、高值医用耗材的价格管理。（发展改革委、人力资源社会保障部、卫生计生委负责）

六、统筹推进相关改革工作

针对部分公共卫生服务项目效率不高、信息化建设滞后、医疗卫生行业监管能力不强、考核评价机制不健全等问题，加大相关领域改革力度，着力增强改革的整体性、系统性和协同性，形成推进改革的合力。重点任务是：

（二十五）完善公共卫生服务均等化制度。继续实施国家基本公共卫生服务项目，人均基本公共卫生服务经费标准提高到35元，细化、优化服务项目和服务内容。健全专业公共卫生机构与基层医疗卫生机构间的分工协作机制，加强项目绩效考核和日常管理，规范资金管理和使用，注重服务效果。重点做好流动人口以及农村留守儿童和老人的基本公共卫生服务。优化整合妇幼保健和计划生育技术服务资源，推进国家免费孕前优生健康检查项目，进一步强化出生缺陷综合防治。落实国家重大公共卫生服务项目。进一步加强食品安全风险监测能力和重大疾病防治设施建设。适龄儿童国家免疫规划疫苗接种率保持在90%以上，高血压、糖尿病患者规范化管理人数分别达到8 000万人和2 500万人以上，严重精神障碍患者管理率达到65%以上。（卫生计生委、财政部、发展改革委、中医药局负责）

（二十六）加强卫生信息化建设。推进医疗卫生信息技术标准化，推行使用居民电子健康档案和电子病历。充分利用现有资源，加强面向基层、偏远地区的远程医疗服务。制定推进远程医疗服务的政策措施。县级公立医院综合改革试点地区要加快推进信息化建设。50%的区域信息平台实现全员人口信息、电子健康档案和电子病历三大数据库资源整合，实现公共卫生、计划生育、医疗服务、医疗保障、药品管理、综合管理等信息资源互联互通。在15个省份、45所大型医院开展示范，逐步建立居民健康医疗信息跨机构、跨区域共享机制。（卫生计生委、发展改革委、工业和信息化部、中医药局负责）

（二十七）建立适应行业特点的人才培养机制。推进住院医师规范化培训制度，加强全科医生培养。政府对按规划建设和设置的培训基地基础设施建设、设备购置、教学实践活动以及面向社会招收和单位委派的培训对象给予必要补助，中央财政通过专项转移支付予以适当支持。各地在医学人才培养中要充分发挥现有资源的作用。继续安排中西部地区乡镇卫生院在职执业医师参加全科医生转岗培训。继续推进全科医生执业方式和服务模式改革试点，启动试点监测评估。重点抓好第一批1 000名全科医生特岗计划试点。研究实施县级公立医院专科特设岗位计划，引进急需高层次人才。深化医学教育改革，建立医学人才培养规模和结构与医药卫生事业发展需求有效衔接的调控机制。实施中医药传承与创新人才工程。（卫生计生委、人力资源社会保障部、财政部、教育部、中医药局负责）

（二十八）加强医疗卫生全行业监管。所有医疗卫生机构均由所在地卫生计生行政部门实行统一准入、统一监管。优化监管机制、完善监管制度、创新监管手段，加强医疗卫生综合监督体系顶层设计，提高综合监督能力，加大监督执法力度。进一步整顿医疗秩序，打击非法行医。落实医疗卫生行风建设“九不准”，严格规范诊疗服务行为，纠正诊疗服务中的不正之风，严肃查处收受“红包”、回扣和过度医疗等行为。加快发展医疗纠纷人民调解等第三方调解机制，完善医疗纠纷处理和医疗风险分担机制，依法打击涉医违法犯罪行为，努力构建平等、健康、和谐的医患关系。发挥社会组织作用，建立信息公开、社会多方参与的监管制度，主动接受人民群众和社会各界监督。制定控制医疗费用不合理过快增长的指导性文件。（卫生计生委、发展改革委、工业和信息化部、财政部、人力资源社会保障部、食品药品监管总局、中医药局、保监会负责）

（二十九）建立健全考核评估机制。开展“十二五”期间深化医药卫生体制改革规划暨实施方案中期评估和年度医改监测，抓好医改政策落实。制定县级公立医院综合改革效果评价指标体系，加强对试点地区的监测、评估和指导。研究制定医疗卫生机构绩效评价的指导性文件。（卫生计生委、人力资源社会保障部、财政部、发展改革委、中医药局负责）

（三十）加强科技和产业支撑。开展主要重大慢病防治研究网络的试点示范工作。进一步加大医药产品研发的组织推进力度，重点做好基本药物品质提升和基本医疗器械产品国产化工作。加强医疗卫生科技创新成果在基层的集成应用和示范推广。支持开展医改战略性、方向性、支撑性重大政策研究。制定支持老年人、残疾人专用保健品等自主研发制造和国产化的政策措施，推动一批量大面广、临床价值高的生物技术药物与疫苗、医疗器械提高产业化水平，扩大市场运用。（科技部、发展改革委分别负责，工业和信息化部、卫生计生委、食品药品监管总局、中医药局参与）

（三十一）加强组织领导。国务院医改领导小组与省级医改领导小组、各成员单位要加强统筹协调，共同做好医改各项任务的组织实施工作。加强对医改中重点、难点问题的调查研究，完善政策措施，做好顶层设计。及时评估和总结推广各地好的做法和经验，对成熟的改革举措要总结提炼、适时制定相应的制度法规。加强医改宣传，做好舆情监测，引导群众合理预期，回应社会关切。各地各部门要继续支持军队卫生系统参与深化医改。（卫生计生委、中央宣传部、国研室、法制办、总后勤部卫生部等负责）

附件：部分重点工作任务分工及进度安排表

部分重点工作任务分工及进度安排表

序号	工作任务	负责部门	时间进度
1	梳理总结县级公立医院综合改革试点模式	卫生计生委、财政部等	2014 年 12 月底前完成
2	研究制定城市公立医院综合改革试点实施方案	卫生计生委、发展改革委、财政部、人力资源社会保障部、中医药局等	2014 年 9 月底前完成
3	编制《全国卫生服务体系规划纲要(2015－2020 年)》	卫生计生委、发展改革委、财政部、中医药局等	2014 年 9 月底前完成
4	制定公立医院药品集中采购指导性文件	卫生计生委、中医药局等	2014 年 5 月底前完成
5	制定分级诊疗办法	卫生计生委、人力资源社会保障部、发展改革委、中医药局等	2014 年 12 月底前完成
6	研究制定中医药发展战略规划	中医药局、发展改革委、卫生计生委、财政部、人力资源社会保障部等	2014 年 12 月底前完成
7	出台推进医师多点执业的意见	卫生计生委、人力资源社会保障部、发展改革委、中医药局等	2014 年 9 月底前完成
8	制定发展商业健康保险的政策措施	保监会、人力资源社会保障部、卫生计生委等	2014 年 6 月底前完成
9	启动短缺药品招标定点生产工作	工业和信息化部、卫生计生委、发展改革委、中医药局等	2014 年 6 月底前完成
10	制定完善药品价格形成机制的文件	发展改革委等	2014 年 12 月底前完成
11	研究制定县级公立医院专科特设岗位计划	卫生计生委、人力资源社会保障部、财政部、教育部、中医药局等	2014 年 9 月底前完成

续表

序号	工作任务	负责部门	时间进度
12	制定控制医疗费用不合理过快增长的指导性文件	卫生计生委、人力资源社会保障部、发展改革委、中医药局等	2014 年 12 月底前完成
13	制定县级公立医院综合改革效果评价指标体系	卫生计生委、人力资源社会保障部、财政部、发展改革委、中医药局等	2014 年 6 月底前完成
14	研究制定医疗卫生机构绩效评价的指导性文件	卫生计生委、人力资源社会保障部、财政部、中医药局等	2014 年 12 月底前完成

全民健康素养促进行动规划(2014－2020 年)

(2014 年 4 月 15 日由国家卫生计生委以国卫宣传发〔2014〕15 号文件印发)

一、规划目标

(一)到 2015 年

1. 全国居民健康素养水平提高到 10%。

2. 东、中、西部地区居民健康素养水平分别提高到 12%、10% 和 8%。

3. 全国具备科学健康观的人口比例达到 40%,居民基本医疗素养、慢性病防治素养、传染病防治素养水平分别提高到 11%、15% 和 20%。

4. 在全国建设健康促进县(区)180 个,健康促进医院、健康促进学校、健康促进机关、健康促进企业、健康社区各 400 个,健康家庭 18 000个。

(二)到 2020 年

1. 全国居民健康素养水平提高到 20%。

2. 东、中、西部地区居民健康素养水平分别提高到 24%、20% 和 16%。

3. 全国具备科学健康观的人口比例达到 50%,居民基本医疗素养、慢性病防治素养、传染病防治素养水平分别提高到 15%、20% 和 25%。

4. 在全国建设健康促进县(区)600 个,健康促进医院、健康促进学校、健康促进机关、健康促进企业、健康社区各1 400个,健康家庭 60 000个。

二、工作内容

(一)树立科学健康观。正确认识健康的重要性,树立个人健康责任意识,倡导健康生活方式,了解医疗技术的局限性,形成尊重科学、尊重医学和医务人员的社会风尚,建立和谐医患关系。

(二)提高基本医疗素养。各级卫生计生行政部门要将基本医疗素养促进工作纳入医疗卫生机构综合考核和健康促进医院建设工作,采取多种形式切实提高辖区居民获取并利用医疗和基本公共卫生服务的能力。各级各类医疗卫生机构要加强医患沟通,开展患者健康教育,普及合理用药和科学就医知识,提高居民防病就医能力。

(三)提高慢性病防治素养。各级卫生计生行政部门要将提高居民慢性病防治素养作为健康教育工作的重点任务。各级各类医疗卫生机构要针对目标人群开展心脑血管病、糖尿病、慢性呼吸系统疾病、肿瘤等重点慢性病的健康教育工作,围绕合理膳食、适量运动、戒烟限酒、心理平衡等生活方式进行干预。

(四)提高传染病防治素养。各级卫生计生行政部门要依法加强传染病防治健康教育。各级各类医疗卫生机构要宣传传染病防治法律和政策,做好艾滋病、结核病、血吸虫病、病毒性肝炎等重大传染病和流感等重点传染病健康教育工作,提高城乡居民传染病防治素养。

(五)提高妇幼健康素养。各级妇幼保健机构、计划生育技术服务机构以及其他医疗卫生机构要将妇幼健康教育纳入日常工作，利用临床诊疗、妇幼保健和计划生育服务、社区活动等时机，通过专题讲座、户外宣传、发放健康传播材料、个体化健康教育等形式，普及妇幼保健、优生优育、生殖健康知识和技能，提高妇幼健康素养水平，促进妇女儿童和育龄人群合理利用妇幼保健服务。

（六）提高中医养生保健素养。各级卫生计生行政和中医药管理部门要将中医养生保健素养作为健康素养促进工作的重要内容，继续推进中医中药中国行——进乡村·进社区·进家庭活动，设立中医药文化科普知识宣传栏，培养中医文化科普宣传队，组织中医文化科普讲座，同时利用好广播、电视、网络、书刊等平台，传播中医养生保健知识与技能，弘扬中医传统文化。各级医疗卫生机构，特别是中医医疗机构和医务人员要利用提供诊疗服务时机，普及中医养生保健基本知识和技能。

各级卫生计生行政部门要做好突发事件应急处置、食品安全、精神卫生、地方病和职业病等领域健康教育工作。依法开展突发公共卫生事件风险评估和风险沟通，普及防范知识和技能，提高公众正确报告和自救互救能力。依法做好食品安全宣传教育，普及食品安全要点和食源性疾病防控相关知识。普及心理健康知识，采取多种形式提供心理健康服务，提高居民自我心理调节和及时寻求专科医疗服务的能力。普及地方病和职业病防治核心信息，提高居民对正确饮水的认识，提高职业防护能力。

三、主要活动

（一）大力开展健康素养宣传推广。国家卫生计生委组织修订《中国公民健康素养——基本知识与技能（试行）》及其释义，会同国家中医药管理局共同发布《中国公民中医养生保健素养》。针对影响群众健康的主要因素和问题，建立健康知识和技能核心信息发布制度，完善信息发布平台，加强监督管理，及时监测纠正虚假错误信息。建立居民健康素养基本知识和技能传播资源库，打造数字化的健康传播平台。

组织开展健康中国行系列活动。每年选择一个群众反映强烈的突出公共卫生问题作为活动主题。各地要与大众媒体建立长期协作机制，通过设立健康专栏和开办专题节目等方式，充分利用电视、网络、广播、报刊、手机等媒体的传播作用。建立一支权威的健康科普专家队伍，组织开展健康巡讲等活动。针对妇女、儿童、老年人、残疾人、流动人口、贫困人口等重点人群，开展符合其特点的健康素养传播活动。

推进12320、12356卫生计生服务热线建设，打造健康科普平台，传播健康知识，回应群众关切，服务百姓健康。

（二）启动健康促进县（区）、健康促进场所和健康家庭建设活动。各级卫生计生行政部门要充分发挥国家基本公共卫生服务项目和中央补助地方健康素养促进行动项目的带动作用，落实基本健康教育服务，在城乡基层大力普及健康素养基本知识和技能。国家卫生计生委制定健康促进县（区）、健康促进场所和健康家庭的标准和规范。每年建设约90个健康促进县（区），健康促进医院、健康促进学校、健康促进机关、健康促进企业、健康社区各200个，每个县（区）建设100个健康家庭。建设活动每年覆盖约4 000万人，预计到2020年覆盖人口数达到3.2亿。各地定期总结、推广健康促进县（区）、健康促进场所和健康家庭的建设经验，带动当地健康素养促进工作。

（三）全面推进控烟履约工作。积极履行世界卫生组织《烟草控制框架公约》，落实有效的控烟措施。全面推行公共场所禁烟，努力建设无烟环境，推进全国无烟环境立法和执法工作。深入开展全国建设无烟卫生计生系统工作，发挥卫生计生系统示范带头作用。加强控烟宣传教育，创新烟草控制大众传播的形式和内容，提高公众对烟草危害的正确认识，促进形成不吸烟、不敬烟、不送烟的社会风气。开展戒烟咨询热线和戒烟门诊等服务，提高戒烟干预能力。加强烟草流行监测与相关研究，为烟草控制工作提供科学依据。

（四）健全健康素养监测系统。巩固健康素养监测系统的稳定性和连续性，保证监测数据的科学性和准确性。推进信息化建设，逐步建立健康素养监测网络直报系统，完善试题库和数据库，推广健康素养网络学习测评系统。有条件的省（区、市）可在国家监测点的基础上，逐步建立省级监测系统，监测本省（区、市）健康素养水平。加强健康素养理论研究，分析不同人群和重点问题健康素养现状和影响因素，提高监测结果的应用。

四、保障措施

（一）加强组织领导。建立健全以卫生计生行政部门为主导，健康教育专业机构为龙头，以城乡基层卫生计生机构为基础，包括医院和其他卫生计生机构、机关、学校、社区和企事业单位在内的健康促进与健康教育工作体系。国家卫生计生委成立健康促进和控烟履约工作领导小组，统筹协调委内健康素养促进工作。各级卫生计生行政部门要加强与相关部门的协同配合，将健康素养促进提升到事业发展战略的高度，将健康素养水平作为评价深化医改和卫生计生工作成效的关键指标之一，纳入本地区卫生计生工作绩效考核。建立健康促进和控烟履约工作领导协调机制，制定本地区规划实施方案，设立健康素养促进行动办公室和专家组。

（二）加大经费保障。各级卫生计生行政部门要积极协调财政部门，加大对健康素养促进行动的投入力度，中央财政加大对中西部困难地区的支持力度。加强中央补助地方健康素养促进行动项目和国家基本公共卫生服务健康教育项目资金管理，提高资金使用效益。各地要积极动员更多社会资金用于健康素养促进行动，积极推进健康服务业发展，促进全民健康素养水平提高。

（三）注重资源整合。要以中央补助地方健康素养促进行动项目和国家基本公共卫生服务项目为抓手，充分整合卫生计生系统健康促进与健康教育资源，利用好健康中国行、建设卫生（健康）城市和文明城市、全民健康生活方式、亿万农民健康促进行动、相约健康社区行、婚育新风进万家等平台。在制定、修订疾病预防控制、健康教育、卫生应急、医政药政、基层卫生、妇幼卫生、计划生育、老年保健、食品安全、流动人口等相关政策时，要将提高目标人群健康素养作为重点任务。要不断加大健康素养促进行动项目的整合力度，优化实施方案，强化项目管理，确保项目实施效果。

（四）强化能力建设。健全覆盖国家、省、市、县级的健康教育专业机构体系。健康教育专业机构在健康素养促进行动中承担协助卫生计生行政部门开展规范制定、组织实施、监督评估等工作，为其他机构的健康教育工作提供技术指导。原则上独立设置。疾病预防控制、妇幼保健等专业公共卫生机构负责开展本业务领域内健康教育活动。医院和其他卫生计生机构要以健康素养促进为核心，面向患者、家属、机构内工作人员和社区居民开展健康教育活动。依托社区、学校、机关、企事业单位建立健康教育场所和基地，完善工作网络。鼓励有条件的地区建设健康教育场馆和基地。

加强健康教育专业人员能力建设，大力开展培训，每三年轮训一次。优化人员结构，到2020年，省级健康教育专业机构本科学历以上专业人员比例达到65%，市级达到50%，县级达到35%。加强医院、专业公共卫生机构、基层卫生计生机构和重点场所健康教育工作人员能力培养，定期开展健康教育专业培训。

（五）开展督导评估。国家卫生计生委组织制定规划考核评估体系，对规划实施情况进行督导评估，及时公布评估结果。各级卫生计生行政部门组织开展年度及中期、末期督导评估。注重总结推广典型经验，对规划实施作出突出贡献的集体和个人给予适当奖励。

2014年成都市基层公益性医疗卫生机构标准化建设设备提升工程实施方案

（2014年1月9由成都市人民政府办公厅以成办函〔2014〕4号文件印发）

根据卫生厅《关于开展社区卫生服务机构标准化建设的通知》（川卫办发〔2012〕415号）和市政府《关于构建基层公益性医疗卫生服务体系的意见（试行）》（成府发〔2011〕17号）精神，市政府决定2014年继续实施成都市基层公益性医疗卫生机构标准化建设设备提升工程，特制定本方案。

一、工作目标

通过持续实施全市基层公益性医疗卫生机构标准化建设设备提升

工程，加快改善和优化基层公益性医疗卫生机构硬件配置，进一步提高成都市基本公共卫生和基本医疗服务水平。

二、实施原则

按照国务院“保基本、强基层、建机制”的医改工作总体要求，在2013年实施基层公益性医疗卫生机构标准化建设设备提升工程基础上，遵循“填平补齐、完善功能、整体提升”的原则，为部分未配或未配齐设备的乡镇卫生院和社区卫生服务中心配备医学影像设备、救护车和中医药设备及全科医生服务包。

三、配置内容

2014年为150家乡镇卫生院和社区卫生服务中心配备彩超、直接数字影像设备（DR）、间接数字影像设备（CR）、救护车、颈腰椎牵引器材、中药粉碎（打粉）机、中药煎药机和中药熏蒸设备等；为591支全科医生服务团队配置全科医生服务包。各区（市）县要按照市卫生局《关于下发〈成都市基层公益性医疗卫生机构基本设备标准〉（暂行）的通知》（成卫规财〔2013〕7号）要求，在统筹实施基层公益性医疗卫生机构标准化建设设备提升工程的同时，为基层公益性医疗卫生机构配备其他相应设备。

四、资金保障

2014年全市基层公益性医疗卫生机构标准化建设设备提升工程资金预算为9 615.8万元，由市、区（市）县两级财政分担，分担比例按一圈层2∶8，二圈层4∶6，三圈层7∶3执行，其中市财政承担5 138.6万元，区（市）县财政承担4 477.2万元。

五、采购方式

2014年基层公益性医疗卫生机构标准化建设设备提升工程所有设备由市级统一招标，区（市）县分签合同并自行支付资金。市财政在对2013年补助资金清算的基础上，要按分担比例将2014年补助资金转移支付给区（市）县，并由项目区（市）县结合本级资金安排统筹使用。

六、资产管理

各区（市）县政府要严格按照财政部、卫生部《关于印发〈基层医疗卫生机构财务制度〉的通知》（财社〔2010〕307号）规定和要求，将2014年乡镇卫生院和社区卫生服务中心所配置的设备纳入国有固定资产管理范围，督促相关基层公益性医疗卫生机构健全管理制度，确保配置设备规范管理、高效运行。

成都市人民政府办公厅
关于进一步加强精神卫生工作的实施意见

（2014年1月22日成都市人民政府办公厅以成办发〔2014〕5号文件印发）

各区（市）县政府，市政府有关部门，有关单位：

为认真贯彻落实《中华人民共和国精神卫生法》（以下简称《精神卫生法》），进一步加强我市精神卫生工作，根据省政府办公厅《关于贯彻实施〈中华人民共和国精神卫生法〉的通知》（川办函〔2013〕1号）精神，结合我市实际，提出如下实施意见。

一、目标任务

精神卫生工作事关群众身心健康和社会和谐稳定。各区（市）县、市政府有关部门和有关单位要以贯彻落实《精神卫生法》为契机，切实把精神卫生工作作为加强和创新社会治理的一项重要内容，突出防治、管理和服务等重点，共同推进精神卫生工作。

到2016年，建成较为完善的精神卫生服务体系，全市常住人口每万人拥有精神卫生编制床位由2.2张增加到4.0张，重性精神疾病患者检出率从3‰提高到4.5‰，检出的重性精神疾病患者全部纳入社区管控体系。

二、工作重点

（一）完善精神卫生工作制度体系。各区（市）县、市政府有关部门要按照“谁出台、谁清理”原则，清理已经发布但不符合《精神卫生法》的文件，清理结果报同级政府法制办公室。要根据《精神卫生法》及相关配套文件规定，完善精神卫生工作的制度措施。市卫生局要牵头负责，会同市委编办研究全市精神卫生防治机构及编制设置工作；会同市政府法制办研究起草《成都市精神卫生条例（草案）》，并按程序报审；会同市公安局和市民政局研究制定肇事肇祸或有肇事肇祸倾向的疑似精神障碍患者制止、送诊和接诊衔接机制。市司法局要牵头制定全市精神障碍医学鉴定管理办法。

（二）提高精神卫生专业机构服务水平。

1. 强化市级专业医疗机构职能。在成都市第四人民医院加挂市精神卫生中心牌子，承担精神疾病防治技术指导和管理职能；要进一步加强该院基础设施建设，在人员编制、人才引进等方面给予必要保障，切实改善其软、硬件条件，充分发挥市级专业医疗机构在精神疾病防治和技术指导方面的示范带动作用。

2. 加强基层专业医疗机构建设。各区（市）县要将精神疾病医院建设作为重大民生项目，优先纳入地方基本建设投资计划统筹安排。具备条件的区（市）县要设置1所精神疾病专科医院；暂不具备条件的区（市）县要确定1所县级医疗卫生机构设置精神卫生科；各区（市）县综合性医院要开设精神科门诊或心理治疗门诊。在精神疾病专科医院或设立精神卫生科的医疗机构，加挂区（市）县精神卫生中心牌子，承担当地精神疾病专业防治技术指导和管理职能。

3. 提高精神卫生服务水平。各级卫生部门要指导和督促精神卫生专科医院积极参加医疗机构等级评审，到2016年，全市力争新增三级精神专科医疗机构1所，现有精神卫生医疗机构中达到二级精神卫生专科医疗机构标准的占50%以上。各级卫生、科技等部门要鼓励和支持有关机构开展精神障碍流行病学、精神疾病防治技术等科学研究，并将研究成果转化为临床运用。

（三）加强精神卫生专业人才队伍建设。

1. 强化人才引进。各级人社部门要牵头会同卫生部门研究制定引进精神卫生专业人才的政策措施，加大高层次专业人才引进力度，确保到2016年，全市精神卫生专业技术人员总数明显增加，精神科执业医生达到600人以上，具有高级职称人员达到100人以上。

2. 加强队伍培训。市卫生部门要加强对现有精神卫生专科、非精神卫生专业医护人员及其他从事精神卫生工作人员的专业知识培训，鼓励其他执业医务人员转岗执业精神卫生专科，免费为转岗医师提供执业培训或专业学习服务，在同等条件下优先解决精神卫生专业人员职称晋升。

3. 充实基层力量。进一步充实社区精神疾病防治专业技术力量，各乡镇卫生院、社区卫生服务中心要确定专门工作人员开展重性精神疾病社区管理。有关医疗机构要进一步完善绩效考核办法，逐步提高精神卫生工作岗位一线人员待遇水平。

（四）突出抓好重性精神疾病患者治疗管理。

1. 加大对重性精神疾病患者的发现力度。市卫生局要牵头负责，会同公安、城管、民政、司法、残联等部门及各区（市）县建立重性精神疾病患者信息共享和筛查机制。注重发挥社区居民自治组织作用，建立精神疾病患者线索报告奖励制度，可采取购买服务等方式即时掌握辖区内重性精神疾病患者信息，及时开展诊断和危险性评估，提高重性精神疾病患者检出率。

2. 加强对重性精神疾病患者的治疗管理。市卫生部门要指导督促医疗卫生机构按照卫生部《关于印发〈重性精神疾病管理治疗工作规范〉的通知》（卫疾控发〔2009〕104号）要求，加强医学管理，不断提高重性精神疾病患者管理率、在管患者治疗率和病情稳定率。鼓励社区精神卫生康复指导医生专业化发展，不断提高基层医疗卫生机构对重性精神疾病个案的康复训练效果，有效减少住院和托养人数。对肇事肇祸或有肇事肇祸倾向的重性精神疾病患者以及流浪乞讨精神疾病患者，各级卫生、公安和民政等部门要结合各自职责，依法加强管理、救治及救助工作。

3. 强化对重性精神疾病患者的保障能力建设。要充分整合医疗保险、医疗救助、精神疾病康复等政策和资源，提高重性精神疾病患者的医疗保障水平。对参加基本医疗保险的重性精神疾病患者，要改进付费方式，提高保障水平；对贫困重性精神疾病患者，要按照“自愿申请，应助尽助”原则，结合医疗保险基金的支付能力，逐步提高阳光救助标准，确保其得到及时救治。

（五）拓展精神疾病康复照料功能。

1. 加快建立慢性精神疾病患者托养照料机构。市卫生局要牵头负责，会同残联、民政等部门深入调查研究慢性重性精神疾病、老年精神疾病等患者托养照料问题，不断创新托养照料模式，积极推进托养照料机构建设。

2. 加强社区精神和智力残疾人康复场所建设。各级残联、民政、体育、财政和卫生等部门要结合各自职责，共同推进精神和智力残疾人托管照料工作，支持发展职业康复型、庇护劳动型阳光家园。精神卫生医疗机构、乡镇卫生院和社区卫生服务中心要积极参与精神和智力残疾人阳光家园建设，为精神和智力残疾人康复托管照料提供医学指导和帮助，共同提高社区对精神和智力残疾人的康复照料能力。

（六）健全心理咨询与心理治疗服务体系。市人社、卫生、工商和教育等部门要按照相关规定和要求，明确精神卫生科医师、精神卫生科护士、心理治疗师、心理咨询师及学校心理辅导员的执业范围和职责，共同推动心理咨询与心理治疗行业发展。加强公益性心理咨询、未成年人心理咨询和社区心理咨询工作，为群众提供便捷的心理援助和咨询服务。加大对成都市心理咨询行业协会支持力度，强化行业监管和自律，提高服务质量。

（七）引导社会力量参与精神卫生服务。鼓励和扶持社会力量举办精神卫生专科医疗机构、精神疾病康复机构、精神疾病患者托养照料机构和心理咨询与心理治疗服务机构。鼓励社会捐助、慈善资金投入精神卫生工作。引导志愿者参与社区精神疾病患者托管照料、康复辅导和心理咨询服务工作。

三、工作保障

（一）强化组织领导。各区（市）县、市政府有关部门要高度重视精神卫生工作，进一步明确责任分工，加强属地管理，健全落实联席会议制度，形成全域覆盖的精神卫生防治服务网络。市卫生局要发挥总牵头作用，市政府有关部门和有关单位要全力配合，确保全市精神卫生工作落到实处。

（二）强化经费投入。加大精神卫生工作财政投入力度，各级财政部门要将本地精神卫生疾病防治、人才队伍培训等经费纳入重大公共卫生专项经费给予保障。将社区重性精神疾病管理工作纳入基本公共卫生服务包，其经费在基本公共卫生服务经费中统筹安排。

（三）强化普法宣传。各区（市）县、市政府有关部门要认真组织开展《精神卫生法》普法宣传，增强人民群众的法制意识，切实抓好专业人员和执法队伍法律知识及专业技术培训，着力营造尊重、理解、关爱精神疾病患者的社会氛围。

本实施意见自印发之日起施行，有效期3年。

2014年成都市爱国卫生工作要点

（2014年3月10日由成都市人民政府办公厅成办函〔2014〕40号文件印发）

2014年全市爱国卫生工作总体思路是：认真贯彻落实十八大报告提出的“开展爱国卫生运动，促进人民身心健康”的总体要求和省、市卫生工作会议精神，以健康成都建设为目标，以巩固创建国家卫生城市成果为重点，深入开展城乡环境卫生整治、卫生城市（镇、村）创建、农村改厕、病媒生物防制、公共场所控烟和健康教育与健康促进等工作，全面改善城乡环境卫生面貌，提高居民健康意识，努力完善爱国卫生工作体系，提升城市治理现代化能力，促进爱国卫生事业持续健康发展。

一、全面推广世卫组织合作项目。在总结青羊区、温江区和蒲江县前期开展世卫组织“双年度”合作项目试点工作经验的基础上，推广“成都市城乡居民健康促进及长效机制建立”项目，积极开展健康促进学校、健康乡村活动及无烟区（市）县建设工作。

二、切实巩固卫生城市创建成果。五城区、成都高新区、天府新区成都片区和龙泉驿区、温江区、新都区、青白江区要切实巩固国家卫生城市建设成果，做好迎接2015年国家卫生城市复查验收准备工作；都江堰市、彭州市要全面启动国家卫生城市创建工作;邛崃市要巩固省级卫生城市创建成果,确保顺利通过2014年度省级卫生城市复审。

三、持续开展群众性爱国卫生活动。充分利用爱国卫生月活动和重大节假日,组织动员社会各界、广大志愿者广泛开展"无烟日"等主题的爱国卫生活动,提高人民群众对重大传染病的防控意识和能力,着力营造优美、舒适、健康的工作和生活环境。

四、积极开展创建省级卫生镇(村)、单位活动。全面完成15个省级卫生镇、56个省级卫生村和40个省级卫生单位的创建工作。加强对已命名卫生镇(村)、单位的督导和复查工作,对工作质量严重滑坡、整体卫生水平不达标的进行限期整改,对整改不达标的取消其已命名的称号并及时向社会公示。

五、大力推进社区院落环境卫生治理。以社区院落管理"清洁化、秩序化、优美化、制度化"为目标,加大环境卫生整治力度,全面推行专业物业管理、社区准物业管理和居民自治物业管理模式;建立环境卫生"问题台账",及时、有效开展排查整治工作,力争整治合格率达85%以上;继续开展星级院落创建及复评活动,力争复评合格率达95%以上;继续开展院落管理人员专业培训,五城区和成都高新区、天府新区成都片区全年组织开展培训6次,二、三圈层区(市)县全年组织开展培训不少于4次。

六、科学实施病媒生物防制。按照全国爱卫会、原卫生部颁布的《病媒生物预防控制管理规定》,实施全市统一的病媒生物防制;开展病媒生物防制技术培训,积极推广国家病媒生物防制先进技术和方法,提高预防和控制病媒生物的技能水平;坚持以环境卫生治理为主、以药物消杀为辅的原则,强化对重点区域、行业病媒生物的消杀和防制措施,将病媒生物密度控制在国家规定标准以内;严格按照国家质检总局、国家标准化管理委员会发布的《病媒生物密度监测方法—蜚蠊、蝇类、蚊虫、鼠类》(GB/T23795、23796、23797、23798—2009)、《病媒生物密度控制水平—鼠类、蚊虫、蝇类、蜚蠊》(GB/T27770、27771、27772、27773—2011)标准和要求,认真做好病媒生物密度监测,提升病媒生物控制效果评价标准化、规范化、专业化水平。

七、积极推进农村改厕项目。有关区(市)县要结合新农村建设,持续实施农村改厕项目,高标准完成2013年度省爱卫会下达我市3 000座无害化卫生户厕建设任务,提高无害化厕所覆盖率,巩固血吸虫病等疾病的防治成果,进一步改善农村卫生状况和人居环境。

八、深入开展健康成都宣传与健康促进工作。强化健康成都宣传工作,在优化《健康成都》《健康教育壁报》《健康时代》及电视、网络、微博等宣传平台的基础上,开办手机报等健康专栏,拓展健康教育途径;加强健康教育、健康促进工作网络平台和机制建设,促进全市健康教育资源共享,加快实现基本公共卫生服务均等化,建立与区域经济社会发展相适应的健康教育和健康促进工作体系;各区(市)县要新建立1－2个健康教育示范社区和1个"农民健康促进行动"试点乡镇,全年开展面向居民的健康教育活动不少于12次;紧紧围绕提高健康素养,深入农村、社区和学校。开展"健康66条"等健康知识巡讲活动,继续开展城乡居民健康素养调查,科学评价全市群众健康知识、健康行为及健康技能基本情况,夯实健康教育工作基础。

九、加强公共场所控烟工作。进一步深化文明城市建设成果,加强公共场所控烟宣传力度,强化控烟管理制度,确保公共场所控烟工作取得明显进展。积极引导和开展无烟单位创建活动,加强控烟能力建设,积极营造健康、美好的工作和生活环境;重点加强对医疗卫生机构、学校和机关单位等公共场所全面禁烟的督导检查,巩固全市无烟医疗卫生机构创建成果。

成都市人民政府办公厅转发市卫生局等部门关于加快推进全市公共卫生应急核心能力建设实施方案

（2014年5月30日由成都市人民政府办公厅以成办函〔2014〕86号文件印发）

为贯彻落实国务院办公厅《转发卫生计生委等部门关于切实履行〈国际卫生条例(2005)〉加快推进公共卫生应急核心能力建设指导意见的通知》(国办发〔2013〕84号)、省政府办公厅《转发卫生厅等部门四川省加快推进公共卫生应急核心能力建设实施方案的通知》(川办发〔2013〕78号)精神，结合我市实际，制定本实施方案。

一、目标任务

为预防和控制国际间疾病和有害有毒物质的跨境传播，我市在按照世界卫生组织要求开展公共卫生应急核心能力建设情况评估基础上，全面加强公共卫生应急核心能力建设，确保在2014年6月15日前达到《国际卫生条例(2005)》规定的公共卫生应急核心能力建设要求，为成都打造西部经济核心增长极、建设现代化国际化大都市提供有力的卫生安全保障。

各区(市)县、市政府有关部门、有关单位及相关技术机构的实验室检测能力达到有关规定标准，具备诊断和确诊重点疾病、食品药品安全突发事件应急测试确认与监测等能力；成都双流国际机场、高新综合保税区和成都铁路等口岸具备开展疑似或感染人员医学排查、评估、隔离和转运的能力，提供卫生安全的口岸环境。生物、化学、食品药品安全、核与辐射等因素引发的突发公共卫生事件评估、通报和应对能力达到标准，能够按规定时间及时上报，并有效实施应急处置。

二、工作重点

（一）建立联动工作机制。市发改委、市经信委、市公安局、市财政局、市环保局、市交委、市农委、市林业园林局、市商务局、市投促委、市卫生局、市工商局、市质监局、市食药监局、市安监局、市医管局、市国安局、市政府应急办，成都高新区、天府新区成都片区，成都经开区、成都石化园区，成都警备区、武警成都市支队和青白江区、双流县要建立完善应对公共卫生风险和突发公共卫生事件的应急处置协作机制，明确信息沟通、措施联动、资源共享等协作内容，组织开展应急演练，并落实同相关技术机构间的公共卫生应急业务协作机制；市卫生局等部门会同成都高新区、天府新区成都片区，青白江区和双流县等口岸协调部门加强同空港、陆路口岸管理机构的沟通协作，完善突发公共卫生事件联防联控机制。

市卫生局、市环保局、市交委、市农委、市林业园林局、市商务局、市工商局、市质监局和市食药监局等部门，要建立全市人和动物疫情监测和流行病学调查数据库，建立传染病、食品安全和危险化学品风险数据库，并组建公共卫生风险评估专家库，定期开展突发公共卫生事件风险评估、专项公共卫生风险评估和年度风险评估总结工作。

各区(市)县、市政府有关部门要完善公共卫生事件应急物资储备制度，建立与经济社会发展相适应的公共卫生应急核心能力建设长效机制，满足区域公共卫生安全需要。

（二）强化实验室能力建设和生物安全管理。要加强实验室能力建设，建立完善市、区(市)县两级各类突发传染病实验室保障机制，提高疾病预防控制机构及医疗机构的传染病实验室检测、疾病诊断和确诊能力。市卫生局、市环保局、市农委、市林业园林局、市质监局和市食药监局，要根据国家制定的专业实验室能力建设标准，加强实验室仪器设施等装备配置，建立突发急性传染病检测试剂有效供给保障机制，建立健全实验室质量管理体系和卫生应急检测标准方法，不断提高生物、食品药品、化学、生化、核和辐射检测能力；市卫生局要加强高等级病原微生物实验室建设，建立以市级实验室为核心、区(市)县级实验室为基础的卫生应急实验室检测网络；市食药监局要强化关键技术、快检技术的研究运用，建立适应公共卫生应急要求的食品药品检验检测体系；市农委要进一步加强动物疫病，尤其是人畜共患病的实验室应急检测和诊断能力建设，实现市级具备病原学检测能力、区（市）县级具备血清学初筛和相关疫病的初步诊断能力；市环保局、市卫生局、市公安局、市质监局、市食药监局，成都警备区和武警成都市支队要加强化学、生化、核和辐射等有害因子检测能力建设；市质监局要积极做好实验室资质认定（计量认证）工作，强化监管，建立区域实验室目录数据库。

加强实验室生物安全管理。市卫生局、市环保局、市农委、市林业园林局、市质监局、市食药监局等部门和相关技术机构要加强病原微生物实验室的实验活动、菌毒种保藏与提供的管理，并加强对区（市）县实验室生物安全的监管、技术指导与服务；市卫生局、市环保局、市农委、市林业园林局、市质监局、市食药监局等部门和民航、铁路、公路运输企业要完善危险品样本特别是感染性样本采集、包装和运输工具的安全保障机制，加强实验室检验人员、感染性样本运输技术人员和管理人员的培训，强化机场、保税区运输感染性样本的能力建设，确保工作人员资质、感染性样本包装容器符合航空和铁路运输要求。

（三）加强出入境口岸卫生应急核心能力建设。成都高新区、天府新区成都片区，青白江区和双流县口岸协调部门，要积极协助口岸运营者、检验检疫机构强化对外口岸卫生检疫核心能力共建机制，进一步加大口岸基础设施建设和技术设备的投入。市食药监局要加强成都口岸进口药品等应急检验能力建设。

口岸要建立健全24小时紧急事件评估工作制度，完善各类突发公共卫生事件应急预案和现场工作处置流程，加强专业培训、演练与应急物资储备。

（四）提高人畜共患病的防控能力。市卫生局、市农委、市林业园林局、市商务局、市工商局、市质监局和市食药监局等部门要加强人畜共患病的信息交流和技术共享，建立完善部门间标本和菌毒株共享机制，开展人畜共患病形势会商、风险评估，确保疫情发生后能够同时到达现场、同时开展调查和同时进行处置。要注重源头管理和综合防治，强化易感人群宣传教育，做好从业人员职业保护和易感动物疫病预防工作。要加强家禽家畜和野生动物及出入境动物疫源疫病监测和信息报告，及时沟通交流家禽家畜和野生动物的本底资料及疫病监测结果。

各区（市）县要统筹推进区域卫生、农业、食药监、质监、工商、商务和林业园林等部门信息共享，加强疫病预防控制机构和专业队伍建设，逐步提高社区卫生服务中心（乡镇卫生院）医护人员和基层兽医防治专业能力。

（五）提升食品药品监测能力。市食药监局建立健全食品药品安全事故监测报告制度，形成安全信息评估和预警指标体系，及时进行食品、药品和医疗器械安全形势分析运用，实现信息互联互通和资源共享，对食品安全问题做到早发现、早预防、早整治、早解决；要加强食品药品安全事故应急处置现场执法与调查取证、通讯等装备配备，充实人员队伍，强化培训演练，完善应急预案和处置工作流程。市卫生局要加强医疗救治和现场流行病学调查工作。

（六）增强核和辐射以及危化品应急处置能力。市环保局、市安监局、市质监局、市经信委、市公安局、市卫生局，成都警备区和武警成都市支队等部门和单位要建立化学、生化、核与辐射事件综合防控联动体系，建立和完善各项应急预案、工作规范和技术标准，配备放射源搜寻设备和应急车辆，加强应急救援队伍建设，确保应急处置快速有效。

市安监局、市环保局和武警成都市支队应加强对涉及危化品企业的监管，切实提升危化品事件处置能力；市环保局、市经信委、市公安局、市质监局和武警成都市支队等部门和单位应加强对全市涉及核和辐射企业的监管，与省环境保护厅核和辐射事故应急监测系统形成快速响应机制；市卫生局指导做好从事放射工作的人员个人剂量检测工作；市安监局建立全市危化品生产企业重大危险源信息共享平台，做好职业病危害评价工作；市环保局要加强放射性本底监测。

三、保障措施

（一）强化组织领导。建立市卫生局、市环保局、市经信委、市农委、市林业园林局、市质监局、市食药监局、市安监局和市政府应急办为成员单位的公共卫生应急核心能力建设工作协调小组，协调小组下设办公室，办公室设在市卫生局，负责协调推进全市公共卫生应急核心能力建设工作。各成员单位要制定具体工作计划，加强沟通协作，形成工作合力。

（二）加大投入保障。各区（市）县和各级发改、财政等部门要加大对公共卫生应急核心能力建设项目、人员培训、队伍建设和设备配置等工作的支持力度，切实抓好对公共卫生应急核心能力建设的经费投入保障。

（三）加强督导检查。公共卫生应急核心能力建设工作协调小组要加强对各区（市）县、市级有关部门和单位及相关技术机构的督导检查，及时通报工作情况，并督促抓好整改落实；各区（市）县要指导和督促所属相关部门及技术机构加强公共卫生应急核心能力建设，并及时报送工作情况。

本实施方案自印发之日起施行，有效期3年。

2014年成都市深化医药卫生体制改革主要工作安排

（2014年8月15日由成都市人民政府办公厅以成办发〔2014〕37号文件印发）

根据国务院办公厅《关于印发深化医药卫生体制改革2014年重点工作任务的通知》（国办发〔2014〕24号）和省政府办公厅《关于印发四川省深化医药卫生体制改革2014年主要工作安排的通知》（川办发〔2014〕39号），结合我市实际，现就我市2014年医药卫生体制改革主要工作作出如下安排。

一、加快推动公立医院改革

（一）全面推进县级公立医院综合改革。按照市政府办公厅《关于印发成都市县级公立医院综合改革试点方案的通知》（成办发〔2014〕29号）要求，全市县级公立医院全面实施取消药品加成，全面启动实施综合改革，加强对县级公立医院综合改革试点工作的督导评估。（市卫生局、市财政局、市委编办、市发改委、市人社局负责。（排在第一位的部门为牵头部门，“分别负责”为各部门分别牵头，下同）

（二）促进公立医院科学发展。编制《成都市卫生服务体系规划（2015－2020年）》，完善卫生资源配置标准，优化结构布局。严格控制特大型公立医院床位规模，鼓励院外基层延伸发展和以托管、联办等方式支持社会办医发展。督促落实各区（市）县政府对县级公立医院符合规划的投入政策和取消药品加成后的补偿政策。研究制定中医药和民族医药发展战略规划，落实对中医的投入倾斜政策。（市卫生局、市医管局、市发改委、市财政局负责）

（三）推进建立分级诊疗制度。研究制定分级诊疗制度实施意见，完善上下联动、对口支援、签约服务等机制，加快形成基层首诊、分级诊疗、双向转诊的就医秩序。通过技术合作、人才流动、管理支持等多种方式推动建立基层卫生机构、县级医院和城市大医院之间分工协作机制。完善医保支付和报销政策，促进参保人员看病就医合理流动。继续推进全科医生执业方式和服务模式改革试点。全科医生与居民契约服务签约率达20%以上。（市卫生局、市医管局、市人社局、市发改委负责）

（四）理顺医疗服务价格。启动医疗服务价格调整工作，按照“总量控制、结构调整、有升有降、逐步到位”的原则，提高护理、手术、床位、诊疗和中医服务等项目价格，体现医务人员技术劳务价值，降低药品、高值耗材价格和大型医用设备检查、治疗价格。价格调整政策与医保支付政策相衔接。（市发改委、市人社局、市卫生局负责）

（五）完善县级公立医院药品采购机制。依托省药品集中采购平台，开展县级公立医院药品集中招标采购。进一步增强医疗机构在药品招标采购中的参与度。推进高值耗材公开透明、公平竞争网上阳光采购。（市卫生局、市食药监局负责）

（六）健全现代医院管理制度。推进管办分开，完善法人治理结构，落实公立医院法人主体地位和用人自主权。完善公立医院院长选拔任用和任期目标管理制度。严格执行医院财务会计制度和内部控制制度。到2014年底，卫生行政部门负责人一律不得兼任公立医院领导职务。研究适应医疗行业特点的公立医院人事薪酬政策。建立健全收入分配激励约束机制，严禁将医务人员奖金、工资等收入与药品、医学检

查等业务收入挂钩。（市卫生局、市医管局、市委编办、市人社局、市财政局负责）

二、积极推动社会办医

（七）放宽准入条件。研究出台社会办医促进工程实施意见。拓展社会办医空间，实行“非禁即入”。减少审批环节，公开审批程序和条件，提高审批效率。加强对民营医疗机构的规范管理，引导民营医疗机构健康持续发展。推进政府办医院改制试点和国有企业医院改制试点，着力在调整存量、体制机制创新方面取得突破。推动境外国外符合资质的医师来成都执业。（市卫生局、市医管局、市发改委、市人社局负责）

（八）优化社会办医政策环境。研究制定社会办医在土地、投融资、财税等方面支持性政策，并向社会资本举办非营利性医疗机构和投向医疗资源稀缺及满足多元需求服务领域倾斜。落实非公立医疗机构和公立医疗机构社会保险定点、重点专科建设、职称评定等平等政策，优先支持社会资本举办非营利性医疗机构，放宽对营利性医院的数量、规模、布局以及大型医用设备配置的限制。非公立医疗机构医疗服务价格实行市场调节。健全医师多点执业的实施意见，支持非公立医疗机构提高服务能力和技术水平。（市发改委、市卫生局、市财政局、市人社局负责）

三、扎实推进全民医保体系建设

（九）继续做好扩面提标工作。城镇职工医保和城乡居民医保参保率稳定在97%以上，城乡居民基本医疗保险补助标准年人均达到340元，个人缴费适当提高。城乡居民医保政策范围内住院费用支付比例达到75%以上，严格控制自费和昂贵药品、医用耗材使用，进一步缩小与实际住院费用支付比例之间的差距。（市人社局、市卫生局、市医管局、市财政局分别负责）

（十）提高医保管理服务水平。加快推进支付方式改革。积极推动完善医保经办机构与医疗机构、药品供应商的谈判机制和购买服务的付费机制。（市人社局、市卫生局、市委编办分别负责）

（十一）健全重特大疾病保障制度。全面实施城乡居民大病保险工作。加强城乡医疗救助、疾病应急救助工作。民政医疗救助对象政策范围内住院自付费用救助比例达到60%。（市人社局、市卫生局、市民政局分别负责）

（十二）发展商业健康保险。配合保监会或其他商业保险公司行业主管部门推动商业保险机构参与经办各类医保服务，加快发展医疗责任保险。鼓励商业保险机构提供医疗意外保险、儿童保险等商业健康保险产品。（市人社局、市卫生局负责）

四、巩固完善基本药物制度和基层运行新机制

（十三）巩固完善基本药物制度。政府办基层医疗卫生机构和村卫生室全部配备使用基本药物，继续扩大非政府办基层医疗卫生机构实施基本药物制度覆盖面，提高二、三级医院基本药物使用比例。加强基本药物配送和回款管理，严格落实市场清退制度，保障基层用药需求。完善应急和短缺药品储备制度，重点做好传染病预防、治疗药品和急救药品类基本药物供应保障。（市卫生局、市食药监局、市经信委负责）

（十四）进一步改革人事分配制度。强化基层医疗卫生机构的法人主体地位。全面落实聘用制度和岗位管理制度。完善基层医疗卫生机构绩效考核办法。在平稳实施绩效工资的基础上，适当提高奖励性绩效工资比例，合理拉开收入差距，调动医务人员积极性。（市卫生局、市人社局、市财政局分别负责）

（十五）加强基层能力建设。加快推进基层卫生机构标准化建设提升工程，全市乡镇卫生院、村卫生室、社区卫生服务机构标准化建设率分别达到90%、85%、85%以上。按照全省定向就业招生计划做好农村订单定向医学生免费培养工作。继续实施基层中医药服务能力提升工程。将40%左右的基本公共卫生服务任务交由村卫生室承担，考核合格后拨付相应服务经费，不得挤占、截留和挪用。将符合条件的村卫生室纳入城乡居民基本医疗保险定点并实施一般诊疗费政策。落实乡村医生养老政策，采取多种方式，妥善解决好老年乡村医生的养老保障和生活困难问题，逐步建立乡村医生退出机制。开展县乡联动和乡村一体化改革试点。充分发挥基层卫生工作者在普及健康知识、提高公民健康素养中的积极作用。（市卫生局、市发改委、市委编办、市人社局、市财政局负责）

五、规范药品流通秩序

（十六）规范提升药品流通服务水平。采取多种形式推进医药分开，增强基层和边远地区的药品供应和保障能力。开展药品购销领域专项整治，严厉打击医药代表非法销售药品行为，有效遏制药品流通领域的腐败行为和不正之风。实施医药购销领域商业贿赂不良记录的

规定。(市卫生局、市商务局、市食药监局负责)

(十七)改革完善药品价格形成机制。健全药品价格信息监测制度,加强药品价格信息采集、分析和披露。(市发改委、市人社局、市卫生局负责)

六、统筹推进相关改革工作

(十八)完善公共卫生服务均等化制度。人均基本公共卫生服务经费标准提高到40元,落实国家重大公共卫生服务项目。规范项目资金管理和使用,加强绩效考核和日常管理。重点做好流动人口以及农村留守儿童和老人的基本公共卫生服务。优化整合妇幼保健和计划生育技术服务资源,推进国家免费孕前优生健康检查项目,进一步强化出生缺陷综合防治。适龄儿童国家免疫规划疫苗接种率保持在95%以上。高血压、糖尿病患者规范化管理人数分别达到88万和34万以上,严重精神障碍患者管理率达到85%以上。0－3岁儿童、65岁以上老年人中医药健康管理目标人群覆盖率达到30%。(市卫生局、市财政局负责)

(十九)严格控制医疗费用不合理增长。制定控制医疗费用不合理增长管理办法。加强抗菌药物分级管理、处方点评和单病种控费,引导医疗机构规范诊疗行为和主动控制成本,制止开大处方、重复检查、滥用药品等行为。加强医疗服务收费和药品价格监督检查,严肃查处医疗机构乱收费行为。(市卫生局、市医管局、市发改委、市财政局、市人社局负责)

(二十)加强卫生信息、科技和人才队伍建设。制定远程医疗服务政策措施,加强面向基层、偏远地区的远程医疗服务,加快推进基层医疗卫生机构管理信息化建设项目。进一步加大医药产品及医疗技术研发组织推进力度,重点支持基本药物品质提升和基本医疗器械产品的国产化,加强医疗卫生科技创新成果在基层的集成应用和示范推广。制定出台住院医师规范化培训、全科医生特岗计划试点等工作实施意见。研究实施县级公立医院设立专科特岗计划。推进中医药传承与创新人才工程。(市卫生局、市人社局、市发改委、市财政局、市经信委、市科技局、市食药监局负责)

(二十一)加强组织领导、监督考核和宣传培训。强化统筹协调、部门联动,健全考核评估、多部门联合监管、医改政策纠偏处置机制。所有医疗卫生机构均由所在地卫生行政部门实行统一准入、统一监管。落实医疗卫生行风建设“九不准”,严肃查处收受“红包”、回扣、过度医疗等行为。完善和加强面向社会的行风测评,建立信息公开、社会多方参与的监管制度。研究制定医疗卫生机构绩效评价指导文件。加快发展医疗纠纷第三方调解机制。加强医药卫生体制改革宣传和政策培训,及时评估总结好的做法和经验。(市卫生局、市医管局、市委宣传部、市人社局、市发改委、市财政局等部门分别负责)

成都市加强医疗卫生行风建设“九不准”实施方案

(2014年1月9日由成都市卫生局、成都市中医管理局以成卫发〔2014〕5号文件印发)

按照四川省卫生厅《关于在我省卫生系统深入贯彻落实行风建设“九不准”的紧急通知》(川卫办发〔2013〕513号)要求,现将我局制定的《成都市加强医疗卫生行风建设“九不准”实施方案》印发给你们,请严格按照方案要求,认真贯彻执行。

为深入贯彻落实国家卫生计生委员会、国家中医药管理局《关于加强医疗卫生行风建设“九不准”的通知》精神,进一步加强卫生系统行风建设,针对医疗卫生方面群众反映强烈的突出问题,正风肃纪,明确要求,规范医疗卫生服务行为,营造风清气正、廉洁高效的卫生发展环境,特制定本方案。

一、总体目标

各区(市)县卫生行政部门、各级各类医疗卫生机构要把贯彻执行行风建设“九不准”作为全市医疗卫生行业教育实践活动的重要内容,研究制定贯彻落实的具体办法。通过集中培训、专题研究、召开动员会、自查自纠等多种形式,使全市医务人员深刻认识“九不准”的重要意义和明确要求,在全行业掀起学习贯彻“九不准”的热潮,学习教育覆盖面达到100%。通过行风建设“九不准”工作的落实,使医疗卫生机构廉洁风险防控机制运行更加顺畅,制度配套更加完善、执行更加有力,防控腐败和不正之风的成效更加明显,促进我市卫生事业健康发展。通过强化对“九不准”贯彻执行情况的宣传,曝光反面典型,树立先进模范,抓好警示教育,努力使遵守和执行“九不准”成为医疗卫生机构和医务人员的自觉行为。

二、活动的时间和范围

活动开展从2014年1月至3月,集中3个月的时间,活动范围为各区(市)县卫生行政部门、全市各级各类医疗卫生机构。

三、活动内容及实施步骤

2014年1月,启动专题研究,制定工作计划。各区(市)县卫生行政部门、各级各类医疗卫生机构要广泛听取各界意见,结合工作实际,创新工作思路,积极探索具有本地区、本医疗机构特色的行风建设机制,推进医疗机构科学发展。

2014年2月,召开动员会,开展集中学习。各区(市)县卫生行政部门、各级各类医疗卫生机构必须统筹规划,制定系统的、操作性强的宣传动员方案,营造良好的活动氛围,动员和引导广大干部职工积极参与,充分发挥其防控主体作用,切实提高开展廉洁风险防控的主动性和自觉性。

2014年3月起,全面开展自查自纠,并形成长效工作机制。各区(市)县卫生行政部门、各级各类医疗卫生机构要按照既定的工作计划,深入开展行风建设“九不准”自查自纠,严格查处违法违规行为,扼杀不正之风。同时,要善于发现正面典型、推荐先进模范,以“学先进,促发展”为主题,举办典型事迹报告会或刊发先进事迹材料,并及时总结工作经验,形成常态化工作格局。

四、工作要求

(一)切实加强领导。开展贯彻落实医疗卫生行风建设“九不准”活动,是深化党的群众路线教育实践活动、开展“四风”突出问题专项整治、加强行业自律的重要举措。各区(市)县卫生行政部门、各级各类医疗卫生机构要高度重视,把贯彻落实“九不准”和至年底正在开展的治理医药购销和医疗服务中存在的突出问题专项整治、廉洁从业专项整治、廉政文化进医院活动等有机结合,成立以行政“一把手”为组长、班子成员为副组长、各科室负责人为成员的领导小组,统筹安排,精心组织,认真研究制定贯彻落实的具体办法,既要不折不扣地落实“九不准”的每项要求,又要制定更加具体、更有针对性、更便于操作的制度措施。各级领导干部特别是领导班子主要负责人要以身作则、带头执行,以严肃的态度、严格的标准、严明的纪律抓好“九不准”的贯彻执行。

(二)严格落实责任制。各级各类医疗卫生机构领导班子对本单位贯彻执行“九不准”负主体责任,主要负责人是第一责任人。各区(市)县卫生行政部门对辖区内医疗卫生机构和人员贯彻执行“九不准”负监管责任,要切实履行行业监管职责。医疗卫生机构贯彻执行“九不准”的情况要列入医疗机构校验管理、评审的重要内容,医务人员贯彻执行“九不准”的情况列入医务人员年度考核、医德考评和医师定期考核的重要内容,作为职称晋升、评优评先的重要依据。要严格责任追究,对工作不力导致发生严重问题的,除追究当事人责任外,还要严肃追究各区(市)县卫生行政部门和医疗卫生机构主要领导及直接领导的责任。对隐瞒不报、压案不查、包庇袒护的,一经发现,从严处理。

(三)切实加强监督检查。各区(市)县卫生行政部门要把监督“九不准”贯彻执行情况作为一项经常性工作来抓,通过明察暗访、定期督促检查等多种形式,及时发现问题和隐患,严肃处理违反“九不准”的行为。医疗卫生有关行业组织要结合自身职责,研究建立医疗卫生人员诚信从业信息管理系统,将医务人员的违规行为记入个人诚信记录,切实加强行业自律性管理。强化社会监督,各区(市)县卫生行政部门、各级各类医疗卫生机构要向社会公布投诉举报电话,对群众反映的违反“九不准”的问题线索,抓紧核查,营造良好的社会监督氛围。各区(市)县卫生行政部门、市级医疗卫生单位、局注册工矿及民营医院在每个阶段要组织督促检查,市卫生局将组织对贯彻落实“九不准”情况进行抽查。

(四)大力弘扬新风正气。各区(市)县卫生行政部门和各级各类医疗卫生机构要结合“服务百姓健康行动”、“三好一满意”等创建活动等，大力培育和积极践行社会主义核心价值观，凝炼、宣传、践行医疗卫生职业精神。宣传和落实《医疗机构从业人员行为规范》，加强医疗卫生机构廉洁文化建设，推进廉洁文化进机构、进科室、进病房，营造浓厚廉洁文化氛围和执业环境。深入推进优质医疗服务，全面落实强化预约诊疗、提升窗口服务效率、优化服务流程、减轻患者负担、提升医疗质量、创造舒适环境、提供延伸服务、加强人文关怀等八大措施。注重发挥正面典型的示范引导作用，加大对“我最喜爱的健康卫士”、“群众满意的医疗卫生机构”等医疗卫生行业先进个人、先进集体的表彰和宣传力度。

各区(市)县卫生局、局直属卫生单位和局注册工矿、民营医院的实施方案、各阶段的进展情况要及时报市卫生局监察室，贯彻落实活动总体情况要形成专题报告，于2014年3月31日前报市卫生局。市级医疗机构的活动开展情况报市医管局。

附件1

加强医疗卫生行风建设“九不准”

为进一步加强医疗卫生行风建设，严肃行业纪律，促进依法执业、廉洁行医，针对医疗卫生方面群众反映强烈的突出问题，制定以下“九不准”。

一、不准将医疗卫生人员个人收入与药品和医学检查收入挂钩

医疗卫生机构应当结合深化医改建立科学的医疗绩效评价机制和内部分配激励机制。严禁向科室或个人下达创收指标，严禁将医疗卫生人员奖金、工资等收入与药品、医学检查等业务收入挂钩。

二、不准开单提成

医疗卫生机构应当通过综合目标考核，提高医疗服务质量和效率。严禁医疗卫生机构在药品处方、医学检查等医疗服务中实行开单提成的做法，严禁医疗卫生人员通过介绍患者到其他单位检查、治疗或购买医药产品等收取提成。

三、不准违规收费

医疗卫生机构应当严格执行国家药品价格政策和医疗服务项目价格，公开医疗服务收费标准和常用药品价格。严禁在国家规定的收费项目和标准之外自立项目、分解项目收费或擅自提高标准加收费用，严禁重复收费。

四、不准违规接受社会捐赠资助

医疗卫生机构及行业协会、学会等社会组织应当严格遵守国家关于接受社会捐赠资助管理有关规定，接受社会捐赠资助必须以法人名义进行，捐赠资助财物必须由单位财务部门统一管理，严格按照捐赠协议约定开展公益非营利性业务活动。严禁医疗卫生机构内设部门和个人直接接受捐赠资助，严禁接受附有影响公平竞争条件的捐赠资助，严禁将接受捐赠资助与采购商品(服务)挂钩，严禁将捐赠资助资金用于发放职工福利，严禁接受企业捐赠资助出国(境)旅游或者变相旅游。

五、不准参与推销活动和违规发布医疗广告

医疗卫生机构和医疗卫生人员应当注意维护行业形象。严禁违反规定发布医疗广告，严禁参与医药产品、食品、保健品等商品推销活动，严禁违反规定泄露患者等服务对象的个人资料和医学信息。

六、不准为商业目的统方

医疗卫生机构应当加强本单位信息系统中药品、医用耗材用量统计功能的管理，严格处方统计权限和审批程序。严禁医疗卫生人员利用任何途径和方式为商业目的统计医师个人及临床科室有关药品、医用耗材的用量信息，或为医药营销人员统计提供便利。

七、不准违规私自采购使用医药产品

医疗卫生机构应当严格遵守药品采购、验收、保管、供应等各项制度。严禁医疗卫生人员违反规定私自采购、销售、使用药品、医疗器械、医用卫生材料等医药产品。

八、不准收受回扣

医疗卫生人员应当遵纪守法、廉洁从业。严禁利用执业之便谋取不正当利益,严禁接受药品、医疗器械、医用卫生材料等医药产品生产、经营企业或经销人员以各种名义、形式给予的回扣,严禁参加其安排、组织或支付费用的营业性娱乐场所的娱乐活动。

九、不准收受患者"红包"

医疗卫生人员应当恪守医德、严格自律。严禁索取或收受患者及其亲友的现金、有价证券、支付凭证和贵重礼品。

各级卫生计生行政部门和医疗卫生机构应当切实加强对上述规定执行情况的监督检查,严肃查处违规行为。对违反规定的,根据国家法律法规和党纪政纪规定,视情节轻重、造成的影响与后果,由所在单位或有关卫生计生行政部门给予相应的组织处理、党纪政纪处分或行政处罚;涉嫌犯罪的,移送司法机关依法处理。对工作严重不负责任或失职渎职的,严肃追究领导责任。

附件2

关于建立医药购销领域商业贿赂不良记录的规定

一、为规范医疗卫生机构采购药品、医用设备、医用耗材等行为,制止非法交易活动,打击商业贿赂行为,根据《中华人民共和国反不正当竞争法》《中华人民共和国招标投标法》和有关规定,制定本规定。

二、各省级卫生计生行政部门应当制定本行政区域医药购销领域商业贿赂不良记录(以下简称商业贿赂不良记录)实施办法,建立商业贿赂不良记录。

三、各省级卫生计生行政部门应当及时在其政务网站公布商业贿赂不良记录,并在公布后一个月内报国家卫生计生委。

国家卫生计生委政务网站转载各省级卫生计生行政部门公布的商业贿赂不良记录。

四、药品、医用设备和医用耗材生产、经营企业或者其代理机构及个人(以下简称"医药生产经营企业及其代理人")给予采购与使用其药品、医用设备和医用耗材的医疗卫生机构工作人员以财物或者其他利益,有下列情形之一的,应当列入商业贿赂不良记录:

(一)经人民法院判决认定构成行贿犯罪,或者犯罪情节轻微,不需要判处刑罚,人民法院依照刑法判处免予刑事处罚的;

(二)行贿犯罪情节轻微,人民检察院作出不起诉决定的;

(三)由纪检监察机关以贿赂立案调查,并依法作出相关处理的;

(四)因行贿行为被财政、工商行政管理、食品药品监管等部门作出行政处罚的;

(五)法律、法规、规章规定的其他情形。

五、省级卫生计生行政部门在将医药生产经营企业及其代理人列入商业贿赂不良记录前,应当书面告知当事人。当事人对被列入商业贿赂不良记录有异议的,可以提出陈述、申辩意见,必要时可以要求听证,但听证内容不包括有关部门作出的处理决定。

六、医疗卫生机构在与医药生产经营企业及其代理人签署药品、医用设备和医用耗材等采购合同时,应当同时签署廉洁购销合同,列明企业指定销售代表姓名,以及不得实施商业贿赂行为、实施商业贿赂行为后将被列入商业贿赂不良记录等条款。

七、对一次列入当地商业贿赂不良记录的医药生产经营企业及其代理人,本省级区域内公立医疗机构或接受财政资金的医疗卫生机构在不良记录名单公布后两年内不得购入其药品、医用设备和医用耗材,其他省级区域内公立医疗机构或接受财政资金的医疗卫生机构两年内在招标、采购评分时对该企业产品作减分处理。

对五年内二次及以上列入商业贿赂不良记录的,全国所有公立医疗机构或接受财政资金的医疗卫生机构两年内不得购入其药品、医用设备和医用耗材。

八、公司被列入商业贿赂不良记录的，其具有法人资格的子公司不需与公司共同承担相应责任；具有法人资格的子公司被列入商业贿赂不良记录的，公司不共同承担相应责任。

九、任何单位和个人发现医疗卫生机构工作人员索取或者收受医药生产经营企业及其代理人给予财物或者财产性利益的，有权向相关部门举报。

卫生计生行政部门接到举报后，应当根据职责及时调查核实。

十、医疗卫生机构应当及时向卫生计生行政部门报送因向本单位工作人员实施商业贿赂而被依法追究刑事、行政责任的医药生产经营企业及其代理人名单。

市、县级卫生计生行政部门要将查处或掌握的本行政区域内发生的、有本规定第四条所列行为的企业名单，及时逐级报送至省级卫生计生行政部门，省级卫生计生行政部门应当及时核实并将其列入商业贿赂不良记录。

十一、不良记录公布事项包括医药生产经营企业及其代理人的名称、营业地址、法定代表人或者负责人、责任人员姓名和职务、违法事由、有关判决和处罚决定文书、公布起止日期等信息。

十二、医疗机构负责人、药品采购人员、医师等有关人员收受医药生产经营企业及其代理人给予财物或者其他利益的，由卫生计生行政部门或者本单位按照《药品管理法》第九十一条第二款的规定给予处分，没收违法所得；对违法行为情节严重的执业医师，由卫生计生行政部门吊销其执业证书；构成犯罪的，依法追究刑事责任。

十三、卫生计生行政部门应当与司法机关和监察、财政、商务、工商、食品药品监管等相关部门建立沟通机制，互相通报医药购销领域商业贿赂案件信息和查处结果。

十四、卫生计生行政部门应当加强对医疗机构执行本规定情况的监督检查。

十五、本规定自 2014 年 3 月 1 日起施行。原卫生部于 2007 年 1 月 19 日印发的《关于建立医药购销领域商业贿赂不良记录的规定》（卫政法发〔2007〕28 号）同时废止。

成都市餐饮具集中消毒服务机构卫生管理规范（试行）

（2014 年 2 月 12 日由成都市卫生局、成都市工商局、成都市食药监局制定，以成卫发〔2014〕14 号文件印发）

第一章　总　则

第一条　为加强餐饮具集中消毒服务机构的管理，保证消毒餐饮具卫生质量和安全，根据《中华人民共和国传染病防治法》《消毒管理办法》《食（饮）具消毒卫生标准》《餐饮具集中消毒单位卫生监督规范（试行）》等有关要求，制定本规范。

第二条　本规范所指餐饮具集中消毒服务机构是指具有固定的餐饮具集中清洗消毒专用场所，为使用单位提供餐饮具统一回收和集中清洗、消毒、包装及配送服务的单位或个人。

第三条　凡在成都市辖区内的餐饮具集中消毒服务机构均应遵守本规范。

第二章　环境与布局

第四条　餐饮具集中消毒服务机构选址卫生要求：

（一）不得建于居民楼内。

（二）生产区域距离垃圾堆放处、粪坑、污水池、非水冲式厕所等可能污染餐饮具的污染源三十米以上。

（三）厂区周围无积水、无杂草、无露天堆放垃圾、无蚊蝇孳生地。

第五条　厂区环境整洁。非绿化的地面、路面采用混凝土、沥青及其他硬质材料铺设，便于降尘和清除积水。

第六条　餐饮具集中消毒服务机构布局卫生要求：

（一）厂区划分生产区域和生活区域，厂房应独立专用，合理布局。

（二）生产区域应按照回收、上渣粗洗、清洗、消毒、包装、储存的工艺流程合理设置餐具回收和粗洗间、清洗消毒间、包装间、成品间和包材库、原材料库，并有明显标识，避免逆向或交叉。

（三）生产区域人流、物流应分开，避免交叉。餐饮具回收通道与集中消毒后餐饮具出口通道应分开设置。

（四）生产区域面积应与餐饮具集中消毒服务机构的经营规模相适应，总面积不得小于300平方米。其中清洗消毒间、包装间的总使用面积不少于200平方米，包装间应设置成独立的隔间，面积不少于50平方米。

（五）应设立与生产能力相适应的检验室，检验室宜设置在工艺流程末端，面积不少于10平方米。

（六）生产车间及检验室入口处应设更衣室，配备衣柜、鞋架、流动水洗手（非手触式）和消毒设施等，并保持清洁卫生。包装间应设置通过式预进间（二次更衣间），预进间内配备洗手消毒及二次更衣设施。

（七）生产车间的厕所应设置在车间外侧，并一律为水冲式，其出入口不得正对车间门。厕所地面、墙壁、便槽等应采用易清洗、不易积垢材料，保持清洁卫生。设置非水冲式厕所时，应距生产区域三十米以上，并应便于清扫、保洁，还应设置防蚊、防蝇设施。

第三章　设备基本要求

第七条　餐饮具集中消毒服务机构应配备与经营规模相适应的餐饮具清洗、消毒、烘干为一体的机械设备和筷子消毒专用设备。餐饮具清洗、消毒尽可能采用生产线流水作业，减少手工操作环节。

对不能使用机械设备进行清洗消毒的杯、匙等，清洗与消毒程序可分开，但必须采用合适的消毒程序进行消毒。

第八条　应配备塑封自动包装机械设备、筷子专用包装机和生产日期打印设备等对消毒后餐饮具进行包装。

第九条　配备与日加工量相适应的盛装餐饮具的容器、工具。回收容器与盛装清洗消毒后餐饮具的容器应严格区分。设置容器专用清洗、消毒池，用后及时清洗消毒，并晾干存放。

第十条　餐饮具的回收、配送应用专用密闭车辆运输，不得与有毒有害物品混装、混运，运输已消毒餐饮具前应对车辆进行清洗消毒。

第十一条　设置与每日加工量相适应的存放废弃物的垃圾桶。垃圾桶应加盖密闭，定期清洗消毒，收集的废弃物应及时从生产车间运出。

第十二条　检验室应配备消毒后餐饮具质量检验必需的仪器、设备和试剂。仪器设备包括实验室操作台、试剂药品柜、冰箱（2－5℃）、恒温培养箱、压力蒸汽灭菌器、酒精灯、镊子、剪刀、一次性无菌培养皿、微量移液器、吸管、吸球、棉球、记号笔、标签纸等。试剂包括餐具大肠菌群检测纸片、无菌生理盐水、酒精等。

第十三条　包装间、二次更衣室、成品间、检验室应配备足够的空气消毒设备。

第四章　生产区域卫生要求

第十四条　生产区域的地面应采用无毒、耐磨、防滑、防霉、不渗水、不吸水、不易积垢的材料铺设。地面平整、无裂隙，应有适当的坡度（不小于1.5%），设置排水沟或在地面最低点设置地漏，保证地面不积水。在包装和成品间内不得设置明沟。

排水沟与外界的出口处应有网眼孔径小于6毫米的金属隔栅或网罩式防鼠网。

第十五条　清洗、消毒、包装等操作区域的墙面应平整光滑，便于清洗，用浅色、不吸水、不渗水、无毒材料覆涂，并用白瓷砖或其他防腐蚀材料装修至屋顶（天花板）。

第十六条　生产区域的屋顶（天花板）应选用不吸水、表面光洁、耐腐蚀、耐温、浅色材料覆涂或装修，应有适当的坡度。房间高度应能满足设备要求和卫生要求，包装区房间净高不低于3.5米。

第十七条　生产区域的工作台面应采用易清洗、耐腐蚀的材料。

第十八条　生产区域的门、窗、天窗严密不变形，应有防蚊蝇、防鼠、防尘等设施，纱门、纱窗应便于拆下洗刷。

第十九条　生产区域应有良好通风。回收初洗间、清洗消毒间和包装间必须采用机械通风，管道进风口要距地面2m以上，并远离污染源和排风口，开口处应设防护罩。

第二十条　生产区域应有充足的自然采光或人工照明，满足工作需要。悬挂在生产线上方的照明设备应安装防护罩，防止灯具破碎而污染产品。

第二十一条　每天应对清洗消

毒设施设备、工作场所的环境、物体表面等进行清洁，必要时消毒。

包装车间使用前应进行空气和物体表面的消毒，消毒方法符合国家有关标准和规范。

使用清洗剂、消毒剂和消毒器械时，应采取适当措施，防止人身损害及产品污染。

第二十二条 生产区域内不得堆放与餐饮具清洗消毒无关的物品，不得饲养动物。

第五章 物料与仓储卫生要求

第二十三条 集中消毒餐饮具的材质应符合国家有关卫生标准。

第二十四条 餐饮具清洗消毒用水应符合《生活饮用水卫生标准》(GB5749－2006)。

第二十五条 餐饮具清洗消毒所用的清洗剂、消毒剂应符合国家相关卫生标准和卫生要求，购进时应索取相应的生产企业卫生许可证、安全性评价报告及检验合格证等。

第二十六条 用于包装消毒后餐饮具的包装膜等包装材料应为食品专用材质，并符合国家相关卫生标准。

第二十七条 存放已消毒餐饮具的容器应当离地、离墙不小于10厘米，离顶不小于50厘米，按品种、批(次)分类存放，防止相互混杂。成品间不得贮存有毒、有害物品。

第二十八条 消毒后的待检餐饮具、合格餐饮具、不合格餐饮具应分开存放，并有易于识别的明显标识。

第六章 卫生质量管理要求

第二十九条 餐饮具集中消毒服务机构法定代表人或负责人对餐饮具的消毒和本规范的实施负责。

第三十条 餐饮具集中消毒服务机构应建立质量保证体系，制定清洗消毒运行程序、物品管理制度、岗位卫生管理制度、质量控制制度、产品追踪和不合格产品召回及处理制度等。

第三十一条 餐饮具集中消毒服务机构应建立健全并如实记载生产过程的各项记录，包括物料采购验收记录、设备使用记录、批生产记录等内容。各项记录应完整，保证溯源，保存两年，不得随意涂改。

第三十二条 餐饮具消毒应首选热力消毒方法，包括煮沸、蒸汽、红外线消毒等，热力消毒的温度、时间应符合卫生要求。

采用化学消毒时，化学消毒剂浓度和作用时间符合要求，消毒后的餐饮具应用净水冲上表面的消毒剂残留。

第三十三条 消毒后的餐饮具应密封包装，包装内不得加入非餐饮具附带物。独立包装上应当标注餐饮具集中消毒服务机构名称、地址、联系电话、消毒日期及保质期限等内容。

第三十四条 餐饮具集中消毒服务机构应建立健全检验制度，实行批(次)自检和季度送检。餐饮具采样、检测及评价执行《食(饮)具消毒卫生标准》(GB14934－94)。批(次)自检应包括包装的密封性、感官和大肠菌群等指标，并有完整的检验原始记录。

餐饮具集中消毒服务机构应妥善保存检验原始记录和检验报告至少两年。

第三十五条 消毒后的餐饮具感官要求应达到光洁干燥、无油渍、无水渍、无异味、无异物，符合《食(饮)具消毒卫生标准》(GB14934－94)规定。

第三十六条 餐饮具集中消毒服务机构应建立销售台账，记录销售餐饮具的规格、种类、数量、消毒日期、销售日期以及餐饮具使用单位名称、餐饮服务许可证号、地址、联系人、联系电话等内容，并保存至少两年。

未经清洗消毒或检验不合格的餐饮具不得提供给餐饮服务单位或公共场所使用。

第三十七条 餐饮具集中消毒服务机构应向采购餐饮具的餐饮服务单位提供有效营业执照、餐饮具检验合格报告等相关材料。

第七章 从业人员卫生要求

第三十八条 餐饮具集中消毒服务机构应配备经专业培训的专(兼)职卫生管理人员。

第三十九条 检验人员应为检验相关专业毕业，或经有关部门专业技术培训考核合格后方可上岗。

第四十条 生产操作人员上岗前必须进行卫生知识培训和健康检查，在培训合格和取得健康证后方可上岗工作。上岗后每年必须定期进行健康检查，合格后方能继续工作。

患有痢疾、伤寒、甲型病毒性肝炎、戊型病毒性肝炎等消化道传染病以及患有活动性肺结核、化脓性或者渗出性皮肤病等，在治愈前不得从事餐饮具消毒工作。手部受到外伤，不得接触已消毒餐饮具。

第四十一条 生产操作人员应当保持良好的卫生习惯，操作前应当更衣、换鞋，工作服应当保持清洁，定期清洗消毒。进入包装间的人员还应戴口罩、帽子、清洗消毒双手并戴手套。工作过程中不得戴戒指、手表及染指甲、留长指甲，不得吸烟、进食等影响产品卫生质量的活动。

第四十二条 在离开工作岗位时，应脱上工作服、帽、鞋，不得穿工作服、帽、鞋进厕所或离开生产区域。

包装间与清洗消毒间的工作人员在工作期间不得相互交叉流动。

第八章 附 则

第四十三条 本规范由成都市卫生局负责解释。

第四十四条 本规范自2014年4月1日起实施，有效期三年。

成都市中医师承教育工作规范

（2014年4月8日成都市卫生局、成都市中医管理局制定，以成卫发〔2014〕34号文件印发）

第一条 依据《成都市人民政府关于印发成都市卫生事业发展第十二个五年规划的通知》（成府发〔2012〕28号）有关精神，结合省级师承教育管理规定，特制定本规范。

第二条 本规范所称的中医师承教育工作（以下简称“师承教育”），是指采取跟师带教为主的方式，以临床实践为主，学习传承著名中医（含中西医结合，下同）专家的学术思想和临床经验，培养基层高层次中医临床（含临床科研）人才的教学工作，属于中医继续教育的范畴。

第三条 成都市卫生局（成都市中医管理局）是全市中医师承教育工作的主管部门，负责师承教育工作的领导和管理。由成都市中医管理局、分管中医工作的副局长、中医处处长和成都中医药学会负责人组成成都市中医师承教育办公室。由成都中医药学会会长或副会长担任教学负责人，具体负责全市中医师承教育的集体教学、学籍管理及组织协调等工作。

第四条 市卫生局组织成立中医师承教育专家评审委员会，负责指导老师的评选、组织和师承教育的考核。

第五条 特别聘请中医专家、教授和省、市名中医为指导老师，进行临床教学。指导老师以中医辨证哲学、专业学术思想及特色技艺传授继承人，应特别注重培养继承人的中医人格。

中医师承教育的指导老师，必须同时具备以下条件：

1. 具有副高级专业技术职务的中医专家。

2. 从事本专业工作20年以上。

3. 临床辨证施治法则清晰，临床疗效显著。

4. 医德高尚，身体健康，能够胜任师承教育工作。

第六条 指导老师遴选程序：专家所在单位、区（市）县卫生局或成都中医药学会推荐并征得专家本人同意，报市中医师承教育办公室审核批准。

第七条 中医学术继承人必须具备以下基本条件：

1. 凡成都市范围内医疗单位本科以上的医务工作者并取得执业医师执业许可证者；

2. 基层社区服务中心骨干优先、有家传医学背景者优先及医学相关专业毕业或已获得博士、硕士学位者，均可向特聘带教导师申请，由导师推荐；

3. 中医基础扎实，品学兼优，有以中医为立身之本的决心。

第八条 学员选拔程序：个人申请，导师推荐，市卫生局审核、公示、批准。

第九条 师承教育的教学周期一般为连续三年（特殊情况可减为两年），原则上不得中断。

第十条 指导老师与学员应当签订师承教学协议，共同制定师承教学计划。

第十一条 学习要求：继承人自进岗学习之日起，按时参加集中授课和总结。全体继承人两年内集中大课24次，每次3学时，并参加学会其他的总结、督查等会议并写出心得体会。包括导师的小集中专题讲座，每年共120个学时，两年累计240学时。另聘多位专家作中医哲学与中医文化专题讲座。

第十二条 继承人通过师承教育应完成下列教学任务：

1. 每位继承人跟师临床学习，每周不少于1个工作日，每年40个工作日，两年累计80个工作日，并学习中医药理论。

2. 每位继承人独立从事临床或实际操作，每周不少于2个工作日，两年累计不少于160个工作日，其中在病房的临床实践累计不少于30个工作日。

3. 每位继承人整理处方诊籍，每半个工作日5份，全年200份，三年累计600份。

4. 每位继承人撰写指导老师临床病案总结，每年20份，两年累计40份。

5. 每位继承人两年内撰写24篇月记（每年12篇，每篇均不少于600字，手写稿、打印件各一份）。

6. 由指导老师指导，中医专业继承人以精读《内经》《伤寒论》《金匮要略》及温病学等中医经典为主，研究学习1部以上与所从事专业密切相关的专科经典。

7. 继承人结业时应提交由本人独立完成的、不同病种的完整的病例分析50份（每篇不少于300字）。提交一篇不少于10 000字的师承教学总结（手写稿、打印件各一份），其内容既要体现指导教师的临床（实践）经验和学术思想，又要有自己的创新观点，具有一定的学术价值和临床（实践）意义或公开发表两篇论文。

第十三条 师承教育，应以跟师临床实践为主，坚持传统教学与现代教学相结合，重点培养中医哲学思维方式和临床辨证施治能力。采取分级管理，集中上课，分散带教，定期考核的教学方法。学员继承学习不满三年者，不得参加结业考核。

第十四条 因指导老师原因不能继续带教情况的处理：

1. 学员进岗学习时间达到一年半并学有成效者，报市卫生局批准后，可自行整理、学习和研究指导老师的学术经验，继续完成师承学习任务。

2. 学员进岗学习时间超过1年者，报市卫生局批准后，可转跟其他相应专业的指导老师学习，并重新签订继承教学协议，学习时间须延长半年。

3. 学员进岗学习时间不满1年者，应终止学习。

第十五条 师承教育过程中必须进行考核，师承考核的内容分临床实践和专业理论的考核。师承教育考核的形式分平时考核、年度考核和结业考核。平时考核的主要依据是平时跟师随诊记录和月记。学员应认真做好跟师学习笔记，交指导老师批阅。年度考核每一年一次，由成都中医药学会组织专家进行，年度考核不合格者，报经市卫生局批准，取消其师承继承人资格。继承人学习期满，成都中医药学会聘请专家组成专家评审委员会，统一进行结业考核，严格按照规定的考核指标、考核方法和考核程序进行。结业考核不合格者，不予结业。

第十六条 结业考核管理办法：

1. 带教导师向成都中医药学会推荐符合结业要求的继承人，以便组织公开结业考核。

2. 考核分审阅资料和临床诊疗两部分。审阅资料包括月记、师承专用诊籍处方、师承教育总结等，最后汇总存档，相关文稿在成都中医药学会网站全文公开发表，以便全社会监督；临床诊疗采取现场诊病的方式进行，并分述病机病理、治法及方义等。

3. 结业考核由成都中医药学会组织专家公开进行，全过程欢迎业内外人士及医科院校学生监督、观摩。

4. 凡未得导师推荐及考核不合格者，可复读一年；若学习3年未能毕业者，取消其师承资格.

第十七条 由市卫生局（市中医管理局）委托成都市中医药学会主持中医师承教育日常工作。

第十八条 市卫生局对出师继承人的结业考核进行验收，对通过验收者，发予结业证书，对合格者的指导老师发给荣誉证书。

第十九条 指导老师在师承教育期间的工资（或离退休费）、奖金及其他福利待遇均由原单位发放，带教津贴由承办单位负责。继承人在师承教育期间的工资、奖金及其他福利待遇均由原单位发放。各医疗机构应加强对继承人学习情况的管理和督促，并在教育经费中作出安排，给予本单位继承人在学习期间适当的生活与学习补贴。

第二十条 政策支持

继承人凡结业考核合格，准予结业者，享受中医师承人员待遇，作为我市业务技术骨干培养、使用；报考相应职称可提前一年，其毕业论文比照公开发表的论文对待；学习期间的学时，授予相应的继续教育学分。

成都市卫生局反恐卫生应急突击队勤务管理办法

（2014年4月30日由成都市卫生局以成卫发〔2014〕48号文件印发）

第一条　总则

为建立和完善反恐卫生应急的长效机制，不断提高反恐卫生应急处置能力，根据国家《突发事件应对法》《成都市应对恐怖事件卫生应急预案》《成都市反恐怖应急处置队伍最小作战单元设置及勤务规范》和市委、市政府"精兵、精装、精训"的要求，打造一支设置合理、贴近实战、装备精良、素质过硬的反恐卫生应急队伍，努力形成指挥有力、管理规范、协同密切、处置高效的反恐卫生应急队伍的勤务模式，特制定本管理办法。

第二条　指导思想

全面贯彻落实党中央关于反恐工作的重大部署，建设"平安成都"，努力提高我市应对暴力恐怖事件的紧急医疗救援能力和水平，最大限度地避免和减少人员伤亡，维护国家安全、社会稳定和人民群众生命财产安全

第三条　组织领导

（一）市反恐怖工作协调小组负责市级反恐怖突击队的使用和调动。

（二）市卫生局负责组建成都市反恐卫生应急突击队加入市级反恐怖应急突击队伍的力量编成。市卫生局反恐卫生应急领导小组负责领导和指挥成都市反恐卫生应急突击队，指挥员傅小鲁（13908011574），联络员刘益民（13908008524，13350850414）

（三）市卫生局委托市急救指挥中心负责成都市反恐卫生应急突击队的联络协调和组织日常培训演练，以及后勤保障工作。

（四）市急救指挥中心建立2个反恐卫生应急现场救援指挥组，每个指挥组由1辆指挥车、1名领导、1名急救专家、1名驾驶员组成。

第四条　组织建设

（一）力量编成

按照划区包片负责、统一管理和协调的原则，在中心城区东、西、南、北、中五个区域，指定市六医院、市三医院、市中西医结合医院、成大附院和市二医院，五家市属三级医院，组建5个反恐怖卫生应急突击队。

1. 东面由成都市第六人民医院负责；

2. 西面由成都市第三人民医院负责；

3. 南面由成都市中西医结合医院负责；

4. 北面由成都大学附属医院负责；

5. 城中心区域由成都市第二人民医院负责。

（二）最小作战单元

1. 最小作战单元是最基本的战斗实体。由1辆监护型救护车、1名医生、1名护士、1名驾驶员、1名担架员组成。

2. 以上五个医院反恐怖卫生应急突击队由两个最小作战单元组成。在常态时，以最小作战单元为标准，按照"值一备一"的模式备勤（共40人，10台救护车），保持常备不懈。

（三）突击队员的要求

1. 医院要选拔政治素质好，思想觉悟高，业务能力强、身体条件好，有较强沟通协调能力，年龄在22－45岁的医护人员。

2. 医生：原则上应具有中级或以上技术职称。

3. 护士：原则上应具有护师或以上技术职称。

4. 专业要求：原则上应多配备外科序列的专业人员。

第五条　职责任务

（一）承担恐怖袭击现场的卫生应急医疗救援工作，对伤员实施急救，最大限度减少人员伤亡。

（二）担负我市重要敏感时期、重大勤务活动期间和重特大突发事件的应急备勤医疗救援任务。

（三）接受国家、省反恐怖工作协调小组部署的其他医疗救援任务。

第六条　备勤模式

（一）三级备勤

按照两个最小作战单元"值一备一"的常态模式备勤，是成都市反恐卫生应急突击队的日常备勤模式，常备不懈地做好处置突发恐怖事件救援准备。

（二）二级备勤

市反恐办启动二级备勤以后，将采取电台点名和现场督查的方式检查队伍备勤状态，按上级要求成

都市卫生应急突击队的所有作战单元(包括现场救援指挥小组),必须保证24小时在医院或指定地点待命。

(三)一级备勤

市反恐办启动一级备勤以后,接到通知的成都市卫生应急突击队的所有作战单元(包括现场救援指挥小组),必须按时到达指定点位待命,随时准备执行反恐医疗救援任务。

第七条　勤务纪律

(一)成都市反恐卫生应急突击队在备勤期间,必须保持高度戒备,认真履行职责,坚守岗位,随时做好出动的准备。

(二)成都市反恐卫生应急突击队统一着具有"成都120"标识的院前急救服装。

(三)成都市反恐卫生应急突击队必须坚决服从命令,听从指挥,主动与其他相关处置单位加强协同,密切配合,共同做好反恐应急处置工作。

(四)承担成都市反恐卫生应急突击队任务的医院和医务人员要强化保密意识,严格执行保密规定,涉及反恐卫生应急处置的资料要专人管理,不得向其他人员随意透露勤务秘密,不得使用手机、电脑等网络手段传递资料;涉及执行任务的相关信息,未经市反恐办和主管部门批准允许,不得私自接受媒体采访,一旦违反将严肃查处。

(五)在执行反恐医疗救援任务时,应严格遵循医疗原则,规范急救流程,加强自身安全防范,严防发生意外事故。

第八条　管理原则

(一)坚持党的绝对领导。维护国家长治久安、巩固党的执政地位、保障人民安居乐业、创建"平安成都"。

(二)平战结合。成都市反恐卫生应急突击队日常在各医院驻地备勤,平时的培训和演练由市急救指挥中心负责,战时接受市反恐工作协调小组统一指挥、调动。

第九条　保障工作

(一)市急救指挥中心承担执行反恐卫生应急救援任务和培训演练时后勤保障工作,成立后勤保障组,专门负责协调救援物品的补充和救援人员的生活保障。

(二)在执行任务过程中涉及的指挥、交通、通讯、联络等保障工作则由市反恐办统筹协调。

(三)承担成都市反恐卫生应急突击队任务的医院要做好日常备勤期间突击队员的生活保障工作,确保救护车车况良好、车载急救设备和通讯设备完好。

第十条　督查落实

市急救指挥中心和市中西医结合医院、第二、三、六医院和成大附院要将成都市反恐卫生应急突击队建设作为一项重要工作常抓不懈,定期或不定期对勤务管理工作开展自查和抽查。市急救指挥中心每年将有计划地组织相关培训演练。市卫生局将对各医院反恐卫生应急突击队的备勤情况开展检查和督查。

(二)市卫生局反恐卫生应急领导小组办公室将会同局监察室、局办公室对本《管理办法》的执行情况进行巡查、督查 对在执行任务中组织有力、指挥得当、表现突出的予以表彰;对履职缺位,导致反恐救援工作不力的,将依法依纪追究相关单位和人员责任。

成都市洪涝及山洪地质灾害卫生急预案

(2014年5月4日由成都市卫生局以成卫发〔2014〕51号文件印发)

为做好洪涝及山洪地质灾害的应急医疗救援和卫生防病工作,保护人民群众的生命安全和身体健康,根据近年我市救灾防病的实践经验,我局对2009年下发的《成都市洪涝灾害卫生应急预案》进行了修定,现将《成都市洪涝及山洪地质灾害卫生应急预案》印发你们。请遵照执行。并请结合实际积极组织培训和演练,认真做好应急准备,确保发生洪涝及山洪地质灾害时,有力、有效、科学地开展卫生应急医疗救援和卫生防病工作。

1　总则

1.1　目的

为有效开展洪涝及山洪地质灾

害发生时医疗紧急救援和灾后疾病控制，把洪涝及山洪地质灾害给人民生命安全造成的威胁降至最低，维护正常的社会秩序，根据《中华人民共和国突发事件应对法》《中华人民共和国传染病防治法》《国家突发公共卫生事件应急预案》《成都市突发公共卫生事件应急预案》《成都市突发公共事件医疗卫生救援应急预案》有关法律、法规及《成都市洪涝及山洪地质灾害气象风险预警及应急响应制度》，结合我市实际情况，制定本预案。

1.2 工作原则

1.2.1 预防为主，常备不懈

加强宣传教育，增强全市人民避险自救和灾后防病的意识；坚持不懈地做好应急准备和防灾避险工作，落实各项预防措施；对我市可能发生的洪涝及山洪地质灾害做到及时报告、及时处理。

1.2.2 统一指挥，分级负责

市、区（市）县卫生行政部门按照分级响应原则对本辖区内的洪涝及山洪地质灾害应急处理工作实施统一指挥，各医疗卫生机构在同级政府和卫生行政部门的领导下，按照预案规定的职责开展应急救援和灾后卫生防病工作。

1.2.3 科学决策，分类指导

建立完善调研论证制度，制定洪涝及山洪地质灾害卫生应急技术方案，科学指导洪涝及山洪地质灾害的应急处置工作；开展处理洪涝及山洪地质灾害的相关培训，为应急处理提供技术保障。

1.3 适用范围

本预案适用于本行政区域内山洪地质灾后气象风险预警发布以后的卫生应急响应；发生的由洪涝及山洪地质灾害发生以后，对受灾群众开展紧急医疗救援和卫生防病应急处置工作。

2 组织机构与职责

2.1 应急处理指挥机构与职责

2.1.1 市洪涝及山洪地质灾害卫生应急领导小组

成立成都市洪涝及山洪地质灾害卫生应急领导小组，由杨小广局长担任组长，分管领导为副组长，局应急办、医政处、疾控处、规财处、办公室、基药处和监察室等处室及相关医疗单位组成，负责组织、协调全市洪涝及山洪地质灾害的卫生应急救援工作。领导小组下设办公室和相关工作组。领导小组成员名单和各工作组职责（见附件1，2）。

2.1.2 各区（市）县卫生行政部门要设立洪涝及山洪地质灾害卫生应急领导机构，负责组织、协调本行政区域内洪涝及山洪地质灾害的卫生应急救援工作。

2.1.3 市级医疗卫生机构要建立洪涝及山洪地质灾害卫生应急领导小组，组建洪涝及山洪地质灾害卫生应急队伍，接到市洪涝及山洪地质灾害卫生应急领导小组的命令后，要立即开赴灾区开展救灾防病工作。

3 预警与预警响应

3.1 山洪地质灾害的预警级别

（一）一级：警报级，山洪地质灾害发生风险很高。

（二）二级：预警级，山洪地质灾害发生风险高。

（三）三级：预报级，山洪地质灾害发生风险较高。

（四）四级：注意级，山洪地质灾害发生风险较低。

3.2 山洪地质灾害预警的应急响应

Ⅲ级响应：发布三级风险预警时，监测人员应加强对所有山洪地质灾害隐患点的巡查和监测，发现险情及时组织受威胁群众避让，县、乡（镇）政府和基层组织负责采取措施限制游客等外来人员进入危险区域，对危险区域加强巡查。

Ⅱ级响应：发布二级风险预警时，在Ⅲ级响应的基础上，县、乡（镇）政府和基层组织负责组织受山洪地质灾害威胁的群众按照防灾预案全部实施提前转移避让，撤出危险区域内游客等外来人员。

Ⅰ级响应：发布一级风险预警时，在Ⅱ级响应的基础上，县、乡（镇）政府和基层组织负责组织地质灾害易发区内群众按照预案全部实施提前转移避让，并加强对山洪地质灾害易发区域的巡查。

各区（市）县卫生行政部门要按照山洪地质灾害预警和响应的级别，在属地政府的领导下，组织医疗卫生力量做好应急响应的准备工作，做好医疗卫生机构自身的减灾避险工作，配合有关部门做好预警应急响应的卫生保障工作。

4 发生洪涝及山洪地质灾害的应急响应

4.1 洪涝及山洪地质灾害卫生应急处理的分级

根据洪涝及山洪地质灾害危害程度、波及范围、发生时间、发生场所等因素，并参照《全国突发公共卫生事件应急预案》，将洪涝及山洪地质灾害划分为一般（Ⅳ级）、较重（Ⅲ级）、严重（Ⅱ级）和特别严重（Ⅰ级）四级。根据灾害发展情况，应对灾害的分级适时进行调整。

4.1.2 一般洪涝及山洪地质灾害（Ⅳ级）

洪涝及山洪地质灾害以及衍生的小范围地质灾害在我市一个区（市）县内发生，洪水上涨，低洼街道、地震灾区集中安置点大面积积水；出现伤亡 10 人以上、29 人以下，其中，死亡和危重病例超过 1 例；防洪指挥部认定的一般洪涝及山洪地质灾害。

4.1.3　较重洪涝及山洪地质灾害（Ⅲ级）

洪涝及山洪地质灾害以及衍生的小范地质灾害在我市两个区（市）县内发生，洪水上涨，街道大面积积水；伤亡 30 人以上、49 人以下，其中，死亡和危重病例超过 3 例；防洪指挥部认定的较重洪涝及山洪地质灾害。

4.1.4　严重洪涝及山洪地质灾害（Ⅱ级）

洪涝及山洪地质灾害以及衍生的多处地质灾害在我市多个区（市）县及成都市主城区街道大面积积水，伤亡 50 人以上、99 人以下，其中，死亡和危重病例超过 5 例；防洪指挥部认定的严重洪涝及山洪地质灾害。

4.1.5　特别严重洪涝及山洪地质灾害（Ⅰ级）

洪涝及山洪地质灾害以及衍生的地质灾害在我市多个区（市）县及成都市主城区街道大面积被淹，伤亡 100 人以上，且危重人员多；防洪指挥部认定的特别严重洪涝及山洪地质灾害。

4.2　分级响应

洪涝及山洪地质灾害在我市区域内发生，立即启动本预案。受灾地所在区（市）县卫生行政部门应立即组织专家进行调查确认，作出分级的初步判断，根据洪涝及山洪地质灾害严重程度作出分级响应。

4.2.1　一般洪涝及山洪地质灾害（Ⅳ级）的应急响应

一般洪涝及山洪地质灾害由区（市）县卫生行政部门组织专家对灾情进行综合评估，迅速组织开展现场医疗急救工作，并按照规定向区（市）县人民政府和上一级卫生行政部门报告。并提出下一步疾病防控、卫生执法、健康教育的建议。

4.2.3　较重洪涝及山洪地质灾害（Ⅲ级）的应急响应

如果初步判断为较重洪涝及山洪地质灾害，由市卫生行政部门迅速组织市和区（市）县卫生医疗急救队伍赴灾区开展医疗急救工作，并组织专家调查确认，对事件进行综合评估。组织专家和专业人员赴灾区指导医疗救援、疾病防控、卫生执法、健康教育工作。

4.2.3　严重（Ⅱ级）、特别严重（Ⅰ级）的应急响应

如果初步判断为严重或者特别严重洪涝及山洪地质灾害，市洪涝及山洪地质灾害卫生应急领导小组，在市防洪指挥部的领导下开展工作。迅速在全市范围内组织医疗急救队伍，分区域开展医疗急救，同时上报省卫生行政部门。组织疾病控制专家制定灾后疾病预防措施，同时向政府防洪指挥部提出灾后防病工作计划。组织执法监督队伍开展卫生执法监督工作，组织相关媒体开展健康教育工作。组织灾后防病工作。

5　信息报告

5.1　信息报告要求

洪涝及山洪地质灾害发生后，各区（市）县卫生行政部门必须按照《国家救灾防病信息报告管理规范（试行）》有关规定加强信息报送工作。

5.1.1　责任报告单位和责任报告人

洪涝及山洪地质灾害的责任报告单位包括：各级各类医疗卫生机构；市和区（市）县卫生行政部门。

责任报告人包括：执行职务的医护人员（包括乡村医生、个体开业医生）、疾病预防控制人员，市和区（市）县卫生行政部门工作人员及值班人员。

5.1.2　报告时限、程序和方式

洪涝及山洪地质灾害发生地，应当在 2 小时内向所在地区（市）县卫生行政部门报告。

接到信息报告后，区（市）县卫生行政部门应当立即组织做出应急响应，并在 2 小时内向市级卫生行政部门报告。

报告方式包括：口头报告、电话或传真报告、网络报告、书面报告。

5.1.3　报告内容

报告内容包括灾情、人员伤亡情况、疫情、食品中毒、饮用水污染状况、医疗需求（见附件 3）。

报告分首次报告、阶段报告、总结报告。

5.2　新闻报道与健康教育

应急响应期间，洪涝及山洪地质灾害卫生应急处理工作的有关新闻由具有新闻发言人资格的单位发布。要坚持正确的舆论导向，向广大市民宣传防洪救灾中医疗卫生队伍中涌现出的先进人物和先进事迹，洪涝及山洪地质灾害中的防灾避险和自救互救知识，提高群众自我保护能力。

开展洪涝及山洪地质灾害期间的健康教育，提高人民群众的防灾避险知识、防病知识和防病意识，减少疾病发生。

6　保障措施

6.1　技术保障

6.1.1　应急医疗救援体系

按照全市统一规划，整合医疗资源，建立和完善包括医疗救援机构和医疗救援队伍、医疗救援信息

系统在内的洪涝及山洪地质灾害医疗救援体系。

6.1.1.2　应急专业队伍建设

市和区(市)县卫生行政部门建立防洪应急医疗救援队伍,应急救援队伍按照就近原则进行分组,并配置相应的装备。

6.1.1.3　应急医疗救援队伍分组名单(见附件4)

6.1.2　疾病预防控制体系

市卫生局疾病控制处负责对全市灾后防病工作的组织、协调和指导。市和区(市)县疾病预防与控制中心,负责灾后防病工作。做到人员、经费、物资、药品四落实。

6.1.2.1　疾病预防控制队伍

市和区(市)县疾病控制机构成立灾后防病领导小组,有具体分管领导、机构负责灾后防病工作。

6.1.2.2　疾病预防与控制工作重点和技术方案(见附件5、6)

6.1.3　卫生执法监督

市和区(市)县卫生执法监督机构负责洪涝及山洪地质灾害期间及其灾后的饮用水卫生监督执法。洪涝及山洪地质灾害发生后,立即组织人员深入受灾现场,加强监督执法,对生活饮用水及时采取控制措施,严防因饮用水污染引起疾病发生。

6.2　通讯保障

建立洪涝及山洪地质灾害卫生应急处理的所有机构和人员的通讯录,如有变动,随时更新。有关机构及人员应保证通讯畅通。保证"120"医疗急救电话及全市急救网络无线集群系统正常运转,坚持统一受理、统一协调、统一组织、统一指挥,按照就急、就地、就近、专科优势调度的原则,及时、准确地处理好灾害事故医疗救援的呼救。

6.3　物资保障

市和区(市)县卫生行政部门加强卫生应急物资的准备工作,保证应急第一时间的供应。

7　应急响应级别调整及终止

根据洪涝及山洪地质灾害应急处置进展情况和市防汛指挥部的决定,及时调整卫生应急响应级别、卫生应急处置措施,根据市防汛指挥部的命令终止本预案的应急响应。

8　善后评估和总结

洪涝及山洪地质灾害卫生应急响应工作结束后,市和区(市)县卫生行政部门应组织有关专家,对卫生部门洪涝及山洪地质灾害的卫生应急处置工作进行总结,评估应急处置工作开展情况和效果,提出相关工作建议,完成总结报告,报本级防汛指挥部和上一级卫生行政部门。

9　预案的修订

本预案根据开展洪涝及山洪地质灾害的卫生应急实践中发现的问题及时进行修订、补充。

各区(市)县卫生行政部门根据有关法律法规的规定,参照本预案并结合本地区实际情况,组织制定本辖区洪涝及山洪地质灾害卫生应急预案。

10　解释与实施

本预案由成都市卫生局负责制定与解释。

预案实施时间:本预案自发布之日起实行。

附件1

成都市卫生局洪涝及山洪地质灾害卫生应急工作领导小组

组　长:市卫生局局长

副组长:市卫生局分管卫生应急工作局领导、市卫生局分管医政工作局领导、市卫生局纪检组长

成　员:应急办主任、医政处处长、疾控处处长、法监处处长、基层和妇幼卫生处处长、爱卫办主任、基药处处长、中医处处长、局办公室主任、规财处处长、人事处处长和监察室主任;成都市第一、二、三、、五、六、七人民医院和成大附属医院院长,成都市急救指挥中心、成都市疾病预防控制中心、成都市血液中心和成都市卫生执法监督支队负责人。

领导小组下设办公室,由分管卫生应急工作的局领导任办公室主任。

附件2

成都市卫生局洪涝及山洪地质灾害卫生应急工作领导小组下设工作组职责分工

一、领导小组办公室

由市卫生局应急办牵头，负责全市洪涝及山洪地质灾害卫生应急处置的日常管理工作。其主要职责是：组织制定卫生应急预案；洪涝及山洪地质灾害事件发生后积极与协调联系有关部门；组织协调第一时间调派救援力量实施紧急救援；收集成都市洪涝及山洪地质灾害发生、发展及处理的有关信息，掌握动态，实时分析，为领导决策提供依据；及时向市政府、省卫生厅上报防治信息。

组织专家对成都市洪涝及山洪地质灾害医疗救援应急策略和救援措施开展效果评价；及时提出调整修订预案和改进措施的建议。

二、应急医疗救治组

由医政处牵头。负责组织、指挥、协调成都市洪涝及山洪地质灾害医疗救援，收集提供伤员治疗相关的信息。组建成都市洪涝及山洪地质灾害医疗救治专家组，负责组织专家会诊和伤病员转院等事宜。

三、应急卫生防病组

由疾控处牵头，基妇处、法监处配合，组织、指挥、协调开展应急卫生防病工作；做好灾后易发生的霍乱、痢疾、伤寒、甲肝、钩体等传染病防治工作。

四、应急舆情信息宣传组

由办公室牵头和外事处配合，负责协调各新闻媒体，正面宣传、报道成都市洪涝及山洪地质灾害医疗卫生救援工作中的先进事迹；协调医疗救援有关外事工作事宜。

五、应急后勤保障组

由计财处牵头，办公室、基药处配合。负责成都市洪涝及山洪地质灾害卫生救援工作的应急物资、医疗救治药品和设备的调配和采购。

六、应急督查组

由监察室牵头，法监处配合，负责对成都市洪涝及山洪地质灾害医疗卫生救援工作开展巡查、督查，依法依纪查处医疗卫生救援工作中发生的违纪违规行为和事件。

附件3

洪涝及山洪地质灾害卫生应急信息报告表

一、受灾基本情况

表1.1　灾区基本情况报告(略)

表1.2　卫生机构受灾情况(略)

二、灾区救灾防病工作情况：

2.1　救灾防病人员情况(略)

表2.1.1　省内救灾防病人员情况(略)

表2.1.2　外来支援救灾防病人员情况

表2.1.3　救灾防病技术人员求援报表

表2.2　救灾防病药品器械的储备与使用情况

表2.3　救灾防病经费的支持与使用情况

三、灾区疫情情况

3.1　发病危险因素(略)

表3.2　灾区疫情情况(略)

表3.3　灾区医疗机构报告病、伤亡情况(略)

附件4

洪涝及山洪地质灾害卫生应急医疗救治队伍

各医疗机构要成立应对洪涝及山洪地质灾害紧急医疗救援指挥小组和医疗救治组，指挥小组组长由院长担任。在汛期必须做到人员、通讯、药品、器械、车辆五落实；服从卫生行政部门的指挥和成都市急救指挥中心的统一调遣，接到指令后必须迅速奔赴急救现场。

洪涝及山洪地质灾害的紧急医疗救援按照网络划片分组进行，各组成员单位必须服从组长的指挥。网络划片分组如下：

第一组：组长单位：市第一人民医院

成员单位：四川省石油管理局总医院、双流县第一、二人民医院、双流县中医院

负责范围：高新区、天府新区成都片区、双流县

第二组：组长单位：市第二人民医院

成员单位：航天医院、龙泉驿区第一、二人民医院、青白江区人民医院

负责范围：锦江区、龙泉驿区、青白江区

第三组：组长单位：市第三人民医院

成员单位：成飞医院、郫县人民医院、蒲江县人民医院、新津县人民医院

负责范围：青羊区、高新西区、郫县、新津县、蒲江县

第四组：组长单位：市第五人民医院

成员单位：温江区人民医院、崇州市人民医院、大邑县人民医院、邛崃市人民医院

负责范围：温江区、崇州市、大邑县、邛崃市

第五组：组长单位：市第六人民医院

成员单位：新华医院、新都区人民医院、金堂县人民医院

负责范围：成华区、新都区、金堂县

第六组：组长单位：市第七人民医院

成员单位：363医院、武侯区人民医院、武侯区三医院、武侯区五医院

负责范围：武侯区

第七组：组长单位：成大附属医院

成员单位：五冶职工医院、核工业四一六医院、省林业中心医院、铁二局中心医院、金牛区人民医院、彭州市人民医院、都江堰市人民医院

负责范围：金牛区、彭州市、都江堰市

附件5

洪涝及山洪地质灾害灾后卫生防病工作的重点

一、疾病防治

要重点做好灾后易发生的霍乱、痢疾、伤寒、甲肝、钩体、流行性出血热、乙型脑炎、疟疾、血吸虫等传染病防治工作。

1. 加强传染病的登记报告和疾病监测。坚持做好疫情登记、每日疫情报告和网络直报，报告的内容包括疫情种类、病例和疑似病例的数量等。各级疾病控制中心派专业人员深入灾区开展疫情监测工作，特别加强对重点灾区重点人群的监测，分析疫情发展趋势，提出有针对性的防治措施。

2. 灾区医院要准备充足的床位收治传染病人，并做好病人的隔离工作。对病人的密切接触者和疑似病人采取适当的方式进行医学留

验观察，以消除传染源，控制疾病的流行，医院严格落实各项消毒隔离措施。要特别注意医院粪便的消毒处理，对病人的排泄物和使用过的物品进行严格消毒。

3. 加强对污染水源的管理和病原微生物监测，根据监测结果，采取相应措施。

4. 在灾区，利用各种形式如电视、广播、板报、传单、会议等，广泛开展卫生防病知识宣传，提高群众防病知识和自我保护能力。必要时可对易感人群采取有针对性的预防服药、疫苗接种等。在疾病流行区限制或停止大型会议、演出、集市贸易等，减少人群接触、传播的机会。

二、食品卫生

一旦发生洪涝灾害导致的食品安全事故，立即组织卫生专业人员协助有关部门对食品安全事故进行现场流行病学调查。

三、饮水卫生

加强灾区集中式供水单位的管理，加强水质消毒，适当增加消毒剂投加量，增加监测频率。对分散式供水的农户等要加强宣传、督促饮用水的消毒工作。

四、消毒

消杀灭专业队伍实行24小时值班。一旦发生灾情，应立即赶赴现场，加强对灾区多种病原体、媒介昆虫、鼠类等的消杀灭工作。

附件6

成都市洪涝及山洪地质灾害及山洪地质灾害灾后卫生防病技术方案

一、消毒和病媒生物控制

（一）室内外环境消毒

消毒对象包括被洪水淹没过的室外街道和公共场所地面，室内地面、墙面和家具。在清除淤泥，充分清洗后实施一次性消毒。

可用有效氯500－1 000mg/L含氯消毒剂（如漂白粉、优氯净或次氯酸钠等）喷洒，消毒作用时间不少于60分钟，用量为100－200mL/m^2。居民家庭消毒建议专业人员发放含氯消毒片，指导居民自助消毒。

（二）瓜果、蔬菜消毒

可用有效氯100－200mg/L含氯消毒剂浸泡10分钟，再用清水洗净。

（三）餐（饮）具消毒

首推煮沸消毒15分钟，也可在清洗后用含有效氯500mg/L含氯消毒剂溶液浸泡30分钟后用清水洗净备用。

（四）泥石流消毒

无人和动物掩埋的泥石流堆积体原则上无需消毒处理。

（五）遇难者遗体和动物尸体

洪涝及山洪地质灾害和泥石流遇难者的遗体和动物尸体不会引起传染病的流行，但若发现人和动物尸体开始腐坏时，应做好卫生处理，可对发现地及尸体洒盖消毒粉达到消毒和除臭的目的。为减少现场臭味可对连续抢险的现场工作面洒盖消毒粉，一天二次。尸袋及担架等接触尸体的物品可用有效氯500－1000mg/L含氯消毒剂喷洒处理。

（六）现场抢险人员

清洁水和肥皂清洗即可，无需消毒（若因手套破损导致手直接接触腐败尸体的则在充分清洗基础上用手消毒剂擦拭）。

（七）临时安置点

临时安置点主要以环境保洁为主，必要时可用有效氯500毫克/升含氯消毒剂进行预防性消毒，重点是公共场所、厕所、厨房、垃圾堆放处等，每天1次。

（八）病媒生物控制

受灾住区和临时安置点首先要做好病媒生物孳生场所（重点是垃圾、积水清理）处理工作。现场目测法监测蚊、蝇密度，在蚊密度大于6只/间·人工小时，蝇密度大于12只/视野时启动灭蚊蝇工作，用拟除虫菊酯类药物滞留喷洒处理，室内每月1－2次，室外每周一次。一般情况下室内主要以蚊帐、防蚊蝇纱门纱窗防蚊蝇，辅以电热驱蚊蝇药物和蚊蝇拍的应用。

二、饮用水安全管理

（一）水质卫生监测管理

1. 对洪涝及山洪地质灾害影响

的市政水厂和乡镇水厂生产的出厂水和管网水进行卫生学调查和监测指导。

2. 对水样监测不合格的水厂应查明原因，整改后连续3次合格方可恢复供水。

（二）临时安置点饮用水卫生防护

1. 安置点饮用水应落实专人管理。

2. 定期采集水样进行卫生监测。

3. 安置点水源应设置明显保护水源地标识。

4. 安置点集中式给水水源周围应保持清洁，定期进行彻底的卫生清理。

5. 定期对水源地进行巡查，确保水源地周围无污染物、无家禽、家畜出没。

6. 安置点水源为井水的，井口应高出地面，加盖或并做水泥硬化，防止雨水或污水渗入。

（三）供水污染后的技术处理

1. 集中式供水。采取停止供水或暂停饮用的措施，组织临时供水。切断污染来源和污染途径，清洗供水设施和供水管网，污染排除后方可恢复生产，水质监测合格方可供水。加强对厂区的清洁，加大对饮用水消毒，出厂水余氯控制在0.5－1.0mg/L，管网末梢水余氯含量应达到0.1mg/L。

2. 受灾后封闭式机井及压水井。应抽排井水至清澈并无明显异味后，抽入一定量的容器后，投入含氯消毒剂（灭菌片）达到1－3mg/L有效氯，作用30分钟。（100千克水加入有效氯500mg／片灭菌片1／4－3／4片）。

3. 受灾后明井。应先进行清淘，抽尽余水，使用有效氯500mg/L（10千克水加入有效氯500mg／片灭菌片10片）消毒剂对井壁及井底井台进行喷雾消毒，作用1小时后，抽上渗出的井水，使用新渗出的井水。水在烧开后饮用。

三、血吸虫病防控

（一）重点人群防护

血吸虫病流行地区要对洪涝及山洪地质灾害期间因各种原因下水的居民和救灾人员进行登记造册，救灾结束后进行血吸虫病血检，发现阳性，及时给予病原治疗。

指导下水人员做好个人防护，因各种活动必须接触疫水时，要做好防护措施，穿戴必要的防护用具，如戴手套、穿高筒胶鞋等。

必要时可进行预防性服药治疗，在县级疾控中心专业人员的指导下严格掌握禁忌证和注意事项开展。

（二）螺情监测和控制

退水后，根据水位和气温情况，采取环境抽样法对有螺地带及相通的沟渠开展一次查螺工作，摸清洪涝及山洪地质灾害及山洪地质灾害后钉螺的扩散情况。

根据螺情变化情况，按照卫生部《药物灭螺技术规范》，对重点易感环境实施药物灭螺。

四、免疫规划服务

（一）强化冷链设备管理制度，每日上、下午各一次观察冷链设备内温度、运转状况和室内温度，并做好记录。因地制宜制定停电应急办法，并做好停电记录，确保疫苗安全使用。

（二）受灾接种门诊尽快恢复预防接种服务，并张贴告示告知家长灾后接种时间安排，及时通知家长带孩子接种。

（三）灾后受损严重地区群众可安排在灾区附近未受损预防接种门诊进行适龄儿童的疫苗接种。

（四）加强预防接种知识宣传，提高家长主动接种依从性。

（五）掌握辖区适龄儿童基础情况及免疫接种史，做好疫苗应急接种工作准备。

五、健康教育

灾区卫生专业人员通过讲座、咨询、展板、发放资料、入户宣传等形式开展健康教育，利用广播、有线电视、标语、宣传栏等大力宣传灾后防病知识，要把简单通俗易行的科学防病卫生知识教给群众，提高灾民自我防病意识和自我保护能力。灾后健康教育核心信息主要包括：

（一）喝开水，不喝生水，被洪水淹过的水井要彻底清淘消毒后再启用。

（二）吃熟食，不吃生冷变质和水浸食物，不吃淹死禽畜和水产品，碗筷应开水煮沸消毒后使用。

（三）搞好环境卫生，洪水退上后，应消除住所内外的污泥，可使用消毒药对室内地面、墙面和家具消毒。

（四）清除室内外垃圾和积水，食物用防蝇罩遮盖，使用蚊帐或纱窗防止蚊虫叮咬。当发现老鼠异常增多时要及时向当地卫生部门报告。

（五）饭前便后洗手，不要用脏手揉眼睛。

（六）接触洪水和污泥时尽量穿雨靴、戴手套。

（七）按时带孩子打预防针。

（八）当身体出现发热、腹泻、皮疹等症状时，及时到正规医院就诊。

六、传染病监测

（一）监测范围

以受灾乡镇（社区）为单位开展。

（二）监测内容

在做好传染病病例报告的基础上，启动症状监测，监测内容包括发热、腹泻、皮疹、黄疸、结膜红肿、蚊虫咬伤、猫犬抓咬伤等。

（三）监测流程

1. 信息收集

各医疗机构（含县级医疗机构、社区卫生服务中心、乡镇卫生院、卫生服务站、村卫生站等）每日按照附表1《洪涝及山洪地质灾害后传染病症状监测登记表》内容收集前一日13点至本日13点就诊的有发热、腹泻、皮疹、黄疸、结膜红肿、蚊虫咬伤、猫犬抓咬伤等症状患者相关信息。

有安置点的乡镇卫生院，指定医务人员每日10时、15时巡视安置点，按照附表1收集发热、腹泻、皮疹、黄疸、结膜红肿、蚊虫咬伤、猫犬抓咬伤等症状相关信息。

2. 信息汇总

各乡镇卫生院（社区卫生服务中心）每日负责收集辖区各医疗机构附表1《洪涝及山洪地质灾害后传染病症状监测登记表》，并按照附表2《洪涝及山洪地质灾害后各乡镇传染病症状监测汇总表》内容进行汇总统计，填写附表2。

3. 信息报送

各乡镇卫生院（社区卫生服务中心）每日14点前将附表2电子版报送至当地县级疾控中心。

发现有相同症状患者异常增多情况立即报告。

表1：________区（市）县________乡镇（社区）洪涝及山洪地质灾害后传染病症状监测登记表（略）

表2：洪涝及山洪地质灾害后各乡镇传染病症状监测汇总表（略）

成都市公安机关和卫生部门重性精神病患者信息交换机制（试行）

（2014年9月18日由成都市卫生局、成都市公安局以成卫发〔2014〕113号文件印发）

按照《省政府办公厅转发省综治办等部门关于加强肇事肇祸等严重精神障碍患者救治救助工作实施意见的通知》要求，市卫生局、市公安局联合拟定了《成都市公安机关和卫生部门重性精神疾病患者信息交换机制》（试行），自2014年10月1日起正式启用。现印发给你们，请遵照执行。

为规范成都市重性精神疾病信息交换工作，保证信息安全，保护患者及家庭隐私，依据《中华人民共和国精神卫生法》、《重性精神疾病信息管理办法》以及中央综治委、国家卫生计生委有关工作要求，制定本机制。

一、工作原则

按照“属地管理、专人负责、平级交换、逐级上报”的原则，由各地卫生、公安部门组织开展辖区重性精神疾病患者信息交换。

二、信息交换形式和类别

（一）交换形式

1. 平级交换：分别在基层卫生机构（社区卫生服务中心和乡镇卫生院，以下均同）与基层公安派出所，区（市）县卫生局与公安分局，市卫生局与市公安局进行重性精神疾病患者信息平级交换。

2. 逐级上报：分别通过卫生和公安系统的基层机构上报区（市）县卫生局、公安分局，再由区（市）县机构上报市卫生局、公安局。

（二）信息类别

1. 个案信息：指具有危险性行为的重性精神疾病患者个人基本信息，包括患者姓名、性别、出生年月、身份证号码、住址、诊断、联系人和联系电话，以及危险性行为评估分类和分级。个案信息仅由基层卫生机构与基层公安派出所进行平级交换。

2. 统计信息：指区域内具有危险性行为的重性精神疾病统计信息。统计信息分别通过卫生和公安系统的基层、区（市）县级和市级三个层面进行平级交换和逐级上报。

三、信息交换工作流程

（一）基层卫生机构和公安派出所

1. 个案信息交换：基层卫生机构发现有评估为3级及以上危险性行为的重性精神疾病患者，应以立即通报基层公安派出所，通知定点精神卫生医疗机构启动应急医疗处置处理程序，并做好工作记录，在3个工作日内填写《重性精神疾病个人信息交换单（卫生用）》（附件1），提交至基层公安派出所。基层公安派出所在日常工作中发现具有轻度滋事、肇事和肇祸行为的重性精神疾病患者，在确认后的3个工作日内填写《重性精神疾病个人信息交换单（公安用单）》（附件2），提交至基层卫生机构。

2. 统计信息交换：基层卫生机构和公安派出所应在每月10日（节假日顺延）前，汇总上月交换的个人信息，填写《成都市卫生和公安部门重性精神疾病信息交换月报表》（附件3），分送至辖区公安派出所和基层卫生机构，核对一致后报送区（市）县卫生行政部门和公安分局。

（二）区（市）县卫生行政部门和公安分局

区（市）县级卫生行政部门和公安分局每季度汇总一次基层卫生机构和公安派出所报送的信息，并在下一季度第一个月第5日（节假日顺延）前，填写《成都市卫生和公安部门重性精神疾病信息交换季报表》（附件4），交换至公安分局和区（市）县卫生行政部门，核对一致后报送市卫生局和市公安局。

（三）市卫生局和市公安局

市卫生局和市公安局每半年汇总一次区（市）县级卫生行政部门和公安分局报送的信息，在每年7月5日、1月5日（节假日顺延）前交换至对方。

四、信息交换工作要求

（一）卫生、公安应完善本部门重性精神疾病信息管理制度，市卫生局、市公安局，各区（市）县卫生局、公安分局，各基层卫生机构、公安派出所分别指定一名信息管理员，负责重性精神疾病信息交换工作，确保工作职责落到实处。

（二）所有信息交换实行纸质交换，加盖单位公章。各单位要做好登记备案。

（三）有关单位和人员应妥善保管个案信息和统计报表，严格遵守保密和病人隐私保护的有关规定；未经上级主管部门同意，不得向任何机构和个人透露交换信息内容。

（四）卫生、公安系统的机构和个人因工作需要，查阅或使用对方本管理办法规定范围以外的信息内容，需持公函、介绍信等证明文件，征得同级公安、卫生行政主管部门同意后方可提供。

附件：

1. 成都市重性精神疾病个人信息交换单（卫生部用）（略）

2. 成都市重性精神疾病个人信息交换单（公安部门用）（略）

3. 成都市卫生和公安部门重性精神疾病信息交换月报表（略）

4. 成都市卫生和公安部门重性精神疾病信息交换季报表（略）

卫生局文件目录

1. 成都市卫生局关于印发《成都市新世纪环球中心突发公共事件医疗卫生救援应急预案》的通知
   成卫发〔2014〕17号 2014年2月25日
2. 成都市卫生局关于开展应对暴力恐怖袭击事件工作方案
   成卫发〔2014〕19号 2014年3月3日
3. 成都市卫生局关于印发《成都市重污染天气卫生应急预案》的通知
   成卫发〔2014〕36号 2014年4月11日
4. 局关于进一步规范卫生检验检测技术服务机构监督管理工作的通知
   成卫发〔2014〕49号 2014年5月4日
5. 成都市卫生局 成都市中医管理局成都市深化医药卫生体制改革工作领导小组办公室关于在全市推广中医专家到基层服务试点工作的通知
   成卫发〔2014〕83号 2014年8月4日

6. 成都市卫生局 成都市财政局关于印发《成都市基层卫生综合改革重点联系点实施方案》的通知

成卫发〔2014〕131 号 2014 年 10 月 28 日

7. 成都市卫生局 成都市财政局 成都市水务局关于印发《成都市城市供水水质第三方检测实施方案》的通知

成卫发〔2014〕128 号 2014 年 10 月 27 日

8. 成都市卫生局 成都市财政局成都市人民政府妇女儿童工作委员会办公室关于印发《成都市新生儿疾病免费筛查工作实施方案》的通知

成卫发〔2014〕166 号 2014 年 12 月 24 日

9. 成都市卫生局关于下发《成都市孕产妇危重症评审管理规范》的通知

成卫基妇〔2014〕3 号 2014 年 2 月 17 日

10. 市卫生局关于印发《成都市非正常上访行为卫生应急预案》的通知

成卫应急〔2014〕6 号 2014 年 3 月 3 日

11. 市卫生局关于印发《成都市重污染天气卫生应急预案》的通知

成卫发〔2014〕36 号 2014 年 4 月 11 日

12. 市卫生局关于印发《成都市基层医疗卫生信息系统管理工作制度》的通知

成卫科教〔2014〕19 号 2014 年 7 月 7 日

13. 市卫生局印发《关于进一步加强我市医疗机构药品阳光采购监管工作措施》的通知

成卫基药〔2014〕5 号 2014 年 7 月 24 日

14. 市卫生局关于印发《成都市灾区预防性消毒卫生规范(试行)》的通知

成卫疾控〔2014〕24 号 2014 年 8 月 4 日

15. 市卫生局关于印发《成都市旅游景点公共场所和医疗站(点)卫生监督工作方案(2014－2016)》的通知

成卫法监〔2014〕23 号 2014 年 11 月 11 日

16. 市卫生局关于印发《成都市基层医疗卫生机构全科医生团队绩效考核办法（试行)》的通知

成卫基妇〔2014〕29 号 2014 年 11 月 28 日

17. 市卫生局 关于印发《成都市新生儿遗传代谢性疾病筛查工作技术方案》的通知

成卫基妇〔2014〕36 号 2014 年 12 月 24 日

18. 市卫生局 关于印发《成都市新生儿听力筛查工作技术方案》的通知

成卫基妇〔2014〕35 号 2014 年 12 月 24 日

成都卫生年鉴
CHENGDU HEALTH YEARBOOK

附　录 Appendix

卫生界人物选介

【刘德顺】 男，汉族，生于1963年7月，华西医科大学妇产科学专业毕业，硕士研究生，1990年7月参加工作，现任成都市第六人民医院党委书记、副院长，中共党员；2014年12月8日至今全面主持成都市六医院工作，为妇产科主任医师、硕士研究生导师。刘德顺擅长妇科肿瘤、子宫内膜异位症等妇产科疾病的诊治和各种妇产科手术，为《中华现代妇产科学杂志》常务编委、《实用妇产科杂志》《现代临床医学杂志》编委，是四川省生殖健康协会副会长、成都市性病艾滋病防治协会副会长、四川省医学会围产医学专委会副主任委员、四川省性医学会女性学专委会副主任委员、四川省医学会妇产科专委会常委、四川省妇产科肿瘤学组副组长、四川省卫生信息学会妇幼卫生专委会副主任委员、四川省预防医学会妇幼卫生管理分会副主任委员、成都市妇幼专委会主任委员，获成都市妇女儿童事业做出突出贡献的先进个人、成都市人才兴市百千万工程人选、成都市市级优秀人才、成都市卫生系统学术技术带头人、四川省卫生厅学术和技术带头人后备人选。他主编著作4部，参与编写著作3部，发表论文46篇，主持和参与科研5项，获四川省医学科技进步二等奖1项、三等奖2项，获成都市科技进步三等奖2项，2014年12月3日获评国家卫生计生委办公厅“人妇幼健康服务工作表现突出个”。

（成都市第六人民医院）

【蔡世忠】 蔡世忠于1992年进入成都市传染病医院工作，任住院医师，后任成都市公共卫生临床医疗中心医保办主任。2012年5月，他接到“千名卫生干部援助民族地区行动”援助丹巴的任务时，当时他的父亲5月2日因喉癌在医院做手术不能说话、母亲患有糖尿病、儿子逢中考、妻子每天要坐1个多小时的公交车上班……但作为一名为人类健康事业奋斗的医务人员，他深知自古忠孝不能两全，藏区人民更需要自己。蔡世忠对父亲说两年后回来尽孝，谁知，2013年1月父亲过世，再也无法报答。这，成了他最大的遗憾。蔡世忠挂职的是丹巴县人民医院副院长。他到丹巴以后，全身心投入到工作中，牢记使命，虚心向藏区人民学习，克服困难、迅速进入角色，找准位置，顾大局、踏实、认真、肯干、以身作则。他在工作中吃苦在前、加班加点，毫无怨言，并参与甘孜州“六大主题活动”，结对7户亲戚，经常关心他们的生产、生活，解决他们的实际困难。挂职期间，他带领办公室、财务科和后勤部门的同志始终践行“服务好领导、服务好部门、服务好职工”的工作理念，在工作中互相帮助、互相理解，做到小事讲风格、大事讲原则，逐步提高各科室的管理能力、凝聚力和战斗力，使当地医院的服务水平和服务质量得到进一步提高。他作为一名管理干部，在援藏期间共指挥和参与处理3起医疗纠纷、4起食物中毒事件。特别是在2013年9月发生在太平乡长胜店三叉沟完全小学的一起150人的手足口疫情中，他充分利用在传染病医院工作的经验，进行医疗技术指导并制定治疗措施，迅速控制疫情的扩散，使发病学生得到很好的治疗，未造成一名学生死亡。他围绕2013年的甲流疫情，为全县医务人员讲解“临床诊断、治疗、预防及院感控制”，并在电视台做主题讲解，消除老百姓的恐惧，科学应对疫情。他结合县医院的情况，结合内地的管理经验，亲自修改和制定多项制度，制定医院未来发展的中长期规划，并根据医院发展的情况，提出“感恩、敬业、团结、宽容”的医院文化。他牢记“援藏为什么、进藏干什么、离藏留什么”，复杂和困难的环境让他得到历练、提升能力和水平。一年多的援藏工作，他已经融入集体，了解了县医院的实际情况，并从实际出发，摆正位置，理性地开展工作，通过亲力亲为、言传身教，在医院班子和上级卫生部门的共同努力下，使县医院的职工素质、精神面貌和整体环境、医疗水平、社会评价上了一个台阶，得到领导、职工和群众的一致认可，展示了援藏白衣天使的风采和能力。

（成都市公共卫生临床医疗中心）

【隋亚莎】 女，汉族，1957 年 7 月出生，大学本科毕业。她从 2002 到成都市武侯区玉林社区卫生服务中心工作，专事儿童保健及健康管理至今十余年，其间不断探索社区卫生服务中心儿童保健工作的特点和方式。在她的努力和带动下，玉林社区卫生服务中心的儿童保健工作从试点到发展，从探索到规范，从居民怀疑到完全信赖，中心儿保工作多次在全国、省、市、区专家来检查时受到好评；儿保科多次被上级评为先进科室，在辖区居民中赢得良好口碑；儿童保健服务项目成为玉林社区卫生服务中心的一个品牌。她有扎实的医学理论与精湛的医疗技术，得益于认真严谨、不断学习的专业精神。尤其是在社区开展儿保工作以来，她积极参加相关学术活动，参与《社区儿童健康管理适宜技术试点调查》《中国儿童膳食标准制定调查》《儿童生长发育情况调查》等科研项目，先后在《社区医学》发表《人格发展与家庭环境的思考》《社区儿童保健 18 个月儿童生长发育影响调查分析》《社区 1 岁小儿参与儿童保健效果分析》《人格发展与家庭环境的思考》等多篇文章。她认真学习儿童保健及儿科前沿新知识与新标准，在社区实践运用《社区儿童健康管理适宜技术》，总结本社区儿童保健及儿童档案健康管理，通过真实的数据分析，在儿童保健与管理、儿童智能筛查、儿童视力筛查等项目上取得显著成绩，得到同行赞誉，多次获得先进工作者荣誉。得到儿保家长称道，以致很多其他区县的家长带着娃娃慕名而来并坚持要挂隋医生的儿保号。她怀着慈爱之心和责任之感对待所有她服务的儿童。无论病人家境富裕还是贫困，她都一样认真负责的对待每一个小孩。在社区儿保建设的初期，她一个人往往是既要接待家长、做档案登记、测量、询问、记录，又要全面体检、指导、输入电脑，甚至购买儿保所需工作纸质资料、上级信息报表、清洁打扫儿保室卫生等，事无巨细，同事们都开玩笑称她“工作狂”。她在出色完成工作的同时，还承担着实习指导任务，对来社区实习儿童健康管理的四川大学临床医学、护理学院专业学生手把手地指导，被评为社区教学优秀带教老师。她作为医务工作者，对每一个前来诊疗的儿童认真负责，尊重家长，耐心解释，注重预防指导，合理用药，从不开“大处方”，从不“吃、拿、卡、要”收受病人家属的红包；时常为困难的病人提供医疗帮助，家长感动而执意要表扬信及锦旗的方式中心领导汇报，隋医生婉言谢绝。通过她和同事们的努力，武侯区社区卫生工作成功通过全国复审，得到市、省、全国评审专家的好评，成都市玉林社区卫生服务中心还在全国暗访调查中荣获居民满意度全国第一的荣誉。四川省省长杜青林等领导来玉林社区卫生服务中心视察工作，与隋医生进行交谈。凤凰卫视主持人曹景行等来中心采访，也与隋医生进行交流。

（武侯区玉林社区卫生服务中心）

【牟　彬】 男，汉族，1970 年出生，中共党员，大学本科学历，1994 年毕业于北京针灸骨伤学院骨伤系中医骨伤专业，专业技术职称为中医副主任医师，现任彭州市天彭社区卫生服务中心主任、党支部书记。他于 2014 年成为四川省全科医师协会委员会委员。他作为一名基层卫生工作带头人，始终恪守医务人员职业操守、爱岗敬业、勤恳务实，始终心系基层群众的生命健康，通过不懈的探索实践，形成适应基层卫生工作的独特管理方法，先后荣获“市级优秀共产党员”“优秀卫生工作者”“成都市劳动模范”称号。他从事中医骨科专业 20 年，先后在全国知名骨科专家医院进行学习，参加清华大学的现代医院职业化管理高级进修班学习。他从一名临床中医骨科医生到一名基层医疗机构的管理者，除了做好社区卫生服务中心管理工作，搞好中心发展，坚持每天参与临床工作，指导并开展临床诊疗活动，并在国家级期刊发表多篇论文。他坚持把基层群众的健康需求作为工作核心，增强社区卫生服务工作特色，提高社区服务居民满意度；把“仁爱精诚、慎独精进”作为中心院训；把“以病人为中心、以质量为核心、以社区卫生服务为特色、以居民满意为目标”作为中心服务宗旨。他坚持开展“三好一满意”优质服务活动，以市中医医院托管为契机，提高医务人员的整体医疗服务水平，创新医疗服务模式，积极探索全科家庭医生医疗服务方式；坚持实施基层基本药物制度，严格合理检查、合理诊疗、合理收费、合理用药，切实减轻患者负担，构建和谐医疗关系，为基层群众提供优质的基本医疗服务和公共卫生服务；充分发挥中医药适宜技术在基层防治常见病、多发病中的优势和作用。他为了满足辖区儿童的计划免疫需求，对中心预防保健门诊进行硬件、软件的改造，实现全数字化服务，创建成为彭州市唯一的“AAAAA”级预防接种门诊；实现区域化PACS系统，提高影像诊疗水平，方便患者。他狠抓医务人员的行风规范和职业道德教育，把能否让群众“信得过”作为衡量医务人员工作能力的重要标准。大力宣传服务群众的先进典型，传播“仁医、仁心、仁术”的道德理念，不断增强医务人员服务群众意识；建立医院管理长效机制，规范医药购销行为、预防职务犯罪、端正医德医风，畅通投诉渠道，执行费用清单查询制度，严格考核强化监督、奖惩逗硬，把行风建设的任务和责任真正落实到医疗服务工作的各个环节中。他引进“标杆窗口”服务模式，对中心开展服务技能、医患沟通、服务流程等培训，提倡党员、干部起到表率作用，制定相关激励机制，倡导创先争优，形成人人争当先进的良好氛围，引导并建立学习型医院，组织和开展多种积极向上的活动来形成中心的核心文化，凝聚了全体职工的正能量，激发职工集体荣誉感，用一流的技术和服务争创群众满意社区。

（彭州市天彭社区卫生服务中心）

【张　清】 郫筒街道社区卫生服务中心护士张清，在第三届“我身边的社区卫生服务”主题宣传活动中，被中国社区卫生协会授予“群众满意的社区护士”荣誉称号。

（郫县郫筒街道社区卫生服务中心）

【李静军】 李静军，中国共产党员，副主任医师，2000年8月成都中医药大学毕业。现为郫县郫筒镇社区卫生服务中心的全科医师，社区家庭医生团队长，多次荣获“优秀共产党员”称号。最经典的话语：“将心比心，我如何对待病人，病人也就如何对我”。最感人的事迹：面对慢性病患者，除生理上的治疗，更多的是需要心理上的抚慰，李静军医生以无微不至的态度关心着病人。他热忱工作，认真负责，多年来以严谨的工作态度对待每一位病人、每一次诊疗，始终如一的亲切笑容、细致入微的诊疗和良好的品德，博得大量病员朋友的喜爱，与李静军医生签约的家庭病人量居全县之首。

（郫县郫筒街道社区卫生服务中心）

先进单位和个人名单

成都市爱国卫生工作先进集体

（共180个）

市属单位（10个）：

成都市卫生局办公室
成都市人才市场管理委员会办公室
成都市财政局社会保障处
成都市食品药品检测中心
成都市机关生活服务中心
成都市建设工程施工安全监督站
成都市固体废弃物处置场
成都市政府火车站管理委员会办公室
成都市石室中学
成都市交通运输委员会公路管理处

锦江区（12个）：

锦江区监察局
锦江区商务局
锦江区城市管理局
锦江区医疗保险管理局
锦江区房产管理局
锦江区爱国卫生运动委员会
锦江区督院街街道办事处
锦江区书院街街道办事处
锦江区双桂路街道办事处
锦江区莲新街道办事处
锦江区沙河街道办事处
锦江区柳江街道办事处

青羊区（12个）：

青羊区政府办公室
青羊区教育局
青羊区民政局
青羊区卫生局
青羊区城市管理局
青羊区西御河街道办事处
青羊区太升路街道办事处
青羊区汪家拐街道办事处
青羊区少城街道办事处
青羊区草堂街道办事处
青羊区光华街道办事处
青羊区草市街街道办事处

金牛区（12个）：

金牛区精神文明建设办公室
金牛区教育局
金牛区卫生局
金牛区机关事务管理局
金牛区城市管理局
金牛区黄忠街道办事处
金牛区抚琴街道办事处
金牛区人民北路街道办事处
金牛区金泉街道办事处
金牛区驷马桥街道办事处
金牛区五块石街道办事处
成都市第十七幼儿园

武侯区（12个）：

武侯区政府办公室
武侯区财政局
武侯区人力资源和社会保障局
武侯区卫生局
武侯区城市管理局
武侯区望江路街事处道办
武侯区火车南站街道办事处

武侯区跳伞塔街道办事处
武侯区玉林街道办事处
武侯区浆洗街街道办事处
武侯区双楠街道办事处
武侯区红牌楼街道办事处

成华区(12个):
成华区委办公室
成华区政府办公室
成华区委宣传部
成华区委政法
成华区教育局
成华区卫生局
成华区机关事务管理局
成华区城市管理局
成华区建设路街道办事处
成华区新鸿路街道办事处
成华区青龙街道办事处
成华区龙潭街道办事处

龙泉驿区(8个):
龙泉驿区教育局
龙泉驿区人力资源和社会保障局
龙泉驿区交通运输局
龙泉驿区卫生局
龙泉驿区人口与计划生育局
龙泉驿区环境保护局
龙泉驿区城市管理局
龙泉驿区龙泉街道办事处

青白江区(8个):
青白江区委办公室
青白江区政府办公室
青白江区精神文明建设办公室
青白江区人民
青白江区卫生局
青白江区人力资源和社会保障局
青白江区食品药品监督管理局
青白江区城乡环境综合管理局

新都区(8个):
新都区委目标管理督查办公室
新都区监察局
新都区人力资源和社会保障局
新都区卫生局
新都区机关事务管理局
新都区城市管理局
新都区房管局公房管理所
新都区新都街道办事处

温江区(8个):
温江区委办公室
温江区政府办公室
温江区卫生局
温江区金马镇政府
温江区万春镇政府
温江区柳城街道办事处
温江区天府街道办事处
温江区涌泉街道办事处

都江堰市(7个):
都江堰市精神文明建设办公室
都江堰市教育局
都江堰市卫生局
都江堰市人力资源和社会保障局
都江堰市城管局
都江堰市柳街镇政府
都江堰市向峨乡政府

彭州市(7个):
彭州市政府办公室
彭州市教育局
彭州市环境保护局
彭州市交通管理局
彭州市城市管理局
彭州市致和镇政府
彭州市天彭镇政府

邛崃市(6个):
邛崃市政府办公室
邛崃市城乡环境综合治理办公室
邛崃市卫生局
邛崃市羊安镇政府
邛崃市平乐镇政府
邛崃市大同乡政府

崇州市(7个):
崇州市人民法院
崇州市教育局
崇州市人力资源和社会保障局
崇州市卫生局

崇州市城市管理局
崇州市白头镇政府
崇州市崇阳街道办事处

金堂县(6 个):

金堂县卫生局
金堂县商务局
金堂县交通运输局
金堂县城市管理局
金堂县赵镇政府
金堂县疾病预防控制中心

双流县(8 个):

双流县公安局
双流县水务局
双流县商务局
双流县卫生局
双流县环境保护局
双流县黄甲街道办事处
双流县东升街道办事处
双流县卫生执法监督大队

郫县(8 个):

郫县精神文明建设办公室
郫县卫生局
郫县房产管理局
郫县城市管理局
郫县疾病预防控制中心
郫县德源镇政府
郫县郫筒街道办事处
郫县新民场镇卫生院

大邑县(7 个):

大邑县人力资源和社会保障局
大邑县卫生局
大邑县房产管理局
大邑县城市管理局
大邑县晋原街道办事处
大邑县安仁镇政府
大邑县西岭镇政府

蒲江县(6 个):

蒲江县公安局
蒲江县卫生局
蒲江县食品药品监督管理局
蒲江县城市管理局
蒲江县房产管理局
蒲江县鹤山镇政府

新津县(6 个):

新津县委办公室
新津县政府办公室
新津县教育局
新津县卫生局
新津县文体广新局
新津县城市管理局

成都高新区(10 个):

成都高新区城市管理和环境保护局
成都高新区石羊街道办事处
成都高新区芳草街街道办事处
成都高新区桂溪街道办事处
成都高新区芳草街道办事处蓓蕾社区居民委员会
成都高新区中和街道办事处中和社区卫生服务中心
成都高新区合作街道办事处合作社区卫生服务中心
成都高新区芳草街道办事处紫竹北街社区居民委员会
成都高新区石羊街道办事处石羊新街社区居民委员会
成都高新区成都瑞银投资发展有限公司明悦大酒店

成都市卫生镇

(共 7 个)

新都区木兰镇
崇州市街子镇
崇州市桤泉镇
金堂县官仓镇
双流县九江街道
郫县新民场镇
双流县永安镇

成都市卫生村和社区

(84 个)

龙泉驿区(6 个):

龙泉驿区大面街道蒲草村
龙泉驿区龙泉街道崇德社区
龙泉驿区茶店镇石经村

龙泉驿区洪安镇红光村
龙泉驿区柏合镇宝狮村
龙泉驿区山泉镇联合村

青白江区(6个):
青白江区城厢镇十八湾村
青白江区弥牟镇狮子村
青白江区龙王镇三方村
青白江区姚渡镇永和村
青白江区福洪乡胜利村
青白江区人和乡新民村

新都区(6个):
新都区新都街道五里村
新都区新繁镇青石村
新都区大丰街道华美社区
新都区斑竹园镇回南社区
新都区军屯镇白碾村
新都区新民镇石庵村

温江区(6个):
温江区天府街道梓潼社区
温江区公平街道惠民社区
温江区寿安镇岷江村
温江区永宁镇城武社区
温江区永盛镇永盛场社区
温江区和盛镇舒家渡社区

都江堰市(6个):
都江堰市柳街镇金龙社区
都江堰市天马镇建华社区
都江堰市聚源镇大合社区
都江堰市胥家镇柏河社区
都江堰市安龙镇卉景社区
都江堰市大观镇欣禾社区

彭州市(6个):
彭州市红岩镇窝店村
彭州市小鱼洞镇中坝村
彭州市丹景山镇丹景村
彭州市丽春镇东风村
彭州新兴镇海窝子社区
彭州市磁峰镇蟠龙村

邛崃市(6个):
邛崃市临邛镇蜚虹社区
邛崃市平乐镇花楸村
邛崃市羊安镇仁和社区
邛崃市高何镇高兴村
邛崃市道佐乡沿江社区
邛崃市茶园乡西禅社区

崇州市(6个):
崇州市羊马镇漕溪村
崇州市集贤乡梁景村
崇州市元通镇禹王村
崇州市公议乡花果山社区
崇州市三郎镇凤鸣村
崇州市鸡冠山乡竹根村

金堂县(6个):
金堂县赵镇栖木河村
金堂县栖贤乡尖山村
金堂县官仓镇叶家店村
金堂县清江镇双江社区
金堂县淮口镇团结社区
金堂县三溪镇白庙村

双流县(6个):
双流县胜利镇应天寺社区
双流县公兴街道朱家庙社区
双流县黄龙溪镇东岳村
双流县九江街道泉水凼社区
双流县协和街道三江社区
双流县东升街道永福社区

郫县(6个):
郫县友爱镇青冈村
郫县红光镇汉姜村
郫县古城镇花牌村
郫县唐昌镇金沙村
郫县唐昌镇先锋村
郫县安德镇泉水村

大邑县(6个):
大邑县晋原街道办事处金龙村
大邑县韩场镇兰田社区
大邑县上安镇昌盛村
大邑县青霞镇龙凤社区
大邑县悦来镇村胜利社区
大邑县鹤鸣乡仙鹤社区

蒲江县(6个):
蒲江县光明乡金花村

蒲江县成佳镇同心社区
蒲江县寿安镇插旗山村
蒲江县甘溪镇明月村
蒲江县大兴镇米锅村
蒲江县鹤山镇五龙村

新津县(6个):

新津县金华镇红岩村
新津县普兴镇山河村
新津县花源镇东华村
新津县文井乡李白村
新津县方兴镇方兴社区
新津县永商镇烽火村

成都市爱国卫生工作先进个人

(共268名)

市级部门、有关单位(15人):

王林琳　共青团成都市委员会
钟　芳　成都市财政局
李勇明　成都市城乡建设委员会
王巨建　成都市环境保护局
黄　涛　成都市直属机关工作委员会
梁　青　成都市文化局
陈　俊　成都市疾病预防控制中心
肖　岚　成都市卫生执法监督支队
魏　完　成都市府南河管理处
韩学柔　成都市政府火车站管委办管理二处
杜锦智　成都市公安局交警支队装备财物处后勤保障科
黄　铮　成都市第七人民医院耳鼻喉科
陈　元　成都市第七中学
代仕兴　成都市射击运动学校
敬世敏　成都市动物园

锦江区(20名):

魏大刚　锦江区委办公室
贡　茜　锦江区政府办公室
邓姗姗　锦江区委组织部
余晓辉　锦江区委宣传部
赵伯伦　锦江区纪委
陈大翔　锦江区民政局
温进军　锦江区建设局
徐朝惠　锦江区交通局
杨　举　锦江区委社会建设工作委员会
何　维　锦江区盐市口街道办事处
朱华萍　锦江区春熙路街道办事处
唐晓财　锦江区合江亭街道办事处
帅小凤　锦江区水井坊街道办事处
李　弢　锦江区牛市口街道办事处
石　戈　锦江区龙舟路街道办事处
雷　敏　锦江区东光街道办事处
陈昌荣　锦江区狮子山街道办事处
毕晓东　锦江区成龙路街道办事处
杜香串　锦江区三圣街道办事处
田　杨　锦江区盐道街小学锦馨分校

青羊区(20名):

王　珊　青羊区精神文明建设委员会办公室
周松林　青羊区教育局
赵晓婷　青羊区民政局
戴松筠　青羊区建设局
牟成超　青羊区统筹城乡工作局
徐渝辉　青羊区商务局
贺志涛　青羊区环境保护局
刘　斌　青羊区文化体育广播电视和旅游局
杨　红　青羊区食品药品监督管理局
杨代礼　青羊区机关事务管理局
闵　阳　青羊区工商行政管理局
罗森才　青羊区太升路街道办事处
余明阳　青羊区西御河街道办事处
唐　戟　青羊区少城街道办事处
黄　锴　青羊区新华西路街道办事处
李　渝　青羊区草堂街道办事处
吴　萨　青羊区府南街道办事处
杨　剑　青羊区金沙街道办事处
童　奎　青羊区黄田坝街道办事处
罗　坤　青羊区文家街道办事处

金牛区(20名):

李　敏　金牛区精神文明建设办公室
王　勇　金牛区教育局
彭念贵　金牛区民政局
杨晓丽　金牛区商务局
刘洪明　金牛区卫生局
杨　齐　金牛区机关事务管理局

向汉英　金牛区房管局
叶　鹏　金牛区城市管理局
宋湘麒　金牛区黄忠街道办事处
左维民　金牛区抚琴街道办事处
张萍波　金牛区人民北路街道办事处
刘　春　金牛区金泉街道办事处
沈柳荫　金牛区五块石街道办事处
赵　宁　金牛区西华街道办事处
刘　丹　金牛区营门口街道办事处
魏庆刚　金牛区九里堤街道办事处
覃利春　金牛区沙河源街道办事处
蔡　能　金牛区西安路街道办事处
周碧琼　金牛区荷花池街道办事处
杨长兵　金牛区茶店子街道办事处

武侯区(20名):

张　铮　武侯区委宣传部
何亚兵　武侯区建设局
黄　懿　武侯区卫生局
王　瑛　武侯区机关事务管理局
吴丽萍　武侯区文化体育旅游局
方开翼　武侯区疾病预防控制中心
郭先梅　武侯区玉林小学
李太忠　武侯区望江路街道办事处城管科
周建忠　武侯区火车南站街道办事处
梁　方　武侯区跳伞塔街道办事处城管科
李丹红　武侯区玉林街道办事处
沈　刚　武侯区浆洗街街道办事处城管科
杨　琴　武侯区双楠街道办事处
续红军　武侯区红牌楼街道办事处城管科
吴　俊　武侯区簇桥街道办事处
卿　奎　武侯区簇锦街道办事处
周晓航　武侯区机投桥街道办事处
张艳华　武侯区晋阳街道办事处城管科
曾劲强　武侯区金花桥街道办事处城管科
谢　嵩　武侯区华兴街道办事处

成华区(20名):

陶　磊　成华区委区政府目督办
张卫军　成华区精神文明建设办公室
王艳雷　成华区公安分局
邓　佳　成华区财政局
代丽华　成华区人力资源和社会保障局
胡　勇　成华区食品药品监督管理局
张凤霞　成华区爱国卫生运动委员会办公室
钟培平　成华区疾病预防控制中心
刘　婴　成华区卫生执法监督大队
张旭东　成华区城市管理局治理办公室
颜　强　成华区双桥子街道办事处
蓝　铁　成华区猛追湾街道办事处
曾仲德　成华区二仙桥街道办事处
谢　云　成华区府青路街道办事处
王丕锐　成华区万年场街道办事处
王德全　成华区桃蹊路街道办事处
周　颖　成华区双水碾街道办事处
李志民　成华区跳蹬河街道办事处
何　源　成华区圣灯街道办事处
陈　宏　成华区保和街道办事处

龙泉驿区(12名):

陈明章　龙泉驿区精神文明建设办公室
江　浩　龙泉驿区民政局
晋兆蓉　龙泉驿区规划管理局
文　胜　龙泉驿区工商行政管理局
王　晋　龙泉驿区食品药品监督管理局
何一波　龙泉驿区文化旅游局
谭　清　龙泉驿区城乡房产管理局
江　柯　龙泉驿区疾病预防控制中心
胡　刚　龙泉驿区柏合镇政府
胡　静　龙泉驿区山泉镇政府
林惠清　龙泉驿区黄土镇政府
李佳丽　龙泉驿区十陵街道办事处

青白江区(12名):

刘　勇　青白江区监察局
黎元程　青白江区城乡建设局
尹　涛　青白江区卫生局
夏克玖　青白江区工商局
陈　泓　青白江区广播电视台
谭　军　青白江区食品药品监督管理局
杜　康　青白江区环境保护局
黄　梅　青白江区大弯街道办事处
李学川　青白江区红阳街道办事处
郑泉峰　青白江区大同镇政府
李　琦　青白江区祥福镇政府
楚国英　青白江区清泉镇政府

新都区(12 名):

夏　俊　成都市公安局新都区分局
杨和成　新都区人力资源和社会保障局
沙国成　新都区卫生局
李　力　新都区爱国卫生运动委员会办公室
李　燕　新都区爱国卫生运动委员会办公室
蒋际勇　新都区城市管理局
李常清　新都区房产管理局
胡　波　新都区新都街道新中社区居委会
曾玉秋　新都区新繁镇政府
李玉良　新都区大丰街道办事处
陈　羽　新都区军屯镇政府
陈善荣　新都区新民镇政府

温江区(11 名):

赵发明　温江区寿安镇政府
林　彬　温江区永盛镇政府
李长绪　温江区万春镇政府
吴云鹏　温江区永宁镇政府
杨　强　温江区和盛镇政府
郑雪梅　温江区公平街道办事处
蒋中莉　温江区柳城街道办事处
胡　进　温江区天府街道办事处
杨　陈　温江区涌泉街道办事处
王凤琼　温江区金马镇政府
王继蓉　温江区市场开发服务中心

都江堰市(10 名):

□韩旭斌　都江堰市公安局
夏晓芹　都江堰市交通运输局
杜　斌　都江堰市水务局
胡　萍　都江堰市食品药品监督管理局
刘泽祥　都江堰市房管局
张　剑　都江堰市城管局
羊　邱　共青团都江堰市委员会
刘绿贵　都江堰市爱国卫生运动委员会办公室
胡月冬　都江堰市疾病预防控制中心
陈良权　都江堰市翠月湖镇民兴社区

彭州市(10 名):

刘晓峰　彭州市城乡建设局
周有坤　彭州市环境保护局办公室
余逸澜　彭州市公安局指挥中心
丁红英　彭州市卫生局爱国卫生运动委员会办公室
梁明发　彭州市卫生局爱国卫生运动委员会办公室
杨　明　彭州市环境卫生管理处
宋吉敏　彭州市红岩镇政府
廖　君　彭州市致和镇政府
王自强　彭州市磁峰镇政府
叶　华　彭州市天彭镇政府

邛崃市(7 名):

杨凯义　邛崃市卫生局
简　伟　邛崃市城乡环境综合治理办公室
李纪安　邛崃市疾病预防控制中心
李叶林　邛崃市疾病预防控制中心
朱艳燕　邛崃市夹关镇政府
杨明仲　邛崃市道佐乡政府
王　勇　邛崃市火井镇中心卫生院

崇州市(10 名):

王　英　崇州市委办公室
周　菲　崇州市政府办公室
钟　静　崇州市发展和改革局
何　征　崇州市交通运输局
赵明远　崇州市城市管理局
杨小江　崇州市环境保护局
马成章　崇州市爱国卫生运动委员会办公室
孙光忠　崇州市疾病预防控制中心
王　亮　崇州市卫生执法监督大队
蔡文忠　崇州市人民医院

金堂县(8 名):

刘　熙　金堂县商务局
刘　蓉　金堂县卫生局
邓诗军　金堂县城市管理局
马　锐　金堂县疾病预防控制中心
沈建华　金堂县赵镇政府
陈晓荣　金堂县三星镇政府
唐道保　金堂县淮口镇政府
彭　炯　金堂县土桥镇政府

双流县(12 名)

宋　波　双流县公安局
刘光辉　双流县教育局
魏　星　双流县交通运输局
李　闵　双流县城市管理局
江　磊　双流县城乡园林绿化管理局
樊小华　双流县农村发展局

汪　苹　双流县爱国卫生运动委员会办公室
雷小兰　双流县疾病预防控制中心
胡劲松　双流县黄甲街道办事处
贾晓礼　双流县东升街道办事处
陈　华　双流县东升街道办事处
鲜　晔　双流县东升街道办事处东升社区卫生服务中心

郫县(12名):

杜　娟　郫县爱国卫生运动委员会办公室
乔　勇　郫县郫筒镇街道办事处
王春蓉　郫县红光镇政府
王　霞　郫县犀浦镇政府
姚　毅　郫县唐元镇政府
何　弢　郫县唐昌镇政府
李　健　郫县古城镇政府
章彭立　郫县安德镇政府
韩易刚　郫县三道堰镇政府
曹德清　郫县德源镇卫生院
杜秀蓉　郫县郫筒街道石牛社区
刘祖成　郫县郫筒街道宋公桥社区

大邑县(10名):

曾　严　大邑县城市管理局办公室
且华彬　大邑县食品药品监督管理局稽查大队
李尚伟　大邑县商务局市场管理服务中心
彭家斌　大邑县疾病预防控制中心
高小平　大邑县新场镇政府科教文卫与计划生育办公室
赵孟熙　大邑县上安镇政府
朱朝栋　大邑县苏家镇政府工会联合会
杨　礼　成都市农商银行大邑县支行
邓忠伟　大邑县悦来镇学校
蒲玉忠　大邑县晋原街道办事处

蒲江县(8名):

陈红梅　蒲江县教育局办公室
罗　凯　蒲江县公安局
陈　勇　蒲江县交通运输局
曹明茹　蒲江县爱国卫生运动委员会办公室
郭宏彦　蒲江县成佳镇党委
唐　巍　蒲江县疾病预防控制中心
王菲菲　蒲江县西来镇妇女联合会
李发刚　蒲江县寿安镇龙泉村

新津县(8名):

聂　劲　新津县人大常委会
陈　琪　新津县环境保护局
吴建梅　新津县卫生局
游　勇　新津县精神文明建设委员会办公室
周　静　新津县疾病预防控制中心
刘秋梅　新津县卫生执法监督大队
倪仕军　新津县花源镇政府
郑润明　新津县兴义镇政府

成都高新区(11名):

宋　欣　成都高新区城市管理和环境保护局
马玉琼　成都高新区城市管理和环境保护局
阳运福　成都高新区石羊街道办事处
缪　强　成都高新区石羊街道办事处
廖克强　成都高新区桂溪街道办事处
杨雪华　成都高新区中和街道办事处
李洪元　成都高新区桂溪街道办事处三瓦窑社区
任金辉　成都高新区合作街道合作社区卫生服务中心
贾朝勇　成都高新区中和街道办事处中和社区卫生服务中心
郭玉华　成都高新区芳草街道办事处紫竹社区
孟　琪　成都高新区芳草街道办事处芳华社区

市级卫生机构名单

成都市卫生局局级领导名单

（2014 年 12 月 30 日以前）

杨小广　党组书记、局长
赵　文　党组成员、副局长
刘培毅　党组成员、副局长
赵　平　党组成员、纪检组组长
何　军　党组成员、机关党委书记
傅小鲁　党组成员、爱卫办主任
刘　军　巡视员
温蓉利　副巡视员

成都市卫生局各处（室）主要负责人名单

（2014 年 12 月 30 以前）

刘志刚　办公室主任
徐　鸿　人事处处长
李祖俊　医政处处长
刘益民　应急办主任
贾　勇　疾控处处长
何　勤　基药处处长
佘　芳　卫生法制处处长
董　勇　基妇处处长
魏心斌　科技处处长
郭　萍　干保处处长
秦与闻　机关党委副书记
庄　京　监察室主任
尹　卉　办公室副主任
刘勇华　规财处副处长
张　颖　中医处副处长
廖俊梅　疾控处副处长
李志春　爱卫办副主任
秦丽霞　基妇处副处长

成都市各区（市）县卫生计生委（局）长名单

（2014 年 12 月 30 日以前）

锦江区卫生局局长：谷晓勇
青羊区卫生局局长：张倩
金牛区卫生局局长：邓开龙
武侯区卫生局局长：田军
成华区卫生局局长：何艳红
龙泉驿区卫生局局长：郭洁
青白江区卫生局局长：黄莉
新都区卫生局局长：周左亚
温江区卫生局局长：黄晓东
都江堰市卫生和计划生育局局长：陈光建
彭州市卫生局局长：周权
邛崃市卫生局局长：何以贵
崇州市卫生和计划生育局局长：胡川
金堂县卫生局局长：晏万长
双流县卫生局局长：屈勤
郫县卫生和计划生育局局长：刘刚
大邑县卫生和计划生育局局长：马国辉
蒲江县卫生和计划生育局局长：赵林
高新区社会事业局副局长：唐亮
天府新区成都管委会社会事业局局长：张之湘

成都市市级医疗卫生机构主要负责人名单

（2014年12月30日以前）

成都市中西医结合医院

院长：徐荣华

党委书记：张红

成都市第二人民医院

院长：徐俊波

党委书记：欧智勇

成都市第三人民医院

院长：赵聪

党委书记：张孝轩

成都市第四人民医院

院长：何满西

党委书记：卢敏

成都市第五人民医院

院长：雷建国

党委书记：张新强

成都市第六人民医院

党委书记、副院长：刘德顺

成都市第七人民医院

院长：敬红平

党委书记：骆玉军

成都市妇女儿童中心医院

院长：郑强

党委书记：林永红

成都市传染病医院

院长：刘勇

党委书记：程健

成都市慢性病医院

院长：陈芶

成都铁路分局医院

院长：廖雪松

党委书记：张维忠

成都市卫生执法监督支队

队长：丁汉平

总支部书记：刘华

成都市疾病预防控制中心

主任：梁娴

党委书记：李明川

成都市血液中心

主任：傅雪梅

党委书记：杨群身

成都市急救指挥中心

主任：朱国英

党支部书记：于成

成都市医学信息所

副所长（主持全面工作）：龚怀宇

成都市卫生医药科技开发服务中心

主任：郑午

成都市人才交流中心卫生分中心

主任：宁建锋

2014年成都市晋升正高人员名单

成都市中西医结合医院

主任医师：杨青梅、周小青

主任护师：宋国英

成都市第二人民医院

主任医师：胡咏梅、曾勇、易延静、索运生、蒋新建、刘剑雄、杨静

主任技师：保勇

成都市第三人民医院

主任医师：孙昌进、张西、秦辉

成都市第五人民医院

主任医师：韩乾国、曹洪义、陈逶、杨雪梅、徐华、张力、刘　进、兰艳丽、赵戈

主任护师：侯艳玲、王开莲

主任药师：干小红

成都市第六人民医院

主任医师：李玲、何芳、汪克纯、文利东、罗毓萍、陈旭平

主任护师：刘萍

成都市第七人民医院

主任医师：蒋锐明

成都市妇女儿童中心医院

主任医师：周敏、张伟、陆韵佳、巨容、刘毅、胡显良

主任护师：涂国芳

成都市公卫临床医疗中心

主任医师：邓长国、蒋良双、蔡琳、周敏

成铁分局医院

主任医师：赖桂兰、王英

成都大学附属医院

主任医师：刘莉、王雄、汪学军、杨德华

主任护师：周敬花

成都市疾病预防控制中心

主任医师：刘艳、陈刚、刘竹、何勤英、杨汝沛、李丽、季明勇

主任技师：文君、杨晓松、王艳梅、蔡军

成都市血液中心

主任技师：徐研、李文

金牛区

主任医师：谢岚

金堂县

主任医师：刘军

主任护师：邱秀蓉

锦江区

主任医师：张林、郑雪湘

主任技师：李建平

龙泉驿区

主任医师：杨晓华、张敏、陈德强、刘鹏、董晓薇、周影

青白江区

主任医师：孔祥平

新都区

主任医师：欧兵玺、史月秋

崇州市

主任医师：祁涛、尹学琼、游红勇、余霞辉、李俊峰、王磊

主任护师：周建芳

大邑县

主任医师：刘红林、莫令翔

都江堰市

主任医师：何丹、任守阳、王奉雷、刘杰、唐晓君、杨娟、周章明、王学义

主任护师：姜晓芬、胡小琼、汪建军、曾红梅

彭州市

主任医师：刘彬、彭涛、王明琼

郫县

主任药师：陈和平

邛崃市

主任医师：罗建蓉、邓瑜萍、程雪彬、高玲

双流县

主任医师：晏启明、秦昱、李兴斌、徐珠屏

主任护师：黄琼华

天府新区

主任医师：陈仕高、汤秉洪

温江区

主任医师：汪敏、乐晓燕、杨勇

新津县

主任医师：陈天明、宋勇

主任技师：余修中

青羊区

主任中医师：谢富林、尹毅

安琪儿妇产医院

主任医师：李丽

成都中医药大学第二附属医院

主任医师：季明勇

2014 年成都市中医晋升正高人员名单

成都市中西医结合医院

主任中医师：李蓉、郑天其、胡英

成都市第五人民医院

主任中医师：全大祥

成都市公卫临床医疗中心

主任中医师：蒲育

龙泉驿区

主任中医师：包克义、郭钊铭

新都区

主任中医师：王瑷萍、刘艳萍、曹晓玲

崇州市

主任中医师：卓加玉

大邑县

中西医结合主任医师：屈友初

都江堰市

主任中医师：郑永新

邛崃市

主任中医师：缪奇祥

温江区

主任中医师：王兆荣

新津县

主任中医师:任亚东

青羊区

主任中医师:谢富林、尹毅

草堂社区卫生服务中心

基层主任中医师:黄新威

成都市食品药品检测中心

主任中药师:孔卫东

2014年度成都市卫生专业技术职称资格评审通过人员名单(副高)

成华区:钱兴文、吴俊英、王芳、郭家蓉、叶雨、杜远丽、唐梅

崇州市:董彦、陈云长、罗苾、刘萍、张红、李惠彬、舒瑞源、孙林、胡力、曾仪、王伟、张涵、方红艳、张红、贺玉华、王群、谢春强

大邑县:周杰、刘秀英、叶玉琳、熊子明、程继明、刘峰、张永亮、罗林瑶、袁桂芳、何建蓉

都江堰市:李琴、钟静、刘云嫦、王建华、高兵、孙丽君、邓丽琼、古群林、尹贤敏、刘锐、付乐章、郝涛、胡蝶、杨向、肖光云、林尊强、银保、黄静红、曾静、祝永进、曾德琼、苏媛铮、刘佳、张庆华、王洪贵、匡增全、李瑞珍、曾家伟、李水霞、李晓琴、潘华山、杨平、章骁颖、杨泽蓉、方敏、陈秀英、唐浩、曾援、张玉英

高新区:曾文禧、熊凤莲

金牛区:杨洁、杨泓、刘蓉、毛盛伟、吴素君、杨翠霞、余晓勤、唐民、张艳、付建康、赵磊、周燕、徐霞、向莉华、邱波

金堂县:钟英、何杰、李玲、孙阳亲、戴丽、陈英、王长珍、刘英、李玫玫、黎文燕、谢义国、陈德波、陈昌述、刘汉东、胡德俊、李德远、龚德英、严玉琼、梁仲远、鲍晓莺、何金容、刁毅涛、周宾香、孙迪、吴勇、周乐好、向玉兰

锦江区:张春龙、卿光兰、张会琼、唐翠、田锦波、蒋梅、陈万明、唐勇、姜秋媚、贺铮、王莉莉、潘海英、夏明静

龙泉驿区:马赛、董世萍、张霞、杨光军、郭茹辛、王惠蓉、黎珂、刘安丽、钟顺才、李军、陈钫、邓婉欣、胡旭初、王小芳、毛雪琴、张虎、秦俭、蔡光荣、曾一琼、宁秀兰、贺英、蒋延凤、赖静、温仕民、魏波、江涛、刘小波、何容、王琴、张群英、谢成秀

彭州市:叶小林、杨无恙、但静、伍霞、阳运强、袁正义、刘德祥、宋留红、岳思阳、张得春、陈崇芝、唐巧、周春娅、黄建军、张福蓉、彭开兵、郭晓莉、曾维艳、蔡伟、谢贤敏、黄丽莉、段太蓉、陈伏香、金德海、许明、宋征蓉、鲁从华、张蕾、李国秀

郫县:唐康林、王敏娟、李超琼、简琼秀、张蓉、许晓琳、罗国芝、林超兰、邓玮、蔡丹、晋琼王、吴攀、吴波、邓轩、张华秀、王小莉、张静、何贫、殷福香、王麟、陈兆蓉、王成英

蒲江县:宋玉彬、胡小和、杨先文、秦华平、黄志龙、周艳君、安俊霞、孙维清

青白江区:王小东、向照英、薛斌、梁川、杨延全、杨琴、张勇、钟琳、任家荣、陈祖蓉、徐静茹、陈道蓉、邹代琼、李娴

青羊区:梁红、傅国红、陈丽彬、凌秀梅、李文庆、胡毅、李忠、章秀辉、华丽、毕国清、李莉、童英、罗先安、钟正芬

邛崃市:汪岚、李纪安、郭荣平、李绍成、李小龙、骆建美、高利雄、苟玉松、何志文、林远亚、范合灯、熊晓燕、孙丽红、陈莉秋、余艳芳、张荣、吴晓莉、张晓莲　黄丽

成都市中西医结合医院:黄恋川、陶黎、谢宇平、薛梅、魏焱、陈卓、梁丹、王蕊、李星渝、宋增敏、毕可琴、卓霞、茅为涛

成都市第二人民医院:丁琦、王蜀蓉、马艳、彭小东、傅蓉、奚勇芳、刘艳、蔡琦、陈涛、薛万抚、张定敏、史梦、孔丽娜、曾露、吕华、廖晓骏、方健蓉、刘立凡、王红

成都市第三人民医院:曾薇、江利东、谢晖、赵素萍、沈剑、李群、胡永波、蔡俊杰、邓宁、梁明、杨兴洲、席翔、刘丽亚、周寒梅、曹长英、朱文、彭俊眉、秦岭

成都市第四人民医院:何珊、郑玉苹、李慧、张银波、苏理成、杨宓

成都市第五人民医院:熊明、高玲、黄禄勇、余霞、张智、彭东蜀、王国平、海涛、李建红、张波、陈凯、宋伟正、张勇、李正疆、王建生、蒋莉、胡云海、王丽娟、王海英、彭晓梅、田大清、邹剑、姜敏、覃由宣、吴卫红、袁沁、董咏梅、雷建军、杨晓华、潘先玲、陈燕春、余航、吴琼瑛、周黎、肖群莉

成都市第六人民医院:胡玲、肖建萍、鲜思平、吴建

军、赖永平、张薏、林丽、何梅玲、李岑、杨驭媒、王硕华、向蜀慧

成都市第七人民医院：周振科、李艳、黄静、崔榕、

成都市妇女儿童中心医院：李育刚、张成、徐洋、谢敏、刘阳、符松、张琪琛、张蕾、王莉、王骧、廖建梅、扎西、周新娥、杨霄、吴逢霞、李萍、程薇、邹凌、刘庆蓉、陈琳、林果、郑星丽、祝融、于皖眉、马蔚

成都市公卫临床医疗中心：金鸿、周晓飞、陈黎、陈竹、胡明辉、吕春容

成都市慢性病医院：董锋、严余华

成都铁路分局医院：杨福华、洪战锋、陆国琴、古贝妮、钱江、谭勇、黄显莉、韩世蓉

成都大学：李沂、昝海峰、王两忠、孙山、周建琼、张立军、谈学灵

成都市疾病预防控制中心：鹿苇、庹小莉、何志凡、曾莉、王琳、曾伟、岳勇、邱露萍、涂程、邢培志、杨小媛

成都市计划生育指导所：王亚丛、王艳

双流县：李毅、李升文、姜珍华、王成方、张德、王尚玉、唐秀华、林懋惺、唐闯、苟永胜、

白红、陈蓉、张小琴、邹华群、李慧、陈典俊、陈丽军、吴张、史树木、陈万英、冯益身、

马绍英、首云菊、周莹、杨瑞蓉、汤玉英

温江区：王林红、兰英、王馨芸、刘小书、王晓蓓、刘霞、侯国清、周凯、李知春、杨林、

章志军、陈剑锋、杜仕建、王荣坤、李娟、廖其军、贾维、周姚、王红玉、骆明华、杨国春、何昭霞、江春艳、陆露

武侯区：刘映、李菊枝、涂强、刘红萍、彭玲玲、张静、李全勇、彭琪

新都区：袁怡红、宁志超、庹大怀、巫运琪、郑庆秀、高丽、杨兰、游琳、黄刚、杨晓黎、欧敬忠、陈洪昌、方勇超、周道田、曾小琴、刘娟、曾碧、龙艳红、杨美华、杨建

新津县：刘会英、覃淑琼、尹怀林、田述梅、杨彬、童涛、冯琼华、唐孟如、王锡珍、王珍

成都德康医院：王双红、杨玉兰、任会

成都安琪儿妇产医院：周敏、廖建勤

成都天使之翼美容门诊部：刘向文

成都武侯西南医院成都大华医学美容医院：庄建波

攀成钢：夏忠艳

解放军第452医院：王卓敏

成都金沙医院：刘华

成都大华医学美容医院：庄建波

成都军区八一骨科医院：杜娟

成都平安医院：马华英、高德华、袁颖、郑雪梅

成都双楠医院：廖玲、刘宗文、王莉、王志刚

成都送子鸟医院：周健

成都西区医院：曹菲、甘奇晔、邬御飞

成都现代医院：张航、吴波、唐璐

成都新华医院：赵应会

成都新世纪妇儿医院：李晶

四川德森肾脏医院：何君

四川华美紫馨医学美容医院：黄剑美

四川省林业中心医院：夏志蓉

武警四川省消防总队医院：毛强

成都印钞公司：粟文华、吴桂珍

成都誉美医院：钱兴文

攀成钢公司青白江医院：夏忠艳

成都普瑞眼科医院：郑雪梅

2014年度成都市中医药专业技术职称资格评审通过人员名单(副高)

成都市第二人民医院：张士斌

成都市第六人民医院：胡永淑

成都市第三人民医院：颜洪亮

成都市第五人民医院：何国康、邓台燕

成都市公卫临床医疗中心：高峰

成都市中西医结合医院：许娟、周智恩、倪瑛、叶晓平

成都大学：杨爱国、柳美玲

成都体育学院附属医院：金红波

双流县：郑文彬

武侯区：尧传翔、罗杰、孙竹娟、曾静

新都区：陈娟、寇潇月、谢小英

新津县：刘安健、白久泉、王建春、唐德芝

崇州市：李睿、周鲜平、邹大清

大邑县：张忠

都江堰市：唐文黎、李世敏、陈喻萍

高新区：刘卫东、杨杜林、刘家贵、陈丽

金牛区：李丹红、余志友、冯云波

金堂县:徐志雄、陈玉、王兴泉
锦江区:袁学刚、唐正祥、黄玉英、罗云波
龙泉驿区:何希忠、肖善彬、杜友明
彭州市:李江、唐红艳、秦洪、徐志鹏、赵正良、强小娟
郫县:罗春凤、李淑英、陈志祥、庄光彤
浦江县:罗萍、董态、郑晓红
青白江区:张学成
青羊区:胡斌、徐军、李国武
邛崃市:余玲玲

2014年度成都市专业技术职称资格评审(基层卫生)通过人员名单(副高)

成华区:李阳、周利、周艳林、屠旭
崇州市:马明武、王世强、高能忠、聂发泉
高新区:张琼华、李益
龙泉驿区:李宗全
郫县:何秀琴、徐波、杨川、李德芳
浦江县:汪书锦、彭宗弟
青羊区:罗茜
邛崃市:石显芬、郭宗学、陈泽萍、梁健康
武侯区:罗晓露、吴华、刘运莉、周饶容、曹晓红、楚晓萍、曾箴、罗茗丹、李艳、姜锋、徐霈、牟文、冯诚、罗廷忠、杨文漪

统计资料

成都市居民前20位死因顺位历年变化情况

死亡原因	死因顺位												
	1991年	1995年	2000年	2005年	2006年	2007年	2008年	2009年	2010年	2011年	2012年	2013年	2014年
恶性肿瘤	2	2	2	1	1	2	1	1	1	1	1	1	1
呼吸系统疾病	1	1	1	2	2	1	2	2	2	2	2	2	2
脑血管病	3	3	3	3	3	3	3	3	3	3	3	3	3
心脏病	6	5	5	5	5	5	5	4	4	4	4	4	4
损伤和中毒外部原因	4	4	4	4	4	4	4	5	5	5	5	5	5
消化系统疾病	5	6	6	6	6	6	6	6	6	6	6	6	6
内分泌，营养和代谢的其他情况	7	7	7	7	7	7	7	7	7	7	7	7	7
泌尿生殖系统疾病	9	8	8	9	8	8	9	8	8	8	9	9	8
传染病（不包括呼吸道结核）	13	13	14	10	9	10	8	10	9	10	8	8	9
神经系统疾病	14	11	11	11	11	11	11	11	10	9	10	10	10
起源于围生期的某些疾病	8	10	13	13	12	12	12	13	12	13	11	11	11
精神障碍	15	12	10	14	13	13	14	12	13	12	12	14	12
其他疾病	11	9	16	8	10	14	10	9	11	11	13	12	13
肌肉骨骼和结缔组织疾病	18	18	18	17	18	18	17	16	18	15	16	16	14
先天畸形，变性和染色体异常	16	16	15	18	16	17	15	15	15	16	15	13	15
血液，造血器官及免疫的其他疾病	17	17	17	16	17	16	18	18	14	14	14	17	16
诊断不明	10	15	9	12	14	9	13	14	17	18	18	18	17
呼吸道结核	12	14	12	15	15	15	16	17	16	17	17	15	18
寄生虫病	20	20	20	20	20	20	20	19	20	20	20	19	19
妊娠，分娩和产褥期并发症	19	19	19	19	19	19	19	20	19	19	19	20	20

成都市历年妇幼保健统计指标

指标名称	单位	2008 年	2009 年	2010 年	2011 年	2012 年	2013 年	2014 年
5 岁以下儿童死亡率	‰	11.50	10.33	7.96	8.41	6.98	6.57	6.37
5 岁以下儿童死亡率(城市)	‰	7.84	8.57	5.75	7.20	6.25	6.10	5.89
5 岁以下儿童死亡率(农村)	‰	14.01	11.47	9.66	9.08	7.45	6.85	6.66
婴儿死亡率	‰	8.27	7.70	6.01	5.73	5.22	4.92	4.30
婴儿死亡率(城市)	‰	6.07	6.33	4.89	5.38	4.91	4.64	4.29
婴儿死亡率(农村)	‰	9.78	8.59	6.88	5.93	5.41	5.16	4.30
新生儿死亡率	‰	5.06	4.08	3.95	3.68	3.27	2.67	2.65
新生儿死亡率(城市)	‰	3.96	3.19	3.39	3.60	3.17	2.63	2.85
新生儿死亡率(农村)	‰	5.82	4.66	4.37	3.72	3.34	2.70	2.53
孕产妇死亡率	1/10 万	18.71	12.78	12.17	12.63	10.19	10.26	6.00
孕产妇死亡率(城市)	1/10 万	20.28	5.60	11.69	14.26	2.96	4.50	6.41
孕产妇死亡率(农村)	1/10 万	17.62	14.62	12.54	11.74	14.67	17.91	5.76
住院分娩率	%	99.92	99.92	99.98	100	100	99.99	100
住院分娩率(城市)	%	99.98	99.99	99.99	100	99.99	100	100
住院分娩率(农村)	%	99.88	99.88	99.98	100	100	99.99	100
新法接生率	%	99.96	99.98	99.98	100	100	100	100
新法接生率(城市)	%	100	100	100	100	100	100	100
新法接生率(农村)	%	99.94	99.96	99.99	100	100	100	100
居民健康档案建档率	%	48.86	49.60	59.30	73.00	88.82	93.00	95.00
孕产妇建卡率	%	98.60	99.17	99.54	99.6	99.82	99.79	99.85
孕产妇系统管理率	%	89.35	91.56	95.02	95.10	95.88	95.72	96.33
高危孕产妇比例	%	18.62	21.14	26.85	29.00	31.81	34.87	38.08
产前检查率(孕产妇保健覆盖率)	%	98.37	98.82	99.09	99.20	99.19	99.08	99.01
剖宫产率	%	55.03	62.19	60.75	58.57	56.58	57.16	55.54
产后访视率	%	97.57	98.48	98.98	98.94	99.02	98.30	98.82
7 岁以下儿童保健管理率	%	89.03	91.10	95.25	94.73	96.25	96.54	97.08
3 岁以下儿童系统管理率	%	90.01	91.39	94.20	95.30	96.10	96.17	96.26
新生儿疾病筛查率	%	93.71	96.58	97.24	98.44	97.52	98.50	98.71
新生儿听力筛查率	%	61.18	83.45	93.69	94.68	96.31	96.52	97.82
婚检率	%	13.29	16.39	76.79	57.00	42.87	45.13	35.78

注:1.以上统计数据均以常住人口为基数进行计算。新生儿听力筛查率统计口径为中心城区。2.婚检率在 2010 年前均为婚检和优生优育检查一并进行(由民政、卫生、计生委联合办理);2011 年计生委将优生优育的检查时间改为孕前检查,因此,优生优育检查数字不再进入婚检数字统计。

成都市历年卫生法监统计指标

指标名称	单位	2000 年	2005 年	2008 年	2009 年	2010 年	2011 年	2012 年	2013 年	2014 年
卫生监督户(次)数	户(次)	311 222	155 282	368 412	240 206	229 350	250 568	108 209	116 914	113 202
卫生监督户(次)数(食品)	户(次)	55 376	140 232	276 168	172 711	175 685	87 079	–	–	–
卫生监督户(次)数(化妆品)	户(次)	33	1 566	8 156	5 155	2 757	1 169	–	–	–
卫生监督户(次)数(生活饮用水)	户(次)	242 400	763	2 462	2 964	2 102	7 410	4 823	3 717	3 788
卫生监督户(次)数(消毒产品)	户(次)	–	–	4 998	5 276	2 205	2 165	1 447	873	881
卫生监督户(次)数(公共场所)	户(次)	13 413	12 272	55 931	54 160	44 918	122 677	70 213	75 666	75 892
卫生监督户(次)数(放射)	户(次)	–	449	557	782	1 683	2 664	1 702	1 442	1 789
健康相关产品抽检合格率	%	–	–	91	98.53	97.46	87.56	95.76	93.99	97.32
卫生监督覆盖率	%	–	100	100	100	99.86	100	100	74.35	98.54
卫生行政处罚案件数	件	12 167	5 118	2 140	1 242	598	482	602	545	613
卫生行政处罚金额	万元	31.79	95.86	248.70	152.8	130.9	113.7	214.6	211.9	192.1

注:2008 年卫生许可证办理件数很大,是因为全市大换证(5 年一次)。

成都市历年医政管理统计指标

指标名称	单位	调查范围	2006 年	2007 年	2008 年	2009 年	2010 年	2011 年	2012 年	2013 年	2014 年
惠民医疗优惠人(次)	万人(次)	惠民门诊,医院	236	128	77.1	98.94	110	125	–	106.96	108.87
惠民医疗优惠金额	万元	惠民门诊,医院	1050	1541	849.78	1134.4	863.6	771.1	–	583.96	676.38
医院感染现患率	%		1.92	2.00	2	2.01	1.94	4.42	2.56	2.36	1.97
供血服务人口	万人	采供血机构	1103	1108	1271	1300	1300	1404.8	1417.8	1429.76	1442.75
采集血液总量	吨	采供血机构	30.1	34.5	44.93	50.5	50.53	52.01	57.69	60.6	62.7
临床供血总量	吨	采供血机构	29.01	32.8	40.65	46.4	46.66	48.16	54.19	57.5	59.9
报废血液总量	吨	采供血机构	1.09	1.13	2.5	3.8	3.2	2.9	3.9	3.99	3
血液检测率	%	采供血机构	100	100	100	100	100	100	100	100	100

注:2011 年起因卫生部启用医院感染暴发信息平台统计方式变更,统计数据名称为“医院感染现患率”。

成都市历年卫生应急统计指标

指标名称	2003 年	2004 年	2005 年	2006 年	2007 年	2008 年	2009 年	2010 年	2011 年	2012 年	2013 年	2014 年
急救出车车(次)	45 940	57 619	67 675	88 680	112 965	152 042	169 762	186 667	193 163	257 100	283 000	261 061
急救人(次)	41 456	52 815	61 139	70 393	100 822	120 514	135 379	148 174	154 888	199 998	201 000	216 269

成都市历年爱国卫生统计指标

指标名称	2004 年	2005 年	2006 年	2007 年	2008 年	2009 年	2010 年	2011 年	2012 年	2013 年	2014 年
农村改水受益人口比例	99.97	99.97	99.97	99.97	99.98	100	100	100	100	100	100
农村自来水普及率	73.60	75.53	75.60	80.24	82.99	85.12	86.43	89.68	87.81	90.54	90.8
农村卫生厕所普及率	66.18	68.94	72.07	77.97	79.89	82.98	86.52	88.13	89.19	92.03	92.91
农村无害化卫生厕所普及率	27.35	29.93	40.13	47.51	56.02	53.14	57.87	60.85	65.53	68.58	69.44

成都卫生年鉴
CHENGDU HEALTH YEARBOOK

索 引 Index

A

B

C

D

J

K

L

M

N

P

Q

R

X

Y

Z